Organizadores

ÉLISSON MIESSA · HENRIQUE CORREIA
RAPHAEL MIZIARA · BRENO LENZA

CLT COMPARADA

com a REFORMA TRABALHISTA

Conforme Lei 13.660, de 08.05.2018, Lei 13.545/2017, Lei 13.509/2017, Portaria 349, de 23.05.2018 e Resolução 221, de 21.06.2018

3ª edição
Revista e atualizada

2018

EDITORA *Jus*PODIVM
www.editorajuspodivm.com.br

EDITORA *Jus*PODIVM
www.editorajuspodivm.com.br

Rua Mato Grosso, 164, Ed. Marfina, 1º Andar – Pituba, CEP: 41830-151 – Salvador – Bahia
Tel: (71) 3045.9051
• Contato: https://www.editorajuspodivm.com.br/sac

Capa: Marcelo S. Brandão *(santibrando@gmail.com)*

M631c Miessa, Elisson.
CLT Comparada / Elisson Miessa, Henrique Correia, Raphael Miziara e Breno Lenza. – 3. ed. – Salvador: Ed. JusPodivm, 2018.
512 p.

ISBN 978-85-442-2354-3

1. Direito do Trabalho. I. Miessa, Elisson. II. Correia, Henrique. III. Miziara, Raphael. IV. Lenza, Breno. V. Título

CDD 342.69

SUMÁRIO

Apresentação

A Lei 13.467, de 13 de julho de 2017, também denominada de *Reforma Trabalhista*, a Medida Provisória nº 808, de 14 de novembro de 2017, e a Lei 13.509 de 22 de novembro de 2017 alteraram, dentre outras leis, a Consolidação das Leis do Trabalho (CLT), provocando profundas modificações nas relações de trabalho no país.

Mais recentemente, o país assistiu à "queda" da referida Medida Provisória, bem como à edição das Leis nº 13.545, de 19.12.2018, e nº 13.660, de 08.05.2018. A primeira delas trata da suspensão do curso do prazo processual nos dias compreendidos entre 20 de dezembro e 20 de janeiro, inclusive. A segunda cuida da responsabilidade para custear as despesas com intérprete, que correrão por conta da parte sucumbente, salvo se beneficiária de justiça gratuita.

O texto da Reforma, aprovado sem vetos, modifica mais de 100 dispositivos da CLT e provoca impactos em mais de 70 grandes temas afetos ao Direito do Trabalho e ao Direito Processual do Trabalho, citando, dentre outros, os seguintes:

- alteração do conceito de grupo econômico e da sucessão;
- prevalência do acordo coletivo sobre a convenção coletiva;
- prevalência do negociado em norma coletiva sobre o legislado;
- extinção da necessidade de homologação da rescisão e demissão de empregado com mais de 1 ano;
- extinção da contribuição sindical;
- revogação do intervalo de 15 minutos para mulher;
- pagamento apenas da parte suprimida do intervalo, concedendo natureza indenizatória ao período suprimido;
- regulamentação do trabalho intermitente;
- regulamentação do teletrabalho, excluindo os direitos de horas extras, intervalos, hora noturna e adicional noturno;
- extinção das horas *in itinere*;
- autorização da jornada móvel variada e do trabalho móvel variado;
- jornada 12x36 por acordo individual escrito entre empregador e empregado ou norma coletiva, excluído desses empregados o direito de não laborar em feriado e o da prorrogação de que trata o § 5º do art. 73 da CLT;
- banco de horas por acordo individual escrito entre empregador e empregado para compensação em até 6 meses;

- validade do acordo de compensação tácito ou oral para compensação no mês;
- parcelamento das férias em até 3 períodos;
- livre negociação nas hipóteses do art. 611-A, com a mesma eficácia legal e preponderância sobre os instrumentos coletivos, no caso de empregado portador de diploma de nível superior e que perceba salário mensal igual ou superior a duas vezes o limite máximo dos benefícios do Regime Geral de Previdência Social;
- equiparação salarial apenas para trabalhadores contemporâneos;
- equiparação salarial apenas para empregados do mesmo estabelecimento;
- novo requisito para a equiparação salarial (diferença de tempo de serviço para o mesmo empregador não seja superior a quatro anos e a diferença de tempo na função não seja superior a dois anos) e desnecessidade de homologação no MTE do quadro organizado de carreira;
- supressão da gratificação de função de confiança ainda que depois de 10 anos, caso seja revertido ao cargo efetivo;
- contrato por tempo parcial com duração não excedente a 30 horas semanais, sem a possibilidade de horas suplementares semanais, ou, ainda, quando a duração não exceda a 26 horas semanais, com a possibilidade de acréscimo de até 6 horas suplementares semanais;
- tarifação da indenização pelo dano moral;
- exclusão da responsabilidade objetiva em caso de dano extrapatrimonial;
- terceirização em atividade-fim sem equivalência salarial;
- estabilidade dos representantes eleitos das empresas com mais de 200 empregados;
- limitação para declarar a nulidade das normas coletivas, permitindo apenas quando violado o art. 104 CC;
- prêmios e gratificações contratuais ou espontâneas sem natureza salarial;
- contratação de autônomo, com ou sem exclusividade, de forma contínua ou não;
- Súmulas e outros enunciados de jurisprudência editados pelo Tribunal Superior do Trabalho e pelos Tribunais Regionais do Trabalho não poderão restringir direitos legalmente previstos nem criar obrigações que não estejam previstas em lei;
- quórum qualificado para alteração e fixação de súmulas e enunciados de jurisprudência;

- permitida a arbitragem para os contratos individuais, cuja remuneração do trabalhador seja superior a duas vezes o limite máximo estabelecido para os benefícios do Regime Geral de Previdência Social, desde que por iniciativa do empregado ou mediante a sua concordância expressa;
- limitação das custas processuais a quatro vezes o limite máximo dos benefícios do Regime Geral de Previdência Social;
- regulamentação da litigância de má-fé, inclusive para a testemunha;
- criação de jurisdição voluntária para homologação de acordos extrajudiciais;
- contagem dos prazos em dias úteis;
- concessão do benefício da justiça gratuita aos que perceberem salário igual ou inferior a 40% do limite máximo dos benefícios do Regime Geral de Previdência Social;
- necessidade de comprovar insuficiência de recursos para o pagamento das custas do processo para que possa ser beneficiário da justiça gratuita;
- pagamento de honorários periciais e advocatícios, ainda que beneficiário da justiça gratuita, caso tenha crédito a receber no processo ou em outro processo;
- honorários de sucumbência fixados entre o mínimo de 5% e o máximo de 15% sobre o valor que resultar da liquidação da sentença, do proveito econômico obtido ou, não sendo possível mensurá-lo, sobre o valor atualizado da causa;
- honorários de sucumbência recíproca, vedada a compensação entre os honorários;
- indicação do valor do pedido na petição inicial;
- impedimento de desistência da ação após a apresentação da contestação;
- pagamento das custas processuais para ajuizar nova demanda caso a anterior seja arquivada por ausência do reclamante – ainda que beneficiário da justiça gratuita;
- ausente o reclamado, mas presente o advogado na audiência, serão aceitos a contestação e os documentos eventualmente apresentados;
- preposto não precisará ser empregado da empresa;
- definição do ônus da prova, valendo-se da teoria estática e da teoria dinâmica;
- possibilidade de apresentação de defesa escrita no sistema eletrônico até a audiência;

- exceção de incompetência apresentada antes da audiência, suspendendo o andamento do processo até a instrução e julgamento da exceção;
- a decisão judicial transitada em julgado somente poderá ser levada a protesto, gerar inscrição do nome do executado em órgãos de proteção ao crédito ou no Banco Nacional de Devedores Trabalhistas (BNDT), nos termos da lei, depois de transcorrido o prazo de 45 dias a contar da citação do executado, se não houver garantia do juízo;
- o valor do depósito recursal será reduzido pela metade para entidades sem fins lucrativos, empregadores domésticos, microempreendedores individuais, microempresas e empresas de pequeno porte;
- serão isentos do depósito recursal os beneficiários da justiça gratuita, as entidades filantrópicas e as empresas em recuperação judicial;
- o depósito recursal poderá ser substituído por fiança bancária ou seguro garantia judicial;
- exclusão do incidente de uniformização de jurisprudência trabalhista;
- recurso de revista: concessão de poderes ao relator, prequestionamento e regulamentação da transcendência
- dever de estabelecer o contraditório da fase de liquidação de sentença;
- correção monetária pela taxa TR;
- regulamentação do incidente de desconsideração da personalidade jurídica;
- prescrição intercorrente no prazo de 2 anos;
- impedimento da execução de ofício, salvo quando for o caso de *jus postulandi*;
- desnecessidade de garantia do juízo para apresentação dos embargos quando se tratar de entidades filantrópicas e/ou àqueles que compõem ou compuseram a diretoria dessas instituições.

O impacto dessas alterações no cotidiano – não só dos agentes econômicos em geral (trabalhadores e empresários), mas também de todos aqueles que operam as leis trabalhistas – é inegável.

Os atuantes da área juslaboral, tais como advogados, membros do Ministério Público, juízes, estudantes, contabilistas, administradores, entre vários outros, necessitam de instrumentos adequados para o enfrentamento desses novos temas. O operador do Direito do Trabalho e também aqueles que pretendem se enveredar nas carreiras trabalhistas têm por degrau inevitável o domínio dessas modificações legislativas.

Na perspectiva de auxiliar o leitor nessa empreitada é que se apresenta a ***CLT Comparada de acordo com a Reforma Trabalhista.*** A obra contém um índice alfabético-temático das novidades promovidas pela reforma trabalhista separado de acordo com o direito material e com o direito processual do trabalho, o que facilitará em muito a busca pelos temas que sofreram modificações.

Além disso, são apresentadas ao final da obra todas as Súmulas e Orientações Jurisprudenciais do Tribunal Superior do Trabalho separadas por assunto, vez que cumprem verdadeiro papel de uniformização da jurisprudência.

Para tornar a consulta mais dinâmica e didática, o conteúdo da CLT foi disposto de maneira que o leitor perceba de imediato as alterações do texto: os dispositivos que sofreram impactos pela reforma trabalhista estão divididos em duas colunas (nova redação x antiga redação). Os dispositivos que ficaram inalterados são apresentados em apenas uma coluna.

NOVA REDAÇÃO COM A REFORMA TRABALHISTA	**ANTIGA REDAÇÃO**

CONSOLIDAÇÃO DAS LEIS DO TRABALHO

TÍTULO INTRODUÇÃO

Art. 1º Esta Consolidação estatui as normas que regulam as relações individuais e coletivas de trabalho, nela previstas.

Art. 2º Considera-se empregador a empresa, individual ou coletiva, que, assumindo os riscos da atividade econômica, admite, assalaria e dirige a prestação pessoal de serviços.

§ 1º Equiparam-se ao empregador, para os efeitos exclusivos da relação de emprego, os profissionais liberais, as instituições de beneficência, as associações recreativas ou outras instituições sem fins lucrativos, que admitirem trabalhadores como empregados.

Nova redação	Antiga redação
§ 2º Sempre que uma ou mais empresas, tendo, embora, cada uma delas, personalidade jurídica própria, estiverem sob a direção, controle ou administração de outra, ou ainda quando, mesmo guardando cada uma sua autonomia, integrem grupo econômico, serão responsáveis solidariamente pelas obrigações decorrentes da relação de emprego.	§ 2º Sempre que uma ou mais empresas, tendo, embora, cada uma delas, personalidade jurídica própria, estiverem sob a direção, controle ou administração de outra, constituindo grupo industrial, comercial ou de qualquer outra atividade econômica, serão, para os efeitos da relação de emprego, solidariamente responsáveis a empresa principal e cada uma das subordinadas.

Por fim, a obra tem como característica apresentar as novidades implantadas com destaques na cor azul e os trechos suprimidos sublinhados em preto. Esses recursos possibilitam que se identifique mais precisa e rapidamente quais trechos foram alterados, conforme exemplo a seguir.

<table>
<tr><td colspan="2">Art. 2º Considera-se empregador a empresa, individual ou coletiva, que, assumindo os riscos da atividade econômica, admite, assalaria e dirige a prestação pessoal de serviços.</td></tr>
<tr><td colspan="2">§ 1º Equiparam-se ao empregador, para os efeitos exclusivos da relação de emprego, os profissionais liberais, as instituições de beneficência, as associações recreativas ou outras instituições sem fins lucrativos, que admitirem trabalhadores como empregados.</td></tr>
<tr><td>§ 2º Sempre que uma ou mais empresas, tendo, embora, cada uma delas, personalidade jurídica própria, estiverem sob a direção, controle ou administração de outra, ou ainda quando, mesmo guardando cada uma sua autonomia, integrem grupo econômico, serão responsáveis solidariamente pelas obrigações decorrentes da relação de emprego.</td><td>§ 2º Sempre que uma ou mais empresas, tendo, embora, cada uma delas, personalidade jurídica própria, estiverem sob a direção, controle ou administração de outra, <u>constituindo grupo industrial, comercial ou de qualquer outra atividade econômica</u>, serão, <u>para os efeitos</u> da relação de emprego, solidariamente responsáveis <u>a empresa principal e cada uma das subordinadas.</u></td></tr>
<tr><td>§ 3º Não caracteriza grupo econômico a mera identidade de sócios, sendo necessárias, para a configuração do grupo, a demonstração do interesse integrado, a efetiva comunhão de interesses e a atuação conjunta das empresas dele integrantes.</td><td>⊗ Dispositivo sem correspondência na antiga redação.</td></tr>
</table>

A *Reforma Trabalhista* ainda trouxe relevante impacto sobre a Lei 6.019/1974, que, embora tenha sido recentemente alterada pela Lei 13.429/2017, sofreu novas modificações pela Lei 13.467/2017, tratando não apenas do trabalho temporário, mas também da terceirização de serviços.

Desejamos que o livro atenda às expectativas de todos os que se propuserem a estudar com afinco a nova realidade normativa que passará a regular as relações de trabalho no Brasil.

Os Organizadores

Índice alfabético-temático das novidades promovidas pela Reforma Trabalhista: Direito Material e Processual do Trabalho

TEMA	DISPOSITIVOS LEGAIS CORRESPONDENTES
Direito material do trabalho	
Arbitragem	Art. 507-A
Autônomo	Art. 442-B
Comissões	Art. 457, § § 1º e 2º
Compensação de jornada	Art. 59-B, *caput* e parágrafo único
Contribuição sindical	Arts. 578, 579 e 582, *caput*, 583, *caput*, 587, 601, 602 e 604
Danos extrapatrimoniais	Arts. 223-A ao 223-G
Dispensa coletiva	Art. 477-A
Duração diária do trabalho	Art. 59, *caput*, § § 1º e 3º a 6º
Duração diária do trabalho: excesso	Art. 61, § 1º
Duração diária do trabalho: teletrabalho	Art. 62, III
Equiparação salarial	Art. 461, § § 5º e 6º
Extinção do contrato de trabalho: distrato	Art. 484-A
Férias: concessão e época	Art. 134, § § 1º a 3º
Férias: trabalho em regime de tempo parcial	Art. 130-A
Fontes: negociação coletiva	Art. 8º, § 3º
Fontes: súmulas e OJs	Art. 8º, § 2º
Gratificação de função	Art. 468, § 2º
Grupo econômico	Art. 2º, § § 2º e 3º
Horas *in itinere*	Art. 58, § 2º
Intervalo intrajornada	Art. 71, § 4º
Jornada 12 x 36	Art. 59-A, *caput* e parágrafo único
Justa causa: inabilitação para o exercício da profissão	Art. 482, alínea "m"
Mulher	Art. 372, 384, 394-A e 396, § 2º
Multa: ausência de dados sobre o registro de empregado	Art. 47-A, *caput*
Multa: ausência de registro de empregado	Art. 47, § § 1º e 2º
Multa: correção anual	Art. 634, § 2º
Normas coletivas: eficácia no tempo	Art. 614, § 3º
Normas coletivas: hierarquia	Art. 620
Plano de demissão voluntária	Art. 477-B
Poder diretivo: padrão de vestimenta	Art. 456-A
Prêmios	Art. 457, § 4º
Prescrição	Art. 11, *caput* e § § 2º e 3º
Prescrição intercorrente	Art. 11-A, *caput* e § § 1º e 2º
Prevalência do negociado coletivamente sobre o legislado	Arts. 611-A e 611-B
Prevalência do negociado individualmente sobre o legislado	Art. 444, parágrafo único
Prorrogação de horário na atividade insalubre	Art. 60, parágrafo único

Quitação anual	Art. 507-B
Representação dos empregados	Arts. 510-A ao 510-D
Rescisão	Art. 477, § § 1º, 3º, incisos I e II; e, § § 6º, 7º e 10.
Responsabilidade dos sócios retirantes	Art. 10-A, incisos I a III e parágrafo único
Salário mínimo em regiões, zonas e subzonas	Arts. 84 e 86
Salário: parcelas não integrantes	Art. 458, § 5º
Sucessão empresarial	Art. 448-A
Teletrabalho	Arts. 75-A ao 75-E
Tempo à disposição	Art. 4º, § 2º, incisos I a VIII
Trabalho em regime de tempo parcial	Art. 58-A, *caput* e § § 3º a 7º
Trabalho em regime de tempo parcial: férias	Art. 130-A e 143, § 3º
Trabalho Intermitente	Art. 443, *caput* e § 3º e art. 452-A
Direito Processual do Trabalho	
Audiência: ausência do reclamante	Art. 844, § § 2º a 5º
Competência: homologação de acordo extrajudicial	Art. 652, alínea "f"
Correção monetária decorrentes de condenação	Art. 879, § 7º
Custas	Art. 789
Danos Processuais: litigância de má-fé	Arts. 793-A ao 793-D
Defesa: prazo para apresentação	Art. 847, parágrafo único
Depósito recursal	Art. 899, § § 4º e 5º; e, § § 9º a 11.
Desistência da ação	Art. 841, § § 3º
Embargos à execução	Art. 884, § 6º
Exceção de incompetência	Art. 800
Execução de contribuições sociais	Art. 876, parágrafo único
Execução de ofício	Art. 878
Execução: garantia do juízo	Art. 882
Homologação de acordo extrajudicial	Arts. 855-B ao 855-E
Honorários advocatícios	Art. 791-A
Honorários Periciais	Art. 790-B
Impugnação aos cálculos de liquidação	Art. 879, § 2º
Incidente de desconsideração da personalidade jurídica	Art. 855-A
Justiça Gratuita	Art. 790, §§ 1º, 2º, 3º e 4º
Ônus da prova	Art. 818
Pedido	Art. 840, § § 1º a 3º
Prazos processuais	Art. 775
Preposto	Art. 843, § 3º
Protesto de decisão judicial	Art. 883-A
Recurso de revista	Art. 896, § 1º-A, inciso IV e § § 3º a 6º; e, § 14.
Recurso de revista: transcendência	Art. 896-A, § § 1º a 6º
Súmulas e enunciados de jurisprudência: alteração	Art. 702, § § 3º e 4º
Súmulas e enunciados de jurisprudência: edição	Art. 702, alínea "f"

Índice sistemático da Consolidação das Leis do Trabalho

NOVA REDAÇÃO COM A REFORMA TRABALHISTA*	ANTIGA REDAÇÃO

CONSOLIDAÇÃO DAS LEIS DO TRABALHO

TÍTULO
INTRODUÇÃO

Art. 1º Esta Consolidação estatui as normas que regulam as relações individuais e coletivas de trabalho, nela previstas.

Art. 2º Considera-se empregador a empresa, individual ou coletiva, que, assumindo os riscos da atividade econômica, admite, assalaria e dirige a prestação pessoal de serviço.

§ 1º Equiparam-se ao empregador, para os efeitos exclusivos da relação de emprego, os profissionais liberais, as instituições de beneficência, as associações recreativas ou outras instituições sem fins lucrativos, que admitirem trabalhadores como empregados.

NOVA REDAÇÃO	ANTIGA REDAÇÃO
§ 2º Sempre que uma ou mais empresas, tendo, embora, cada uma delas, personalidade jurídica própria, estiverem sob a direção, controle ou administração de outra, ou ainda quando, mesmo guardando cada uma sua autonomia, integrem grupo econômico, serão responsáveis solidariamente pelas obrigações decorrentes da relação de emprego.	§ 2º Sempre que uma ou mais empresas, tendo, embora, cada uma delas, personalidade jurídica própria, estiverem sob a direção, controle ou administração de outra, constituindo grupo industrial, comercial ou de qualquer outra atividade econômica, serão, para os efeitos da relação de emprego, solidariamente responsáveis a empresa principal e cada uma das subordinadas.
§ 3º Não caracteriza grupo econômico a mera identidade de sócios, sendo necessárias, para a configuração do grupo, a demonstração do interesse integrado, a efetiva comunhão de interesses e a atuação conjunta das empresas dele integrantes.	⊗ Dispositivo sem correspondência na antiga redação.

Art. 3º Considera-se empregado toda pessoa física que prestar serviços de natureza não eventual a empregador, sob a dependência deste e mediante salário.

* Nota de vigência: A Lei 13.467, de 13.07.2017 entra em vigor após decorridos 120 (cento e vinte) dias de sua publicação oficial – D.O.U. de 14.7.2017.

Nova Redação com a Reforma Trabalhista	Antiga Redação
Parágrafo único. Não haverá distinções relativas à espécie de emprego e à condição de trabalhador, nem entre o trabalho intelectual, técnico e manual.	
Art. 4º Considera-se como de serviço efetivo o período em que o empregado esteja à disposição do empregador, aguardando ou executando ordens, salvo disposição especial expressamente consignada.	
§ 1º Computar-se-ão, na contagem de tempo de serviço, para efeito de indenização e estabilidade, os períodos em que o empregado estiver afastado do trabalho prestando serviço militar e por motivo de acidente do trabalho.	Parágrafo único. Computar-se-ão, na contagem de tempo de serviço, para efeito de indenização e estabilidade, os períodos em que o empregado estiver afastado do trabalho prestando serviço militar e por motivo de acidente do trabalho.
§ 2º Por não se considerar tempo à disposição do empregador, não será computado como período extraordinário o que exceder a jornada normal, ainda que ultrapasse o limite de cinco minutos previsto no § 1º do art. 58 desta Consolidação, quando o empregado, por escolha própria, buscar proteção pessoal, em caso de insegurança nas vias públicas ou más condições climáticas, bem como adentrar ou permanecer nas dependências da empresa para exercer atividades particulares, entre outras:	⊗ Dispositivo sem correspondência na antiga redação.
I – práticas religiosas;	⊗ Dispositivo sem correspondência na antiga redação.
II – descanso;	⊗ Dispositivo sem correspondência na antiga redação.
III – lazer;	⊗ Dispositivo sem correspondência na antiga redação.
IV – estudo;	⊗ Dispositivo sem correspondência na antiga redação.
V – alimentação;	⊗ Dispositivo sem correspondência na antiga redação.
VI – atividades de relacionamento social;	⊗ Dispositivo sem correspondência na antiga redação.
VII – higiene pessoal;	⊗ Dispositivo sem correspondência na antiga redação.

VIII – troca de roupa ou uniforme, quando não houver obrigatoriedade de realizar a troca na empresa.	⊗ Dispositivo sem correspondência na antiga redação.

Art. 5º A todo trabalho de igual valor corresponderá salário igual, sem distinção de sexo.

Art. 6º Não se distingue entre o trabalho realizado no estabelecimento do empregador, o executado no domicílio do empregado e o realizado a distância, desde que estejam caracterizados os pressupostos da relação de emprego. (Redação dada pela Lei nº 12.551, de 2011)

Parágrafo único. Os meios telemáticos e informatizados de comando, controle e supervisão se equiparam, para fins de subordinação jurídica, aos meios pessoais e diretos de comando, controle e supervisão do trabalho alheio. (Incluído pela Lei nº 12.551, de 2011)

Art. 7º Os preceitos constantes da presente Consolidação salvo quando for em cada caso, expressamente determinado em contrário, não se aplicam: (Redação dada pelo Decreto-lei nº 8.079, 11.10.1945)

a) aos empregados domésticos, assim considerados, de um modo geral, os que prestam serviços de natureza não econômica à pessoa ou à família, no âmbito residencial destas;

b) aos trabalhadores rurais, assim considerados aqueles que, exercendo funções diretamente ligadas à agricultura e à pecuária, não sejam empregados em atividades que, pelos métodos de execução dos respectivos trabalhos ou pela finalidade de suas operações, se classifiquem como industriais ou comerciais;

c) aos funcionários públicos da União, dos Estados e dos Municípios e aos respectivos extranumerários em serviço nas próprias repartições; (Redação dada pelo Decreto-lei nº 8.079, 11.10.1945)

d) aos servidores de autarquias paraestatais, desde que sujeitos a regime próprio de proteção ao trabalho que lhes assegure situação análoga à dos funcionários públicos. (Redação dada pelo Decreto-lei nº 8.079, 11.10.1945)

Parágrafo único. (Revogado pelo Decreto-lei nº 8.249, de 1945)

Art. 8º As autoridades administrativas e a Justiça do Trabalho, na falta de disposições legais ou contratuais, decidirão, conforme o caso, pela jurisprudência, por analogia, por eqüidade e outros princípios e normas gerais de direito, principalmente do direito do trabalho, e, ainda, de acordo com os usos e costumes, o direito comparado, mas sempre de maneira que nenhum interesse de classe ou particular prevaleça sobre o interesse público.

Nova Redação com a Reforma Trabalhista	Antiga Redação
§ 1º O direito comum será fonte subsidiária do direito do trabalho.	Parágrafo único. O direito comum será fonte subsidiária do direito do trabalho, naquilo em que não for incompatível com os princípios fundamentais deste.
§ 2º Súmulas e outros enunciados de jurisprudência editados pelo Tribunal Superior do Trabalho e pelos Tribunais Regionais do Trabalho não poderão restringir direitos legalmente previstos nem criar obrigações que não estejam previstas em lei.	⊗ Dispositivo sem correspondência na antiga redação.
§ 3º No exame de convenção coletiva ou acordo coletivo de trabalho, a Justiça do Trabalho analisará exclusivamente a conformidade dos elementos essenciais do negócio jurídico, respeitado o disposto no art. 104 da Lei nº 10.406, de 10 de janeiro de 2002 (Código Civil), e balizará sua atuação pelo princípio da intervenção mínima na autonomia da vontade coletiva.	⊗ Dispositivo sem correspondência na antiga redação.
Art. 9º Serão nulos de pleno direito os atos praticados com o objetivo de desvirtuar, impedir ou fraudar a aplicação dos preceitos contidos na presente Consolidação.	
Art. 10. Qualquer alteração na estrutura jurídica da empresa não afetará os direitos adquiridos por seus empregados.	
Art. 10-A. O sócio retirante responde subsidiariamente pelas obrigações trabalhistas da sociedade relativas ao período em que figurou como sócio, somente em ações ajuizadas até dois anos depois de averbada a modificação do contrato, observada a seguinte ordem de preferência:	⊗ Dispositivo sem correspondência na antiga redação.
I – a empresa devedora;	⊗ Dispositivo sem correspondência na antiga redação.
II – os sócios atuais; e	⊗ Dispositivo sem correspondência na antiga redação.

Nova Redação com a Reforma Trabalhista	Antiga Redação
III – os sócios retirantes.	⊗ Dispositivo sem correspondência na antiga redação.
Parágrafo único. O sócio retirante responderá solidariamente com os demais quando ficar comprovada fraude na alteração societária decorrente da modificação do contrato.	⊗ Dispositivo sem correspondência na antiga redação.
Art. 11. A pretensão quanto a créditos resultantes das relações de trabalho prescreve em cinco anos para os trabalhadores urbanos e rurais, até o limite de dois anos após a extinção do contrato de trabalho.	**Art. 11.** O direito de ação quanto a créditos resultantes das relações de trabalho prescreve: (Redação dada pela Lei nº 9.658, de 5.6.1998)
I – revogado	I – em cinco anos para o trabalhador urbano, até o limite de dois anos após a extinção do contrato; (Incluído pela Lei nº 9.658, de 5.6.1998) (Vide Emenda Constitucional nº 28 de 25.5.2000)
II – revogado	II – em dois anos, após a extinção do contrato de trabalho, para o trabalhador rural. (Incluído pela Lei nº 9.658, de 5.6.1998) (Vide Emenda Constitucional nº 28 de 25.5.2000)
§ 1º O disposto neste artigo não se aplica às ações que tenham por objeto anotações para fins de prova junto à Previdência Social. (Incluído pela Lei nº 9.658, de 5.6.1998)	
§ 2º Tratando-se de pretensão que envolva pedido de prestações sucessivas decorrente de alteração ou descumprimento do pactuado, a prescrição é total, exceto quando o direito à parcela esteja também assegurado por preceito de lei.	⊗ Dispositivo sem correspondência na antiga redação.
§ 3º A interrupção da prescrição somente ocorrerá pelo ajuizamento de reclamação trabalhista, mesmo que em juízo incompetente, ainda que venha a ser extinta sem resolução do mérito, produzindo efeitos apenas em relação aos pedidos idênticos.	⊗ Dispositivo sem correspondência na antiga redação.

Nova Redação com a Reforma Trabalhista	Antiga Redação
Art. 11-A. Ocorre a prescrição intercorrente no processo do trabalho no prazo de dois anos.	⊗ Dispositivo sem correspondência na antiga redação.
§ 1º A fluência do prazo prescricional intercorrente inicia-se quando o exequente deixa de cumprir determinação judicial no curso da execução.	⊗ Dispositivo sem correspondência na antiga redação.
§ 2º A declaração da prescrição intercorrente pode ser requerida ou declarada de ofício em qualquer grau de jurisdição.	⊗ Dispositivo sem correspondência na antiga redação.

Art. 12. Os preceitos concernentes ao regime de seguro social são objeto de lei especial.

TÍTULO II
DAS NORMAS GERAIS DE TUTELA DO TRABALHO

CAPÍTULO I
DA IDENTIFICAÇÃO PROFISSIONAL

Seção I
Da Carteira de Trabalho e Previdência Social

Art. 13. A Carteira de Trabalho e Previdência Social é obrigatória para o exercício de qualquer emprego, inclusive de natureza rural, ainda que em caráter temporário, e para o exercício por conta própria de atividade profissional remunerada. (Redação dada pelo Decreto-lei nº 926, de 10.10.1969)

§ 1º O disposto neste artigo aplica-se, igualmente, a quem: (Redação dada pelo Decreto-lei nº 926, de 10.10.1969)

I – proprietário rural ou não, trabalhe individualmente ou em regime de economia familiar, assim entendido o trabalho dos membros da mesma família, indispensável à própria subsistência, e exercido em condições de mútua dependência e colaboração; (Incluído pelo Decreto-lei nº 926, de 10.10.1969)

II – em regime de economia familiar e sem empregado, explore área não excedente do módulo rural ou de outro limite que venha a ser fixado, para cada região, pelo Ministério do Trabalho e Previdência Social. (Incluído pelo Decreto-lei nº 926, de 10.10.1969)

§ 2º A Carteira de Trabalho e Previdência Social e respectiva Ficha de Declaração obedecerão aos modelos que o Ministério do Trabalho e Previdência Social adotar. (Redação dada pelo Decreto-lei nº 926, de 10.10.1969)

§ 3º Nas localidades onde não for emitida a Carteira de Trabalho e Previdência Social poderá ser admitido, até 30 (trinta) dias, o exercício de emprego ou atividade remunerada por quem não a possua, ficando a empresa obrigada a permitir o comparecimento do empregado ao posto de emissão mais próximo. (Redação dada pela Lei nº 5.686, de 3.8.1971)

§ 4º Na hipótese do § 3º: (Incluído pelo Decreto-lei nº 926, de 10.10.1969)

I – o empregador fornecerá ao empregado, no ato da admissão, documento do qual constem a data da admissão, a natureza do trabalho, o salário e a forma de seu pagamento; (Incluído pelo Decreto-lei nº 926, de 10.10.1969)

II – se o empregado ainda não possuir a carteira na data em que for dispensado, o empregador lhe fornecerá atestado de que conste o histórico da relação empregatícia. (Incluído pelo Decreto-lei nº 926, de 10.10.1969)

Seção II
Da Emissão da Carteira

Art. 14. A Carteira de Trabalho e Previdência Social será emitida pelas Delegacias Regionais do Trabalho ou, mediante convênio, pelos órgãos federais, estaduais e municipais da administração direta ou indireta. (Redação dada pelo Decreto-lei nº 926, de 10.10.1969)

Parágrafo único. Inexistindo convênio com os órgãos indicados ou na inexistência destes, poderá ser admitido convênio com sindicatos para o mesmo fim. (Redação dada pela Lei nº 5.686, de 3.8.1971)

Art. 15. Para obtenção da Carteira de Trabalho e Previdência Social o interessado comparecerá pessoalmente ao órgão emitente, onde será identificado e prestará as declarações necessárias. (Redação dada pelo Decreto-lei nº 926, de 10.10.1969)

Art. 16. A Carteira de Trabalho e Previdência Social (CTPS), além do número, série, data de emissão e folhas destinadas às anotações pertinentes ao contrato de trabalho e as de interesse da Previdência Social, conterá: (Redação dada pela Lei nº 8.260, de 12.12.1991)

I – fotografia, de frente, modelo 3 X 4; (Redação dada pela Lei nº 8.260, de 12.12.1991)

II – nome, filiação, data e lugar de nascimento e assinatura; (Redação dada pela Lei nº 8.260, de 12.12.1991)

III – nome, idade e estado civil dos dependentes; (Redação dada pela Lei nº 8.260, de 12.12.1991)

IV – número do documento de naturalização ou data da chegada ao Brasil, e demais elementos constantes da identidade de estrangeiro, quando for o caso; (Redação dada pela Lei nº 8.260, de 12.12.1991)

Parágrafo único. A Carteira de Trabalho e Previdência Social – CTPS será fornecida mediante a apresentação de: (Incluído pela Lei nº 8.260, de 12.12.1991)

a) duas fotografias com as características mencionadas no inciso I; (Incluída pela Lei nº 8.260, de 12.12.1991)

b) qualquer documento oficial de identificação pessoal do interessado, no qual possam ser colhidos dados referentes ao nome completo, filiação, data e lugar de nascimento. (Incluída pela Lei nº 8.260, de 12.12.1991)

Art. 17. Na impossibilidade de apresentação, pelo interessado, de documento idôneo que o qualifique, a Carteira de Trabalho e Previdência Social será fornecida com base em declarações verbais confirmadas por 2 (duas) testemunhas, lavrando-se, na primeira folha de anotações gerais da carteira, termo assinado pelas mesmas testemunhas. (Redação dada pelo Decreto-lei nº 926, de 10.10.1969)

§ 1º Tratando-se de menor de 18 (dezoito) anos, as declarações previstas neste artigo serão prestadas por seu responsável legal. (Redação dada pelo Decreto-lei nº 926, de 10.10.1969)

§ 2º Se o interessado não souber ou não puder assinar sua carteira, ela será fornecida mediante impressão digital ou assinatura a rogo. (Redação dada pelo Decreto-lei nº 926, de 10.10.1969)

Art. 18. (Revogado pela Lei nº 7.855, de 24.10.1989)

Art. 19. (Revogado pela Lei nº 7.855, de 24.10.1989)

Art. 20. As anotações relativas a alteração do estado civil e aos dependentes do portador da Carteira de Trabalho e Previdência Social serão feitas pelo Instituto Nacional de Previdência Social (INPS) e somente em sua falta, por qualquer dos órgãos emitentes. (Redação dada pelo Decreto-lei nº 926, de 10.10.1969)

Art. 21. Em caso de imprestabilidade ou esgotamento do espaço destinado a registros e anotações, o interessado deverá obter outra carteira, conservando-se o número e a série da anterior. (Redação dada pela Lei nº 5.686, de 3.8.1971)

Art. 22. (Revogado pelo Decreto-Lei nº 926, de 10.10.1969)

Art. 23. (Revogado pelo Decreto-Lei nº 926, de 10.10.1969)

Art. 24. (Revogado pelo Decreto-Lei nº 926, de 10.10.1969)

Seção III
Da Entrega das Carteiras de Trabalho e Previdência Social

Art. 25. As Carteiras de Trabalho e Previdência Social serão entregues aos interessados pessoalmente, mediante recibo.

Art. 26. Os sindicatos poderão, mediante solicitação das respectivas diretorias incumbir-se da entrega das Carteiras de Trabalho e Previdência Social pedidas por seus associados e pelos demais profissionais da mesma classe. (Redação dada pelo Decreto-lei nº 229, de 28.2.1967)

Parágrafo único. Não poderão os sindicatos, sob pena das sanções previstas neste Capítulo cobrar remuneração pela entrega das Carteiras de Trabalho e Previdência Social, cujo serviço nas respectivas sedes será fiscalizado pelas Delegacias Regionais ou órgãos autorizados. (Redação dada pelo Decreto-lei nº 229, de 28.2.1967)

Art. 27. (Revogado pela Lei nº 7.855, de 24.10.1989)

Art. 28. (Revogado pela Lei nº 7.855, de 24.10.1989)

Seção IV
Das Anotações

Art. 29. A Carteira de Trabalho e Previdência Social será obrigatoriamente apresentada, contra recibo, pelo trabalhador ao empregador que o admitir, o qual terá o prazo de quarenta e oito horas para nela anotar, especificamente, a data de admissão, a remuneração e as condições especiais, se houver, sendo facultada a adoção de sistema manual, mecânico ou eletrônico, conforme instruções a serem expedidas pelo Ministério do Trabalho. (Redação dada pela Lei nº 7.855, de 24.10.1989)

§ 1º As anotações concernentes à remuneração devem especificar o salário, qualquer que seja sua forma de pagamento, seja êle em dinheiro ou em utilidades, bem como a estimativa da gorjeta. (Redação dada pelo Decreto-lei nº 229, de 28.2.1967)

§ 2º As anotações na Carteira de Trabalho e Previdência Social serão feitas: (Redação dada pela Lei nº 7.855, de 24.10.1989)

a) na data-base; (Redação dada pela Lei nº 7.855, de 24.10.1989)

b) a qualquer tempo, por solicitação do trabalhador; (Redação dada pela Lei nº 7.855, de 24.10.1989)

c) no caso de rescisão contratual; ou (Redação dada pela Lei nº 7.855, de 24.10.1989)

d) necessidade de comprovação perante a Previdência Social. (Redação dada pela Lei nº 7.855, de 24.10.1989)

§ 3º A falta de cumprimento pelo empregador do disposto neste artigo acarretará a lavratura do auto de infração, pelo Fiscal do Trabalho, que deverá, de ofício, comunicar a falta de anotação ao órgão competente, para o fim de instaurar o processo de anotação. (Redação dada pela Lei nº 7.855, de 24.10.1989)

§ 4º É vedado ao empregador efetuar anotações desabonadoras à conduta do empregado em sua Carteira de Trabalho e Previdência Social. (Incluído pela Lei nº 10.270, de 29.8.2001)

§ 5º O descumprimento do disposto no § 4º deste artigo submeterá o empregador ao pagamento de multa prevista no art. 52 deste Capítulo. (Incluído pela Lei nº 10.270, de 29.8.2001)

Art. 30. Os acidentes do trabalho serão obrigatoriamente anotados pelo Instituto Nacional de Previdência Social na carteira do acidentado. (Redação dada pelo Decreto-lei nº 926, de 10.10.1969)

Art. 31. Aos portadores de Carteiras de Trabalho e Previdência Social assegurado o direito de as apresentar aos órgãos autorizados, para o fim de ser anotado o que fôr cabível, não podendo ser recusada a solicitação, nem cobrado emolumento não previsto em lei. (Redação dada pelo Decreto-lei nº 229, de 28.2.1967)

Art. 32. As anotações relativas a alterações no estado civil dos portadores de Carteira de Trabalho e Previdência Social serão feitas mediante prova documental. As declarações referentes aos dependentes serão registradas nas fichas respectivas, pelo funcionário encarregado da identificação profissional, a pedido do próprio declarante, que as assinará. (Redação dada pelo Decreto-lei nº 229, de 28.2.1967)

Parágrafo único. As Delegacias Regionais e os órgãos autorizados deverão comunicar ao Departamento Nacional de Mão-de-Obra todas as alterações que anotarem nas Carteiras de Trabalho e Previdência Social. (Redação dada pelo Decreto-lei nº 229, de 28.2.1967)

Art. 33. As Anotações nas fichas de declaração e nas Carteiras Profissionais serão feitas seguidamente sem abreviaturas, ressalvando-se no fim de cada assentamento, as emendas, entrelinhas e quaisquer circunstâncias que possam ocasionar dúvidas. (Redação dada pelo Decreto-lei nº 229, de 28.2.1967)

Art. 34. Tratando-se de serviço de profissionais de qualquer atividade, exercido por empreitada individual ou coletiva, com ou sem fiscalização da outra parte contratante, a carteira será anotada pelo respectivo sindicato profissional ou pelo representante legal de sua cooperativa.

Art. 35. (Revogado pela Lei nº 6.533, de 24.5.1978)

Seção V
Das Reclamações por Falta ou Recusa de Anotação

Art. 36. Recusando-se a emprêsa fazer às anotações a que se refere o art. 29 ou a devolver a Carteira de Trabalho e Previdência Social recebida, poderá o empregado comparecer, pessoalmente ou intermédio de seu sindicato perante a Delegacia Regional ou órgão autorizado, para apresentar reclamação. (Redação dada pelo Decreto-lei nº 229, de 28.2.1967)

Art. 37. No caso do art. 36, lavrado o têrmo de reclamação, determinar-se-á a realização de diligência para instrução do feito, observado, se fôr o caso o disposto no § 2º do art. 29, notificando-se posteriormente o reclamado por carta registrada, caso persista a recusa, para que, em dia e hora previamente designados, venha prestar esclarecimentos ou efetuar as devidas anotações na Carteira de Trabalho e Previdência Social ou sua entrega. (Redação dada pelo Decreto-lei nº 229, de 28.2.1967)

Parágrafo único. Não comparecendo o reclamado, lavrar-se-á têrmo de ausência, sendo considerado revel e confesso sôbre os têrmos da reclamação feita, devendo as anotações serem efetuadas por despacho da autoridade que tenha processado a reclamação. (Redação dada pelo Decreto-lei nº 229, de 28.2.1967)

Art. 38. Comparecendo o empregador e recusando-se a fazer as anotações reclamadas, será lavrado um termo de comparecimento, que deverá conter, entre outras indicações, o lugar, o dia e hora de sua lavratura, o nome e a residência do empregador, assegurando-se-lhe o prazo de 48 (quarenta e oito) horas, a contar do termo, para apresentar defesa.

Parágrafo único. Findo o prazo para a defesa, subirá o processo à autoridade administrativa de primeira instância, para se ordenarem diligências, que completem a instrução do feito, ou para julgamento, se o caso estiver suficientemente esclarecido.

Art. 39. Verificando-se que as alegações feitas pelo reclamado versam sôbre a não existência de relação de emprêgo ou sendo impossível verificar essa condição pelos meios administrativos, será o processo encaminhado a Justiça do Trabalho ficando, nesse caso, sobrestado o julgamento do auto de infração que houver sido lavrado. (Redação dada pelo Decreto-lei nº 229, de 28.2.1967)

§ 1º Se não houver acôrdo, a Junta de Conciliação e Julgamento, em sua sentença ordenará que a Secretaria efetue as devidas anotações uma vez transitada em julgado, e faça a comunicação à autoridade competente para o fim de aplicar a multa cabível. (Incluído pelo Decreto-lei nº 229, de 28.2.1967)

§ 2º Igual procedimento observar-se-á no caso de processo trabalhista de qualquer natureza, quando fôr verificada a falta de anotações na Carteira de Trabalho e Previdência Social, devendo o Juiz, nesta hipótese, mandar proceder, desde logo, àquelas sôbre as quais não houver controvérsia. (Incluído pelo Decreto-lei nº 229, de 28.2.1967)

Seção VI
Do Valor das Anotações

Art. 40. As Carteiras de Trabalho e Previdência Social regularmente emitidas e anotadas servirão de prova nos atos em que sejam exigidas carteiras de identidade e especialmente: (Redação dada pelo Decreto-lei nº 229, de 28.2.1967)

I – Nos casos de dissídio na Justiça do Trabalho entre a emprêsa e o empregado por motivo de salário, férias ou tempo de serviço; (Redação dada pelo Decreto-lei nº 229, de 28.2.1967)

II – Perante a Previdência Social, para o efeito de declaração de dependentes; (Redação dada pelo Decreto-lei nº 229, de 28.2.1967)

III – Para cálculo de indenização por acidente do trabalho ou moléstia profissional. (Redação dada pelo Decreto-lei nº 229, de 28.2.1967)

Seção VII
Dos Livros de Registro de Empregados

Art. 41. Em todas as atividades será obrigatório para o empregador o registro dos respectivos trabalhadores, podendo ser adotados livros, fichas ou sistema eletrônico, conforme instruções a serem expedidas pelo Ministério do Trabalho. (Redação dada pela Lei nº 7.855, de 24.10.1989)

Parágrafo único. Além da qualificação civil ou profissional de cada trabalhador, deverão ser anotados todos os dados relativos à sua admissão no emprego, duração e efetividade do trabalho, a férias, acidentes e demais circunstâncias que interessem à proteção do trabalhador. (Redação dada pela Lei nº 7.855, de 24.10.1989)

Art. 42. (Revogado pela Lei nº 10.243, de 19.6.2001)

Art. 43. (Revogado pela Lei nº 7.855, de 24.10.1989)

Art. 44. (Revogado pela Lei nº 7.855, de 24.10.1989)

Art. 45. (Revogado pelo Decreto-Lei nº 229, de 28.2.1967)

Art. 46. (Revogado pelo Decreto-Lei nº 229, de 28.2.1967)

Nova Redação com a Reforma Trabalhista	Antiga Redação
Art. 47. O empregador que mantiver empregado não registrado nos termos do art. 41 desta Consolidação ficará sujeito a multa no valor de R$ 3.000,00 (três mil reais) por empregado não registrado, acrescido de igual valor em cada reincidência.	**Art. 47.** A emprêsa que mantiver empregado não registrado nos têrmos do art. 41 e seu parágrafo único, incorrerá na multa de valor igual a 1 (um) salário-mínimo regional, por empregado não registrado, acrescido de igual valor em cada reincidência.
§ 1º Especificamente quanto à infração a que se refere o *caput* deste artigo, o valor final da multa aplicada será de R$ 800,00 (oitocentos reais) por empregado não registrado, quando se tratar de microempresa ou empresa de pequeno porte.	Parágrafo único. As demais infrações referentes ao registro de empregados sujeitarão a emprêsa à multa de valor igual à metade do salário-mínimo regional, dobrada na reincidência.
§ 2º A infração de que trata o *caput* deste artigo constitui exceção ao critério da dupla visita.	⊗ Dispositivo sem correspondência na antiga redação.
Art. 47-A. Na hipótese de não serem informados os dados a que se refere o parágrafo único do art. 41 desta Consolidação, o empregador ficará sujeito à multa de R$ 600,00 (seiscentos reais) por empregado prejudicado.	⊗ Dispositivo sem correspondência na antiga redação.

Art. 48. As multas previstas nesta Seção serão aplicadas pela autoridade de primeira instância no Distrito Federal, e pelas autoridades regionais do Ministério do Trabalho, Industria e Comercio, nos Estados e no Território do Acre.

Seção VIII
Das Penalidades

Art. 49. Para os efeitos da emissão, substituição ou anotação de Carteiras de Trabalho e Previdência Social, considerar-se-á, crime de falsidade, com as penalidades previstas no art. 299 do Código Penal: (Redação dada pelo Decreto-lei nº 229, de 28.2.1967)

I – Fazer, no todo ou em parte, qualquer documento falso ou alterar o verdadeiro; (Incluído pelo Decreto-lei nº 229, de 28.2.1967)

II – Afirmar falsamente a sua própria identidade, filiação, lugar de nascimento, residência, profissão ou estado civil e beneficiários, ou atestar os de outra pessoa; (Incluído pelo Decreto-lei nº 229, de 28.2.1967)

III – Servir-se de documentos, por qualquer forma falsificados; (Incluído pelo Decreto-lei nº 229, de 28.2.1967)

IV – falsificar, fabricando ou alterando, ou vender, usar ou possuir Carteira de Trabalho e Previdência Social assim alteradas; (Incluído pelo Decreto-lei nº 229, de 28.2.1967)

V – Anotar dolosamente em Carteira de Trabalho e Previdência Social ou registro de empregado, ou confessar ou declarar em juízo ou fora dêle, data de admissão em emprêgo diversa da verdadeira. (Incluído pelo Decreto-lei nº 229, de 28.2.1967)

Art. 50. Comprovando-se falsidade, quer nas declarações para emissão de Carteira de Trabalho e Previdência Social, quer nas respectivas anotações, o fato será levado ao conhecimento da autoridade que houver emitido a carteira, para fins de direito.

Art. 51. Incorrerá em multa de valor igual a 3 (três) vêzes o salário-mínimo regional aquêle que, comerciante ou não, vender ou expuser à venda qualquer tipo de carteira igual ou semelhante ao tipo oficialmente adotado. (Redação dada pelo Decreto-lei nº 229, de 28.2.1967)

Art. 52. O extravio ou inutilização da Carteira de Trabalho e Previdência Social por culpa da empresa sujeitará esta à multa de valor igual á metade do salário mínimo regional. (Redação dada pelo Decreto-lei nº 926, de 10.10.1969)

Art. 53. A emprêsa que receber Carteira de Trabalho e Previdência Social para anotar e a retiver por mais de 48 (quarenta e oito) horas ficará sujeita à multa de valor igual à metade do salário-mínimo regional. (Redação dada pelo Decreto-lei nº 229, de 28.2.1967)

Art. 54. A emprêsa que, tendo sido intimada, não comparecer para anotar a Carteira de Trabalho e Previdência Social de seu empregado, ou cujas alegações para recusa tenham sido julgadas improcedentes, ficará sujeita à multa de valor igual a 1 (um) salário-mínimo regional. (Redação dada pelo Decreto-lei nº 229, de 28.2.1967)

Art. 55. Incorrerá na multa de valor igual a 1 (um) salário-mínimo regional a emprêsa que infringir o art. 13 e seus parágrafos. (Redação dada pelo Decreto-lei nº 229, de 28.2.1967)

Art. 56. O sindicato que cobrar remuneração pela entrega de Carteira de Trabalho e Previdência Social ficará sujeito à multa de valor igual a 3 (três) vêzes o salário-mínimo regional. (Redação dada pelo Decreto-lei nº 229, de 28.2.1967)

CAPÍTULO II
DA DURAÇÃO DO TRABALHO

Seção I
Disposição Preliminar

Art. 57. Os preceitos deste Capítulo aplicam-se a todas as atividades, salvo as expressamente excluídas, constituindo exceções as disposições especiais, concernentes estritamente a peculiaridades profissionais constantes do Capítulo I do Título III.

Seção II
Da Jornada de Trabalho

Art. 58. A duração normal do trabalho, para os empregados em qualquer atividade privada, não excederá de 8 (oito) horas diárias, desde que não seja fixado expressamente outro limite.

§ 1º Não serão descontadas nem computadas como jornada extraordinária as variações de horário no registro de ponto não excedentes de cinco minutos, observado o limite máximo de dez minutos diários.

Nova Redação com a Reforma Trabalhista	Antiga Redação
§ 2º O tempo despendido pelo empregado desde a sua residência até a efetiva ocupação do posto de trabalho e para o seu retorno, caminhando ou por qualquer meio de transporte, inclusive o fornecido pelo empregador, não será computado na jornada de trabalho, por não ser tempo à disposição do empregador.	§ 2º O tempo despendido pelo empregado até o local de trabalho e para o seu retorno, por qualquer meio de transporte, não será computado na jornada de trabalho, salvo quando, tratando-se de local de difícil acesso ou não servido por transporte público, o empregador fornecer a condução.
§ 3º (Revogado)	§ 3º Poderão ser fixados, para as microempresas e empresas de pequeno porte, por meio de acordo ou convenção coletiva, em caso de transporte fornecido pelo empregador, em local de difícil acesso ou não servido por transporte público, o tempo médio despendido pelo empregado, bem como a forma e a natureza da remuneração.

Nova Redação com a Reforma Trabalhista	Antiga Redação
Art. 58-A. Considera-se trabalho em regime de tempo parcial aquele cuja duração não exceda a trinta horas semanais, sem a possibilidade de horas suplementares semanais, ou, ainda, aquele cuja duração não exceda a vinte e seis horas semanais, com a possibilidade de acréscimo de até seis horas suplementares semanais.	**Art.58-A.** Considera-se trabalho em regime de tempo parcial aquele cuja duração não exceda a vinte e cinco horas semanais.
§1º O salário a ser pago aos empregados sob o regime de tempo parcial será proporcional à sua jornada, em relação aos empregados que cumprem, nas mesmas funções, tempo integral.	
§2º Para os atuais empregados, a adoção do regime de tempo parcial será feita mediante opção manifestada perante a empresa, na forma prevista em instrumento decorrente de negociação coletiva.	
§ 3º As horas suplementares à duração do trabalho semanal normal serão pagas com o acréscimo de 50% (cinquenta por cento) sobre o salário-hora normal.	⊗ Dispositivo sem correspondência na antiga redação.
§ 4º Na hipótese de o contrato de trabalho em regime de tempo parcial ser estabelecido em número inferior a vinte e seis horas semanais, as horas suplementares a este quantitativo serão consideradas horas extras para fins do pagamento estipulado no § 3º, estando também limitadas a seis horas suplementares semanais.	⊗ Dispositivo sem correspondência na antiga redação.
§ 5º As horas suplementares da jornada de trabalho normal poderão ser compensadas diretamente até a semana imediatamente posterior à da sua execução, devendo ser feita a sua quitação na folha de pagamento do mês subsequente, caso não sejam compensadas.	⊗ Dispositivo sem correspondência na antiga redação.
§ 6º É facultado ao empregado contratado sob regime de tempo parcial converter um terço do período de férias a que tiver direito em abono pecuniário.	⊗ Dispositivo sem correspondência na antiga redação.

<table>
<tr><th>Nova Redação com a Reforma Trabalhista</th><th>Antiga Redação</th></tr>
<tr><td>§ 7º As férias do regime de tempo parcial são regidas pelo disposto no art. 130 desta Consolidação.</td><td>⊗ Dispositivo sem correspondência na antiga redação.</td></tr>
<tr><td>Art. 59. A duração diária do trabalho poderá ser acrescida de horas extras, em número não excedente de duas, por acordo individual, convenção coletiva ou acordo coletivo de trabalho.</td><td>Art. 59. A duração normal do trabalho poderá ser acrescida de horas suplementares, em número não excedente de 2 (duas), mediante acordo escrito entre empregador e empregado, ou mediante contrato coletivo de trabalho.</td></tr>
<tr><td>§ 1º A remuneração da hora extra será, pelo menos, 50% (cinquenta por cento) superior à da hora normal.</td><td>§ 1º Do acordo ou do contrato coletivo de trabalho deverá constar, obrigatoriamente, a importância da remuneração da hora suplementar, que será, pelo menos, 20% (vinte por cento) superior à da hora normal.</td></tr>
<tr><td colspan="2">§2º Poderá ser dispensado o acréscimo de salário se, por força de acordo ou convenção coletiva de trabalho, o excesso de horas em um dia for compensado pela correspondente diminuição em outro dia, de maneira que não exceda, no período máximo de um ano, à soma das jornadas semanais de trabalho previstas, nem seja ultrapassado o limite máximo de dez horas diárias.</td></tr>
<tr><td>§ 3º Na hipótese de rescisão do contrato de trabalho sem que tenha havido a compensação integral da jornada extraordinária, na forma dos §§ 2º e 5º deste artigo, o trabalhador terá direito ao pagamento das horas extras não compensadas, calculadas sobre o valor da remuneração na data da rescisão.</td><td>§ 3º Na hipótese de rescisão do contrato de trabalho sem que tenha havido a compensação integral da jornada extraordinária, na forma do parágrafo anterior, fará o trabalhador jus ao pagamento das horas extras não compensadas, calculadas sobre o valor da remuneração na data da rescisão.</td></tr>
<tr><td>§ 4º (Revogado)</td><td>§4º Os empregados sob o regime de tempo parcial não poderão prestar horas extras.</td></tr>
<tr><td>§ 5º O banco de horas de que trata o § 2º deste artigo poderá ser pactuado por acordo individual escrito, desde que a compensação ocorra no período máximo de seis meses.</td><td>⊗ Dispositivo sem correspondência na antiga redação.</td></tr>
<tr><td>§ 6º É lícito o regime de compensação de jornada estabelecido por acordo individual, tácito ou escrito, para a compensação no mesmo mês.</td><td>⊗ Dispositivo sem correspondência na antiga redação.</td></tr>
</table>

Nova Redação com a Reforma Trabalhista	Antiga Redação
Art. 59-A. Em exceção ao disposto no art. 59 desta Consolidação, é facultado às partes, mediante acordo individual escrito, convenção coletiva ou acordo coletivo de trabalho, estabelecer horário de trabalho de doze horas seguidas por trinta e seis horas ininterruptas de descanso, observados ou indenizados os intervalos para repouso e alimentação.	⊗ Dispositivo sem correspondência na antiga redação.
Parágrafo único. A remuneração mensal pactuada pelo horário previsto no *caput* **deste artigo** abrange os pagamentos devidos pelo descanso semanal remunerado e pelo descanso em feriados, e serão considerados compensados os feriados e as prorrogações de trabalho noturno, quando houver, de que tratam o art. 70 e o § 5º do art. 73 desta Consolidação.	⊗ Dispositivo sem correspondência na antiga redação.
Art. 59-B. O não atendimento das exigências legais para compensação de jornada, inclusive quando estabelecida mediante acordo tácito, não implica a repetição do pagamento das horas excedentes à jornada normal diária se não ultrapassada a duração máxima semanal, sendo devido apenas o respectivo adicional.	⊗ Dispositivo sem correspondência na antiga redação.
Parágrafo único. A prestação de horas extras habituais não descaracteriza o acordo de compensação de jornada e o banco de horas.	⊗ Dispositivo sem correspondência na antiga redação.

Art. 60. Nas atividades insalubres, assim consideradas as constantes dos quadros mencionados no capítulo "Da Segurança e da Medicina do Trabalho", ou que neles venham a ser incluídas por ato do Ministro do Trabalho, Industria e Comercio, quaisquer prorrogações só poderão ser acordadas mediante licença prévia das autoridades competentes em matéria de higiene do trabalho, as quais, para esse efeito, procederão aos necessários exames locais e à verificação dos métodos e processos de trabalho, quer diretamente, quer por intermédio de autoridades sanitárias federais, estaduais e municipais, com quem entrarão em entendimento para tal fim.

Nova Redação com a Reforma Trabalhista	Antiga Redação
Parágrafo único. Excetuam-se da exigência de licença prévia as jornadas de doze horas de trabalho por trinta e seis horas ininterruptas de descanso.	⊗ Dispositivo sem correspondência na antiga redação.

Art. 61. Ocorrendo necessidade imperiosa, poderá a duração do trabalho exceder do limite legal ou convencionado, seja para fazer face a motivo de força maior, seja para atender à realização ou conclusão de serviços inadiáveis ou cuja inexecução possa acarretar prejuízo manifesto.

Nova Redação com a Reforma Trabalhista	Antiga Redação
§ 1º O excesso, nos casos deste artigo, pode ser exigido independentemente de convenção coletiva ou acordo coletivo de trabalho.	§ 1º O excesso, nos casos deste artigo, poderá ser exigido independentemente de acordo ou contrato coletivo e deverá ser comunicado, dentro de 10 (dez) dias, à autoridade competente em matéria de trabalho, ou, antes desse prazo, justificado no momento da fiscalização sem prejuízo dessa comunicação.

§ 2º Nos casos de excesso de horário por motivo de força maior, a remuneração da hora excedente não será inferior à da hora normal. Nos demais casos de excesso previstos neste artigo, a remuneração será, pelo menos, 25% (vinte e cinco por cento) superior à da hora normal, e o trabalho não poderá exceder de 12 (doze) horas, desde que a lei não fixe expressamente outro limite.

§ 3º Sempre que ocorrer interrupção do trabalho, resultante de causas acidentais, ou de força maior, que determinem a impossibilidade de sua realização, a duração do trabalho poderá ser prorrogada pelo tempo necessário até o máximo de 2 (duas) horas, durante o número de dias indispensáveis à recuperação do tempo perdido, desde que não exceda de 10 (dez) horas diárias, em período não superior a 45 (quarenta e cinco) dias por ano, sujeita essa recuperação à prévia autorização da autoridade competente.

Art. 62. Não são abrangidos pelo regime previsto neste capítulo:

I – os empregados que exercem atividade externa incompatível com a fixação de horário de trabalho, devendo tal condição ser anotada na Carteira de Trabalho e Previdência Social e no registro de empregados;

II – os gerentes, assim considerados os exercentes de cargos de gestão, aos quais se equiparam, para efeito do disposto neste artigo, os diretores e chefes de departamento ou filial.

Nova Redação com a Reforma Trabalhista	Antiga Redação
III – os empregados em regime de teletrabalho.	⊗ Dispositivo sem correspondência na antiga redação.

Nova Redação com a Reforma Trabalhista	Antiga Redação

Parágrafo único. O regime previsto neste capítulo será aplicável aos empregados mencionados no inciso II deste artigo, quando o salário do cargo de confiança, compreendendo a gratificação de função, se houver, for inferior ao valor do respectivo salário efetivo acrescido de 40% (quarenta por cento).

Art. 63. Não haverá distinção entre empregados e interessados, e a participação em lucros e comissões, salvo em lucros de caráter social, não exclui o participante do regime deste Capítulo.

Art. 64. O salário-hora normal, no caso de empregado mensalista, será obtido dividindo-se o salário mensal correspondente à duração do trabalho, a que se refere o art. 58, por 30 (trinta) vezes o número de horas dessa duração.

Parágrafo único. Sendo o número de dias inferior a 30 (trinta), adotar-se-á para o cálculo, em lugar desse número, o de dias de trabalho por mês.

Art. 65. No caso do empregado diarista, o salário-hora normal será obtido dividindo-se o salário diário correspondente à duração do trabalho, estabelecido no art. 58, pelo número de horas de efetivo trabalho.

Seção III
Dos Períodos de Descanso

Art. 66. Entre 2 (duas) jornadas de trabalho haverá um período mínimo de 11 (onze) horas consecutivas para descanso.

Art. 67. Será assegurado a todo empregado um descanso semanal de 24 (vinte e quatro) horas consecutivas, o qual, salvo motivo de conveniência pública ou necessidade imperiosa do serviço, deverá coincidir com o domingo, no todo ou em parte.

Parágrafo único. Nos serviços que exijam trabalho aos domingos, com exceção quanto aos elencos teatrais, será estabelecida escala de revezamento, mensalmente organizada e constando de quadro sujeito à fiscalização.

Art. 68. O trabalho em domingo, seja total ou parcial, na forma do art. 67, será sempre subordinado à permissão prévia da autoridade competente em matéria de trabalho.

Parágrafo único. A permissão será concedida a título permanente nas atividades que, por sua natureza ou pela conveniência pública, devem ser exercidas aos domingos, cabendo ao Ministro do Trabalho, Industria e Comercio, expedir instruções em que sejam especificadas tais atividades. Nos demais casos, ela será dada sob forma transitória, com discriminação do período autorizado, o qual, de cada vez, não excederá de 60 (sessenta) dias.

Art. 69. Na regulamentação do funcionamento de atividades sujeitas ao regime deste Capítulo, os municípios atenderão aos preceitos nele estabelecidos, e as regras que venham a fixar não poderão contrariar tais preceitos nem as instruções que, para seu cumprimento, forem expedidas pelas autoridades competentes em matéria de trabalho.

Art. 70. Salvo o disposto nos artigos 68 e 69, é vedado o trabalho em dias feriados nacionais e feriados religiosos, nos têrmos da legislação própria. (Redação dada pelo Decreto-lei nº 229, de 28.2.1967)

Art. 71. Em qualquer trabalho contínuo, cuja duração exceda de 6 (seis) horas, é obrigatória a concessão de um intervalo para repouso ou alimentação, o qual será, no mínimo, de 1 (uma) hora e, salvo acordo escrito ou contrato coletivo em contrário, não poderá exceder de 2 (duas) horas.

§ 1º Não excedendo de 6 (seis) horas o trabalho, será, entretanto, obrigatório um intervalo de 15 (quinze) minutos quando a duração ultrapassar 4 (quatro) horas.

§ 2º Os intervalos de descanso não serão computados na duração do trabalho.

§ 3º O limite mínimo de uma hora para repouso ou refeição poderá ser reduzido por ato do Ministro do Trabalho, Indústria e Comércio, quando ouvido o Serviço de Alimentação de Previdência Social, se verificar que o estabelecimento atende integralmente às exigências concernentes à organização dos refeitórios, e quando os respectivos empregados não estiverem sob regime de trabalho prorrogado a horas suplementares.

Nova Redação com a Reforma Trabalhista	Antiga Redação
§ 4º A não concessão ou a concessão parcial do intervalo intrajornada mínimo, para repouso e alimentação, a empregados urbanos e rurais, implica o pagamento, de natureza indenizatória, apenas do período suprimido, com acréscimo de 50% (cinquenta por cento) sobre o valor da remuneração da hora normal de trabalho.	§ 4º Quando o intervalo para repouso e alimentação, previsto neste artigo, não for concedido pelo empregador, este ficará obrigado a remunerar o período correspondente com um acréscimo de no mínimo 50% (cinqüenta por cento) sobre o valor da remuneração da hora normal de trabalho.

§ 5º O intervalo expresso no *caput* poderá ser reduzido e/ou fracionado, e aquele estabelecido no § 1º poderá ser fracionado, quando compreendidos entre o término da primeira hora trabalhada e o início da última hora trabalhada, desde que previsto em convenção ou acordo coletivo de trabalho, ante a natureza do serviço e em virtude das condições especiais de trabalho a que são submetidos estritamente os motoristas, cobradores, fiscalização de campo e afins nos serviços de operação de veículos rodoviários, empregados no setor de transporte coletivo de passageiros, mantida a remuneração e concedidos intervalos para descanso menores ao final de cada viagem.

Art. 72. Nos serviços permanentes de mecanografia (datilografia, escrituração ou cálculo), a cada período de 90 (noventa) minutos de trabalho consecutivo corresponderá um repouso de 10 (dez) minutos não deduzidos da duração normal de trabalho.

Seção IV
Do Trabalho Noturno

Art. 73. Salvo nos casos de revezamento semanal ou quinzenal, o trabalho noturno terá remuneração superior a do diurno e, para esse efeito, sua remuneração terá um acréscimo de 20 % (vinte por cento), pelo menos, sobre a hora diurna. (Redação dada pelo Decreto-lei nº 9.666, de 1946)

§ 1º A hora do trabalho noturno será computada como de 52 minutos e 30 segundos. (Redação dada pelo Decreto-lei nº 9.666, de 1946)

§ 2º Considera-se noturno, para os efeitos deste artigo, o trabalho executado entre as 22 horas de um dia e as 5 horas do dia seguinte. (Redação dada pelo Decreto-lei nº 9.666, de 1946)

§ 3º O acréscimo, a que se refere o presente artigo, em se tratando de empresas que não mantêm, pela natureza de suas atividades, trabalho noturno habitual, será feito, tendo em vista os quantitativos pagos por trabalhos diurnos de natureza semelhante. Em relação às empresas cujo trabalho noturno decorra da natureza de suas atividades, o aumento será calculado sobre o salário mínimo geral vigente na região, não sendo devido quando exceder desse limite, já acrescido da percentagem. (Redação dada pelo Decreto-lei nº 9.666, de 1946)

§ 4º Nos horários mistos, assim entendidos os que abrangem períodos diurnos e noturnos, aplica-se às horas de trabalho noturno o disposto neste artigo e seus parágrafos. (Redação dada pelo Decreto-lei nº 9.666, de 1946)

§ 5º Às prorrogações do trabalho noturno aplica-se o disposto neste capítulo. (Incluído pelo Decreto-lei nº 9.666, de 1946)

Seção V
Do Quadro de Horário

Art. 74. O horário do trabalho constará de quadro, organizado conforme modelo expedido pelo Ministro do Trabalho, Industria e Comercio, e afixado em lugar bem visível. Esse quadro será discriminativo no caso de não ser o horário único para todos os empregados de uma mesma seção ou turma.

§ 1º O horário de trabalho será anotado em registro de empregados com a indicação de acordos ou contratos coletivos porventura celebrados.

§ 2º Para os estabelecimentos de mais de dez trabalhadores será obrigatória a anotação da hora de entrada e de saída, em registro manual, mecânico ou eletrônico, conforme instruções a serem expedidas pelo Ministério do Trabalho, devendo haver pré-assinalação do período de repouso. (Redação dada pela Lei nº 7.855, de 24.10.1989)

§ 3º Se o trabalho for executado fora do estabelecimento, o horário dos empregados constará, explicitamente, de ficha ou papeleta em seu poder, sem prejuízo do que dispõe o § 1º deste artigo.

Seção VI
Das Penalidades

Art. 75. Os infratores dos dispositivos do presente Capítulo incorrerão na multa de cinquenta a cinco mil cruzeiros, segundo a natureza da infração, sua extensão e a intenção de quem a praticou, aplicada em dobro no caso de reincidência e oposição à fiscalização ou desacato à autoridade.

Parágrafo único. São competentes para impor penalidades, no Distrito Federal, a autoridade de 1ª instância do Departamento Nacional do Trabalho e, nos Estados e no Território do Acre, as autoridades regionais do Ministério do Trabalho, Industria e Comercio.

CAPÍTULO II-A
DO TELETRABALHO

Nova Redação com a Reforma Trabalhista	Antiga Redação
Art. 75-A. A prestação de serviços pelo empregado em regime de teletrabalho observará o disposto neste Capítulo.	⊗ Dispositivo sem correspondência na antiga redação.
Art. 75-B. Considera-se teletrabalho a prestação de serviços preponderantemente fora das dependências do empregador, com a utilização de tecnologias de informação e de comunicação que, por sua natureza, não se constituam como trabalho externo.	⊗ Dispositivo sem correspondência na antiga redação.

Nova Redação com a Reforma Trabalhista	Antiga Redação
Parágrafo único. O comparecimento às dependências do empregador para a realização de atividades específicas que exijam a presença do empregado no estabelecimento não descaracteriza o regime de teletrabalho.	⊗ Dispositivo sem correspondência na antiga redação.
Art. 75-C. A prestação de serviços na modalidade de teletrabalho deverá constar expressamente do contrato individual de trabalho, que especificará as atividades que serão realizadas pelo empregado.	⊗ Dispositivo sem correspondência na antiga redação.
§ 1º Poderá ser realizada a alteração entre regime presencial e de teletrabalho desde que haja mútuo acordo entre as partes, registrado em aditivo contratual.	⊗ Dispositivo sem correspondência na antiga redação.
§ 2º Poderá ser realizada a alteração do regime de teletrabalho para o presencial por determinação do empregador, garantido prazo de transição mínimo de quinze dias, com correspondente registro em aditivo contratual.	⊗ Dispositivo sem correspondência na antiga redação.
Art. 75-D. As disposições relativas à responsabilidade pela aquisição, manutenção ou fornecimento dos equipamentos tecnológicos e da infraestrutura necessária e adequada à prestação do trabalho remoto, bem como ao reembolso de despesas arcadas pelo empregado, serão previstas em contrato escrito.	⊗ Dispositivo sem correspondência na antiga redação.
Parágrafo único. As utilidades mencionadas no *caput* deste artigo não integram a remuneração do empregado.	⊗ Dispositivo sem correspondência na antiga redação.
Art. 75-E. O empregador deverá instruir os empregados, de maneira expressa e ostensiva, quanto às precauções a tomar a fim de evitar doenças e acidentes de trabalho.	⊗ Dispositivo sem correspondência na antiga redação.

Nova Redação com a Reforma Trabalhista	Antiga Redação
Parágrafo único. O empregado deverá assinar termo de responsabilidade comprometendo-se a seguir as instruções fornecidas pelo empregador.	⊗ Dispositivo sem correspondência na antiga redação.

CAPÍTULO III
DO SALÁRIO MÍNIMO

Seção I
Do Conceito

Art. 76. Salário mínimo é a contraprestação mínima devida e paga diretamente pelo empregador a todo trabalhador, inclusive ao trabalhador rural, sem distinção de sexo, por dia normal de serviço, e capaz de satisfazer, em determinada época e região do País, as suas necessidades normais de alimentação, habitação, vestuário, higiene e transporte.

Art. 77. (Revogado pela Lei nº 4.589, de 11.12.1964).

Art. 78. Quando o salário for ajustado por empreitada, ou convencionado por tarefa ou peça, será garantida ao trabalhador uma remuneração diária nunca inferior à do salário mínimo por dia normal da região, zona ou subzona.

Parágrafo único. Quando o salário-mínimo mensal do empregado a comissão ou que tenha direito a percentagem for integrado por parte fixa e parte variável, ser-lhe-á sempre garantido o salário-mínimo, vedado qualquer desconto em mês subseqüente a título de compensação. (Incluído pelo Decreto-lei nº 229, de 28.2.1967)

Art. 79. (Revogado pela Lei nº 4.589, de 11.12.1964)

Art. 80. (Revogado pela Lei 10.097, de 2000)

Art. 81. O salário mínimo será determinado pela fórmula Sm = a + b + c + d + e, em que "a", "b", "c", "d" e "e" representam, respectivamente, o valor das despesas diárias com alimentação, habitação, vestuário, higiene e transporte necessários à vida de um trabalhador adulto.

§ 1º A parcela correspondente à alimentação terá um valor mínimo igual aos valores da lista de provisões, constantes dos quadros devidamente aprovados e necessários à alimentação diária do trabalhador adulto.

§ 2º Poderão ser substituídos pelos equivalentes de cada grupo, também mencionados nos quadros a que alude o parágrafo anterior, os alimentos, quando as condições da região, zona ou subzona o aconselharem, respeitados os valores nutritivos determinados nos mesmos quadros.

Nova Redação com a Reforma Trabalhista	Antiga Redação
§ 3º O Ministério do Trabalho, Industria e Comercio fará, periodicamente, a revisão dos quadros a que se refere o § 1º deste artigo.	
Art. 82. Quando o empregador fornecer, in natura, uma ou mais das parcelas do salário mínimo, o salário em dinheiro será determinado pela fórmula Sd = Sm – P, em que Sd representa o salário em dinheiro, Sm o salário mínimo e P a soma dos valores daquelas parcelas na região, zona ou subzona.	
Parágrafo único. O salário mínimo pago em dinheiro não será inferior a 30% (trinta por cento) do salário mínimo fixado para a região, zona ou subzona.	
Art. 83. É devido o salário mínimo ao trabalhador em domicílio, considerado este como o executado na habitação do empregado ou em oficina de família, por conta de empregador que o remunere.	

Seção II
Das Regiões, Zonas e Subzonas

Nova Redação com a Reforma Trabalhista	Antiga Redação
Art. 84. (Revogado)	**Art. 84.** Para efeito da aplicação do salário mínimo, será o país dividido em 22 regiões, correspondentes aos Estados, Distrito Federal e Território do Acre. (Vide Decreto Lei nº 2.351, de 1987)
Parágrafo único. (Revogado)	Parágrafo único. Em cada região, funcionará uma Comissão de Salário Mínimo, com sede na capital do Estado, no Distrito Federal e na sede do governo do Território do Acre. (Vide Decreto Lei nº 2.351, de 1987)
Art. 85. (Revogado pela Lei nº 4.589, de 11.12.1964)	
Art. 86. (Revogado)	**Art. 86.** Sempre que, em uma região ou zona, se verifiquem diferenças de padrão de vida, determinadas por circunstâncias econômicas de carater urbano, suburbano, rural ou marítimo, poderá o Ministro do Trabalho, Industria e Comercio, mediante proposta da respectiva Comissão de Salário Mínimo e ouvido o Serviço de Estatística da Previdência e Trabalho, autorizá-la a subdividir a região ou zona, de acordo com tais circunstâncias. (Vide Decreto Lei nº 2.351, de 1987)

Nova Redação com a Reforma Trabalhista	Antiga Redação
§ 1º (Revogado)	§ 1º Deverá ser efetuado, também em sua totalidade, e no ato da entrega da declaração, o pagamento do imposto devido, quando se verificar a hipótese do art. 52. (Parágrafo único renumerado pela Lei nº 5.381, de 9.2.1968) (Vide Lei nº 4.589, de 11.12.1964)
§ 2º (Revogado)	§ 2º Enquanto não se verificarem as circunstâncias mencionadas neste artigo, vigorará nos municípios que se criarem o salário-mínimo fixado para os municípios de que tenham sido desmembrados. (Incluído pela Lei nº 5.381, de 9.2.1968) (Vide Decreto Lei nº 2.351, de 1987)
§ 3º (Revogado)	§ 3º No caso de novos municípios formados pelo desmembramento de mais de um município, vigorará neles, até que se verifiquem as referidas circunstâncias, o maior salário-mínimo estabelecido para os municípios que lhes deram origem. (Incluído pela Lei nº 5.381, de 9.2.1968) (Vide Decreto Lei nº 2.351, de 1987)

Seção III
Da Constituição das Comissões

Art. 87 a 100. (Revogados pela Lei nº 4.589, de 11.12.1964)

Seção IV
Das Atribuições das Comissões de Salário Mínimo

Art. 101 a 111. (Revogados pela Lei nº 4.589, de 11.12.1964).

Seção V
Da Fixação do Salário Mínimo

Art. 112 a 116. (Revogados pela Lei nº 4.589, de 11.12.1964).

Seção VI
Disposições Gerais

Art. 117. Será nulo de pleno direito, sujeitando o empregador às sanções do art. 120, qualquer contrato ou convenção que estipule remuneração inferior ao salário mínimo estabelecido na região, zona ou subzona, em que tiver de ser cumprido.

Art. 118. O trabalhador a quem for pago salário inferior ao mínimo terá direito, não obstante qualquer contrato ou convenção em contrário, a reclamar do empregador o complemento de seu salário mínimo estabelecido na região, zona ou subzona, em que tiver de ser cumprido.

Art. 119. Prescreve em 2 (dois) anos a ação para reaver a diferença, contados, para cada pagamento, da data em que o mesmo tenha sido efetuado.

Art. 120. Aquele que infringir qualquer dispositivo concernente ao salário mínimo será passível da multa de cinquenta e dois mil cruzeiros, elevada ao dobro na reincidência.

Art. 121. (Revogado pelo Decreto-Lei nº 229, de 28.2.1967)

Art. 122. (Revogado pela Lei nº 4.589, de 11.12.1964)

Art. 123. (Revogado pela Lei nº 4.589, de 11.12.1964)

Art. 124. A aplicação dos preceitos deste Capítulo não poderá, em caso algum, ser causa determinante da redução do salário.

Art. 125. (Revogado pela Lei nº 4.589, de 11.12.1964)

Art. 126. O Ministro do Trabalho, Industria e Comercio, expedirá as instruções necessárias à fiscalização do salário mínimo, podendo cometer essa fiscalização a qualquer dos órgãos componentes do respectivo Ministério, e, bem assim, aos fiscais dos Institutos de Aposentadoria e Pensões na forma da legislação em vigor.

Art. 127 e 128. (Revogados pelo Decreto-Lei nº 229, de 28.2.1967)

CAPÍTULO IV
DAS FÉRIAS ANUAIS

Seção
Do Direito A Férias e da Sua Duração

Art. 129. Todo empregado terá direito anualmente ao gozo de um período de férias, sem prejuízo da remuneração. (Redação dada pelo Decreto-lei nº 1.535, de 13.4.1977)

Nova Redação com a Reforma Trabalhista	Antiga Redação

Art. 130. Após cada período de 12 (doze) meses de vigência do contrato de trabalho, o empregado terá direito a férias, na seguinte proporção: (Redação dada pelo Decreto-lei nº 1.535, de 13.4.1977)

I – 30 (trinta) dias corridos, quando não houver faltado ao serviço mais de 5 (cinco) vezes; (Incluído pelo Decreto-lei nº 1.535, de 13.4.1977)

II – 24 (vinte e quatro) dias corridos, quando houver tido de 6 (seis) a 14 (quatorze) faltas; (Incluído pelo Decreto-lei nº 1.535, de 13.4.1977)

III – 18 (dezoito) dias corridos, quando houver tido de 15 (quinze) a 23 (vinte e três) faltas; (Incluído pelo Decreto-lei nº 1.535, de 13.4.1977)

IV – 12 (doze) dias corridos, quando houver tido de 24 (vinte e quatro) a 32 (trinta e duas) faltas. (Incluído pelo Decreto-lei nº 1.535, de 13.4.1977)

§ 1º – É vedado descontar, do período de férias, as faltas do empregado ao serviço. (Incluído pelo Decreto-lei nº 1.535, de 13.4.1977)

§ 2º – O período das férias será computado, para todos os efeitos, como tempo de serviço. (Incluído pelo Decreto-lei nº 1.535, de 13.4.1977)

Nova Redação com a Reforma Trabalhista	Antiga Redação
Art. 130-A. (Revogado)	**Art. 130-A.** Na modalidade do regime de tempo parcial, após cada período de doze meses de vigência do contrato de trabalho, o empregado terá direito a férias, na seguinte proporção: (Incluído pela Medida Provisória nº 2.164-41, de 2001)
I – (Revogado)	I – dezoito dias, para a duração do trabalho semanal superior a vinte e duas horas, até vinte e cinco horas; (Incluído pela Medida Provisória nº 2.164-41, de 2001)
II – (Revogado)	II – dezesseis dias, para a duração do trabalho semanal superior a vinte horas, até vinte e duas horas; (Incluído pela Medida Provisória nº 2.164-41, de 2001)
III – (Revogado)	III – quatorze dias, para a duração do trabalho semanal superior a quinze horas, até vinte horas; (Incluído pela Medida Provisória nº 2.164-41, de 2001)

Nova Redação com a Reforma Trabalhista	Antiga Redação
IV – (Revogado)	IV – doze dias, para a duração do trabalho semanal superior a dez horas, até quinze horas; (Incluído pela Medida Provisória nº 2.164-41, de 2001)
V – (Revogado)	V – dez dias, para a duração do trabalho semanal superior a cinco horas, até dez horas; (Incluído pela Medida Provisória nº 2.164-41, de 2001)
VI – (Revogado)	VI – oito dias, para a duração do trabalho semanal igual ou inferior a cinco horas. (Incluído pela Medida Provisória nº 2.164-41, de 2001)
Parágrafo único. (Revogado)	Parágrafo único. O empregado contratado sob o regime de tempo parcial que tiver mais de sete faltas injustificadas ao longo do período aquisitivo terá o seu período de férias reduzido à metade. (Incluído pela Medida Provisória nº 2.164-41, de 2001)

Art. 131. Não será considerada falta ao serviço, para os efeitos do artigo anterior, a ausência do empregado: (Redação dada pelo Decreto-lei nº 1.535, de 13.4.1977)

I – nos casos referidos no art. 473; (Incluído pelo Decreto-lei nº 1.535, de 13.4.1977)

II – durante o licenciamento compulsório da empregada por motivo de maternidade ou aborto, observados os requisitos para percepção do salário-maternidade custeado pela Previdência Social; (Redação dada pela Lei nº 8.921, de 25.7.1994)

III – por motivo de acidente do trabalho ou enfermidade atestada pelo Instituto Nacional do Seguro Social – INSS, excetuada a hipótese do inciso IV do art. 133; (Redação dada pela Lei nº 8.726, de 5.11.1993)

IV – justificada pela empresa, entendendo-se como tal a que não tiver determinado o desconto do correspondente salário; (Incluído pelo Decreto-lei nº 1.535, de 13.4.1977)

V – durante a suspensão preventiva para responder a inquérito administrativo ou de prisão preventiva, quando for impronunciado ou absolvido; e (Incluído pelo Decreto-lei nº 1.535, de 13.4.1977)

VI – nos dias em que não tenha havido serviço, salvo na hipótese do inciso III do art. 133. (Incluído pelo Decreto-lei nº 1.535, de 13.4.1977)

Art. 132. O tempo de trabalho anterior à apresentação do empregado para serviço militar obrigatório será computado no período aquisitivo, desde que ele compareça ao estabelecimento dentro de 90 (noventa) dias da data em que se verificar a respectiva baixa. (Redação dada pelo Decreto-lei nº 1.535, de 13.4.1977)

Art. 133. Não terá direito a férias o empregado que, no curso do período aquisitivo: (Redação dada pelo Decreto-lei nº 1.535, de 13.4.1977)

I – deixar o emprego e não for readmitido dentro de 60 (sessenta) dias subseqüentes à sua saída; (Incluído pelo Decreto-lei nº 1.535, de 13.4.1977)

II – permanecer em gozo de licença, com percepção de salários, por mais de 30 (trinta) dias; (Incluído pelo Decreto-lei nº 1.535, de 13.4.1977)

III – deixar de trabalhar, com percepção do salário, por mais de 30 (trinta) dias, em virtude de paralisação parcial ou total dos serviços da empresa; e (Incluído pelo Decreto-lei nº 1.535, de 13.4.1977)

IV – tiver percebido da Previdência Social prestações de acidente de trabalho ou de auxílio-doença por mais de 6 (seis) meses, embora descontínuos. (Incluído pelo Decreto-lei nº 1.535, de 13.4.1977)

§ 1º A interrupção da prestação de serviços deverá ser anotada na Carteira de Trabalho e Previdência Social. (Incluído pelo Decreto-lei nº 1.535, de 13.4.1977)

§ 2º Iniciar-se-á o decurso de novo período aquisitivo quando o empregado, após o implemento de qualquer das condições previstas neste artigo, retornar ao serviço. (Incluído pelo Decreto-lei nº 1.535, de 13.4.1977)

§ 3º Para os fins previstos no inciso III deste artigo a empresa comunicará ao órgão local do Ministério do Trabalho, com antecedência mínima de 15 (quinze) dias, as datas de início e fim da paralisação total ou parcial dos serviços da empresa, e, em igual prazo, comunicará, nos mesmos termos, ao sindicato representativo da categoria profissional, bem como afixará aviso nos respectivos locais de trabalho. (Incluído pela Lei nº 9.016, de 30.3.1995)

§ 4º (Vetado) (Incluído pela Lei nº 9.016, de 30.3.1995)

Seção II
Da Concessão e da Época das Férias

Art. 134. As férias serão concedidas por ato do empregador, em um só período, nos 12 (doze) meses subseqüentes à data em que o empregado tiver adquirido o direito.

Nova Redação com a Reforma Trabalhista	Antiga Redação
§ 1º Desde que haja concordância do empregado, as férias poderão ser usufruídas em até três períodos, sendo que um deles não poderá ser inferior a quatorze dias corridos e os demais não poderão ser inferiores a cinco dias corridos, cada um.	§ 1º Somente em casos excepcionais serão as férias concedidas em 2 (dois) períodos, um dos quais não poderá ser inferior a 10 (dez) dias corridos.
§ 2º (Revogado)	§ 2º Aos menores de 18 (dezoito) anos e aos maiores de 50 (cinqüenta) anos de idade, as férias serão sempre concedidas de uma só vez.
§ 3º É vedado o início das férias no período de dois dias que antecede feriado ou dia de repouso semanal remunerado.	⊗ Dispositivo sem correspondência na antiga redação.

Art. 135. A concessão das férias será participada, por escrito, ao empregado, com antecedência de, no mínimo, 30 (trinta) dias. Dessa participação o interessado dará recibo. (Redação dada pela Lei nº 7.414, de 9.12.1985)

§ 1º O empregado não poderá entrar no gozo das férias sem que apresente ao empregador sua Carteira de Trabalho e Previdência Social, para que nela seja anotada a respectiva concessão. (Incluído pelo Decreto-lei nº 1.535, de 13.4.1977)

§ 2º A concessão das férias será, igualmente, anotada no livro ou nas fichas de registro dos empregados. (Incluído pelo Decreto-lei nº 1.535, de 13.4.1977)

Art. 136. A época da concessão das férias será a que melhor consulte os interesses do empregador. (Redação dada pelo Decreto-lei nº 1.535, de 13.4.1977)

§ 1º Os membros de uma família, que trabalharem no mesmo estabelecimento ou empresa, terão direito a gozar férias no mesmo período, se assim o desejarem e se disto não resultar prejuízo para o serviço. (Redação dada pelo Decreto-lei nº 1.535, de 13.4.1977)

§ 2º O empregado estudante, menor de 18 (dezoito) anos, terá direito a fazer coincidir suas férias com as férias escolares. (Redação dada pelo Decreto-lei nº 1.535, de 13.4.1977)

Art. 137. Sempre que as férias forem concedidas após o prazo de que trata o art. 134, o empregador pagará em dobro a respectiva remuneração. (Redação dada pelo Decreto-lei nº 1.535, de 13.4.1977)

§ 1º Vencido o mencionado prazo sem que o empregador tenha concedido as férias, o empregado poderá ajuizar reclamação pedindo a fixação, por sentença, da época de gozo das mesmas. (Incluído pelo Decreto-lei nº 1.535, de 13.4.1977)

§ 2º A sentença cominará pena diária de 5% (cinco por cento) do salário mínimo da região, devida ao empregado até que seja cumprida. (Incluído pelo Decreto-lei nº 1.535, de 13.4.1977)

§ 3º Cópia da decisão judicial transitada em julgado será remetida ao órgão local do Ministério do Trabalho, para fins de aplicação da multa de caráter administrativo. (Incluído pelo Decreto-lei nº 1.535, de 13.4.1977)

Art. 138. Durante as férias, o empregado não poderá prestar serviços a outro empregador, salvo se estiver obrigado a fazê-lo em virtude de contrato de trabalho regularmente mantido com aquele. (Redação dada pelo Decreto-lei nº 1.535, de 13.4.1977)

Seção III
Das Férias Coletivas

Art. 139. Poderão ser concedidas férias coletivas a todos os empregados de uma empresa ou de determinados estabelecimentos ou setores da empresa. (Redação dada pelo Decreto-lei nº 1.535, de 13.4.1977)

§ 1º As férias poderão ser gozadas em 2 (dois) períodos anuais desde que nenhum deles seja inferior a 10 (dez) dias corridos. (Redação dada pelo Decreto-lei nº 1.535, de 13.4.1977

§ 2º Para os fins previstos neste artigo, o empregador comunicará ao órgão local do Ministério do Trabalho, com a antecedência mínima de 15 (quinze) dias, as datas de início e fim das férias, precisando quais os estabelecimentos ou setores abrangidos pela medida. (Redação dada pelo Decreto-lei nº 1.535, de 13.4.1977

§ 3º Em igual prazo, o empregador enviará cópia da aludida comunicação aos sindicatos representativos da respectiva categoria profissional, e providenciará a afixação de aviso nos locais de trabalho. (Incluído pelo Decreto-lei nº 1.535, de 13.4.1977)

Art. 140. Os empregados contratados há menos de 12 (doze) meses gozarão, na oportunidade, férias proporcionais, iniciando-se, então, novo período aquisitivo. (Redação dada pelo Decreto-lei nº 1.535, de 13.4.1977)

Art. 141. Quando o número de empregados contemplados com as férias coletivas for superior a 300 (trezentos), a empresa poderá promover, mediante carimbo, anotações de que trata o art. 135, § 1º. (Redação dada pelo Decreto-lei nº 1.535, de 13.4.1977)

§ 1º O carimbo, cujo modelo será aprovado pelo Ministério do Trabalho, dispensará a referência ao período aquisitivo a que correspondem, para cada empregado, as férias concedidas. (Incluído pelo Decreto-lei nº 1.535, de 13.4.1977)

§ 2º Adotado o procedimento indicado neste artigo, caberá à empresa fornecer ao empregado cópia visada do recibo correspondente à quitação mencionada no parágrafo único do art. 145. (Incluído pelo Decreto-lei nº 1.535, de 13.4.1977)

§ 3º Quando da cessação do contrato de trabalho, o empregador anotará na Carteira de Trabalho e Previdência Social as datas dos períodos aquisitivos correspondentes às férias coletivas gozadas pelo empregado. (Incluído pelo Decreto-lei nº 1.535, de 13.4.1977)

Seção IV
Da Remuneração e do Abono de Férias

Art. 142. O empregado perceberá, durante as férias, a remuneração que lhe for devida na data da sua concessão. (Redação dada pelo Decreto-lei nº 1.535, de 13.4.1977)

§ 1º Quando o salário for pago por hora com jornadas variáveis, apurar-se-á a média do período aquisitivo, aplicando-se o valor do salário na data da concessão das férias. (Incluído pelo Decreto-lei nº 1.535, de 13.4.1977)

§ 2º Quando o salário for pago por tarefa tomar-se-á por base a media da produção no período aquisitivo do direito a férias, aplicando-se o valor da remuneração da tarefa na data da concessão das férias. (Incluído pelo Decreto-lei nº 1.535, de 13.4.1977)

§ 3º Quando o salário for pago por percentagem, comissão ou viagem, apurar-se-á a média percebida pelo empregado nos 12 (doze) meses que precederem à concessão das férias. (Incluído pelo Decreto-lei nº 1.535, de 13.4.1977)

§ 4º A parte do salário paga em utilidades será computada de acordo com a anotação na Carteira de Trabalho e Previdência Social. (Incluído pelo Decreto-lei nº 1.535, de 13.4.1977)

§ 5º Os adicionais por trabalho extraordinário, noturno, insalubre ou perigoso serão computados no salário que servirá de base ao cálculo da remuneração das férias. (Incluído pelo Decreto-lei nº 1.535, de 13.4.1977

§ 6º Se, no momento das férias, o empregado não estiver percebendo o mesmo adicional do período aquisitivo, ou quando o valor deste não tiver sido uniforme será computada a média duodecimal recebida naquele período, após a atualização das importâncias pagas, mediante incidência dos percentuais dos reajustamentos salariais supervenientes. (Incluído pelo Decreto-lei nº 1.535, de 13.4.1977)

<table>
<tr><th>Nova Redação com a Reforma Trabalhista</th><th>Antiga Redação</th></tr>
<tr><td colspan="2">Art. 143. É facultado ao empregado converter 1/3 (um terço) do período de férias a que tiver direito em abono pecuniário, no valor da remuneração que lhe seria devida nos dias correspondentes. (Redação dada pelo Decreto-lei nº 1.535, de 13.4.1977)</td></tr>
<tr><td colspan="2">§ 1º O abono de férias deverá ser requerido até 15 (quinze) dias antes do término do período aquisitivo. (Incluído pelo Decreto-lei nº 1.535, de 13.4.1977)</td></tr>
<tr><td colspan="2">§ 2º – Tratando-se de férias coletivas, a conversão a que se refere este artigo deverá ser objeto de acordo coletivo entre o empregador e o sindicato representativo da respectiva categoria profissional, independendo de requerimento individual a concessão do abono. (Incluído pelo Decreto-lei nº 1.535, de 13.4.1977).</td></tr>
<tr><td>§ 3º (Revogado)</td><td><u>§ 3º O disposto neste artigo não se aplica aos empregados sob o regime de tempo parcial. (Incluído pela Medida Provisória nº 2.164-41, de 2001)</u></td></tr>
<tr><td colspan="2">Art. 144. O abono de férias de que trata o artigo anterior, bem como o concedido em virtude de cláusula do contrato de trabalho, do regulamento da empresa, de convenção ou acordo coletivo, desde que não excedente de vinte dias do salário, não integrarão a remuneração do empregado para os efeitos da legislação do trabalho. (Redação dada pela Lei nº 9.528, de 1998)</td></tr>
<tr><td colspan="2">Art. 145. O pagamento da remuneração das férias e, se for o caso, o do abono referido no art. 143 serão efetuados até 2 (dois) dias antes do início do respectivo período. (Redação dada pelo Decreto-lei nº 1.535, de 13.4.1977)</td></tr>
<tr><td colspan="2">Parágrafo único. O empregado dará quitação do pagamento, com indicação do início e do termo das férias. (Incluído pelo Decreto-lei nº 1.535, de 13.4.1977)</td></tr>
</table>

Seção V
Dos Efeitos da Cessação do Contrato de Trabalho

<table>
<tr><td colspan="2">Art. 146. Na cessação do contrato de trabalho, qualquer que seja a sua causa, será devida ao empregado a remuneração simples ou em dobro, conforme o caso, correspondente ao período de férias cujo direito tenha adquirido. (Redação dada pelo Decreto-lei nº 1.535, de 13.4.1977)</td></tr>
<tr><td colspan="2">Parágrafo único. Na cessação do contrato de trabalho, após 12 (doze) meses de serviço, o empregado, desde que não haja sido demitido por justa causa, terá direito à remuneração relativa ao período incompleto de férias, de acordo com o art. 130, na proporção de 1/12 (um doze avos) por mês de serviço ou fração superior a 14 (quatorze) dias. (Redação dada pelo Decreto-lei nº 1.535, de 13.4.1977)</td></tr>
</table>

Art. 147. O empregado que for despedido sem justa causa, ou cujo contrato de trabalho se extinguir em prazo predeterminado, antes de completar 12 (doze) meses de serviço, terá direito à remuneração relativa ao período incompleto de férias, de conformidade com o disposto no artigo anterior. (Redação dada pelo Decreto-lei nº 1.535, de 13.4.1977)

Art. 148. A remuneração das férias, ainda quando devida após a cessação do contrato de trabalho, terá natureza salarial, para os efeitos do art. 449. (Redação dada pelo Decreto-lei nº 1.535, de 13.4.1977)

Seção VI
Do Início da Prescrição

Art. 149. A prescrição do direito de reclamar a concessão das férias ou o pagamento da respectiva remuneração é contada do término do prazo mencionado no art. 134 ou, se for o caso, da cessação do contrato de trabalho. (Redação dada pelo Decreto-lei nº 1.535, de 13.4.1977)

Seção VII
Disposições Especiais

Art. 150. O tripulante que, por determinação do armador, for transferido para o serviço de outro, terá computado, para o efeito de gozo de férias, o tempo de serviço prestado ao primeiro, ficando obrigado a concedê-las o armador em cujo serviço ele se encontra na época de gozá-las. (Redação dada pelo Decreto-lei nº 1.535, de 13.4.1977)

§ 1º As férias poderão ser concedidas, a pedido dos interessados e com aquiescência do armador, parceladamente, nos portos de escala de grande estadia do navio, aos tripulantes ali residentes. (Incluído pelo Decreto-lei nº 1.535, de 13.4.1977)

§ 2º Será considerada grande estadia a permanência no porto por prazo excedente de 6 (seis) dias. (Incluído pelo Decreto-lei nº 1.535, de 13.4.1977)

§ 3º Os embarcadiços, para gozarem férias nas condições deste artigo, deverão pedi-las, por escrito, ao armador, antes do início da viagem, no porto de registro ou armação. (Incluído pelo Decreto-lei nº 1.535, de 13.4.1977)

§ 4º O tripulante, ao terminar as férias, apresentar-se-á ao armador, que deverá designá-lo para qualquer de suas embarcações ou o adir a algum dos seus serviços terrestres, respeitadas a condição pessoal e a remuneração. (Incluído pelo Decreto-lei nº 1.535, de 13.4.1977)

§ 5º Em caso de necessidade, determinada pelo interesse público, e comprovada pela autoridade competente, poderá o armador ordenar a suspensão das férias já iniciadas ou a iniciar-se, ressalvado ao tripulante o direito ao respectivo gozo posteriormente. (Incluído pelo Decreto-lei nº 1.535, de 13.4.1977)

§ 6º O Delegado do Trabalho Marítimo poderá autorizar a acumulação de 2 (dois) períodos de férias do marítimo, mediante requerimento justificado: (Incluído pelo Decreto-lei nº 1.535, de 13.4.1977)

I – do sindicato, quando se tratar de sindicalizado; e (Incluído pelo Decreto-lei nº 1.535, de 13.4.1977)

II – da empresa, quando o empregado não for sindicalizado. (Incluído pelo Decreto-lei nº 1.535, de 13.4.1977)

Art. 151. Enquanto não se criar um tipo especial de caderneta profissional para os marítimos, as férias serão anotadas pela Capitania do Porto na caderneta-matrícula do tripulante, na página das observações. (Redação dada pelo Decreto-lei nº 1.535, de 13.4.1977)

Art. 152. A remuneração do tripulante, no gozo de férias, será acrescida da importância correspondente à etapa que estiver vencendo. (Redação dada pelo Decreto-lei nº 1.535, de 13.4.1977)

Seção VIII
Das Penalidades

Art. 153. As infrações ao disposto neste Capítulo serão punidas com multas de valor igual a 160 BTN por empregado em situação irregular. (Redação dada pela Lei nº 7.855, de 24.10.1989)

Parágrafo único. Em caso de reincidência, embaraço ou resistência à fiscalização, emprego de artifício ou simulação com o objetivo de fraudar a lei, a multa será aplicada em dobro. (Redação dada pela Lei nº 7.855, de 24.10.1989)

CAPÍTULO V
DA SEGURANÇA E DA MEDICINA DO TRABALHO

Seção I
Disposições Gerais

Art. 154. A observância, em todos os locais de trabalho, do disposto neste Capítulo, não desobriga as empresas do cumprimento de outras disposições que, com relação à matéria, sejam incluídas em códigos de obras ou regulamentos sanitários dos Estados ou Municípios em que se situem os respectivos estabelecimentos, bem como daquelas oriundas de convenções coletivas de trabalho. (Redação dada pela Lei nº 6.514, de 22.12.1977)

Art. 155. Incumbe ao órgão de âmbito nacional competente em matéria de segurança e medicina do trabalho: (Redação dada pela Lei nº 6.514, de 22.12.1977)

I – estabelecer, nos limites de sua competência, normas sobre a aplicação dos preceitos deste Capítulo, especialmente os referidos no art. 200; (Incluído pela Lei nº 6.514, de 22.12.1977)

II – coordenar, orientar, controlar e supervisionar a fiscalização e as demais atividades relacionadas com a segurança e a medicina do trabalho em todo o território nacional, inclusive a Campanha Nacional de Prevenção de Acidentes do Trabalho; (Incluído pela Lei nº 6.514, de 22.12.1977)

III – conhecer, em última instância, dos recursos, voluntários ou de ofício, das decisões proferidas pelos Delegados Regionais do Trabalho, em matéria de segurança e medicina do trabalho. (Incluído pela Lei nº 6.514, de 22.12.1977)

Art. 156. Compete especialmente às Delegacias Regionais do Trabalho, nos limites de sua jurisdição: (Redação dada pela Lei nº 6.514, de 22.12.1977)

I – promover a fiscalização do cumprimento das normas de segurança e medicina do trabalho; (Incluído pela Lei nº 6.514, de 22.12.1977)

II – adotar as medidas que se tornem exigíveis, em virtude das disposições deste Capítulo, determinando as obras e reparos que, em qualquer local de trabalho, se façam necessárias; (Incluído pela Lei nº 6.514, de 22.12.1977)

III – impor as penalidades cabíveis por descumprimento das normas constantes deste Capítulo, nos termos do art. 201. (Incluído pela Lei nº 6.514, de 22.12.1977)

Art. 157. Cabe às empresas: (Redação dada pela Lei nº 6.514, de 22.12.1977)

I – cumprir e fazer cumprir as normas de segurança e medicina do trabalho; (Incluído pela Lei nº 6.514, de 22.12.1977)

II – instruir os empregados, através de ordens de serviço, quanto às precauções a tomar no sentido de evitar acidentes do trabalho ou doenças ocupacionais; (Incluído pela Lei nº 6.514, de 22.12.1977)

III – adotar as medidas que lhes sejam determinadas pelo órgão regional competente; (Incluído pela Lei nº 6.514, de 22.12.1977)

IV – facilitar o exercício da fiscalização pela autoridade competente. (Incluído pela Lei nº 6.514, de 22.12.1977)

Art. 158. Cabe aos empregados: (Redação dada pela Lei nº 6.514, de 22.12.1977)

I – observar as normas de segurança e medicina do trabalho, inclusive as instruções de que trata o item II do artigo anterior; (Redação dada pela Lei nº 6.514, de 22.12.1977)

II – colaborar com a empresa na aplicação dos dispositivos deste Capítulo. (Redação dada pela Lei nº 6.514, de 22.12.1977)

Parágrafo único. Constitui ato faltoso do empregado a recusa injustificada: (Incluído pela Lei nº 6.514, de 22.12.1977)

a) à observância das instruções expedidas pelo empregador na forma do item II do artigo anterior; (Incluído pela Lei nº 6.514, de 22.12.1977)

b) ao uso dos equipamentos de proteção individual fornecidos pela empresa. (Incluído pela Lei nº 6.514, de 22.12.1977)

Art. 159. Mediante convênio autorizado pelo Ministro do Trabalho, poderão ser delegadas a outros órgãos federais, estaduais ou municipais atribuições de fiscalização ou orientação às empresas quanto ao cumprimento das disposições constantes deste Capítulo. (Redação dada pela Lei nº 6.514, de 22.12.1977)

Seção II
Da Inspeção Prévia e do Embargo ou Interdição

Art. 160. Nenhum estabelecimento poderá iniciar suas atividades sem prévia inspeção e aprovação das respectivas instalações pela autoridade regional competente em matéria de segurança e medicina do trabalho. (Redação dada pela Lei nº 6.514, de 22.12.1977)

§ 1º Nova inspeção deverá ser feita quando ocorrer modificação substancial nas instalações, inclusive equipamentos, que a empresa fica obrigada a comunicar, prontamente, à Delegacia Regional do Trabalho. (Incluído pela Lei nº 6.514, de 22.12.1977)

§ 2º É facultado às empresas solicitar prévia aprovação, pela Delegacia Regional do Trabalho, dos projetos de construção e respectivas instalações. (Incluído pela Lei nº 6.514, de 22.12.1977)

Art. 161. O Delegado Regional do Trabalho, à vista do laudo técnico do serviço competente que demonstre grave e iminente risco para o trabalhador, poderá interditar estabelecimento, setor de serviço, máquina ou equipamento, ou embargar obra, indicando na decisão, tomada com a brevidade que a ocorrência exigir, as providências que deverão ser adotadas para prevenção de infortúnios de trabalho. (Redação dada pela Lei nº 6.514, de 22.12.1977)

§ 1º As autoridades federais, estaduais e municipais darão imediato apoio às medidas determinadas pelo Delegado Regional do Trabalho. (Incluído pela Lei nº 6.514, de 22.12.1977)

§ 2º A interdição ou embargo poderão ser requeridos pelo serviço competente da Delegacia Regional do Trabalho e, ainda, por agente da inspeção do trabalho ou por entidade sindical. (Incluído pela Lei nº 6.514, de 22.12.1977)

§ 3º Da decisão do Delegado Regional do Trabalho poderão os interessados recorrer, no prazo de 10 (dez) dias, para o órgão de âmbito nacional competente em matéria de segurança e medicina do trabalho, ao qual será facultado dar efeito suspensivo ao recurso. (Incluído pela Lei nº 6.514, de 22.12.1977)

§ 4º Responderá por desobediência, além das medidas penais cabíveis, quem, após determinada a interdição ou embargo, ordenar ou permitir o funcionamento do estabelecimento ou de um dos seus setores, a utilização de máquina ou equipamento, ou o prosseguimento de obra, se, em conseqüência, resultarem danos a terceiros. (Incluído pela Lei nº 6.514, de 22.12.1977)

§ 5º O Delegado Regional do Trabalho, independente de recurso, e após laudo técnico do serviço competente, poderá levantar a interdição. (Incluído pela Lei nº 6.514, de 22.12.1977)

§ 6º Durante a paralisação dos serviços, em decorrência da interdição ou embargo, os empregados receberão os salários como se estivessem em efetivo exercício. (Incluído pela Lei nº 6.514, de 22.12.1977)

Seção III
Dos Órgãos de Segurança e de Medicina do Trabalho nas Empresas

Art. 162. As empresas, de acordo com normas a serem expedidas pelo Ministério do Trabalho, estarão obrigadas a manter serviços especializados em segurança e em medicina do trabalho. (Redação dada pela Lei nº 6.514, de 22.12.1977)

Parágrafo único. As normas a que se refere este artigo estabelecerão: (Redação dada pela Lei nº 6.514, de 22.12.1977)

a) classificação das empresas segundo o número de empregados e a natureza do risco de suas atividades; (Incluído pela Lei nº 6.514, de 22.12.1977)

b) o numero mínimo de profissionais especializados exigido de cada empresa, segundo o grupo em que se classifique, na forma da alínea anterior; (Incluído pela Lei nº 6.514, de 22.12.1977)

c) a qualificação exigida para os profissionais em questão e o seu regime de trabalho; (Incluído pela Lei nº 6.514, de 22.12.1977)

d) as demais características e atribuições dos serviços especializados em segurança e em medicina do trabalho, nas empresas. (Incluído pela Lei nº 6.514, de 22.12.1977)

Art. 163. Será obrigatória a constituição de Comissão Interna de Prevenção de Acidentes (CIPA), de conformidade com instruções expedidas pelo Ministério do Trabalho, nos estabelecimentos ou locais de obra nelas especificadas. (Redação dada pela Lei nº 6.514, de 22.12.1977)

Parágrafo único. O Ministério do Trabalho regulamentará as atribuições, a composição e o funcionamento das CIPA (s). (Redação dada pela Lei nº 6.514, de 22.12.1977)

Art. 164. Cada CIPA será composta de representantes da empresa e dos empregados, de acordo com os critérios que vierem a ser adotados na regulamentação de que trata o parágrafo único do artigo anterior. (Redação dada pela Lei nº 6.514, de 22.12.1977)

§ 1º Os representantes dos empregadores, titulares e suplentes, serão por eles designados. (Redação dada pela Lei nº 6.514, de 22.12.1977)

§ 2º Os representantes dos empregados, titulares e suplentes, serão eleitos em escrutínio secreto, do qual participem, independentemente de filiação sindical, exclusivamente os empregados interessados. (Redação dada pela Lei nº 6.514, de 22.12.1977)

§ 3º O mandato dos membros eleitos da CIPA terá a duração de 1 (um) ano, permitida uma reeleição. (Incluído pela Lei nº 6.514, de 22.12.1977)

§ 4º O disposto no parágrafo anterior não se aplicará ao membro suplente que, durante o seu mandato, tenha participado de menos da metade do número de reuniões da CIPA. (Incluído pela Lei nº 6.514, de 22.12.1977)

§ 5º O empregador designará, anualmente, dentre os seus representantes, o Presidente da CIPA e os empregados elegerão, dentre eles, o Vice-Presidente. (Incluído pela Lei nº 6.514, de 22.12.1977)

Art. 165. Os titulares da representação dos empregados nas CIPA (s) não poderão sofrer despedida arbitrária, entendendo-se como tal a que não se fundar em motivo disciplinar, técnico, econômico ou financeiro. (Redação dada pela Lei nº 6.514, de 22.12.1977)

Parágrafo único. Ocorrendo a despedida, caberá ao empregador, em caso de reclamação à Justiça do Trabalho, comprovar a existência de qualquer dos motivos mencionados neste artigo, sob pena de ser condenado a reintegrar o empregado. (Redação dada pela Lei nº 6.514, de 22.12.1977)

Seção IV
Do Equipamento de Proteção Individual

Art. 166. A empresa é obrigada a fornecer aos empregados, gratuitamente, equipamento de proteção individual adequado ao risco e em perfeito estado de conservação e funcionamento, sempre que as medidas de ordem geral não ofereçam completa proteção contra os riscos de acidentes e danos à saúde dos empregados. (Redação dada pela Lei nº 6.514, de 22.12.1977)

Art. 167. O equipamento de proteção só poderá ser posto à venda ou utilizado com a indicação do Certificado de Aprovação do Ministério do Trabalho. (Redação dada pela Lei nº 6.514, de 22.12.1977)

Seção V
Das Medidas Preventivas de Medicina do Trabalho

Art. 168. Será obrigatório exame médico, por conta do empregador, nas condições estabelecidas neste artigo e nas instruções complementares a serem expedidas pelo Ministério do Trabalho: (Redação dada pela Lei nº 7.855, de 24.10.1989)

I – a admissão; (Incluído pela Lei nº 7.855, de 24.10.1989)

II – na demissão; (Incluído pela Lei nº 7.855, de 24.10.1989)

III – periodicamente. (Incluído pela Lei nº 7.855, de 24.10.1989)

§ 1º O Ministério do Trabalho baixará instruções relativas aos casos em que serão exigíveis exames: (Redação dada pela Lei nº 7.855, de 24.10.1989)

a) por ocasião da demissão; (Incluído pela Lei nº 7.855, de 24.10.1989)

b) complementares. (Incluído pela Lei nº 7.855, de 24.10.1989)

§ 2º Outros exames complementares poderão ser exigidos, a critério médico, para apuração da capacidade ou aptidão física e mental do empregado para a função que deva exercer. (Redação dada pela Lei nº 7.855, de 24.10.1989)

§ 3º O Ministério do Trabalho estabelecerá, de acordo com o risco da atividade e o tempo de exposição, a periodicidade dos exames médicos. (Redação dada pela Lei nº 7.855, de 24.10.1989)

§ 4º O empregador manterá, no estabelecimento, o material necessário à prestação de primeiros socorros médicos, de acordo com o risco da atividade. (Redação dada pela Lei nº 7.855, de 24.10.1989)

§ 5º O resultado dos exames médicos, inclusive o exame complementar, será comunicado ao trabalhador, observados os preceitos da ética médica. (Redação dada pela Lei nº 7.855, de 24.10.1989)

§ 6º Serão exigidos exames toxicológicos, previamente à admissão e por ocasião do desligamento, quando se tratar de motorista profissional, assegurados o direito à contraprova em caso de resultado positivo e a confidencialidade dos resultados dos respectivos exames. (Incluído pela Lei nº 13.103, de 2015)

§ 7º Para os fins do disposto no § 6º, será obrigatório exame toxicológico com janela de detecção mínima de 90 (noventa) dias, específico para substâncias psicoativas que causem dependência ou, comprovadamente, comprometam a capacidade de direção, podendo ser utilizado para essa finalidade o exame toxicológico previsto na Lei no 9.503, de 23 de setembro de 1997 – Código de Trânsito Brasileiro, desde que realizado nos últimos 60 (sessenta) dias. (Incluído pela Lei nº 13.103, de 2015)

Art. 169. Será obrigatória a notificação das doenças profissionais e das produzidas em virtude de condições especiais de trabalho, comprovadas ou objeto de suspeita, de conformidade com as instruções expedidas pelo Ministério do Trabalho. (Redação dada pela Lei nº 6.514, de 22.12.1977)

Seção VI
Das Edificações

Art. 170. As edificações deverão obedecer aos requisitos técnicos que garantam perfeita segurança aos que nelas trabalhem. (Redação dada pela Lei nº 6.514, de 22.12.1977)

Art. 171. Os locais de trabalho deverão ter, no mínimo, 3 (três) metros de pé-direito, assim considerada a altura livre do piso ao teto. (Redação dada pela Lei nº 6.514, de 22.12.1977)

Parágrafo único. Poderá ser reduzido esse mínimo desde que atendidas as condições de iluminação e conforto térmico compatíveis com a natureza do trabalho, sujeitando-se tal redução ao controle do órgão competente em matéria de segurança e medicina do trabalho. (Redação dada pela Lei nº 6.514, de 22.12.1977)

Art. 172. Os pisos dos locais de trabalho não deverão apresentar saliências nem depressões que prejudiquem a circulação de pessoas ou a movimentação de materiais. (Redação dada pela Lei nº 6.514, de 22.12.1977)

Art. 173. As aberturas nos pisos e paredes serão protegidas de forma que impeçam a queda de pessoas ou de objetos. (Redação dada pela Lei nº 6.514, de 22.12.1977)

Art. 174. As paredes, escadas, rampas de acesso, passarelas, pisos, corredores, coberturas e passagens dos locais de trabalho deverão obedecer às condições de segurança e de higiene do trabalho estabelecidas pelo Ministério do Trabalho e manter-se em perfeito estado de conservação e limpeza. (Redação dada pela Lei nº 6.514, de 22.12.1977)

Seção VII
Da Iluminação

Art. 175. Em todos os locais de trabalho deverá haver iluminação adequada, natural ou artificial, apropriada à natureza da atividade. (Redação dada pela Lei nº 6.514, de 22.12.1977)

§ 1º A iluminação deverá ser uniformemente distribuída, geral e difusa, a fim de evitar ofuscamento, reflexos incômodos, sombras e contrastes excessivos. (Incluído pela Lei nº 6.514, de 22.12.1977)

§ 2º O Ministério do Trabalho estabelecerá os níveis mínimos de iluminamento a serem observados. (Incluído pela Lei nº 6.514, de 22.12.1977)

Seção VIII
Do Conforto Térmico

Art. 176. Os locais de trabalho deverão ter ventilação natural, compatível com o serviço realizado. (Redação dada pela Lei nº 6.514, de 22.12.1977)

Parágrafo único. A ventilação artificial será obrigatória sempre que a natural não preencha as condições de conforto térmico. (Incluído pela Lei nº 6.514, de 22.12.1977)

Art. 177. Se as condições de ambiente se tornarem desconfortáveis, em virtude de instalações geradoras de frio ou de calor, será obrigatório o uso de vestimenta adequada para o trabalho em tais condições ou de capelas, anteparos, paredes duplas, isolamento térmico e recursos similares, de forma que os empregados fiquem protegidos contra as radiações térmicas. (Redação dada pela Lei nº 6.514, de 22.12.1977)

Art. 178. As condições de conforto térmico dos locais de trabalho devem ser mantidas dentro dos limites fixados pelo Ministério do Trabalho. (Redação dada pela Lei nº 6.514, de 22.12.1977)

Seção IX
Das Instalações Elétricas

Art. 179. O Ministério do Trabalho disporá sobre as condições de segurança e as medidas especiais a serem observadas relativamente a instalações elétricas, em qualquer das fases de produção, transmissão, distribuição ou consumo de energia. (Redação dada pela Lei nº 6.514, de 22.12.1977)

Art. 180. Somente profissional qualificado poderá instalar, operar, inspecionar ou reparar instalações elétricas. (Redação dada pela Lei nº 6.514, de 22.12.1977)

Art. 181. Os que trabalharem em serviços de eletricidade ou instalações elétricas devem estar familiarizados com os métodos de socorro a acidentados por choque elétrico. (Redação dada pela Lei nº 6.514, de 22.12.1977)

Seção X
Da Movimentação, Armazenagem e Manuseio de Materiais

Art. 182. O Ministério do Trabalho estabelecerá normas sobre: (Redação dada pela Lei nº 6.514, de 22.12.1977)

I - as precauções de segurança na movimentação de materiais nos locais de trabalho, os equipamentos a serem obrigatoriamente utilizados e as condições especiais a que estão sujeitas a operação e a manutenção desses equipamentos, inclusive exigências de pessoal habilitado; (Incluído pela Lei nº 6.514, de 22.12.1977)

II - as exigências similares relativas ao manuseio e à armazenagem de materiais, inclusive quanto às condições de segurança e higiene relativas aos recipientes e locais de armazenagem e os equipamentos de proteção individual; (Incluído pela Lei nº 6.514, de 22.12.1977)

III - a obrigatoriedade de indicação de carga máxima permitida nos equipamentos de transporte, dos avisos de proibição de fumar e de advertência quanto à natureza perigosa ou nociva à saúde das substâncias em movimentação ou em depósito, bem como das recomendações de primeiros socorros e de atendimento médico e símbolo de perigo, segundo padronização internacional, nos rótulos dos materiais ou substâncias armazenados ou transportados. (Incluído pela Lei nº 6.514, de 22.12.1977)

Parágrafo único. As disposições relativas ao transporte de materiais aplicam-se, também, no que couber, ao transporte de pessoas nos locais de trabalho. (Incluído pela Lei nº 6.514, de 22.12.1977)

Art. 183. As pessoas que trabalharem na movimentação de materiais deverão estar familiarizadas com os métodos raciocinais de levantamento de cargas. (Redação dada pela Lei nº 6.514, de 22.12.1977)

Seção XI
Das Máquinas e Equipamentos

Art. 184. As máquinas e os equipamentos deverão ser dotados de dispositivos de partida e parada e outros que se fizerem necessários para a prevenção de acidentes do trabalho, especialmente quanto ao risco de acionamento acidental. (Redação dada pela Lei nº 6.514, de 22.12.1977)

Parágrafo único. É proibida a fabricação, a importação, a venda, a locação e o uso de máquinas e equipamentos que não atendam ao disposto neste artigo. (Incluído pela Lei nº 6.514, de 22.12.1977)

Art. 185. Os reparos, limpeza e ajustes somente poderão ser executados com as máquinas paradas, salvo se o movimento for indispensável à realização do ajuste. (Redação dada pela Lei nº 6.514, de 22.12.1977)

Art. 186. O Ministério do Trabalho estabelecerá normas adicionais sobre proteção e medidas de segurança na operação de máquinas e equipamentos, especialmente quanto à proteção das partes móveis, distância entre estas, vias de acesso às máquinas e equipamentos de grandes dimensões, emprego de ferramentas, sua adequação e medidas de proteção exigidas quando motorizadas ou elétricas. (Redação dada pela Lei nº 6.514, de 22.12.1977)

Seção XII
Das Caldeiras, Fornos e Recipientes Sob Pressão

Art. 187. As caldeiras, equipamentos e recipientes em geral que operam sob pressão deverão dispor de válvula e outros dispositivos de segurança, que evitem seja ultrapassada a pressão interna de trabalho compatível com a sua resistência. (Redação dada pela Lei nº 6.514, de 22.12.1977)

Parágrafo único. O Ministério do Trabalho expedirá normas complementares quanto à segurança das caldeiras, fornos e recipientes sob pressão, especialmente quanto ao revestimento interno, à localização, à ventilação dos locais e outros meios de eliminação de gases ou vapores prejudiciais à saúde, e demais instalações ou equipamentos necessários à execução segura das tarefas de cada empregado. (Redação dada pela Lei nº 6.514, de 22.12.1977)

Art. 188. As caldeiras serão periodicamente submetidas a inspeções de segurança, por engenheiro ou empresa especializada, inscritos no Ministério do Trabalho, de conformidade com as instruções que, para esse fim, forem expedidas. (Redação dada pela Lei nº 6.514, de 22.12.1977)

§ 1º Toda caldeira será acompanhada de "Prontuário", com documentação original do fabricante, abrangendo, no mínimo: especificação técnica, desenhos, detalhes, provas e testes realizados durante a fabricação e a montagem, características funcionais e a pressão máxima de trabalho permitida (PMTP), esta última indicada, em local visível, na própria caldeira. (Incluído pela Lei nº 6.514, de 22.12.1977)

§ 2º O proprietário da caldeira deverá organizar, manter atualizado e apresentar, quando exigido pela autoridade competente, o Registro de Segurança, no qual serão anotadas, sistematicamente, as indicações das provas efetuadas, inspeções, reparos e quaisquer outras ocorrências. (Incluído pela Lei nº 6.514, de 22.12.1977)

§ 3º Os projetos de instalação de caldeiras, fornos e recipientes sob pressão deverão ser submetidos à aprovação prévia do órgão regional competente em matéria de segurança do trabalho. (Incluído pela Lei nº 6.514, de 22.12.1977)

Seção XIII
Das Atividades Insalubres ou Perigosas

Art. 189. Serão consideradas atividades ou operações insalubres aquelas que, por sua natureza, condições ou métodos de trabalho, exponham os empregados a agentes nocivos à saúde, acima dos limites de tolerância fixados em razão da natureza e da intensidade do agente e do tempo de exposição aos seus efeitos. (Redação dada pela Lei nº 6.514, de 22.12.1977)

Art. 190. O Ministério do Trabalho aprovará o quadro das atividades e operações insalubres e adotará normas sobre os critérios de caracterização da insalubridade, os limites de tolerância aos agentes agressivos, meios de proteção e o tempo máximo de exposição do empregado a esses agentes. (Redação dada pela Lei nº 6.514, de 22.12.1977)

Parágrafo único – As normas referidas neste artigo incluirão medidas de proteção do organismo do trabalhador nas operações que produzem aerodispersóides tóxicos, irritantes, alérgicos ou incômodos. (Redação dada pela Lei nº 6.514, de 22.12.1977)

Art. 191. A eliminação ou a neutralização da insalubridade ocorrerá: (Redação dada pela Lei nº 6.514, de 22.12.1977)

I – com a adoção de medidas que conservem o ambiente de trabalho dentro dos limites de tolerância; (Incluído pela Lei nº 6.514, de 22.12.1977)

II – com a utilização de equipamentos de proteção individual ao trabalhador, que diminuam a intensidade do agente agressivo a limites de tolerância. (Incluído pela Lei nº 6.514, de 22.12.1977)

Parágrafo único. Caberá às Delegacias Regionais do Trabalho, comprovada a insalubridade, notificar as empresas, estipulando prazos para sua eliminação ou neutralização, na forma deste artigo. (Incluído pela Lei nº 6.514, de 22.12.1977)

Art. 192. O exercício de trabalho em condições insalubres, acima dos limites de tolerância estabelecidos pelo Ministério do Trabalho, assegura a percepção de adicional respectivamente de 40% (quarenta por cento), 20% (vinte por cento) e 10% (dez por cento) do salário-mínimo da região, segundo se classifiquem nos graus máximo, médio e mínimo. (Redação dada pela Lei nº 6.514, de 22.12.1977)

Art. 193. São consideradas atividades ou operações perigosas, na forma da regulamentação aprovada pelo Ministério do Trabalho e Emprego, aquelas que, por sua natureza ou métodos de trabalho, impliquem risco acentuado em virtude de exposição permanente do trabalhador a: (Redação dada pela Lei nº 12.740, de 2012)

I – inflamáveis, explosivos ou energia elétrica; (Incluído pela Lei nº 12.740, de 2012)

II – roubos ou outras espécies de violência física nas atividades profissionais de segurança pessoal ou patrimonial. (Incluído pela Lei nº 12.740, de 2012)

§ 1º O trabalho em condições de periculosidade assegura ao empregado um adicional de 30% (trinta por cento) sobre o salário sem os acréscimos resultantes de gratificações, prêmios ou participações nos lucros da empresa. (Incluído pela Lei nº 6.514, de 22.12.1977)

§ 2º O empregado poderá optar pelo adicional de insalubridade que porventura lhe seja devido. (Incluído pela Lei nº 6.514, de 22.12.1977)

§ 3º Serão descontados ou compensados do adicional outros da mesma natureza eventualmente já concedidos ao vigilante por meio de acordo coletivo. (Incluído pela Lei nº 12.740, de 2012)

§ 4º São também consideradas perigosas as atividades de trabalhador em motocicleta. (Incluído pela Lei nº 12.997, de 2014)

Art. 194. O direito do empregado ao adicional de insalubridade ou de periculosidade cessará com a eliminação do risco à sua saúde ou integridade física, nos termos desta Seção e das normas expedidas pelo Ministério do Trabalho. (Redação dada pela Lei nº 6.514, de 22.12.1977)

Art. 195. A caracterização e a classificação da insalubridade e da periculosidade, segundo as normas do Ministério do Trabalho, far-se-ão através de perícia a cargo de Médico do Trabalho ou Engenheiro do Trabalho, registrados no Ministério do Trabalho. (Redação dada pela Lei nº 6.514, de 22.12.1977)

§ 1º É facultado às empresas e aos sindicatos das categorias profissionais interessadas requererem ao Ministério do Trabalho a realização de perícia em estabelecimento ou setor deste, com o objetivo de caracterizar e classificar ou delimitar as atividades insalubres ou perigosas. (Redação dada pela Lei nº 6.514, de 22.12.1977)

§ 2º Argüida em juízo insalubridade ou periculosidade, seja por empregado, seja por Sindicato em favor de grupo de associados, o juiz designará perito habilitado na forma deste artigo, e, onde não houver, requisitará perícia ao órgão competente do Ministério do Trabalho. (Redação dada pela Lei nº 6.514, de 22.12.1977)

§ 3º O disposto nos parágrafos anteriores não prejudica a ação fiscalizadora do Ministério do Trabalho, nem a realização ex officio da perícia. (Redação dada pela Lei nº 6.514, de 22.12.1977)

Art. 196. Os efeitos pecuniários decorrentes do trabalho em condições de insalubridade ou periculosidade serão devidos a contar da data da inclusão da respectiva atividade nos quadros aprovados pelo Ministro do Trabalho, respeitadas as normas do artigo 11. (Redação dada pela Lei nº 6.514, de 22.12.1977)

Art. 197. Os materiais e substâncias empregados, manipulados ou transportados nos locais de trabalho, quando perigosos ou nocivos à saúde, devem conter, no rótulo, sua composição, recomendações de socorro imediato e o símbolo de perigo correspondente, segundo a padronização internacional. (Redação dada pela Lei nº 6.514, de 22.12.1977)

Parágrafo único. Os estabelecimentos que mantenham as atividades previstas neste artigo afixarão, nos setores de trabalho atingidos, avisos ou cartazes, com advertência quanto aos materiais e substâncias perigosos ou nocivos à saúde. (Redação dada pela Lei nº 6.514, de 22.12.1977)

Seção XIV
Da Prevenção da Fadiga

Art. 198. É de 60 kg (sessenta quilogramas) o peso máximo que um empregado pode remover individualmente, ressalvadas as disposições especiais relativas ao trabalho do menor e da mulher. (Redação dada pela Lei nº 6.514, de 22.12.1977)

Parágrafo único. Não está compreendida na proibição deste artigo a remoção de material feita por impulsão ou tração de vagonetes sobre trilhos, carros de mão ou quaisquer outros aparelhos mecânicos, podendo o Ministério do Trabalho, em tais casos, fixar limites diversos, que evitem sejam exigidos do empregado serviços superiores às suas forças. (Redação dada pela Lei nº 6.514, de 22.12.1977)

Art. 199. Será obrigatória a colocação de assentos que assegurem postura correta ao trabalhador, capazes de evitar posições incômodas ou forçadas, sempre que a execução da tarefa exija que trabalhe sentado. (Redação dada pela Lei nº 6.514, de 22.12.1977)

Parágrafo único. Quando o trabalho deva ser executado de pé, os empregados terão à sua disposição assentos para serem utilizados nas pausas que o serviço permitir. (Redação dada pela Lei nº 6.514, de 22.12.1977)

Seção XV
Das Outras Medidas Especiais de Proteção

Art. 200. Cabe ao Ministério do Trabalho estabelecer disposições complementares às normas de que trata este Capítulo, tendo em vista as peculiaridades de cada atividade ou setor de trabalho, especialmente sobre: (Redação dada pela Lei nº 6.514, de 22.12.1977)

I – medidas de prevenção de acidentes e os equipamentos de proteção individual em obras de construção, demolição ou reparos; (Incluído pela Lei nº 6.514, de 22.12.1977)

II – depósitos, armazenagem e manuseio de combustíveis, inflamáveis e explosivos, bem como trânsito e permanência nas áreas respectivas; (Incluído pela Lei nº 6.514, de 22.12.1977)

III – trabalho em escavações, túneis, galerias, minas e pedreiras, sobretudo quanto à prevenção de explosões, incêndios, desmoronamentos e soterramentos, eliminação de poeiras, gases, etc. e facilidades de rápida saída dos empregados; (Incluído pela Lei nº 6.514, de 22.12.1977)

IV – proteção contra incêndio em geral e as medidas preventivas adequadas, com exigências ao especial revestimento de portas e paredes, construção de paredes contra-fogo, diques e outros anteparos, assim como garantia geral de fácil circulação, corredores de acesso e saídas amplas e protegidas, com suficiente sinalização; (Incluído pela Lei nº 6.514, de 22.12.1977)

V – proteção contra insolação, calor, frio, umidade e ventos, sobretudo no trabalho a céu aberto, com provisão, quanto a este, de água potável, alojamento profilaxia de endemias;(Incluído pela Lei nº 6.514, de 22.12.1977)

VI – proteção do trabalhador exposto a substâncias químicas nocivas, radiações ionizantes e não ionizantes, ruídos, vibrações e trepidações ou pressões anormais ao ambiente de trabalho, com especificação das medidas cabíveis para eliminação ou atenuação desses efeitos limites máximos quanto ao tempo de exposição, à intensidade da ação ou de seus efeitos sobre o organismo do trabalhador, exames médicos obrigatórios, limites de idade controle permanente dos locais de trabalho e das demais exigências que se façam necessárias; (Incluído pela Lei nº 6.514, de 22.12.1977)

VII – higiene nos locais de trabalho, com discriminação das exigências, instalações sanitárias, com separação de sexos, chuveiros, lavatórios, vestiários e armários individuais, refeitórios ou condições de conforto por ocasião das refeições, fornecimento de água potável, condições de limpeza dos locais de trabalho e modo de sua execução, tratamento de resíduos industriais; (Incluído pela Lei nº 6.514, de 22.12.1977)

VIII – emprego das cores nos locais de trabalho, inclusive nas sinalizações de perigo. (Incluído pela Lei nº 6.514, de 22.12.1977)

Parágrafo único. Tratando-se de radiações ionizantes e explosivos, as normas a que se referem este artigo serão expedidas de acordo com as resoluções a respeito adotadas pelo órgão técnico. (Incluído pela Lei nº 6.514, de 22.12.1977)

Seção XVI
Das Penalidades

Art. 201. As infrações ao disposto neste Capítulo relativas à medicina do trabalho serão punidas com multa de 3 (três) a 30 (trinta) vezes o valor de referência previsto no artigo 2º, parágrafo único, da Lei nº 6.205, de 29 de abril de 1975, e as concernentes à segurança do trabalho com multa de 5 (cinco) a 50 (cinqüenta) vezes o mesmo valor. (Redação dada pela Lei nº 6.514, de 22.12.1977)

Parágrafo único. Em caso de reincidência, embaraço ou resistência à fiscalização, emprego de artifício ou simulação com o objetivo de fraudar a lei, a multa será aplicada em seu valor máximo. (Incluído pela Lei nº 6.514, de 22.12.1977)

Art. 202 a 223. (Revogados pela Lei nº 6.514, de 22.12.1977)

TÍTULO II-A
DO DANO EXTRAPATRIMONIAL

Nova Redação com a Reforma Trabalhista	Antiga Redação
Art. 223-A. Aplicam-se à reparação de danos de natureza extrapatrimonial decorrentes da relação de trabalho apenas os dispositivos deste Título.	⊗ Dispositivo sem correspondência na antiga redação.
Art. 223-B. Causa dano de natureza extrapatrimonial a ação ou omissão que ofenda a esfera moral ou existencial da pessoa física ou jurídica, as quais são as titulares exclusivas do direito à reparação.	⊗ Dispositivo sem correspondência na antiga redação.
Art. 223-C. A honra, a imagem, a intimidade, a liberdade de ação, a autoestima, a sexualidade, a saúde, o lazer e a integridade física são os bens juridicamente tutelados inerentes à pessoa física.	⊗ Dispositivo sem correspondência na antiga redação.

Nova Redação com a Reforma Trabalhista	Antiga Redação
Art. 223-D. A imagem, a marca, o nome, o segredo empresarial e o sigilo da correspondência são bens juridicamente tutelados inerentes à pessoa jurídica.	⊗ Dispositivo sem correspondência na antiga redação.
Art. 223-E. São responsáveis pelo dano extrapatrimonial todos os que tenham colaborado para a ofensa ao bem jurídico tutelado, na proporção da ação ou da omissão.	⊗ Dispositivo sem correspondência na antiga redação.
Art. 223-F. A reparação por danos extrapatrimoniais pode ser pedida cumulativamente com a indenização por danos materiais decorrentes do mesmo ato lesivo.	⊗ Dispositivo sem correspondência na antiga redação.
§ 1º Se houver cumulação de pedidos, o juízo, ao proferir a decisão, discriminará os valores das indenizações a título de danos patrimoniais e das reparações por danos de natureza extrapatrimonial.	⊗ Dispositivo sem correspondência na antiga redação.
§ 2º A composição das perdas e danos, assim compreendidos os lucros cessantes e os danos emergentes, não interfere na avaliação dos danos extrapatrimoniais.	⊗ Dispositivo sem correspondência na antiga redação.
Art. 223-G. Ao apreciar o pedido, o juízo considerará:	⊗ Dispositivo sem correspondência na antiga redação.
I – a natureza do bem jurídico tutelado;	⊗ Dispositivo sem correspondência na antiga redação.
II – a intensidade do sofrimento ou da humilhação;	⊗ Dispositivo sem correspondência na antiga redação.
III – a possibilidade de superação física ou psicológica;	⊗ Dispositivo sem correspondência na antiga redação.
IV – os reflexos pessoais e sociais da ação ou da omissão;	⊗ Dispositivo sem correspondência na antiga redação.
V – a extensão e a duração dos efeitos da ofensa;	⊗ Dispositivo sem correspondência na antiga redação.

Nova Redação com a Reforma Trabalhista	Antiga Redação
VI – as condições em que ocorreu a ofensa ou o prejuízo moral;	⊗ Dispositivo sem correspondência na antiga redação.
VII – o grau de dolo ou culpa;	⊗ Dispositivo sem correspondência na antiga redação.
VIII – a ocorrência de retratação espontânea;	⊗ Dispositivo sem correspondência na antiga redação.
IX – o esforço efetivo para minimizar a ofensa;	⊗ Dispositivo sem correspondência na antiga redação.
X – o perdão, tácito ou expresso;	⊗ Dispositivo sem correspondência na antiga redação.
XI – a situação social e econômica das partes envolvidas;	⊗ Dispositivo sem correspondência na antiga redação.
XII – o grau de publicidade da ofensa.	⊗ Dispositivo sem correspondência na antiga redação.
§ 1º Se julgar procedente o pedido, o juízo fixará a indenização a ser paga, a cada um dos ofendidos, em um dos seguintes parâmetros, vedada a acumulação:	⊗ Dispositivo sem correspondência na antiga redação.
I – ofensa de natureza leve, até três vezes o último salário contratual do ofendido;	⊗ Dispositivo sem correspondência na antiga redação.
II – ofensa de natureza média, até cinco vezes o último salário contratual do ofendido;	⊗ Dispositivo sem correspondência na antiga redação.
III – ofensa de natureza grave, até vinte vezes o último salário contratual do ofendido;	⊗ Dispositivo sem correspondência na antiga redação.
IV – ofensa de natureza gravíssima, até cinquenta vezes o último salário contratual do ofendido;	⊗ Dispositivo sem correspondência na antiga redação.
§ 2º Se o ofendido for pessoa jurídica, a indenização será fixada com observância dos mesmos parâmetros estabelecidos no § 1º deste artigo, mas em relação ao salário contratual do ofensor.	⊗ Dispositivo sem correspondência na antiga redação.

Nova Redação com a Reforma Trabalhista	Antiga Redação
§ 3º Na reincidência entre partes idênticas, o juízo poderá elevar ao dobro o valor da indenização.	⊗ Dispositivo sem correspondência na antiga redação.

TÍTULO III
DAS NORMAS ESPECIAIS DE TUTELA DO TRABALHO

CAPÍTULO I
DAS DISPOSIÇÕES ESPECIAIS SOBRE DURAÇÃO E CONDIÇÕES DE TRABALHO

Seção I
Dos Bancários

Art. 224. A duração normal do trabalho dos empregados em bancos, casas bancárias e Caixa Econômica Federal será de 6 (seis) horas continuas nos dias úteis, com exceção dos sábados, perfazendo um total de 30 (trinta) horas de trabalho por semana. (Redação dada pela Lei nº 7.430, de 17.12.1985)

§ 1º A duração normal do trabalho estabelecida neste artigo ficará compreendida entre 7 (sete) e 22 (vinte e duas) horas, assegurando-se ao empregado, no horário diário, um intervalo de 15 (quinze) minutos para alimentação. (Redação dada pelo Decreto-lei nº 229, de 28.2.1967)

§ 2º As disposições deste artigo não se aplicam aos que exercem funções de direção, gerência, fiscalização, chefia e equivalentes, ou que desempenhem outros cargos de confiança, desde que o valor da gratificação não seja inferior a 1/3 (um terço) do salário do cargo efetivo. (Redação dada pelo Decreto-lei nº 754, de 11.8.1969)

Art. 225. A duração normal de trabalho dos bancários poderá ser excepcionalmente prorrogada até 8 (oito) horas diárias, não excedendo de 40 (quarenta) horas semanais, observados os preceitos gerais sobre a duração do trabalho. (Redação dada pela Lei nº 6.637, de 8.5.1979)

Art. 226. O regime especial de 6 (seis) horas de trabalho também se aplica aos empregados de portaria e de limpeza, tais como porteiros, telefonistas de mesa, contínuos e serventes, empregados em bancos e casas bancárias. (Redação dada pela Lei nº 3.488, de 12.12.1958)

Parágrafo único – A direção de cada banco organizará a escala de serviço do estabelecimento de maneira a haver empregados do quadro da portaria em função, meia hora antes e até meia hora após o encerramento dos trabalhos, respeitado o limite de 6 (seis) horas diárias. (Incluído pela Lei nº 3.488, de 12.12.1958)

Seção II
Dos Empregados nos Serviços de Telefonia, de Telegrafia Submarina e Subfluvial, de Radiotelegrafia e Radiotelefonia

Art. 227. Nas empresas que explorem o serviço de telefonia, telegrafia submarina ou subfluvial, de radiotelegrafia ou de radiotelefonia, fica estabelecida para os respectivos operadores a duração máxima de seis horas contínuas de trabalho por dia ou 36 (trinta e seis) horas semanais.

§ 1º Quando, em caso de indeclinável necessidade, forem os operadores obrigados a permanecer em serviço além do período normal fixado neste artigo, a empresa pagar-lhes-á extraordinariamente o tempo excedente com acréscimo de 50% (cinqüenta por cento) sobre o seu salário-hora normal.

§ 2º O trabalho aos domingos, feriados e dias santos de guarda será considerado extraordinário e obedecerá, quanto à sua execução e remuneração, ao que dispuserem empregadores e empregados em acordo, ou os respectivos sindicatos em contrato coletivo de trabalho.

Art. 228. Os operadores não poderão trabalhar, de modo ininterrupto, na transmissão manual, bem como na recepção visual, auditiva, com escrita manual ou datilográfica, quando a velocidade for superior a 25 (vinte e cinco) palavras por minuto.

Art. 229. Para os empregados sujeitos a horários variáveis, fica estabelecida a duração máxima de 7 (sete) horas diárias de trabalho e 17 (dezessete) horas de folga, deduzindo-se deste tempo 20 (vinte) minutos para descanso, de cada um dos empregados, sempre que se verificar um esforço contínuo de mais de 3 (três) horas.

§ 1º São considerados empregados sujeitos a horários variáveis, além dos operadores, cujas funções exijam classificação distinta, os que pertençam a seções de técnica, telefones, revisão, expedição, entrega e balcão.

§ 2º Quanto à execução e remuneração aos domingos, feriados e dias santos de guarda e às prorrogações de expediente, o trabalho dos empregados a que se refere o parágrafo anterior será regido pelo que se contém no § 1º do art. 227 desta Seção.

Art. 230. A direção das empresas deverá organizar as turmas de empregados, para a execução dos seus serviços, de maneira que prevaleça sempre o revezamento entre os que exercem a mesma função, quer em escalas diurnas, quer em noturnas.

§ 1º Aos empregados que exerçam a mesma função será permitida, entre si, a troca de turmas, desde que isso não importe em prejuízo dos serviços, cujo chefe ou encarregado resolverá sobre a oportunidade ou possibilidade dessa medida, dentro das prescrições desta Seção.

§ 2º As empresas não poderão organizar horários que obriguem os empregados a fazer a refeição do almoço antes das 10 (dez) e depois das 13 (treze) horas e a de jantar antes das 16 (dezesseis) e depois das 19:30 (dezenove e trinta) horas.

Art. 231. As disposições desta Seção não abrangem o trabalho dos operadores de radiotelegrafia embarcados em navios ou aeronaves.

Seção III
Dos Músicos Profissionais

Art. 232. Será de seis horas a duração de trabalho dos músicos em teatro e congêneres.

Parágrafo único. Toda vez que o trabalho contínuo em espetáculo ultrapassar de seis horas, o tempo de duração excedente será pago com um acréscimo de 25 % (vinte e cinco por cento) sobre o salário da hora normal.

Art. 233. A duração normal de trabalho dos músicos profissionais poderá ser elevada até oito horas diárias, observados os preceitos gerais sobre duração do trabalho.

Seção IV
Dos Operadores Cinematográficos

Art. 234. A duração normal do trabalho dos operadores cinematográficos e seus ajudantes não excederá de seis horas diárias, assim distribuídas:

a) 5 (cinco) horas consecutivas de trabalho em cabina, durante o funcionamento cinematográfico;

b) 1 (um) período suplementar, até o máximo de 1 (uma) hora para limpeza, lubrificação dos aparelhos de projeção, ou revisão de filmes.

Parágrafo único. Mediante remuneração adicional de 25% (vinte e cinco por cento) sobre o salário da hora normal e observado um intervalo de 2 (duas) horas para folga, entre o período a que se refere a alínea "b" deste artigo e o trabalho em cabina de que trata a alínea "a", poderá o trabalho dos operadores cinematográficos e seus ajudantes ter a duração prorrogada por 2 (duas) horas diárias, para exibições extraordinárias.

Art. 235. Nos estabelecimentos cujo funcionamento normal seja noturno, será facultado aos operadores cinematográficos e seus ajudantes, mediante acordo ou contrato coletivo de trabalho e com um acréscimo de 25% (vinte e cinco por cento) sobre o salário da hora normal, executar o trabalho em sessões diurnas extraordinárias e, cumulativamente, nas noturnas, desde que isso se verifique até 3 (três) vezes por semana e entre as sessões diurnas e as noturnas haja o intervalo de 1 (uma) hora, no mínimo, de descanso.

§ 1º A duração de trabalho cumulativo a que alude o presente artigo não poderá exceder de 10 (dez) horas.

§ 2º Em seguida a cada período de trabalho haverá um intervalo de repouso no mínimo de 12 (doze) horas.

Seção IV-A
Do Serviço do Motorista Profissional Empregado
(Redação dada pela Lei nº 13.103, de 2015)

Art. 235-A. Os preceitos especiais desta Seção aplicam-se ao motorista profissional empregado: (Redação dada pela Lei nº 13.103, de 2015)

I – de transporte rodoviário coletivo de passageiros; (Incluído pela Lei nº 13.103, de 2015)

II – de transporte rodoviário de cargas. (Incluído pela Lei nº 13.103, de 2015)

Art. 235-B. São deveres do motorista profissional empregado: (Redação dada pela Lei nº 13.103, de 2015)

I – estar atento às condições de segurança do veículo; (Incluída pela Lei nº 12.619, de 2012)

II – conduzir o veículo com perícia, prudência, zelo e com observância aos princípios de direção defensiva; (Incluída pela Lei nº 12.619, de 2012)

III – respeitar a legislação de trânsito e, em especial, as normas relativas ao tempo de direção e de descanso controlado e registrado na forma do previsto no art. 67-E da Lei no 9.503, de 23 de setembro de 1997 – Código de Trânsito Brasileiro; (Redação dada pela Lei nº 13.103, de 2015)

IV – zelar pela carga transportada e pelo veículo; (Incluída pela Lei nº 12.619, de 2012)

V – colocar-se à disposição dos órgãos públicos de fiscalização na via pública; (Incluída pela Lei nº 12.619, de 2012)

VI – (VETADO); (Incluída pela Lei nº 12.619, de 2012)

VII – submeter-se a exames toxicológicos com janela de detecção mínima de 90 (noventa) dias e a programa de controle de uso de droga e de bebida alcoólica, instituído pelo empregador, com sua ampla ciência, pelo menos uma vez a cada 2 (dois) anos e 6 (seis) meses, podendo ser utilizado para esse fim o exame obrigatório previsto na Lei no 9.503, de 23 de setembro de 1997 – Código de Trânsito Brasileiro, desde que realizado nos últimos 60 (sessenta) dias. (Redação dada pela Lei nº 13.103, de 2015)

Parágrafo único. A recusa do empregado em submeter-se ao teste ou ao programa de controle de uso de droga e de bebida alcoólica previstos no inciso VII será considerada infração disciplinar, passível de penalização nos termos da lei. (Redação dada pela Lei nº 13.103, de 2015)

Art. 235-C. A jornada diária de trabalho do motorista profissional será de 8 (oito) horas, admitindo-se a sua prorrogação por até 2 (duas) horas extraordinárias ou, mediante previsão em convenção ou acordo coletivo, por até 4 (quatro) horas extraordinárias. (Redação dada pela Lei nº 13.103, de 2015)

§ 1º Será considerado como trabalho efetivo o tempo em que o motorista empregado estiver à disposição do empregador, excluídos os intervalos para refeição, repouso e descanso e o tempo de espera. (Redação dada pela Lei nº 13.103, de 2015)

§ 2º Será assegurado ao motorista profissional empregado intervalo mínimo de 1 (uma) hora para refeição, podendo esse período coincidir com o tempo de parada obrigatória na condução do veículo estabelecido pela Lei no 9.503, de 23 de setembro de 1997 – Código de Trânsito Brasileiro, exceto quando se tratar do motorista profissional enquadrado no § 5º do art. 71 desta Consolidação. (Redação dada pela Lei nº 13.103, de 2015)

§ 3º Dentro do período de 24 (vinte e quatro) horas, são asseguradas 11 (onze) horas de descanso, sendo facultados o seu fracionamento e a coincidência com os períodos de parada obrigatória na condução do veículo estabelecida pela Lei no 9.503, de 23 de setembro de 1997 – Código de Trânsito Brasileiro, garantidos o mínimo de 8 (oito) horas ininterruptas no primeiro período e o gozo do remanescente dentro das 16 (dezesseis) horas seguintes ao fim do primeiro período. (Redação dada pela Lei nº 13.103, de 2015)

§ 4º Nas viagens de longa distância, assim consideradas aquelas em que o motorista profissional empregado permanece fora da base da empresa, matriz ou filial e de sua residência por mais de 24 (vinte e quatro) horas, o repouso diário pode ser feito no veículo ou em alojamento do empregador, do contratante do transporte, do embarcador ou do destinatário ou em outro local que ofereça condições adequadas. (Redação dada pela Lei nº 13.103, de 2015)

§ 5º As horas consideradas extraordinárias serão pagas com o acréscimo estabelecido na Constituição Federal ou compensadas na forma do § 2º do art. 59 desta Consolidação. (Redação dada pela Lei nº 13.103, de 2015)

§ 6º À hora de trabalho noturno aplica-se o disposto no art. 73 desta Consolidação. (Redação dada pela Lei nº 13.103, de 2015)

§ 7º (VETADO). (Incluída pela Lei nº 12.619, de 2012)

§ 8º São considerados tempo de espera as horas em que o motorista profissional empregado ficar aguardando carga ou descarga do veículo nas dependências do embarcador ou do destinatário e o período gasto com a fiscalização da mercadoria transportada em barreiras fiscais ou alfandegárias, não sendo computados como jornada de trabalho e nem como horas extraordinárias. (Redação dada pela Lei nº 13.103, de 2015)

§ 9º As horas relativas ao tempo de espera serão indenizadas na proporção de 30% (trinta por cento) do salário-hora normal. (Redação dada pela Lei nº 13.103, de 2015)

§ 10. Em nenhuma hipótese, o tempo de espera do motorista empregado prejudicará o direito ao recebimento da remuneração correspondente ao salário-base diário. (Incluído pela Lei nº 13.103, de 2015)

§ 11. Quando a espera de que trata o § 8º for superior a 2 (duas) horas ininterruptas e for exigida a permanência do motorista empregado junto ao veículo, caso o local ofereça condições adequadas, o tempo será considerado como de repouso para os fins do intervalo de que tratam os §§ 2º e 3º, sem prejuízo do disposto no § 9º. (Incluído pela Lei nº 13.103, de 2015)

§ 12. Durante o tempo de espera, o motorista poderá realizar movimentações necessárias do veículo, as quais não serão consideradas como parte da jornada de trabalho, ficando garantido, porém, o gozo do descanso de 8 (oito) horas ininterruptas aludido no § 3º. (Incluído pela Lei nº 13.103, de 2015)

§ 13. Salvo previsão contratual, a jornada de trabalho do motorista empregado não tem horário fixo de início, de final ou de intervalos. (Incluído pela Lei nº 13.103, de 2015)

§ 14. O empregado é responsável pela guarda, preservação e exatidão das informações contidas nas anotações em diário de bordo, papeleta ou ficha de trabalho externo, ou no registrador instantâneo inalterável de velocidade e tempo, ou nos rastreadores ou sistemas e meios eletrônicos, instalados nos veículos, normatizados pelo Contran, até que o veículo seja entregue à empresa. (Incluído pela Lei nº 13.103, de 2015)

§ 15. Os dados referidos no § 14 poderão ser enviados a distância, a critério do empregador, facultando-se a anexação do documento original posteriormente. (Incluído pela Lei nº 13.103, de 2015)

§ 16. Aplicam-se as disposições deste artigo ao ajudante empregado nas operações em que acompanhe o motorista. (Incluído pela Lei nº 13.103, de 2015)

§ 17. O disposto no *caput* deste artigo aplica-se também aos operadores de automotores destinados a puxar ou a arrastar maquinaria de qualquer natureza ou a executar trabalhos de construção ou pavimentação e aos operadores de tratores, colheitadeiras, autopropelidos e demais aparelhos automotores destinados a puxar ou a arrastar maquinaria agrícola ou a executar trabalhos agrícolas. (Incluído pela Lei nº 13.154, de 2015)

Art. 235-D. Nas viagens de longa distância com duração superior a 7 (sete) dias, o repouso semanal será de 24 (vinte e quatro) horas por semana ou fração trabalhada, sem prejuízo do intervalo de repouso diário de 11 (onze) horas, totalizando 35 (trinta e cinco) horas, usufruído no retorno do motorista à base (matriz ou filial) ou ao seu domicílio, salvo se a empresa oferecer condições adequadas para o efetivo gozo do referido repouso. (Redação dada pela Lei nº 13.103, de 2015)

I – revogado; (Redação dada pela Lei nº 13.103, de 2015)

II – revogado; (Redação dada pela Lei nº 13.103, de 2015)

III – revogado; (Redação dada pela Lei nº 13.103, de 2015)

§ 1º É permitido o fracionamento do repouso semanal em 2 (dois) períodos, sendo um destes de, no mínimo, 30 (trinta) horas ininterruptas, a serem cumpridos na mesma semana e em continuidade a um período de repouso diário, que deverão ser usufruídos no retorno da viagem. (Incluído pela Lei nº 13.103, de 2015)

§ 2º A cumulatividade de descansos semanais em viagens de longa distância de que trata o *caput* fica limitada ao número de 3 (três) descansos consecutivos. (Incluído pela Lei nº 13.103, de 2015)

§ 3º O motorista empregado, em viagem de longa distância, que ficar com o veículo parado após o cumprimento da jornada normal ou das horas extraordinárias fica dispensado do serviço, exceto se for expressamente autorizada a sua permanência junto ao veículo pelo empregador, hipótese em que o tempo será considerado de espera. (Incluído pela Lei nº 13.103, de 2015)

§ 4º Não será considerado como jornada de trabalho, nem ensejará o pagamento de qualquer remuneração, o período em que o motorista empregado ou o ajudante ficarem espontaneamente no veículo usufruindo dos intervalos de repouso. (Incluído pela Lei nº 13.103, de 2015)

§ 5º Nos casos em que o empregador adotar 2 (dois) motoristas trabalhando no mesmo veículo, o tempo de repouso poderá ser feito com o veículo em movimento, assegurado o repouso mínimo de 6 (seis) horas consecutivas fora do veículo em alojamento externo ou, se na cabine leito, com o veículo estacionado, a cada 72 (setenta e duas) horas. (Incluído pela Lei nº 13.103, de 2015)

§ 6º Em situações excepcionais de inobservância justificada do limite de jornada de que trata o art. 235-C, devidamente registradas, e desde que não se comprometa a segurança rodoviária, a duração da jornada de trabalho do motorista profissional empregado poderá ser elevada pelo tempo necessário até o veículo chegar a um local seguro ou ao seu destino. (Incluído pela Lei nº 13.103, de 2015)

§ 7º Nos casos em que o motorista tenha que acompanhar o veículo transportado por qualquer meio onde ele siga embarcado e em que o veículo disponha de cabine leito ou a embarcação disponha de alojamento para gozo do intervalo de repouso diário previsto no § 3º do art. 235-C, esse tempo será considerado como tempo de descanso. (Incluído pela Lei nº 13.103, de 2015)

§ 8º Para o transporte de cargas vivas, perecíveis e especiais em longa distância ou em território estrangeiro poderão ser aplicadas regras conforme a especificidade da operação de transporte realizada, cujas condições de trabalho serão fixadas em convenção ou acordo coletivo de modo a assegurar as adequadas condições de viagem e entrega ao destino final. (Incluído pela Lei nº 13.103, de 2015)

Art. 235-E. Para o transporte de passageiros, serão observados os seguintes dispositivos: (Redação dada pela Lei nº 13.103, de 2015)

I - é facultado o fracionamento do intervalo de condução do veículo previsto na Lei no 9.503, de 23 de setembro de 1997 – Código de Trânsito Brasileiro, em períodos de no mínimo 5 (cinco) minutos; (Incluído pela Lei nº 13.103, de 2015)

II – será assegurado ao motorista intervalo mínimo de 1 (uma) hora para refeição, podendo ser fracionado em 2 (dois) períodos e coincidir com o tempo de parada obrigatória na condução do veículo estabelecido pela Lei no 9.503, de 23 de setembro de 1997 – Código de Trânsito Brasileiro, exceto quando se tratar do motorista profissional enquadrado no § 5º do art. 71 desta Consolidação; (Incluído pela Lei nº 13.103, de 2015)

III – nos casos em que o empregador adotar 2 (dois) motoristas no curso da mesma viagem, o descanso poderá ser feito com o veículo em movimento, respeitando-se os horários de jornada de trabalho, assegurado, após 72 (setenta e duas) horas, o repouso em alojamento externo ou, se em poltrona correspondente ao serviço de leito, com o veículo estacionado. (Incluído pela Lei nº 13.103, de 2015)

§ 1º (Revogado). (Redação dada pela Lei nº 13.103, de 2015)

§ 2º (VETADO). (Incluída pela Lei nº 12.619, de 2012) (Vigência)

§ 3º (Revogado). (Redação dada pela Lei nº 13.103, de 2015)

§ 4º (Revogado). (Redação dada pela Lei nº 13.103, de 2015)

§ 5º (Revogado). (Redação dada pela Lei nº 13.103, de 2015)

§ 6º (Revogado). (Redação dada pela Lei nº 13.103, de 2015)

§ 7º (Revogado). (Redação dada pela Lei nº 13.103, de 2015)

§ 8º (VETADO). (Incluída pela Lei nº 12.619, de 2012)

§ 9º (Revogado). (Redação dada pela Lei nº 13.103, de 2015)

§ 10. (Revogado). (Redação dada pela Lei nº 13.103, de 2015)

§ 11. (Revogado). (Redação dada pela Lei nº 13.103, de 2015)

§ 12. (Revogado). (Redação dada pela Lei nº 13.103, de 2015)

Art. 235-F. Convenção e acordo coletivo poderão prever jornada especial de 12 (doze) horas de trabalho por 36 (trinta e seis) horas de descanso para o trabalho do motorista profissional empregado em regime de compensação. (Redação dada pela Lei nº 13.103, de 2015)

Art. 235-G. É permitida a remuneração do motorista em função da distância percorrida, do tempo de viagem ou da natureza e quantidade de produtos transportados, inclusive mediante oferta de comissão ou qualquer outro tipo de vantagem, desde que essa remuneração ou comissionamento não comprometa a segurança da rodovia e da coletividade ou possibilite a violação das normas previstas nesta Lei. (Redação dada pela Lei nº 13.103, de 2015)

Art. 235-H. (Revogado). (Redação dada pela Lei nº 13.103, de 2015)

Seção V
Do Serviço Ferroviário

Art. 236. No serviço ferroviário – considerado este o de transporte em estradas de ferro abertas ao tráfego público, compreendendo a administração, construção, conservação e remoção das vias férreas e seus edifícios, obras-de-arte, material rodante, instalações complementares e acessórias, bem como o serviço de tráfego, de telegrafia, telefonia e funcionamento de todas as instalações ferroviárias – aplicam-se os preceitos especiais constantes desta Seção.

Art. 237. O pessoal a que se refere o artigo antecedente fica dividido nas seguintes categorias:

a) funcionários de alta administração, chefes e ajudantes de departamentos e seções, engenheiros residentes, chefes de depósitos, inspetores e demais empregados que exercem funções administrativas ou fiscalizadoras;

b) pessoal que trabalhe em lugares ou trechos determinados e cujas tarefas requeiram atenção constante; pessoal de escritório, turmas de conservação e construção da via permanente, oficinas e estações principais, inclusive os respectivos telegrafistas; pessoal de tração, lastro e revistadores;

c) das equipagens de trens em geral;

d) pessoal cujo serviço é de natureza intermitente ou de pouca intensidade, embora com permanência prolongada nos locais de trabalho; vigias e pessoal das estações do interior, inclusive os respectivos telegrafistas.

Art. 238. Será computado como de trabalho efetivo todo o tempo, em que o empregado estiver à disposição da estrada. (Restaurado pelo Decreto-lei nº 5, de 4.4.1966)

§ 1º Nos serviços efetuados pelo pessoal da categoria c, não será considerado como de trabalho efetivo o tempo gasto em viagens do local ou para o local de terminação e início dos mesmos serviços. (Restaurado pelo Decreto-lei n º 5, de 4.4.1966)

§ 2º Ao pessoal removido ou comissionado fora da sede será contado como de trabalho normal e efetivo o tempo gasto em viagens, sem direito à percepção de horas extraordinárias. (Restaurado pelo Decreto-lei n º 5, de 4.4.1966)

§ 3º No caso das turmas de conservação da via permanente, o tempo efetivo do trabalho será contado desde a hora da saída da casa da turma até a hora em que cessar o serviço em qualquer ponto compreendido dentro dos limites da respectiva turma. Quando o empregado trabalhar fora dos limites da sua turma, ser-lhe-á também computado como de trabalho efetivo o tempo gasto no percurso da volta a esses limites. (Restaurado pelo Decreto-lei n º 5, de 4.4.1966)

§ 4º Para o pessoal da equipagem de trens, só será considerado esse trabalho efetivo, depois de chegado ao destino, o tempo em que o ferroviário estiver ocupado ou retido à disposição da Estrada. Quando, entre dois períodos de trabalho, não mediar intervalo superior a uma hora, será essa intervalo computado como de trabalho efetivo. (Restaurado pelo Decreto-lei n º 5, de 4.4.1966)

§ 5º O tempo concedido para refeição não se computa como de trabalho efetivo, senão para o pessoal da categoria c, quando as refeições forem tomadas em viagem ou nas estações durante as paradas. Esse tempo não será inferior a uma hora, exceto para o pessoal da referida categoria em serviço de trens. (Restaurado pelo Decreto-lei n º 5, de 4.4.1966)

§ 6º No trabalho das turmas encarregadas da conservação de obras de arte, linhas telegráficas ou telefônicas e edifícios, não será contado, como de trabalho efetivo, o tempo de viagem para o local do serviço, sempre que não exceder de uma hora, seja para ida ou para volta, e a Estrada fornecer os meios de locomoção, computando-se, sempre o tempo excedente a esse limite. (Restaurado pelo Decreto-lei nº 5, de 4.4.1966)

Art. 239. Para o pessoal da categoria "c", a prorrogação do trabalho independe de acordo ou contrato coletivo, não podendo, entretanto, exceder de 12 (doze) horas, pelo que as empresas organizarão, sempre que possível, os serviços de equipagens de trens com destacamentos nos trechos das linhas de modo a ser observada a duração normal de oito horas de trabalho. (Vide Decreto-Lei nº 6.361, de 1944)

§ 1º Para o pessoal sujeito ao regime do presente artigo, depois de cada jornada de trabalho haverá um repouso de 10 (dez) horas contínuas, no mínimo, observando-se, outrossim, o descanso semanal.

§ 2º Para o pessoal da equipagem de trens, a que se refere o presente artigo, quando a empresa não fornecer alimentação, em viagem, e hospedagem, no destino, concederá uma ajuda de custo para atender a tais despesas.

§ 3º As escalas do pessoal abrangido pelo presente artigo serão organizadas de modo que não caiba a qualquer empregado, quinzenalmente, um total de horas de serviço noturno superior às de serviço diurno.

§ 4º Os períodos de trabalho do pessoal a que alude o presente artigo serão registrados em cadernetas especiais, que ficarão sempre em poder do empregado, de acordo com o modelo aprovado pelo Ministro do Trabalho, Industria e Comercio.

Art. 240. Nos casos de urgência ou de acidente, capazes de afetar a segurança ou regularidade do serviço, poderá a duração do trabalho ser excepcionalmente elevada a qualquer número de horas, incumbindo à Estrada zelar pela incolumidade dos seus empregados e pela possibilidade de revezamento de turmas, assegurando ao pessoal um repouso correspondente e comunicando a ocorrência ao Ministério do Trabalho, Industria e Comercio, dentro de 10 (dez) dias da sua verificação.

Parágrafo único. Nos casos previstos neste artigo, a recusa, sem causa justificada, por parte de qualquer empregado, à execução de serviço extraordinário será considerada falta grave.

Art. 241. As horas excedentes das do horário normal de oito horas serão pagas como serviço extraordinário na seguinte base: as duas primeiras com o acréscimo de 25% (vinte e cinco por cento) sobre o salário-hora normal; as duas subseqüentes com um adicional de 50% (cinqüenta por cento) e as restantes com um adicional de 75% (setenta e cinco por cento). (Vide Decreto-Lei nº 6.361, de 1944)

Parágrafo único. Para o pessoal da categoria "c", a primeira hora será majorada de 25% (vinte e cinco por cento), a segunda hora será paga com o acréscimo de 50% (cinqüenta por cento) e as duas subseqüentes com o de 60% (sessenta por cento), salvo caso de negligência comprovada.

Art. 242. As frações de meia hora superiores a 10 (dez) minutos serão computadas como meia hora.

Art. 243. Para os empregados de estações do interior, cujo serviço for de natureza intermitente ou de pouca intensidade, não se aplicam os preceitos gerais sobre duração do trabalho, sendo-lhes, entretanto, assegurado o repouso contínuo de dez horas, no mínimo, entre dois períodos de trabalho e descanso semanal.

Art. 244. As estradas de ferro poderão ter empregados extranumerários, de sobreaviso e de prontidão, para executarem serviços imprevistos ou para substituições de outros empregados que faltem à escala organizada. (Restaurado pelo Decreto-lei n º 5, de 4.4.1966)

§ 1º Considera-se "extranumerário" o empregado não efetivo, candidato efetivação, que se apresentar normalmente ao serviço, embora só trabalhe quando for necessário. O extranumerário só receberá os dias de trabalho efetivo. (Restaurado pelo Decreto-lei nº 5, de 4.4.1966)

§ 2º Considera-se de "sobreaviso" o empregado efetivo, que permanecer em sua própria casa, aguardando a qualquer momento o chamado para o serviço. Cada escala de "sobreaviso" será, no máximo, de vinte e quatro horas, As horas de "sobreaviso", para todos os efeitos, serão contadas à razão de 1/3 (um terço) do salário normal. (Restaurado pelo Decreto-lei nº 5, de 4.4.1966)

§ 3º Considera-se de "prontidão" o empregado que ficar nas dependências da estrada, aguardando ordens. A escala de prontidão será, no máximo, de doze horas. As horas de prontidão serão, para todos os efeitos, contadas à razão de 2/3 (dois terços) do salário-hora normal. (Restaurado pelo Decreto-lei nº 5, de 4.4.1966)

§ 4º Quando, no estabelecimento ou dependência em que se achar o empregado, houver facilidade de alimentação, as doze horas de prontidão, a que se refere o parágrafo anterior, poderão ser contínuas. Quando não existir essa facilidade, depois de seis horas de prontidão, haverá sempre um intervalo de uma hora para cada refeição, que não será, nesse caso, computada como de serviço. (Restaurado pelo Decreto-lei nº 5, de 4.4.1966)

Art. 245. O horário normal de trabalho dos cabineiros nas estações de tráfego intenso não excederá de 8 (oito) horas e deverá ser dividido em 2 (dois) turnos com intervalo não inferior a 1 (uma) hora de repouso, não podendo nenhum turno ter duração superior a 5 (cinco) horas, com um período de descanso entre 2 (duas) jornadas de trabalho de 14 (quatorze) horas consecutivas.

Art. 246. O horário de trabalho dos operadores telegrafistas nas estações de tráfego intenso não excederá de 6 (seis) horas diárias.

Art. 247. As estações principais, estações de tráfego intenso e estações do interior serão classificadas para cada empresa pelo Departamento Nacional de Estradas de Ferro.

Seção VI
Das Equipagens das Embarcações da Marinha Mercante Nacional, de Navegação Fluvial e Lacustre, do Tráfego Nos Portos e da Pesca

Art. 248. Entre as horas 0 (zero) e 24 (vinte e quatro) de cada dia civil, o tripulante poderá ser conservado em seu posto durante 8 (oito) horas, quer de modo contínuo, quer de modo intermitente.

§ 1º A exigência do serviço contínuo ou intermitente ficará a critério do comandante e, neste último caso, nunca por período menor que 1 (uma) hora.

§ 2º Os serviços de quarto nas máquinas, passadiço, vigilância e outros que, consoante parecer médico, possam prejudicar a saúde do tripulante serão executados por períodos não maiores e com intervalos não menores de 4 (quatro) horas.

Art. 249. Todo o tempo de serviço efetivo, excedente de 8 (oito) horas, ocupado na forma do artigo anterior, será considerado de trabalho extraordinário, sujeito à compensação a que se refere o art. 250, exceto se se tratar de trabalho executado:

a) em virtude de responsabilidade pessoal do tripulante e no desempenho de funções de direção, sendo consideradas como tais todas aquelas que a bordo se achem constituídas em um único indivíduo com responsabilidade exclusiva e pessoal;

b) na iminência de perigo, para salvaguarda ou defesa da embarcação, dos passageiros, ou da carga, a juízo exclusivo do comandante ou do responsável pela segurança a bordo;

c) por motivo de manobras ou fainas gerais que reclamem a presença, em seus postos, de todo o pessoal de bordo;

d) na navegação lacustre e fluvial, quando se destina ao abastecimento do navio ou embarcação de combustível e rancho, ou por efeito das contingências da natureza da navegação, na transposição de passos ou pontos difíceis, inclusive operações de alívio ou transbordo de carga, para obtenção de calado menor para essa transposição.

§ 1º O trabalho executado aos domingos e feriados será considerado extraordinário, salvo se se destinar:

a) ao serviço de quartos e vigilância, movimentação das máquinas e aparelhos de bordo, limpeza e higiene da embarcação, preparo de alimentação da equipagem e dos passageiros, serviço pessoal destes e, bem assim, aos socorros de urgência ao navio ou ao pessoal;

b) ao fim da navegação ou das manobras para a entrada ou saída de portos, atracação, desatracação, embarque ou desembarque de carga e passageiros.

§ 2º – Não excederá de 30 (trinta) horas semanais o serviço extraordinário prestado para o tráfego nos portos.

Art. 250. As horas de trabalho extraordinário serão compensadas, segundo a conveniência do serviço, por descanso em período equivalente no dia seguinte ou no subseqüente dentro das do trabalho normal, ou no fim da viagem, ou pelo pagamento do salário correspondente.

Parágrafo único. As horas extraordinárias de trabalho são indivisíveis, computando-se a fração de hora como hora inteira.

Art. 251. Em cada embarcação haverá um livro em que serão anotadas as horas extraordinárias de trabalho de cada tripulante, e outro, do qual constarão, devidamente circunstanciadas, as transgressões dos mesmos tripulantes.

Parágrafo único. Os livros de que trata este artigo obedecerão a modelos organizados pelo Ministério do Trabalho, Industria e Comercio, serão escriturados em dia pelo comandante da embarcação e ficam sujeitos às formalidades instituídas para os livros de registro de empregados em geral.

Art. 252. Qualquer tripulante que se julgue prejudicado por ordem emanada de superior hierárquico poderá interpor recurso, em termos, perante a Delegacia do Trabalho Marítimo, por intermédio do respectivo comandante, o qual deverá encaminhá-lo com a respectiva informação dentro de 5 (cinco) dias, contados de sua chegada ao porto.

Seção VII
Dos Serviços Frigoríficos

Art. 253. Para os empregados que trabalham no interior das câmaras frigoríficas e para os que movimentam mercadorias do ambiente quente ou normal para o frio e vice-versa, depois de 1 (uma) hora e 40 (quarenta) minutos de trabalho contínuo, será assegurado um período de 20 (vinte) minutos de repouso, computado esse intervalo como de trabalho efetivo.

Parágrafo único. Considera-se artificialmente frio, para os fins do presente artigo, o que for inferior, nas primeira, segunda e terceira zonas climáticas do mapa oficial do Ministério do Trabalho, Industria e Comercio, a 15º (quinze graus), na quarta zona a 12º (doze graus), e nas quinta, sexta e sétima zonas a 10º (dez graus).

Seção VIII
Dos Serviços DE Estiva

Art. 254 a 292. (Revogados pela Lei nº 8.630, de 25.2.1993)

Seção X
Do Trabalho em Minas de Subsolo

Art. 293. A duração normal do trabalho efetivo para os empregados em minas no subsolo não excederá de 6 (seis) horas diárias ou de 36 (trinta e seis) semanais.

Art. 294. O tempo despendido pelo empregado da boca da mina ao local do trabalho e vice-versa será computado para o efeito de pagamento do salário.

Art. 295. A duração normal do trabalho efetivo no subsolo poderá ser elevada até 8 (oito) horas diárias ou 48 (quarenta e oito) semanais, mediante acordo escrito entre empregado e empregador ou contrato coletivo de trabalho, sujeita essa prorrogação à prévia licença da autoridade competente em matéria de higiene do trabalho.

Parágrafo único. A duração normal do trabalho efetivo no subsolo poderá ser inferior a 6 (seis) horas diárias, por determinação da autoridade de que trata este artigo, tendo em vista condições locais de insalubridade e os métodos e processos do trabalho adotado.

Art. 296. A remuneração da hora prorrogada será no mínimo de 25% (vinte e cinco por cento) superior à da hora normal e deverá constar do acordo ou contrato coletivo de trabalho.

Art. 297. Ao empregado no subsolo será fornecida, pelas empresas exploradoras de minas, alimentação adequada à natureza do trabalho, de acordo com as instruções estabelecidas pelo Serviço de Alimentação da Previdência Social e aprovadas pelo Ministério do Trabalho, Industria e Comercio.

Art. 298. Em cada período de 3 (três) horas consecutivas de trabalho, será obrigatória uma pausa de 15 (quinze) minutos para repouso, a qual será computada na duração normal de trabalho efetivo.

Art. 299. Quando nos trabalhos de subsolo ocorrer acontecimentos que possam comprometer a vida ou saúde do empregado, deverá a empresa comunicar o fato imediatamente à autoridade regional do trabalho, do Ministério do Trabalho, Industria e Comercio.

Art. 300. Sempre que, por motivo de saúde, for necessária a transferência do empregado, a juízo da autoridade competente em matéria da segurança e da medicina do trabalho, dos serviços no subsolo para os de superfície, é a empresa obrigada a realizar essa transferência, assegurando ao transferido a remuneração atribuída ao trabalhador de superfície em serviço equivalente, respeitada a capacidade profissional do interessado. (Redação dada pela Lei nº 2.924, de 21.10.1956)

Parágrafo único. No caso de recusa do empregado em atender a essa transferência, será ouvida a autoridade competente em matéria de higiene e segurança do trabalho, que decidirá a respeito. (Redação dada pela Lei nº 2.924, de 21.10.1956)

Art. 301. O trabalho no subsolo somente será permitido a homens, com idade compreendida entre 21 (vinte e um) e 50 (cinqüenta) anos, assegurada a transferência para a superfície nos termos previstos no artigo anterior.

Seção XI
Dos Jornalistas Profissionais

Art. 302. Os dispositivos da presente Seção se aplicam aos que nas empresas jornalísticas prestem serviços como jornalistas, revisores, fotógrafos, ou na ilustração, com as exceções nela previstas.

§ 1º Entende-se como jornalista o trabalhador intelectual cuja função se estende desde a busca de informações até a redação de notícias e artigos e a organização, orientação e direção desse trabalho.

§ 2º Consideram-se empresas jornalísticas, para os fins desta Seção, aquelas que têm a seu cargo a edição de jornais, revistas, boletins e periódicos, ou a distribuição de noticiário, e, ainda, a radiodifusão em suas seções destinadas à transmissão de notícias e comentários.

Art. 303. A duração normal do trabalho dos empregados compreendidos nesta Seção não deverá exceder de 5 (cinco) horas, tanto de dia como à noite.

Art. 304. Poderá a duração normal do trabalho ser elevada a 7 (sete) horas, mediante acordo escrito, em que se estipule aumento de ordenado, correspondente ao excesso do tempo de trabalho, em que se fixe um intervalo destinado a repouso ou a refeição.

Parágrafo único. Para atender a motivos de força maior, poderá o empregado prestar serviços por mais tempo do que aquele permitido nesta Seção. Em tais casos, porém o excesso deve ser comunicado à Divisão de Fiscalização do Departamento Nacional do Trabalho ou às Delegacias Regionais do Ministério do Trabalho, Industria e Comercio, dentro de 5 (cinco) dias, com a indicação expressa dos seus motivos.

Art. 305. As horas de serviço extraordinário, quer as prestadas em virtude de acordo, quer as que derivam das causas previstas no parágrafo único do artigo anterior, não poderão ser remuneradas com quantia inferior à que resulta do quociente da divisão da importância do salário mensal por 150 (cento e cinqüenta) para os mensalistas, e do salário diário por 5 (cinco) para os diaristas, acrescido de, pelo menos, 25% (vinte e cinco por cento).

Art. 306. Os dispositivos dos arts. 303, 304 e 305 não se aplicam àqueles que exercem as funções de redator-chefe, secretário, subsecretário, chefe e subchefe de revisão, chefe de oficina, de ilustração e chefe de portaria.

Parágrafo único. Não se aplicam, do mesmo modo, os artigos acima referidos aos que se ocuparem unicamente em serviços externos.

Art. 307. A cada 6 (seis) dias de trabalho efetivo corresponderá 1 (um) dia de descanso obrigatório, que coincidirá com o domingo, salvo acordo escrito em contrário, no qual será expressamente estipulado o dia em que se deve verificar o descanso.

Art. 308. Em seguida a cada período diário de trabalho haverá um intervalo mínimo de 10 (dez) horas, destinado ao repouso.

Art. 309. Será computado como de trabalho efetivo o tempo em que o empregado estiver à disposição do empregador.

Art. 310. (Revogado pelo Decreto-Lei nº 972, de 17.10.1969)

Art. 311. Para o registro de que trata o artigo anterior, deve o requerente exibir os seguintes documentos:

a) prova de nacionalidade brasileira;

b) folha corrida;

c) prova de que não responde a processo ou não sofreu condenação por crime contra a segurança nacional;

d) carteira de trabalho e previdência social.

§ 1º Aos profissionais devidamente registrados será feita a necessária declaração na carteira de trabalho e previdência social.

§ 2º Aos novos empregados será concedido o prazo de 60 dias para a apresentação da carteira de trabalho e previdência social, fazendo-se o registro condicionado a essa apresentação e expedindo-se um certificado provisório para aquele período.

Art. 312. O registro dos diretores-proprietários de jornais será feito, no Distrito Federal e nos Estados, e independentemente da exigência constante do art. 311, letra "d", da presente seção.

§ 1º A prova de profissão, apresentada pelo diretor-proprietário juntamente com os demais documentos exigidos, consistirá em uma certidão, fornecida nos Estados e Território do Acre, pelas Juntas Comerciais ou Cartórios, e, no Distrito Federal, pela seção competente do Departamento Nacional de Indústria e Comércio, do Ministério do Trabalho, Indústria e Comércio.

§ 2º Aos diretores-proprietários regularmente inscritos será fornecido um certificado do qual deverão constar o livro e a folha em que houver sido feito o registro.

Art. 313. Aqueles que, sem caráter profissional, exercerem atividades jornalísticas, visando fins culturais, científicos ou religiosos, poderão promover sua inscrição como jornalistas, na forma desta seção.

§ 1º As repartições competentes do Ministério do Trabalho, Indústria e Comércio manterão, para os fins do artigo anterior, um registro especial, anexo ao dos jornalistas profissionais, nele inscrevendo os que satisfaçam os requisitos das alíneas "a", "b" e "c" do artigo 311 e apresentem prova do exercício de atividade jornalística não profissional, o que poderá ser feito por meio de atestado de associação cultural, científica ou religiosa idônea.

§ 2º O pedido de registro será submetido a despacho do ministro que, em cada caso, apreciará o valor da prova oferecida.

§ 3º O registro de que trata o presente artigo tem caráter puramente declaratório e não implica no reconhecimento de direitos que decorrem do exercício remunerado e profissional do jornalismo.

Art. 314. (Revogado pelo Decreto-Lei nº 972, de 17.10.1969)

Art. 315. O Governo Federal, de acordo com os governos estaduais, promoverá a criação de escolas de preparação ao jornalismo, destinadas à formação dos profissionais da imprensa.

Art. 316. A empresa jornalística que deixar de pagar pontualmente, e na forma acordada, os salários devidos a seus empregados, terá suspenso o seu funcionamento, até que se efetue o pagamento devido.

Parágrafo único. Para os efeitos do cumprimento deste artigo deverão os prejudicados reclamar contra a falta de pagamento perante a autoridade competente e, proferida a condenação, desde que a empresa não a cumpra, ou, em caso de recurso, não deposite o valor da indenização, a autoridade que proferir a condenação oficiará à autoridade competente, para a suspensão da circulação do jornal.

Em igual pena de suspensão incorrerá a empresa que deixar de recolher as contribuições devidas às instituições de previdência social.

Seção XII
Dos Professores

Art. 317. O exercício remunerado do magistério, em estabelecimentos particulares de ensino, exigirá apenas habilitação legal e registro no Ministério da Educação. (Redação dada pela Lei nº 7.855, de 24.10.1989)

Art. 318. O professor poderá lecionar em um mesmo estabelecimento por mais de um turno, desde que não ultrapasse a jornada de trabalho semanal estabelecida legalmente, assegurado e não computado o intervalo para refeição. (Redação dada pela lei nº 13.415, de 2017)

Art. 319. Aos professores é vedado, aos domingos, a regência de aulas e o trabalho em exames.

Art. 320. A remuneração dos professores será fixada pelo número de aulas semanais, na conformidade dos horários.

§ 1º O pagamento far-se-á mensalmente, considerando-se para este efeito cada mês constituído de quatro semanas e meia.

§ 2º Vencido cada mês, será descontada, na remuneração dos professores, a importância correspondente ao número de aulas a que tiverem faltado.

§ 3º Não serão descontadas, no decurso de 9 (nove) dias, as faltas verificadas por motivo de gala ou de luto em conseqüência de falecimento do cônjuge, do pai ou mãe, ou de filho.

Art. 321. Sempre que o estabelecimento de ensino tiver necessidade de aumentar o número de aulas marcado nos horários, remunerará o professor, findo cada mês, com uma importância correspondente ao número de aulas excedentes.

Art. 322. No período de exames e no de férias escolares, é assegurado aos professores o pagamento, na mesma periodicidade contratual, da remuneração por eles percebida, na conformidade dos horários, durante o período de aulas. (Redação dada pela Lei nº 9.013, de 30.3.1995)

§ 1º Não se exigirá dos professores, no período de exames, a prestação de mais de 8 (oito) horas de trabalho diário, salvo mediante o pagamento complementar de cada hora excedente pelo preço correspondente ao de uma aula.

§ 2º No período de férias, não se poderá exigir dos professores outro serviço senão o relacionado com a realização de exames.

§ 3º Na hipótese de dispensa sem justa causa, ao término do ano letivo ou no curso das férias escolares, é assegurado ao professor o pagamento a que se refere o *caput* deste artigo. (Incluído pela Lei nº 9.013, de 30.3.1995)

Art. 323. Não será permitido o funcionamento do estabelecimento particular de ensino que não remunere condignamente os seus professores, ou não lhes pague pontualmente a remuneração de cada mês.

Parágrafo único. Compete ao Ministério da Educação e Saúde fixar os critérios para a determinação da condigna remuneração devida aos professores bem como assegurar a execução do preceito estabelecido no presente artigo.

Art. 324. (Revogado pela Lei nº 7.855, de 24.10.1989)

Seção XIII
Dos Químicos

Art. 325. É livre o exercício da profissão de químico em todo o território da República, observadas as condições de capacidade técnica e outras exigências previstas na presente Seção:

a) aos possuidores de diploma de químico, químico industrial, químico industrial agrícola ou engenheiro químico, concedido, no Brasil, por escola oficial ou oficialmente reconhecida;

b) aos diplomados em química por instituto estrangeiro de ensino superior, que tenham, de acordo com a lei e a partir de 14 de julho de 1934, revalidado os seus diplomas;

c) aos que, ao tempo da publicação do Decreto nº 24.693 de 12 de julho de 1934, se achavam no exercício efetivo de função pública ou particular, para a qual seja exigida a qualidade de químico, e que tenham requerido o respectivo registro até a extinção do prazo fixado pelo Decreto-Lei nº 2.298, de 10 de junho de 1940.

§ 1º Aos profissionais incluídos na alínea "c" deste artigo, se dará, para os efeitos da presente Seção, a denominação de "licenciados".

§ 2º – O livre exercício da profissão de que trata o presente artigo só é permitido a estrangeiros, quando compreendidos:

a) nas alíneas "a" e "b", independentemente de revalidação do diploma, se exerciam, legitimamente, na República, a profissão de químico em a data da promulgação da Constituição de 1934;

b) na alínea "b", se a seu favor militar a existência de reciprocidade internacional, admitida em lei, para o reconhecimento dos respectivos diplomas;

c) na alínea "c", satisfeitas as condições nela estabelecidas.

§ 3º O livre exercício da profissão a brasileiros naturalizados está subordinado à prévia prestação do serviço militar, no Brasil.

§ 4º Só aos brasileiros natos é permitida a revalidação dos diplomas de químicos, expedidos por institutos estrangeiros de ensino superior.

Art. 326. Todo aquele que exercer ou pretender exercer as funções de químico é obrigado ao uso de Carteira de Trabalho e Previdência Social, devendo os profissionais que se encontrarem nas condições das alíneas "a" e "b" do art. 325, registrar os seus diplomas de acordo com a legislação vigente. (Vide Lei nº 2.800, de 18.6.1956)

§ 1º A requisição de Carteira de Trabalho e Previdência Social para uso dos químicos, além do disposto no capítulo "Da Identificação Profissional", somente será processada mediante apresentação dos seguintes documentos que provem:

a) ser o requerente brasileiro, nato ou naturalizado, ou estrangeiro;

b) estar, se for brasileiro, de posse dos direitos civis e políticos;

c) ter diploma de químico, químico industrial, químico industrial agrícola ou engenheiro químico, expedido por escola superior oficial ou oficializada;

d) ter, se diplomado no estrangeiro, o respectivo diploma revalidado nos termos da lei;

e) haver, o que for brasileiro naturalizado, prestado serviço militar no Brasil;

f) achar-se o estrangeiro, ao ser promulgada a Constituição de 1934, exercendo legitimamente, na República, a profissão de químico, ou concorrer a seu favor a existência de reciprocidade internacional, admitida em lei, para o reconhecimento dos diplomas dessa especialidade.

§ 2º A requisição de que trata o parágrafo anterior deve ser acompanhada:

a) do diploma devidamente autenticado no caso da alínea "b" do artigo precedente, e com as firmas reconhecidas no país de origem e na Secretaria de Estado das Relações Exteriores, ou da respectiva certidão, bem como do título de revalidação, ou certidão respectiva, de acordo com a legislação em vigor;

b) do certificado ou atestado comprobatório de se achar o requerente na hipótese da alínea "c" do referido artigo, ao tempo da publicação do Decreto nº 24.693 de 12 de julho de 1934, no exercício efetivo de função pública, ou particular, para a qual seja exigida a qualidade de químico, devendo esses documentos ser autenticados pelo Delegado Regional do Trabalho, quando se referirem a requerentes moradores nas capitais dos Estados, ou coletor federal, no caso de residirem os interessados nos municípios do interior;

c) de 3 (três) exemplares de fotografia exigida pelo art. 329 e de 1 (uma) folha com as declarações que devem ser lançadas na Carteira de Trabalho e Previdência Social de conformidade com o disposto nas alíneas do mesmo artigo e seu parágrafo único.

§ 3º Reconhecida a validade dos documentos apresentados, o Serviço de Identificação Profissional do Departamento Nacional do Trabalho, no Distrito Federal, ou os órgãos regionais do Ministério do Trabalho, Industria e Comercio, nos Estados e no Território do Acre, registrarão, em livros próprios, os documentos a que se refere a alínea "c" do § 1º e, juntamente com a Carteira de Trabalho e Previdência Social emitida, os devolverão ao interessado.

Art. 327. Além dos emolumentos fixados no Capítulo "Da Identificação Profissional", o registro do diploma fica sujeito à taxa de Cr$ 30,00 (trinta cruzeiros).

Art. 328. Só poderão ser admitidos a registro os diplomas, certificados de diplomas, cartas e outros títulos, bem como atestados e certificados que estiverem na devida forma e cujas firmas hajam sido regularmente reconhecidas por tabelião público e, sendo estrangeiros, pela Secretaria do Estado das Relações Exteriores, acompanhados estes últimos da respectiva tradução, feita por intérprete comercial brasileiro.

Parágrafo único. O Departamento Nacional do Trabalho e as Delegacias Regionais do Ministério do Trabalho, Industria e Comercio, nos Estados, publicarão, periodicamente, a lista dos químicos registrados na forma desta Seção.

Art. 329. A cada inscrito, e como documento comprobatório do registro, será fornecida pelo Departamento Nacional do Trabalho, no Distrito Federal, ou pelas Delegacias Regionais, nos Estados e no Território do Acre, uma Carteira de Trabalho e Previdência Social numerada, que, além da fotografia, medindo 3 (três) por 4 (quatro) centímetros, tirada de frente, com a cabeça descoberta, e das impressões do polegar, conterá as declarações seguintes:

a) o nome por extenso;

b) a nacionalidade e, se estrangeiro, a circunstância de ser ou não naturalizado;

c) a data e lugar do nascimento;

d) a denominação da escola em que houver feito o curso;

e) a data da expedição do diploma e o número do registro no Ministério do Trabalho, Industria e Comercio;

f) a data da revalidação do diploma, se de instituto estrangeiro;

g) a especificação, inclusive data, de outro título ou títulos de habilitação;

h) a assinatura do inscrito.

Parágrafo único – A carteira destinada aos profissionais a que se refere o § 1º do art. 325 deverá, em vez das declarações indicadas nas alíneas "d", "e" e "f" deste artigo, e além do título - licenciado - posto em destaque, conter a menção do título de nomeação ou admissão e respectiva data, se funcionário público, ou do atestado relativo ao exercício, na qualidade de químico, de um cargo em empresa particular, com designação desta e da data inicial do exercício.

Art. 330. A carteira profissional, expedida nos têrmos deste secção, é obrigatória para o exercício da profissão, substitue em todos os casos o diploma ou título e servirá de carteira de identidade. (Redação dada pelo Decreto-Lei nº 5.922, de 1943)

Art. 331. Nenhuma autoridade poderá receber impostos relativos ao exercício profissional de químico, senão à vista da prova de que o interessado se acha registrado de acordo com a presente Seção, e essa prova será também exigida para a realização de concursos periciais e todos os outros atos oficiais que exijam capacidade técnica de químico.

Art. 332. Quem, mediante anúncios, placas, cartões comerciais ou outros meios capazes de ser identificados, se propuser ao exercício da química, em qualquer dos seus ramos, sem que esteja devidamente registrado, fica sujeito às penalidades aplicáveis ao exercício ilegal da profissão.

Art. 333. Os profissionais a que se referem os dispositivos anteriores só poderão exercer legalmente as funções de químicos depois de satisfazerem as obrigações constantes do art. 330 desta Seção.

Art. 334. O exercício da profissão de químico compreende:

a) a fabricação de produtos e subprodutos químicos em seus diversos graus de pureza;

b) a análise química, a elaboração de pareceres, atestados e projetos de especialidade e sua execução, perícia civil ou judiciária sobre essa matéria, a direção e a responsabilidade de laboratórios ou departamentos químicos, de indústria e empresas comerciais;

c) o magistério nas cadeiras de química dos cursos superiores especializados em química;

d) a engenharia química.

§ 1º Aos químicos, químicos industriais e químicos industriais agrícolas que estejam nas condições estabelecidas no art. 325, alíneas "a" e "b", compete o exercício das atividades definidas nos itens "a", "b" e "c" deste artigo, sendo privativa dos engenheiros químicos a do item "d".

§ 2º Aos que estiverem nas condições do art. 325, alíneas "a" e "b", compete, como aos diplomados em medicina ou farmácia, as atividades definidas no art. 2º, alíneas "d", "e" e "f" do Decreto nº 20.377, de 8 de setembro de 1931, cabendo aos agrônomos e engenheiros agrônomos as que se acham especificadas no art. 6º, alínea "h", do Decreto nº 23.196, de 12 de outubro de 1933.

Art. 335. É obrigatória a admissão de químicos nos seguintes tipos de indústria:

a) de fabricação de produtos químicos;

b) que mantenham laboratório de controle químico;

c) de fabricação de produtos industriais que são obtidos por meio de reações químicas dirigidas, tais como: cimento, açúcar e álcool, vidro, curtume, massas plásticas artificiais, explosivos, derivados de carvão ou de petróleo, refinação de óleos vegetais ou minerais, sabão, celulose e derivados.

Art. 336. No preenchimento de cargos públicos, para os quais se faz mister a qualidade de químico, ressalvadas as especializações referidas no § 2º do art. 334, a partir da data da publicação do Decreto nº 24.693, de 12 de julho de 1934, requer-se, como condição essencial, que os candidatos previamente hajam satisfeito as exigências do art. 333 desta Seção.

Art. 337. Fazem fé pública os certificados de análises químicas, pareceres, atestados, laudos de perícias e projetos relativos a essa especialidade, assinados por profissionais que satisfaçam as condições estabelecidas nas alíneas "a" e "b" do art. 325.

Art. 338. É facultado aos químicos que satisfizerem as condições constantes do art. 325, alíneas "a" e "b", o ensino da especialidade a que se dedicarem, nas escolas superiores, oficiais ou oficializadas.

Parágrafo único. Na hipótese de concurso para o provimento de cargo ou emprego público, os químicos a que este artigo se refere terão preferência, em igualdade de condições.

Art. 339. O nome do químico responsável pela fabricação dos produtos de uma fábrica, usina ou laboratório deverá figurar nos respectivos rótulos, faturas e anúncios, compreendida entre estes últimos a legenda impressa em cartas e sobrecartas.

Art. 340. Somente os químicos habilitados, nos termos do art. 325, alíneas "a" e "b", poderão ser nomeados *ex officio* para os exames periciais de fábricas, laboratórios e usinas e de produtos aí fabricados.

Parágrafo único. Não se acham compreendidos no artigo anterior os produtos farmacêuticos e os laboratórios de produtos farmacêuticos.

Art. 341. Cabe aos químicos habilitados, conforme estabelece o art. 325, alíneas "a" e "b", a execução de todos os serviços que, não especificados no presente regulamento, exijam por sua natureza o conhecimento de química.

Art. 342. A fiscalização do exercício da profissão de químico incumbe ao Departamento Nacional do Trabalho no Distrito Federal e às autoridades regionais do Ministério do Trabalho, Industria e Comercio, nos Estados e Território do Acre.

Art. 343. São atribuições dos órgãos de fiscalização:

a) examinar os documentos exigidos para o registro profissional de que trata o art. 326 e seus §§ 1º e 2º e o art. 327, proceder à respectiva inscrição e indeferir o pedido dos interessados que não satisfizerem as exigências desta Seção;

b) registrar as comunicações e contratos, a que aludem o art. 350 e seus parágrafos, e dar as respectivas baixas;

c) verificar o exato cumprimento das disposições desta Seção, realizando as investigações que forem necessárias, bem como o exame dos arquivos, livros de escrituração, folhas de pagamento, contratos e outros documentos de uso de firmas ou empresas industriais ou comerciais, em cujos serviços tome parte 1 (um) ou mais profissionais que desempenhem função para a qual se deva exigir a qualidade de químico.

Art. 344. Aos sindicatos de químicos devidamente reconhecidos é facultado auxiliar a fiscalização, no tocante à observação da alínea "c" do artigo anterior.

Art. 345. Verificando-se, pelo Ministério do Trabalho, Industria e Comercio, serem falsos os diplomas ou outros títulos dessa natureza, atestados, certificados e quaisquer documentos exibidos para os fins de que trata esta Seção, incorrerão os seus autores e cúmplices nas penalidades estabelecidas em lei.

Parágrafo único. A falsificação de diploma ou outros quaisquer títulos, uma vez verificada, será imediatamente comunicada ao Serviço de Identificação Profissional, do Departamento Nacional do Trabalho, remetendo-se-lhe os documentos falsificados, para instauração do processo que no caso couber.

Art. 346. Será suspenso do exercício de suas funções, independentemente de outras penas em que possa incorrer, o químico, inclusive o licenciado, que incidir em alguma das seguintes faltas:

a) revelar improbidade profissional, dar falso testemunho, quebrar o sigilo profissional e promover falsificações, referentes à prática de atos de que trata esta Seção;

b) concorrer com seus conhecimentos científicos para a prática de crime ou atentado contra a pátria, a ordem social ou a saúde pública;

c) deixar, no prazo marcado nesta Seção, de requerer a revalidação e registro do diploma estrangeiro, ou o seu registro profissional no Ministério do Trabalho, Industria e Comercio.

Parágrafo único. O tempo de suspensão a que alude este artigo variará entre 1 (um) mês e 1 (um) ano, a critério do Departamento Nacional do Trabalho, após processo regular, ressalvada a ação da justiça pública.

Art. 347. Aqueles que exercerem a profissão de químico sem ter preenchido as condições do art. 325 e suas alíneas, nem promovido o seu registro, nos termos do art. 326, incorrerão na multa de 200 cruzeiros a 5.000 cruzeiros, que será elevada ao dobro, no caso de reincidência.

Art. 348. Aos licenciados a que alude o § 1º do art. 325 poderão, por ato do Departamento Nacional do Trabalho, sujeito à aprovação do Ministro, ser cassadas as garantias asseguradas por esta Seção, desde que interrompam, por motivo de falta prevista no art. 346, a função pública ou particular em que se encontravam por ocasião da publicação do Decreto nº 24.693, de 12 de julho de 1934.

Art. 349. O número de químicos estrangeiros a serviço de particulares, empresas ou companhias não poderá exceder de 1/3 (um terço) aos dos profissionais brasileiros compreendidos nos respectivos quadros.

Art. 350. O químico que assumir a direção técnica ou cargo de químico de qualquer usina, fábrica, ou laboratório industrial ou de análise deverá, dentro de 24 (vinte e quatro) horas e por escrito, comunicar essa ocorrência ao órgão fiscalizador, contraindo, desde essa data, a responsabilidade da parte técnica referente à sua profissão, assim como a responsabilidade técnica dos produtos manufaturados.

§ 1º Firmando-se contrato entre o químico e o proprietário da usina fábrica, ou laboratório, será esse documento apresentado, dentro do prazo de 30 (trinta) dias, para registro, ao órgão fiscalizador.

§ 2º Comunicação idêntica à de que trata a primeira parte deste artigo fará o químico quando deixar a direção técnica ou o cargo de químico, em cujo exercício se encontrava, a fim de ressalvar a sua responsabilidade e fazer-se o cancelamento do contrato. Em caso de falência do estabelecimento, a comunicação será feita pela firma proprietária.

Seção XIV
Das Penalidades

Art. 351. Os infratores dos dispositivos do presente Capítulo incorrerão na multa de cinquenta a cinco mil cruzeiros, segundo a natureza da infração, sua extensão e a intenção de quem a praticou, aplicada em dobro no caso de reincidência, oposição à fiscalização ou desacato à autoridade.

Parágrafo único. São competentes para impor penalidades as autoridades de primeira instância incumbidas da fiscalização dos preceitos constantes do presente Capítulo.

CAPÍTULO II
DA NACIONALIZAÇÃO DO TRABALHO

Seção I
Da Proporcionalidade de Empregados Brasileiros

Art. 352. As empresas, individuais ou coletivas, que explorem serviços públicos dados em concessão, ou que exerçam atividades industriais ou comerciais, são obrigadas a manter, no quadro do seu pessoal, quando composto de 3 (três) ou mais empregados, uma proporção de brasileiros não inferior à estabelecida no presente Capítulo.

§ 1º Sob a denominação geral de atividades industriais e comerciais compreende-se, além de outras que venham a ser determinadas em portaria do Ministro do Trabalho, Industria e Comercio, as exercidas:

a) nos estabelecimentos industriais em geral;

b) nos serviços de comunicações, de transportes terrestres, marítimos, fluviais, lacustres e aéreos;

c) nas garagens, oficinas de reparos e postos de abastecimento de automóveis e nas cocheiras;

d) na indústria da pesca;

e) nos estabelecimentos comerciais em geral;

f) nos escritórios comerciais em geral;

g) nos estabelecimentos bancários, ou de economia coletiva, nas empresas de seguros e nas de capitalização;

h) nos estabelecimentos jornalísticos, de publicidade e de radiodifusão;

i) nos estabelecimentos de ensino remunerado, excluídos os que neles trabalhem por força de voto religioso;

j) nas drogarias e farmácias;

k) nos salões de barbeiro ou cabeleireiro e de beleza;

l) nos estabelecimentos de diversões públicas, excluídos os elencos teatrais, e nos clubes esportivos;

m) nos hotéis, restaurantes, bares e estabelecimentos congêneres;

n) nos estabelecimentos hospitalares e fisioterápicos cujos serviços sejam remunerados, excluídos os que neles trabalhem por força de voto religioso;

o) nas empresas de mineração;

§ 2º Não se acham sujeitas às obrigações da proporcionalidade as indústrias rurais, as que, em zona agrícola, se destinem ao beneficiamento ou transformação de produtos da região e as atividades industriais de natureza extrativa, salvo a mineração.

Art. 353. Equiparam-se aos brasileiros, para os fins deste Capítulo, ressalvado o exercício de profissões reservadas aos brasileiros natos ou aos brasileiros em geral, os estrangeiros que, residindo no País há mais de dez anos, tenham cônjuge ou filho brasileiro, e os portugueses. (Redação dada pela Lei nº 6.651, de 23.5.1979)

Art. 354. A proporcionalidade será de 2/3 (dois terços) de empregados brasileiros, podendo, entretanto, ser fixada proporcionalidade inferior, em atenção às circunstâncias especiais de cada atividade, mediante ato do Poder Executivo, e depois de devidamente apurada pelo Departamento Nacional do Trabalho e pelo Serviço de Estatística de Previdência e Trabalho a insuficiência do número de brasileiros na atividade de que se tratar.

Parágrafo único. A proporcionalidade é obrigatória não só em relação à totalidade do quadro de empregados, com as exceções desta Lei, como ainda em relação à correspondente folha de salários.

Art. 355. Consideram-se como estabelecimentos autônomos, para os efeitos da proporcionalidade a ser observada, as sucursais, filiais e agências em que trabalhem 3 (três) ou mais empregados.

Art. 356. Sempre que uma empresa ou indivíduo explore atividades sujeitas a proporcionalidades diferentes, observar-se-á, em relação a cada uma delas, a que lhe corresponder.

Art. 357. Não se compreendem na proporcionalidade os empregados que exerçam funções técnicas especializadas, desde que, a juízo do Ministério do Trabalho, Industria e Comercio, haja falta de trabalhadores nacionais.

Art. 358. Nenhuma empresa, ainda que não sujeita à proporcionalidade, poderá pagar a brasileiro que exerça função análoga, a juízo do Ministério do Trabalho, Industria e Comercio, à que é exercida por estrangeiro a seu serviço, salário inferior ao deste, excetuando-se os casos seguintes:

a) quando, nos estabelecimentos que não tenham quadros de empregados organizados em carreira, o brasileiro contar menos de 2 (dois) anos de serviço, e o estrangeiro mais de 2 (dois) anos;

b) quando, mediante aprovação do Ministério do Trabalho, Industria e Comercio, houver quadro organizado em carreira em que seja garantido o acesso por antigüidade;

c) quando o brasileiro for aprendiz, ajudante ou servente, e não o for o estrangeiro;

d) quando a remuneração resultar de maior produção, para os que trabalham à comissão ou por tarefa.

Parágrafo único. Nos casos de falta ou cessação de serviço, a dispensa do empregado estrangeiro deve preceder à de brasileiro que exerça função análoga.

Seção II
Das Relações Anuais de Empregados

Art. 359. Nenhuma empresa poderá admitir a seu serviço empregado estrangeiro sem que este exiba a carteira de identidade de estrangeiro devidamente anotada.

Parágrafo único. A empresa é obrigada a assentar no registro de empregados os dados referentes à nacionalidade de qualquer empregado estrangeiro e o número da respectiva carteira de identidade.

Art. 360. Toda empresa compreendida na enumeração do art. 352, § 1º, deste Capítulo, qualquer que seja o número de seus empregados, deve apresentar anualmente às repartições competentes do Ministério do Trabalho, de 2 de maio a 30 de junho, uma relação, em três vias, de todos os seus empregados, segundo o modelo que for expedido.

§ 1º As relações terão, na primeira via, o selo de três cruzeiros pela folha inicial e dois cruzeiros por folha excedente, além do selo do Fundo de Educação, e nelas será assinalada, em tinta vermelha, a modificação havida com referência à última relação apresentada. Se se tratar de nova empresa, a relação, encimada pelos dizeres – Primeira Relação – deverá ser feita dentro de 30 (trinta) dias de seu registro no Departamento Nacional da Indústria e Comércio ou repartições competentes.

§ 2º A entrega das relações far-se-á diretamente às repartições competentes do Ministério do Trabalho, Industria e Comercio, ou, onde não as houver, às Coletorias Federais, que as remeterão desde logo àquelas repartições. A entrega operar-se-á contra recibo especial, cuja exibição é obrigatória, em caso de fiscalização, enquanto não for devolvida ao empregador a via autenticada da declaração.

§ 3º Quando não houver empregado far-se-á declaração negativa.

Art. 361. Apurando-se, das relações apresentadas, qualquer infração, será concedido ao infrator o prazo de 10 (dez) dias para defesa, seguindo-se o despacho pela autoridade competente.

Art. 362. As repartições às quais competir a fiscalização do disposto no presente Capítulo manterão fichário especial de empresas, do qual constem as anotações referentes ao respectivo cumprimento, e fornecerão aos interessados as certidões de quitação que se tornarem necessárias, no prazo de 30 (trinta) dias, contados da data do pedido. (Redação dada pelo Decreto-lei nº 229, de 28.2.1967)

§ 1º As certidões de quitação farão prova até 30 de setembro do ano seguinte àquele a que se referiram e estarão sujeitas à taxa correspondente a 1/10 (um décimo do salário-mínimo regional. Sem elas nenhum fornecimento ou contrato poderá ser feito com o Governo da União, dos Estados ou Municípios, ou com as instituições paraestatais a eles subordinadas, nem será renovada autorização a empresa estrangeira para funcionar no País. (Redação dada pelo Decreto-lei nº 229, de 28.2.1967) (Extinto pela Lei nº 8.522, de 8.522, de 1992)

§ 2º A primeira via da relação, depois de considerada pela repartição fiscalizadora, será remetida anualmente ao Departamento Nacional de Mão-de-Obra (DNMO), como subsídio ao estudo das condições de mercado de trabalho, de um modo geral, e, em particular, no que se refere à mão-de-obra qualificada. (Redação dada pelo Decreto-lei nº 229, de 28.2.1967)

§ 3º A segunda via da relação será remetida pela repartição competente ao Serviço de Estatística da Previdência e Trabalho e a terceira via devolvida à empresa, devidamente autenticada. (Incluído pelo Decreto-lei nº 229, de 28.2.1967)

Seção III
Das Penalidades

Art. 363. O processo das infrações do presente Capítulo obedecerá ao disposto no Título "Do Processo de Multas Administrativas", no que lhe for aplicável, com observância dos modelos de auto a serem expedidos.

Art. 364. As infrações do presente Capítulo serão punidas com a multa de cem a dez mil cruzeiros.

Parágrafo único. Em se tratando de empresa concessionária de serviço público, ou de sociedade estrangeira autorizada a funcionar no País, se a infratora, depois de multada, não atender afinal ao cumprimento do texto infringido poderá ser-lhe cassada a concessão ou autorização.

Seção IV
Disposições Gerais

Art. 365. O presente Capítulo não derroga as restrições vigentes quanto às exigências de nacionalidade brasileira para o exercício de determinadas profissões nem as que vigoram para as faixas de fronteiras, na conformidade da respectiva legislação.

Art. 366. Enquanto não for expedida a carteira a que se refere o art. 359 deste Capítulo, valerá, a titulo precário, como documento hábil, uma certidão, passada pelo serviço competente do Registro de Estrangeiros, provando que o empregado requereu sua permanência no País.

Art. 367. A redução a que se refere o art. 354, enquanto o Serviço de Estatística da Previdência e Trabalho não dispuser dos dados estatísticos necessários à fixação da proporcionalidade conveniente para cada atividade, poderá ser feita por ato do Ministro do Trabalho, Industria e Comercio, mediante representação fundamentada da associação sindical.

Parágrafo único. O Serviço de Estatística da Previdência e Trabalho deverá promover, e manter em dia, estudos necessários aos fins do presente Capítulo.

Seção V
Das Disposições Especiais sobre a Nacionalização da Marinha Mercante

Art. 368. O comando de navio mercante nacional só poderá ser exercido por brasileiro nato.

Art. 369. A tripulação de navio ou embarcação nacional será constituída, pelo menos, de 2/3 (dois terços) de brasileiros natos. (Redação dada pela Lei nº 5.683, de 21.7.1971)

Parágrafo único. O disposto neste artigo não se aplica aos navios nacionais de pesca, sujeitos a legislação específica. (Incluído pela Lei nº 5.683, de 21.7.1971)

Art. 370. As empresas de navegação organizarão as relações dos tripulantes das respectivas embarcações, enviando-as no prazo a que se refere a Seção II deste Capítulo à Delegacia do Trabalho Marítimo onde as mesmas tiverem sede.

Parágrafo único. As relações a que alude o presente artigo obedecerão, na discriminação hierárquica e funcional do pessoal embarcadiço, ao quadro aprovado pelo regulamento das Capitanias dos Portos.

Art. 371. A presente Seção é também aplicável aos serviços de navegação fluvial e lacustre e à praticagem nas barras, portos, rios, lagos e canais.

CAPÍTULO III
DA PROTEÇÃO DO TRABALHO DA MULHER

Seção I
Da Duração, Condições do Trabalho e da Discriminação Contra a Mulher

Art. 372. Os preceitos que regulam o trabalho masculino são aplicáveis ao trabalho feminino, naquilo em que não colidirem com a proteção especial instituída por este Capítulo.

Nova Redação	Antiga Redação
Parágrafo único. (Revogado)	Parágrafo único. Não é regido pelos dispositivos a que se refere este artigo o trabalho nas oficinas em que sirvam exclusivamente pessoas da família da mulher e esteja esta sob a direção do esposo, do pai, da mãe, do tutor ou do filho.

Art. 373. A duração normal de trabalho da mulher será de 8 (oito) horas diárias, exceto nos casos para os quais for fixada duração inferior.

Art. 373-A. Ressalvadas as disposições legais destinadas a corrigir as distorções que afetam o acesso da mulher ao mercado de trabalho e certas especificidades estabelecidas nos acordos trabalhistas, é vedado: (Incluído pela Lei nº 9.799, de 26.5.1999)

I – publicar ou fazer publicar anúncio de emprego no qual haja referência ao sexo, à idade, à cor ou situação familiar, salvo quando a natureza da atividade a ser exercida, pública e notoriamente, assim o exigir; (Incluído pela Lei nº 9.799, de 26.5.1999)

II – recusar emprego, promoção ou motivar a dispensa do trabalho em razão de sexo, idade, cor, situação familiar ou estado de gravidez, salvo quando a natureza da atividade seja notória e publicamente incompatível; (Incluído pela Lei nº 9.799, de 26.5.1999)

III – considerar o sexo, a idade, a cor ou situação familiar como variável determinante para fins de remuneração, formação profissional e oportunidades de ascensão profissional; (Incluído pela Lei nº 9.799, de 26.5.1999)

IV – exigir atestado ou exame, de qualquer natureza, para comprovação de esterilidade ou gravidez, na admissão ou permanência no emprego; (Incluído pela Lei nº 9.799, de 26.5.1999)

V – impedir o acesso ou adotar critérios subjetivos para deferimento de inscrição ou aprovação em concursos, em empresas privadas, em razão de sexo, idade, cor, situação familiar ou estado de gravidez; (Incluído pela Lei nº 9.799, de 26.5.1999)

VI – proceder o empregador ou preposto a revistas íntimas nas empregadas ou funcionárias. (Incluído pela Lei nº 9.799, de 26.5.1999)

Parágrafo único. O disposto neste artigo não obsta a adoção de medidas temporárias que visem ao estabelecimento das políticas de igualdade entre homens e mulheres, em particular as que se destinam a corrigir as distorções que afetam a formação profissional, o acesso ao emprego e as condições gerais de trabalho da mulher. (Incluído pela Lei nº 9.799, de 26.5.1999)

Art. 374 e 375. (Revogados pela Lei nº 7.855, de 24.10.1989)

Art. 376. (Revogado pela Lei nº 10.244, de 2001)

Art. 377. A adoção de medidas de proteção ao trabalho das mulheres é considerada de ordem pública, não justificando, em hipótese alguma, a redução de salário.

Art. 378. (Revogado pela Lei nº 7.855, de 24.10.1989)

Seção II
Do Trabalho Noturno

Art. 379 e 380. (Revogados pela Lei nº 7.855, de 24.10.1989)

Art. 381. O trabalho noturno das mulheres terá salário superior ao diurno.

§ 1º Para os fins desse artigo, os salários serão acrescidos duma percentagem adicional de 20% (vinte por cento) no mínimo.

§ 2º Cada hora do período noturno de trabalho das mulheres terá 52 (cinqüenta e dois) minutos e 30 (trinta) segundos.

Seção III
Dos Períodos de Descanso

Art. 382. Entre 2 (duas) jornadas de trabalho, haverá um intervalo de 11(onze) horas consecutivas, no mínimo, destinado ao repouso.

Art. 383. Durante a jornada de trabalho, será concedido à empregada um período para refeição e repouso não inferior a 1 (uma) hora nem superior a 2 (duas) horas salvo a hipótese prevista no art. 71, § 3º.

Nova Redação com a Reforma Trabalhista	Antiga Redação
Art. 384. (Revogado)	**Art. 384.** Em caso de prorrogação do horário normal, será obrigatório um descanso de 15 (quinze) minutos no mínimo, antes do início do período extraordinário do trabalho.

Art. 385. O descanso semanal será de 24 (vinte e quatro) horas consecutivas e coincidirá no todo ou em parte com o domingo, salvo motivo de conveniência pública ou necessidade imperiosa de serviço, a juízo da autoridade competente, na forma das disposições gerais, caso em que recairá em outro dia.

Parágrafo único. Observar-se-ão, igualmente, os preceitos da legislação geral sobre a proibição de trabalho nos feriados civis e religiosos.

Art. 386. Havendo trabalho aos domingos, será organizada uma escala de revezamento quinzenal, que favoreça o repouso dominical.

Seção IV
Dos Métodos e Locais de Trabalho

Art. 387. (Revogado pela Lei nº 7.855, de 24.10.1989)

Art. 388. Em virtude de exame e parecer da autoridade competente, o Ministro do Trabalho, Industria e Comercio poderá estabelecer derrogações totais ou parciais às proibições a que alude o artigo anterior, quando tiver desaparecido, nos serviços considerados perigosos ou insalubres, todo e qualquer caráter perigoso ou prejudicial mediante a aplicação de novos métodos de trabalho ou pelo emprego de medidas de ordem preventiva.

Art. 389. Toda empresa é obrigada: (Redação dada pelo Decreto-lei nº 229, de 28.2.1967)

I – a prover os estabelecimentos de medidas concernentes à higienização dos métodos e locais de trabalho, tais como ventilação e iluminação e outros que se fizerem necessários à segurança e ao conforto das mulheres, a critério da autoridade competente; (Incluído pelo Decreto-lei nº 229, de 28.2.1967)

II – a instalar bebedouros, lavatórios, aparelhos sanitários; dispor de cadeiras ou bancos, em número suficiente, que permitam às mulheres trabalhar sem grande esgotamento físico; (Incluído pelo Decreto-lei nº 229, de 28.2.1967)

III – a instalar vestiários com armários individuais privativos das mulheres, exceto os estabelecimentos comerciais, escritórios, bancos e atividades afins, em que não seja exigida a troca de roupa e outros, a critério da autoridade competente em matéria de segurança e higiene do trabalho, admitindo-se como suficientes as gavetas ou escaninhos, onde possam as empregadas guardar seus pertences; (Incluído pelo Decreto-lei nº 229, de 28.2.1967)

IV – a fornecer, gratuitamente, a juízo da autoridade competente, os recursos de proteção individual, tais como óculos, máscaras, luvas e roupas especiais, para a defesa dos olhos, do aparelho respiratório e da pele, de acordo com a natureza do trabalho. (Incluído pelo Decreto-lei nº 229, de 28.2.1967)

§ 1º Os estabelecimentos em que trabalharem pelo menos 30 (trinta) mulheres com mais de 16 (dezesseis) anos de idade terão local apropriado onde seja permitido às empregadas guardar sob vigilância e assistência os seus filhos no período da amamentação. (Incluído pelo Decreto-lei nº 229, de 28.2.1967)

§ 2º A exigência do § 1º poderá ser suprida por meio de creches distritais mantidas, diretamente ou mediante convênios, com outras entidades públicas ou privadas, pelas próprias empresas, em regime comunitário, ou a cargo do SESI, do SESC, da LBA ou de entidades sindicais. (Incluído pelo Decreto-lei nº 229, de 28.2.1967)

Art. 390. Ao empregador é vedado empregar a mulher em serviço que demande o emprego de força muscular superior a 20 (vinte) quilos para o trabalho continuo, ou 25 (vinte e cinco) quilos para o trabalho ocasional.

Parágrafo único. Não está compreendida na determinação deste artigo a remoção de material feita por impulsão ou tração de vagonetes sobre trilhos, de carros de mão ou quaisquer aparelhos mecânicos.

Art. 390-A. (VETADO). (Incluído pela Lei nº 9.799, de 1999)

Art. 390-B. As vagas dos cursos de formação de mão-de-obra, ministrados por instituições governamentais, pelos próprios empregadores ou por qualquer órgão de ensino profissionalizante, serão oferecidas aos empregados de ambos os sexos. (Incluído pela Lei nº 9.799, de 1999)

Art. 390-C. As empresas com mais de cem empregados, de ambos os sexos, deverão manter programas especiais de incentivos e aperfeiçoamento profissional da mão-de-obra. (Incluído pela Lei nº 9.799, de 1999)

Art. 390-D. (VETADO). (Incluído pela Lei nº 9.799, de 1999)

Art. 390-E. A pessoa jurídica poderá associar-se a entidade de formação profissional, sociedades civis, sociedades cooperativas, órgãos e entidades públicas ou entidades sindicais, bem como firmar convênios para o desenvolvimento de ações conjuntas, visando à execução de projetos relativos ao incentivo ao trabalho da mulher. (Incluído pela Lei nº 9.799, de 1999)

Seção V
Da Proteção à Maternidade

Art. 391. Não constitui justo motivo para a rescisão do contrato de trabalho da mulher o fato de haver contraído matrimônio ou de encontrar-se em estado de gravidez.

Parágrafo único. Não serão permitidos em regulamentos de qualquer natureza contratos coletivos ou individuais de trabalho, restrições ao direito da mulher ao seu emprego, por motivo de casamento ou de gravidez.

Art. 391-A. A confirmação do estado de gravidez advindo no curso do contrato de trabalho, ainda que durante o prazo do aviso prévio trabalhado ou indenizado, garante à empregada gestante a estabilidade provisória prevista na alínea b do inciso II do art. 10 do Ato das Disposições Constitucionais Transitórias. (Incluído pela Lei nº 12.812, de 2013)

Parágrafo único. O disposto no *caput* deste artigo aplica-se ao empregado adotante ao qual tenha sido concedida guarda provisória para fins de adoção. (Incluído pela Lei nº 13.509, de 2017)

Art. 392. A empregada gestante tem direito à licença-maternidade de 120 (cento e vinte) dias, sem prejuízo do emprego e do salário. (Redação dada pela Lei nº 10.421, 15.4.2002)

§ 1º A empregada deve, mediante atestado médico, notificar o seu empregador da data do início do afastamento do emprego, que poderá ocorrer entre o 28º (vigésimo oitavo) dia antes do parto e ocorrência deste. (Redação dada pela Lei nº 10.421, 15.4.2002)

§ 2º Os períodos de repouso, antes e depois do parto, poderão ser aumentados de 2 (duas) semanas cada um, mediante atestado médico. (Redação dada pela Lei nº 10.421, 15.4.2002)

§ 3º Em caso de parto antecipado, a mulher terá direito aos 120 (cento e vinte) dias previstos neste artigo. (Redação dada pela Lei nº 10.421, 15.4.2002)

§ 4º É garantido à empregada, durante a gravidez, sem prejuízo do salário e demais direitos: (Redação dada pela Lei nº 9.799, de 26.5.1999)

I – transferência de função, quando as condições de saúde o exigirem, assegurada a retomada da função anteriormente exercida, logo após o retorno ao trabalho; (Incluído pela Lei nº 9.799, de 26.5.1999)

II – dispensa do horário de trabalho pelo tempo necessário para a realização de, no mínimo, seis consultas médicas e demais exames complementares. (Incluído pela Lei nº 9.799, de 26.5.1999)

Nova Redação com a Reforma Trabalhista	Antiga Redação

§ 5º (VETADO) (Incluído pela Lei nº 10.421, de 2002)

Art. 392-A. À empregada que adotar ou obtiver guarda judicial para fins de adoção de criança ou adolescente será concedida licença-maternidade nos termos do art. 392 desta Lei. (Redação dada pela Lei nº 13.509, de 2017)

§ 1º (Revogado pela Lei nº 12.010, de 2009)

§ 2º (Revogado pela Lei nº 12.010, de 2009)

§ 3º (Revogado pela Lei nº 12.010, de 2009)

§ 4º A licença-maternidade só será concedida mediante apresentação do termo judicial de guarda à adotante ou guardiã. (Incluído pela Lei nº 10.421, 15.4.2002)

5º A adoção ou guarda judicial conjunta ensejará a concessão de licença-maternidade a apenas um dos adotantes ou guardiães empregado ou empregada. (Incluído pela Lei nº 12.873, de 2013)

Art. 392-B. Em caso de morte da genitora, é assegurado ao cônjuge ou companheiro empregado o gozo de licença por todo o período da licença-maternidade ou pelo tempo restante a que teria direito a mãe, exceto no caso de falecimento do filho ou de seu abandono. (Redação dada pela Lei nº 12.873, de 2013)

Art. 392-C. Aplica-se, no que couber, o disposto no art. 392-A e 392-B ao empregado que adotar ou obtiver guarda judicial para fins de adoção. (Incluído pela Lei nº 12.873, de 2013)

Art. 393. Durante o período a que se refere o art. 392, a mulher terá direito ao salário integral e, quando variável, calculado de acordo com a média dos 6 (seis) últimos meses de trabalho, bem como os direitos e vantagens adquiridos, sendo-lhe ainda facultado reverter à função que anteriormente ocupava. (Redação dada pelo Decreto-lei nº 229, de 28.2.1967)

Art. 394. Mediante atestado médico, à mulher grávida é facultado romper o compromisso resultante de qualquer contrato de trabalho, desde que este seja prejudicial à gestação.

Art. 394-A. Sem prejuízo de sua remuneração, nesta incluído o valor do adicional de insalubridade, a empregada deverá ser afastada de:	**Art. 394-A.** A empregada gestante ou lactante será afastada, enquanto durar a gestação e a lactação, de quaisquer atividades, operações ou locais insalubres, devendo exercer suas atividades em local salubre.

Nova Redação com a Reforma Trabalhista	Antiga Redação
I – atividades consideradas insalubres em grau máximo, enquanto durar a gestação;	⊗ Dispositivo sem correspondência na antiga redação.
II – atividades consideradas insalubres em grau médio ou mínimo, quando apresentar atestado de saúde, emitido por médico de confiança da mulher, que recomende o afastamento durante a gestação;	⊗ Dispositivo sem correspondência na antiga redação.
III – atividades consideradas insalubres em qualquer grau, quando apresentar atestado de saúde, emitido por médico de confiança da mulher, que recomende o afastamento durante a lactação.	⊗ Dispositivo sem correspondência na antiga redação.
§ 1º Vetado	Parágrafo único. (VETADO).
§ 2º Cabe à empresa pagar o adicional de insalubridade à gestante ou à lactante, efetivando-se a compensação, observado o disposto no art. 248 da Constituição Federal, por ocasião do recolhimento das contribuições incidentes sobre a folha de salários e demais rendimentos pagos ou creditados, a qualquer título, à pessoa física que lhe preste serviço.	⊗ Dispositivo sem correspondência na antiga redação.
§ 3º Quando não for possível que a gestante ou a lactante afastada nos termos do *caput* deste artigo exerça suas atividades em local salubre na empresa, a hipótese será considerada como gravidez de risco e ensejará a percepção de salário maternidade, nos termos da Lei nº 8.213, de 24 de julho de 1991, durante todo o período de afastamento.	⊗ Dispositivo sem correspondência na antiga redação.

Art. 395. Em caso de aborto não criminoso, comprovado por atestado médico oficial, a mulher terá um repouso remunerado de 2 (duas) semanas, ficando-lhe assegurado o direito de retornar à função que ocupava antes de seu afastamento.

Nova Redação com a Reforma Trabalhista	Antiga Redação
Art. 396. Para amamentar seu filho, inclusive se advindo de adoção, até que este complete 6 (seis) meses de idade, a mulher terá direito, durante a jornada de trabalho, a 2 (dois) descansos especiais de meia hora cada um. (Redação dada pela Lei nº 13.509, de 2017)	
§ 1º Quando o exigir a saúde do filho, o período de 6 (seis) meses poderá ser dilatado, a critério da autoridade competente.	Parágrafo único. Quando o exigir a saúde do filho, o período de 6 (seis) meses poderá ser dilatado, a critério da autoridade competente.
§ 2º Os horários dos descansos previstos no *caput* deste artigo deverão ser definidos em acordo individual entre a mulher e o empregador.	⊗ Dispositivo sem correspondência na antiga redação.

Art. 397. O SESI, o SESC, a LBA e outras entidades públicas destinadas à assistência à infância manterão ou subvencionarão, de acordo com suas possibilidades financeiras, escolas maternais e jardins de infância, distribuídos nas zonas de maior densidade de trabalhadores, destinados especialmente aos filhos das mulheres empregadas. (Redação dada pelo Decreto-lei nº 229, de 28.2.1967)

Art. 398. (Revogado pelo Decreto-Lei nº 229, de 28.2.1967)

Art. 399. O Ministro do Trabalho, Industria e Comercio conferirá diploma de benemerência aos empregadores que se distinguirem pela organização e manutenção de creches e de instituições de proteção aos menores em idade pré-escolar, desde que tais serviços se recomendem por sua generosidade e pela eficiência das respectivas instalações.

Art. 400. Os locais destinados à guarda dos filhos das operárias durante o período da amamentação deverão possuir, no mínimo, um berçário, uma saleta de amamentação, uma cozinha dietética e uma instalação sanitária.

Seção VI
Das Penalidades

Art. 401. Pela infração de qualquer dispositivo deste Capítulo, será imposta ao empregador a multa de cem a mil cruzeiros, aplicada, nesta Capital, pela autoridade competente de 1ª instância do Departamento Nacional do Trabalho, e, nos Estados e Território do Acre, pelas autoridades competentes do Ministério do Trabalho, Industria e Comercio ou por aquelas que exerçam funções delegadas.

§ 1º A penalidade será sempre aplicada no grau máximo:

a) se ficar apurado o emprego de artifício ou simulação para fraudar a aplicação dos dispositivos deste Capítulo;

b) nos casos de reincidência.

§ 2º O processo na verificação das infrações, bem como na aplicação e cobrança das multas, será o previsto no título "Do Processo de Multas Administrativas", observadas as disposições deste artigo.

Art. 401-A. (VETADO) (Incluído pela Lei nº 9.799, de 1999)

Art. 401-B. (VETADO) (Incluído pela Lei nº 9.799, de 1999)

CAPÍTULO IV
DA PROTEÇÃO DO TRABALHO DO MENOR

Seção I
Disposições Gerais

Art. 402. Considera-se menor para os efeitos desta Consolidação o trabalhador de quatorze até dezoito anos. (Redação dada pela Lei nº 10.097, de 19.12.2000)

Parágrafo único, O trabalho do menor reger-se-á pelas disposições do presente Capítulo, exceto no serviço em oficinas em que trabalhem exclusivamente pessoas da família do menor e esteja este sob a direção do pai, mãe ou tutor, observado, entretanto, o disposto nos arts. 404, 405 e na Seção II. (Redação dada pelo Decreto-lei nº 229, de 28.2.1967)

Art. 403. É proibido qualquer trabalho a menores de dezesseis anos de idade, salvo na condição de aprendiz, a partir dos quatorze anos. (Redação dada pela Lei nº 10.097, de 2000)

Parágrafo único. O trabalho do menor não poderá ser realizado em locais prejudiciais à sua formação, ao seu desenvolvimento físico, psíquico, moral e social e em horários e locais que não permitam a frequência à escola. (Redação dada pela Lei nº 10.097, de 2000)

a) revogada;(Redação dada pela Lei nº 10.097, de 2000)

b) revogada. (Redação dada pela Lei nº 10.097, de 2000)

Art. 404. Ao menor de 18 (dezoito) anos é vedado o trabalho noturno, considerado este o que for executado no período compreendido entre as 22 (vinte e duas) e as 5 (cinco) horas.

Art. 405. Ao menor não será permitido o trabalho: (Redação dada pelo Decreto-lei nº 229, de 28.2.1967)

I – nos locais e serviços perigosos ou insalubres, constantes de quadro para esse fim aprovado pelo Diretor Geral do Departamento de Segurança e Higiene do Trabalho; (Incluído pelo Decreto-lei nº 229, de 28.2.1967)

II – em locais ou serviços prejudiciais à sua moralidade. (Incluído pelo Decreto-lei nº 229, de 28.2.1967)

§ 1º (Revogado pela Lei 10.097, de 2000)

§ 2º O trabalho exercido nas ruas, praças e outros logradouros dependerá de prévia autorização do Juiz de Menores, ao qual cabe verificar se a ocupação é indispensável à sua própria subsistência ou à de seus pais, avós ou irmãos e se dessa ocupação não poderá advir prejuízo à sua formação moral. (Redação dada pelo Decreto-lei nº 229, de 28.2.1967)

§ 3º Considera-se prejudicial à moralidade do menor o trabalho: (Redação dada pelo Decreto-lei nº 229, de 28.2.1967)

a) prestado de qualquer modo, em teatros de revista, cinemas, boates, cassinos, cabarés, dancings e estabelecimentos análogos;(Incluída pelo Decreto-lei nº 229, de 28.2.1967)

b) em empresas circenses, em funções de acrobata, saltimbanco, ginasta e outras semelhantes; (Incluída pelo Decreto-lei nº 229, de 28.2.1967)

c) de produção, composição, entrega ou venda de escritos, impressos, cartazes, desenhos, gravuras, pinturas, emblemas, imagens e quaisquer outros objetos que possam, a juízo da autoridade competente, prejudicar sua formação moral;(Incluída pelo Decreto-lei nº 229, de 28.2.1967)

d) consistente na venda, a varejo, de bebidas alcoólicas. (Incluída pelo Decreto-lei nº 229, de 28.2.1967)

§ 4º Nas localidades em que existirem, oficialmente reconhecidas, instituições destinadas ao amparo dos menores jornaleiros, só aos que se encontrem sob o patrocínio dessas entidades será outorgada a autorização do trabalho a que alude o § 2º. (Incluído pelo Decreto-lei nº 229, de 28.2.1967)

§ 5º Aplica-se ao menor o disposto no art. 390 e seu parágrafo único. (Incluído pelo Decreto-lei nº 229, de 28.2.1967)

Art. 406. O Juiz de Menores poderá autorizar ao menor o trabalho a que se referem as letras "a" e "b" do § 3º do art. 405: (Redação dada pelo Decreto-lei nº 229, de 28.2.1967)

I – desde que a representação tenha fim educativo ou a peça de que participe não possa ser prejudicial à sua formação moral; (Redação dada pelo Decreto-lei nº 229, de 28.2.1967)

II – desde que se certifique ser a ocupação do menor indispensável à própria subsistência ou à de seus pais, avós ou irmãos e não advir nenhum prejuízo à sua formação moral. (Redação dada pelo Decreto-lei nº 229, de 28.2.1967)

Art. 407. Verificado pela autoridade competente que o trabalho executado pelo menor é prejudicial à sua saúde, ao seu desenvolvimento físico ou a sua moralidade, poderá ela obrigá-lo a abandonar o serviço, devendo a respectiva empresa, quando for o caso, proporcionar ao menor todas as facilidades para mudar de funções. (Redação dada pelo Decreto-lei nº 229, de 28.2.1967)

Parágrafo único. Quando a empresa não tomar as medidas possíveis e recomendadas pela autoridade competente para que o menor mude de função, configurar-se-á a rescisão do contrato de trabalho, na forma do art. 483. (Incluído pelo Decreto-lei nº 229, de 28.2.1967)

Art. 408. Ao responsável legal do menor é facultado pleitear a extinção do contrato de trabalho, desde que o serviço possa acarretar para ele prejuízos de ordem física ou moral. (Redação dada pelo Decreto-lei nº 229, de 28.2.1967)

Art. 409. Para maior segurança do trabalho e garantia da saúde dos menores, a autoridade fiscalizadora poderá proibir-lhes o gozo dos períodos de repouso nos locais de trabalho.

Art. 410. O Ministro do Trabalho, Industria e Comercio poderá derrogar qualquer proibição decorrente do quadro a que se refere a alínea "a" do art. 405 quando se certificar haver desaparecido, parcial ou totalmente, o caráter perigoso ou insalubre, que determinou a proibição.

Seção II
Da Duração do Trabalho

Art. 411. A duração do trabalho do menor regular-se-á pelas disposições legais relativas à duração do trabalho em geral, com as restrições estabelecidas neste Capítulo.

Art. 412. Após cada período de trabalho efetivo, quer contínuo, quer dividido em 2 (dois) turnos, haverá um intervalo de repouso, não inferior a 11 (onze) horas.

Art. 413. É vedado prorrogar a duração normal diária do trabalho do menor, salvo: (Redação dada pelo Decreto-lei nº 229, de 28.2.1967)

I – até mais 2 (duas) horas, independentemente de acréscimo salarial, mediante convenção ou acordo coletivo nos termos do Título VI desta Consolidação, desde que o excesso de horas em um dia seja compensado pela diminuição em outro, de modo a ser observado o limite máximo de 48 (quarenta e oito) horas semanais ou outro inferior legalmente fixado; (Incluído pelo Decreto-lei nº 229, de 28.2.1967)

II – excepcionalmente, por motivo de força maior, até o máximo de 12 (doze) horas, com acréscimo salarial de, pelo menos, 25% (vinte e cinco por cento) sobre a hora normal e desde que o trabalho do menor seja imprescindível ao funcionamento do estabelecimento. (Incluído pelo Decreto-lei nº 229, de 28.2.1967)

Parágrafo único. Aplica-se à prorrogação do trabalho do menor o disposto no art. 375, no parágrafo único do art. 376, no art. 378 e no art. 384 desta Consolidação. (Incluído pelo Decreto-lei nº 229, de 28.2.1967)

Art. 414. Quando o menor de 18 (dezoito) anos for empregado em mais de um estabelecimento, as horas de trabalho em cada um serão totalizadas.

Seção III
Da Admissão em Emprego e da Carteira de Trabalho e Previdência Social

Art. 415. Haverá a Carteira de Trabalho e Previdência Social para todos os menores de 18 anos, sem distinção do sexo, empregados em empresas ou estabelecimentos de fins econômicos e daqueles que lhes forem equiparados. (vide Decreto-lei nº 926, de 10.10.1969)

Parágrafo único. A carteira obedecerá ao modelo que o Ministério do Trabalho, Indústria e Comércio adotar e será emitida no Distrito Federal, pelo Departamento Nacional, do Trabalho e, nos Estados, pelas Delegacias Regionais do referido Ministério. (vide Decreto-lei nº 926, de 10.10.1969)

Art. 416. Os menores de 18 anos só poderão ser admitidos, como empregados, nas empresas ou estabelecimentos de fins econômicos e naqueles que lhes forem equiparados, quando possuidores da carteira a que se refere o artigo anterior, salvo a hipótese do art. 422. (vide Decreto-lei nº 926, de 10.10.1969)

Art. 417. A emissão da carteira será feita o pedido do menor, mediante a exibição dos seguintes documentos: (Redação dada pelo Decreto-lei nº 229, de 28.2.1967) (vide Decreto-lei nº 926, de 10.10.1969)

I – certidão de idade ou documento legal que a substitua; (Redação dada pelo Decreto-lei nº 229, de 28.2.1967) (vide Decreto-lei nº 926, de 10.10.1969)

II – autorização do pai, mãe ou responsável legal; (Redação dada pelo Decreto-lei nº 229, de 28.2.1967) (vide Decreto-lei nº 926, de 10.10.1969)

III – autorização do Juiz de Menores, nos casos dos artigos 405, § 2º, e 406;(Redação dada pelo Decreto-lei nº 229, de 28.2.1967) (vide Decreto-lei nº 926, de 10.10.1969)

IV – atestado médico de capacidade física e mental; (Redação dada pelo Decreto--lei nº 229, de 28.2.1967) (vide Decreto-lei nº 926, de 10.10.1969)

V – atestado de vacinação; (Redação dada pelo Decreto-lei nº 229, de 28.2.1967) (vide Decreto-lei nº 926, de 10.10.1969)

VI – prova de saber ler, escrever e contar; (Redação dada pelo Decreto-lei nº 229, de 28.2.1967) (vide Decreto-lei nº 926, de 10.10.1969)

VII – duas fotografias de frente, com as dimensões de 0,04m x 0,03m. (Redação dada pelo Decreto-lei nº 229, de 28.2.1967) (vide Decreto-lei nº 926, de 10.10.1969)

Parágrafo único. Os documentos exigidos por este artigo serão fornecidos gratuitamente. (Redação dada pelo Decreto-lei nº 229, de 28.2.1967) (vide Decreto-lei nº 926, de 10.10.1969)

Art. 418. (Revogado pela Lei nº 7.855, de 24.10.1989)

Art. 419. A prova de saber ler, escrever e contar, a que se refere a alínea "f" do art. 417 será feita mediante certificado de conclusão de curso primário. Na falta deste, a autoridade incumbida de verificar a validade dos documentos submeterá o menor ou mandará submetê-lo, por pessoa idônea, a exame elementar que constará de leitura de quinze linhas, com explicação do sentido, de ditado, nunca excedente de dez linhas, e cálculo sobre as quatro operações fundamentais de aritmética. Verificada a alfabetização do menor, será emitida a carteira. (Vide Lei nº 5.686, de 1971)

§ 1º Se o menor for analfabeto ou não estiver devidamente alfabetizado, a carteira só será emitida pelo prazo de um ano, mediante a apresentação de um certificado ou atestado de matrícula e frequência em escola primária. (Vide Lei nº 5.686, de 1971)

§ 2º A autoridade fiscalizadora, na hipótese do parágrafo anterior, poderá renovar o prazo nele fixado, cabendo-lhe, em caso de não renovar tal prazo, cassar a carteira expedida. (Vide Lei nº 5.686, de 1971)

§ 3º Dispensar-se-á a prova de saber ler, escrever e contar, se não houver escola primária dentro do raio de dois quilômetros da sede do estabelecimento em que trabalhe o menor e não ocorrer a hipótese prevista no parágrafo único do art. 427. Instalada que seja a escola, proceder-se-á como nos parágrafos anteriores. (Vide Lei nº 5.686, de 1971)

Art. 420. A carteira, devidamente anotada, permanecerá em poder do menor, devendo, entretanto, constar do Registro de empregados os dados correspondentes. (Redação dada pelo Decreto-lei nº 229, de 28.2.1967) (Vide Lei nº 5.686, de 1971)

Parágrafo único. Ocorrendo falta de anotação por parte da empresa, independentemente do procedimento fiscal previsto no § 2º do art. 29, cabe ao representante legal do menor, ao agente da inspeção do trabalho, ao órgão do Ministério Público do Trabalho ou ao Sindicato, dar início ao processo de reclamação, de acordo com o estabelecido no Título II, Capítulo I, Seção V. (Incluído pelo Decreto-lei nº 229, de 28.2.1967) (Vide Lei nº 5.686, de 1971)

Art. 421. A carteira será emitida, gratuitamente, aplicando-se à emissão de novas vias o disposto nos artigos 21 e seus parágrafos e no artigo 22. (Redação dada pelo Decreto-lei nº 229, de 28.2.1967) (Vide Lei nº 5.686, de 1971)

Art. 422. Nas localidades em que não houver serviço de emissão de carteiras poderão os empregadores admitir menores como empregados, independentemente de apresentação de carteiras, desde que exibam os documentos referidos nas alíneas "a", "d" e "f" do art. 417. Esses documentos ficarão em poder do empregador e, instalado o serviço de emissão de carteiras, serão entregues à repartição emissora, para os efeitos do § 2º do referido artigo. (Vide Lei nº 5.686, de 1971)

Art. 423. O empregador não poderá fazer outras anotações na carteira de trabalho e previdência social além das referentes ao salário, data da admissão, férias e saída. (Vide Lei nº 5.686, de 1971)

Seção IV
Dos Deveres dos Responsáveis Legais de Menores e dos Empregadores da Aprendizagem

Art. 424. É dever dos responsáveis legais de menores, pais, mães, ou tutores, afastá-los de empregos que diminuam consideravelmente o seu tempo de estudo, reduzam o tempo de repouso necessário à sua saúde e constituição física, ou prejudiquem a sua educação moral.

Art. 425. Os empregadores de menores de 18 (dezoito) anos são obrigados a velar pela observância, nos seus estabelecimentos ou empresas, dos bons costumes e da decência pública, bem como das regras da segurança e da medicina do trabalho.

Art. 426. É dever do empregador, na hipótese do art. 407, proporcionar ao menor todas as facilidades para mudar de serviço.

Art. 427. O empregador, cuja empresa ou estabelecimento ocupar menores, será obrigado a conceder-lhes o tempo que for necessário para a frequência às aulas.

Parágrafo único. Os estabelecimentos situados em lugar onde a escola estiver a maior distância que 2 (dois) quilômetros, e que ocuparem, permanentemente, mais de 30 (trinta) menores analfabetos, de 14 (quatorze) a 18 (dezoito) anos, serão obrigados a manter local apropriado em que lhes seja ministrada a instrução primária.

Art. 428. Contrato de aprendizagem é o contrato de trabalho especial, ajustado por escrito e por prazo determinado, em que o empregador se compromete a assegurar ao maior de 14 (quatorze) e menor de 24 (vinte e quatro) anos inscrito em programa de aprendizagem formação técnico-profissional metódica, compatível com o seu desenvolvimento físico, moral e psicológico, e o aprendiz, a executar com zelo e diligência as tarefas necessárias a essa formação. (Redação dada pela Lei nº 11.180, de 2005)

§ 1º A validade do contrato de aprendizagem pressupõe anotação na Carteira de Trabalho e Previdência Social, matrícula e frequência do aprendiz na escola, caso não haja concluído o ensino médio, e inscrição em programa de aprendizagem desenvolvido sob orientação de entidade qualificada em formação técnico-profissional metódica. (Redação dada pela Lei nº 11.788, de 2008)

§ 2º Ao aprendiz, salvo condição mais favorável, será garantido o salário mínimo hora. (Redação dada pela Lei nº 13.420, de 2017)

§ 3º O contrato de aprendizagem não poderá ser estipulado por mais de 2 (dois) anos, exceto quando se tratar de aprendiz portador de deficiência. (Redação dada pela Lei nº 11.788, de 2008)

§ 4º A formação técnico-profissional a que se refere o *caput* deste artigo caracteriza-se por atividades teóricas e práticas, metodicamente organizadas em tarefas de complexidade progressiva desenvolvidas no ambiente de trabalho. (Incluído pela Lei nº 10.097, de 2000)

§ 5º A idade máxima prevista no *caput* deste artigo não se aplica a aprendizes portadores de deficiência. (Incluído pela Lei nº 11.180, de 2005)

§ 6º Para os fins do contrato de aprendizagem, a comprovação da escolaridade de aprendiz com deficiência deve considerar, sobretudo, as habilidades e competências relacionadas com a profissionalização. (Redação dada pela Lei nº 13.146, de 2015)

§ 7º Nas localidades onde não houver oferta de ensino médio para o cumprimento do disposto no § 1º deste artigo, a contratação do aprendiz poderá ocorrer sem a frequência à escola, desde que ele já tenha concluído o ensino fundamental. (Incluído pela Lei nº 11.788, de 2008)

§ 8º Para o aprendiz com deficiência com 18 (dezoito) anos ou mais, a validade do contrato de aprendizagem pressupõe anotação na CTPS e matrícula e frequência em programa de aprendizagem desenvolvido sob orientação de entidade qualificada em formação técnico-profissional metódica. (Incluído pela Lei nº 13.146, de 2015)

Art. 429. Os estabelecimentos de qualquer natureza são obrigados a empregar e matricular nos cursos dos Serviços Nacionais de Aprendizagem número de aprendizes equivalente a cinco por cento, no mínimo, e quinze por cento, no máximo, dos trabalhadores existentes em cada estabelecimento, cujas funções demandem formação profissional. (Redação dada pela Lei nº 10.097, de 2000)

a) revogada; (Redação dada pela Lei nº 10.097, de 2000)

b) revogada. (Redação dada pela Lei nº 10.097, de 2000)

§ 1º-A. O limite fixado neste artigo não se aplica quando o empregador for entidade sem fins lucrativos, que tenha por objetivo a educação profissional. (Incluído pela Lei nº 10.097, de 2000)

§ 1º-B. Os estabelecimentos a que se refere o *caput* poderão destinar o equivalente a até 10% (dez por cento) de sua cota de aprendizes à formação técnico-profissional metódica em áreas relacionadas a práticas de atividades desportivas, à prestação de serviços relacionados à infraestrutura, incluindo as atividades de construção, ampliação, recuperação e manutenção de instalações esportivas e à organização e promoção de eventos esportivos. (Redação dada pela Lei nº 13.420, de 2017)

§ 1º As frações de unidade, no cálculo da percentagem de que trata o *caput*, darão lugar à admissão de um aprendiz. (Incluído pela Lei nº 10.097, de 2000)

§ 2º Os estabelecimentos de que trata o *caput* ofertarão vagas de aprendizes a adolescentes usuários do Sistema Nacional de Atendimento Socioeducativo (Sinase) nas condições a serem dispostas em instrumentos de cooperação celebrados entre os estabelecimentos e os gestores dos Sistemas de Atendimento Socioeducativo locais. (Incluído pela Lei nº 12.594, de 2012)

Art. 430. Na hipótese de os Serviços Nacionais de Aprendizagem não oferecerem cursos ou vagas suficientes para atender à demanda dos estabelecimentos, esta poderá ser suprida por outras entidades qualificadas em formação técnico-profissional metódica, a saber: (Redação dada pela Lei nº 10.097, de 2000)

I – Escolas Técnicas de Educação; (Incluído pela Lei nº 10.097, de 2000)

II – entidades sem fins lucrativos, que tenham por objetivo a assistência ao adolescente e à educação profissional, registradas no Conselho Municipal dos Direitos da Criança e do Adolescente. (Incluído pela Lei nº 10.097, de 2000)

III – entidades de prática desportiva das diversas modalidades filiadas ao Sistema Nacional do Desporto e aos Sistemas de Desporto dos Estados, do Distrito Federal e dos Municípios. (Incluído pela Lei nº 13.420, de 2017)

§ 1º As entidades mencionadas neste artigo deverão contar com estrutura adequada ao desenvolvimento dos programas de aprendizagem, de forma a manter a qualidade do processo de ensino, bem como acompanhar e avaliar os resultados. (Incluído pela Lei nº 10.097, de 2000)

§ 2º Aos aprendizes que concluírem os cursos de aprendizagem, com aproveitamento, será concedido certificado de qualificação profissional. (Incluído pela Lei nº 10.097, de 2000)

§ 3º O Ministério do Trabalho fixará normas para avaliação da competência das entidades mencionadas nos incisos II e III deste artigo. (Redação dada pela Lei nº 13.420, de 2017)

§ 4º As entidades mencionadas nos incisos II e III deste artigo deverão cadastrar seus cursos, turmas e aprendizes matriculados no Ministério do Trabalho. (Incluído pela Lei nº 13.420, de 2017)

§ 5º As entidades mencionadas neste artigo poderão firmar parcerias entre si para o desenvolvimento dos programas de aprendizagem, conforme regulamento. (Incluído pela Lei nº 13.420, de 2017)

Art. 431. A contratação do aprendiz poderá ser efetivada pela empresa onde se realizará a aprendizagem ou pelas entidades mencionadas nos incisos II e III do art. 430, caso em que não gera vínculo de emprego com a empresa tomadora dos serviços. (Redação dada pela Lei nº 13.420, de 2017)

a) revogada; Redação dada pela Lei nº 10.097, de 2000)

b) revogada; Redação dada pela Lei nº 10.097, de 2000)

c) revogada. Redação dada pela Lei nº 10.097, de 2000)

Parágrafo único. Aos candidatos rejeitados pela seleção profissional deverá ser dada, tanto quanto possível, orientação profissional para ingresso em atividade mais adequada às qualidades e aptidões que tiverem demonstrado.

Art. 432. A duração do trabalho do aprendiz não excederá de seis horas diárias, sendo vedadas a prorrogação e a compensação de jornada. Redação dada pela Lei nº 10.097, de 2000)

§ 1º O limite previsto neste artigo poderá ser de até oito horas diárias para os aprendizes que já tiverem completado o ensino fundamental, se nelas forem computadas as horas destinadas à aprendizagem teórica. Redação dada pela Lei nº 10.097, de 2000)

§ 2º Revogado. Redação dada pela Lei nº 10.097, de 2000)

Art. 433. O contrato de aprendizagem extinguir-se-á no seu termo ou quando o aprendiz completar 24 (vinte e quatro) anos, ressalvada a hipótese prevista no § 5º do art. 428 desta Consolidação, ou ainda antecipadamente nas seguintes hipóteses: (Redação dada pela Lei nº 11.180, de 2005)

a) revogada; Redação dada pela Lei nº 10.097, de 2000)

b) revogada .Redação dada pela Lei nº 10.097, de 2000)

I – desempenho insuficiente ou inadaptação do aprendiz, salvo para o aprendiz com deficiência quando desprovido de recursos de acessibilidade, de tecnologias assistivas e de apoio necessário ao desempenho de suas atividades; (Redação dada pela Lei nº 13.146, de 2015)

II – falta disciplinar grave; (Incluído pela Lei nº 10.097, de 2000)

III – ausência injustificada à escola que implique perda do ano letivo; ou (Incluído pela Lei nº 10.097, de 2000)

IV – a pedido do aprendiz. (Incluído pela Lei nº 10.097, de 2000)

Parágrafo único. Revogado. (Redação dada pela Lei nº 10.097, de 2000)

§ 2º Não se aplica o disposto nos arts. 479 e 480 desta Consolidação às hipóteses de extinção do contrato mencionadas neste artigo. (Incluído pela Lei nº 10.097, de 2000) *(Consta "§ 2º" – conforme publicação oficial)*

Seção V
Das Penalidades

Art. 434. Os infratores das disposições deste Capítulo ficam sujeitos à multa de valor igual a 1 (um) salário mínimo regional, aplicada tantas vezes quantos forem os menores empregados em desacordo com a lei, não podendo, todavia, a soma das multas exceder a 5 (cinco) vezes o salário-mínimo, salvo no caso de reincidência em que esse total poderá ser elevado ao dobro. (Redação dada pelo Decreto-lei nº 229, de 28.2.1967)

Art. 435. Fica sujeita à multa de valor igual a 1 (um) salário-mínimo regional e ao pagamento da emissão de nova via a empresa que fizer na Carteira de Trabalho e Previdência Social anotação não prevista em lei. (Redação dada pelo Decreto-lei nº 229, de 28.2.1967)

Art. 436. e 437. (Revogado pela Lei 10.097, de 2000)

Art. 438. São competentes para impor as penalidades previstas neste Capítulo:

a) no Distrito Federal, a autoridade de 1ª instância do Departamento Nacional do Trabalho;

b) nos Estados e Território do Acre, os delegados regionais do Ministério do Trabalho, Industria e Comercio ou os funcionários por eles designados para tal fim.

Parágrafo único. O processo, na verificação das infrações, bem como na aplicação e cobrança das multas, será o previsto no título "Do Processo de Multas Administrativas", observadas as disposições deste artigo.

Seção VI
Disposições Finais

Art. 439. É lícito ao menor firmar recibo pelo pagamento dos salários. Tratando-se, porém, de rescisão do contrato de trabalho, é vedado ao menor de 18 (dezoito) anos dar, sem assistência dos seus responsáveis legais, quitação ao empregador pelo recebimento da indenização que lhe for devida.

Art. 440. Contra os menores de 18 (dezoito) anos não corre nenhum prazo de prescrição.

Art. 441. O quadro a que se refere o item I do art. 405 será revisto bienalmente. (Redação dada pelo Decreto-lei nº 229, de 28.2.1967)

TÍTULO IV
DO CONTRATO INDIVIDUAL DO TRABALHO

CAPÍTULO I
DISPOSIÇÕES GERAIS

Art. 442. Contrato individual de trabalho é o acordo tácito ou expresso, correspondente à relação de emprego.

Parágrafo único. Qualquer que seja o ramo de atividade da sociedade cooperativa, não existe vínculo empregatício entre ela e seus associados, nem entre estes e os tomadores de serviços daquela. (Incluído pela Lei nº 8.949, de 9.12.1994)

Art. 442-A. Para fins de contratação, o empregador não exigirá do candidato a emprego comprovação de experiência prévia por tempo superior a 6 (seis) meses no mesmo tipo de atividade. (Incluído pela Lei nº 11.644, de 2008).

Nova Redação com a Reforma Trabalhista	Antiga Redação
Art. 442-B. A contratação do autônomo, cumpridas por este todas as formalidades legais, **com ou sem exclusividade**, de forma contínua ou não, afasta a qualidade de empregado prevista no art. 3º desta Consolidação.	⊗ Dispositivo sem correspondência na antiga redação.

<table>
<tr><th>Nova Redação com a Reforma Trabalhista</th><th>Antiga Redação</th></tr>
<tr><td>Art. 443. O contrato individual de trabalho poderá ser acordado tácita ou expressamente, verbalmente ou por escrito, por prazo determinado ou indeterminado, ou para prestação de trabalho intermitente.</td><td>Art. 443. O contrato individual de trabalho poderá ser acordado tácita ou expressamente, verbalmente ou por escrito e por prazo determinado ou indeterminado.</td></tr>
<tr><td colspan="2">§ 1º Considera-se como de prazo determinado o contrato de trabalho cuja vigência dependa de termo prefixado ou da execução de serviços especificados ou ainda da realização de certo acontecimento suscetível de previsão aproximada. (Parágrafo único renumerado pelo Decreto-lei nº 229, de 28.2.1967)</td></tr>
<tr><td colspan="2">§ 2º O contrato por prazo determinado só será válido em se tratando: (Incluído pelo Decreto-lei nº 229, de 28.2.1967)</td></tr>
<tr><td colspan="2">a) de serviço cuja natureza ou transitoriedade justifique a predeterminação do prazo; (Incluída pelo Decreto-lei nº 229, de 28.2.1967)</td></tr>
<tr><td colspan="2">b) de atividades empresariais de caráter transitório; (Incluída pelo Decreto-lei nº 229, de 28.2.1967)</td></tr>
<tr><td colspan="2">c) de contrato de experiência. (Incluída pelo Decreto-lei nº 229, de 28.2.1967)</td></tr>
<tr><td>§ 3º Considera-se como intermitente o contrato de trabalho no qual a prestação de serviços, com subordinação, não é contínua, ocorrendo com alternância de períodos de prestação de serviços e de inatividade, determinados em horas, dias ou meses, independentemente do tipo de atividade do empregado e do empregador, exceto para os aeronautas, regidos por legislação própria.</td><td>⊗ Dispositivo sem correspondência na antiga redação.</td></tr>
<tr><td colspan="2">Art. 444. As relações contratuais de trabalho podem ser objeto de livre estipulação das partes interessadas em tudo quanto não contravenha às disposições de proteção ao trabalho, aos contratos coletivos que lhes sejam aplicáveis e às decisões das autoridades competentes.</td></tr>
<tr><td>Parágrafo único. A livre estipulação a que se refere o caput deste artigo aplica-se às hipóteses previstas no art. 611-A desta Consolidação, com a mesma eficácia legal e preponderância sobre os instrumentos coletivos, no caso de empregado portador de diploma de nível superior e que perceba salário mensal igual ou superior a duas vezes o limite máximo dos benefícios do Regime Geral de Previdência Social.</td><td>⊗ Dispositivo sem correspondência na antiga redação.</td></tr>
</table>

Art. 445. O contrato de trabalho por prazo determinado não poderá ser estipulado por mais de 2 (dois) anos, observada a regra do art. 451. (Redação dada pelo Decreto-lei nº 229, de 28.2.1967)

Parágrafo único. O contrato de experiência não poderá exceder de 90 (noventa) dias. (Incluído pelo Decreto-lei nº 229, de 28.2.1967)

Art. 446. (Revogado pela Lei nº 7.855, de 24.10.1989)

Art. 447. Na falta de acordo ou prova sobre condição essencial ao contrato verbal, esta se presume existente, como se a tivessem estatuído os interessados na conformidade dos preceitos jurídicos adequados à sua legitimidade.

Art. 448. A mudança na propriedade ou na estrutura jurídica da empresa não afetará os contratos de trabalho dos respectivos empregados.

Nova Redação	Antiga Redação
Art. 448-A. Caracterizada a sucessão empresarial ou de empregadores prevista nos arts. 10 e 448 desta Consolidação, as obrigações trabalhistas, inclusive as contraídas à época em que os empregados trabalhavam para a empresa sucedida, são de responsabilidade do sucessor.	⊗ Dispositivo sem correspondência na antiga redação.
Parágrafo único. A empresa sucedida responderá solidariamente com a sucessora quando ficar comprovada fraude na transferência.	⊗ Dispositivo sem correspondência na antiga redação.

Art. 449. Os direitos oriundos da existência do contrato de trabalho subsistirão em caso de falência, concordata ou dissolução da empresa.

§ 1º Na falência constituirão créditos privilegiados a totalidade dos salários devidos ao empregado e a totalidade das indenizações a que tiver direito. (Redação dada pela Lei nº 6.449, de 14.10.1977)

§ 2º Havendo concordata na falência, será facultado aos contratantes tornar sem efeito a rescisão do contrato de trabalho e consequente indenização, desde que o empregador pague, no mínimo, a metade dos salários que seriam devidos ao empregado durante o interregno.

Art. 450. Ao empregado chamado a ocupar, em comissão, interinamente, ou em substituição eventual ou temporária, cargo diverso do que exercer na empresa, serão garantidas a contagem do tempo naquele serviço, bem como volta ao cargo anterior.

Nova Redação com a Reforma Trabalhista	Antiga Redação
Art. 451. O contrato de trabalho por prazo determinado que, tácita ou expressamente, for prorrogado mais de uma vez passará a vigorar sem determinação de prazo. (Vide Lei nº 9.601, de 1998)	
Art. 452. Considera-se por prazo indeterminado todo contrato que suceder, dentro de 6 (seis) meses, a outro contrato por prazo determinado, salvo se a expiração deste dependeu da execução de serviços especializados ou da realização de certos acontecimentos.	
Art. 452-A. O contrato de trabalho intermitente deve ser celebrado por escrito e deve conter especificamente o valor da hora de trabalho, que não pode ser inferior ao valor horário do salário mínimo ou àquele devido aos demais empregados do estabelecimento que exerçam a mesma função em contrato intermitente ou não.	⊗ Dispositivo sem correspondência na antiga redação.
§ 1º O empregador convocará, por qualquer meio de comunicação eficaz, para a prestação de serviços, informando qual será a jornada, com, pelo menos, três dias corridos de antecedência.	⊗ Dispositivo sem correspondência na antiga redação.
§ 2º Recebida a convocação, o empregado terá o prazo de um dia útil para responder ao chamado, presumindo-se, no silêncio, a recusa.	⊗ Dispositivo sem correspondência na antiga redação.
§ 3º A recusa da oferta não descaracteriza a subordinação para fins do contrato de trabalho intermitente.	⊗ Dispositivo sem correspondência na antiga redação.
§ 4º Aceita a oferta para o comparecimento ao trabalho, a parte que descumprir, sem justo motivo, pagará à outra parte, no prazo de trinta dias, multa de 50% (cinquenta por cento) da remuneração que seria devida, permitida a compensação em igual prazo.	⊗ Dispositivo sem correspondência na antiga redação.
§ 5º O período de inatividade não será considerado tempo à disposição do empregador, podendo o trabalhador prestar serviços a outros contratantes.	⊗ Dispositivo sem correspondência na antiga redação.

Nova Redação com a Reforma Trabalhista	Antiga Redação
§ 6º Ao final de cada período de prestação de serviço, o empregado receberá o pagamento imediato das seguintes parcelas:	⊗ Dispositivo sem correspondência na antiga redação.
I – remuneração;	⊗ Dispositivo sem correspondência na antiga redação.
II – férias proporcionais com acréscimo de um terço;	⊗ Dispositivo sem correspondência na antiga redação.
III – décimo terceiro salário proporcional;	⊗ Dispositivo sem correspondência na antiga redação.
IV – repouso semanal remunerado; e	⊗ Dispositivo sem correspondência na antiga redação.
V – adicionais legais.	⊗ Dispositivo sem correspondência na antiga redação.
§ 7º O recibo de pagamento deverá conter a discriminação dos valores pagos relativos a cada uma das parcelas referidas no § 6º deste artigo.	⊗ Dispositivo sem correspondência na antiga redação.
§ 8º O empregador efetuará o recolhimento da contribuição previdenciária e o depósito do Fundo de Garantia do Tempo de Serviço, na forma da lei, com base nos valores pagos no período mensal e fornecerá ao empregado comprovante do cumprimento dessas obrigações.	⊗ Dispositivo sem correspondência na antiga redação.
§ 9º A cada doze meses, o empregado adquire direito a usufruir, nos doze meses subsequentes, um mês de férias, período no qual não poderá ser convocado para prestar serviços pelo mesmo empregador.	⊗ Dispositivo sem correspondência na antiga redação.

Art. 453. No tempo de serviço do empregado, quando readmitido, serão computados os períodos, ainda que não contínuos, em que tiver trabalhado anteriormente na empresa, salvo se houver sido despedido por falta grave, recebido indenização legal ou se aposentado espontaneamente. (Redação dada pela Lei nº 6.204, de 29.4.1975)

Nova Redação com a Reforma Trabalhista	Antiga Redação
§ 1º Na aposentadoria espontânea de empregados das empresas públicas e sociedades de economia mista é permitida sua readmissão desde que atendidos aos requisitos constantes do art. 37, inciso XVI, da Constituição, e condicionada à prestação de concurso público. (Incluído pela Lei nº 9.528, de 10.12.1997) (Vide ADI 1770-4).	
§ 2º O ato de concessão de benefício de aposentadoria a empregado que não tiver completado 35 (trinta e cinco) anos de serviço, se homem, ou trinta, se mulher, importa em extinção do vínculo empregatício. (Incluído pela Lei nº 9.528, de 10.12.1997) (Vide ADIN 1721-3).	
Art. 454. Na vigência do contrato de trabalho, as invenções do empregado, quando decorrentes de sua contribuição pessoal e da instalação ou equipamento fornecidos pelo empregador, serão de propriedade comum, em partes iguais, salvo se o contrato de trabalho tiver por objeto, implícita ou explicitamente, pesquisa científica. (Vide Lei nº 9.279, de 14.5.1996)	
Parágrafo único. Ao empregador caberá a exploração do invento, ficando obrigado a promovê-la no prazo de um ano da data da concessão da patente, sob pena de reverter em favor do empregado da plena propriedade desse invento. (Vide Lei nº 9.279, de 14.5.1996)	
Art. 455. Nos contratos de subempreitada responderá o subempreiteiro pelas obrigações derivadas do contrato de trabalho que celebrar, cabendo, todavia, aos empregados, o direito de reclamação contra o empreiteiro principal pelo inadimplemento daquelas obrigações por parte do primeiro.	
Parágrafo único. Ao empreiteiro principal fica ressalvada, nos termos da lei civil, ação regressiva contra o subempreiteiro e a retenção de importâncias a este devidas, para a garantia das obrigações previstas neste artigo.	
Art. 456. A prova do contrato individual do trabalho será feita pelas anotações constantes da carteira profissional ou por instrumento escrito e suprida por todos os meios permitidos em direito. (Vide Decreto-Lei nº 926, de 1969)	
Parágrafo único. A falta de prova ou inexistindo cláusula expressa e tal respeito, entender-se-á que o empregado se obrigou a todo e qualquer serviço compatível com a sua condição pessoal.	
Art. 456-A. Cabe ao empregador definir o padrão de vestimenta no meio ambiente laboral, sendo lícita a inclusão no uniforme de logomarcas da própria empresa ou de empresas parceiras e de outros itens de identificação relacionados à atividade desempenhada.	⊗ Dispositivo sem correspondência na antiga redação.

Nova Redação com a Reforma Trabalhista	Antiga Redação
Parágrafo único. A higienização do uniforme é de responsabilidade do trabalhador, salvo nas hipóteses em que forem necessários procedimentos ou produtos diferentes dos utilizados para a higienização das vestimentas de uso comum.	⊗ Dispositivo sem correspondência na antiga redação.

CAPÍTULO II
DA REMUNERAÇÃO

Art. 457. Compreendem-se na remuneração do empregado, para todos os efeitos legais, além do salário devido e pago diretamente pelo empregador, como contraprestação do serviço, as gorjetas que receber.

Nova Redação	Antiga Redação
§ 1º Integram o salário a importância fixa estipulada, as gratificações legais e as comissões pagas pelo empregador.	§ 1º Integram o salário não só a importância fixa estipulada, como também as comissões, percentagens, gratificações ajustadas, diárias para viagens e abonos pagos pelo empregador.
§ 2º As importâncias, ainda que habituais, pagas a título de ajuda de custo, auxílio-alimentação, vedado seu pagamento em dinheiro, diárias para viagem, prêmios e abonos não integram a remuneração do empregado, não se incorporam ao contrato de trabalho e não constituem base de incidência de qualquer encargo trabalhista e previdenciário.	§ 2º Não se incluem nos salários as ajudas de custo, assim como as diárias para viagem que não excedam de 50% (cinqüenta por cento) do salário percebido pelo empregado.

§ 3º Considera-se gorjeta não só a importância espontaneamente dada pelo cliente ao empregado, como também o valor cobrado pela empresa, como serviço ou adicional, a qualquer título, e destinado à distribuição aos empregados. (Redação dada pela Lei nº 13.419, de 2017)

Nova Redação	Antiga Redação
§ 4º Consideram-se prêmios as liberalidades concedidas pelo empregador em forma de bens, serviços ou valor em dinheiro a empregado ou a grupo de empregados, em razão de desempenho superior ao ordinariamente esperado no exercício de suas atividades[1].	§ 4º A gorjeta mencionada no § 3º não constitui receita própria dos empregadores, destina-se aos trabalhadores e será distribuída segundo critérios de custeio e de rateio definidos em convenção ou acordo coletivo de trabalho. (Incluído pela Lei nº 13.419, de 2017)

1. Com o fim da vigência da Medida Provisória 808/17, retomou-se a redação original da Lei nº 13.467/17, que não fez referência aos §§ 5º a 11.

Art. 458. Além do pagamento em dinheiro, compreende-se no salário, para todos os efeitos legais, a alimentação, habitação, vestuário ou outras prestações "in natura" que a empresa, por força do contrato ou do costume, fornecer habitualmente ao empregado. Em caso algum será permitido o pagamento com bebidas alcoólicas ou drogas nocivas. (Redação dada pelo Decreto-lei nº 229, de 28.2.1967)

§ 1º Os valores atribuídos às prestações "in natura" deverão ser justos e razoáveis, não podendo exceder, em cada caso, os dos percentuais das parcelas componentes do salário-mínimo (arts. 81 e 82). (Incluído pelo Decreto-lei nº 229, de 28.2.1967)

§ 2º Para os efeitos previstos neste artigo, não serão consideradas como salário as seguintes utilidades concedidas pelo empregador: (Redação dada pela Lei nº 10.243, de 19.6.2001)

I – vestuários, equipamentos e outros acessórios fornecidos aos empregados e utilizados no local de trabalho, para a prestação do serviço; (Incluído pela Lei nº 10.243, de 19.6.2001)

II – educação, em estabelecimento de ensino próprio ou de terceiros, compreendendo os valores relativos a matrícula, mensalidade, anuidade, livros e material didático; (Incluído pela Lei nº 10.243, de 19.6.2001)

III – transporte destinado ao deslocamento para o trabalho e retorno, em percurso servido ou não por transporte público; (Incluído pela Lei nº 10.243, de 19.6.2001)

IV – assistência médica, hospitalar e odontológica, prestada diretamente ou mediante seguro-saúde; (Incluído pela Lei nº 10.243, de 19.6.2001)

V – seguros de vida e de acidentes pessoais; (Incluído pela Lei nº 10.243, de 19.6.2001)

VI – previdência privada; (Incluído pela Lei nº 10.243, de 19.6.2001)

VII – (VETADO) (Incluído pela Lei nº 10.243, de 19.6.2001)

VIII – o valor correspondente ao vale-cultura. (Incluído pela Lei nº 12.761, de 2012)

§ 3º A habitação e a alimentação fornecidas como salário-utilidade deverão atender aos fins a que se destinam e não poderão exceder, respectivamente, a 25% (vinte e cinco por cento) e 20% (vinte por cento) do salário-contratual. (Incluído pela Lei nº 8.860, de 24.3.1994)

§ 4º Tratando-se de habitação coletiva, o valor do salário-utilidade a ela correspondente será obtido mediante a divisão do justo valor da habitação pelo número de coabitantes, vedada, em qualquer hipótese, a utilização da mesma unidade residencial por mais de uma família. (Incluído pela Lei nº 8.860, de 24.3.1994)

<table>
<tr><th>Nova Redação com a Reforma Trabalhista</th><th>Antiga Redação</th></tr>
<tr><td>§ 5º O valor relativo à assistência prestada por serviço médico ou odontológico, próprio ou não, inclusive o reembolso de despesas com medicamentos, óculos, aparelhos ortopédicos, próteses, órteses, despesas médico-hospitalares e outras similares, mesmo quando concedido em diferentes modalidades de planos e coberturas, não integram o salário do empregado para qualquer efeito nem o salário de contribuição, para efeitos do previsto na alínea “q” do § 9º do art. 28 da Lei nº 8.212, de 24 de julho de 1991.</td><td>⊗ Dispositivo sem correspondência na antiga redação.</td></tr>
<tr><td colspan="2">Art. 459. O pagamento do salário, qualquer que seja a modalidade do trabalho, não deve ser estipulado por período superior a 1 (um) mês, salvo no que concerne a comissões, percentagens e gratificações.</td></tr>
<tr><td colspan="2">§ 1º Quando o pagamento houver sido estipulado por mês, deverá ser efetuado, o mais tardar, até o quinto dia útil do mês subsequente ao vencido. (Redação dada pela Lei nº 7.855, de 24.10.1989)</td></tr>
<tr><td colspan="2">Art. 460. Na falta de estipulação do salário ou não havendo prova sobre a importância ajustada, o empregado terá direito a perceber salário igual ao daquela que, na mesma empresa, fizer serviço equivalente ou do que for habitualmente pago para serviço semelhante.</td></tr>
<tr><td>Art. 461. Sendo idêntica a função, a todo trabalho de igual valor, prestado ao mesmo empregador, no mesmo estabelecimento empresarial, corresponderá igual salário, sem distinção de sexo, etnia, nacionalidade ou idade.</td><td>Art. 461. Sendo idêntica a função, a todo trabalho de igual valor, prestado ao mesmo empregador, <u>na mesma localidade</u>, corresponderá igual salário, sem distinção de sexo, nacionalidade ou idade.</td></tr>
<tr><td>§ 1º Trabalho de igual valor, para os fins deste Capítulo, será o que for feito com igual produtividade e com a mesma perfeição técnica, entre pessoas cuja diferença de tempo de serviço para o mesmo empregador não seja superior a quatro anos e a diferença de tempo na função não seja superior a dois anos.</td><td>§ 1º Trabalho de igual valor, para os fins deste Capítulo, será o que for feito com igual produtividade e com a mesma perfeição técnica, entre pessoas cuja diferença de tempo de serviço não <u>for</u> superior a <u>2 (dois)</u> anos.</td></tr>
</table>

Nova Redação com a Reforma Trabalhista	Antiga Redação
§ 2º Os dispositivos deste artigo não prevalecerão quando o empregador tiver pessoal organizado em quadro de carreira ou adotar, por meio de norma interna da empresa ou de negociação coletiva, plano de cargos e salários, dispensada qualquer forma de homologação ou registro em órgão público.	§ 2º Os dispositivos deste artigo não prevalecerão quando o empregador tiver pessoal organizado em quadro de carreira, hipótese em que as promoções deverão obedecer aos critérios de antiguidade e merecimento.
§ 3º No caso do § 2º deste artigo, as promoções poderão ser feitas por merecimento e por antiguidade, ou por apenas um destes critérios, dentro de cada categoria profissional.	§ 3º No caso do parágrafo anterior, as promoções deverão ser feitas alternadamente por merecimento e por antiguidade, dentro de cada categoria profissional.

§ 4º O trabalhador readaptado em nova função por motivo de deficiência física ou mental atestada pelo órgão competente da Previdência Social não servirá de paradigma para fins de equiparação salarial.

Nova Redação com a Reforma Trabalhista	Antiga Redação
§ 5º A equiparação salarial só será possível entre empregados contemporâneos no cargo ou na função, ficando vedada a indicação de paradigmas remotos, ainda que o paradigma contemporâneo tenha obtido a vantagem em ação judicial própria.	⊗ Dispositivo sem correspondência na antiga redação.
§ 6º No caso de comprovada discriminação por motivo de sexo ou etnia, o juízo determinará, além do pagamento das diferenças salariais devidas, multa, em favor do empregado discriminado, no valor de 50% (cinquenta por cento) do limite máximo dos benefícios do Regime Geral de Previdência Social.	⊗ Dispositivo sem correspondência na antiga redação.

Art. 462. Ao empregador é vedado efetuar qualquer desconto nos salários do empregado, salvo quando este resultar de adiantamentos, de dispositivos de lei ou de contrato coletivo.

§ 1º Em caso de dano causado pelo empregado, o desconto será lícito, desde que esta possibilidade tenha sido acordada ou na ocorrência de dolo do empregado. (Parágrafo único renumerado pelo Decreto-lei nº 229, de 28.2.1967)

§ 2º É vedado à empresa que mantiver armazém para venda de mercadorias aos empregados ou serviços estimados a proporcionar-lhes prestações " in natura " exercer qualquer coação ou induzimento no sentido de que os empregados se utilizem do armazém ou dos serviços. (Incluído pelo Decreto-lei nº 229, de 28.2.1967)

§ 3º Sempre que não for possível o acesso dos empregados a armazéns ou serviços não mantidos pela Empresa, é lícito à autoridade competente determinar a adoção de medidas adequadas, visando a que as mercadorias sejam vendidas e os serviços prestados a preços razoáveis, sem intuito de lucro e sempre em benefício dos empregados. (Incluído pelo Decreto-lei nº 229, de 28.2.1967)

§ 4º Observado o disposto neste Capítulo, é vedado às empresas limitar, por qualquer forma, a liberdade dos empregados de dispor do seu salário. (Incluído pelo Decreto-lei nº 229, de 28.2.1967)

Art. 463. A prestação, em espécie, do salário será paga em moeda corrente do País.

Parágrafo único. O pagamento do salário realizado com inobservância deste artigo considera-se como não feito.

Art. 464. O pagamento do salário deverá ser efetuado contra recibo, assinado pelo empregado; em se tratando de analfabeto, mediante sua impressão digital, ou, não sendo esta possível, a seu rogo.

Parágrafo único. Terá força de recibo o comprovante de depósito em conta bancária, aberta para esse fim em nome de cada empregado, com o consentimento deste, em estabelecimento de crédito próximo ao local de trabalho. (Parágrafo incluído pela Lei nº 9.528, de 10.12.1997)

Art. 465. O pagamento dos salários será efetuado em dia útil e no local do trabalho, dentro do horário do serviço ou imediatamente após o encerramento deste, salvo quando efetuado por depósito em conta bancária, observado o disposto no artigo anterior.

Art. 466. O pagamento de comissões e percentagens só é exigível depois de ultimada a transação a que se referem.

§ 1º Nas transações realizadas por prestações sucessivas, é exigível o pagamento das percentagens e comissões que lhes disserem respeito proporcionalmente à respectiva liquidação.

§ 2º A cessação das relações de trabalho não prejudica a percepção das comissões e percentagens devidas na forma estabelecida por este artigo.

Art. 467. Em caso de rescisão de contrato de trabalho, havendo controvérsia sobre o montante das verbas rescisórias, o empregador é obrigado a pagar ao trabalhador, à data do comparecimento à Justiça do Trabalho, a parte incontroversa dessas verbas, sob pena de pagá-las acrescidas de cinquenta por cento. (Redação dada pela Lei nº 10.272, de 5.9.2001)

Nova Redação com a Reforma Trabalhista	Antiga Redação

CAPÍTULO III
DA ALTERAÇÃO

Art. 468. Nos contratos individuais de trabalho só é lícita a alteração das respectivas condições por mútuo consentimento, e ainda assim desde que não resultem, direta ou indiretamente, prejuízos ao empregado, sob pena de nulidade da cláusula infringente desta garantia.

Nova Redação com a Reforma Trabalhista	Antiga Redação
§ 1º Não se considera alteração unilateral a determinação do empregador para que o respectivo empregado reverta ao cargo efetivo, anteriormente ocupado, deixando o exercício de função de confiança.	Parágrafo único. Não se considera alteração unilateral a determinação do empregador para que o respectivo empregado reverta ao cargo efetivo, anteriormente ocupado, deixando o exercício de função de confiança.
§ 2º A alteração de que trata o § 1º deste artigo, com ou sem justo motivo, não assegura ao empregado o direito à manutenção do pagamento da gratificação correspondente, que não será incorporada, independentemente do tempo de exercício da respectiva função.	⊗ Dispositivo sem correspondência na antiga redação.

Art. 469. Ao empregador é vedado transferir o empregado, sem a sua anuência, para localidade diversa da que resultar do contrato, não se considerando transferência a que não acarretar necessariamente a mudança do seu domicílio.

§ 1º Não estão compreendidos na proibição deste artigo: os empregados que exerçam cargo de confiança e aqueles cujos contratos tenham como condição, implícita ou explícita, a transferência, quando esta decorra de real necessidade de serviço. (Redação dada pela Lei nº 6.203, de 17.4.1975)

§ 2º É lícita a transferência quando ocorrer extinção do estabelecimento em que trabalhar o empregado.

§ 3º Em caso de necessidade de serviço o empregador poderá transferir o empregado para localidade diversa da que resultar do contrato, não obstante as restrições do artigo anterior, mas, nesse caso, ficará obrigado a um pagamento suplementar, nunca inferior a 25% (vinte e cinco por cento) dos salários que o empregado percebia naquela localidade, enquanto durar essa situação. (Parágrafo incluído pela Lei nº 6.203, de 17.4.1975)

Art. 470. As despesas resultantes da transferência correrão por conta do empregador. (Redação dada pela Lei nº 6.203, de 17.4.1975)

CAPÍTULO IV
DA SUSPENSÃO E DA INTERRUPÇÃO

Art. 471. Ao empregado afastado do emprego, são asseguradas, por ocasião de sua volta, todas as vantagens que, em sua ausência, tenham sido atribuídas à categoria a que pertencia na empresa.

Art. 472. O afastamento do empregado em virtude das exigências do serviço militar, ou de outro encargo público, não constituirá motivo para alteração ou rescisão do contrato de trabalho por parte do empregador.

§ 1º Para que o empregado tenha direito a voltar a exercer o cargo do qual se afastou em virtude de exigências do serviço militar ou de encargo público, é indispensável que notifique o empregador dessa intenção, por telegrama ou carta registrada, dentro do prazo máximo de 30 (trinta) dias, contados da data em que se verificar a respectiva baixa ou a terminação do encargo a que estava obrigado.

§ 2º Nos contratos por prazo determinado, o tempo de afastamento, se assim acordarem as partes interessadas, não será computado na contagem do prazo para a respectiva terminação.

§ 3º Ocorrendo motivo relevante de interesse para a segurança nacional, poderá a autoridade competente solicitar o afastamento do empregado do serviço ou do local de trabalho, sem que se configure a suspensão do contrato de trabalho. (Incluído pelo Decreto-lei nº 3, de 27.1.1966)

§ 4º O afastamento a que se refere o parágrafo anterior será solicitado pela autoridade competente diretamente ao empregador, em representação fundamentada com audiência da Procuradoria Regional do Trabalho, que providenciará desde logo a instauração do competente inquérito administrativo. (Incluído pelo Decreto-lei nº 3, de 27.1.1966)

§ 5º Durante os primeiros 90 (noventa) dias desse afastamento, o empregado continuará percebendo sua remuneração. (Incluído pelo Decreto-lei nº 3, de 27.1.1966)

Art. 473. O empregado poderá deixar de comparecer ao serviço sem prejuízo do salário: (Redação dada pelo Decreto-lei nº 229, de 28.2.1967)

I – até 2 (dois) dias consecutivos, em caso de falecimento do cônjuge, ascendente, descendente, irmão ou pessoa que, declarada em sua carteira de trabalho e previdência social, viva sob sua dependência econômica; (Inciso incluído pelo Decreto-lei nº 229, de 28.2.1967)

II – até 3 (três) dias consecutivos, em virtude de casamento; (Inciso incluído pelo Decreto-lei nº 229, de 28.2.1967)

III – por um dia, em caso de nascimento de filho no decorrer da primeira semana; (Inciso incluído pelo Decreto-lei nº 229, de 28.2.1967)

IV – por um dia, em cada 12 (doze) meses de trabalho, em caso de doação voluntária de sangue devidamente comprovada; (Inciso incluído pelo Decreto-lei nº 229, de 28.2.1967)

V – até 2 (dois) dias consecutivos ou não, para o fim de se alistar eleitor, nos termos da lei respectiva. (Inciso incluído pelo Decreto-lei nº 229, de 28.2.1967)

VI – no período de tempo em que tiver de cumprir as exigências do Serviço Militar referidas na letra "c" do art. 65 da Lei nº 4.375, de 17 de agosto de 1964 (Lei do Serviço Militar). (Incluído pelo Decreto-lei nº 757, de 12.8.1969)

VII – nos dias em que estiver comprovadamente realizando provas de exame vestibular para ingresso em estabelecimento de ensino superior. (Inciso incluído pela Lei nº 9.471, de 14.7.1997)

VIII – pelo tempo que se fizer necessário, quando tiver que comparecer a juízo. (Incluído pela Lei nº 9.853, de 27.10.1999)

IX – pelo tempo que se fizer necessário, quando, na qualidade de representante de entidade sindical, estiver participando de reunião oficial de organismo internacional do qual o Brasil seja membro. (Incluído pela Lei nº 11.304, de 2006)

X – até 2 (dois) dias para acompanhar consultas médicas e exames complementares durante o período de gravidez de sua esposa ou companheira; (Incluído dada pela Lei nº 13.257, de 2016)

XI – por 1 (um) dia por ano para acompanhar filho de até 6 (seis) anos em consulta médica. (Incluído dada pela Lei nº 13.257, de 2016)

Art. 474. A suspensão do empregado por mais de 30 (trinta) dias consecutivos importa na rescisão injusta do contrato de trabalho.

Art. 475. O empregado que for aposentado por invalidez terá suspenso o seu contrato de trabalho durante o prazo fixado pelas leis de previdência social para a efetivação do benefício.

§ 1º Recuperando o empregado a capacidade de trabalho e sendo a aposentadoria cancelada, ser-lhe-á assegurado o direito à função que ocupava ao tempo da aposentadoria, facultado, porém, ao empregador, o direito de indenizá-lo por rescisão do contrato de trabalho, nos termos dos arts. 477 e 478, salvo na hipótese de ser ele portador de estabilidade, quando a indenização deverá ser paga na forma do art. 497. (Redação dada pela Lei nº 4.824, de 5.11.1965)

§ 2º Se o empregador houver admitido substituto para o aposentado, poderá rescindir, com este, o respectivo contrato de trabalho sem indenização, desde que tenha havido ciência inequívoca da interinidade ao ser celebrado o contrato.

Art. 476. Em caso de seguro-doença ou auxílio-enfermidade, o empregado é considerado em licença não remunerada, durante o prazo desse benefício.

Art. 476-A. O contrato de trabalho poderá ser suspenso, por um período de dois a cinco meses, para participação do empregado em curso ou programa de qualificação profissional oferecido pelo empregador, com duração equivalente à suspensão contratual, mediante previsão em convenção ou acordo coletivo de trabalho e aquiescência formal do empregado, observado o disposto no art. 471 desta Consolidação. (Incluído pela Medida Provisória nº 2.164-41, de 2001)

§ 1º Após a autorização concedida por intermédio de convenção ou acordo coletivo, o empregador deverá notificar o respectivo sindicato, com antecedência mínima de quinze dias da suspensão contratual. (Incluído pela Medida Provisória nº 2.164-41, de 2001)

§ 2º O contrato de trabalho não poderá ser suspenso em conformidade com o disposto no *caput* deste artigo mais de uma vez no período de dezesseis meses. (Incluído pela Medida Provisória nº 2.164-41, de 2001)

§ 3º O empregador poderá conceder ao empregado ajuda compensatória mensal, sem natureza salarial, durante o período de suspensão contratual nos termos do *caput* deste artigo, com valor a ser definido em convenção ou acordo coletivo.

§ 4º Durante o período de suspensão contratual para participação em curso ou programa de qualificação profissional, o empregado fará jus aos benefícios voluntariamente concedidos pelo empregador. (Incluído pela Medida Provisória nº 2.164-41, de 2001)

§ 5º Se ocorrer a dispensa do empregado no transcurso do período de suspensão contratual ou nos três meses subsequentes ao seu retorno ao trabalho, o empregador pagará ao empregado, além das parcelas indenizatórias previstas na legislação em vigor, multa a ser estabelecida em convenção ou acordo coletivo, sendo de, no mínimo, cem por cento sobre o valor da última remuneração mensal anterior à suspensão do contrato. (Incluído pela Medida Provisória nº 2.164-41, de 2001)

§ 6º Se durante a suspensão do contrato não for ministrado o curso ou programa de qualificação profissional, ou o empregado permanecer trabalhando para o empregador, ficará descaracterizada a suspensão, sujeitando o empregador ao pagamento imediato dos salários e dos encargos sociais referentes ao período, às penalidades cabíveis previstas na legislação em vigor, bem como às sanções previstas em convenção ou acordo coletivo. (Incluído pela Medida Provisória nº 2.164-41, de 2001)

Nova Redação com a Reforma Trabalhista	Antiga Redação

§ 7º O prazo limite fixado no *caput* poderá ser prorrogado mediante convenção ou acordo coletivo de trabalho e aquiescência formal do empregado, desde que o empregador arque com o ônus correspondente ao valor da bolsa de qualificação profissional, no respectivo período. (Incluído pela Medida Provisória nº 2.164-41, de 2001)

CAPÍTULO V
DA RESCISÃO

Nova Redação com a Reforma Trabalhista	Antiga Redação
Art. 477. Na extinção do contrato de trabalho, o empregador deverá proceder à anotação na Carteira de Trabalho e Previdência Social, comunicar a dispensa aos órgãos competentes e realizar o pagamento das verbas rescisórias no prazo e na forma estabelecidos neste artigo.	**Art. 477.** É assegurado a todo empregado, não existindo prazo estipulado para a terminação do respectivo contrato, e quando não haja ele dado motivo para cessação das relações de trabalho, o direto de haver do empregador uma indenização, paga na base da maior remuneração que tenha percebido na mesma empresa. (Redação dada pela Lei nº 5.584, de 26.6.1970)
§ 1º (Revogado)	§ 1º O pedido de demissão ou recibo de quitação de rescisão, do contrato de trabalho, firmado por empregado com mais de 1 (um) ano de serviço, só será válido quando feito com a assistência do respectivo Sindicato ou perante a autoridade do Ministério do Trabalho e Previdência Social.

§ 2º O instrumento de rescisão ou recibo de quitação, qualquer que seja a causa ou forma de dissolução do contrato, deve ter especificada a natureza de cada parcela paga ao empregado e discriminado o seu valor, sendo válida a quitação, apenas, relativamente às mesmas parcelas.

Nova Redação com a Reforma Trabalhista	Antiga Redação
§ 3º (Revogado)	§ 3º Quando não existir na localidade nenhum dos órgãos previstos neste artigo, a assistência será prestada pelo Represente do Ministério Público ou, onde houver, pelo Defensor Público e, na falta ou impedimento deste, pelo Juiz de Paz.

Nova Redação com a Reforma Trabalhista	Antiga Redação
§ 4º O pagamento a que fizer jus o empregado será efetuado:	§ 4º O pagamento a que fizer jus o empregado será efetuado no ato da homologação da rescisão do contrato de trabalho, em dinheiro ou em cheque visado, conforme acordem as partes, salvo se o empregado for analfabeto, quando o pagamento somente poderá ser feito em dinheiro.
I – em dinheiro, depósito bancário ou cheque visado, conforme acordem as partes; ou	⊗ Dispositivo sem correspondência na antiga redação.
II – em dinheiro ou depósito bancário quando o empregado for analfabeto.	⊗ Dispositivo sem correspondência na antiga redação.
§ 5º Qualquer compensação no pagamento de que trata o parágrafo anterior não poderá exceder o equivalente a um mês de remuneração do empregado.	
§ 6º A entrega ao empregado de documentos que comprovem a comunicação da extinção contratual aos órgãos competentes bem como o pagamento dos valores constantes do instrumento de rescisão ou recibo de quitação deverão ser efetuados até dez dias contados a partir do término do contrato.	§ 6º O pagamento das parcelas constantes do instrumento da rescisão ou recibo de quitação deverá ser efetuado nos seguintes prazos:
a) (Revogado)	a) até o primeiro dia útil imediato ao término do contrato; ou (Incluído pela Lei nº 7.855, de 24.10.1989)
b) (Revogado).	b) até o décimo dia, contado da data da notificação da demissão, quando da ausência do aviso prévio, indenização do mesmo ou dispensa de seu cumprimento. (Incluído pela Lei nº 7.855, de 24.10.1989)
§ 7º (Revogado).	§ 7º O ato da assistência na rescisão contratual (§§ 1º e 2º) será sem ônus para o trabalhador e empregador. (Incluído pela Lei nº 7.855, de 24.10.1989)

<table>
<tr><th>Nova Redação com a Reforma Trabalhista</th><th>Antiga Redação</th></tr>
<tr><td colspan="2">§ 8º A inobservância do disposto no § 6º deste artigo sujeitará o infrator à multa de 160 BTN, por trabalhador, bem assim ao pagamento da multa a favor do empregado, em valor equivalente ao seu salário, devidamente corrigido pelo índice de variação do BTN, salvo quando, comprovadamente, o trabalhador der causa à mora. (Incluído pela Lei nº 7.855, de 24.10.1989)</td></tr>
<tr><td colspan="2">§ 9º (vetado). (Incluído pela Lei nº 7.855, de 24.10.1989)</td></tr>
<tr><td>§ 10. A anotação da extinção do contrato na Carteira de Trabalho e Previdência Social é documento hábil para requerer o benefício do seguro-desemprego e a movimentação da conta vinculada no Fundo de Garantia do Tempo de Serviço, nas hipóteses legais, desde que a comunicação prevista no caput deste artigo tenha sido realizada.</td><td>⊗ Dispositivo sem correspondência na antiga redação.</td></tr>
<tr><td>Art. 477-A. As dispensas imotivadas individuais, plúrimas ou coletivas equiparam-se para todos os fins, não havendo necessidade de autorização prévia de entidade sindical ou de celebração de convenção coletiva ou acordo coletivo de trabalho para sua efetivação.</td><td>⊗ Dispositivo sem correspondência na antiga redação.</td></tr>
<tr><td>Art. 477-B. Plano de Demissão Voluntária ou Incentivada, para dispensa individual, plúrima ou coletiva, previsto em convenção coletiva ou acordo coletivo de trabalho, enseja quitação plena e irrevogável dos direitos decorrentes da relação empregatícia, salvo disposição em contrário estipulada entre as partes.</td><td>⊗ Dispositivo sem correspondência na antiga redação.</td></tr>
<tr><td colspan="2">Art. 478. A indenização devida pela rescisão de contrato por prazo indeterminado será de 1 (um) mês de remuneração por ano de serviço efetivo, ou por ano e fração igual ou superior a 6 (seis) meses.</td></tr>
<tr><td colspan="2">§ 1º O primeiro ano de duração do contrato por prazo indeterminado é considerado como período de experiência, e, antes que se complete, nenhuma indenização será devida.</td></tr>
<tr><td colspan="2">§ 2º Se o salário for pago por dia, o cálculo da indenização terá por base 25 (vinte e cinco) dias. (Vide Constituição Federal Art.7 inciso XIII)</td></tr>
</table>

§ 3º Se pago por hora, a indenização apurar-se-á na base de 200 (duzentas) horas por mês. (Vide Constituição Federal Art.7 inciso XIII)

§ 4º Para os empregados que trabalhem a comissão ou que tenham direito a percentagens, a indenização será calculada pela média das comissões ou percentagens percebidas nos últimos 12 (doze) meses de serviço. (Redação dada pelo Decreto-lei nº 229, de 28.2.1967)

§ 5º – Para os empregados que trabalhem por tarefa ou serviço feito, a indenização será calculada na base média do tempo costumeiramente gasto pelo interessado para realização de seu serviço, calculando-se o valor do que seria feito durante 30 (trinta) dias.

Art. 479. Nos contratos que tenham termo estipulado, o empregador que, sem justa causa, despedir o empregado será obrigado a pagar-lhe, a titulo de indenização, e por metade, a remuneração a que teria direito até o termo do contrato. (Vide Lei nº 9.601, de 1998)

Parágrafo único. Para a execução do que dispõe o presente artigo, o cálculo da parte variável ou incerta dos salários será feito de acordo com o prescrito para o cálculo da indenização referente à rescisão dos contratos por prazo indeterminado.

Art. 480. Havendo termo estipulado, o empregado não se poderá desligar do contrato, sem justa causa, sob pena de ser obrigado a indenizar o empregador dos prejuízos que desse fato lhe resultarem. (Vide Lei nº 9.601, de 1998)

§ 1º A indenização, porém, não poderá exceder àquela a que teria direito o empregado em idênticas condições. (Renumerado pelo Decreto-lei nº 6.353, de 20.3.1944)

§ 2º (Revogado pela Lei nº 6.533, de 24.5.1978)

Art. 481. Aos contratos por prazo determinado, que contiverem cláusula assecuratória do direito recíproco de rescisão antes de expirado o termo ajustado, aplicam-se, caso seja exercido tal direito por qualquer das partes, os princípios que regem a rescisão dos contratos por prazo indeterminado.

Art. 482. Constituem justa causa para rescisão do contrato de trabalho pelo empregador:

a) ato de improbidade;

b) incontinência de conduta ou mau procedimento;

c) negociação habitual por conta própria ou alheia sem permissão do empregador, e quando constituir ato de concorrência à empresa para a qual trabalha o empregado, ou for prejudicial ao serviço;

d) condenação criminal do empregado, passada em julgado, caso não tenha havido suspensão da execução da pena;

Nova Redação com a Reforma Trabalhista	Antiga Redação

e) desídia no desempenho das respectivas funções;

f) embriaguez habitual ou em serviço;

g) violação de segredo da empresa;

h) ato de indisciplina ou de insubordinação;

i) abandono de emprego;

j) ato lesivo da honra ou da boa fama praticado no serviço contra qualquer pessoa, ou ofensas físicas, nas mesmas condições, salvo em caso de legítima defesa, própria ou de outrem;

k) ato lesivo da honra ou da boa fama ou ofensas físicas praticadas contra o empregador e superiores hierárquicos, salvo em caso de legítima defesa, própria ou de outrem;

l) prática constante de jogos de azar.

Nova Redação com a Reforma Trabalhista	Antiga Redação
m) perda da habilitação ou dos requisitos estabelecidos em lei para o exercício da profissão, em decorrência de conduta dolosa do empregado.	⊗ Dispositivo sem correspondência na antiga redação.

Parágrafo único. Constitui igualmente justa causa para dispensa de empregado a prática, devidamente comprovada em inquérito administrativo, de atos atentatórios à segurança nacional. (Incluído pelo Decreto-lei nº 3, de 27.1.1966)

Art. 483. O empregado poderá considerar rescindido o contrato e pleitear a devida indenização quando:

a) forem exigidos serviços superiores às suas forças, defesos por lei, contrários aos bons costumes, ou alheios ao contrato;

b) for tratado pelo empregador ou por seus superiores hierárquicos com rigor excessivo;

c) correr perigo manifesto de mal considerável;

d) não cumprir o empregador as obrigações do contrato;

e) praticar o empregador ou seus prepostos, contra ele ou pessoas de sua família, ato lesivo da honra e boa fama;

f) o empregador ou seus prepostos ofenderem-no fisicamente, salvo em caso de legítima defesa, própria ou de outrem;

g) o empregador reduzir o seu trabalho, sendo este por peça ou tarefa, de forma a afetar sensivelmente a importância dos salários.

§ 1º O empregado poderá suspender a prestação dos serviços ou rescindir o contrato, quando tiver de desempenhar obrigações legais, incompatíveis com a continuação do serviço.

§ 2º No caso de morte do empregador constituído em empresa individual, é facultado ao empregado rescindir o contrato de trabalho.

§ 3º Nas hipóteses das letras "d" e "g", poderá o empregado pleitear a rescisão de seu contrato de trabalho e o pagamento das respectivas indenizações, permanecendo ou não no serviço até final decisão do processo. (Incluído pela Lei nº 4.825, de 5.11.1965)

Art. 484. Havendo culpa recíproca no ato que determinou a rescisão do contrato de trabalho, o tribunal de trabalho reduzirá a indenização à que seria devida em caso de culpa exclusiva do empregador, por metade.

Nova Redação com a Reforma Trabalhista	Antiga Redação
Art. 484-A. O contrato de trabalho poderá ser extinto por acordo entre empregado e empregador, caso em que serão devidas as seguintes verbas trabalhistas:	⊗ Dispositivo sem correspondência na antiga redação.
I – por metade:	⊗ Dispositivo sem correspondência na antiga redação.
a) o aviso prévio, se indenizado; e	⊗ Dispositivo sem correspondência na antiga redação.
b) a indenização sobre o saldo do Fundo de Garantia do Tempo de Serviço, prevista no § 1º do art. 18 da Lei nº 8.036, de 11 de maio de 1990;	⊗ Dispositivo sem correspondência na antiga redação.
II – na integralidade, as demais verbas trabalhistas.	⊗ Dispositivo sem correspondência na antiga redação.
§ 1º A extinção do contrato prevista no *caput* deste artigo permite a movimentação da conta vinculada do trabalhador no Fundo de Garantia do Tempo de Serviço na forma do inciso I-A do art. 20 da Lei nº 8.036, de 11 de maio de 1990, limitada até 80% (oitenta por cento) do valor dos depósitos.	⊗ Dispositivo sem correspondência na antiga redação.
§ 2º A extinção do contrato por acordo prevista no *caput* deste artigo não autoriza o ingresso no Programa de Seguro-Desemprego.	⊗ Dispositivo sem correspondência na antiga redação.

Art. 485. Quando cessar a atividade da empresa, por morte do empregador, os empregados terão direito, conforme o caso, à indenização a que se referem os art. 477 e 497.

Art. 486. No caso de paralisação temporária ou definitiva do trabalho, motivada por ato de autoridade municipal, estadual ou federal, ou pela promulgação de lei ou resolução que impossibilite a continuação da atividade, prevalecerá o pagamento da indenização, que ficará a cargo do governo responsável. (Redação dada pela Lei nº 1.530, de 26.12.1951)

§ 1º Sempre que o empregador invocar em sua defesa o preceito do presente artigo, o tribunal do trabalho competente notificará a pessoa de direito público apontada como responsável pela paralisação do trabalho, para que, no prazo de 30 (trinta) dias, alegue o que entender devido, passando a figurar no processo como chamada à autoria. (Incluído pelo Decreto-lei nº 6.110, de 16.12.1943)

§ 2º Sempre que a parte interessada, firmada em documento hábil, invocar defesa baseada na disposição deste artigo e indicar qual o juiz competente, será ouvida a parte contrária, para, dentro de 3 (três) dias, falar sobre essa alegação. (Redação dada pela Lei nº 1.530, de 26.12.1951)

§ 3º Verificada qual a autoridade responsável, a Junta de Conciliação ou Juiz dar-se-á por incompetente, remetendo os autos ao Juiz Privativo da Fazenda, perante o qual correrá o feito nos termos previstos no processo comum. (Incluído pela Lei nº 1.530, de 26.12.1951)

CAPÍTULO VI
DO AVISO PRÉVIO

Art. 487. Não havendo prazo estipulado, a parte que, sem justo motivo, quiser rescindir o contrato deverá avisar a outra da sua resolução com a antecedência mínima de:

I – oito dias, se o pagamento for efetuado por semana ou tempo inferior; (Redação dada pela Lei nº 1.530, de 26.12.1951)

II – trinta dias aos que perceberem por quinzena ou mês, ou que tenham mais de 12 (doze) meses de serviço na empresa. (Redação dada pela Lei nº 1.530, de 26.12.1951)

§ 1º A falta do aviso prévio por parte do empregador dá ao empregado o direito aos salários correspondentes ao prazo do aviso, garantida sempre a integração desse período no seu tempo de serviço.

§ 2º A falta de aviso prévio por parte do empregado dá ao empregador o direito de descontar os salários correspondentes ao prazo respectivo.

§ 3º Em se tratando de salário pago na base de tarefa, o cálculo, para os efeitos dos parágrafos anteriores, será feito de acordo com a média dos últimos 12 (doze) meses de serviço.

§ 4º É devido o aviso prévio na despedida indireta. (Parágrafo incluído pela Lei nº 7.108, de 5.7.1983)

§ 5º O valor das horas extraordinárias habituais integra o aviso prévio indenizado. (Parágrafo incluído pela Lei nº 10.218, de 11.4.2001)

§ 6º O reajustamento salarial coletivo, determinado no curso do aviso prévio, beneficia o empregado pré-avisado da despedida, mesmo que tenha recebido antecipadamente os salários correspondentes ao período do aviso, que integra seu tempo de serviço para todos os efeitos legais. (Parágrafo incluído pela Lei nº 10.218, de 11.4.2001)

Art. 488. O horário normal de trabalho do empregado, durante o prazo do aviso, e se a rescisão tiver sido promovida pelo empregador, será reduzido de 2 (duas) horas diárias, sem prejuízo do salário integral.

Parágrafo único. É facultado ao empregado trabalhar sem a redução das 2 (duas) horas diárias previstas neste artigo, caso em que poderá faltar ao serviço, sem prejuízo do salário integral, por 1 (um) dia, na hipótese do inciso I, e por 7 (sete) dias corridos, na hipótese do inciso II do art. 487 desta Consolidação. (Incluído pela Lei nº 7.093, de 25.4.1983)

Art. 489. Dado o aviso prévio, a rescisão torna-se efetiva depois de expirado o respectivo prazo, mas, se a parte notificante reconsiderar o ato, antes de seu termo, à outra parte é facultado aceitar ou não a reconsideração.

Parágrafo único. Caso seja aceita a reconsideração ou continuando a prestação depois de expirado o prazo, o contrato continuará a vigorar, como se o aviso prévio não tivesse sido dado.

Art. 490. O empregador que, durante o prazo do aviso prévio dado ao empregado, praticar ato que justifique a rescisão imediata do contrato, sujeita-se ao pagamento da remuneração correspondente ao prazo do referido aviso, sem prejuízo da indenização que for devida.

Art. 491. O empregado que, durante o prazo do aviso prévio, cometer qualquer das faltas consideradas pela lei como justas para a rescisão, perde o direito ao restante do respectivo prazo.

CAPÍTULO VII
DA ESTABILIDADE

Art. 492. O empregado que contar mais de 10 (dez) anos de serviço na mesma empresa não poderá ser despedido senão por motivo de falta grave ou circunstância de força maior, devidamente comprovadas.

Parágrafo único. Considera-se como de serviço todo o tempo em que o empregado esteja à disposição do empregador.

Art. 493. Constitui falta grave a prática de qualquer dos fatos a que se refere o art. 482, quando por sua repetição ou natureza representem séria violação dos deveres e obrigações do empregado.

Art. 494. O empregado acusado de falta grave poderá ser suspenso de suas funções, mas a sua despedida só se tornará efetiva após o inquérito em que se verifique a procedência da acusação.

Parágrafo único. A suspensão, no caso deste artigo, perdurará até a decisão final do processo.

Art. 495. Reconhecida a inexistência de falta grave praticada pelo empregado, fica o empregador obrigado a readmiti-lo no serviço e a pagar-lhe os salários a que teria direito no período da suspensão.

Art. 496. Quando a reintegração do empregado estável for desaconselhável, dado o grau de incompatibilidade resultante do dissídio, especialmente quando for o empregador pessoa física, o tribunal do trabalho poderá converter aquela obrigação em indenização devida nos termos do artigo seguinte.

Art. 497. Extinguindo-se a empresa, sem a ocorrência de motivo de força maior, ao empregado estável despedido é garantida a indenização por rescisão do contrato por prazo indeterminado, paga em dobro.

Art. 498. Em caso de fechamento do estabelecimento, filial ou agência, ou supressão necessária de atividade, sem ocorrência de motivo de força maior, é assegurado aos empregados estáveis, que ali exerçam suas funções, direito à indenização, na forma do artigo anterior.

Art. 499. Não haverá estabilidade no exercício dos cargos de diretoria, gerência ou outros de confiança imediata do empregador, ressalvado o cômputo do tempo de serviço para todos os efeitos legais.

§ 1º Ao empregado garantido pela estabilidade que deixar de exercer cargo de confiança, é assegurada, salvo no caso de falta grave, a reversão ao cargo efetivo que haja anteriormente ocupado.

§ 2º Ao empregado despedido sem justa causa, que só tenha exercido cargo de confiança e que contar mais de 10 (dez) anos de serviço na mesma empresa, é garantida a indenização proporcional ao tempo de serviço nos termos dos arts. 477 e 478.

§ 3º A despedida que se verificar com o fim de obstar ao empregado a aquisição de estabilidade sujeitará o empregador a pagamento em dobro da indenização prescrita nos arts. 477 e 478.

Art. 500. O pedido de demissão do empregado estável só será válido quando feito com a assistência do respectivo Sindicato e, se não o houver, perante autoridade local competente do Ministério do Trabalho e Previdência Social ou da Justiça do Trabalho. (Revigorado com nova redação, pela Lei nº 5.584, de 26.6.1970)

CAPÍTULO VIII
DA FORÇA MAIOR

Art. 501. Entende-se como força maior todo acontecimento inevitável, em relação à vontade do empregador, e para a realização do qual este não concorreu, direta ou indiretamente.

§ 1º A imprevidência do empregador exclui a razão de força maior.

§ 2º À ocorrência do motivo de força maior que não afetar substancialmente, nem for suscetível de afetar, em tais condições, a situação econômica e financeira da empresa não se aplicam as restrições desta Lei referentes ao disposto neste Capítulo.

Art. 502. Ocorrendo motivo de força maior que determine a extinção da empresa, ou de um dos estabelecimentos em que trabalhe o empregado, é assegurada a este, quando despedido, uma indenização na forma seguinte:

I – sendo estável, nos termos dos arts. 477 e 478;

II – não tendo direito à estabilidade, metade da que seria devida em caso de rescisão sem justa causa;

III – havendo contrato por prazo determinado, aquela a que se refere o art. 479 desta Lei, reduzida igualmente à metade.

Art. 503. É lícita, em caso de força maior ou prejuízos devidamente comprovados, a redução geral dos salários dos empregados da empresa, proporcionalmente aos salários de cada um, não podendo, entretanto, ser superior a 25% (vinte e cinco por cento), respeitado, em qualquer caso, o salário mínimo da região.

Parágrafo único. Cessados os efeitos decorrentes do motivo de força maior, é garantido o restabelecimento dos salários reduzidos.

Art. 504. Comprovada a falsa alegação do motivo de força maior, é garantida a reintegração aos empregados estáveis, e aos não-estáveis o complemento da indenização já percebida, assegurado a ambos o pagamento da remuneração atrasada.

CAPÍTULO IX
DISPOSIÇÕES ESPECIAIS

Art. 505. São aplicáveis aos trabalhadores rurais os dispositivos constantes dos Capítulos I, II e VI do presente Título.

Art. 506. No contrato de trabalho agrícola é lícito o acordo que estabelecer a remuneração in natura, contanto que seja de produtos obtidos pela exploração do negócio e não exceda de 1/3 (um terço) do salário total do empregado.

Art. 507. As disposições do Capítulo VII do presente Título não serão aplicáveis aos empregados em consultórios ou escritórios de profissionais liberais.

Parágrafo único. (Revogado pela Lei nº 6.533, de 24.5.1978)

Nova Redação com a Reforma Trabalhista	Antiga Redação
Art. 507-A. Nos contratos individuais de trabalho cuja remuneração seja superior a duas vezes o limite máximo estabelecido para os benefícios do Regime Geral de Previdência Social, poderá ser pactuada cláusula compromissória de arbitragem, desde que por iniciativa do empregado ou mediante a sua concordância expressa, nos termos previstos na Lei nº 9.307, de 23 de setembro de 1996.	⊗ Dispositivo sem correspondência na antiga redação.
Art. 507-B. É facultado a empregados e empregadores, na vigência ou não do contrato de emprego, firmar o termo de quitação anual de obrigações trabalhistas, perante o sindicato dos empregados da categoria.	⊗ Dispositivo sem correspondência na antiga redação.
Parágrafo único. O termo discriminará as obrigações de dar e fazer cumpridas mensalmente e dele constará a quitação anual dada pelo empregado, com eficácia liberatória das parcelas nele especificadas.	⊗ Dispositivo sem correspondência na antiga redação.

Art. 508. (Revogado pela Lei nº 12.347, de 2010)

Art. 509. (Revogado pela Lei nº 6.533, de 24.5.1978)

Art. 510. Pela infração das proibições constantes deste Título, será imposta à empresa a multa de valor igual a 1 (um) salário mínimo regional, elevada ao dobro, no caso de reincidência, sem prejuízo das demais cominações legais. (Redação dada pela Lei nº 5.562, de 12.12.1968)

TÍTULO IV-A
DA REPRESENTAÇÃO DOS EMPREGADOS

Nova Redação com a Reforma Trabalhista	Antiga Redação
Art. 510-A. Nas empresas com mais de duzentos empregados, é assegurada a eleição de uma comissão para representá-los, com a finalidade de promover- lhes o entendimento direto com os empregadores.	⊗ Dispositivo sem correspondência na antiga redação.
§ 1º A comissão será composta:	⊗ Dispositivo sem correspondência na antiga redação.
I – nas empresas com mais de duzentos e até três mil empregados, por três membros;	⊗ Dispositivo sem correspondência na antiga redação.
II – nas empresas com mais de três mil e até cinco mil empregados, por cinco membros;	⊗ Dispositivo sem correspondência na antiga redação.
III – nas empresas com mais de cinco mil empregados, por sete membros;	⊗ Dispositivo sem correspondência na antiga redação.
§ 2º No caso de a empresa possuir empregados em vários Estados da Federação e no Distrito Federal, será assegurada a eleição de uma comissão de representantes dos empregados por Estado ou no Distrito Federal, na mesma forma estabelecida no § 1º deste artigo.	⊗ Dispositivo sem correspondência na antiga redação.
Art. 510-B. A comissão de representantes dos empregados terá as seguintes atribuições:	⊗ Dispositivo sem correspondência na antiga redação.
I – representar os empregados perante a administração da empresa;	⊗ Dispositivo sem correspondência na antiga redação.

Nova Redação com a Reforma Trabalhista	Antiga Redação
II – aprimorar o relacionamento entre a empresa e seus empregados com base nos princípios da boa-fé e do respeito mútuo;	⊗ Dispositivo sem correspondência na antiga redação.
III – promover o diálogo e o entendimento no ambiente de trabalho com o fim de prevenir conflitos;	⊗ Dispositivo sem correspondência na antiga redação.
IV – buscar soluções para os conflitos decorrentes da relação de trabalho, de forma rápida e eficaz, visando à efetiva aplicação das normas legais e contratuais;	⊗ Dispositivo sem correspondência na antiga redação.
V – assegurar tratamento justo e imparcial aos empregados, impedindo qualquer forma de discriminação por motivo de sexo, idade, religião, opinião política ou atuação sindical;	⊗ Dispositivo sem correspondência na antiga redação.
VI – encaminhar reivindicações específicas dos empregados de seu âmbito de representação;	⊗ Dispositivo sem correspondência na antiga redação.
VII – acompanhar o cumprimento das leis trabalhistas, previdenciárias e das convenções coletivas e acordos coletivos de trabalho.	⊗ Dispositivo sem correspondência na antiga redação.
§ 1º As decisões da comissão de representantes dos empregados serão sempre colegiadas, observada a maioria simples.	⊗ Dispositivo sem correspondência na antiga redação.
§ 2º A comissão organizará sua atuação de forma independente.	⊗ Dispositivo sem correspondência na antiga redação.
Art. 510-C. A eleição será convocada, com antecedência mínima de trinta dias, contados do término do mandato anterior, por meio de edital que deverá ser fixado na empresa, com ampla publicidade, para inscrição de candidatura.	⊗ Dispositivo sem correspondência na antiga redação.

Nova Redação com a Reforma Trabalhista	Antiga Redação
§ 1º Será formada comissão eleitoral, integrada por cinco empregados, não candidatos, para a organização e o acompanhamento do processo eleitoral, vedada a interferência da empresa e do sindicato da categoria.	⊗ Dispositivo sem correspondência na antiga redação.
§ 2º Os empregados da empresa poderão candidatar– se, exceto aqueles com contrato de trabalho por prazo determinado, com contrato suspenso ou que estejam em período de aviso prévio, ainda que indenizado.	⊗ Dispositivo sem correspondência na antiga redação.
§ 3º Serão eleitos membros da comissão de representantes dos empregados os candidatos mais votados, em votação secreta, vedado o voto por representação.	⊗ Dispositivo sem correspondência na antiga redação.
§ 4º A comissão tomará posse no primeiro dia útil seguinte à eleição ou ao término do mandato anterior.	⊗ Dispositivo sem correspondência na antiga redação.
§ 5º Se não houver candidatos suficientes, a comissão de representantes dos empregados poderá ser formada com número de membros inferior ao previsto no art. 510-A desta Consolidação.	⊗ Dispositivo sem correspondência na antiga redação.
§ 6º Se não houver registro de candidatura, será lavrada ata e convocada nova eleição no prazo de um ano.	⊗ Dispositivo sem correspondência na antiga redação.
Art. 510-D. O mandato dos membros da comissão de representantes dos empregados será de um ano.	⊗ Dispositivo sem correspondência na antiga redação.
§ 1º O membro que houver exercido a função de representante dos empregados na comissão não poderá ser candidato nos dois períodos subsequentes.	⊗ Dispositivo sem correspondência na antiga redação.
§ 2º O mandato de membro de comissão de representantes dos empregados não implica suspensão ou interrupção do contrato de trabalho, devendo o empregado permanecer no exercício de suas funções.	⊗ Dispositivo sem correspondência na antiga redação.

Nova Redação com a Reforma Trabalhista	Antiga Redação
§ 3º Desde o registro da candidatura até um ano após o fim do mandato, o membro da comissão de representantes dos empregados não poderá sofrer despedida arbitrária, entendendo-se como tal a que não se fundar em motivo disciplinar, técnico, econômico ou financeiro.	⊗ Dispositivo sem correspondência na antiga redação.
§ 4º Os documentos referentes ao processo eleitoral devem ser emitidos em duas vias, as quais permanecerão sob a guarda dos empregados e da empresa pelo prazo de cinco anos, à disposição para consulta de qualquer trabalhador interessado, do Ministério Público do Trabalho e do Ministério do Trabalho.	⊗ Dispositivo sem correspondência na antiga redação.

TÍTULO V
DA ORGANIZAÇÃO SINDICAL

CAPÍTULO I
DA INSTITUIÇÃO SINDICAL

Seção I
Da Associação em Sindicato

Art. 511. É lícita a associação para fins de estudo, defesa e coordenação dos seus interesses econômicos ou profissionais de todos os que, como empregadores, empregados, agentes ou trabalhadores autônomos ou profissionais liberais exerçam, respectivamente, a mesma atividade ou profissão ou atividades ou profissões similares ou conexas.

§ 1º A solidariedade de interesses econômicos dos que empreendem atividades idênticas, similares ou conexas, constitui o vínculo social básico que se denomina categoria econômica.

§ 2º A similitude de condições de vida oriunda da profissão ou trabalho em comum, em situação de emprego na mesma atividade econômica ou em atividades econômicas similares ou conexas, compõe a expressão social elementar compreendida como categoria profissional.

§ 3º Categoria profissional diferenciada é a que se forma dos empregados que exerçam profissões ou funções diferenciadas por força de estatuto profissional especial ou em consequência de condições de vida singulares.

§ 4º Os limites de identidade, similaridade ou conexidade fixam as dimensões dentro das quais a categoria econômica ou profissional é homogênea e a associação é natural.

Art. 512. Somente as associações profissionais constituídas para os fins e na forma do artigo anterior e registradas de acordo com o art. 558 poderão ser reconhecidas como Sindicatos e investidas nas prerrogativas definidas nesta Lei.

Art. 513. São prerrogativas dos sindicatos:

a) representar, perante as autoridades administrativas e judiciárias os interesses gerais da respectiva categoria ou profissão liberal ou interesses individuais dos associados relativos á atividade ou profissão exercida;

b) celebrar contratos coletivos de trabalho;

c) eleger ou designar os representantes da respectiva categoria ou profissão liberal;

d) colaborar com o Estado, como órgãos técnicos e consultivos, no estudo e solução dos problemas que se relacionam com a respectiva categoria ou profissão liberal;

e) impor contribuições a todos aqueles que participam das categorias econômicas ou profissionais ou das profissões liberais representadas.

Parágrafo Único. Os sindicatos de empregados terão, outrossim, a prerrogativa de fundar e manter agências de colocação.

Art. 514. São deveres dos sindicatos:

a) colaborar com os poderes públicos no desenvolvimento da solidariedade social;

b) manter serviços de assistência judiciária para os associados;

c) promover a conciliação nos dissídios de trabalho.

d) sempre que possível, e de acordo com as suas possibilidades, manter no seu quadro de pessoal, em convênio com entidades assistenciais ou por conta própria, um assistente social com as atribuições específicas de promover a cooperação operacional na empresa e a integração profissional na Classe. (Incluída pela Lei nº 6.200, de 16.4.1975)

Parágrafo único. Os sindicatos de empregados terão, outrossim, o dever de:

a) promover a fundação de cooperativas de consumo e de crédito;

b) fundar e manter escolas de alfabetização e pré-vocacionais.

Seção II
Do Reconhecimento e Investidura Sindical

Art. 515. As associações profissionais deverão satisfazer os seguintes requisitos para serem reconhecidas como sindicatos:

a) reunião de um terço, no mínimo, de empresas legalmente constituídas, sob a forma individual ou de sociedade, se se tratar de associação de empregadores; ou de um terço dos que integrem a mesma categoria ou exerçam a mesma profissão liberal se se tratar de associação de empregados ou de trabalhadores ou agentes autônomos ou de profissão liberal;

b) duração de 3 (três) anos para o mandato da diretoria; (Redação dada pelo Decreto-lei nº 771, de 19.8.1969)

c) exercício do cargo de presidente por brasileiro nato, e dos demais cargos de administração e representação por brasileiros.

Parágrafo único. O ministro do Trabalho, Indústria, e Comércio poderá, excepcionalmente, reconhecer como sindicato a associação cujo número de associados seja inferior ao terço a que se refere a alínea a.

Art. 516. Não será reconhecido mais de um Sindicato representativo da mesma categoria econômica ou profissional, ou profissão liberal, em uma dada base territorial.

Art. 517. Os sindicatos poderão ser distritais, municipais, intermunicipais, estaduais e interestaduais. Excepcionalmente, e atendendo às peculiaridades de determinadas categorias ou profissões, o ministro do Trabalho, Indústria e Comércio poderá autorizar o reconhecimento de sindicatos nacionais.

§ 1º O ministro do Trabalho, Indústria e Comércio, outorgará e delimitará a base territorial do sindicato.

§ 2º Dentro da base territorial que lhe for determinada é facultado ao sindicato instituir delegacias ou secções para melhor proteção dos associados e da categoria econômica ou profissional ou profissão liberal representada.

Art. 518. O pedido de reconhecimento será dirigido ao ministro do Trabalho, Indústria e Comércio, instruído com exemplar ou cópia autenticada dos estatutos da associação.

§ 1º Os estatutos deverão conter:

a) a denominação e a sede da associação;

b) a categoria econômica ou profissional ou a profissão liberal cuja representação é requerida;

c) a afirmação de que a associação agirá como órgão de colaboração com os poderes públicos e as demais associações no sentido da solidariedade social e da subordinação dos interesses econômicos ou profissionais ao interesse nacional;

d) as atribuições, o processo eleitoral e das votações, os casos de perda de mandato e de substituição dos administradores;

e) o modo de constituição e administração do patrimônio social e o destino que lhe será dado no caso de dissolução;

f) as condições em que se dissolverá associação.

§ 2º O processo de reconhecimento será regulado em instruções baixadas pelo ministro do Trabalho, Indústria e Comércio.

Art. 519. A investidura sindical será conferida sempre à associação profissional mais representativa, a juízo do Ministro do Trabalho, constituindo elementos para essa apreciação, entre outros:

a) o número de associados;

b) os serviços sociais fundados e mantidos;

c) o valor do patrimônio.

Art. 520. Reconhecida como sindicato a associação profissional, ser-lhe-á expedida carta de reconhecimento, assinada pelo ministro do Trabalho, Indústria e Comércio, na qual será especificada a representação econômica ou profissional conferida e mencionada a base territorial outorgada.

Parágrafo único. O reconhecimento investe a associação nas prerrogativas do art. 513 e a obriga aos deveres do art. 514, cujo inadimplemento a sujeitará às sanções desta lei.

Art. 521. São condições para o funcionamento do Sindicato:

a) proibição de qualquer propaganda de doutrinas incompatíveis com as instituições e os interesses da Nação, bem como de candidaturas a cargos eletivos estranhos ao sindicato. (Redação dada pelo Decreto-lei nº 9.502, de 23.7.1946)

b) proibição de exercício de cargo eletivo cumulativamente com o de emprego remunerado pelo sindicato ou por entidade sindical de grau superior;

c) gratuidade do exercício dos cargos eletivos

d) proibição de quaisquer atividades não compreendidas nas finalidades mencionadas no art. 511, inclusive as de caráter político-partidário; (Incluída pelo Decreto-lei nº 9.502, de 23.7.1946)

e) proibição de cessão gratuita ou remunerada da respectiva sede a entidade de índole político-partidária. (Incluída pelo Decreto-lei nº 9.502, de 23.7.1946

Parágrafo único. Quando, para o exercício de mandato, tiver o associado de sindicato de empregados, de trabalhadores autônomos ou de profissionais liberais de se afastar do seu trabalho, poderá ser-lhe arbitrada pela assembleia geral uma gratificação nunca excedente da importância de sua remuneração na profissão respectiva.

Seção III
Da Administração do Sindicato

Art. 522. A administração do sindicato será exercida por uma diretoria constituída no máximo de sete e no mínimo de três membros e de um Conselho Fiscal composto de três membros, eleitos esses órgãos pela Assembleia Geral.

§ 1º A diretoria elegerá, dentre os seus membros, o presidente do sindicato.

§ 2º A competência do Conselho Fiscal é limitada à fiscalização da gestão financeira do sindicato.

§ 3º – Constituirão atribuição exclusiva da Diretoria do Sindicato e dos Delegados Sindicais, a que se refere o art. 523, a representação e a defesa dos interesses da entidade perante os poderes públicos e as empresas, salvo mandatário com poderes outorgados por procuração da Diretoria, ou associado investido em representação prevista em lei. (Incluído pelo Decreto-lei nº 9.502, de 23.7.1946)

Art. 523. Os Delegados Sindicais destinados à direção das delegacias ou seções instituídas na forma estabelecida no § 2º do art. 517 serão designados pela diretoria dentre os associados radicados no território da correspondente delegacia.

Art. 524. Serão sempre tomadas por escrutínio secreto, na forma estatutária, as deliberações da Assembleia Geral concernentes aos seguintes assuntos: (Redação dada pela Lei nº 2.693, de 23.12.1955)

a) eleição de associado para representação da respectiva categoria prevista em lei; (Redação dada pelo Decreto-lei nº 9.502, de 23.7.1946)

b) tomada e aprovação de contas da diretoria; (Redação dada pelo Decreto-lei nº 9.502, de 23.7.1946)

c) aplicação do patrimônio; (Redação dada pelo Decreto-lei nº 9.502, de 23.7.1946)

d) julgamento dos atos da Diretoria, relativos a penalidades impostas a associados; (Redação dada pelo Decreto-lei nº 9.502, de 23.7.1946)

e) pronunciamento sobre relações ou dissídio de trabalho. Neste caso, as deliberações da Assembleia Geral só serão consideradas válidas quando ela tiver sido especialmente convocada para esse fim, de acordo com as disposições dos estatutos da entidade sindical. O quórum para validade da Assembleia será de metade mais um dos associados quites; não obtido esse quórum em primeira convocação, reunir-se-á a Assembleia em segunda convocação com os presentes, considerando-se aprovadas as deliberações que obtiverem 2/3 (dois terços) dos votos. (Incluída pela Lei nº 2.693, de 23.12.1955)

§ 1º A eleição para cargos de diretoria e conselho fiscal será realizada por escrutínio secreto, durante 6 (seis) horas contínuas, pelo menos, na sede do Sindicato, na de suas delegacias e seções e nos principais locais de trabalho, onde funcionarão as mesas coletoras designadas pelos Delegados Regionais do Trabalho. (Incluído pelo Decreto-lei nº 9.502, de 23.7.1946)

§ 2º Concomitantemente ao término do prazo estipulado para a votação, instalar-se-á, em Assembleia Eleitoral pública e permanente, na sede do Sindicato, a mesa apuradora, para a qual serão enviadas, imediatamente, pelos presidentes das mesas coletoras, as urnas receptoras e as atas respectivas. Será facultada a designação de mesa apuradora supletiva sempre que as peculiaridades ou conveniências do pleito a exigirem. (Incluído pelo Decreto-lei nº 9.502, de 23.7.1946)

§ 3º A mesa apuradora será presidida por membro do Ministério Público do Trabalho ou pessoa de notória idoneidade, designado pelo Procurador-Geral da Justiça do Trabalho ou Procuradores Regionais. (Incluído pelo Decreto-lei nº 9.502, de 23.7.1946)

§ 4º O pleito só será válido na hipótese de participarem da votação mais de 2/3 (dois terços) dos associados com capacidade para votar. Não obtido esse coeficiente, será realizada nova eleição dentro de 15 (quinze) dias, a qual terá validade se nela tomarem parte mais de 50% (cinquenta por cento) dos referidos associados. Na hipótese de não ter sido alcançado, na segunda votação, o coeficiente exigido, será realizado o terceiro e último pleito, cuja validade dependerá do voto de mais de 40% (quarenta por cento) dos aludidos associados, proclamando o Presidente da mesa apuradora em qualquer dessas hipóteses os eleitos, os quais serão empossados automaticamente na data do término do mandato expirante, não tendo efeito suspensivo os protestos ou recursos oferecidos na conformidade da lei. (Redação dada pela Lei nº 2.693, de 23.12.1955)

§ 5º Não sendo atingido o coeficiente legal para eleição, o Ministério do Trabalho, Indústria e Comercio declarará a vacância da administração, a partir do término do mandato dos membros em exercício, e designará administrador para o Sindicato, realizando-se novas eleições dentro de 6 (seis) meses. (Incluído pelo Decreto-lei nº 9.502, de 23.7.1946)

Art. 525. É vedada a pessoas físicas ou jurídicas, estranhas ao Sindicato, qualquer interferência na sua administração ou nos seus serviços. (Redação dada pelo Decreto-lei nº 9.502, de 23.7.1946)

Parágrafo único. Estão excluídos dessa proibição:

a) os delegados do Ministério do Trabalho, Indústria e Comércio, especialmente designados pelo ministro ou por quem o represente;

b) os que, como empregados, exerçam cargos no Sindicato mediante autorização da Assembleia Geral.

Art. 526. Os empregados do Sindicato serão nomeados pela diretoria respectiva ad referendum, da Assembleia Geral, não podendo recair tal nomeação nos que estiverem nas condições previstas nos itens II, IV, V, VI, VII e VIII do art. 530 e, na hipótese de o nomeador haver sido dirigente sindical, também nas do item I do mesmo artigo. (Redação dada pelo Decreto-lei nº 925, de 10.10.1969)

Parágrafo único. (Revogado pela Lei nº 11.295, de 2006)

§ 2º Aplicam-se ao empregado de entidade sindical os preceitos das leis de proteção do trabalho e de previdência social, inclusive o direito de associação em sindicato. (Incluído pela Lei nº 11.295, de 2006)

Art. 527. Na sede de cada sindicato haverá um livro de registro, autenticado pelo funcionário competente do Ministério do Trabalho, Indústria e Comércio, e do qual deverão constar:

a) tratando-se de sindicato de empregadores; a firma, individual ou coletiva, ou a denominação das empresas e sua sede, o nome, idade, estado civil, nacionalidade e residência dos respectivos sócios ou, em se tratando de sociedade por ações, dos diretores, bem como a indicação desses dados quanto ao sócio ou diretor que representar a empresa no sindicato;

b) tratando-se de sindicato de empregados ou de agentes ou trabalhadores autônomos ou de profissionais liberais, além do nome, idade, estado civil, nacionalidade, profissão ou função e residência de cada associado, o estabelecimento ou lugar onde exerce a sua profissão ou função, o número e a série da respectiva carteira profissional e o número da inscrição na instituição de previdência a que pertencer.

Art. 528. Ocorrendo dissídio ou circunstâncias que perturbem o funcionamento de entidade sindical ou motivos relevantes de segurança nacional, o Ministro do Trabalho e Previdência Social poderá nela intervir, por intermédio de Delegado ou de Junta Interventora, com atribuições para administrá-la e executar ou propor as medidas necessárias para normalizar-lhe o funcionamento. (Redação dada pelo Decreto-lei nº 3, de 27.1.1966)

Seção IV
Das Eleições Sindicais

Art. 529. São condições para o exercício do direito do voto como para a investidura em cargo de administração ou representação econômica ou profissional:

a) ter o associado mais de seis meses de inscrição no Quadro Social e mais de 2 (dois) anos de exercício da atividade ou da profissão; (Redação dada pelo Decreto-lei nº 8.080, 11.10.1945)

b) ser maior de 18 (dezoito) anos;

c) estar no gozo dos direitos sindicais.

Parágrafo único – É obrigatório aos associados o voto nas eleições sindicais. (Incluído pelo Decreto-lei nº 229, de 28.2.1967)

Art. 530. Não podem ser eleitos para cargos administrativos ou de representação econômica ou profissional, nem permanecer no exercício desses cargos: (Redação dada pelo Decreto-lei nº 229, de 28.2.1967)

I – os que não tiverem definitivamente aprovadas as suas contas de exercício em cargos de administração; (Incluído pelo Decreto-lei nº 229, de 28.2.1967)

II – os que houverem lesado o patrimônio de qualquer entidade sindical; (Incluído pelo Decreto-lei nº 229, de 28.2.1967)

III – os que não estiverem, desde dois (2) anos antes, pelo menos, no exercício efetivo da atividade ou da profissão dentro da base territorial do sindicato, ou no desempenho de representação econômica ou profissional; (Incluído pelo Decreto-lei nº 229, de 28.2.1967)

IV – os que tiverem sido condenados por crime doloso enquanto persistirem os efeitos da pena; (Incluído pelo Decreto-lei nº 229, de 28.2.1967)

V – os que não estiverem no gozo de seus direitos políticos; (Incluído pelo Decreto-lei nº 229, de 28.2.1967)

VI – (Revogado pela Lei nº 8.865, de 29.3.1994)

VII – má conduta, devidamente comprovada; (Incluído pelo Decreto-lei nº 507, de 18.3.1969)

VIII – (Revogado pela Lei nº 8.865, de 29.3.1994)

Parágrafo único: (Revogado pela Lei nº 2.693, de 23.12.1955)

Art. 531. Nas eleições para cargos de diretoria e do conselho fiscal serão considerados eleitos os candidatos que obtiverem maioria absoluta de votos em relação ao total dos associados eleitores.

§ 1º Não concorrendo à primeira convocação maioria absoluta de eleitores, ou não obtendo nenhum dos candidatos essa maioria, proceder-se-á à nova convocação para dia posterior, sendo então considerados eleitos os candidatos que obtiverem maioria dos eleitores presentes.

§ 2º Havendo somente uma chapa registrada para as eleições, poderá a assembleia em última convocação ser realizada duas horas após à primeira convocação desde que do edital respectivo conste essa advertência.

§ 3º Concorrendo mais de uma chapa poderá o Ministério do Trabalho, Indústria e Comércio designar o presidente da sessão eleitoral, desde que o requeiram os associados que encabeçarem as respectivas chapas. (Redação dada pelo Decreto-lei nº 8.080, 11.10.1945)

§ 4º O ministro do Trabalho, Indústria e Comércio expedirá instruções regulando o processo das eleições.

Art. 532. As eleições para a renovação da Diretoria e do Conselho Fiscal deverão ser procedidas dentro do prazo máximo de 60 (sessenta) dias e mínimo de 30 (trinta) dias, antes do término do mandato dos dirigentes em exercício. (Redação dada pelo Decreto-lei nº 8.080, 11.10.1945)

§ 1º Não havendo protesto na ata da assembleia eleitoral ou recurso interposto por algum dos candidatos, dentro de 15 dias a contar da data das eleições, a posse da diretoria eleita independerá, da aprovação das, eleições pelo Ministério do Trabalho, Indústria e Comercio. (Incluído pelo Decreto-lei nº 8.080, 11.10.1945)

§ 2º Competirá, à diretoria em exercício, dentro de 30 dias da realização das eleições e não tendo havido recurso, dar publicidade ao resultado do pleito, fazendo comunicação ao órgão local do Ministério do Trabalho, Indústria e Comércio, da relação dos eleitos, com os dados pessoais de cada um e a designação da função que vai exercer. (Incluído pelo Decreto-lei nº 8.080, 11.10.1945)

§ 3º Havendo protesto na ata da assembleia eleitoral ou recurso interposto dentro de 15 dias da realização das eleições, competirá a diretoria em exercício encaminhar, devidamente instruído, o processo eleitoral ao órgão local do Ministério do Trabalho, Indústria e Comércio, que o encaminhará para decisão do Ministro de Estado. Nesta hipótese, permanecerão na administração até despacho final do processo a diretoria e o conselho fiscal que se encontrarem em exercício. (Incluído pelo Decreto-lei nº 8.080, 11.10.1945)

§ 4º Não se verificando as hipóteses previstas no parágrafo anterior, a posse da nova diretoria deverá se verificar dentro de 30 dias subsequentes ao término do mandato da anterior. (Incluído pelo Decreto-lei nº 8.080, 11.10.1945)

§ 5º Ao assumir o cargo, o eleito prestará, por escrito e solenemente, o compromisso de respeitar, no exercício do mandato, a Constituição, as leis vigentes e os estatutos da entidade. (Incluído pelo Decreto-lei nº 229, de 28.2.1967)

Seção V
Das Associações Sindicais de Grau Superior

Art. 533. Constituem associações sindicais de grau superior as federações e confederações organizadas nos termos desta Lei.

Art. 534. É facultado aos Sindicatos, quando em número não inferior a 5 (cinco), desde que representem a maioria absoluta de um grupo de atividades ou profissões idênticas, similares ou conexas, organizarem-se em federação. (Redação dada pela Lei nº 3.265, de 22.9.1957)

§ 1º Se já existir federação no grupo de atividades ou profissões em que deva ser constituída a nova entidade, a criação desta não poderá reduzir a menos de 5 (cinco) o número de Sindicatos que àquela devam continuar filiados. (Incluído pela Lei nº 3.265, de 22.9.1957)

§ 2º As federações serão constituídas por Estados, podendo o Ministro do Trabalho, Indústria e Comercio autorizar a constituição de Federações interestaduais ou nacionais. (Parágrafo 1º renumerado pela Lei nº 3.265, de 22.9.1957)

§ 3º É permitido a qualquer federação, para o fim de lhes coordenar os interesses, agrupar os Sindicatos de determinado município ou região a ela filiados; mas a união não terá direito de representação das atividades ou profissões agrupadas. (Parágrafo 2º renumerado pela Lei nº 3.265, de 22.9.1957)

Art. 535. As Confederações organizar-se-ão com o mínimo de 3 (três) federações e terão sede na Capital da República.

§ 1º As confederações formadas por federações de Sindicatos de empregadores denominar-se-ão: Confederação Nacional da Indústria, Confederação Nacional do Comércio, Confederação Nacional de Transportes Marítimos, Fluviais e Aéreos, Confederação Nacional de Transportes Terrestres, Confederação Nacional de Comunicações e Publicidade, Confederação Nacional das Empresas de Crédito e Confederação Nacional de Educação e Cultura.

§ 2º As confederações formadas por federações de Sindicatos de empregados terão a denominação de: Confederação Nacional dos Trabalhadores na Indústria, Confederação Nacional dos Trabalhadores no Comércio, Confederação Nacional dos Trabalhadores em Transportes Marítimos, Fluviais e Aéreos, Confederação Nacional dos Trabalhadores em Transportes Terrestres, Confederação Nacional dos Trabalhadores em Comunicações e Publicidade, Confederação Nacional dos Trabalhadores nas Empresas de Crédito e Confederação Nacional dos Trabalhadores em Estabelecimentos de Educação e Cultura.

§ 3º Denominar-se-á Confederação Nacional das Profissões Liberais a reunião das respectivas federações.

§ 4º As associações sindicais de grau superior da Agricultura e Pecuária serão organizadas na conformidade do que dispuser a lei que regular a sindicalização dessas atividades ou profissões.

Art. 536-C. (Revogado pelo Decreto-Lei nº 229, de 28.2.1967)

Parágrafo único. (Revogado pelo Decreto-Lei nº 229, de 28.2.1967)

Art. 537. O pedido de reconhecimento de uma federação será dirigido ao ministro do Trabalho, Indústria e Comércio, acompanhado de um exemplar dos respectivos estatutos e das cópias autenticadas das atas da assembleia de cada sindicato ou federação que autorizar a filiação.

§ 1º A organização das federações e confederações obedecerá às exigências contidas nas alíneas b e c do art. 515.

§ 2º A carta de reconhecimento das federações será expedida pelo ministro do Trabalho, Indústria e Comércio, na qual será especificada a coordenação econômica ou profissional conferida e mencionada a base territorial outorgada.

§ 3º O reconhecimento das confederações será feito por decreto do Presidente da República.

Art. 538. A administração das federações e confederações será exercida pelos seguintes órgãos: (Redação dada pela Lei nº 2.693, de 23.12.1955)

a) Diretoria; (Redação dada pela Lei nº 2.693, de 23.12.1955)

b) Conselho de Representantes;(Redação dada pela Lei nº 2.693, de 23.12.1955)

c) Conselho Fiscal. (Redação dada pela Lei nº 2.693, de 23.12.1955)

§ 1º A Diretoria será constituída no mínimo de 3 (três) membros e de 3 (três) membros se comporá o Conselho Fiscal, os quais serão eleitos pelo Conselho de Representantes com mandato por 3 (três) anos. (Redação dada pelo Decreto-lei nº 771, de 19.8.1969)

§ 2º Só poderão ser eleitos os integrantes dos grupos das federações ou dos planos das confederações, respectivamente. (Parágrafo incluído pela Lei nº 2.693, de 23.12.1955)

§ 3º O Presidente da federação ou confederação será escolhido dentre os seus membros, pela Diretoria. (Parágrafo 2º renumerado pela Lei nº 2.693, de 23.12.1955)

§ 4º O Conselho de Representantes será formado pelas delegações dos Sindicatos ou das Federações filiadas, constituída cada delegação de 2 (dois) membros, com mandato por 3 (três) anos, cabendo 1 (um) voto a cada delegação. (Parágrafo 3º renumerado e alterado dada pelo Decreto-lei nº 771, de 19.8.1969)

§ 5º A competência do Conselho Fiscal é limitada à fiscalização da gestão financeira. (Incluído pela Lei nº 2.693, de 23.12.1955)

Art. 539. Para a constituição e administração das Federações serão observadas, no que for aplicável, as disposições das Seções II e III do presente Capítulo.

Seção VI
Dos Direitos dos Exercentes de Atividades ou Profissões e dos Sindicalizados

Art. 540. A toda empresa, ou indivíduo que exerçam respectivamente atividade ou profissão, desde que satisfaçam as exigências desta lei, assiste o direito de ser admitido no sindicato da respectiva categoria.

§ 1º Perderá os direitos de associado o sindicalizado que, por qualquer motivo, deixar o exercício de atividade ou de profissão.

§ 2º Os associados de Sindicatos de empregados, de agentes ou trabalhadores autônomos e de profissões liberais que forem aposentados, estiverem em desemprego ou falta de trabalho ou tiverem sido convocados para prestação de serviço militar não perderão os respectivos direitos sindicais e ficarão isentos de qualquer contribuição, não podendo, entretanto, exercer cargo de administração sindical ou de representação econômica ou profissional.

Art. 541. Os que exercerem determinada atividade ou profissão onde não haja Sindicato da respectiva categoria, ou de atividade ou profissão similar ou conexa, poderão filiar-se a Sindicato de profissão idêntica, similar ou conexa, existente na localidade mais próxima.

Parágrafo único. O disposto neste artigo se aplica aos Sindicatos em relação às respectivas federações, na conformidade do Quadro de Atividades e Profissões a que se refere o art. 577.

Art. 542. De todo o ato lesivo de direitos ou contrário a esta lei, emanado da Diretoria, do Conselho ou da Assembleia Geral da entidade sindical, poderá qualquer exercente de atividade ou profissão recorrer, dentro de 30 dias, para a autoridade competente do Ministério do Trabalho, Indústria e Comércio.

Art. 543. O empregado eleito para cargo de administração sindical ou representação profissional, inclusive junto a órgão de deliberação coletiva, não poderá ser impedido do exercício de suas funções, nem transferido para lugar ou mister que lhe dificulte ou torne impossível o desempenho das suas atribuições sindicais. (Redação dada pelo Decreto-lei nº 229, de 28.2.1967)

§ 1º O empregado perderá o mandato se a transferência for por ele solicitada ou voluntariamente aceita. (Redação dada pelo Decreto-lei nº 229, de 28.2.1967)

§ 2º Considera-se de licença não remunerada, salvo assentimento da empresa ou cláusula contratual, o tempo em que o empregado se ausentar do trabalho no desempenho das funções a que se refere este artigo. (Redação dada pelo Decreto-lei nº 229, de 28.2.1967)

§ 3º Fica vedada a dispensa do empregado sindicalizado ou associado, a partir do momento do registro de sua candidatura a cargo de direção ou representação de entidade sindical ou de associação profissional, até 1 (um) ano após o final do seu mandato, caso seja eleito inclusive como suplente, salvo se cometer falta grave devidamente apurada nos termos desta Consolidação. (Redação dada pela Lei nº 7.543, de 2.10.1986)

§ 4º Considera-se cargo de direção ou de representação sindical aquele cujo exercício ou indicação decorre de eleição prevista em lei. (Redação dada pela Lei nº 7.223, de 2.10.1984)

§ 5º Para os fins deste artigo, a entidade sindical comunicará por escrito à empresa, dentro de 24 (vinte e quatro) horas, o dia e a hora do registro da candidatura do seu empregado e, em igual prazo, sua eleição e posse, fornecendo, outrossim, a este, comprovante no mesmo sentido. O Ministério do Trabalho e Previdência Social fará no mesmo prazo a comunicação no caso da designação referida no final do § 4º. (Incluído pelo Decreto-lei nº 229, de 28.2.1967)

§ 6º A empresa que, por qualquer modo, procurar impedir que o empregado se associe a sindicato, organize associação profissional ou sindical ou exerça os direitos inerentes à condição de sindicalizado fica sujeita à penalidade prevista na letra a do art. 553, sem prejuízo da reparação a que tiver direito o empregado. (Incluído pelo Decreto-lei nº 229, de 28.2.1967)

Art. 544. É livre a associação profissional ou sindical, mas ao empregado sindicalizado é assegurada, em igualdade de condições, preferência: (Redação dada pelo Decreto-lei nº 229, de 28.2.1967)

I – para a admissão nos trabalhos de empresa que explore serviços públicos ou mantenha contrato com os poderes públicos; (Incluído pelo Decreto-lei nº 229, de 28.2.1967)

II – para ingresso em funções públicas ou assemelhadas, em caso de cessação coletiva de trabalho, por motivo de fechamento de estabelecimento; (Incluído pelo Decreto-lei nº 229, de 28.2.1967)

III – nas concorrências para aquisição de casa própria, pelo Plano Nacional de Habitação ou por intermédio de quaisquer instituições públicas; (Incluído pelo Decreto-lei nº 229, de 28.2.1967)

IV – nos loteamentos urbanos ou rurais, promovidos pela União, por seus órgãos de administração direta ou indireta ou sociedades de economia mista; (Incluído pelo Decreto-lei nº 229, de 28.2.1967)

V – na locação ou compra de imóveis, de propriedade de pessoa de direito público ou sociedade de economia mista, quando sob ação de despejo em tramitação judicial; (Incluído pelo Decreto-lei nº 229, de 28.2.1967)

VI – na concessão de empréstimos simples concedidos pelas agências financeiras do Governo ou a ele vinculadas; (Incluído pelo Decreto-lei nº 229, de 28.2.1967)

VII – na aquisição de automóveis, outros veículos e instrumentos relativos ao exercício da profissão, quando financiados pelas autarquias sociedades de economia mista ou agências financeiras do Governo;(Incluído pelo Decreto-lei nº 229, de 28.2.1967)

VIII – (Revogado pela Lei nº 8.630, de 25.2.1993)

IX – na concessão de bolsas de estudo para si ou para seus filhos, obedecida a legislação que regule a matéria. (Incluído pelo Decreto-lei nº 229, de 28.2.1967)

Nova Redação	Antiga Redação
Art. 545. Os empregadores ficam obrigados a descontar da folha de pagamento dos seus empregados, desde que por eles devidamente autorizados, as contribuições devidas ao sindicato, quando por este notificados.	**Art. 545.** Os empregadores ficam obrigados a descontar na folha de pagamento dos seus empregados, desde que por eles devidamente autorizados, as contribuições devidas ao Sindicato, quando por este notificados, salvo quanto à contribuição sindical, cujo desconto independe dessas formalidades. (Redação dada pelo Decreto-lei nº 925, de 10.10.1969)

Parágrafo único. O recolhimento à entidade sindical beneficiária do importe descontado deverá ser feito até o décimo dia subsequente ao do desconto, sob pena de juros de mora no valor de 10% (dez por cento) sobre o montante retido, sem prejuízo da multa prevista no art. 553 e das cominações penais relativas à apropriação indébita. (Incluído pelo Decreto-lei nº 925, de 10.10.1969)

Art. 546. Às empresas sindicalizadas é assegurada preferência, em igualdade de condições, nas concorrências para exploração de serviços públicos, bem como nas concorrências para fornecimento às repartições federais, estaduais e municipais e às entidades paraestatais.

Art. 547. É exigida a qualidade de sindicalizado para o exercício de qualquer função representativa de categoria econômica ou profissional, em órgão oficial de deliberação coletiva, bem como para o gozo de favores ou isenções tributárias, salvo em se tratando de atividades não econômicas.

Parágrafo único. Antes da posse ou exercício das funções a que alude o artigo anterior ou de concessão dos favores será indispensável comprovar a sindicalização, ou oferecer prova, mediante certidão negativa no Departamento Nacional do Trabalho, no Distrito Federal, ou da autoridade regional do Ministério do Trabalho, Indústria e Comércio, nos Estados e no Território do Acre, de que não existe sindicato no local onde o interessado exerce a respectiva atividade ou profissão.

Seção VII
Da Gestão Financeira do Sindicato e sua Fiscalização

Art. 548. Constituem o patrimônio das associações sindicais:

a) as contribuições devidas aos Sindicatos pelos que participem das categorias econômicas ou profissionais ou das profissões liberais representadas pelas referidas entidades, sob a denominação de imposto sindical, pagas e arrecadadas na forma do Capítulo III deste Título;

b) as contribuições dos associados, na forma estabelecida nos estatutos ou pelas Assembleias Gerais;

c) os bens e valores adquiridos e as rendas produzidas pelos mesmos;

d) as doações e legados;

e) as multas e outras rendas eventuais.

Art. 549. A receita dos sindicatos, federações e confederações só poderá ter aplicação na forma prevista nos respectivos orçamentos anuais, obedecidas as disposições estabelecidas na lei e nos seus estatutos. (Redação dada pela Lei nº 6.386, de 9.12.1976)

§ 1º Para alienação, locação ou aquisição de bens imóveis, ficam as entidades sindicais obrigadas a realizar avaliação prévia pela Caixa Econômica Federal ou pele Banco Nacional da Habitação ou, ainda, por qualquer outra organização legalmente habilitada a tal fim. (Incluído pela Lei nº 6.386, de 9.12.1976)

§ 2º Os bens imóveis das entidades sindicais não serão alienados sem a prévia autorização das respectivas assembleias gerais, reunidas com a presença da maioria absoluta dos associados com direito a voto ou dos Conselhos de Representantes com a maioria absoluta dos seus membros. (Incluído pela Lei nº 6.386, de 9.12.1976)

§ 3º Caso não seja obtido o quórum estabelecido no parágrafo anterior, a matéria poderá ser decidida em nova assembleia geral, reunida com qualquer número de associados com direito a voto, após o transcurso de 10 (dez) dias da primeira convocação. (Incluído pela Lei nº 6.386, de 9.12.1976)

§ 4º Nas hipóteses previstas no § 2º e 3º a decisão somente terá validade se adotada pelo mínimo de 2/3 (dois terços) dos presentes, em escrutínio secreto. (Incluído pela Lei nº 6.386, de 9.12.1976)

§ 5º Da deliberação da assembleia geral, concernente à alienação de bens imóveis, caberá recurso voluntário, dentro do prazo de 15 (quinze) dias, ao Ministro do Trabalho, com efeito suspensivo. (Incluído pela Lei nº 6.386, de 9.12.1976)

§ 6º A venda do imóvel será efetuada pela diretoria da entidade, após a decisão da Assembleia Geral ou do Conselho de Representantes, mediante concorrência pública, com edital publicado no Diário oficial da União e na imprensa diária, com antecedência mínima de 30 (trinta) dias da data de sua realização. (Incluído pela Lei nº 6.386, de 9.12.1976)

§ 7º Os recursos destinados ao pagamento total ou parcelado dos bens imóveis adquiridos serão consignados, obrigatoriamente, nos orçamentos anuais das entidades sindicais. (Incluído pela Lei nº 6.386, de 9.12.1976)

Art. 550. Os orçamentos das entidades sindicais serão aprovados, em escrutínio secreto, pelas respectivas Assembleias Gerais ou Conselho de Representantes, até 30 (trinta) dias antes do início do exercício financeiro a que se referem, e conterão a discriminação da receita e da despesa, na forma das instruções e modelos expedidos pelo Ministério do Trabalho. (Redação dada pela Lei nº 6.386, de 9.12.1976)

§ 1º Os orçamentos, após a aprovação prevista no presente artigo, serão publicados, em resumo, no prazo de 30 (trinta) dias, contados da data da realização da respectiva Assembleia Geral ou da reunião do Conselho de Representantes, que os aprovou, observada a seguinte sistemática:(Redação dada pela Lei nº 6.386, de 9.12.1976)

a) no Diário oficial da União – Seção I – Parte II, os orçamentos das confederações, federações e sindicatos de base interestadual ou nacional;

b) no órgão de imprensa oficial do Estado ou Território ou jornal de grande circulação local, os orçamentos das federações estaduais e sindicatos distritais municipais, intermunicipais e estaduais.

§ 2º As dotações orçamentárias que se apresentarem insuficientes para o atendimento das despesas, ou não incluídas nos orçamentos correntes, poderão ser ajustadas ao fluxo dos gastos, mediante a abertura de créditos adicionais solicitados pela Diretoria da entidade às respectivas Assembleias Gerais ou Conselhos de Representantes, cujos atos concessórios serão publicados até o último dia do exercício correspondente, obedecida a mesma sistemática prevista no parágrafo anterior. (Redação dada pela Lei nº 6.386, de 9.12.1976)

§ 3º Os créditos adicionais classificam-se em: (Redação dada pela Lei nº 6.386, de 9.12.1976)

a) suplementares, os destinados a reforçar dotações alocadas no orçamento; e (Incluída pela Lei nº 6.386, de 9.12.1976)

b) especiais, os destinados a incluir dotações no orçamento, a fim de fazer face às despesas para as quais não se tenha consignado crédito específico. (Incluída pela Lei nº 6.386, de 9.12.1976)

§ 4º A abertura dos créditos adicionais depende da existência de receita para sua compensação, considerando-se, para esse efeito, desde que não comprometidos: (Incluída pela Lei nº 6.386, de 9.12.1976)

a) o superávit financeiro apurado em balanço do exercício anterior; (Incluída pela Lei nº 6.386, de 9.12.1976)

b) o excesso de arrecadação, assim entendido o saldo positivo da diferença entre a renda prevista e a realizada, tendo-se em conta, ainda, a tendência do exercício; e (Incluída pela Lei nº 6.386, de 9.12.1976)

c) a resultante da anulação parcial ou total de dotações alocadas no orçamento ou de créditos adicionais abertos no exercício. (Incluída pela Lei nº 6.386, de 9.12.1976)

§ 5º Para efeito orçamentário e contábil sindical, o exercício financeiro coincidirá com o ano civil, a ele pertencendo todas as receitas arrecadadas e as despesas compromissadas. (Incluída pela Lei nº 6.386, de 9.12.1976)

Art. 551. Todas as operações de ordem financeira e patrimonial serão evidenciadas pelos registros contábeis das entidades sindicais, executados sob a responsabilidade de contabilista legalmente habilitado, em conformidade com o plano de contas e as instruções baixadas pelo Ministério do Trabalho. (Redação dada pela Lei nº 6.386, de 9.12.1976)

§ 1º A escrituração contábil a que se refere este artigo será baseada em documentos de receita e despesa, que ficarão arquivados nos serviços de contabilidade, à disposição dos órgãos responsáveis pelo acompanhamento administrativo e da fiscalização financeira da própria entidade, ou do controle que poderá ser exercido pelos órgãos da União, em face da legislação específica. (Redação dada pela Lei nº 6.386, de 9.12.1976)

§ 2º Os documentos comprobatórios dos atos de receita e despesa, a que se refere o parágrafo anterior, poderão ser incinerados, após decorridos 5 (cinco) anos da data de quitação das contas pelo órgão competente. (Redação dada pela Lei nº 6.386, de 9.12.1976)

§ 3º É obrigatório o uso do livro Diário, encadernado, como folhas seguida e tipograficamente numeradas, para a escrituração, pelo método das partidas dobradas, diretamente ou por reprodução, dos atos ou operações que modifiquem ou venham a modificar a situação patrimonial da entidade, o qual conterá, respectivamente, na primeira e na última página, os termos de abertura e de encerramento. (Redação dada pela Lei nº 6.386, de 9.12.1976)

§ 4º A entidade sindical que se utilizar de sistema mecânico ou eletrônico para sua escrituração contábil, poderá substituir o Diário e os livros facultativos ou auxiliares por fichas ou formulários contínuos, cujos lançamentos deverão satisfazer a todos os requisitos e normas de escrituração exigidos com relação aos livros mercantis, inclusive no que respeita a termos de abertura e de encerramento e numeração sequencial e tipográfica. (Redação dada pela Lei nº 6.386, de 9.12.1976)

§ 5º Na escrituração por processos de fichas ou formulários contínuos, a entidade adotará livro próprio para inscrição do balanço patrimonial e da demonstração do resultado do exercício, o qual conterá os mesmos requisitos exigidos para os livros de escrituração. (Redação dada pela Lei nº 6.386, de 9.12.1976)

§ 6º Os livros e fichas ou formulários contínuos serão obrigatoriamente submetidos a registro e autenticação das Delegacias Regionais do Trabalho localizadas na base territorial da entidade. (Redação dada pela Lei nº 6.386, de 9.12.1976)

§ 7º As entidades sindicais manterão registro específico dos bens de qualquer natureza, de sua propriedade, em livros ou fichas próprias, que atenderão às mesmas formalidades exigidas para a livro Diário, inclusive no que se refere ao registro e autenticação da Delegacia Regional do Trabalho local. (Incluído pela Lei nº 6.386, de 9.12.1976)

§ 8º As contas dos administradores das entidades sindicais serão aprovadas, em escrutínio secreto, pelas respectivas Assembleias Gerais ou Conselhos de Representantes, com prévio parecer do Conselho Fiscal, cabendo ao Ministro do Trabalho estabelecer prazos e procedimentos para a sua elaboração e destinação. (Incluído pela Lei nº 6.386, de 9.12.1976)

Art. 552. Os atos que importem em malversação ou dilapidação do patrimônio das associações ou entidades sindicais ficam equiparados ao crime de peculato julgado e punido na conformidade da legislação penal. (Redação dada pelo Decreto-lei nº 925, de 10.10.1969)

Seção VIII
Das Penalidades

Art. 553. As infrações ao disposto neste Capítulo serão punidas, segundo o seu caráter e a sua gravidade, com as seguintes penalidades:

a) multa de Cr$ 100 (cem cruzeiros) e 5.000 (cinco mil cruzeiros), dobrada na reincidência;

b) suspensão de diretores por prazo não superior a 30 (trinta) dias;

c) destituição de diretores ou de membros de conselho;

d) fechamento de Sindicato, Federação ou Confederação por prazo nunca superior a 6 (seis) meses;

e) cassação da carta de reconhecimento.

f) multa de 1/30 (um trinta avos) do salário mínimo regional, aplicável ao associado que deixar de cumprir sem causa justificada, o disposto no parágrafo único do artigo 529. (Incluída pelo Decreto-lei nº 229, de 28.2.1967)

§ 1º A imposição de penalidades aos administradores não exclui a aplicação das que este artigo prevê para a associação. (Parágrafo único renumerado pelo Decreto-lei nº 925, de 10.10.1969)

§ 2º Poderá o Ministro do Trabalho e Previdência Social determinar o afastamento preventivo de cargo ou representação sindicais de seus exercentes, com fundamento em elementos constantes de denúncia formalizada que constituam indício veemente ou início de prova bastante do fato e da autoria denunciados. (Incluído pelo Decreto-lei nº 925, de 10.10.1969)

Art. 554. Destituída a administração na hipótese da alínea c do artigo anterior, o ministro do Trabalho, Indústria e Comércio nomeará um delegado para dirigir a associação e proceder, dentro do prazo de 90 dias, em assembleia geral por ele convocada e presidida; à eleição dos novos diretores e membros do Conselho Fiscal.

Art. 555. A pena de cassação da carta de reconhecimento será imposta à entidade sindical:

a) que deixar de satisfazer as condições de constituição e funcionamento estabelecidas nesta Lei;

b) que se recusar ao cumprimento de ato do Presidente da República, no uso da faculdade conferida pelo art. 536; (Vide Decreto nº 229, de 1967)

c) que criar obstáculos à execução da política econômica adotada pelo Governo. (Redação dada pelo Decreto-lei nº 8.080, 11.10.1945)

Art. 556. A cassação da carta de reconhecimento da entidade sindical não importará no cancelamento de seu registro, nem, consequentemente, a sua dissolução, que se processará de acordo com as disposições da lei que regulam a dissolução das associações civis.

Parágrafo único. No caso de dissolução, por se achar a associação incursa nas leis que definem crimes contra a personalidade internacional, a estrutura e a segurança do Estado e a ordem política e social, os seus bens, pagas as dívidas decorrentes das suas responsabilidades, serão incorporados ao patrimônio da União e aplicados em obras de assistência social.

Art. 557. As penalidades de que trata o art. 553 serão impostas:

a) as das alíneas a e b, pelo diretor geral do Departamento Nacional do Trabalho, com recurso para o ministro de Estado;

b) as demais, pelo ministro de Estado.

§ 1º Quando se trata de associações de grau superior, as penalidades serão impostas pelo ministro de Estado, salvo se a pena for da cassação da carta de reconhecimento de confederação, caso em que a pena será imposta pelo Presidente da República.

§ 2º Nenhuma pena será imposta sem que seja assegurada defesa ao acusado.

Seção IX
Disposições Gerais

Art. 558. São obrigadas ao registro todas as associações profissionais constituídas por atividades ou profissões idênticas, similares ou conexas, de acordo com o art. 511 e na conformidade do Quadro de Atividades e Profissões a que alude o Capítulo II deste Título. As associações profissionais registradas nos termos deste artigo poderão representar, perante as autoridades administrativas e judiciárias, os interesses individuais dos associados relativos à sua atividade ou profissão, sendo-lhes também extensivas as prerrogativas contidas na alínea "d" e no parágrafo único do art. 513.

§ 1º O registro a que se refere o presente artigo competirá às Delegacias Regionais do Ministério do Trabalho e Previdência Social ou às repartições autorizadas em virtude da lei. (Redação dada pelo Decreto-lei nº 925, de 10.10.1969)

§ 2º O registro das associações far-se-á mediante requerimento, acompanhado da cópia autêntica dos estatutos e da declaração do número de associados, do patrimônio e dos serviços sociais organizados.

§ 3º As alterações dos estatutos das associações profissionais não entrarão em vigor sem aprovação da autoridade que houver concedido o respectivo registro.

Art. 559. O Presidente da República, excepcionalmente e mediante proposta do Ministro do Trabalho, fundada em razões de utilidade pública, poderá conceder, por decreto, às associações civis constituídas para a defesa e coordenação de interesses econômicos e profissionais e não obrigadas ao registro previsto no artigo anterior, a prerrogativa da alínea "d" do art. 513 deste Capítulo.

Art. 560. Não se reputará transmissão de bens, para efeitos fiscais, a incorporação do patrimônio de uma associação profissional ao da entidade sindical, ou das entidades aludidas entre si.

Art. 561. A denominação "sindicato" é privativa das associações profissionais de primeiro grau, reconhecidas na forma desta Lei.

Art. 562. As expressões "federação" e "confederação", seguidas da designação de uma atividade econômica ou profissional, constituem denominações privativas das entidades sindicais de grau superior.

Art. 563. (Revogado pelo Decreto-lei nº 925, de 10.10.1969)

Art. 564. Às entidades sindicais, sendo-lhes peculiar e essencial a atribuição representativa e coordenadora das correspondentes categorias ou profissões, é vedado, direta ou indiretamente, o exercício de atividade econômica.

Art. 565. As entidades sindicais reconhecidas nos termos desta Lei não poderão filiar-se a organizações internacionais, nem com elas manter relações, sem prévia licença concedida por decreto do Presidente da República. (Redação dada pela Lei nº 2.802, de 18.6.1956)

Art. 566. Não podem sindicalizar-se os servidores do Estado e os das instituições paraestatais.

Parágrafo único. Excluem-se da proibição constante deste artigo os empregados das sociedades de economia mista, da Caixa Econômica Federal e das fundações criadas ou mantidas pelo Poder Público da União, dos Estados e Municípios. (Redação dada pela Lei nº 7.449, de 20.12.1985)

Art. 567. (Revogado pelo Decreto-Lei nº 229, de 28.2.1967)

Art. 568. (Revogado pelo Decreto-Lei nº 229, de 28.2.1967)

Art. 569. (Revogado pelo Decreto-Lei nº 229, de 28.2.1967)

CAPÍTULO II
DO ENQUADRAMENTO SINDICAL

Art. 570. Os sindicatos constituir-se-ão, normalmente, por categorias econômicas ou profissionais, específicas, na conformidade da discriminação do quadro das atividades e profissões a que se refere o art. 577 ou segundo de subdivisões que, sob proposta da Comissão do Enquadramento Sindical, de que trata o art. 576, forem criadas pelo ministro do Trabalho, Indústria e Comércio.

Parágrafo único – Quando os exercentes de quaisquer atividades ou profissões se constituírem, seja pelo número reduzido, seja pela natureza mesma dessas atividades ou profissões, seja pelas afinidades existentes entre elas, em condições tais que não se possam sindicalizar eficientemente pelo critério de especificidade de categoria, é-lhes permitido sindicalizar-se pelo critério de categorias similares ou conexas, entendendo-se como tais as que se acham compreendidas nos limites de cada grupo constante do Quadro de Atividades e Profissões.

Art. 571. Qualquer das atividades ou profissões concentradas na forma do parágrafo único do artigo anterior poderá dissociar-se do sindicato principal, formando um sindicato específico, desde que o novo sindicato, a juízo da Comissão do Enquadramento Sindical, ofereça possibilidade de vida associativa regular e de ação sindical eficiente.

Art. 572. Os sindicatos que se constituírem por categorias similares ou conexas, nos termos do parágrafo único do art. 570, adotarão denominação em que fiquem, tanto como possível, explicitamente mencionadas as atividades ou profissões concentradas, de conformidade com o quadro das atividades e profissões, ou se se tratar de subdivisões, de acordo com o que determinar a Comissão do Enquadramento Sindical.

Parágrafo único. Ocorrendo a hipótese do artigo anterior, o Sindicato principal terá a denominação alterada, eliminando-se lhe a designação relativa à atividade ou profissão dissociada.

Art. 573. O agrupamento dos Sindicatos em Federações obedecerá às mesmas regras que as estabelecidas neste Capítulo para o agrupamento das atividades e profissões em Sindicatos.

§ 1º (Revogado pelo Decreto-Lei nº 229, de 28.2.1967)

§ 2º (Revogado pelo Decreto-Lei nº 229, de 28.2.1967)

Parágrafo único. As Federações de Sindicatos de profissões liberais poderão ser organizadas independentemente do grupo básico da Confederação, sempre que as respectivas profissões se acharem submetidas, por disposições de lei, a um único regulamento. (Parágrafo 1º renumerado pelo Decreto-lei nº 229, de 28.2.1967)

Art. 574. Dentro da mesma base territorial, as empresas industriais do tipo artesanal poderão constituir entidades sindicais, de primeiro e segundo graus, distintas das associações sindicais das empresas congêneres, de tipo diferente.

Parágrafo único. Compete à Comissão de Enquadramento Sindical definir, de modo genérico, com a aprovação do ministro do Trabalho, Indústria e Comércio, a dimensão e os demais característicos das empresas industriais de tipo artesanal.

Art. 575. O quadro de atividades e profissões será revisto de dois em dois anos, por proposta da Comissão do Enquadramento Sindical, para o fim de ajustá-lo às condições da estrutura econômica e profissional do país.

§ 1º Antes de proceder à revisão do Quadro, a Comissão deverá solicitar sugestões às entidades sindicais e às associações profissionais.

§ 2º A proposta de revisão será submetida à aprovação do Ministro do Trabalho, Indústria e Comercio.

Art. 576. A Comissão do Enquadramento Sindical será constituída pelo Diretor-Geral do Departamento Nacional do Trabalho, que a presidirá, e pelos seguintes membros: (Redação dada pela Lei nº 5.819, de 6.11.1972)

I – 2 (dois) representantes do Departamento Nacional do Trabalho; (Redação dada pela Lei nº 5.819, de 6.11.1972)

II – 1 (um) representante do Departamento Nacional de Mão-de-Obra; (Redação dada pela Lei nº 5.819, de 6.11.1972)

III – 1 (um) representante do Instituto Nacional de Tecnologia, do Ministério da Indústria e do Comércio; (Redação dada pela Lei nº 5.819, de 6.11.1972)

IV – 1 (um) representante do Instituto Nacional de Colonização e Reforma Agrária, do Ministério da Agricultura; (Redação dada pela Lei nº 5.819, de 6.11.1972)

V – 1 (um) representante do Ministério dos Transportes; (Redação dada pela Lei nº 5.819, de 6.11.1972)

VI – 2 (dois) representantes das categorias econômicas; e (Redação dada pela Lei nº 5.819, de 6.11.1972)

VII – 2 (dois) representantes das categorias profissionais. (Redação dada pela Lei nº 5.819, de 6.11.1972)

§ 1º Os membros da CES serão designados pelo Ministro do Trabalho e Previdência Social, mediante. (Incluído pelo Decreto-lei nº 229, de 28.2.1967)

a) indicação dos titulares das Pastas, quanto aos representantes dos outros Ministérios; (Incluído pelo Decreto-lei nº 229, de 28.2.1967)

b) indicação do respectivo Diretor Geral, quanto ao do DNMO; (Incluído pelo Decreto-lei nº 229, de 28.2.1967)

c) eleição pelas respectivas Confederações, em conjunto, quanto aos representantes das categorias econômicas e profissionais, de acordo com as instruções que forem expedidas pelo Ministro do Trabalho e Previdência Social. (Incluído pelo Decreto-lei nº 229, de 28.2.1967)

§ 2º Cada Membro terá um suplente designado juntamente com o titular. (Incluído pelo Decreto-lei nº 229, de 28.2.1967)

§ 3º Será de 3 (três) anos o mandato dos representantes das categorias econômica e profissional. (Redação dada pelo Decreto-lei nº 925, de 10.10.1969)

§ 4º Os integrantes da Comissão perceberão a gratificação de presença que for estabelecida por decreto executivo. (Incluído pelo Decreto-lei nº 229, de 28.2.1967)

§ 5º Em suas faltas ou impedimentos o Diretor-Geral do DNT será substituído na presidência pelo Diretor substituto do Departamento ou pelo representante deste na Comissão, nesta ordem. (Redação dada Decreto-lei nº 506, de 18.3.1969)

§ 6º Além das atribuições fixadas no presente Capítulo e concernentes ao enquadramento sindical, individual ou coletivo, e à classificação das atividades e profissões, competirá também à CES resolver, com recurso para o Ministro do Trabalho e Previdência Social, todas as dúvidas e controvérsias concernentes à organização sindical. (Incluído pelo Decreto-lei nº 229, de 28.2.1967)

Art. 577. O Quadro de Atividades e Profissões em vigor fixará o plano básico do enquadramento sindical.

CAPÍTULO III
DA CONTRIBUIÇÃO SINDICAL

Seção I
Da Fixação e do Recolhimento do Imposto Sindical

Nova Redação	Antiga Redação
Art. 578. As contribuições devidas aos sindicatos pelos participantes das categorias econômicas ou profissionais ou das profissões liberais representadas pelas referidas entidades serão, sob a denominação de contribuição sindical, pagas, recolhidas e aplicadas na forma estabelecida neste Capítulo, desde que prévia e expressamente autorizadas.	**Art. 578.** As contribuições devidas aos Sindicatos pelos que participem das categorias econômicas ou profissionais ou das profissões liberais representadas pelas referidas entidades serão, sob a denominação do "imposto sindical", pagas, recolhidas e aplicadas na forma estabelecida neste Capítulo. (Vide Decreto-Lei nº 229, de 1967) (Vide Lei nº 11.648, de 2008)

Nova Redação com a Reforma Trabalhista	Antiga Redação
Art. 579. O desconto da contribuição sindical está condicionado à autorização prévia e expressa dos que participarem de uma determinada categoria econômica ou profissional, ou de uma profissão liberal, em favor do sindicato representativo da mesma categoria ou profissão ou, inexistindo este, na conformidade do disposto no art. 591 desta Consolidação.	**Art. 579.** A contribuição sindical é devida por todos aqueles que participarem de uma determinada categoria econômica ou profissional, ou de uma profissão liberal, em favor do sindicato representativo da mesma categoria ou profissão ou, inexistindo este, na conformidade do disposto no art. 591. (Redação dada pelo Decreto-lei nº 229, de 28.2.1967) (Vide Lei nº 11.648, de 2008)

Art. 580. A contribuição sindical será recolhida, de uma só vez, anualmente, e consistirá: (Redação dada pela Lei nº 6.386, de 9.12.1976) (Vide Lei nº 11.648, de 2008)

I – Na importância correspondente à remuneração de um dia de trabalho, para os empregados, qualquer que seja a forma da referida remuneração; (Redação dada pela Lei nº 6.386, de 9.12.1976)

II – para os agentes ou trabalhadores autônomos e para os profissionais liberais, numa importância correspondente a 30% (trinta por cento) do maior valor-de-referência fixado pelo Poder Executivo, vigente à época em que é devida a contribuição sindical, arredondada para Cr$ 1,00 (um cruzeiro) a fração porventura existente; (Redação dada pela Lei nº 7.047, de 1º.12.1982)

III – para os empregadores, numa importância proporcional ao capital social da firma ou empresa, registrado nas respectivas Juntas Comerciais ou órgãos equivalentes, mediante a aplicação de alíquotas, conforme a seguinte tabela progressiva: (Redação dada pela Lei nº 7.047, de 1º.12.1982)

	Classe de Capital	Alíquota
1.	até 150 vezes o maior valor-de-referência..	0,8%
2.	acima de 150 até 1.500 vezes o maior valor-de-referência	0,2%
3.	acima de 1.500 até 150.000 vezes o maior valor-de-referência ...	0,1%
4.	acima de 150.000 até 800.000 vezes o maior valor-de-referência	0,02%

§ 1º A contribuição sindical prevista na tabela constante do item III deste artigo corresponderá à soma da aplicação das alíquotas sobre a porção do capital distribuído em cada classe, observados os respectivos limites. (Redação dada pela Lei nº 6.386, de 9.12.1976)

§ 2º Para efeito do cálculo de que trata a tabela progressiva inserta no item III deste artigo, considerar-se-á o valor de referência fixado pelo Poder Executivo, vigente à data de competência da contribuição, arredondando-se para Cr$ 1,00 (um cruzeiro) a fração porventura existente. (Redação dada pela Lei nº 6.386, de 9.12.1976)

§ 3º – É fixada em 60% (sessenta por cento) do maior valor-de-referência, a que alude o parágrafo anterior, a contribuição mínima devida pelos empregadores, independentemente do capital social da firma ou empresa, ficando, do mesmo modo, estabelecido o capital equivalente a 800.000 (oitocentas mil) vezes o maior valor-de-referência, para efeito do cálculo da contribuição máxima, respeitada a Tabela progressiva constante do item III. (Redação dada pela Lei nº 7.047, de 1º.12.1982)

§ 4º Os agentes ou trabalhadores autônomos e os profissionais liberais, organizados em firma ou empresa, com capital social registrado, recolherão a contribuição sindical de acordo com a tabela progressiva a que se refere o item III. (Incluído pela Lei nº 6.386, de 9.12.1976)

§ 5º As entidades ou instituições que não estejam obrigadas ao registro de capital social, considerarão, como capital, para efeito do cálculo de que trata a tabela progressiva constante do item III deste artigo, o valor resultante da aplicação do percentual de 40% (quarenta por cento) sobre o movimento econômico registrado no exercício imediatamente anterior, do que darão conhecimento à respectiva entidade sindical ou à Delegacia Regional do Trabalho, observados os limites estabelecidos no § 3º deste artigo. (Incluído pela Lei nº 6.386, de 9.12.1976)

§ 6º Excluem-se da regra do § 5º as entidades ou instituições que comprovarem, através de requerimento dirigido ao Ministério do Trabalho, que não exercem atividade econômica com fins lucrativos. (Incluído pela Lei nº 6.386, de 9.12.1976)

Art. 581. Para os fins do item III do artigo anterior, as empresas atribuirão parte do respectivo capital às suas sucursais, filiais ou agências, desde que localizadas fora da base territorial da entidade sindical representativa da atividade econômica do estabelecimento principal, na proporção das correspondentes operações econômicas, fazendo a devida a comunicação às Delegacias Regionais do Trabalho, conforme localidade da sede da empresa, sucursais, filiais ou agências. (Redação dada pela Lei nº 6.386, de 9.12.1976) (Vide Lei nº 11.648, de 2008)

§ 1º Quando a empresa realizar diversas atividades econômicas, sem que nenhuma delas seja preponderante, cada uma dessas atividades será incorporada à respectiva categoria econômica, sendo a contribuição sindical devida à entidade sindical representativa da mesma categoria, procedendo-se, em relação às correspondentes sucursais, agências ou filiais, na forma do presente artigo. (Redação dada pela Lei nº 6.386, de 9.12.1976)

§ 2º Entende-se por atividade preponderante a que caracterizar a unidade de produto, operação ou objetivo final, para cuja obtenção todas as demais atividades convirjam, exclusivamente em regime de conexão funcional. (Redação dada pela Lei nº 6.386, de 9.12.1976)

Nova Redação com a Reforma Trabalhista	Antiga Redação
Art. 582. Os empregadores são obrigados a descontar da folha de pagamento de seus empregados relativa ao mês de março de cada ano a contribuição sindical dos empregados que autorizaram prévia e expressamente o seu recolhimento aos respectivos sindicatos.	**Art. 582.** Os empregadores são obrigados a descontar, da folha de pagamento de seus empregados relativa ao mês de março de cada ano, a contribuição sindical por estes devida aos respectivos sindicatos. (Redação dada pela Lei nº 6.386, de 9.12.1976) (Vide Lei nº 11.648, de 2008)

§ 1º Considera-se um dia de trabalho, para efeito de determinação da importância a que alude o item I do Art. 580, o equivalente: (Redação dada pela Lei nº 6.386, de 9.12.1976)

a) a uma jornada normal de trabalho, se o pagamento ao empregado for feito por unidade de tempo; (Redação dada pela Lei nº 6.386, de 9.12.1976)

b) a 1/30 (um trinta avos) da quantia percebida no mês anterior, se a remuneração for paga por tarefa, empreitada ou comissão. (Redação dada pela Lei nº 6.386, de 9.12.1976)

§ 2º Quando o salário for pago em utilidades, ou nos casos em que o empregado receba, habitualmente, gorjetas, a contribuição sindical corresponderá a 1/30 (um trinta avos) da importância que tiver servido de base, no mês de janeiro, para a contribuição do empregado à Previdência Social. (Redação dada pela Lei nº 6.386, de 9.12.1976)

Nova Redação com a Reforma Trabalhista	Antiga Redação
Art. 583. O recolhimento da contribuição sindical referente aos empregados e trabalhadores avulsos será efetuado no mês de abril de cada ano, e o relativo aos agentes ou trabalhadores autônomos e profissionais liberais realizar-se-á no mês de fevereiro, observada a exigência de autorização prévia e expressa prevista no art. 579 desta Consolidação.	**Art. 583.** O recolhimento da contribuição sindical referente aos empregados e trabalhadores avulsos será efetuado no mês de abril de cada ano, e o relativo aos agentes ou trabalhadores autônomos e profissionais liberais realizar-se-á no mês de fevereiro. (Redação dada pela Lei nº 6.386, de 9.12.1976) (Vide Lei nº 11.648, de 2008)

§ 1º O recolhimento obedecerá ao sistema de guias, de acordo com as instruções expedidas pelo Ministro do Trabalho. (Incluído pela Lei nº 6.386, de 9.12.1976)

§ 2º O comprovante de depósito da contribuição sindical será remetido ao respectivo Sindicato; na falta deste, à correspondente entidade sindical de grau superior, e, se for o caso, ao Ministério do Trabalho. (Incluído pela Lei nº 6.386, de 9.12.1976)

Art. 584. Servirá de base para o pagamento da contribuição sindical, pelos agentes ou trabalhadores autônomos e profissionais liberais, a lista de contribuintes organizada pelos respectivos sindicatos e, na falta destes, pelas federações ou confederações coordenadoras da categoria. (Redação dada pela Lei nº 6.386, de 9.12.1976) (Vide Lei nº 11.648, de 2008)

Art. 585. Os profissionais liberais poderão optar pelo pagamento da contribuição sindical unicamente à entidade sindical representativa da respectiva profissão, desde que a exerça, efetivamente, na firma ou empresa e como tal sejam nelas registrados. (Redação dada pela Lei nº 6.386, de 9.12.1976) (Vide Lei nº 11.648, de 2008)

Parágrafo único. Na hipótese referida neste artigo, à vista da manifestação do contribuinte e da exibição da prova de quitação da contribuição, dada por sindicato de profissionais liberais, o empregador deixará de efetuar, no salário do contribuinte, o desconto a que se refere o Art. 582. (Redação dada pela Lei nº 6.386, de 9.12.1976)

Art. 586. A contribuição sindical será recolhida, nos meses fixados no presente Capítulo, à Caixa Econômica Federal ao Banco do Brasil S. A. ou aos estabelecimentos bancários nacionais integrantes do sistema de arrecadação dos tributos federais, os quais, de acordo com instruções expedidas pelo Conselho Monetário Nacional, repassarão à Caixa Econômica Federal as importâncias arrecadadas. (Redação dada pela Lei nº 6.386, de 9.12.1976) (Vide Lei nº 11.648, de 2008)

§ 1º Integrarão a rede arrecadadora as Caixas Econômicas Estaduais, nas localidades onde inexistam os estabelecimentos previstos no *caput* deste artigo. (Redação dada pela Lei nº 6.386, de 9.12.1976)

§ 2º Tratando-se de empregador, agentes ou trabalhadores autônomos ou profissionais liberais o recolhimento será efetuado pelos próprios, diretamente ao estabelecimento arrecadador. (Redação dada pela Lei nº 6.386, de 9.12.1976)

§ 3º A contribuição sindical devida pelos empregados e trabalhadores avulsos será recolhida pelo empregador e pelo sindicato, respectivamente. (Redação dada pela Lei nº 6.386, de 9.12.1976)

Nova Redação	Antiga Redação
Art. 587. Os empregadores que optarem pelo recolhimento da contribuição sindical deverão fazê-lo no mês de janeiro de cada ano, ou, para os que venham a se estabelecer após o referido mês, na ocasião em que requererem às repartições o registro ou a licença para o exercício da respectiva atividade.	**Art. 587.** O recolhimento da contribuição sindical dos empregadores efetuar-se-á no mês de janeiro de cada ano, ou, para os que venham a estabelecer-se após aquele mês, na ocasião em que requeiram às repartições o registro ou a licença para o exercício da respectiva atividade. (Redação dada pela Lei nº 6.386, de 9.12.1976) (Vide Lei nº 11.648, de 2008)

Art. 588. A Caixa Econômica Federal manterá conta corrente intitulada "Depósitos da Arrecadação da Contribuição Sindical", em nome de cada uma das entidades sindicais beneficiadas, cabendo ao Ministério do Trabalho cientificá-la das ocorrências pertinentes à vida administrativa dessas entidades. (Redação dada pela Lei nº 6.386, de 9.12.1976) (Vide Lei nº 11.648, de 2008)

§ 1º Os saques na conta corrente referida no *caput* deste artigo far-se-ão mediante ordem bancária ou cheque com as assinaturas conjuntas do presidente e do tesoureiro da entidade sindical. (Redação dada pela Lei nº 6.386, de 9.12.1976)

§ 2º A Caixa Econômica Federal remeterá, mensalmente, a cada entidade sindical, um extrato da respectiva conta corrente, e, quando solicitado, aos órgãos do Ministério do Trabalho. (Redação dada pela Lei nº 6.386, de 9.12.1976)

Art. 589. Da importância da arrecadação da contribuição sindical serão feitos os seguintes créditos pela Caixa Econômica Federal, na forma das instruções que forem expedidas pelo Ministro do Trabalho: (Redação dada pela Lei nº 6.386, de 9.12.1976) (Vide Lei nº 11.648, de 2008)

I – para os empregadores: (Redação dada pela Lei nº 11.648, de 2008)

a) 5% (cinco por cento) para a confederação correspondente; (Incluída pela Lei nº 11.648, de 2008)

b) 15% (quinze por cento) para a federação; (Incluída pela Lei nº 11.648, de 2008)

c) 60% (sessenta por cento) para o sindicato respectivo; e (Incluída pela Lei nº 11.648, de 2008)

d) 20% (vinte por cento) para a 'Conta Especial Emprego e Salário'; (Incluída pela Lei nº 11.648, de 2008)

II – para os trabalhadores: (Redação dada pela Lei nº 11.648, de 2008)

a) 5% (cinco por cento) para a confederação correspondente; (Incluída pela Lei nº 11.648, de 2008)

b) 10% (dez por cento) para a central sindical; (Incluída pela Lei nº 11.648, de 2008)

c) 15% (quinze por cento) para a federação; (Incluída pela Lei nº 11.648, de 2008)

d) 60% (sessenta por cento) para o sindicato respectivo; e (Incluída pela Lei nº 11.648, de 2008)

e) 10% (dez por cento) para a 'Conta Especial Emprego e Salário'; (Incluída pela Lei nº 11.648, de 2008)

III – (revogado); (Redação dada pela Lei nº 11.648, de 2008)

IV – (revogado). (Redação dada pela Lei nº 11.648, de 2008)

§ 1º O sindicato de trabalhadores indicará ao Ministério do Trabalho e Emprego a central sindical a que estiver filiado como beneficiária da respectiva contribuição sindical, para fins de destinação dos créditos previstos neste artigo. (Redação dada pela Lei nº 11.648, de 2008)

§ 2º A central sindical a que se refere a alínea *b* do inciso II do *caput* deste artigo deverá atender aos requisitos de representatividade previstos na legislação específica sobre a matéria. (Redação dada pela Lei nº 11.648, de 2008)

Art. 590. Inexistindo confederação, o percentual previsto no art. 589 desta Consolidação caberá à federação representativa do grupo. (Redação dada pela Lei nº 11.648, de 2008) (Vide Lei nº 11.648, de 2008)

§ 1º (Revogado). (Redação dada pela Lei nº 11.648, de 2008)

§ 2º (Revogado). (Redação dada pela Lei nº 11.648, de 2008)

§ 3º Não havendo sindicato, nem entidade sindical de grau superior ou central sindical, a contribuição sindical será creditada, integralmente, à 'Conta Especial Emprego e Salário'. (Redação dada pela Lei nº 11.648, de 2008)

§ 4º Não havendo indicação de central sindical, na forma do § 1º do art. 589 desta Consolidação, os percentuais que lhe caberiam serão destinados à 'Conta Especial Emprego e Salário' (Incluído pela Lei nº 11.648, de 2008)

Art. 591. Inexistindo sindicato, os percentuais previstos na alínea *c* do inciso I e na alínea *d* do inciso II do *caput* do art. 589 desta Consolidação serão creditados à federação correspondente à mesma categoria econômica ou profissional. (Redação dada pela Lei nº 11.648, de 2008) (Vide Lei nº 11.648, de 2008)

Parágrafo único. Na hipótese do *caput* deste artigo, os percentuais previstos nas alíneas *a* e *b* do inciso I e nas alíneas *a* e *c* do inciso II do *caput* do art. 589 desta Consolidação caberão à confederação. (Redação dada pela Lei nº 11.648, de 2008)

Seção II
Da Aplicação do Imposto Sindical

Art. 592. A contribuição sindical, além das despesas vinculadas à sua arrecadação, recolhimento e controle, será aplicada pelos sindicatos, na conformidade dos respectivos estatutos, usando aos seguintes objetivos: (Redação dada pela Lei nº 6.386, de 9.12.1976) (Vide Lei nº 11.648, de 2008)

I – Sindicatos de empregadores e de agentes autônomos: (Redação dada pela Lei nº 6.386, de 9.12.1976)

a) assistência técnica e jurídica; (Redação dada pela Lei nº 6.386, de 9.12.1976)

b) assistência médica, dentária, hospitalar e farmacêutica; (Redação dada pela Lei nº 6.386, de 9.12.1976)

c) realização de estudos econômicos e financeiros; (Redação dada pela Lei nº 6.386, de 9.12.1976)

d) agências de colocação; (Redação dada pela Lei nº 6.386, de 9.12.1976)

e) cooperativas; (Redação dada pela Lei nº 6.386, de 9.12.1976)

f) bibliotecas; (Incluída pela Lei nº 6.386, de 9.12.1976)

g) creches; (Incluída pela Lei nº 6.386, de 9.12.1976)

h) congressos e conferências; (Incluída pela Lei nº 6.386, de 9.12.1976)

i) medidas de divulgação comercial e industrial no País, e no estrangeiro, bem como em outras tendentes a incentivar e aperfeiçoar a produção nacional. (Incluída pela Lei nº 6.386, de 9.12.1976)

j) feiras e exposições; (Incluída pela Lei nº 6.386, de 9.12.1976)

l) prevenção de acidentes do trabalho; (Incluída pela Lei nº 6.386, de 9.12.1976)

m) finalidades desportivas. (Incluída pela Lei nº 6.386, de 9.12.1976)

II – Sindicatos de empregados: (Incluída pela Lei nº 6.386, de 9.12.1976)

a) assistência jurídica; (Redação dada pela Lei nº 6.386, de 9.12.1976)

b) assistência médica, dentária, hospitalar e farmacêutica; (Redação dada pela Lei nº 6.386, de 9.12.1976)

c) assistência à maternidade; (Redação dada pela Lei nº 6.386, de 9.12.1976)

d) agências de colocação; (Redação dada pela Lei nº 6.386, de 9.12.1976)

e) cooperativas; (Redação dada pela Lei nº 6.386, de 9.12.1976)

f) bibliotecas; (Redação dada pela Lei nº 6.386, de 9.12.1976)

g) creches; (Redação dada pela Lei nº 6.386, de 9.12.1976)

h) congressos e conferências; (Redação dada pela Lei nº 6.386, de 9.12.1976)

i) auxilio-funeral; (Redação dada pela Lei nº 6.386, de 9.12.1976)

j) colônias de férias e centros de recreação; (Redação dada pela Lei nº 6.386, de 9.12.1976)

l) prevenção de acidentes do trabalho; (Incluída pela Lei nº 6.386, de 9.12.1976)

m) finalidades desportivas e sociais; (Incluída pela Lei nº 6.386, de 9.12.1976)

n) educação e formação profissional. (Incluída pela Lei nº 6.386, de 9.12.1976)

o) bolsas de estudo. (Incluída pela Lei nº 6.386, de 9.12.1976)

III – Sindicatos de profissionais liberais: (Redação dada pela Lei nº 6.386, de 9.12.1976)

a) assistência jurídica; (Redação dada pela Lei nº 6.386, de 9.12.1976)

b) assistência médica, dentária, hospitalar e farmacêutica; (Redação dada pela Lei nº 6.386, de 9.12.1976)

c) assistência à maternidade; (Redação dada pela Lei nº 6.386, de 9.12.1976)

d) bolsas de estudo; (Redação dada pela Lei nº 6.386, de 9.12.1976)

e) cooperativas; (Redação dada pela Lei nº 6.386, de 9.12.1976)

f) bibliotecas; (Redação dada pela Lei nº 6.386, de 9.12.1976)

g) creches; (Redação dada pela Lei nº 6.386, de 9.12.1976)

h) congressos e conferências; (Redação dada pela Lei nº 6.386, de 9.12.1976)

i) auxílio-funeral; (Redação dada pela Lei nº 6.386, de 9.12.1976)

j) colônias de férias e centros de recreação; (Redação dada pela Lei nº 6.386, de 9.12.1976)

l) estudos técnicos e científicos; (Incluída pela Lei nº 6.386, de 9.12.1976)

m) finalidades desportivas e sociais; (Incluída pela Lei nº 6.386, de 9.12.1976)

n) educação e formação profissional; (Incluída pela Lei nº 6.386, de 9.12.1976)

o) prêmios por trabalhos técnicos e científicos. (Incluída pela Lei nº 6.386, de 9.12.1976)

IV – Sindicatos de trabalhadores autônomos: (Redação dada pela Lei nº 6.386, de 9.12.1976)

a) assistência técnica e jurídica; (Redação dada pela Lei nº 6.386, de 9.12.1976)

b) assistência médica, dentária, hospitalar e farmacêutica; (Redação dada pela Lei nº 6.386, de 9.12.1976)

c) assistência à maternidade; (Redação dada pela Lei nº 6.386, de 9.12.1976)

d) bolsas de estudo; (Redação dada pela Lei nº 6.386, de 9.12.1976)

e) cooperativas; (Redação dada pela Lei nº 6.386, de 9.12.1976)

f) bibliotecas; (Redação dada pela Lei nº 6.386, de 9.12.1976)

g) creches; (Redação dada pela Lei nº 6.386, de 9.12.1976)

h) congressos e conferências; (Redação dada pela Lei nº 6.386, de 9.12.1976)

i) auxílio-funeral; (Redação dada pela Lei nº 6.386, de 9.12.1976)

j) colônias de férias e centros de recreação; (Incluída pela Lei nº 6.386, de 9.12.1976)

l) educação e formação profissional; (Incluída pela Lei nº 6.386, de 9.12.1976)

m) finalidades desportivas e sociais; (Incluída pela Lei nº 6.386, de 9.12.1976)

§ 1º A aplicação prevista neste artigo ficará a critério de cada entidade, que, para tal fim, obedecerá, sempre, às peculiaridades do respectivo grupo ou categoria, facultado ao Ministro do Trabalho permitir a inclusão de novos programas, desde que assegurados os serviços assistenciais fundamentais da entidade. (Redação dada pela Lei nº 6.386, de 9.12.1976)

§ 2º Os sindicatos poderão destacar, em seus orçamentos anuais, até 20% (vinco por cento) dos recursos da contribuição sindical para o custeio das suas atividades administrativas, independentemente de autorização ministerial. (Incluída pela Lei nº 6.386, de 9.12.1976)

§ 3º O uso da contribuição sindical prevista no § 2º não poderá exceder do valor total das mensalidades sociais consignadas nos orçamentos dos sindicatos, salvo autorização expressa do Ministro do Trabalho. (Incluída pela Lei nº 6.386, de 9.12.1976)

Art. 593. As percentagens atribuídas às entidades sindicais de grau superior e às centrais sindicais serão aplicadas de conformidade com o que dispuserem os respectivos conselhos de representantes ou estatutos. (Redação dada pela Lei nº 11.648, de 2008) (Vide Lei nº 11.648, de 2008)

Parágrafo único. Os recursos destinados às centrais sindicais deverão ser utilizados no custeio das atividades de representação geral dos trabalhadores decorrentes de suas atribuições legais. (Incluído pela Lei nº 11.648, de 2008)

Art. 594. O "Fundo Social Sindical" será gerido e aplicado pela Comissão do Imposto Sindical em objetivos que atendam aos interesses gerais da organização sindical nacional ou à assistência social aos trabalhadores. (Redação dada pelo Decreto-lei nº 9.615, de 20.8.1946) (Vide Lei nº 4.589, de 1964) (Vide Lei nº 11.648, de 2008)

Seção III
Da Comissão do Imposto Sindical

Art. 595. (Revogado pela Lei nº 4.589, de 11.12.1964)

Art. 596. (Revogado pela Lei nº 4.589, de 11.12.1964)

Art. 597. (Revogado pela Lei nº 4.589, de 11.12.1964)

Seção IV
Das Penalidades

Art. 598. Sem prejuízo da ação criminal e das penalidades previstas no art. 553, serão aplicadas multas de Cr$ 10,00 (dez cruzeiros) a Cr$ 10.000,00 (dez mil cruzeiros) pelas infrações deste Capítulo impostas no Distrito Federal pela autoridade competente de 1ª instância do Departamento Nacional do Trabalho e nos Estados e no Território do Acre pelas autoridades regionais do Ministério do Trabalho, Indústria e Comercio. (Vide Decreto-lei nº 8.987-A, de 1946) (Vide Lei nº 6.205, de 1975 e Lei 6.986, de 1982) (Vide Lei nº 11.648, de 2008)

Parágrafo único. A gradação da multa atenderá à natureza da infração e às condições sociais e econômicas do infrator. (Vide Decreto-lei nº 8.987-A, de 1946)

Art. 599. Para os profissionais liberais, a penalidade consistirá na suspensão do exercício profissional, até a necessária quitação, e será aplicada pelos órgãos públicos ou autárquicos disciplinadores das respectivas profissões mediante comunicação das autoridades fiscalizadoras. (Vide Lei nº 11.648, de 2008)

Art. 600. O recolhimento da contribuição sindical efetuado fora do prazo referido neste Capítulo, quando espontâneo, será acrescido da multa de 10% (dez por cento), nos 30 (trinta) primeiros dias, com o adicional de 2% (dois por cento) por mês subsequente de atraso, além de juros de mora de 1 % (um por cento) ao mês e correção monetária, ficando, nesse caso, o infrator, isento de outra penalidade. (Redação dada pela Lei nº 6.181, de 11.12.1974) (Vide Lei nº 11.648, de 2008)

§ 1º O montante das cominações previstas neste artigo reverterá sucessivamente: (Redação dada pela Lei nº 6.181, de 11.12.1974)

a) ao Sindicato respectivo;

b) à Federação respectiva, na ausência de Sindicato;

c) à Confederação respectiva, inexistindo Federação.

§ 2º Na falta de Sindicato ou entidade de grau superior, o montante a que alude o parágrafo precedente reverterá à conta "Emprego e Salário". (Redação dada pela Lei nº 6.181, de 11.12.1974)

Seção V
Disposições Gerais

Nova Redação com a Reforma Trabalhista	Antiga Redação
Art. 601. (Revogado)	**Art. 601.** No ato da admissão de qualquer empregado, dele exigirá o empregador a apresentação da prova de quitação do imposto sindical. (Vide Lei nº 11.648, de 2008)

Nova Redação com a Reforma Trabalhista	Antiga Redação
Art. 602. Os empregados que não estiverem trabalhando no mês destinado ao desconto da contribuição sindical e que venham a autorizar prévia e expressamente o recolhimento serão descontados no primeiro mês subsequente ao do reinício do trabalho.	**Art. 602.** Os empregados que não estiverem trabalhando no mês destinado ao desconto do <u>imposto</u> sindical serão descontados no primeiro mês subsequente ao do reinício do trabalho. (Vide Lei nº 11.648, de 2008)
Parágrafo único. De igual forma se procederá com os empregados que forem admitidos depois daquela data e que não tenham trabalhado anteriormente nem apresentado a respectiva quitação.	
Art. 603. Os empregadores são obrigados a prestar aos encarregados da fiscalização os esclarecimentos necessários ao desempenho de sua missão e a exibir-lhes, quando exigidos, na parte relativa ao pagamento de empregados, os seus livros, folhas de pagamento e outros documentos comprobatórios desses pagamentos, sob pena da multa cabível. (Vide Lei nº 11.648, de 2008)	
Art. 604. (Revogado)	**Art. 604.** <u>Os agentes ou trabalhadores autônomos ou profissionais liberais são obrigados a prestar aos encarregados da fiscalização os esclarecimentos que lhes forem solicitados, inclusive exibição de quitação do imposto sindical. (Vide Lei nº 11.648, de 2008)</u>
Art. 605. As entidades sindicais são obrigadas a promover a publicação de editais concernentes ao recolhimento do imposto sindical, durante 3 (três) dias, nos jornais de maior circulação local e até 10 (dez) dias da data fixada para depósito bancário. (Vide Lei nº 11.648, de 2008)	
Art. 606. Às entidades sindicais cabe, em caso de falta de pagamento da contribuição sindical, promover a respectiva cobrança judicial, mediante ação executiva, valendo como título de dívida a certidão expedida pelas autoridades regionais do Ministério do Trabalho e Previdência Social. (Redação dada pelo Decreto-lei nº 925, de 10.10.1969) (Vide Lei nº 11.648, de 2008)	
§ 1º O Ministro do Trabalho, Indústria e Comércio baixará as instruções regulando a expedição das certidões a que se refere o presente artigo das quais deverá constar a individualização de contribuinte, a indicação do débito e a designação da entidade a favor da qual será recolhida a importância de imposto, de acordo com o respectivo enquadramento sindical.	
§ 2º Para os fins da cobrança judicial do imposto sindical, são extensivos às entidades sindicais, com exceção do foro especial, os privilégios da Fazenda Pública, para cobrança da dívida ativa.	

Art. 607. É considerado como documento essencial ao comparecimento às concorrências públicas ou administrativas e para o fornecimento às repartições paraestatais ou autárquicas a prova da quitação do respectivo imposto sindical e a de recolhimento do imposto sindical, descontado dos respectivos empregados. (Vide Lei nº 11.648, de 2008)

Art. 608. As repartições federais, estaduais ou municipais não concederão registro ou licenças para funcionamento ou renovação de atividades aos estabelecimentos de empregadores e aos escritórios ou congêneres dos agentes ou trabalhadores autônomos e profissionais liberais, nem concederão alvarás de licença ou localização, sem que sejam exibidas as provas de quitação do imposto sindical, na forma do artigo anterior. (Vide Lei nº 11.648, de 2008)

Parágrafo único. A não observância do disposto neste artigo acarretará, de pleno direito, a nulidade dos atos nele referidos, bem como dos mencionados no artigo 607. (Parágrafo incluído pela Lei nº 6.386, de 9.12.1976)

Art. 609. O recolhimento da contribuição sindical e todos os lançamentos e movimentos nas contas respectivas são isentos de selos e taxas federais, estaduais ou municipais. (Vide Lei nº 11.648, de 2008)

Art. 610. As dúvidas no cumprimento deste Capítulo serão resolvidas pelo Diretor-Geral do Departamento Nacional do Trabalho, que expedirá as instruções que se tornarem necessárias à sua execução. (Redação dada pela Lei nº 4.589, de 11.12.1964) (Vide Lei nº 11.648, de 2008)

TÍTULO VI
CONVENÇÕES COLETIVAS DE TRABALHO
(Redação dada pelo Decreto-lei nº 229, de 28.2.1967)

Art. 611. Convenção Coletiva de Trabalho é o acordo de caráter normativo, pelo qual dois ou mais Sindicatos representativos de categorias econômicas e profissionais estipulam condições de trabalho aplicáveis, no âmbito das respectivas representações, às relações individuais de trabalho. (Redação dada pelo Decreto-lei nº 229, de 28.2.1967)

§ 1º É facultado aos Sindicatos representativos de categorias profissionais celebrar Acordos Coletivos com uma ou mais empresas da correspondente categoria econômica, que estipulem condições de trabalho, aplicáveis no âmbito da empresa ou das acordantes respectivas relações de trabalho. (Redação dada pelo Decreto-lei nº 229, de 28.2.1967)

Nova Redação com a Reforma Trabalhista	Antiga Redação
	§ 2º As Federações e, na falta desta, as Confederações representativas de categorias econômicas ou profissionais poderão celebrar convenções coletivas de trabalho para reger as relações das categorias a elas vinculadas, inorganizadas em Sindicatos, no âmbito de suas representações. (Redação dada pelo Decreto-lei nº 229, de 28.2.1967)
Art. 611-A. A convenção coletiva e o acordo coletivo de trabalho têm prevalência sobre a lei quando, entre outros, dispuserem sobre:	⊗ Dispositivo sem correspondência na antiga redação.
I – pacto quanto à jornada de trabalho, observados os limites constitucionais;	⊗ Dispositivo sem correspondência na antiga redação.
II – banco de horas anual;	⊗ Dispositivo sem correspondência na antiga redação.
III – intervalo intrajornada, respeitado o limite mínimo de trinta minutos para jornadas superiores a seis horas;	⊗ Dispositivo sem correspondência na antiga redação.
IV – adesão ao Programa Seguro-Emprego (PSE), de que trata a Lei nº 13.189, de 19 de novembro de 2015;	⊗ Dispositivo sem correspondência na antiga redação.
V – plano de cargos, salários e funções compatíveis com a condição pessoal do empregado, bem como identificação dos cargos que se enquadram como funções de confiança;	⊗ Dispositivo sem correspondência na antiga redação.
VI – regulamento empresarial;	⊗ Dispositivo sem correspondência na antiga redação.
VII – representante dos trabalhadores no local de trabalho;	⊗ Dispositivo sem correspondência na antiga redação.
VIII – teletrabalho, regime de sobreaviso, e trabalho intermitente;	⊗ Dispositivo sem correspondência na antiga redação.
IX – remuneração por produtividade, incluídas as gorjetas percebidas pelo empregado, e remuneração por desempenho individual;	⊗ Dispositivo sem correspondência na antiga redação.
X – modalidade de registro de jornada de trabalho;	⊗ Dispositivo sem correspondência na antiga redação.
XI – troca do dia de feriado;	⊗ Dispositivo sem correspondência na antiga redação.

Nova Redação com a Reforma Trabalhista	Antiga Redação
XII – enquadramento do grau de insalubridade;	⊗ Dispositivo sem correspondência na antiga redação.
XIII – prorrogação de jornada em ambientes insalubres, sem licença prévia das autoridades competentes do Ministério do Trabalho;	⊗ Dispositivo sem correspondência na antiga redação.
XIV – prêmios de incentivo em bens ou serviços, eventualmente concedidos em programas de incentivo;	⊗ Dispositivo sem correspondência na antiga redação.
XV – participação nos lucros ou resultados da empresa;	⊗ Dispositivo sem correspondência na antiga redação.
§ 1º No exame da convenção coletiva ou do acordo coletivo de trabalho, a Justiça do Trabalho observará o disposto no § 3º do art. 8º desta Consolidação.	⊗ Dispositivo sem correspondência na antiga redação.
§ 2º A inexistência de expressa indicação de contrapartidas recíprocas em convenção coletiva ou acordo coletivo de trabalho não ensejará sua nulidade por não caracterizar um vício do negócio jurídico.	⊗ Dispositivo sem correspondência na antiga redação.
§ 3º Se for pactuada cláusula que reduza o salário ou a jornada, a convenção coletiva ou o acordo coletivo de trabalho deverão prever a proteção dos empregados contra dispensa imotivada durante o prazo de vigência do instrumento coletivo.	⊗ Dispositivo sem correspondência na antiga redação.
§ 4º Na hipótese de procedência de ação anulatória de cláusula de convenção coletiva ou de acordo coletivo de trabalho, quando houver a cláusula compensatória, esta deverá ser igualmente anulada, sem repetição do indébito.	⊗ Dispositivo sem correspondência na antiga redação.
§ 5º Os sindicatos subscritores de convenção coletiva ou de acordo coletivo de trabalho deverão participar, como litisconsortes necessários, em ação individual ou coletiva, que tenha como objeto a anulação de cláusulas desses instrumentos.	⊗ Dispositivo sem correspondência na antiga redação.

Nova Redação com a Reforma Trabalhista	Antiga Redação
Art. 611-B. Constituem objeto ilícito de convenção coletiva ou de acordo coletivo de trabalho, exclusivamente, a supressão ou a redução dos seguintes direitos:	⊗ Dispositivo sem correspondência na antiga redação.
I – normas de identificação profissional, inclusive as anotações na Carteira de Trabalho e Previdência Social;	⊗ Dispositivo sem correspondência na antiga redação.
II – seguro-desemprego, em caso de desemprego involuntário;	⊗ Dispositivo sem correspondência na antiga redação.
III – valor dos depósitos mensais e da indenização rescisória do Fundo de Garantia do Tempo de Serviço (FGTS);	⊗ Dispositivo sem correspondência na antiga redação.
IV – salário mínimo;	⊗ Dispositivo sem correspondência na antiga redação.
V – valor nominal do décimo terceiro salário;	⊗ Dispositivo sem correspondência na antiga redação.
VI – remuneração do trabalho noturno superior à do diurno;	⊗ Dispositivo sem correspondência na antiga redação.
VII – proteção do salário na forma da lei, constituindo crime sua retenção dolosa;	⊗ Dispositivo sem correspondência na antiga redação.
VIII – salário-família;	⊗ Dispositivo sem correspondência na antiga redação.
IX – repouso semanal remunerado;	⊗ Dispositivo sem correspondência na antiga redação.
X – remuneração do serviço extraordinário superior, no mínimo, em 50% (cinquenta por cento) à do normal;	⊗ Dispositivo sem correspondência na antiga redação.
XI – número de dias de férias devidas ao empregado;	⊗ Dispositivo sem correspondência na antiga redação.
XII – gozo de férias anuais remuneradas com, pelo menos, um terço a mais do que o salário normal;	⊗ Dispositivo sem correspondência na antiga redação.
XIII – licença-maternidade com a duração mínima de cento e vinte dias;	⊗ Dispositivo sem correspondência na antiga redação.
XIV – licença-paternidade nos termos fixados em lei;	⊗ Dispositivo sem correspondência na antiga redação.

Nova Redação com a Reforma Trabalhista	Antiga Redação
XV – proteção do mercado de trabalho da mulher, mediante incentivos específicos, nos termos da lei;	⊗ Dispositivo sem correspondência na antiga redação.
XVI – aviso prévio proporcional ao tempo de serviço, sendo no mínimo de trinta dias, nos termos da lei;	⊗ Dispositivo sem correspondência na antiga redação.
XVII – normas de saúde, higiene e segurança do trabalho previstas em lei ou em normas regulamentadoras do Ministério do Trabalho;	⊗ Dispositivo sem correspondência na antiga redação.
XVIII – adicional de remuneração para as atividades penosas, insalubres ou perigosas;	⊗ Dispositivo sem correspondência na antiga redação.
XIX – aposentadoria;	⊗ Dispositivo sem correspondência na antiga redação.
XX – seguro contra acidentes de trabalho, a cargo do empregador;	⊗ Dispositivo sem correspondência na antiga redação.
XXI – ação, quanto aos créditos resultantes das relações de trabalho, com prazo prescricional de cinco anos para os trabalhadores urbanos e rurais, até o limite de dois anos após a extinção do contrato de trabalho;	⊗ Dispositivo sem correspondência na antiga redação.
XXII – proibição de qualquer discriminação no tocante a salário e critérios de admissão do trabalhador com deficiência;	⊗ Dispositivo sem correspondência na antiga redação.
XXIII – proibição de trabalho noturno, perigoso ou insalubre a menores de dezoito anos e de qualquer trabalho a menores de dezesseis anos, salvo na condição de aprendiz, a partir de quatorze anos;	⊗ Dispositivo sem correspondência na antiga redação.
XXIV – medidas de proteção legal de crianças e adolescentes;	⊗ Dispositivo sem correspondência na antiga redação.
XXV – igualdade de direitos entre o trabalhador com vínculo empregatício permanente e o trabalhador avulso;	⊗ Dispositivo sem correspondência na antiga redação.

Nova Redação com a Reforma Trabalhista	Antiga Redação
XXVI – liberdade de associação profissional ou sindical do trabalhador, inclusive o direito de não sofrer, sem sua expressa e prévia anuência, qualquer cobrança ou desconto salarial estabelecidos em convenção coletiva ou acordo coletivo de trabalho;	⊗ Dispositivo sem correspondência na antiga redação.
XXVII – direito de greve, competindo aos trabalhadores decidir sobre a oportunidade de exercê- lo e sobre os interesses que devam por meio dele defender;	⊗ Dispositivo sem correspondência na antiga redação.
XXVIII – definição legal sobre os serviços ou atividades essenciais e disposições legais sobre o atendimento das necessidades inadiáveis da comunidade em caso de greve;	⊗ Dispositivo sem correspondência na antiga redação.
XXIX – tributos e outros créditos de terceiros;	⊗ Dispositivo sem correspondência na antiga redação.
XXX – as disposições previstas nos arts. 373-A, 390, 392, 392-A, 394, 394-A, 395, 396 e 400 desta Consolidação.	⊗ Dispositivo sem correspondência na antiga redação.
Parágrafo único. Regras sobre duração do trabalho e intervalos não são consideradas como normas de saúde, higiene e segurança do trabalho para os fins do disposto neste artigo.	⊗ Dispositivo sem correspondência na antiga redação.

Art. 612. Os Sindicatos só poderão celebrar Convenções ou Acordos Coletivos de Trabalho, por deliberação de Assembleia Geral especialmente convocada para esse fim, consoante o disposto nos respectivos Estatutos, dependendo a validade da mesma do comparecimento e votação, em primeira convocação, de 2/3 (dois terços) dos associados da entidade, se se tratar de Convenção, e dos interessados, no caso de Acordo, e, em segunda, de 1/3 (um terço) dos mesmos. (Redação dada pelo Decreto-lei nº 229, de 28.2.1967)

Parágrafo único. O "quórum" de comparecimento e votação será de 1/8 (um oitavo) dos associados em segunda convocação, nas entidades sindicais que tenham mais de 5.000 (cinco mil) associados. (Incluído pelo Decreto-lei nº 229, de 28.2.1967)

Art. 613. As Convenções e os Acordos deverão conter obrigatoriamente: (Redação dada pelo Decreto-lei nº 229, de 28.2.1967)

I – Designação dos Sindicatos convenentes ou dos Sindicatos e empresas acordantes; (Incluído pelo Decreto-lei nº 229, de 28.2.1967)

II – Prazo de vigência; (Incluído pelo Decreto-lei nº 229, de 28.2.1967)

III – Categorias ou classes de trabalhadores abrangidas pelos respectivos dispositivos; (Incluído pelo Decreto-lei nº 229, de 28.2.1967)

IV – Condições ajustadas para reger as relações individuais de trabalho durante sua vigência; (Incluído pelo Decreto-lei nº 229, de 28.2.1967)

V – Normas para a conciliação das divergências sugeridas entre os convenentes por motivos da aplicação de seus dispositivos; (Incluído pelo Decreto-lei nº 229, de 28.2.1967)

VI – Disposições sobre o processo de sua prorrogação e de revisão total ou parcial de seus dispositivos; (Incluído pelo Decreto-lei nº 229, de 28.2.1967)

VII – Direitos e deveres dos empregados e empresas; (Incluído pelo Decreto-lei nº 229, de 28.2.1967)

VIII – Penalidades para os Sindicatos convenentes, os empregados e as empresas em caso de violação de seus dispositivos. (Incluído pelo Decreto-lei nº 229, de 28.2.1967)

Parágrafo único. As convenções e os Acordos serão celebrados por escrito, sem emendas nem rasuras, em tantas vias quantos forem os Sindicatos convenentes ou as empresas acordantes, além de uma destinada a registro. (Incluído pelo Decreto-lei nº 229, de 28.2.1967)

Art. 614. Os Sindicatos convenentes ou as empresas acordantes promoverão, conjunta ou separadamente, dentro de 8 (oito) dias da assinatura da Convenção ou Acordo, o depósito de uma via do mesmo, para fins de registro e arquivo, no Departamento Nacional do Trabalho, em se tratando de instrumento de caráter nacional ou interestadual, ou nos órgãos regionais do Ministério do Trabalho e Previdência Social, nos demais casos. (Redação dada pelo Decreto-lei nº 229, de 28.2.1967)

§ 1º As Convenções e os Acordos entrarão em vigor 3 (três) dias após a data da entrega dos mesmos no órgão referido neste artigo. (Redação dada pelo Decreto-lei nº 229, de 28.2.1967)

§ 2º Cópias autênticas das Convenções e dos Acordos deverão ser afixados de modo visível, pelos Sindicatos convenentes, nas respectivas sedes e nos estabelecimentos das empresas compreendidas no seu campo de aplicação, dentro de 5 (cinco) dias da data do depósito previsto neste artigo. (Redação dada pelo Decreto-lei nº 229, de 28.2.1967)

Nova Redação com a Reforma Trabalhista	Antiga Redação
§ 3º Não será permitido estipular duração de convenção coletiva ou acordo coletivo de trabalho superior a dois anos, sendo vedada a sua ultratividade.	§ 3º Não será permitido estipular duração de Convenção ou Acordo superior a 2 (dois) anos. (Redação dada pelo Decreto-lei nº 229, de 28.2.1967)

Art. 615. O processo de prorrogação, revisão, denúncia ou revogação total ou parcial de Convenção ou Acordo ficará subordinado, em qualquer caso, à aprovação de Assembleia Geral dos Sindicatos convenentes ou partes acordantes, com observância do disposto no art. 612. (Redação dada pelo Decreto-lei nº 229, de 28.2.1967)

§ 1º O instrumento de prorrogação, revisão, denúncia ou revogação de Convenção ou Acordo será depositado para fins de registro e arquivamento, na repartição em que o mesmo originariamente foi depositado observado o disposto no art. 614. (Incluído pelo Decreto-lei nº 229, de 28.2.1967)

§ 2º As modificações introduzidas em Convenção ou Acordo, por força de revisão ou de revogação parcial de suas clausulas passarão a vigorar 3 (três) dias após a realização de depósito previsto no § 1º. (Incluído pelo Decreto-lei nº 229, de 28.2.1967)

Art. 616. Os Sindicatos representativos de categorias econômicas ou profissionais e as empresas, inclusive as que não tenham representação sindical, quando provocados, não podem recusar-se à negociação coletiva. (Redação dada pelo Decreto-lei nº 229, de 28.2.1967)

§ 1º Verificando-se recusa à negociação coletiva, cabe aos Sindicatos ou empresas interessadas dar ciência do fato, conforme o caso, ao Departamento Nacional do Trabalho ou aos órgãos regionais do Ministério do Trabalho e Previdência Social, para convocação compulsória dos Sindicatos ou empresas recalcitrantes. (Incluído pelo Decreto-lei nº 229, de 28.2.1967)

§ 2º No caso de persistir a recusa à negociação coletiva, pelo desatendimento às convocações feitas pelo Departamento Nacional do Trabalho ou órgãos regionais do Ministério de Trabalho e Previdência Social, ou se malograr a negociação entabulada, é facultada aos Sindicatos ou empresas interessadas a instauração de dissídio coletivo. (Incluído pelo Decreto-lei nº 229, de 28.2.1967)

§ 3º Havendo convenção, acordo ou sentença normativa em vigor, o dissídio coletivo deverá ser instaurado dentro dos 60 (sessenta) dias anteriores ao respectivo termo final, para que o novo instrumento possa ter vigência no dia imediato a esse termo. (Redação dada pelo Decreto-lei nº 424, de 21.1.1969)

§ 4º Nenhum processo de dissídio coletivo de natureza econômica será admitido sem antes se esgotarem as medidas relativas à formalização da Convenção ou Acordo correspondente. (Incluído pelo Decreto-lei nº 229, de 28.2.1967)

Art. 617. Os empregados de uma ou mais empresas que decidirem celebrar Acordo Coletivo de Trabalho com as respectivas empresas darão ciência de sua resolução, por escrito, ao Sindicato representativo da categoria profissional, que terá o prazo de 8 (oito) dias para assumir a direção dos entendimentos entre os interessados, devendo igual procedimento ser observado pelas empresas interessadas com relação ao Sindicato da respectiva categoria econômica. (Redação dada pelo Decreto-lei nº 229, de 28.2.1967)

§ 1º Expirado o prazo de 8 (oito) dias sem que o Sindicato tenha se desincumbido do encargo recebido, poderão os interessados dar conhecimento do fato à Federação a que estiver vinculado o Sindicato e, em falta dessa, à correspondente Confederação, para que, no mesmo prazo, assuma a direção dos entendimentos. Esgotado esse prazo, poderão os interessados prosseguir diretamente na negociação coletiva até final. (Incluído pelo Decreto-lei nº 229, de 28.2.1967)

§ 2º Para o fim de deliberar sobre o Acordo, a entidade sindical convocará assembleia geral dos diretamente interessados, sindicalizados ou não, nos termos do art. 612. (Incluído pelo Decreto-lei nº 229, de 28.2.1967)

Art. 618. As empresas e instituições que não estiverem incluídas no enquadramento sindical a que se refere o art. 577 desta Consolidação poderão celebrar Acordos Coletivos de Trabalho com os Sindicatos representativos dos respectivos empregados, nos termos deste Título. (Redação dada pelo Decreto-lei nº 229, de 28.2.1967)

Art. 619. Nenhuma disposição de contrato individual de trabalho que contrarie normas de Convenção ou Acordo Coletivo de Trabalho poderá prevalecer na execução do mesmo, sendo considerada nula de pleno direito. (Redação dada pelo Decreto-lei nº 229, de 28.2.1967)

Nova Redação com a Reforma Trabalhista	Antiga Redação
Art. 620. As condições estabelecidas em acordo coletivo de trabalho sempre prevalecerão sobre as estipuladas em convenção coletiva de trabalho.	**Art. 620.** As condições estabelecidas em Convenção quando mais favoráveis, prevalecerão sobre as estipuladas em Acordo. (Redação dada pelo Decreto-lei nº 229, de 28.2.1967)

Art. 621. As Convenções e os Acordos poderão incluir entre suas cláusulas disposição sobre a constituição e funcionamento de comissões mistas de consulta e colaboração, no plano da empresa e sobre participação, nos lucros. Estas disposições mencionarão a forma de constituição, o modo de funcionamento e as atribuições das comissões, assim como o plano de participação, quando for o caso. (Redação dada pelo Decreto-lei nº 229, de 28.2.1967)

Art. 622. Os empregados e as empresas que celebrarem contratos individuais de trabalho, estabelecendo condições contrárias ao que tiver sido ajustado em Convenção ou Acordo que lhes for aplicável, serão passíveis da multa neles fixada. (Redação dada pelo Decreto-lei nº 229, de 28.2.1967)

Parágrafo único. A multa a ser imposta ao empregado não poderá exceder da metade daquela que, nas mesmas condições seja estipulada para a empresa. (Redação dada pelo Decreto-lei nº 229, de 28.2.1967)

Art. 623. Será nula de pleno direito disposição de Convenção ou Acordo que, direta ou indiretamente, contrarie proibição ou norma disciplinadora da política econômico-financeira do Governo ou concernente à política salarial vigente, não produzindo quaisquer efeitos perante autoridades e repartições públicas, inclusive para fins de revisão de preços e tarifas de mercadorias e serviços. (Redação dada pelo Decreto-lei nº 229, de 28.2.1967)

Parágrafo único. Na hipótese deste artigo, a nulidade será declarada, de ofício ou mediante representação, pelo Ministro do Trabalho e Previdência Social, ou pela Justiça do Trabalho em processo submetido ao seu julgamento. (Incluído pelo Decreto-lei nº 229, de 28.2.1967)

Art. 624. A vigência de cláusula de aumento ou reajuste salarial, que implique elevação de tarifas ou de preços sujeitos à fixação por autoridade pública ou repartição governamental, dependerá de prévia audiência dessa autoridade ou repartição e sua expressa declaração no tocante à possibilidade de elevação da tarifa ou do preço e quanto ao valor dessa elevação. (Redação dada pelo Decreto-lei nº 229, de 28.2.1967)

Art. 625. As controvérsias resultantes da aplicação de Convenção ou de Acordo celebrado nos termos deste Título serão dirimidas pela Justiça do Trabalho. (Redação dada pelo Decreto-lei nº 229, de 28.2.1967)

TÍTULO VI-A
DAS COMISSÕES DE CONCILIAÇÃO PRÉVIA
(Incluído pela Lei nº 9.958, de 12.1.2000)

Art. 625-A. As empresas e os sindicatos podem instituir Comissões de Conciliação Prévia, de composição paritária, com representante dos empregados e dos empregadores, com a atribuição de tentar conciliar os conflitos individuais do trabalho.

Parágrafo único. As Comissões referidas no *caput* deste artigo poderão ser constituídas por grupos de empresas ou ter caráter intersindical. (Incluído pela Lei nº 9.958, de 12.1.2000)

Art. 625-B. A Comissão instituída no âmbito da empresa será composta de, no mínimo, dois e, no máximo, dez membros, e observará as seguintes normas: (Incluído pela Lei nº 9.958, de 12.1.2000)

I – a metade de seus membros será indicada pelo empregador e outra metade eleita pelos empregados, em escrutínio secreto, fiscalizado pelo sindicato de categoria profissional;

II – haverá na Comissão tantos suplentes quantos forem os representantes titulares;

III – o mandato dos seus membros, titulares e suplentes, é de um ano, permitida uma recondução.

§ 1º É vedada a dispensa dos representantes dos empregados membros da Comissão de Conciliação Prévia, titulares e suplentes, até um ano após o final do mandato, salvo se cometerem falta grave, nos termos da lei. (Incluído pela Lei nº 9.958, de 12.1.2000)

§ 2º O representante dos empregados desenvolverá seu trabalho normal na empresa afastando-se de suas atividades apenas quando convocado para atuar como conciliador, sendo computado como tempo de trabalho efetivo o despendido nessa atividade. (Incluído pela Lei nº 9.958, de 12.1.2000)

Art. 625-C. A Comissão instituída no âmbito do sindicato terá sua constituição e normas de funcionamento definidas em convenção ou acordo coletivo. (Incluído pela Lei nº 9.958, de 12.1.2000)

Art. 625-D. Qualquer demanda de natureza trabalhista será submetida à Comissão de Conciliação Prévia se, na localidade da prestação de serviços, houver sido instituída a Comissão no âmbito da empresa ou do sindicato da categoria. (Incluído pela Lei nº 9.958, de 12.1.2000)

§ 1º A demanda será formulada por escrito ou reduzida a termo por qualquer dos membros da Comissão, sendo entregue cópia datada e assinada pelo membro aos interessados. (Incluído pela Lei nº 9.958, de 12.1.2000)

§ 2º Não prosperando a conciliação, será fornecida ao empregado e ao empregador declaração da tentativa conciliatória frustrada com a descrição de seu objeto, firmada pelos membros da Comissão, que devera ser juntada à eventual reclamação trabalhista. (Incluído pela Lei nº 9.958, de 12.1.2000)

§ 3º Em caso de motivo relevante que impossibilite a observância do procedimento previsto no *caput* deste artigo, será a circunstância declarada na petição da ação intentada perante a Justiça do Trabalho. (Incluído pela Lei nº 9.958, de 12.1.2000)

§ 4º Caso exista, na mesma localidade e para a mesma categoria, Comissão de empresa e Comissão sindical, o interessado optará por uma delas para submeter a sua demanda, sendo competente aquela que primeiro conhecer do pedido. (Incluído pela Lei nº 9.958, de 12.1.2000)

Art. 625-E. Aceita a conciliação, será lavrado termo assinado pelo empregado, pelo empregador ou seu proposto e pelos membros da Comissão, fornecendo-se cópia às partes. (Incluído pela Lei nº 9.958, de 12.1.2000)

Parágrafo único. O termo de conciliação é título executivo extrajudicial e terá eficácia liberatória geral, exceto quanto às parcelas expressamente ressalvadas. (Incluído pela Lei nº 9.958, de 12.1.2000)

Art. 625-F. As Comissões de Conciliação Prévia têm prazo de dez dias para a realização da sessão de tentativa de conciliação a partir da provocação do interessado. (Incluído pela Lei nº 9.958, de 12.1.2000)

Parágrafo único. Esgotado o prazo sem a realização da sessão, será fornecida, no último dia do prazo, a declaração a que se refere o § 2º do art. 625-D. (Incluído pela Lei nº 9.958, de 12.1.2000)

Art. 625-G. O prazo prescricional será suspenso a partir da provocação da Comissão de Conciliação Prévia, recomeçando a fluir, pelo que lhe resta, a partir da tentativa frustrada de conciliação ou do esgotamento do prazo previsto no art. 625-F. (Incluído pela Lei nº 9.958, de 12.1.2000)

Art. 625-H. Aplicam-se aos Núcleos Intersindicais de Conciliação Trabalhista em funcionamento ou que vierem a ser criados, no que couber, as disposições previstas neste Título, desde que observados os princípios da paridade e da negociação coletiva na sua constituição. (Incluído pela Lei nº 9.958, de 12.1.2000)

TÍTULO VII
DO PROCESSO DE MULTAS ADMINISTRATIVAS

CAPÍTULO I
DA FISCALIZAÇÃO, DA AUTUAÇÃO E DA IMPOSIÇÃO DE MULTAS

Art. 626. Incumbe às autoridades competentes do Ministério do Trabalho, Industria e Comercio, ou àquelas que exerçam funções delegadas, a fiscalização do fiel cumprimento das normas de proteção ao trabalho.

Parágrafo único. Os fiscais dos Institutos de Seguro Social e das entidades paraestatais em geral dependentes do Ministério do Trabalho, Industria e Comercio serão competentes para a fiscalização a que se refere o presente artigo, na forma das instruções que forem expedidas pelo Ministro do Trabalho, Industria e Comercio.

Art. 627. A fim de promover a instrução dos responsáveis no cumprimento das leis de proteção do trabalho, a fiscalização deverá observar o critério de dupla visita nos seguintes casos:

a) quando ocorrer promulgação ou expedição de novas leis, regulamentos ou instruções ministeriais, sendo que, com relação exclusivamente a esses atos, será feita apenas a instrução dos responsáveis;

b) em se realizando a primeira inspeção dos estabelecimentos ou dos locais de trabalho, recentemente inaugurados ou empreendidos.

Art. 627-A. Poderá ser instaurado procedimento especial para a ação fiscal, objetivando a orientação sobre o cumprimento das leis de proteção ao trabalho, bem como a prevenção e o saneamento de infrações à legislação mediante Termo de Compromisso, na forma a ser disciplinada no Regulamento da Inspeção do Trabalho. (Incluído pela Medida Provisória nº 2.164-41, de 2001)

Art. 628. Salvo o disposto nos arts. 627 e 627-A, a toda verificação em que o Auditor-Fiscal do Trabalho concluir pela existência de violação de preceito legal deve corresponder, sob pena de responsabilidade administrativa, a lavratura de auto de infração. (Redação dada pela Medida Provisória nº 2.164-41, de 2001)

§ 1º Ficam as empresas obrigadas a possuir o livro intitulado "Inspeção do Trabalho", cujo modelo será aprovado por portaria Ministerial. (Incluído pelo Decreto-lei nº 229, de 28.2.1967)

§ 2º Nesse livro, registrará o agente da inspeção sua visita ao estabelecimento, declarando a data e a hora do início e término da mesma, bem como o resultado da inspeção, nele consignando, se for o caso, todas as irregularidades verificadas e as exigências feitas, com os respectivos prazos para seu atendimento, e, ainda, de modo legível, os elementos de sua identificação funcional. (Incluído pelo Decreto-lei nº 229, de 28.2.1967)

§ 3º Comprovada má fé do agente da inspeção, quanto à omissão ou lançamento de qualquer elemento no livro, responderá ele por falta grave no cumprimento do dever, ficando passível, desde logo, da pena de suspensão até 30 (trinta) dias, instaurando-se, obrigatoriamente, em caso de reincidência, inquérito administrativo. (Incluído pelo Decreto-lei nº 229, de 28.2.1967)

§ 4º A lavratura de autos contra empresas fictícias e de endereços inexistentes, assim como a apresentação de falsos relatórios, constituem falta grave, punível na forma do § 3º. (Incluído pelo Decreto-lei nº 229, de 28.2.1967)

Art. 629. O auto de infração será lavrado em duplicata, nos termos dos modelos e instruções expedidos, sendo uma via entregue ao infrator, contra recibo, ou ao mesmo enviada, dentro de 10 (dez) dias da lavratura, sob pena de responsabilidade, em registro postal, com franquia e recibo de volta. (Redação dada pelo Decreto-lei nº 229, de 28.2.1967)

§ 1º O auto não terá o seu valor probante condicionado à assinatura do infrator ou de testemunhas, e será lavrado no local da inspeção, salvo havendo motivo justificado que será declarado no próprio auto, quando então deverá ser lavrado no prazo de 24 (vinte e quatro) horas, sob pena de responsabilidade. (Redação dada pelo Decreto-lei nº 229, de 28.2.1967)

§ 2º Lavrado o auto de infração, não poderá ele ser inutilizado, nem sustado o curso do respectivo processo, devendo o agente da inspeção apresentá-lo à autoridade competente, mesmo se incidir em erro. (Redação dada pelo Decreto-lei nº 229, de 28.2.1967)

§ 3º O infrator terá, para apresentar defesa, o prazo de 10 (dez) dias contados do recebimento do auto. (Redação dada pelo Decreto-lei nº 229, de 28.2.1967)

§ 4º O auto de infração será registrado com a indicação sumária de seus elementos característicos, em livro próprio que deverá existir em cada órgão fiscalizador, de modo a assegurar o controle do seu processamento. (Incluído pelo Decreto-lei nº 229, de 28.2.1967)

Art. 630. Nenhum agente da inspeção poderá exercer as atribuições do seu cargo sem exibir a carteira de identidade fiscal, devidamente autenticada, fornecida pela autoridade competente. (Redação dada pelo Decreto-lei nº 229, de 28.2.1967)

§ 1º É proibida a outorga de identidade fiscal a quem não esteja autorizado, em razão do cargo ou função, a exercer ou praticar, no âmbito da legislação trabalhista, atos de fiscalização. (Incluído pelo Decreto-lei nº 229, de 28.2.1967)

§ 2º A credencial a que se refere este artigo deverá ser devolvida para inutilização, sob as penas da lei em casos de provimentos em outro cargo público, exoneração ou demissão bem como nos de licenciamento por prazo superior a 60 (sessenta) dias e de suspensão do exercício do cargo. (Incluído pelo Decreto-lei nº 229, de 28.2.1967)

§ 3º O agente da inspeção terá livre acesso a todas dependências dos estabelecimentos sujeitos ao regime da legislação, sendo as empresas, por seus dirigentes ou prepostos, obrigados a prestar-lhes os esclarecimentos necessários ao desempenho de suas atribuições legais e a exibir-lhes, quando exigidos, quaisquer documentos que digam respeito ao fiel cumprimento das normas de proteção ao trabalho. (Incluído pelo Decreto-lei nº 229, de 28.2.1967)

§ 4º Os documentos sujeitos à inspeção deverão permanecer, sob as penas da lei nos locais de trabalho, somente se admitindo, por exceção, a critério da autoridade competente, sejam os mesmos apresentados em dia hora previamente fixados pelo agente da inspeção. (Incluído pelo Decreto-lei nº 229, de 28.2.1967)

§ 5º No território do exercício de sua função, o agente da inspeção gozará de passe livre nas empresas de transportes, públicas ou privadas, mediante a apresentação da carteira de identidade fiscal. (Incluído pelo Decreto-lei nº 229, de 28.2.1967)

§ 6º A inobservância do disposto nos §§ 3º, 4º e 5º configurará resistência ou embaraço à fiscalização e justificará a lavratura do respectivo auto de infração, cominada a multa de valor igual a meio (1/2) salário mínimo regional até 5 (cinco) vezes esse salário, levando-se em conta, além das circunstâncias atenuantes ou agravantes, a situação econômico-financeira do infrator e os meios a seu alcance para cumprir a lei. (Incluído pelo Decreto-lei nº 229, de 28.2.1967)

§ 7º Para o efeito do disposto no § 5º, a autoridade competente divulgará em janeiro e julho, de cada ano, a relação dos agentes da inspeção titulares da carteira de identidade fiscal. (Incluído pelo Decreto-lei nº 229, de 28.2.1967)

§ 8º As autoridades policiais, quando solicitadas, deverão prestar aos agentes da inspeção a assistência de que necessitarem para o fiel cumprimento de suas atribuições legais. (Incluído pelo Decreto-lei nº 229, de 28.2.1967)

Art. 631. Qualquer funcionário público federal, estadual ou municipal, ou representante legal de associação sindical, poderá comunicar à autoridade competente do Ministério do Trabalho, Industria e Comercio as infrações que verificar.

Parágrafo único. De posse dessa comunicação, a autoridade competente procederá desde logo às necessárias diligências, lavrando os autos de que haja mister.

Art. 632. Poderá o autuado requerer a audiência de testemunhas e as diligências que lhe parecerem necessárias à elucidação do processo, cabendo, porém, à autoridade, julgar da necessidade de tais provas.

Art. 633. Os prazos para defesa ou recurso poderão ser prorrogados de acordo com despacho expresso da autoridade competente, quando o autuado residir em localidade diversa daquela onde se achar essa autoridade.

Art. 634. Na falta de disposição especial, a imposição das multas incumbe às autoridades regionais competentes em matéria de trabalho, na forma estabelecida por este Título.

Nova Redação com a Reforma Trabalhista	Antiga Redação
§1º A aplicação da multa não eximirá o infrator da responsabilidade em que incorrer por infração das leis penais.	Parágrafo único. A aplicação da multa não eximirá o infrator da responsabilidade em que incorrer por infração das leis penais.
§ 2º Os valores das multas administrativas expressos em moeda corrente serão reajustados anualmente pela Taxa Referencial (TR), divulgada pelo Banco Central do Brasil, ou pelo índice que vier a substituí-lo.	⊗ Dispositivo sem correspondência na antiga redação.

CAPÍTULO II
DOS RECURSOS

Art. 635. De toda decisão que impuser multa por infração das leis e disposições reguladoras do trabalho, e não havendo forma especial de processo caberá recurso para o Diretor-Geral Departamento ou Serviço do Ministério do Trabalho e Previdência Social, que for competente na matéria. (Redação dada pelo Decreto-lei nº 229, de 28.2.1967)

Parágrafo único. As decisões serão sempre fundamentadas. (Incluído pelo Decreto-lei nº 229, de 28.2.1967)

Art. 636. Os recursos devem ser interpostos no prazo de 10 (dez) dias, contados do recebimento da notificação, perante autoridade que houver imposto a multa, a qual, depois de os informar encaminhá-los-á à autoridade de instância superior. (Redação dada pelo Decreto-lei nº 229, de 28.2.1967)

§ 1º O recurso só terá seguimento se o interessado o instruir com a prova do depósito da multa. (Incluído pelo Decreto-lei nº 229, de 28.2.1967)

§ 2º A notificação somente será realizada por meio de edital, publicada no órgão oficial, quando o infrator estiver em lugar incerto e não sabido. (Incluído pelo Decreto-lei nº 229, de 28.2.1967)

§ 3º A notificação de que trata este artigo fixará igualmente o prazo de 10 (dez) dias para que o infrator recolha o valor da multa, sob pena de cobrança executiva. (Incluído pelo Decreto-lei nº 229, de 28.2.1967)

§ 4º As guias de depósito ou recolhimento serão emitidas em 3 (três) vias e o recolhimento da multa deverá proceder-se dentro de 5 (cinco) dias às repartições federais competentes, que escriturarão a receita a crédito do Ministério do Trabalho e Previdência Social. (Incluído pelo Decreto-lei nº 229, de 28.2.1967)

§ 5º A segunda via da guia do recolhimento será devolvida pelo infrator à repartição que a emitiu, até o sexto dia depois de sua expedição, para a averbação no processo. (Incluído pelo Decreto-lei nº 229, de 28.2.1967)

§ 6º A multa será reduzida de 50% (cinquenta por cento) se o infrator, renunciando ao recurso a recolher ao Tesouro Nacional dentro do prazo de 10 (dez) dias contados do recebimento da notificação ou da publicação do edital. (Incluído pelo Decreto-lei nº 229, de 28.2.1967)

§ 7º Para a expedição da guia, no caso do § 6º, deverá o infrator juntar a notificação com a prova da data do seu recebimento, ou a folha do órgão oficial que publicou o edital. (Incluído pelo Decreto-lei nº 229, de 28.2.1967)

Art. 637. De todas as decisões que proferirem em processos de infração das leis de proteção ao trabalho e que impliquem arquivamento destes, observado o disposto no parágrafo único do art. 635, deverão as autoridades prolatoras recorrer de ofício para a autoridade competente de instância superior. (Redação dada pelo Decreto-lei nº 229, de 28.2.1967)

Art. 638. Ao Ministro do Trabalho, Indústria e Comercio é facultado avocar ao seu exame e decisão, dentro de 90 (noventa) dias do despacho final do assunto, ou no curso do processo, as questões referentes à fiscalização dos preceitos estabelecidos nesta Consolidação.

CAPÍTULO III
DO DEPÓSITO, DA INSCRIÇÃO E DA COBRANÇA

Art. 639. Não sendo provido o recurso, o depósito se converterá em pagamento.

Art. 640. É facultado às Delegacias Regionais do Trabalho, na conformidade de instruções expedidas pelo Ministro de Estado, promover a cobrança amigável das multas antes encaminhamento dos processos à cobrança executiva. (Redação dada pelo Decreto-lei nº 229, de 28.2.1967)

Art. 641. Não comparecendo o infrator, ou não depositando a importância da multa ou penalidade, far-se-á a competente inscrição em livro especial, existente nas repartições das quais se tiver originado a multa ou penalidade, ou de onde tenha provindo a reclamação que a determinou, sendo extraída cópia autêntica dessa inscrição e enviada às autoridades competentes para a respectiva cobrança judicial, valendo tal instrumento como título de dívida líquida e certa.

Art. 642. A cobrança judicial das multas impostas pelas autoridades administrativas do trabalho obedecerá ao disposto na legislação aplicável à cobrança da dívida ativa da União, sendo promovida, no Distrito Federal e nas capitais dos Estados em que funcionarem Tribunais Regionais do Trabalho, pela Procuradoria da Justiça do Trabalho, e nas demais localidades, pelo Ministério Público Estadual e do Território do Acre, nos termos do Decreto-Lei nº 960, de 17 de dezembro de 1938.

Parágrafo único. No Estado de São Paulo a cobrança continuará a cargo da Procuradoria do Departamento Estadual do Trabalho, na forma do convênio em vigor.

TÍTULO VII-A
DA PROVA DE INEXISTÊNCIA DE DÉBITOS TRABALHISTAS
(Incluído pela Lei nº 12.440, de 2011)

Art. 642-A. É instituída a Certidão Negativa de Débitos Trabalhistas (CNDT), expedida gratuita e eletronicamente, para comprovar a inexistência de débitos inadimplidos perante a Justiça do Trabalho. (Incluído pela Lei nº 12.440, de 2011)

§ 1º O interessado não obterá a certidão quando em seu nome constar: (Incluído pela Lei nº 12.440, de 2011)

I – o inadimplemento de obrigações estabelecidas em sentença condenatória transitada em julgado proferida pela Justiça do Trabalho ou em acordos judiciais trabalhistas, inclusive no concernente aos recolhimentos previdenciários, a honorários, a custas, a emolumentos ou a recolhimentos determinados em lei; ou (Incluído pela Lei nº 12.440, de 2011)

II – o inadimplemento de obrigações decorrentes de execução de acordos firmados perante o Ministério Público do Trabalho ou Comissão de Conciliação Prévia. (Incluído pela Lei nº 12.440, de 2011)

§ 2º Verificada a existência de débitos garantidos por penhora suficiente ou com exigibilidade suspensa, será expedida Certidão Positiva de Débitos Trabalhistas em nome do interessado com os mesmos efeitos da CNDT. (Incluído pela Lei nº 12.440, de 2011)

§ 3º A CNDT certificará a empresa em relação a todos os seus estabelecimentos, agências e filiais. (Incluído pela Lei nº 12.440, de 2011)

§ 4º O prazo de validade da CNDT é de 180 (cento e oitenta) dias, contado da data de sua emissão. (Incluído pela Lei nº 12.440, de 2011)

TÍTULO VIII
DA JUSTIÇA DO TRABALHO

CAPÍTULO I
INTRODUÇÃO

Art. 643. Os dissídios, oriundos das relações entre empregados e empregadores bem como de trabalhadores avulsos e seus tomadores de serviços, em atividades reguladas na legislação social, serão dirimidos pela Justiça do Trabalho, de acordo com o presente Título e na forma estabelecida pelo processo judiciário do trabalho. (Redação dada pela Lei nº 7.494, de 17.6.1986)

§ 1º As questões concernentes à Previdência Social serão decididas pelos órgãos e autoridades previstos no Capítulo V deste Título e na legislação sobre seguro social. (Vide Lei nº 3.807, de 1960)

§ 2º As questões referentes a acidentes do trabalho continuam sujeitas a justiça ordinária, na forma do Decreto n. 24.637, de 10 de julho de 1934, e legislação subsequente.

§ 3º A Justiça do Trabalho é competente, ainda, para processar e julgar as ações entre trabalhadores portuários e os operadores portuários ou o Órgão Gestor de Mão-de-Obra – OGMO decorrentes da relação de trabalho. (Incluído pela Medida Provisória nº 2.164-41, de 2001)

Art. 644. São órgãos da Justiça do Trabalho: (Redação dada pelo Decreto-lei nº 9.797, de 9.9.1946)

a) o Tribunal Superior do Trabalho; (Redação dada pelo Decreto-lei nº 9.797, de 9.9.1946)

b) os Tribunais Regionais do Trabalho; (Redação dada pelo Decreto-lei nº 9.797, de 9.9.1946)

c) as Juntas de Conciliação e Julgamento ou os Juízos de Direito. (Redação dada pelo Decreto-lei nº 9.797, de 9.9.1946)

Art. 645. O serviço da Justiça do Trabalho é relevante e obrigatório, ninguém dele podendo eximir-se, salvo motivo justificado.

Art. 646. Os órgãos da Justiça do Trabalho funcionarão perfeitamente coordenados, em regime de mútua colaboração, sob a orientação do presidente do Tribunal Superior do Trabalho.

CAPÍTULO II
DAS JUNTAS DE CONCILIAÇÃO E JULGAMENTO
(Vide Constituição Federal de 1988)

Seção I
Da Composição e Funcionamento

Art. 647. Cada Junta de Conciliação e Julgamento terá a seguinte composição: (Redação dada pelo Decreto-lei nº 9.797, de 9.9.1946) (Vide Constituição Federal de 1988)

a) um juiz do trabalho, que será seu Presidente; (Redação dada pelo Decreto-lei nº 9.797, de 9.9.1946)

b) dois vogais, sendo um representante dos empregadores e outro dos empregados. (Redação dada pelo Decreto-lei nº 9.797, de 9.9.1946)

Parágrafo único. Haverá um suplente para cada vogal. (Redação dada pelo Decreto-lei nº 9.797, de 9.9.1946)

Art. 648. São incompatíveis entre si, para os trabalhos da mesma Junta, os parentes consanguíneos e afins até o terceiro grau civil. (Vide Constituição Federal de 1988)

Parágrafo único. A incompatibilidade resolve-se a favor do primeiro vogal designado ou empossado, ou por sorteio, se a designação ou posse for da mesma data.

Art. 649. As Juntas poderão conciliar, instruir ou julgar com qualquer número, sendo, porém, indispensável a presença do Presidente, cujo voto prevalecerá em caso de empate. (Redação dada pelo Decreto-Lei nº 8.737, de 1946) (Vide Constituição Federal de 1988)

§ 1º No julgamento de embargos deverão estar presentes todos os membros da Junta. (Redação dada pelo Decreto-Lei nº 8.737, de 1946) (Vide Constituição Federal de 1988)

§ 2º Na execução e na liquidação das decisões funciona apenas o Presidente. (Redação dada pelo Decreto-Lei nº 8.737, de 1946)

Seção II
Da Jurisdição e Competência das Juntas

Art. 650. A jurisdição de cada Junta de Conciliação e Julgamento abrange todo o território da Comarca em que tem sede, só podendo ser estendida ou restringida por lei federal. (Redação dada pela Lei nº 5.442, 24.5.1968) (Vide Constituição Federal de 1988)

Parágrafo único. As leis locais de Organização Judiciária não influirão sobre a competência de Juntas de Conciliação e Julgamento já criadas até que lei federal assim determine. (Parágrafo incluído pela Lei nº 5.442, 24.5.1968) (Vide Constituição Federal de 1988)

Art. 651. A competência das Juntas de Conciliação e Julgamento é determinada pela localidade onde o empregado, reclamante ou reclamado, prestar serviços ao empregador, ainda que tenha sido contratado noutro local ou no estrangeiro. (Vide Constituição Federal de 1988)

§ 1º Quando for parte de dissídio agente ou viajante comercial, a competência será da Junta da localidade em que a empresa tenha agência ou filial e a esta o empregado esteja subordinado e, na falta, será competente a Junta da localização em que o empregado tenha domicílio ou a localidade mais próxima. (Redação dada pela Lei nº 9.851, de 27.10.1999) (Vide Constituição Federal de 1988)

§ 2º A competência das Juntas de Conciliação e Julgamento, estabelecida neste artigo, estende-se aos dissídios ocorridos em agência ou filial no estrangeiro, desde que o empregado seja brasileiro e não haja convenção internacional dispondo em contrário. (Vide Constituição Federal de 1988)

§ 3º Em se tratando de empregador que promova realização de atividades fora do lugar do contrato de trabalho, é assegurado ao empregado apresentar reclamação no foro da celebração do contrato ou no da prestação dos respectivos serviços.

Nova Redação com a Reforma Trabalhista	Antiga Redação
Art. 652. Compete às Varas do Trabalho:	**Art. 652.** Compete às Juntas de Conciliação e Julgamento: (Vide Constituição Federal de 1988)

a) conciliar e julgar:

I – os dissídios em que se pretenda o reconhecimento da estabilidade de empregado;

II – os dissídios concernentes a remuneração, férias e indenizações por motivo de rescisão do contrato individual de trabalho;

III – os dissídios resultantes de contratos de empreitadas em que o empreiteiro seja operário ou artífice;

IV – os demais dissídios concernentes ao contrato individual de trabalho;

b) processar e julgar os inquéritos para apuração de falta grave;

c) julgar os embargos opostos às suas próprias decisões;

d) impor multas e demais penalidades relativas aos atos de sua competência; (Redação dada pelo Decreto-lei nº 6.353, de 20.3.1944)

e) (Suprimida pelo Decreto-lei nº 6.353, de 20.3.1944)

Nova Redação com a Reforma Trabalhista	Antiga Redação
f) decidir quanto à homologação de acordo extrajudicial em matéria de competência da Justiça do Trabalho.	⊗ Dispositivo sem correspondência na antiga redação.

V – as ações entre trabalhadores portuários e os operadores portuários ou o Órgão Gestor de Mão-de-Obra – OGMO decorrentes da relação de trabalho; (Incluído pela Medida Provisória nº 2.164-41, de 2001)

Parágrafo único. Terão preferência para julgamento os dissídios sobre pagamento de salário e aqueles que derivarem da falência do empregador, podendo o Presidente da Junta, a pedido do interessado, constituir processo em separado, sempre que a reclamação também versar sobre outros assuntos. (Vide Constituição Federal de 1988)

Art. 653. Compete, ainda, às Juntas de Conciliação e Julgamento: (Vide Constituição Federal de 1988)

a) requisitar às autoridades competentes a realização das diligências necessárias ao esclarecimento dos feitos sob sua apreciação, representando contra aquelas que não atenderem a tais requisições;

b) realizar as diligências e praticar os atos processuais ordenados pelos Tribunais Regionais do Trabalho ou pelo Tribunal Superior do Trabalho;

c) julgar as suspeições arguidas contra os seus membros;

d) julgar as exceções de incompetência que lhes forem opostas;

e) expedir precatórias e cumprir as que lhes forem deprecadas;

f) exercer, em geral, no interesse da Justiça do Trabalho, quaisquer outras atribuições que decorram da sua jurisdição.

Seção III
Dos Presidentes das Juntas
(Vide Constituição Federal de 1988)

Art. 654. O ingresso na magistratura do trabalho far-se-á para o cargo de juiz do trabalho substituto. As nomeações subsequentes por promoção alternadamente, por antiguidade e merecimento. (Redação dada pelo Decreto-lei nº 229, de 28.2.1967)

§ 1º Nas 7ª e 8ª Regiões da Justiça do Trabalho, nas localidades fora das respectivas sedes, haverá suplentes de juiz do trabalho presidente de Junta, sem direito a acesso nomeados pelo Presidente da República, dentre brasileiros, bacharéis em direito, de reconhecida idoneidade moral, especializados em direito do trabalho, pelo período de 2 (dois) anos, podendo ser reconduzidos. (Redação dada pelo Decreto-lei nº 229, de 28.2.1967) (Vide Constituição Federal de 1988) (Vide Decreto-Lei nº 388, de 1968)

§ 2º Os suplentes de juiz do trabalho receberão, quando em exercício, vencimentos iguais aos dos juízes que substituírem. (Redação dada pelo Decreto-lei nº 229, de 28.2.1967)

§ 3º Os juízes substitutos serão nomeados após aprovação em concurso público de provas e títulos realizado perante o Tribunal Regional do Trabalho da Região, válido por 2 (dois) anos e prorrogável, a critério do mesmo órgão, por igual período, uma só vez, e organizado de acordo com as instruções expedidas pelo Tribunal Superior do Trabalho. (Redação dada pela Lei nº 6.087, de 16.7.1974)

§ 4º Os candidatos inscritos só serão admitidos ao concurso após apreciação prévia, pelo Tribunal Regional do Trabalho da respectiva Região, dos seguintes requisitos: (Redação dada pelo Decreto-lei nº 229, de 28.2.1967)

a) idade maior de 25 (vinte e cinco) anos e menor de 45 (quarenta e cinco) anos; (Redação dada pelo Decreto-lei nº 229, de 28.2.1967)

b) idoneidade para o exercício das funções. (Redação dada pelo Decreto-lei nº 229, de 28.2.1967)

§ 5º O preenchimento dos cargos do presidente de Junta, vagos ou criadas por lei, será feito dentro de cada Região: (Redação dada pelo Decreto-lei nº 229, de 28.2.1967) (Vide Constituição Federal de 1988)

a) pela remoção de outro presidente, prevalecendo a antiguidade no cargo, caso haja mais de um pedido, desde que a remoção tenha sido requerida, dentro de quinze dias, contados da abertura da vaga, ao Presidente do Tribunal Regional, a quem caberá expedir o respectivo ato. (Redação dada pela Lei nº 6.090, de 16.7.1974)

b) pela promoção de substituto, cuja aceitação será facultativa, obedecido o critério alternado de antiguidade e merecimento. (Redação dada pelo Decreto-lei nº 229, de 28.2.1967)

§ 6º Os juízes do trabalho, presidentes de Junta, juízes substitutos e suplentes de juiz tomarão posse perante o presidente do Tribunal da respectiva Região. Nos Estados que, não forem sede de Tribunal Regional do Trabalho, a posse dar-se-á perante o presidente do Tribunal de Justiça, que remeterá o termo ao presidente do Tribunal Regional da jurisdição do empossado. Nos Territórios a posse dar-se-á perante o presidente do Tribunal Regional do Trabalho da respectiva Região. (Redação dada pelo Decreto-lei nº 229, de 28.2.1967) (Vide Constituição Federal de 1988)

Art. 655. Os Presidentes e os Presidentes substitutos tomarão posse do cargo perante o presidente do Tribunal Regional da respectiva jurisdição. (Redação dada pelo Decreto-Lei nº 8.737, de 1946)

§ 1º Nos Estados em que não houver sede de Tribunais a posse dar-se-á perante o presidente do Tribunal de Apelação, que remeterá o respectivo termo ao presidente do Tribunal Regional da Jurisdição do empossado. (Redação dada pelo Decreto-Lei nº 8.737, de 1946)

§ 2º Nos Territórios a posse dar-se-á perante o Juiz de Direito da capital, que procederá na forma prevista no § 1º. (Redação dada pelo Decreto-Lei nº 8.737, de 1946)

Art. 656. O Juiz do Trabalho Substituto, sempre que não estiver substituindo o Juiz-Presidente de Junta, poderá ser designado para atuar nas Juntas de Conciliação e Julgamento. (Redação dada pela Lei nº 8.432, 11.6.1992) (Vide Constituição Federal de 1988)

§ 1º Para o fim mencionado no *caput* deste artigo, o território da Região poderá ser dividido em zonas, compreendendo a jurisdição de uma ou mais Juntas, a juízo do Tribunal Regional do Trabalho respectivo. (Incluído pela Lei nº 8.432, 11.6.1992)

§ 2º A designação referida no *caput* deste artigo será de atribuição do Juiz-Presidente do Tribunal Regional do Trabalho ou, não havendo disposição regimental específica, de quem este indicar. (Incluído pela Lei nº 8.432, 11.6.1992)

§ 3º Os Juízes do Trabalho Substitutos, quando designados ou estiverem substituindo os Juízes Presidentes de Juntas, perceberão os vencimentos destes. (Incluído pela Lei nº 8.432, 11.6.1992)

§ 4º O Juiz-Presidente do Tribunal Regional do Trabalho ou, não havendo disposição regimental específica, que este indicar, fará a lotação e a movimentação dos Juízes Substitutos entre as diferentes zonas da Região na hipótese de terem sido criadas na forma do § 1º deste artigo. (Incluído pela Lei nº 8.432, 11.6.1992)

Art. 657. Os Presidentes de Junta e os Presidentes Substitutos perceberão os vencimentos fixados em lei. (Redação dada pelo Decreto-Lei nº 8.737, de 1946) (Vide Constituição Federal de 1988)

Art. 658. São deveres precípuos dos Presidentes das Juntas, além dos que decorram do exercício de sua função: (Redação dada pelo Decreto-lei nº 8.737, 19.1.1946) (Vide Constituição Federal de 1988)

a) manter perfeita conduta pública e privada; (Redação dada pelo Decreto-lei nº 8.737, 19.1.1946)

b) abster-se de atender a solicitações ou recomendações relativamente aos feitos que hajam sido ou tenham de ser submetidos à sua apreciação; (Redação dada pelo Decreto-lei nº 8.737, 19.1.1946)

c) residir dentro dos limites de sua jurisdição, não podendo ausentar-se sem licença do Presidente do Tribunal Regional; (Redação dada pelo Decreto-lei nº 8.737, 19.1.1946)

d) despachar e praticar todos os atos decorrentes de suas funções, dentro dos prazos estabelecidos, sujeitando-se ao desconto correspondente a 1 (um) dia de vencimento para cada dia de retardamento. (Incluído pelo Decreto-lei nº 8.737, de 19.1.1946)

Art. 659. Competem privativamente aos Presidentes das Juntas, além das que lhes forem conferidas neste Título e das decorrentes de seu cargo, as seguintes atribuições: (Vide Constituição Federal de 1988)

I – presidir às audiências das Juntas; (Vide Constituição Federal de 1988)

II – executar as suas próprias decisões, as proferidas pela Junta e aquelas cuja execução lhes for deprecada; (Vide Constituição Federal de 1988)

III – dar posse aos vogais nomeados para a Junta, ao Secretário e aos demais funcionários da Secretaria; (Vide Constituição Federal de 1988)

IV – convocar os suplentes dos vogais, no impedimento destes;

V – representar ao Presidente do Tribunal Regional da respectiva jurisdição, no caso de falta de qualquer vogal a 3 (três) reuniões consecutivas, sem motivo justificado, para os fins do art. 727;

VI – despachar os recursos interpostos pelas partes, fundamentando a decisão recorrida antes da remessa ao Tribunal Regional, ou submetendo-os à decisão da Junta, no caso do art. 894; (Vide Constituição Federal de 1988)

VII – assinar as folhas de pagamento dos membros e funcionários da Junta;

VIII – apresentar ao Presidente do Tribunal Regional, até 15 de fevereiro de cada ano, o relatório dos trabalhos do ano anterior;

IX – conceder medida liminar, até decisão final do processo, em reclamações trabalhistas que visem a tornar sem efeito transferência disciplinada pelos parágrafos do artigo 469 desta Consolidação. (Incluído pela Lei nº 6.203, de 17.4.1975)

X – conceder medida liminar, até decisão final do processo, em reclamações trabalhistas que visem reintegrar no emprego dirigente sindical afastado, suspenso ou dispensado pelo empregador. (Incluído pela Lei nº 9.270, de 1996)

Seção IV
Dos Vogais das Juntas
(Vide Constituição Federal de 1988)

Art. 660. Os vogais das Juntas são designados pelo Presidente do Tribunal Regional da respectiva jurisdição. (Vide Constituição Federal de 1988)

Art. 661. Para o exercício da função de vogal da Junta ou suplente deste são exigidos os seguintes requisitos: (Vide Constituição Federal de 1988)

a) ser brasileiro; (Redação dada pelo Decreto-lei nº 229, de 28.2.1967)

b) ter reconhecida idoneidade moral;

c) ser maior de 25 (vinte e cinco) anos e ter menos de 70 (setenta) anos; (Redação dada pelo Decreto-lei nº 229, de 28.2.1967)

d) estar no gozo dos direitos civis e políticos;

e) estar quite com o serviço militar;

f) contar mais de 2 (dois) anos de efetivo exercício na profissão e ser sindicalizado.

Parágrafo único. A prova da qualidade profissional a que se refere a alínea "f" deste artigo é feita mediante declaração do respectivo Sindicato.

Art. 662. A escolha dos vogais das Juntas e seus suplentes far-se-á dentre os nomes constantes das listas que, para esse efeito, forem encaminhadas pelas associações sindicais de primeiro grau ao presidente do Tribunal Regional. (Vide Constituição Federal de 1988)

§ 1º Para esse fim, cada Sindicato de empregadores e de empregados, com base territorial extensiva à área de jurisdição da Junta, no todo ou em parte, procederá, na ocasião determinada pelo Presidente do Tribunal Regional, à escolha de 3 (três) nomes que comporão a lista, aplicando-se à eleição o disposto no art. 524 e seus §§ 1º a 3º. (Redação dada pela Lei nº 5.657, de 4.6.1971)

§ 2º Recebidas as listas pelo presidente do Tribunal Regional, designará este, dentro de cinco dias, os nomes dos vogais e dos respectivos suplentes, expedindo para cada um deles um título, mediante a apresentação do qual será empossado.

§ 3º Dentro de quinze dias, contados da data da posse, pode ser contestada a investidura do vogal ou do suplente, por qualquer interessado, sem efeito suspensivo, por meio de representação escrita, dirigida ao presidente do Tribunal Regional.

§ 4º Recebida a contestação, o Presidente do Tribunal designará imediatamente relator, o qual, se houver necessidade de ouvir testemunhas ou de proceder a quaisquer diligências, providenciará para que tudo se realize com a maior brevidade, submetendo, por fim, a contestação ao parecer do Tribunal, na primeira sessão. (Redação dada pela Lei nº 2.244, de 23.6.1954)

§ 5º Se o Tribunal julgar procedente a contestação, o Presidente providenciará a designação de novo vogal ou suplente. (Redação dada pelo Decreto-lei nº 229, de 28.2.1967)

§ 6º Em falta de indicação pelos Sindicatos, de nomes para representantes das respectivas categorias profissionais e econômicas nas Juntas de Conciliação e Julgamento, ou nas localidades onde não existirem Sindicatos, serão esses representantes livremente designados pelo Presidente do Tribunal Regional do Trabalho, observados os requisitos exigidos para o exercício da função. (Parágrafo incluído pelo Decreto-lei nº 229, de 28.2.1967) (Vide Constituição Federal de 1988)

Art. 663. A investidura dos vogais das Juntas e seus suplentes é de 3 (três) anos, podendo, entretanto, ser dispensado, a pedido, aquele que tiver servido, sem interrupção, durante metade desse período. (Redação dada pela Lei nº 2.244, de 23.6.1954) (Vide Constituição Federal de 1988)

§ 1º Na hipótese da dispensa do vogal a que alude este artigo, assim como nos casos de impedimento, morte ou renúncia, sua substituição far-se-á pelo suplente, mediante convocação do Presidente da Junta. (Redação dada pela Lei nº 2.244, de 23.6.1954) (Vide Constituição Federal de 1988)

§ 2º Na falta do suplente, por impedimento, morte ou renúncia serão designados novo vogal e o respectivo suplente, dentre os nomes constantes das listas a que se refere o art. 662, servindo os designados até o fim do período.

Art. 664. Os vogais das Juntas e seus suplentes tomam posse perante o Presidente da Junta em que têm de funcionar. (Vide Constituição Federal de 1988)

Art. 665. Enquanto durar sua investidura, gozam os vogais das Juntas e seus suplentes das prerrogativas asseguradas aos jurados.

Art. 666. Por audiência a que comparecerem, até o máximo de 20 (vinte) por mês, os vogais das Juntas e seus suplentes perceberão a gratificação fixada em lei. (Vide Constituição Federal de 1988)

Art. 667. São prerrogativas dos vogais das Juntas, além das referidas no art. 665: (Vide Constituição Federal de 1988)

a) tomar parte nas reuniões do Tribunal a que pertençam;

b) aconselhar às partes a conciliação;

c) votar no julgamento dos feitos e nas matérias de ordem interna do Tribunal, submetidas às suas deliberações;

d) pedir vista dos processos pelo prazo de 24 (vinte e quatro) horas;

e) formular, por intermédio do Presidente, aos litigantes, testemunhas e peritos, as perguntas que quiserem fazer, para esclarecimento do caso.

CAPÍTULO III
DOS JUÍZOS DE DIREITO

Art. 668. Nas localidades não compreendidas na jurisdição das Juntas de Conciliação e Julgamento, os Juízos de Direito são os órgãos de administração da Justiça do Trabalho, com a jurisdição que lhes for determinada pela lei de organização judiciária local. (Vide Constituição Federal de 1988)

Art. 669. A competência dos Juízos de Direito, quando investidos na administração da Justiça do Trabalho, é a mesma das Juntas de Conciliação e Julgamento, na forma da Seção II do Capítulo II.

§ 1º Nas localidades onde houver mais de um Juízo de Direito a competência é determinada, entre os Juízes do Cível, por distribuição ou pela divisão judiciária local, na conformidade da lei de organização respectiva.

§ 2º Quando o critério de competência da lei de organização judiciária for diverso do previsto no parágrafo anterior, será competente o Juiz do Cível mais antigo.

CAPÍTULO IV
DOS TRIBUNAIS REGIONAIS DO TRABALHO

Seção I
Da Composição e do Funcionamento

Art. 670. Os Tribunais Regionais das 1ª e 2ª Regiões compor-se-ão de onze juízes togados, vitalícios, e de seis juízes classistas, temporários; os da 3ª e 4ª Regiões, de oito juízes togados, vitalícios, e de quatro classistas, temporários; os da 5ª e 6ª Regiões, de sete juízes togados, vitalícios e de dois classistas, temporários; os da 7ª e 8ª Regiões, de seis juízes togados, vitalícios, e de dois classistas, temporários, todos nomeados pelo Presidente da República. (Redação dada pela Lei nº 5.442, 24.5.1968)

§ 1º Há um primeiro suplente e um segundo suplente para o presidente e um suplente para cada vogal. (Incluído pelo Decreto-lei nº 9.398, de 21.6.1946) (Vide Decreto-Lei nº 9.519, de 1946)

§ 2º Nos Tribunais Regionais constituídos de seis ou mais juízes togados, e menos de onze, um deles será escolhido dentre advogados, um dentre membros do Ministério Público da União junto à Justiça do Trabalho e os demais dentre juízes do Trabalho Presidente de Junta da respectiva Região, na forma prevista no parágrafo anterior. (Redação dada pela Lei nº 5.442, de 24.5.1968)

§ 3º (VETADO) (Incluído pela Lei nº 5.442, de 24.5.1968)

§ 4º Os juízes classistas referidos neste artigo representarão, paritariamente, empregadores e empregados. (Parágrafo incluído pela Lei nº 5.442, de 24.5.1968)

§ 5º Haverá um suplente para cada Juiz classista. (Parágrafo incluído pela Lei nº 5.442, de 24.5.1968)

§ 6º Os Tribunais Regionais, no respectivo regimento interno, disporão sobre a substituição de seus juízes, observados, na convocação de juízes inferiores, os critérios de livre escolha e antiguidade, alternadamente. (Parágrafo incluído pela Lei nº 5.442, de 24.5.1968)

§ 7º Dentre os seus juízes togados, os Tribunais Regionais elegerão os respectivos Presidente e Vice-Presidente, assim como os Presidentes de Turmas, onde as houver. (Parágrafo incluído pela Lei nº 5.442, de 24.5.1968)

§ 8º Os Tribunais Regionais da 1ª e 2ª Regiões dividir-se-ão em Turmas, facultada essa divisão aos constituídos de pelo menos, doze juízes. Cada turma se comporá de três juízes togados e dois classistas, um representante dos empregados e outro dos empregadores. (Parágrafo incluído pela Lei nº 5.442, de 24.5.1968)

**Atualmente o território nacional é dividido em 24 regiões.*

Art. 671. Para os trabalhos dos Tribunais Regionais existe a mesma incompatibilidade prevista no art. 648, sendo idêntica a forma de sua resolução.

Art. 672. Os Tribunais Regionais, em sua composição plena, deliberarão com a presença, além do Presidente, da metade e mais um, do número de seus juízes, dos quais, no mínimo, um representante dos empregados e outro dos empregadores. (Redação dada pela Lei nº 5.442, de 24.5.1968)

§ 1º As Turmas somente poderão deliberar presentes, pelo menos, três dos seus juízes, entre eles os dois classistas. Para a integração desse quórum, poderá o Presidente de uma Turma convocar juízes de outra, da classe a que pertencer o ausente ou impedido. (Redação dada pela Lei nº 5.442, de 24.5.1968)

§ 2º Nos Tribunais Regionais, as decisões tomar-se-ão pelo voto da maioria dos juízes presentes, ressalvada, no Tribunal Pleno, a hipótese de declaração de inconstitucionalidade de lei ou ato do poder público (artigo 111 da Constituição). (Redação dada pela Lei nº 5.442, de 24.5.1968)

§ 3º O Presidente do Tribunal Regional, excetuada a hipótese de declaração de inconstitucionalidade de lei ou ato do poder público, somente terá voto de desempate. Nas sessões administrativas, o Presidente votará como os demais juízes, cabendo-lhe, ainda, o voto de qualidade. (Parágrafo incluído pela Lei nº 5.442, de 24.5.1968)

§ 4º No julgamento de recursos contra decisão ou despacho do Presidente, do Vice-Presidente ou de Relator, ocorrendo empate, prevalecerá a decisão ou despacho recorrido. (Parágrafo incluído pela Lei nº 5.442, de 24.5.1968)

Art. 673. A ordem das sessões dos Tribunais Regionais será estabelecida no respectivo Regimento Interno.

Seção II
Da Jurisdição e Competência

Art. 674. Para efeito da jurisdição dos Tribunais Regionais, o território nacional é dividido nas oito regiões seguintes: (Redação dada pela Lei nº 5.839, de 5.12.1972)

1ª Região – Estados da Guanabara, Rio de Janeiro e Espírito Santo;

2ª Região – Estados de São Paulo, Paraná e Mato Grosso;

3ª Região – Estados de Minas Gerais e Goiás e Distrito Federal;

4ª Região – Estados do Rio Grande do Sul e Santa Catarina;

5ª Região – Estados da Bahia e Sergipe;

6ª Região – Estados de Alagoas, Pernambuco, Paraíba e Rio Grande do Norte;

7ª Região – Estados do Ceará, Piauí e Maranhão;

8ª Região – Estados do Amazonas, Pará, Acre e Territórios Federais do Amapá, Rondônia e Roraima.

9ª Região – Estado do Paraná; *(Lei nº 6.241, de 22/9/1975)*

10ª Região – Estado do Distrito Federal; *(Lei nº 6.927, de 7/7/1981)*

11ª Região – Estados do Amazonas e de Roraima; *(Lei nº 6.915, de 1/6/1981)*

12ª Região – Estado de Santa Catarina; *(Lei nº 6.928, de 7/7/1981)*

13ª Região – Estado da Paraíba; *(Lei nº 7.324, de 18/6/1985)*

14ª Região – Estados de Rondônia e Acre; *(Lei nº 7.523, de 17/7/1986)*

15ª Região – Estado de São Paulo; *(Lei nº 7.520, de 15/7/1986)*

16ª Região – Estado do Maranhão; *(Lei nº 7.671, de 21/9/1988)*

17ª Região – Estado do Espírito Santo; *(Lei nº 7.872, de 8/11/1989)*

18ª Região – Estado de Goiás; *(Lei nº 7.873, de 9/11/1989)*

19ª Região – Estado de Alagoas; *(Lei nº 8.219, de 29/8/1991)*

20ª Região – Estado de Sergipe; *(Lei nº 8.233, de 10/9/1991)*

21ª Região – Estado do Rio Grande do Norte; *(Lei nº 8.215, de 25/7/1991)*

22ª Região – Estado do Piauí; *(Lei nº 8.221, de 5/9/1991)*

23ª Região – Estado do Mato Grosso; *(Lei nº 8.430, de 8/6/1992)*

24ª Região – Estado do Mato Grosso do Sul; *(Lei nº 8.431, de 9/6/1992) ("Caput" do artigo atualizado em conformidade com as leis citadas)*

Parágrafo único. Os tribunais têm sede nas cidades: Rio de Janeiro (1ª Região), São Paulo (2ª Região), Belo Horizonte (3ª Região), Porto Alegre (4ª Região), Salvador (5ª Região), Recife (6ª Região), Fortaleza (7ª Região) e Belém (8ª Região). (Redação dada pela Lei nº 5.839, de 5.12.1972)

**Atualmente o território nacional é dividido em 24 regiões.*

Art. 675. (Revogado pela Lei nº 5.442, de 24.5.1968)

Art. 676. O número de regiões, a jurisdição e a categoria dos Tribunais Regionais, estabelecidos nos artigos anteriores, somente podem ser alterados pelo Presidente da República.

Art. 677. A competência dos Tribunais Regionais determina-se pela forma indicada no art. 651 e seus parágrafos e, nos casos de dissídio coletivo, pelo local onde este ocorrer.

Art. 678. Aos Tribunais Regionais, quando divididos em Turmas, compete: (Redação dada pela Lei nº 5.442, de 24.5.1968)

I – ao Tribunal Pleno, especialmente: (Incluído pela Lei nº 5.442, de 24.5.1968)

a) processar, conciliar e julgar originariamente os dissídios coletivos;

b) processar e julgar originariamente:

1) as revisões de sentenças normativas;

2) a extensão das decisões proferidas em dissídios coletivos;

3) os mandados de segurança;

4) as impugnações à investidura de vogais e seus suplentes nas Juntas de Conciliação e Julgamento;

c) processar e julgar em última instância:

1) os recursos das multas impostas pelas Turmas;

2) as ações rescisórias das decisões das Juntas de Conciliação e Julgamento, dos juízes de direito investidos na jurisdição trabalhista, das Turmas e de seus próprios acórdãos;

3) os conflitos de jurisdição entre as suas Turmas, os juízes de direito investidos na jurisdição trabalhista, as Juntas de Conciliação e Julgamento, ou entre aqueles e estas;

d) julgar em única ou última instâncias:

1) os processos e os recursos de natureza administrativa atinentes aos seus serviços auxiliares e respectivos servidores;

2) as reclamações contra atos administrativos de seu presidente ou de qualquer de seus membros, assim como dos juízes de primeira instância e de seus funcionários.

II – às Turmas: (Incluído pela Lei nº 5.442, de 24.5.1968)

a) julgar os recursos ordinários previstos no art. 895, alínea a;

b) julgar os agravos de petição e de instrumento, estes de decisões denegatórias de recursos de sua alçada;

c) impor multas e demais penalidades relativas e atos de sua competência jurisdicional, e julgar os recursos interpostos das decisões das Juntas dos juízes de direito que as impuserem.

Parágrafo único. Das decisões das Turmas não caberá recurso para o Tribunal Pleno, exceto no caso do item I, alínea "c", inciso 1, deste artigo. (Incluído pela Lei nº 5.442, de 24.5.1968)

Art. 679. Aos Tribunais Regionais não divididos em Turmas, compete o julgamento das matérias a que se refere o artigo anterior, exceto a de que trata o inciso I da alínea c do Item I, como os conflitos de jurisdição entre Turmas. (Redação dada pela Lei nº 5.442, de 24.5.1968)

Art. 680. Compete, ainda, aos Tribunais Regionais, ou suas Turmas: (Restabelecido com nova redação pela Lei nº 5.442, de 24.5.1968)

a) determinar às Juntas e aos juízes de direito a realização dos atos processuais e diligências necessárias ao julgamento dos feitos sob sua apreciação;

b) fiscalizar o comprimento de suas próprias decisões;

c) declarar a nulidade dos atos praticados com infração de suas decisões;

d) julgar as suspeições arguidas contra seus membros;

e) julgar as exceções de incompetência que lhes forem opostas;

f) requisitar às autoridades competentes as diligências necessárias ao esclarecimento dos feitos sob apreciação, representando contra aquelas que não atenderem a tais requisições;

g) exercer, em geral, no interesse da Justiça do Trabalho, as demais atribuições que decorram de sua Jurisdição.

Seção III
Dos Presidentes dos Tribunais Regionais

Art. 681. Os presidentes e vice-presidentes dos Tribunais Regionais do Trabalho tomarão posse perante os respectivos Tribunais. (Redação dada pela Lei nº 6.320, de 5.4.1976)

Art. 682. Competem privativamente aos Presidentes dos Tribunais Regionais, além das que forem conferidas neste e no título e das decorrentes do seu cargo, as seguintes atribuições: (Redação dada pelo Decreto-lei nº 8.737, de 19.1.1946)

I – (Revogado pela Lei nº 5.442, de 24.5.1968)

II – designar os vogais das Juntas e seus suplentes; (Redação dada pelo Decreto-lei nº 8.737, de 19.1.1946)

III – dar posse aos Presidentes de Juntas e Presidentes Substitutos, aos vogais e suplentes e funcionários do próprio Tribunal e conceder férias e licenças aos mesmos e aos vogais e suplentes das Juntas; (Redação dada pelo Decreto-lei nº 8.737, de 19.1.1946)

IV – presidir às sessões do Tribunal; (Redação dada pelo Decreto-lei nº 8.737, de 19.1.1946)

V – presidir às audiências de conciliação nos dissídios coletivos; (Redação dada pelo Decreto-lei nº 8.737, de 19.1.1946)

VI – executar suas próprias decisões e as proferidas pelo Tribunal; (Redação dada pelo Decreto-lei nº 8.737, de 19.1.1946)

VII – convocar suplentes dos vogais do Tribunal, nos impedimentos destes; (Redação dada pelo Decreto-lei nº 8.737, de 19.1.1946)

VIII - representar ao Presidente do Tribunal Superior do Trabalho contra os Presidentes e os vogais, nos casos previstos no art. 727 e seu parágrafo único; (Redação dada pelo Decreto-lei nº 8.737, de 19.1.1946)

IX - despachar os recursos interpostos pelas partes; (Redação dada pelo Decreto-lei nº 8.737, de 19.1.1946)

X - requisitar às autoridades competentes, nos casos de dissídio coletivo, a força necessária, sempre que houver ameaça de perturbação da ordem; (Redação dada pelo Decreto-lei nº 8.737, de 19.1.1946)

XI - exercer correição, pelo menos uma vez por ano, sobre as Juntas, ou parcialmente sempre que se fizer necessário, e solicitá-la, quando julgar conveniente, ao Presidente do Tribunal de Apelação relativamente aos Juízes de Direito investidos na administração da Justiça do Trabalho; (Redação dada pelo Decreto-lei nº 8.737, de 19.1.1946)

XII - distribuir os feitos, designando os vogais que os devem relatar; (Redação dada pelo Decreto-lei nº 8.737, de 19.1.1946)

XIII - designar, dentre os funcionários do Tribunal e das Juntas existentes em uma mesma localidade, o que deve exercer a função de distribuidor; (Redação dada pelo Decreto-lei nº 8.737, de 19.1.1946)

XIV - assinar as folhas de pagamento dos vogais e servidores do Tribunal. (Redação dada pelo Decreto-lei nº 8.737, de 19.1.1946)

§ 1º Na falta ou impedimento do Presidente da Junta e do substituto da mesma localidade, é facultado ao Presidente do Tribunal Regional designar substituto de outra localidade, observada a ordem de antiguidade entre os substitutos desimpedidos. (Redação dada pelo Decreto-lei nº 8.737, de 19.1.1946)

§ 2º Na falta ou impedimento do Juiz classista da Junta e do respectivo suplente, é facultado ao Presidente do Tribunal Regional designar suplente de outra Junta, respeitada a categoria profissional ou econômica do representante e a ordem de antiguidade dos suplentes desimpedidos. (Redação dada pelo Decreto-lei nº 8.737, de 19.1.1946)

§ 3º Na falta ou impedimento de qualquer Juiz representante classista e seu respectivo suplente, é facultado ao Presidente do Tribunal Regional designar um dos Juízes classistas de Junta de Conciliação e Julgamento para funcionar nas sessões do Tribunal, respeitada a categoria profissional ou econômica do representante. (Incluído pela Lei nº 3.440, de 27.8.1958)

Art. 683. Na falta ou impedimento dos Presidentes dos Tribunais Regionais, e como auxiliares destes, sempre que necessário, funcionarão seus substitutos. (Redação dada pelo Decreto-lei nº 8.737, de 19.1.1946)

§ 1º Nos casos de férias, por 30 (trinta) dias, licença, morte ou renúncia, a convocação competirá diretamente ao Presidente do Tribunal Superior do Trabalho (Redação dada pelo Decreto-lei nº 8.737, de 19.1.1946)

§ 2º Nos demais casos, mediante convocação do próprio Presidente do Tribunal ou comunicação do secretário deste, o Presidente Substituto assumirá imediatamente o exercício, ciente o Presidente do Tribunal Superior do Trabalho. (Redação dada pelo Decreto-lei nº 8.737, de 19.1.1946)

Seção IV
Dos Juízes Representantes Classistas dos Tribunais Regionais

Art. 684. Os Juízes representantes classistas dos Tribunais Regionais são designados pelo Presidente da República.

Parágrafo único. Aos Juízes representantes classistas dos empregados e dos empregadores, nos Tribunais Regionais, aplicam-se as disposições do art. 661. (Parágrafo 1º renumerado para parágrafo único pela Lei nº 5.442, de 24.5.1968)

Art. 685. A escolha dos vogais e suplentes dos Tribunais Regionais, representantes dos empregadores e empregados, é feita dentre os nomes constantes das listas para esse fim encaminhadas ao Presidente do Tribunal Superior do Trabalho pelas associações sindicais de grau superior com sede nas respectivas Regiões.

§ 1º Para o efeito deste artigo, o Conselho de Representantes de cada associação sindical de grau superior, na ocasião determinada pelo Presidente do Tribunal Superior do Trabalho, organizará, por maioria de votos, uma lista de 3 (três) nomes.

§ 2º O Presidente do Tribunal Superior do Trabalho submeterá os nomes constantes das listas ao Presidente da República, por intermédio do Ministro da Justiça e Negócios Interiores. (Redação dada pela Lei nº 2.244, de 23.6.1954)

Art. 686. (Suprimido pelo Decreto-Lei nº 9.797, de 9.9.1946)

Art. 687. Os vogais dos Tribunais Regionais tomam posse perante o respectivo Presidente.

Art. 688. Aos juízes representantes classistas dos Tribunais Regionais aplicam-se as disposições do art. 663, sendo a nova escolha feita dentre os nomes constantes das listas a que se refere o art. 685, ou na forma indicada no art. 686 e, bem assim, as dos arts. 665 e 667.

Art. 689. Por sessão a que comparecerem, até o máximo de quinze por mês, perceberão os Juízes representantes classistas e suplentes dos Tribunais Regionais a gratificação fixada em lei. (Redação dada pelo Decreto-lei nº 8.737, de 19.1.1946)

Parágrafo único. Os Juízes representantes classistas que retiverem processos além dos prazos estabelecidos no Regimento Interno dos Tribunais Regionais sofrerão automaticamente, na gratificação mensal a que teriam direito, desconto equivalente a 1/30 (um trinta avos) por processo retido. (Incluído pelo Decreto-lei nº 8.737, de 19.1.1946)

CAPÍTULO V
DO TRIBUNAL SUPERIOR DO TRABALHO

Seção I
Disposições Preliminares

Art. 690. O Tribunal Superior do Trabalho, com sede na Capital da República e jurisdição em todo o território nacional, é a instância suprema da Justiça do Trabalho. (Redação dada pela Lei nº 2.244, de 23.6.1954)

Parágrafo único. O Tribunal funciona na plenitude de sua composição ou dividido em Turmas, com observância da paridade de representação de empregados e empregadores. (Redação dada pela Lei nº 2.244, de 23.6.1954)

Art. 691. (Suprimido pelo Decreto-lei nº 8.737, de 19.1.1946)

Art. 692. (Suprimido pelo Decreto-lei nº 8.737, de 19.1.1946)

Seção II
Da Composição e Funcionamento do Tribunal Superior Do Trabalho

Art. 693. O Tribunal Superior do Trabalho compõe-se de dezessete juízes com a denominação de Ministros, sendo: (Redação dada pela Lei nº 5.442, de 24.5.1968) (Vide Constituição Federal)

a) onze togados e vitalícios, nomeados pelo Presidente da República, depois de aprovada a escolha pelo Senado Federal, dentre brasileiros natos, maiores de trinta e cinco anos, de notável saber jurídico e reputação ilibada; (Redação dada pela Lei nº 5.442, de 24.5.1968)

b) seis classistas, com mandato de três anos, em representação paritária dos empregadores e dos empregados, nomeados pelo Presidente da República de conformidade com o disposto nos §§ 2º e 3º deste artigo. (Redação dada pela Lei nº 5.442, de 24.5.1968)

§ 1º Dentre os Juízes Togados do Tribunal Superior do Trabalho, alheios aos interesses profissionais, serão eleitos o Presidente, o Vice-Presidente e o corregedor, além dos presidentes das turmas na forma estabelecida em seu regimento interno. (Redação dada pela Lei nº 2.244, de 23.6.1954)

Art. 694. Os juízes togados escolher-se-ão: sete, dentre magistrados da Justiça do Trabalho, dois, dentre advogados no efetivo exercício da profissão, e dois, dentre membros do Ministério Público da União junto à Justiça do Trabalho. (Restabelecido com nova redação dada pela Lei nº 5.442, de 24.5.1968) (Vide Constituição Federal de 1988)

Art. 695. (Suprimido pelo Decreto-lei nº 9.797, de 9.9.1946)

Art. 696. Importará em renúncia o não comparecimento do membro do Conselho, sem motivo justificado, a mais de três sessões ordinárias consecutivas. (Redação dada pelo Decreto-lei nº 8.737, de 19.1.1946)

§ 1º Ocorrendo a hipótese prevista neste artigo o Presidente do Tribunal comunicará imediatamente o fato ao Ministro da Justiça e Negócios Interiores, a fim de que seja feita a substituição do juiz renunciante, sem prejuízo das sanções cabíveis. (Incluído pela Lei nº 2.244, de 23.6.1954)

§ 2º Para os efeitos do parágrafo anterior, a designação do substituto será feita dentre os nomes constantes das listas de que trata o 2º do art. 693. (Incluído pela Lei nº 2.244, de 23.6.1954)

Art. 697. Em caso de licença, superior a trinta dias, ou de vacância, enquanto não for preenchido o cargo, os Ministros do Tribunal poderão ser substituídos mediante convocação de Juízes, de igual categoria, de qualquer dos Tribunais Regionais do Trabalho, na forma que dispuser o Regimento do Tribunal Superior do Trabalho. (Redação dada pela Lei nº 6.289, de 11.12.1975)

Art. 698. (Suprimido pelo Decreto-lei nº 8.737, de 19.1.1946)

Art. 699. O Tribunal Superior do Trabalho não poderá deliberar, na plenitude de sua composição senão com a presença de pelo menos nove de seus juízes, além do Presidente. (Redação dada pela Lei nº 2.244, de 23.6.1954)

Parágrafo único. As turmas do Tribunal, compostas de 5 (cinco) juízes, só poderão deliberar com a presença de pelo menos, três de seus membros, além do respectivo presidente, cabendo também a este funcionar como relator ou revisor nos feitos que lhe forem distribuídos conforme estabelecer o regimento interno. (Incluído pela Lei nº 2.244, de 23.6.1954)

Art. 700. O Tribunal reunir-se-á em dias previamente fixados pelo Presidente, o qual poderá, sempre que for necessário, convocar sessões extraordinárias. (Redação dada pelo Decreto-lei nº 8.737, de 19.1.1946)

Art. 701. As sessões do Tribunal serão públicas e começarão às 14 (quatorze) horas, terminando às 17 (dezessete) horas, mas poderão ser prorrogadas pelo Presidente em caso de manifesta necessidade. (Redação dada pelo Decreto-lei nº 8.737, de 19.1.1946)

§ 1º As sessões extraordinárias do Tribunal só se realizarão quando forem comunicadas aos seus membros com 24 (vinte e quatro) horas, no mínimo, de antecedência. (Redação dada pelo Decreto-lei nº 8.737, de 19.1.1946)

§ 2º Nas sessões do Tribunal, os debates poderão tornar-se secretos, desde que, por motivo de interesse público, assim resolva a maioria de seus membros. (Redação dada pelo Decreto-lei nº 8.737, de 19.1.1946)

Seção III
Da Competência do Conselho Pleno
(Vide Lei 7.701, de 1988)

Art. 702. Ao Tribunal Pleno compete: (Redação dada pela Lei nº 2.244, de 23.6.1954) (Vide Lei 7.701, de 1988)

I – em única instância: (Redação dada pela Lei nº 2.244, de 23.6.1954)

a) decidir sobre matéria constitucional, quando arguido, para invalidar lei ou ato do poder público; (Redação dada pela Lei nº 2.244, de 23.6.1954)

b) conciliar e julgar os dissídios coletivos que excedam a jurisdição dos Tribunais Regionais do Trabalho, bem como estender ou rever suas próprias decisões normativas, nos casos previstos em lei; (Redação dada pela Lei nº 2.244, de 23.6.1954)

c) homologar os acordos celebrados em dissídios de que trata a alínea anterior; (Redação dada pela Lei nº 2.244, de 23.6.1954)

d) julgar os agravos dos despachos do presidente, nos casos previstos em lei; (Redação dada pela Lei nº 2.244, de 23.6.1954)

e) julgar as suspeições arguidas contra o presidente e demais juízes do Tribunal, nos feitos pendentes de sua decisão; (Redação dada pela Lei nº 2.244, de 23.6.1954)

Nova Redação com a Reforma Trabalhista	Antiga Redação
f) estabelecer **ou alterar** súmulas **e outros enunciados** de jurisprudência uniforme, **pelo voto de pelo menos dois terços de seus membros, caso a mesma matéria já tenha sido decidida de forma idêntica por unanimidade em, no mínimo, dois terços das turmas em pelo menos dez sessões diferentes em cada uma delas, podendo, ainda, por maioria de dois terços de seus membros, restringir os efeitos daquela declaração ou decidir que ela só tenha eficácia a partir de sua publicação no Diário Oficial;**	f) estabelecer súmulas de jurisprudência uniforme, na forma prescrita no Regimento Interno. (Redação dada pela Lei nº 7.033, de 5.10.1982)

g) aprovar tabelas de custas emolumentos, nos termos da lei; (Redação dada pela Lei nº 2.244, de 23.6.1954)

h) elaborar o Regimento Interno do Tribunal e exercer as atribuições administrativas previstas em lei, ou decorrentes da Constituição Federal.

II – em última instância: (Redação dada pela Lei nº 2.244, de 23.6.1954)

a) julgar os recursos ordinários das decisões proferidas pelos Tribunais Regionais em processos de sua competência originária; (Redação dada pela Lei nº 2.244, de 23.6.1954)

b) julgar os embargos opostos às decisões de que tratam as alíneas "b" e "c" do inciso I deste artigo; (Redação dada pela Lei nº 2.244, de 23.6.1954)

c) julgar embargos das decisões das Turmas, quando estas divirjam entre si ou de decisão proferida pelo próprio Tribunal Pleno, ou que forem contrárias à letra de lei federal; (Redação dada pelo Decreto-lei nº 229, de 28.2.1967)

d) julgar os agravos de despachos denegatórios dos presidentes de turmas, em matéria de embargos na forma estabelecida no regimento interno; (Redação dada pela Lei nº 2.244, de 23.6.1954)

e) julgar os embargos de declaração opostos aos seus acórdãos. (Redação dada pela Lei nº 2.244, de 23.6.1954)

§ 1º Quando adotada pela maioria de dois terços dos juízes do Tribunal Pleno, a decisão proferida nos embargos de que trata o inciso II, alínea "c", deste artigo, terá força de prejulgado, nos termos dos §§ 2º e 3º, do art. 902. (Parágrafo incluído pela Lei nº 2.244, de 23.6.1954)

§ 2º É da competência de cada uma das turmas do Tribunal: (Parágrafo incluído pela Lei nº 2.244, de 23.6.1954)

a) julgar, em única instância, os conflitos de jurisdição entre Tribunais Regionais do Trabalho e os que se suscitarem entre juízes de direito ou juntas de conciliação e julgamento de regiões diferentes; (Alínea incluída pela Lei nº 2.244, de 23.6.1954)

b) julgar, em última instância, os recursos de revista interpostos de decisões dos Tribunais Regionais e das Juntas de Conciliação e julgamento ou juízes de direito, nos casos previstos em lei; (Alínea incluída pela Lei nº 2.244, de 23.6.1954)

c) julgar os agravos de instrumento dos despachos que denegarem a interposição de recursos ordinários ou de revista; (Alínea incluída pela Lei nº 2.244, de 23.6.1954)

d) julgar os embargos de declaração opostos aos seus acórdãos; (Alínea incluída pela Lei nº 2.244, de 23.6.1954)

e) julgar as habilitações incidentes e arguições de falsidade, suspeição e outras nos casos pendentes de sua decisão. (Alínea incluída pela Lei nº 2.244, de 23.6.1954)

Nova Redação com a Reforma Trabalhista	Antiga Redação
§ 3º As sessões de julgamento sobre estabelecimento ou alteração de súmulas e outros enunciados de jurisprudência deverão ser públicas, divulgadas com, no mínimo, trinta dias de antecedência, e deverão possibilitar a sustentação oral pelo Procurador-Geral do Trabalho, pelo Conselho Federal da Ordem dos Advogados do Brasil, pelo Advogado-Geral da União e por confederações sindicais ou entidades de classe de âmbito nacional.	⊗ Dispositivo sem correspondência na antiga redação.
§ 4º O estabelecimento ou a alteração de súmulas e outros enunciados de jurisprudência pelos Tribunais Regionais do Trabalho deverão observar o disposto na alínea f do inciso I e no § 3º deste artigo, com rol equivalente de legitimados para sustentação oral, observada a abrangência de sua circunscrição judiciária.	⊗ Dispositivo sem correspondência na antiga redação.

Seção IV
Da Competência da Câmara de Justiça do Trabalho

Art. 703. (Suprimido pelo Decreto-lei nº 8.737, de 19.1.1946)

Art. 704. (Suprimido pelo Decreto-lei nº 8.737, de 19.1.1946)

Art. 705. (Suprimido pelo Decreto-lei nº 8.737, de 19.1.1946)

Seção V
Da Competência da Câmara de Previdência Social

Art. 706. (Suprimido pelo Decreto-lei nº 8.737, de 19.1.1946)

Seção VI
Das Atribuições do Presidente do Tribunal Superior do Trabalho

Art. 707. Compete ao Presidente do Tribunal: (Redação dada pelo Decreto-lei nº 8.737, de 19.1.1946)

a) presidir às sessões do Tribunal, fixando os dias para a realização das sessões ordinárias e convocando as extraordinárias; (Redação dada pelo Decreto-lei nº 8.737, de 19.1.1946)

b) superintender todos os serviços do Tribunal; (Redação dada pelo Decreto-lei nº 8.737, de 19.1.1946)

c) expedir instruções e adotar as providências necessárias para o bom funcionamento do Tribunal e dos demais órgãos da Justiça do Trabalho; (Redação dada pelo Decreto-lei nº 8.737, de 19.1.1946)

d) fazer cumprir as decisões originárias do Tribunal, determinando aos Tribunais Regionais e aos demais órgãos da Justiça do Trabalho a realização dos atos processuais e das diligências necessárias; (Redação dada pelo Decreto-lei nº 8.737, de 19.1.1946)

e) submeter ao Tribunal os processos em que tenha de deliberar e designar, na forma do Regimento Interno, os respectivos relatores; (Redação dada pelo Decreto-lei nº 8.737, de 19.1.1946)

f) despachar os recursos interpostos pelas partes e os demais papéis em que deva deliberar; (Redação dada pelo Decreto-lei nº 8.737, de 19.1.1946)

g) determinar as alterações que se fizerem necessárias na lotação do pessoal da Justiça do Trabalho, fazendo remoções *ex officio* de servidores entre os Tribunais Regionais, Juntas de Conciliação e Julgamento e outros órgãos; bem como conceder as requeridas que julgar convenientes ao serviço, respeitada a lotação de cada órgão; (Redação dada pelo Decreto-lei nº 8.737, de 19.1.1946)

h) conceder licenças e férias aos servidores do Tribunal, bem como impor-lhes as penas disciplinares que excederem da alçada das demais autoridades; (Redação dada pelo Decreto-lei nº 8.737, de 19.1.1946)

i) dar posse e conceder licença aos membros do Tribunal, bem como conceder licenças e férias aos Presidentes dos Tribunais Regionais; (Redação dada pelo Decreto-lei nº 8.737, de 19.1.1946)

j) apresentar ao Ministro do Trabalho, Indústria e Comercio, até 31 de março de cada ano, o relatório das atividades do Tribunal e dos demais órgãos da Justiça do Trabalho. (Redação dada pelo Decreto-lei nº 8.737, de 19.1.1946)

Parágrafo único. O Presidente terá 1 (um) secretário por ele designado dentre os funcionários lotados no Tribunal, e será auxiliado por servidores designados nas mesmas condições. (Redação dada pelo Decreto-lei nº 8.737, de 19.1.1946)

Seção VII
Das Atribuições do Vice-Presidente

Art. 708. Compete ao Vice-Presidente do Tribunal: (Redação dada pela Lei nº 2.244, de 23.6.1954)

a) substituir o Presidente e o Corregedor em suas faltas e impedimentos; (Redação dada pela Lei nº 2.244, de 23.6.1954)

b) Suprimida pela Lei nº 2.244, de 23.6.1954:

Parágrafo único – Na ausência do Presidente e do Vice-Presidente, será o Tribunal presidido pelo Juiz togado mais antigo, ou pelo mais idoso quando igual a antiguidade. (Redação dada pela Lei nº 2.244, de 23.6.1954)

Seção VIII
Das Atribuições do Corregedor

Art. 709. Compete ao Corregedor, eleito dentre os Ministros togados do Tribunal Superior do Trabalho: (Redação dada pelo Decreto-lei nº 229, de 28.2.1967)

I – Exercer funções de inspeção e correição permanente com relação aos Tribunais Regionais e seus presidentes;(Redação dada pelo Decreto-lei nº 229, de 28.2.1967)

II – Decidir reclamações contra os atos atentatórios da boa ordem processual praticados pelos Tribunais Regionais e seus presidentes, quando inexistir recurso específico; (Redação dada pelo Decreto-lei nº 229, de 28.2.1967):

III – (Revogado pela Lei nº 5.442, de 24.5.1968)

§ 1º Das decisões proferidas pelo Corregedor, nos casos do artigo, caberá o agravo regimental, para o Tribunal Pleno. (Incluído pelo Decreto-lei nº 229, de 28.2.1967)

§ 2º O Corregedor não integrará as Turmas do Tribunal, mas participará, com voto, das sessões do Tribunal Pleno, quando não se encontrar em correição ou em férias, embora não relate nem revise processos, cabendo-lhe, outrossim, votar em incidente de inconstitucionalidade, nos processos administrativos e nos feitos em que estiver vinculado por visto anterior à sua posse na Corregedoria. (Redação dada pela Lei nº 7.121, de 8.9.1983)

CAPÍTULO VI
DOS SERVIÇOS AUXILIARES DA JUSTIÇA DO TRABALHO

Seção I
Da Secretaria das Juntas de Conciliação e Julgamento
(Vide Constituição Federal de 1988)

Art. 710. Cada Junta terá 1 (uma) secretaria, sob a direção de funcionário que o Presidente designar, para exercer a função de secretário, e que receberá, além dos vencimentos correspondentes ao seu padrão, a gratificação de função fixada em lei. (Redação dada pelo Decreto-lei nº 8.737, de 19.1.1946)

Art. 711. Compete à secretaria das Juntas:

a) o recebimento, a autuação, o andamento, a guarda e a conservação dos processos e outros papéis que lhe forem encaminhados;

b) a manutenção do protocolo de entrada e saída dos processos e demais papéis;

c) o registro das decisões;

d) a informação, às partes interessadas e seus procuradores, do andamento dos respectivos processos, cuja consulta lhes facilitará;

e) a abertura de vista dos processos às partes, na própria secretaria;

f) a contagem das custas devidas pelas partes, nos respectivos processos;

g) o fornecimento de certidões sobre o que constar dos livros ou do arquivamento da secretaria;

h) a realização das penhoras e demais diligências processuais;

i) o desempenho dos demais trabalhos que lhe forem cometidos pelo Presidente da Junta, para melhor execução dos serviços que lhe estão afetos.

Art. 712. Compete especialmente aos secretários das Juntas de Conciliação e Julgamento: (Redação dada pelo Decreto-lei nº 8.737, de 19.1.1946)

a) superintender os trabalhos da secretaria, velando pela boa ordem do serviço; (Redação dada pelo Decreto-lei nº 8.737, de 19.1.1946)

b) cumprir e fazer cumprir as ordens emanadas do Presidente e das autoridades superiores; (Redação dada pelo Decreto-lei nº 8.737, de 19.1.1946)

c) submeter a despacho e assinatura do Presidente o expediente e os papéis que devam ser por ele despachados e assinados; (Redação dada pelo Decreto-lei nº 8.737, de 19.1.1946)

d) abrir a correspondência oficial dirigida à Junta e ao seu Presidente, a cuja deliberação será submetida; (Redação dada pelo Decreto-lei nº 8.737, de 19.1.1946)

e) tomar por termo as reclamações verbais nos casos de dissídios individuais; (Redação dada pelo Decreto-lei nº 8.737, de 19.1.1946)

f) promover o rápido andamento dos processos, especialmente na fase de execução, e a pronta realização dos atos e diligências deprecadas pelas autoridades superiores;(Redação dada pelo Decreto-lei nº 8.737, de 19.1.1946)

g) secretariar as audiências da Junta, lavrando as respectivas atas; (Redação dada pelo Decreto-lei nº 8.737, de 19.1.1946)

h) subscrever as certidões e os termos processuais; (Redação dada pelo Decreto-lei nº 8.737, de 19.1.1946)

i) dar aos litigantes ciência das reclamações e demais atos processuais de que devam ter conhecimento, assinando as respectivas notificações; (Redação dada pelo Decreto-lei nº 8.737, de 19.1.1946)

j) executar os demais trabalhos que lhe forem atribuídos pelo Presidente da Junta. (Redação dada pelo Decreto-lei nº 8.737, de 19.1.1946)

Parágrafo único – Os serventuários que, sem motivo justificado, não realizarem os atos, dentro dos prazos fixados, serão descontados em seus vencimentos, em tantos dias quantos os do excesso. (Parágrafo incluído pelo Decreto-lei nº 8.737, de 19.1.1946)

Seção II
Dos Distribuidores

Art. 713. Nas localidades em que existir mais de uma Junta de Conciliação e Julgamento haverá um distribuidor.

Art. 714. Compete ao distribuidor:

a) a distribuição, pela ordem rigorosa de entrada, e sucessivamente a cada Junta, dos feitos que, para esse fim, lhe forem apresentados pelos interessados;

b) o fornecimento, aos interessados, do recibo correspondente a cada feito distribuído;

c) a manutenção de 2 (dois) fichários dos feitos distribuídos, sendo um organizado pelos nomes dos reclamantes e o outro dos reclamados, ambos por ordem alfabética;

d) o fornecimento a qualquer pessoa que o solicite, verbalmente ou por certidão, de informações sobre os feitos distribuídos;

e) a baixa na distribuição dos feitos, quando isto lhe for determinado pelos Presidentes das Juntas, formando, com as fichas correspondentes, fichários à parte, cujos dados poderão ser consultados pelos interessados, mas não serão mencionados em certidões.

Art. 715. Os distribuidores são designados pelo Presidente do Tribunal Regional dentre os funcionários das Juntas e do Tribunal Regional, existentes na mesma localidade, e ao mesmo Presidente diretamente subordinados.

Seção III
Do Cartório dos Juízos de Direito

Art. 716. Os cartórios dos Juízos de Direito, investidos na administração da Justiça do Trabalho, têm, para esse fim, as mesmas atribuições e obrigações conferidas na Seção I às secretarias das Juntas de Conciliação e Julgamento.

Parágrafo único. Nos Juízos em que houver mais de um cartório, far-se-á entre eles a distribuição alternada e sucessiva das reclamações.

Art. 717. Aos escrivães dos Juízos de Direito, investidos na administração da Justiça do Trabalho, competem especialmente as atribuições e obrigações dos secretários das Juntas; e aos demais funcionários dos cartórios, as que couberem nas respectivas funções, dentre as que competem às secretarias das Juntas, enumeradas no art. 711.

Seção IV
Das Secretarias dos Tribunais Regionais

Art. 718. Cada Tribunal Regional tem 1 (uma) secretaria, sob a direção do funcionário designado para exercer a função de secretário, com a gratificação de função fixada em lei. (Redação dada pelo Decreto-lei nº 8.737, de 19.1.1946)

Art. 719. Competem à Secretaria dos Conselhos, além das atribuições estabelecidas no art. 711, para a secretaria das Juntas, mais as seguintes:

a) a conclusão dos processos ao Presidente e sua remessa, depois de despachados, aos respectivos relatores;

b) a organização e a manutenção de um fichário de jurisprudência do Conselho, para consulta dos interessados.

Parágrafo único – No regimento interno dos Tribunais Regionais serão estabelecidas as demais atribuições, o funcionamento e a ordem dos trabalhos de suas secretarias.

Art. 720. Competem aos secretários dos Tribunais Regionais as mesmas atribuições conferidas no art. 712 aos secretários das Juntas, além das que lhes forem fixadas no regimento interno dos Conselhos.

Seção V
Dos Oficiais de Justiça e Oficiais de Justiça Avaliadores

Art. 721. Incumbe aos Oficiais de Justiça e Oficiais de Justiça Avaliadores da Justiça do Trabalho a realização dos atos decorrentes da execução dos julgados das Juntas de Conciliação e Julgamento e dos Tribunais Regionais do Trabalho, que lhes forem cometidos pelos respectivos Presidentes. (Redação dada pela Lei nº 5.442, de 24.5.1968)

§ 1º Para efeito de distribuição dos referidos atos, cada Oficial de Justiça ou Oficial de Justiça Avaliador funcionará perante uma Junta de Conciliação e Julgamento, salvo quando da existência, nos Tribunais Regionais do Trabalho, de órgão específico, destinado à distribuição de mandados judiciais. (Redação dada pela Lei nº 5.442, de 24.5.1968)

§ 2º Nas localidades onde houver mais de uma Junta, respeitado o disposto no parágrafo anterior, a atribuição para o cumprimento do ato deprecado ao Oficial de Justiça ou Oficial de Justiça Avaliador será transferida a outro Oficial, sempre que, após o decurso de 9 (nove) dias, sem razões que o justifiquem, não tiver sido cumprido o ato, sujeitando-se o serventuário às penalidades da lei. (Redação dada pela Lei nº 5.442, de 24.5.1968)

§ 3º No caso de avaliação, terá o Oficial de Justiça Avaliador, para cumprimento do ato, o prazo previsto no art. 888. (Redação dada pela Lei nº 5.442, de 24.5.1968)

§ 4º É facultado aos Presidentes dos Tribunais Regionais do Trabalho cometer a qualquer Oficial de Justiça ou Oficial de Justiça Avaliador a realização dos atos de execução das decisões desses Tribunais. (Redação dada pela Lei nº 5.442, de 24.5.1968)

§ 5º Na falta ou impedimento do Oficial de Justiça ou Oficial de Justiça Avaliador, o Presidente da Junta poderá atribuir a realização do ato a qualquer serventuário. (Redação dada pela Lei nº 5.442, de 24.5.1968)

CAPITULO VII
DAS PENALIDADES

Seção I
Do "Lock-Out" e da Greve

Art. 722. Os empregadores que, individual ou coletivamente, suspenderem os trabalhos dos seus estabelecimentos, sem prévia autorização do Tribunal competente, ou que violarem, ou se recusarem a cumprir decisão proferida em dissídio coletivo, incorrerão nas seguintes penalidades:

a) multa de cinco mil cruzeiros a cinquenta mil cruzeiros; (Vide Leis nºs 6.986, de 1982 e 6.205, de 1975)

b) perda do cargo de representação profissional em cujo desempenho estiverem;

c) suspensão, pelo prazo de 2 (dois) a 5 (cinco) anos, do direito de serem eleitos para cargos de representação profissional.

§ 1º Se o empregador for pessoa jurídica, as penas previstas nas alíneas "b" e "c" incidirão sobre os administradores responsáveis.

§ 2º Se o empregador for concessionário de serviço público, as penas serão aplicadas em dobro. Nesse caso, se o concessionário for pessoa jurídica o Presidente do Tribunal que houver proferido a decisão poderá, sem prejuízo do cumprimento desta e da aplicação das penalidades cabíveis, ordenar o afastamento dos administradores responsáveis, sob pena de ser cassada a concessão.

§ 3º Sem prejuízo das sanções cominadas neste artigo, os empregadores ficarão obrigados a pagar os salários devidos aos seus empregados, durante o tempo de suspensão do trabalho.

Art. 723. (Revogado pela Lei nº 9.842, de 7.10.1999)

Art. 724. (Revogado pela Lei nº 9.842, de 7.10.1999)

Art. 725. (Revogado pela Lei nº 9.842, de 7.10.1999)

Seção II
Das Penalidades Contra os Membros da Justiça do Trabalho

Art. 726. Aquele que recusar o exercício da função de vogal de Junta de Conciliação e Julgamento ou de Tribunal Regional, sem motivo justificado, incorrerá nas seguintes penas:

a) sendo representante de empregadores, multa de Cr$ 100,00 (cem cruzeiros) a Cr$ 1.000,00 (mil cruzeiros) e suspensão do direito de representação profissional por 2 (dois) a 5 (cinco) anos; (Vide Leis nºs 6.986, de 1982 e 6.205, de 1975)

b) sendo representante de empregados, multa de Cr$ 100,00 (cem cruzeiros) e suspensão do direito de representação profissional por 2 (dois) a 5 (cinco) anos. (Vide Leis nºs 6.986, de 1982 e 6.205, de 1975)

Art. 727. Os vogais das Juntas de Conciliação e Julgamento, ou dos Tribunais Regionais, que faltarem a 3 (três) reuniões ou sessões consecutivas, sem motivo justificado, perderão o cargo, além de incorrerem nas penas do artigo anterior.

Parágrafo único. Se a falta for de presidente, incorrerá ele na pena de perda do cargo, além da perda dos vencimentos correspondentes aos dias em que tiver faltado às audiências ou sessões consecutivas.

Art. 728. Aos presidentes, membros, juízes, vogais, e funcionários auxiliares da Justiça do Trabalho, aplica-se o disposto no Título XI do Código Penal.

Seção III
De Outras Penalidades

Art. 729. O empregador que deixar de cumprir decisão passada em julgado sobre a readmissão ou reintegração de empregado, além do pagamento dos salários deste, incorrerá na multa de Cr$ 10,00 (dez cruzeiros) a Cr$ 50,00 (cinquenta cruzeiros) por dia, até que seja cumprida a decisão. (Vide Leis nº 6.986, de 1982 e 6.205, de 1975)

§ 1º O empregador que impedir ou tentar impedir que empregado seu sirva como vogal em Tribunal de Trabalho, ou que perante este preste depoimento, incorrerá na multa de Cr$ 500,00 (quinhentos cruzeiros) a Cr$ 5.000,00 (cinco mil cruzeiros). (Vide Leis nºs 6.986, de 1982 e 6.205, de 1975)

§ 2º Na mesma pena do parágrafo anterior incorrerá o empregador que dispensar seu empregado pelo fato de haver servido como vogal ou prestado depoimento como testemunha, sem prejuízo da indenização que a lei estabeleça.

Art. 730. Aqueles que se recusarem a depor como testemunhas, sem motivo justificado, incorrerão na multa de Cr$ 50,00 (cinquenta cruzeiros) a Cr$ 500,00 (quinhentos cruzeiros). (Vide Leis nºs 6.986, de 1982 e 6.205, de 1975)

Art. 731. Aquele que, tendo apresentado ao distribuidor reclamação verbal, não se apresentar, no prazo estabelecido no parágrafo único do art. 786, à Junta ou Juízo para fazê-lo tomar por termo, incorrerá na pena de perda, pelo prazo de 6 (seis) meses, do direito de reclamar perante a Justiça do Trabalho.

Art. 732. Na mesma pena do artigo anterior incorrerá o reclamante que, por 2 (duas) vezes seguidas, der causa ao arquivamento de que trata o art. 844.

Art. 733. As infrações de disposições deste Título, para as quais não haja penalidades cominadas, serão punidas com a multa de Cr$ 50,00 (cinquenta cruzeiros) a Cr$ 5.000,00 (cinco mil cruzeiros), elevada ao dobro na reincidência. (Vide Leis nºs 6.986, de 1982 e 6.205, de 1975)

CAPÍTULO VIII
DISPOSIÇÕES GERAIS

Art. 734. O ministro do Trabalho, Indústria e Comercio, poderá rever, *ex officio*, dentro do prazo de 30 (trinta) dias, contados de sua publicação no órgão oficial, ou mediante representação apresentada dentro de igual prazo: (Vide Leis nºs 3.807, de 1960 e 5.890, de 1973)

a) as decisões da Câmara da Previdência Social, quando proferidas pelo voto de desempate, ou que violarem disposições expressas de direito ou modificarem jurisprudência até então observada;

b) as decisões do presidente do Tribunal Nacional do Trabalho em matéria de previdência social.

Parágrafo único. O ministro do Trabalho, Indústria e Comercio, poderá avocar ao seu conhecimento os assuntos de natureza administrativa referentes às instituições de previdência social, sempre que houver interesse público.

Art. 735. As repartições públicas e as associações sindicais são obrigadas a fornecer aos Juízes e Tribunais do Trabalho e à Procuradoria da Justiça do Trabalho as informações e os dados necessários à instrução e ao julgamento dos feitos submetidos à sua apreciação.

Parágrafo único. A recusa de informações ou dados a que se refere este artigo, por parte de funcionários públicos, importa na aplicação das penalidades previstas pelo Estatuto dos Funcionários Públicos por desobediência.

TÍTULO IX
DO MINISTÉRIO PÚBLICO DO TRABALHO

CAPÍTULO I
DISPOSIÇÕES GERAIS

Art. 736. O Ministério Público do Trabalho é constituído por agentes diretos do Poder Executivo, tendo por função zelar pela exata observância da Constituição Federal, das leis e demais atos emanados dos poderes públicos, na esfera de suas atribuições.

Parágrafo único. Para o exercício de suas funções, o Ministério Público do Trabalho reger-se-á pelo que estatui esta Consolidação e, na falta de disposição expressa, pelas normas que regem o Ministério Público Federal.

Art. 737. O Ministério Público do Trabalho compõe-se da Procuradoria da Justiça do Trabalho e da Procuradoria da Previdência Social aquela funcionando como órgão de coordenação entre a Justiça do Trabalho e o Ministério do Trabalho, Industria e Comercio, ambas diretamente subordinadas ao Ministro de Estado. (Redação dada pelo Decreto-lei nº 8.737, de 19.1.1946)

Art. 738. Os procuradores, além dos vencimentos fixados na tabela constante do decreto-lei nº 2.874, de 16 de dezembro de 1940, continuarão a perceber a percentagem de 8%, por motivo de cobrança da dívida ativa da União ou de multas impostas pelas autoridades administrativas e judiciárias do trabalho e da previdência social. (Vide Emenda Constitucional nº 1, de 1969)

Parágrafo único. Essa percentagem será calculada sobre as somas efetivamente arrecadadas e rateada de acordo com as instruções expedidas pelos respectivos procuradores gerais.

Art. 739. Não estão sujeitos a ponto os procuradores-gerais e os procuradores.

CAPÍTULO II
DA PROCURADORIA DA JUSTIÇA DO TRABALHO

Seção I
Da Organização

Art. 740. A Procuradoria da Justiça do Trabalho compreende:

a) 1 (uma) Procuradoria-Geral, que funcionará junto ao Tribunal Superior do Trabalho;

b) 8 (oito) Procuradorias Regionais, que funcionarão junto aos Tribunais Regionais do Trabalho.

Art. 741. As Procuradorias Regionais são subordinadas diretamente ao procurador-geral.

Art. 742. A Procuradoria-Geral é constituída de 1 (um) procurador-geral e de procuradores.

Parágrafo único. As Procuradorias Regionais compõem-se de 1 (um) procurador regional, auxiliado, quando necessário, por procuradores adjuntos.

Art. 743. Haverá, nas Procuradorias Regionais, substitutos de procurador adjunto ou, quando não houver este cargo, de procurador regional, designados previamente por decreto do Presidente da República, sem ônus para os cofres públicos.

§ 1º O substituto tomará posse perante o respectivo procurador regional, que será a autoridade competente para convocá-lo.

§ 2º O procurador regional será substituído em suas faltas e impedimentos pelo procurador adjunto, quando houver, e, havendo mais de um, pelo que for por ele designado.

§ 3º O procurador adjunto será substituído, em suas faltas e impedimentos, pelo respectivo procurador substituto.

§ 4º Será dispensado, automaticamente, o substituto que não atender à convocação, salvo motivo de doença, devidamente comprovada.

§ 5º Nenhum direito ou vantagem terá o substituto além do vencimento do cargo do substituído e somente durante o seu impedimento legal.

Art. 744. A nomeação do procurador-geral deverá recair em bacharel em ciências jurídicas e sociais, que tenha exercido, por 5 (cinco) ou mais anos, cargo de magistratura ou de Ministério Público, ou a advocacia.

Art. 745. Para a nomeação dos demais procuradores, atender-se-á aos mesmos requisitos estabelecidos no artigo anterior, reduzido a 2 (dois) anos, no mínimo, o tempo de exercício.

Seção II
Da Competência da Procuradoria-Geral

Art. 746. Compete à Procuradoria-Geral da Justiça do Trabalho: (Redação dada pelo Decreto-lei nº 8.737, de 19.1.1946)

a) oficiar, por escrito, em todos os processos e questões de trabalho de competência do Tribunal Superior do Trabalho; (Redação dada pelo Decreto-lei nº 8.737, de 19.1.1946)

b) funcionar nas sessões do mesmo Tribunal, opinando verbalmente sobre a matéria em debate e solicitando as requisições e diligências que julgar convenientes, sendo-lhe assegurado o direito de vista do processo em julgamento sempre que for suscitada questão nova, não examinada no parecer exarado; (Redação dada pelo Decreto-lei nº 8.737, de 19.1.1946)

c) requerer prorrogação das sessões do Tribunal, quando essa medida for necessária para que se ultime o julgamento; (Redação dada pelo Decreto-lei nº 8.737, de 19.1.1946)

d) exarar, por intermédio do procurador-geral, o seu "ciente" nos acórdãos do Tribunal; (Redação dada pelo Decreto-lei nº 8.737, de 19.1.1946)

e) proceder às diligências e inquéritos solicitados pelo Tribunal; (Redação dada pelo Decreto-lei nº 8.737, de 19.1.1946)

f) recorrer das decisões do Tribunal, nos casos previstos em lei; (Redação dada pelo Decreto-lei nº 8.737, de 19.1.1946)

g) promover, perante o Juízo competente, a cobrança executiva das multas impostas pelas autoridades administrativas e judiciárias do trabalho; (Redação dada pelo Decreto-lei nº 8.737, de 19.1.1946)

h) representar às autoridades competentes contra os que não cumprirem as decisões do Tribunal; (Redação dada pelo Decreto-lei nº 8.737, de 19.1.1946)

i) prestar às autoridades do Ministério do Trabalho, Industria e Comercio as informações que lhe forem solicitadas sobre os dissídios submetidos à apreciação do Tribunal e encaminhar aos órgãos competentes cópia autenticada das decisões que por eles devam ser atendidas ou cumpridas; (Redação dada pelo Decreto-lei nº 8.737, de 19.1.1946)

j) requisitar, de quaisquer autoridades, inquéritos, exames periciais, diligências, certidões e esclarecimentos que se tornem necessários no desempenho de suas atribuições; (Redação dada pelo Decreto-lei nº 8.737, de 19.1.1946)

l) defender a jurisdição dos órgãos da Justiça do Trabalho; (Incluído pelo Decreto-lei nº 8.737, de 19.1.1946)

m) suscitar conflitos de jurisdição. (Incluído pelo Decreto-lei nº 8.737, de 19.1.1946)

Seção III
Da Competência das Procuradorias Regionais

Art. 747. Compete às Procuradorias Regionais exercer, dentro da jurisdição do Tribunal Regional respectivo, as atribuições indicadas na Seção anterior.

Seção IV
Das Atribuições Do Procurador-Geral

Art. 748. Como chefe da Procuradoria-Geral da Justiça do Trabalho, incumbe ao procurador-geral: (Redação dada pelo Decreto-lei nº 8.737, de 19.1.1946)

a) dirigir os serviços da Procuradoria-Geral, orientar e fiscalizar as Procuradorias Regionais, expedindo as necessárias instruções; (Redação dada pelo Decreto-lei nº 8.737, de 19.1.1946)

b) funcionar nas sessões do Tribunal Superior do Trabalho, pessoalmente ou por intermédio do procurador que designar; (Redação dada pelo Decreto-lei nº 8.737, de 19.1.1946)

c) exarar o seu "ciente" nos acórdãos do Tribunal; (Redação dada pelo Decreto-lei nº 8.737, de 19.1.1946)

d) designar o procurador que o substitua nas faltas e impedimentos e o chefe da secretaria da Procuradoria; (Redação dada pelo Decreto-lei nº 8.737, de 19.1.1946)

e) apresentar, até o dia 31 de março, ao Ministro do Trabalho, Industria e Comercio, relatório dos trabalhos da Procuradoria-Geral no ano anterior, com as observações e sugestões que julgar convenientes; (Redação dada pelo Decreto-lei nº 8.737, de 19.1.1946)

f) conceder férias aos procuradores e demais funcionários que sirvam na Procuradoria e impor-lhes penas disciplinares, observada, quanto aos procuradores, a legislação em vigor para o Ministério Público Federal; (Redação dada pelo Decreto-lei nº 8.737, de 19.1.1946)

g) funcionar em Juízo, em primeira instancia, ou designar os procuradores que o devam fazer; (Redação dada pelo Decreto-lei nº 8.737, de 19.1.1946)

h) admitir e dispensar o pessoal extranumerário da secretaria e prorrogar o expediente remunerado dos funcionários e extranumerários. (Redação dada pelo Decreto-lei nº 8.737, de 19.1.1946)

Seção V
Das Atribuições dos Procuradores

Art. 749. Incumbe aos procuradores com exercício na Procuradoria-Geral: (Redação dada pelo Decreto-lei nº 8.737, de 19.1.1946)

a) funcionar, por designação do procurador-geral, nas sessões do Tribunal Superior do Trabalho; (Redação dada pelo Decreto-lei nº 8.737, de 19.1.1946)

b) desempenhar os demais encargos que lhes forem atribuídos pelo procurador-geral. (Redação dada pelo Decreto-lei nº 8.737, de 19.1.1946)

Parágrafo único. Aos procuradores é facultado, nos processos em que oficiarem, requerer ao procurador-geral as diligências e investigações necessárias. (Redação dada pelo Decreto-lei nº 8.737, de 19.1.1946)

Seção VI
Das Atribuições dos Procuradores Regionais

Art. 750. Incumbe aos procuradores regionais: (Redação dada pelo Decreto-lei nº 8.737, de 19.1.1946)

a) dirigir os serviços da respectiva Procuradoria; (Redação dada pelo Decreto-lei nº 8.737, de 19.1.1946)

b) funcionar nas sessões do Tribunal Regional, pessoalmente ou por intermédio do procurador adjunto que designar; (Redação dada pelo Decreto-lei nº 8.737, de 19.1.1946)

c) apresentar, semestralmente, ao procurador-geral, um relatório das atividades da respectiva Procuradoria, bem como dados e informações sobre a administração da Justiça do Trabalho na respectiva região; (Redação dada pelo Decreto-lei nº 8.737, de 19.1.1946)

d) requerer e acompanhar perante as autoridades administrativas ou judiciárias as diligências necessárias à execução das medidas e providências ordenadas pelo procurador-geral; (Redação dada pelo Decreto-lei nº 8.737, de 19.1.1946)

e) prestar ao procurador-geral as informações necessárias sobre os feitos em andamento e consultá-lo nos casos de dúvidas; (Redação dada pelo Decreto-lei nº 8.737, de 19.1.1946)

f) funcionar em juízo, na sede do respectivo Tribunal Regional; (Redação dada pelo Decreto-lei nº 8.737, de 19.1.1946)

g) exarar o seu "ciente" nos acórdãos do Tribunal; (Redação dada pelo Decreto-lei nº 8.737, de 19.1.1946)

h) designar o procurador que o substitua nas faltas e impedimentos e o secretário da Procuradoria. (Redação dada pelo Decreto-lei nº 8.737, de 19.1.1946)

Art. 751. Incumbe aos procuradores adjuntos das Procuradorias Regionais: (Redação dada pelo Decreto-lei nº 8.737, de 19.1.1946)

a) funcionar por designação do procurador regional, nas sessões do Tribunal Regional; (Redação dada pelo Decreto-lei nº 8.737, de 19.1.1946)

b) desempenhar os demais encargos que lhes forem atribuídos pelo procurador regional. (Redação dada pelo Decreto-lei nº 8.737, de 19.1.1946)

Seção VII
Da Secretaria

Art. 752. A secretaria da Procuradoria-Geral funcionará sob a direção de um chefe designado pelo procurador-geral e terá o pessoal designado pelo Ministro do Trabalho, Industria e Comercio. (Redação dada pelo Decreto-lei nº 8.737, de 19.1.1946)

Art. 753. Compete à secretaria:

a) receber, registrar e encaminhar os processos ou papéis entrados;

b) classificar e arquivar os pareceres e outros papéis;

c) prestar informações sobre os processos ou papéis sujeitos à apreciação da Procuradoria;

d) executar o expediente da Procuradoria;

e) providenciar sobre o suprimento do material necessário;

f) desempenhar os demais trabalhos que lhes forem cometidos pelo procurador-geral, para melhor execução dos serviços a seu cargo.

Art. 754. Nas Procuradorias Regionais, os trabalhos a que se refere o artigo anterior serão executados pelos funcionários para esse fim designados.

CAPÍTULO III
DA PROCURADORIA DE PREVIDÊNCIA SOCIAL

Seção I
Da Organização

Art. 755. A Procuradoria de Previdência Social compõe-se de um procurador geral e de procuradores.

Art. 756. Para a nomeação do procurador geral e dos demais procuradores atender-se-á ao disposto nos arts. 744 e 745.

Seção II
Da Competência da Procuradoria

Art. 757. Compete à Procuradoria da Previdência Social: (Redação dada pelo Decreto-lei nº 8.737, de 19.1.1946) (Vide Decreto Lei nº 72, de 1966)

a) oficiar, por escrito, nos processos que tenham de ser sujeitos à decisão do Conselho Superior de Previdência Social; (Redação dada pelo Decreto-lei nº 8.737, de 19.1.1946)

b) oficiar, por escrito, nos pedidos de revisão das decisões do mesmo Conselho; (Redação dada pelo Decreto-lei nº 8.737, de 19.1.1946)

c) funcionar nas sessões do mesmo Conselho, opinando verbalmente sobre a matéria em debate e solicitando as requisições e diligências que julgar convenientes, sendo-lhe assegurado o direito de vista do processo em julgamento, sempre que for suscitada questão nova, não examinada no parecer exarado; (Redação dada pelo Decreto-lei nº 8.737, de 19.1.1946)

d) opinar, quando solicitada, nos processos sujeitos à deliberação do Ministro de Estado, do Conselho Técnico do Departamento Nacional de Previdência Social ou do Diretor do mesmo Departamento, em que houver matéria jurídica a examinar; (Redação dada pelo Decreto-lei nº 8.737, de 19.1.1946)

e) funcionar, em primeira instância, nas ações propostas contra a União, no Distrito Federal, para anulação de atos e decisões do Conselho Superior de Previdência Social ou do Departamento Nacional de Previdência Social, bem como do Ministro do Trabalho, Industria e Comercio, em matéria de previdência social; (Redação dada pelo Decreto-lei nº 8.737, de 19.1.1946)

f) fornecer ao Ministério Público as informações por este solicitadas em virtude de ações propostas nos Estados e Territórios para execução ou anulação de atos e decisões dos órgãos ou da autoridade a que se refere a alínea anterior; (Redação dada pelo Decreto-lei nº 8.737, de 19.1.1946)

g) promover em juízo, no Distrito Federal, qualquer procedimento necessário ao cumprimento das decisões do Conselho Superior de Previdência Social e do Departamento Nacional de Previdência Social, bem como do Ministro do Trabalho, Industria e Comercio, em matéria de previdência social; (Redação dada pelo Decreto-lei nº 8.737, de 19.1.1946)

h) recorrer das decisões dos órgãos e autoridades competentes em matéria de previdência social e requerer revisão das decisões do Conselho Superior de Previdência Social, que lhe pareçam contrárias à lei. (Incluído pelo Decreto-lei nº 8.737, de 19.1.1946)

Seção III
Das Atribuições do Procurador-Geral

Art. 758. Como chefe da Procuradoria da Previdência Social, incumbe ao Procurador-Geral: (Redação dada pelo Decreto-lei nº 8.737, de 19.1.1946) (Vide Decreto Lei nº 72, de 1966)

a) dirigir os serviços da Procuradoria, expedindo as necessárias instruções; (Redação dada pelo Decreto-lei nº 8.737, de 19.1.1946)

b) funcionar nas sessões do Conselho Superior de Previdência Social, pessoalmente ou por intermédio do procurador que designar; (Redação dada pelo Decreto-lei nº 8.737, de 19.1.1946)

c) designar o procurador que o substitua nas faltas e impedimentos e o chefe da Secretaria da Procuradoria; (Redação dada pelo Decreto-lei nº 8.737, de 19.1.1946)

d) conceder férias aos procuradores e demais funcionários lotados na Procuradoria e impor-lhes penas disciplinares, observada, quanto aos procuradores, a legislação em vigor para o Ministério Público Federal; (Redação dada pelo Decreto-lei nº 8.737, de 19.1.1946)

e) funcionar em juízo, em primeira instância, ou designar os procuradores que devam fazê-lo; (Redação dada pelo Decreto-lei nº 8.737, de 19.1.1946)

f) admitir e dispensar o pessoal extranumerário da Secretária e prorrogar o expediente renumerado dos funcionários e extranumerários; (Redação dada pelo Decreto-lei nº 8.737, de 19.1.1946)

g) apresentar, até 31 de março de cada ano, ao Ministro do Trabalho, Indústria e Comercio, o relatório dos trabalhos da Procuradoria no ano anterior, com as observações e sugestões que julgar convenientes. (Redação dada pelo Decreto-lei nº 8.737, de 19.1.1946)

Seção IV
Das Atribuições dos Procuradores

Art. 759. Aos procuradores e demais funcionários incumbe desempenhar os encargos que lhes forem cometidos pelo procurador geral. (Vide Decreto Lei nº 72, de 1966)

Parágrafo único. Aos procuradores é facultado, nos processos em que oficiarem, requerer ao procurador geral as diligências e investigações necessárias.

Seção V
Da Secretaria

Art. 760. A Procuradoria da Previdência Social terá uma Secretaria dirigida por um chefe designado pelo Procurador Geral. (Redação dada pelo Decreto-lei nº 8.737, de 19.1.1946) (Vide Decreto Lei nº 72, de 1966)

Art. 761. A Secretaria terá o pessoal designado pelo Ministro do Trabalho, Industria e Comercio. (Redação dada pelo Decreto-lei nº 8.737, de 19.1.1946) (Vide Decreto Lei nº 72, de 1966)

Art. 762. À Secretaria da Procuradoria de Previdência Social compete executar serviços idênticos aos referidos no art. 753. (Vide Decreto Lei nº 72, de 1966)

TÍTULO X
DO PROCESSO JUDICIÁRIO DO TRABALHO

CAPÍTULO I
DISPOSIÇÕES PRELIMINARES

Art. 763. O processo da Justiça do Trabalho, no que concerne aos dissídios individuais e coletivos e à aplicação de penalidades, reger-se-á, em todo o território nacional, pelas normas estabelecidas neste Título.

Art. 764. Os dissídios individuais ou coletivos submetidos à apreciação da Justiça do Trabalho serão sempre sujeitos à conciliação.

§ 1º Para os efeitos deste artigo, os juízes e Tribunais do Trabalho empregarão sempre os seus bons ofícios e persuasão no sentido de uma solução conciliatória dos conflitos.

§ 2º Não havendo acordo, o juízo conciliatório converter-se-á obrigatoriamente em arbitral, proferindo decisão na forma prescrita neste Título.

§ 3º É lícito às partes celebrar acordo que ponha termo ao processo, ainda mesmo depois de encerrado o juízo conciliatório.

Art. 765. Os Juízos e Tribunais do Trabalho terão ampla liberdade na direção do processo e velarão pelo andamento rápido das causas, podendo determinar qualquer diligência necessária ao esclarecimento delas.

Art. 766. Nos dissídios sobre estipulação de salários, serão estabelecidas condições que, assegurando justos salários aos trabalhadores, permitam também justa retribuição às empresas interessadas.

Art. 767. A compensação, ou retenção, só poderá ser arguida como matéria de defesa.

Art. 768. Terá preferência em todas as fases processuais o dissídio cuja decisão tiver de ser executada perante o Juízo da falência.

Art. 769. Nos casos omissos, o direito processual comum será fonte subsidiária do direito processual do trabalho, exceto naquilo em que for incompatível com as normas deste Título.

CAPÍTULO II
DO PROCESSO EM GERAL

Seção I
Dos Atos, Termos e Prazos Processuais

Art. 770. Os atos processuais serão públicos salvo quando o contrário determinar o interesse social, e realizar-se-ão nos dias úteis das 6 (seis) às 20 (vinte) horas.

Parágrafo único. A penhora poderá realizar-se em domingo ou dia feriado, mediante autorização expressa do juiz ou presidente.

Art. 771. Os atos e termos processuais poderão ser escritos a tinta, datilografados ou a carimbo.

Art. 772. Os atos e termos processuais, que devam ser assinados pelas partes interessadas, quando estas, por motivo justificado, não possam fazê-lo, serão firmados a rogo, na presença de 2 (duas) testemunhas, sempre que não houver procurador legalmente constituído.

Art. 773. Os termos relativos ao movimento dos processos constarão de simples notas, datadas e rubricadas pelos secretários ou escrivães. (Vide Leis nº 409, de 1943 e 6.563, de 1978)

Nova Redação com a Reforma Trabalhista	Antiga Redação
Art. 774. Salvo disposição em contrário, os prazos previstos neste Título contam-se, conforme o caso, a partir da data em que for feita pessoalmente, ou recebida a notificação, daquela em que for publicado o edital no jornal oficial ou no que publicar o expediente da Justiça do Trabalho, ou, ainda, daquela em que for afixado o edital na sede da Junta, Juízo ou Tribunal. (Redação dada pela Lei nº 2.244, de 23.6.1954)	
Parágrafo único. Tratando-se de notificação postal, no caso de não ser encontrado o destinatário ou no de recusa de recebimento, o Correio ficará obrigado, sob pena de responsabilidade do servidor, a devolvê-la, no prazo de 48 (quarenta e oito) horas, ao Tribunal de origem. (Incluído pelo Decreto-lei nº 8.737, de 19.1.1946)	
Art. 775. Os prazos estabelecidos neste Título serão contados em dias úteis, com exclusão do dia do começo e inclusão do dia do vencimento.	**Art. 775.** Os prazos estabelecidos neste Título contam-se com exclusão do dia do começo e inclusão do dia do vencimento, e são contínuos e irreleváveis, podendo, entretanto, ser prorrogados pelo tempo estritamente necessário pelo juiz ou tribunal, ou em virtude de força maior, devidamente comprovada. (Redação dada pelo Decreto-lei nº 8.737, de 19.1.1946)
§ 1º Os prazos podem ser prorrogados, pelo tempo estritamente necessário, nas seguintes hipóteses:	Parágrafo único – Os prazos que se vencerem em sábado, domingo ou dia feriado, terminarão no primeiro dia útil seguinte. (Redação dada pelo Decreto-lei nº 8.737, de 19.1.1946)
I – quando o juízo entender necessário;	⊗ Dispositivo sem correspondência na antiga redação.
II – em virtude de força maior, devidamente comprovada.	⊗ Dispositivo sem correspondência na antiga redação.
§ 2º Ao juízo incumbe dilatar os prazos processuais e alterar a ordem de produção dos meios de prova, adequando-os às necessidades do conflito de modo a conferir maior efetividade à tutela do direito.	⊗ Dispositivo sem correspondência na antiga redação.
Art. 775-A. Suspende-se o curso do prazo processual nos dias compreendidos entre 20 de dezembro e 20 de janeiro, inclusive. (Incluído pela Lei nº 13.545, de 2017)	

§ 1º Ressalvadas as férias individuais e os feriados instituídos por lei, os juízes, os membros do Ministério Público, da Defensoria Pública e da Advocacia Pública e os auxiliares da Justiça exercerão suas atribuições durante o período previsto no caput deste artigo. (Incluído pela Lei nº 13.545, de 2017)

§ 2º Durante a suspensão do prazo, não se realizarão audiências nem sessões de julgamento. (Incluído pela Lei nº 13.545, de 2017)

Art. 776. O vencimento dos prazos será certificado nos processos pelos escrivães ou secretários. (Vide Leis nº 409, de 1943 e 6.563, de 1978)

Art. 777. Os requerimentos e documentos apresentados, os atos e termos processuais, as petições ou razões de recursos e quaisquer outros papéis referentes aos feitos formarão os autos dos processos, os quais ficarão sob a responsabilidade dos escrivães ou secretários. (Vide Leis nº 409, de 9, de 1943 e 6.563, de 1978)

Art. 778. Os autos dos processos da Justiça do Trabalho, não poderão sair dos cartórios ou secretarias, salvo se solicitados por advogados regularmente constituídos por qualquer das partes, ou quando tiverem de ser remetidos aos órgãos competentes, em caso de recurso ou requisição. (Redação dada pela Lei nº 6.598, de 1º.12.1978)

Art. 779. As partes, ou seus procuradores, poderão consultar, com ampla liberdade, os processos nos cartórios ou secretarias.

Art. 780. Os documentos juntos aos autos poderão ser desentranhados somente depois de findo o processo, ficando traslado.

Art. 781. As partes poderão requerer certidões dos processos em curso ou arquivados, as quais serão lavradas pelos escrivães ou secretários. (Vide Leis nº 409, de 1943 e 6.563, de 1978)

Parágrafo único. As certidões dos processos que correrem em segredo de justiça dependerão de despacho do juiz ou presidente.

Art. 782. São isentos de selo as reclamações, representações, requerimentos. atos e processos relativos à Justiça do Trabalho.

Seção II
Da Distribuição

Art. 783. A distribuição das reclamações será feita entre as Juntas de Conciliação e Julgamento, ou os Juízes de Direito do Cível, nos casos previstos no art. 669, § 1º, pela ordem rigorosa de sua apresentação ao distribuidor, quando o houver.

Art. 784. As reclamações serão registradas em livro próprio, rubricado em todas as folhas pela autoridade a que estiver subordinado o distribuidor.

Art. 785. O distribuidor fornecerá ao interessado um recibo do qual constarão, essencialmente, o nome do reclamante e do reclamado, a data da distribuição, o objeto da reclamação e a Junta ou o Juízo a que coube a distribuição.

Art. 786. A reclamação verbal será distribuída antes de sua redução a termo.

Parágrafo único. Distribuída a reclamação verbal, o reclamante deverá, salvo motivo de força maior, apresentar-se no prazo de 5 (cinco) dias, ao cartório ou à secretaria, para reduzi-la a termo, sob a pena estabelecida no art. 731.

Art. 787. A reclamação escrita deverá ser formulada em 2 (duas) vias e desde logo acompanhada dos documentos em que se fundar.

Art. 788. Feita a distribuição, a reclamação será remetida pelo distribuidor à Junta ou Juízo competente, acompanhada do bilhete de distribuição.

Seção III
Das Custas e Emolumentos

Nova Redação com a Reforma Trabalhista	Antiga Redação
Art. 789. Nos dissídios individuais e nos dissídios coletivos do trabalho, nas ações e procedimentos de competência da Justiça do Trabalho, bem como nas demandas propostas perante a Justiça Estadual, no exercício da jurisdição trabalhista, as custas relativas ao processo de conhecimento incidirão à base de 2% (dois por cento), observado o mínimo de R$ 10,64 (dez reais e sessenta e quatro centavos) e o máximo de quatro vezes o limite máximo dos benefícios do Regime Geral de Previdência Social, e serão calculadas:	**Art. 789.** Nos dissídios individuais e nos dissídios coletivos do trabalho, nas ações e procedimentos de competência da Justiça do Trabalho, bem como nas demandas propostas perante a Justiça Estadual, no exercício da jurisdição trabalhista, as custas relativas ao processo de conhecimento incidirão à base de 2% (dois por cento), observado o mínimo de R$ 10,64 (dez reais e sessenta e quatro centavos) e serão calculadas: (Redação dada pela Lei nº 10.537, de 27.8.2002)

I – quando houver acordo ou condenação, sobre o respectivo valor; (Redação dada pela Lei nº 10.537, de 27.8.2002)

II – quando houver extinção do processo, sem julgamento do mérito, ou julgado totalmente improcedente o pedido, sobre o valor da causa; (Redação dada pela Lei nº 10.537, de 27.8.2002)

III – no caso de procedência do pedido formulado em ação declaratória e em ação constitutiva, sobre o valor da causa; (Redação dada pela Lei nº 10.537, de 27.8.2002)

IV – quando o valor for indeterminado, sobre o que o juiz fixar. (Redação dada pela Lei nº 10.537, de 27.8.2002)

§ 1º As custas serão pagas pelo vencido, após o trânsito em julgado da decisão. No caso de recurso, as custas serão pagas e comprovado o recolhimento dentro do prazo recursal. (Redação dada pela Lei nº 10.537, de 27.8.2002)

§ 2º Não sendo líquida a condenação, o juízo arbitrar-lhe-á o valor e fixará o montante das custas processuais. (Redação dada pela Lei nº 10.537, de 27.8.2002)

§ 3º Sempre que houver acordo, se de outra forma não for convencionado, o pagamento das custas caberá em partes iguais aos litigantes. (Redação dada pela Lei nº 10.537, de 27.8.2002)

§ 4º Nos dissídios coletivos, as partes vencidas responderão solidariamente pelo pagamento das custas, calculadas sobre o valor arbitrado na decisão, ou pelo Presidente do Tribunal. (Redação dada pela Lei nº 10.537, de 27.8.2002)

Art. 789-A. No processo de execução são devidas custas, sempre de responsabilidade do executado e pagas ao final, de conformidade com a seguinte tabela: (Incluído pela Lei nº 10.537, de 27.8.2002)

I – autos de arrematação, de adjudicação e de remição: 5% (cinco por cento) sobre o respectivo valor, até o máximo de R$ 1.915,38 (um mil, novecentos e quinze reais e trinta e oito centavos); (Incluído pela Lei nº 10.537, de 27.8.2002)

II – atos dos oficiais de justiça, por diligência certificada: (Incluído pela Lei nº 10.537, de 27.8.2002)

a. em zona urbana: R$ 11,06 (onze reais e seis centavos); (Incluído pela Lei nº 10.537, de 27.8.2002)

b. em zona rural: R$ 22,13 (vinte e dois reais e treze centavos); (Incluído pela Lei nº 10.537, de 27.8.2002)

III – agravo de instrumento: R$ 44,26 (quarenta e quatro reais e vinte e seis centavos); (Incluído pela Lei nº 10.537, de 27.8.2002)

IV – agravo de petição: R$ 44,26 (quarenta e quatro reais e vinte e seis centavos); (Incluído pela Lei nº 10.537, de 27.8.2002)

V – embargos à execução, embargos de terceiro e embargos à arrematação: R$ 44,26 (quarenta e quatro reais e vinte e seis centavos); (Incluído pela Lei nº 10.537, de 27.8.2002)

VI – recurso de revista: R$ 55,35 (cinquenta e cinco reais e trinta e cinco centavos); (Incluído pela Lei nº 10.537, de 27.8.2002)

VII – impugnação à sentença de liquidação: R$ 55,35 (cinquenta e cinco reais e trinta e cinco centavos); (Incluído pela Lei nº 10.537, de 27.8.2002)

VIII – despesa de armazenagem em depósito judicial – por dia: 0,1% (um décimo por cento) do valor da avaliação; (Incluído pela Lei nº 10.537, de 27.8.2002)

IX – cálculos de liquidação realizados pelo contador do juízo – sobre o valor liquidado: 0,5% (cinco décimos por cento) até o limite de R$ 638,46 (seiscentos e trinta e oito reais e quarenta e seis centavos). (Incluído pela Lei nº 10.537, de 27.8.2002)

Art. 789-B. Os emolumentos serão suportados pelo Requerente, nos valores fixados na seguinte tabela: (Incluído pela Lei nº 10.537, de 27.8.2002)

I – autenticação de traslado de peças mediante cópia reprográfica apresentada pelas partes – por folha: R$ 0,55 (cinquenta e cinco centavos de real); (Incluído pela Lei nº 10.537, de 27.8.2002)

II – fotocópia de peças – por folha: R$ 0,28 (vinte e oito centavos de real); (Incluído pela Lei nº 10.537, de 27.8.2002)

III – autenticação de peças – por folha: R$ 0,55 (cinquenta e cinco centavos de real); (Incluído pela Lei nº 10.537, de 27.8.2002)

IV – cartas de sentença, de adjudicação, de remição e de arrematação – por folha: R$ 0,55 (cinquenta e cinco centavos de real); (Incluído pela Lei nº 10.537, de 27.8.2002)

V – certidões – por folha: R$ 5,53 (cinco reais e cinquenta e três centavos). (Incluído pela Lei nº 10.537, de 27.8.2002)

Art. 790. Nas Varas do Trabalho, nos Juízos de Direito, nos Tribunais e no Tribunal Superior do Trabalho, a forma de pagamento das custas e emolumentos obedecerá às instruções que serão expedidas pelo Tribunal Superior do Trabalho. (Redação dada pela Lei nº 10.537, de 27.8.2002)

§ 1º Tratando-se de empregado que não tenha obtido o benefício da justiça gratuita, ou isenção de custas, o sindicato que houver intervindo no processo responderá solidariamente pelo pagamento das custas devidas. (Redação dada pela Lei nº 10.537, de 27.8.2002)

§ 2º No caso de não-pagamento das custas, far-se-á execução da respectiva importância, segundo o procedimento estabelecido no Capítulo V deste Título. (Redação dada pela Lei nº 10.537, de 27.8.2002)

Nova Redação com a Reforma Trabalhista	Antiga Redação
§ 3º É facultado aos juízes, órgãos julgadores e presidentes dos tribunais do trabalho de qualquer instância conceder, a requerimento ou de ofício, o benefício da justiça gratuita, inclusive quanto a traslados e instrumentos, àqueles que perceberem salário igual ou inferior a 40% (quarenta por cento) do limite máximo dos benefícios do Regime Geral de Previdência Social.	§ 3º É facultado aos juízes, órgãos julgadores e presidentes dos tribunais do trabalho de qualquer instância conceder, a requerimento ou de ofício, o benefício da justiça gratuita, inclusive quanto a traslados e instrumentos, àqueles que perceberem salário igual ou inferior ao dobro do mínimo legal, ou declararem, sob as penas da lei, que não estão em condições de pagar as custas do processo sem prejuízo do sustento próprio ou de sua família. (Redação dada pela Lei nº 10.537, de 27.8.2002)
§ 4º O benefício da justiça gratuita será concedido à parte que comprovar insuficiência de recursos para o pagamento das custas do processo.	⊗ Dispositivo sem correspondência na antiga redação.

Art. 790-A. São isentos do pagamento de custas, além dos beneficiários de justiça gratuita: (Incluído pela Lei nº 10.537, de 27.8.2002)

I – a União, os Estados, o Distrito Federal, os Municípios e respectivas autarquias e fundações públicas federais, estaduais ou municipais que não explorem atividade econômica; (Incluído pela Lei nº 10.537, de 27.8.2002)

II – o Ministério Público do Trabalho. (Incluído pela Lei nº 10.537, de 27.8.2002)

Parágrafo único. A isenção prevista neste artigo não alcança as entidades fiscalizadoras do exercício profissional, nem exime as pessoas jurídicas referidas no inciso I da obrigação de reembolsar as despesas judiciais realizadas pela parte vencedora. (Incluído pela Lei nº 10.537, de 27.8.2002)

Art. 790-B. A responsabilidade pelo pagamento dos honorários periciais é da parte sucumbente na pretensão objeto da perícia, ainda que beneficiária da justiça gratuita.	**Art. 790-B.** A responsabilidade pelo pagamento dos honorários periciais é da parte sucumbente na pretensão objeto da perícia, salvo se beneficiária de justiça gratuita. (Incluído pela Lei nº 10.537, de 27.8.2002)
§ 1º Ao fixar o valor dos honorários periciais, o juízo deverá respeitar o limite máximo estabelecido pelo Conselho Superior da Justiça do Trabalho.	⊗ Dispositivo sem correspondência na antiga redação.

Nova Redação com a Reforma Trabalhista	Antiga Redação
§ 2º O juízo poderá deferir parcelamento dos honorários periciais.	⊗ Dispositivo sem correspondência na antiga redação.
§ 3º O juízo não poderá exigir adiantamento de valores para realização de perícias.	⊗ Dispositivo sem correspondência na antiga redação.
§ 4º Somente no caso em que o beneficiário da justiça gratuita não tenha obtido em juízo créditos capazes de suportar a despesa referida no *caput*, ainda que em outro processo, a União responderá pelo encargo.	⊗ Dispositivo sem correspondência na antiga redação.

Seção IV
Das Partes e dos Procuradores

Art. 791. Os empregados e os empregadores poderão reclamar pessoalmente perante a Justiça do Trabalho e acompanhar as suas reclamações até o final.

§ 1º Nos dissídios individuais os empregados e empregadores poderão fazer-se representar por intermédio do sindicato, advogado, solicitador, ou provisionado, inscrito na Ordem dos Advogados do Brasil.

§ 2º Nos dissídios coletivos é facultada aos interessados a assistência por advogado.

§ 3º A constituição de procurador com poderes para o foro em geral poderá ser efetivada, mediante simples registro em ata de audiência, a requerimento verbal do advogado interessado, com anuência da parte representada. (Incluído pela Lei nº 12.437, de 2011)

Nova Redação com a Reforma Trabalhista	Antiga Redação
Art. 791-A. Ao advogado, ainda que atue em causa própria, serão devidos honorários de sucumbência, fixados entre o mínimo de 5% (cinco por cento) e o máximo de 15% (quinze por cento) sobre o valor que resultar da liquidação da sentença, do proveito econômico obtido ou, não sendo possível mensurá-lo, sobre o valor atualizado da causa.	⊗ Dispositivo sem correspondência na antiga redação.
§ 1º Os honorários são devidos também nas ações contra a Fazenda Pública e nas ações em que a parte estiver assistida ou substituída pelo sindicato de sua categoria.	⊗ Dispositivo sem correspondência na antiga redação.

Nova Redação com a Reforma Trabalhista	Antiga Redação
§ 2º Ao fixar os honorários, o juízo observará:	⊗ Dispositivo sem correspondência na antiga redação.
I – o grau de zelo do profissional;	⊗ Dispositivo sem correspondência na antiga redação.
II – o lugar de prestação do serviço;	⊗ Dispositivo sem correspondência na antiga redação.
III – a natureza e a importância da causa;	⊗ Dispositivo sem correspondência na antiga redação.
IV – o trabalho realizado pelo advogado e o tempo exigido para o seu serviço.	⊗ Dispositivo sem correspondência na antiga redação.
§ 3º Na hipótese de procedência parcial, o juízo arbitrará honorários de sucumbência recíproca, vedada a compensação entre os honorários.	⊗ Dispositivo sem correspondência na antiga redação.
§ 4º Vencido o beneficiário da justiça gratuita, desde que não tenha obtido em juízo, ainda que em outro processo, créditos capazes de suportar a despesa, as obrigações decorrentes de sua sucumbência ficarão sob condição suspensiva de exigibilidade e somente poderão ser executadas se, nos dois anos subsequentes ao trânsito em julgado da decisão que as certificou, o credor demonstrar que deixou de existir a situação de insuficiência de recursos que justificou a concessão de gratuidade, extinguindo-se, passado esse prazo, tais obrigações do beneficiário.	⊗ Dispositivo sem correspondência na antiga redação.
§ 5º São devidos honorários de sucumbência na reconvenção.	⊗ Dispositivo sem correspondência na antiga redação.
Art. 792. (Revogado)	**Art. 792.** Os maiores de 18 (dezoito) e menores de 21 (vinte e um) anos e as mulheres casadas poderão pleitear perante a Justiça do Trabalho sem a assistência de seus pais, tutores ou maridos.

Nova Redação com a Reforma Trabalhista	Antiga Redação

Art. 793. A reclamação trabalhista do menor de 18 anos será feita por seus representantes legais e, na falta destes, pela Procuradoria da Justiça do Trabalho, pelo sindicato, pelo Ministério Público estadual ou curador nomeado em juízo. (Redação dada pela Lei nº 10.288, de 2001)

Seção IV-A
Da Responsabilidade por Dano Processual

Nova Redação com a Reforma Trabalhista	Antiga Redação
Art. 793-A. Responde por perdas e danos aquele que litigar de má-fé como reclamante, reclamado ou interveniente.	⊗ Dispositivo sem correspondência na antiga redação.
Art. 793-B. Considera-se litigante de má-fé aquele que:	⊗ Dispositivo sem correspondência na antiga redação.
I – deduzir pretensão ou defesa contra texto expresso de lei ou fato incontroverso;	⊗ Dispositivo sem correspondência na antiga redação.
II – alterar a verdade dos fatos;	⊗ Dispositivo sem correspondência na antiga redação.
III – usar do processo para conseguir objetivo ilegal;	⊗ Dispositivo sem correspondência na antiga redação.
IV – opuser resistência injustificada ao andamento do processo;	⊗ Dispositivo sem correspondência na antiga redação.
V – proceder de modo temerário em qualquer incidente ou ato do processo;	⊗ Dispositivo sem correspondência na antiga redação.
VI – provocar incidente manifestamente infundado;	⊗ Dispositivo sem correspondência na antiga redação.
VII – interpuser recurso com intuito manifestamente protelatório.	⊗ Dispositivo sem correspondência na antiga redação.
Art. 793-C. De ofício ou a requerimento, o juízo condenará o litigante de má-fé a pagar multa, que deverá ser superior a 1% (um por cento) e inferior a 10% (dez por cento) do valor corrigido da causa, a indenizar a parte contrária pelos prejuízos que esta sofreu e a arcar com os honorários advocatícios e com todas as despesas que efetuou.	⊗ Dispositivo sem correspondência na antiga redação.

Nova Redação com a Reforma Trabalhista	Antiga Redação
§ 1º Quando forem dois ou mais os litigantes de má-fé, o juízo condenará cada um na proporção de seu respectivo interesse na causa ou solidariamente aqueles que se coligaram para lesar a parte contrária.	⊗ Dispositivo sem correspondência na antiga redação.
§ 2º Quando o valor da causa for irrisório ou inestimável, a multa poderá ser fixada em até duas vezes o limite máximo dos benefícios do Regime Geral de Previdência Social.	⊗ Dispositivo sem correspondência na antiga redação.
§ 3º O valor da indenização será fixado pelo juízo ou, caso não seja possível mensurá-lo, liquidado por arbitramento ou pelo procedimento comum, nos próprios autos.	⊗ Dispositivo sem correspondência na antiga redação.
Art. 793-D. Aplica-se a multa prevista no art. 793-C desta Consolidação à testemunha que intencionalmente alterar a verdade dos fatos ou omitir fatos essenciais ao julgamento da causa.	⊗ Dispositivo sem correspondência na antiga redação.
Parágrafo único. A execução da multa prevista neste artigo dar-se-á nos mesmos autos.	⊗ Dispositivo sem correspondência na antiga redação.

Seção V
Das Nulidades

Art. 794. Nos processos sujeitos à apreciação da Justiça do Trabalho só haverá nulidade quando resultar dos atos inquinados manifesto prejuízo às partes litigantes.

Art. 795. As nulidades não serão declaradas senão mediante provocação das partes, as quais deverão argui-las à primeira vez em que tiverem de falar em audiência ou nos autos.

§ 1º Deverá, entretanto, ser declarada *ex officio* a nulidade fundada em incompetência de foro. Nesse caso, serão considerados nulos os atos decisórios.

§ 2º O juiz ou Tribunal que se julgar incompetente determinará, na mesma ocasião, que se faça remessa do processo, com urgência, à autoridade competente, fundamentando sua decisão.

Nova Redação com a Reforma Trabalhista	Antiga Redação

Art. 796. A nulidade não será pronunciada:

a) quando for possível suprir-se a falta ou repetir-se o ato;

b) quando arguida por quem lhe tiver dado causa.

Art. 797. O juiz ou Tribunal que pronunciar a nulidade declarará os atos a que ela se estende.

Art. 798. A nulidade do ato não prejudicará senão os posteriores que dele dependam ou sejam consequência.

Seção VI
Das Exceções

Art. 799. Nas causas da jurisdição da Justiça do Trabalho, somente podem ser opostas, com suspensão do feito, as exceções de suspeição ou incompetência. (Redação dada pelo Decreto-lei nº 8.737, de 19.1.1946)

§ 1º As demais exceções serão alegadas como matéria de defesa. (Redação dada pelo Decreto-lei nº 8.737, de 19.1.1946)

§ 2º Das decisões sobre exceções de suspeição e incompetência, salvo, quanto a estas, se terminativas do feito, não caberá recurso, podendo, no entanto, as partes alegá-las novamente no recurso que couber da decisão final. (Redação dada pelo Decreto-lei nº 8.737, de 19.1.1946)

Nova Redação com a Reforma Trabalhista	Antiga Redação
Art. 800. Apresentada exceção de incompetência territorial no prazo de cinco dias a contar da notificação, antes da audiência e em peça que sinalize a existência desta exceção, seguir-se-á o procedimento estabelecido neste artigo.	**Art. 800.** Apresentada a exceção de incompetência, abrir-se-á vista dos autos ao exceto, por 24 (vinte e quatro) horas improrrogáveis, devendo a decisão ser proferida na primeira audiência ou sessão que se seguir.
§ 1º Protocolada a petição, será suspenso o processo e não se realizará a audiência a que se refere o art. 843 desta Consolidação até que se decida a exceção.	⊗ Dispositivo sem correspondência na antiga redação.
§ 2º Os autos serão imediatamente conclusos ao juiz, que intimará o reclamante e, se existentes, os litisconsortes, para manifestação no prazo comum de cinco dias.	⊗ Dispositivo sem correspondência na antiga redação.

Nova Redação com a Reforma Trabalhista	Antiga Redação
§ 3º Se entender necessária a produção de prova oral, o juízo designará audiência, garantindo o direito de o excipiente e de suas testemunhas serem ouvidos, por carta precatória, no juízo que este houver indicado como competente.	⊗ Dispositivo sem correspondência na antiga redação.
§ 4º Decidida a exceção de incompetência territorial, o processo retomará seu curso, com a designação de audiência, a apresentação de defesa e a instrução processual perante o juízo competente.	⊗ Dispositivo sem correspondência na antiga redação.

Art. 801. O juiz, presidente ou vogal, é obrigado a dar-se por suspeito, e pode ser recusado, por algum dos seguintes motivos, em relação à pessoa dos litigantes:

a) inimizade pessoal;

b) amizade íntima;

c) parentesco por consanguinidade ou afinidade até o terceiro grau civil;

d) interesse particular na causa.

Parágrafo único. Se o recusante houver praticado algum ato pelo qual haja consentido na pessoa do juiz, não mais poderá alegar exceção de suspeição, salvo sobrevindo novo motivo. A suspeição não será também admitida, se do processo constar que o recusante deixou de alegá-la anteriormente, quando já a conhecia, ou que, depois de conhecida, aceitou o juiz recusado ou, finalmente, se procurou de propósito o motivo de que ela se originou.

Art. 802. Apresentada a exceção de suspeição, o juiz ou Tribunal designará audiência dentro de 48 (quarenta e oito) horas, para instrução e julgamento da exceção.

§ 1º Nas Juntas de Conciliação e Julgamento e nos Tribunais Regionais, julgada procedente a exceção de suspeição, será logo convocado para a mesma audiência ou sessão, ou para a seguinte, o suplente do membro suspeito, o qual continuará a funcionar no feito até decisão final. Proceder-se-á da mesma maneira quando algum dos membros se declarar suspeito.

§ 2º Se se tratar de suspeição de Juiz de Direito, será este substituído na forma da organização judiciária local.

Seção VII
Dos Conflitos de Jurisdição

Art. 803. Os conflitos de jurisdição podem ocorrer entre:

a) Juntas de Conciliação e Julgamento e Juízes de Direito investidos na administração da Justiça do Trabalho;

b) Tribunais Regionais do Trabalho;

c) Juízos e Tribunais do Trabalho e órgãos da Justiça Ordinária;

d) Câmaras do Tribunal Superior do Trabalho. (Vide Decreto Lei 8.737, de 1946)

Art. 804. Dar-se-á conflito de jurisdição:

a) quando ambas as autoridades se considerarem competentes;

b) quando ambas as autoridades se considerarem incompetentes.

Art. 805. Os conflitos de jurisdição podem ser suscitados:

a) pelos Juízes e Tribunais do Trabalho;

b) pelo procurador-geral e pelos procuradores regionais da Justiça do Trabalho;

c) pela parte interessada, ou o seu representante.

Art. 806. É vedado à parte interessada suscitar conflitos de jurisdição quando já houver oposto na causa exceção de incompetência.

Art. 807. No ato de suscitar o conflito deverá a parte interessada produzir a prova de existência dele.

Art. 808. Os conflitos de jurisdição de que trata o art. 803 serão resolvidos: (Vide Decreto-lei nº 6.353, de 20.3.1944)

a) pelos Tribunais Regionais, os suscitados entre Juntas e entre Juízos de Direito, ou entre uma e outras, nas respectivas regiões;

b) pela Câmara de Justiça do Trabalho, os suscitados entre Tribunais Regionais, ou entre Juntas e Juízos de Direito sujeitos à jurisdição de Tribunais Regionais diferentes;

c) pelo Conselho Pleno, os suscitados entre as Câmaras de Justiça do Trabalho e de Previdência Social; (Vide Decreto Lei 9.797, de 1946)

d) pelo Supremo Tribunal Federal, os suscitados entre as autoridades da Justiça do Trabalho e as da Justiça Ordinária.

Art. 809. Nos conflitos de jurisdição entre as Juntas e os Juízos de Direito observar-se-á o seguinte:

I – o juiz ou presidente mandará extrair dos autos as provas do conflito e, com a sua informação, remeterá o processo assim formado, no mais breve prazo possível, ao Presidente do Tribunal Regional competente;

II – no Tribunal Regional, logo que der entrada o processo, o presidente determinará a distribuição do feito, podendo o relator ordenar imediatamente às Juntas e aos Juízos, nos casos de conflito positivo, que sobrestejam o andamento dos respectivos processos, e solicitar, ao mesmo tempo, quaisquer informações que julgue convenientes. Seguidamente, será ouvida a Procuradoria, após o que o relator submeterá o feito a julgamento na primeira sessão;

III – proferida a decisão, será a mesma comunicada, imediatamente, às autoridades em conflito, prosseguindo no foro julgado competente.

Art. 810. Aos conflitos de jurisdição entre os Tribunais Regionais aplicar-se-ão as normas estabelecidas no artigo anterior.

Art. 811. Nos conflitos suscitados na Justiça do Trabalho entre as autoridades desta e os órgãos da Justiça Ordinária, o processo do conflito, formado de acordo com o inciso I do art. 809, será remetido diretamente ao presidente do Supremo Tribunal Federal.

Art. 812. A ordem processual dos conflitos de jurisdição entre as Câmaras do Tribunal Superior do Trabalho será a estabelecida no seu regimento interno. (Vide Decreto Lei 9.797, de 1946)

Seção VIII
Das Audiências

Art. 813. As audiências dos órgãos da Justiça do Trabalho serão públicas e realizar-se-ão na sede do Juízo ou Tribunal em dias úteis previamente fixados, entre 8 (oito) e 18 (dezoito) horas, não podendo ultrapassar 5 (cinco) horas seguidas, salvo quando houver matéria urgente.

§ 1º Em casos especiais, poderá ser designado outro local para a realização das audiências, mediante edital afixado na sede do Juízo ou Tribunal, com a antecedência mínima de 24 (vinte e quatro) horas.

§ 2º Sempre que for necessário, poderão ser convocadas audiências extraordinárias, observado o prazo do parágrafo anterior.

Art. 814. Às audiências deverão estar presentes, comparecendo com a necessária antecedência, os escrivães ou secretários. (Vide Leis nºs 409, de 1943 e 6.563, de 1978)

Nova Redação com a Reforma Trabalhista	Antiga Redação
Art. 815. À hora marcada, o juiz ou presidente declarará aberta a audiência, sendo feita pelo secretário ou escrivão a chamada das partes, testemunhas e demais pessoas que devam comparecer. (Vide Leis nºs 409, de 1943 e 6.563, de 1978)	
Parágrafo único. Se, até 15 (quinze) minutos após a hora marcada, o juiz ou presidente não houver comparecido, os presentes poderão retirar-se, devendo o ocorrido constar do livro de registro das audiências.	
Art. 816. O juiz ou presidente manterá a ordem nas audiências, podendo mandar retirar do recinto os assistentes que a perturbarem.	
Art. 817. O registro das audiências será feito em livro próprio, constando de cada registro os processos apreciados e a respectiva solução, bem como as ocorrências eventuais.	
Parágrafo único. Do registro das audiências poderão ser fornecidas certidões às pessoas que o requererem.	

Seção IX
Das Provas

Nova Redação com a Reforma Trabalhista	Antiga Redação
Art. 818. O ônus da prova incumbe:	**Art. 818.** A prova das alegações incumbe à parte que as fizer.
I – ao reclamante, quanto ao fato constitutivo de seu direito;	⊗ Dispositivo sem correspondência na antiga redação.
II – ao reclamado, quanto à existência de fato impeditivo, modificativo ou extintivo do direito do reclamante.	⊗ Dispositivo sem correspondência na antiga redação.
§ 1º Nos casos previstos em lei ou diante de peculiaridades da causa relacionadas à impossibilidade ou à excessiva dificuldade de cumprir o encargo nos termos deste artigo ou à maior facilidat de de obtenção da prova do fato contrário, poderá o juízo atribuir o ônus da prova de modo diverso, desde que o faça por decisão fundamentada, caso em que deverá dar à parte a oportunidade de se desincumbir do ônus que lhe foi atribuído.	⊗ Dispositivo sem correspondência na antiga redação.

Nova Redação com a Reforma Trabalhista	Antiga Redação
§ 2º A decisão referida no § 1º deste artigo deverá ser proferida antes da abertura da instrução e, a requerimento da parte, implicará o adiamento da audiência e possibilitará provar os fatos por qualquer meio em direito admitido.	⊗ Dispositivo sem correspondência na antiga redação.
§ 3º A decisão referida no § 1º deste artigo não pode gerar situação em que a desincumbência do encargo pela parte seja impossível ou excessivamente difícil.	⊗ Dispositivo sem correspondência na antiga redação.

Art. 819. O depoimento das partes e testemunhas que não souberem falar a língua nacional será feito por meio de intérprete nomeado pelo juiz ou presidente.

§ 1º Proceder-se-á da forma indicada neste artigo, quando se tratar de surdo-mudo, ou de mudo que não saiba escrever.

§ 2º As despesas decorrentes do disposto neste artigo correrão por conta da parte sucumbente, salvo se beneficiária de justiça gratuita. (Redação dada pela Lei nº 13.660, de 2018)

Art. 820. As partes e testemunhas serão inquiridas pelo juiz ou presidente, podendo ser reinquiridas, por seu intermédio, a requerimento dos vogais, das partes, seus representantes ou advogados.

Art. 821. Cada uma das partes não poderá indicar mais de 3 (três) testemunhas, salvo quando se tratar de inquérito, caso em que esse número poderá ser elevado a 6 (seis). (Redação dada pelo Decreto-lei nº 8.737, de 19.1.1946)

Art. 822. As testemunhas não poderão sofrer qualquer desconto pelas faltas ao serviço, ocasionadas pelo seu comparecimento para depor, quando devidamente arroladas ou convocadas.

Art. 823. Se a testemunha for funcionário civil ou militar, e tiver de depor em hora de serviço, será requisitada ao chefe da repartição para comparecer à audiência marcada.

Art. 824. O juiz ou presidente providenciará para que o depoimento de uma testemunha não seja ouvido pelas demais que tenham de depor no processo.

Art. 825. As testemunhas comparecerão a audiência independentemente de notificação ou intimação.

Parágrafo único. As que não comparecerem serão intimadas, *ex officio* ou a requerimento da parte, ficando sujeitas a condução coercitiva, além das penalidades do art. 730, caso, sem motivo justificado, não atendam à intimação.

Art. 826. É facultado a cada uma das partes apresentar um perito ou técnico. (Vide Lei nº 5.584, de 1970)

Art. 827. O juiz ou presidente poderá arguir os peritos compromissados ou os técnicos, e rubricará, para ser junto ao processo, o laudo que os primeiros tiverem apresentado.

Art. 828. Toda testemunha, antes de prestar o compromisso legal, será qualificada, indicando o nome, nacionalidade, profissão, idade, residência, e, quando empregada, o tempo de serviço prestado ao empregador, ficando sujeita, em caso de falsidade, às leis penais.

Parágrafo único. Os depoimentos das testemunhas serão resumidos, por ocasião da audiência, pelo secretário da Junta ou funcionário para esse fim designado, devendo a súmula ser assinada pelo Presidente do Tribunal e pelos depoentes.

Art. 829. A testemunha que for parente até o terceiro grau civil, amigo íntimo ou inimigo de qualquer das partes, não prestará compromisso, e seu depoimento valerá como simples informação.

Art. 830. O documento em cópia oferecido para prova poderá ser declarado autêntico pelo próprio advogado, sob sua responsabilidade pessoal. (Redação dada pela Lei nº 11.925, de 2009)

Parágrafo único. Impugnada a autenticidade da cópia, a parte que a produziu será intimada para apresentar cópias devidamente autenticadas ou o original, cabendo ao serventuário competente proceder à conferência e certificar a conformidade entre esses documentos. (Incluído pela Lei nº 11.925, de 2009).

Seção X
Da Decisão e sua Eficácia

Art. 831. A decisão será proferida depois de rejeitada pelas partes a proposta de conciliação.

Parágrafo único. No caso de conciliação, o termo que for lavrado valerá como decisão irrecorrível, salvo para a Previdência Social quanto às contribuições que lhe forem devidas. (Redação dada pela Lei nº 10.035, de 2000)

Art. 832. Da decisão deverão constar o nome das partes, o resumo do pedido e da defesa, a apreciação das provas, os fundamentos da decisão e a respectiva conclusão.

§ 1º Quando a decisão concluir pela procedência do pedido, determinará o prazo e as condições para o seu cumprimento.

§ 2º A decisão mencionará sempre as custas que devam ser pagas pela parte vencida.

§ 3º As decisões cognitivas ou homologatórias deverão sempre indicar a natureza jurídica das parcelas constantes da condenação ou do acordo homologado, inclusive o limite de responsabilidade de cada parte pelo recolhimento da contribuição previdenciária, se for o caso. (Incluído pela Lei nº 10.035, de 2000)

§ 4º A União será intimada das decisões homologatórias de acordos que contenham parcela indenizatória, na forma do art. 20 da Lei no 11.033, de 21 de dezembro de 2004, facultada a interposição de recurso relativo aos tributos que lhe forem devidos. (Redação dada pela Lei nº 11.457, de 2007)

§ 5º Intimada da sentença, a União poderá interpor recurso relativo à discriminação de que trata o § 3º deste artigo. (Incluído pela Lei nº 11.457, de 2007)

§ 6º O acordo celebrado após o trânsito em julgado da sentença ou após a elaboração dos cálculos de liquidação de sentença não prejudicará os créditos da União. (Incluído pela Lei nº 11.457, de 2007)

§ 7º O Ministro de Estado da Fazenda poderá, mediante ato fundamentado, dispensar a manifestação da União nas decisões homologatórias de acordos em que o montante da parcela indenizatória envolvida ocasionar perda de escala decorrente da atuação do órgão jurídico. (Incluído pela Lei nº 11.457, de 2007)

Art. 833. Existindo na decisão evidentes erros ou enganos de escrita, de datilografia ou de cálculo, poderão os mesmos, antes da execução, ser corrigidos, ex officio, ou a requerimento dos interessados ou da Procuradoria da Justiça do Trabalho.

Art. 834. Salvo nos casos previstos nesta Consolidação, a publicação das decisões e sua notificação aos litigantes, ou a seus patronos, consideram-se realizadas nas próprias audiências em que forem as mesmas proferidas.

Art. 835. O cumprimento do acordo ou da decisão far-se-á no prazo e condições estabelecidas.

Art. 836. É vedado aos órgãos da Justiça do Trabalho conhecer de questões já decididas, excetuados os casos expressamente previstos neste Título e a ação rescisória, que será admitida na forma do disposto no Capítulo IV do Título IX da Lei nº 5.869, de 11 de janeiro de 1973 – Código de Processo Civil, sujeita ao depósito prévio de 20% (vinte por cento) do valor da causa, salvo prova de miserabilidade jurídica do autor. (Redação dada pela Lei nº 11.495, de 2007)

Parágrafo único. A execução da decisão proferida em ação rescisória far-se-á nos próprios autos da ação que lhe deu origem, e será instruída com o acórdão da rescisória e a respectiva certidão de trânsito em julgado. (Incluído pela Medida provisória nº 2.180-35, de 2001)

Nova Redação com a Reforma Trabalhista	Antiga Redação

CAPÍTULO III
DOS DISSÍDIOS INDIVIDUAIS

Seção I
Da Forma de Reclamação e da Notificação

Art. 837. Nas localidades em que houver apenas 1 (uma) Junta de Conciliação e Julgamento, ou 1 (um) escrivão do cível, a reclamação será apresentada diretamente à secretaria da Junta, ou ao cartório do Juízo.

Art. 838. Nas localidades em que houver mais de 1 (uma) Junta ou mais de 1 (um) Juízo, ou escrivão do cível, a reclamação será, preliminarmente, sujeita a distribuição, na forma do disposto no Capítulo II, Seção II, deste Título.

Art. 839. A reclamação poderá ser apresentada:

a) pelos empregados e empregadores, pessoalmente, ou por seus representantes, e pelos sindicatos de classe;

b) por intermédio das Procuradorias Regionais da Justiça do Trabalho.

Art. 840. A reclamação poderá ser escrita ou verbal.

Nova Redação com a Reforma Trabalhista	Antiga Redação
§ 1º Sendo escrita, a reclamação deverá conter a designação do juízo, a qualificação das partes, a breve exposição dos fatos de que resulte o dissídio, o pedido, que deverá ser certo, determinado e com indicação de seu valor, a data e a assinatura do reclamante ou de seu representante.	§ 1º Sendo escrita, a reclamação deverá conter a designação do Presidente da Junta, ou do juiz de direito a quem for dirigida, a qualificação do reclamante e do reclamado, uma breve exposição dos fatos de que resulte o dissídio, o pedido, a data e a assinatura do reclamante ou de seu representante.
§ 2º Se verbal, a reclamação será reduzida a termo, em duas vias datadas e assinadas pelo escrivão ou secretário, observado, no que couber, o disposto no §1º deste artigo.	§ 2º Se verbal, a reclamação será reduzida a termo, em 2 (duas) vias datadas e assinadas pelo escrivão ou secretário, observado, no que couber, o disposto no parágrafo anterior.
§ 3º Os pedidos que não atendam ao disposto no § 1º deste artigo serão julgados extintos sem resolução do mérito.	⊗ Dispositivo sem correspondência na antiga redação.

Art. 841. Recebida e protocolada a reclamação, o escrivão ou secretário, dentro de 48 (quarenta e oito) horas, remeterá a segunda via da petição, ou do termo, ao reclamado, notificando-o ao mesmo tempo, para comparecer à audiência do julgamento, que será a primeira desimpedida, depois de 5 (cinco) dias.

§ 1º A notificação será feita em registro postal com franquia. Se o reclamado criar embaraços ao seu recebimento ou não for encontrado, far-se-á a notificação por edital, inserto no jornal oficial ou no que publicar o expediente forense, ou, na falta, afixado na sede da Junta ou Juízo.

§ 2º O reclamante será notificado no ato da apresentação da reclamação ou na forma do parágrafo anterior.

Nova Redação com a Reforma Trabalhista	Antiga Redação
§ 3º Oferecida a contestação, ainda que eletronicamente, o reclamante não poderá, sem o consentimento do reclamado, desistir da ação.	⊗ Dispositivo sem correspondência na antiga redação.

Art. 842. Sendo várias as reclamações e havendo identidade de matéria, poderão ser acumuladas num só processo, se se tratar de empregados da mesma empresa ou estabelecimento.

Seção II
Da Audiência de Julgamento

Art. 843. Na audiência de julgamento deverão estar presentes o reclamante e o reclamado, independentemente do comparecimento de seus representantes salvo, nos casos de Reclamatórias Plúrimas ou Ações de Cumprimento, quando os empregados poderão fazer-se representar pelo Sindicato de sua categoria. (Redação dada pela Lei nº 6.667, de 3.7.1979)

§ 1º É facultado ao empregador fazer-se substituir pelo gerente, ou qualquer outro preposto que tenha conhecimento do fato, e cujas declarações obrigarão o proponente.

§ 2º Se por doença ou qualquer outro motivo poderoso, devidamente comprovado, não for possível ao empregado comparecer pessoalmente, poderá fazer-se representar por outro empregado que pertença à mesma profissão, ou pelo seu sindicato.

Nova Redação com a Reforma Trabalhista	Antiga Redação
§ 3º O preposto a que se refere o § 1º deste artigo não precisa ser empregado da parte reclamada.	⊗ Dispositivo sem correspondência na antiga redação.

Art. 844. O não comparecimento do reclamante à audiência importa o arquivamento da reclamação, e o não-comparecimento do reclamado importa revelia, além de confissão quanto à matéria de fato.

Nova Redação com a Reforma Trabalhista	Antiga Redação
§1º Ocorrendo motivo relevante, poderá o juiz suspender o julgamento, designando nova audiência.	Parágrafo único. Ocorrendo, entretanto, motivo relevante, poderá o presidente suspender o julgamento, designando nova audiência.

Nova Redação com a Reforma Trabalhista	Antiga Redação
§ 2º Na hipótese de ausência do reclamante, este será condenado ao pagamento das custas calculadas na forma do art. 789 desta Consolidação, ainda que beneficiário da justiça gratuita, salvo se comprovar, no prazo de quinze dias, que a ausência ocorreu por motivo legalmente justificável.	⊗ Dispositivo sem correspondência na antiga redação.
§ 3º O pagamento das custas a que se refere o § 2º é condição para a propositura de nova demanda.	⊗ Dispositivo sem correspondência na antiga redação.
§ 4º A revelia não produz o efeito mencionado no *caput* deste artigo se:	⊗ Dispositivo sem correspondência na antiga redação.
I – havendo pluralidade de reclamados, algum deles contestar a ação;	⊗ Dispositivo sem correspondência na antiga redação.
II – o litígio versar sobre direitos indisponíveis;	⊗ Dispositivo sem correspondência na antiga redação.
III – a petição inicial não estiver acompanhada de instrumento que a lei considere indispensável à prova do ato;	⊗ Dispositivo sem correspondência na antiga redação.
IV – as alegações de fato formuladas pelo reclamante forem inverossímeis ou estiverem em contradição com prova constante dos autos.	⊗ Dispositivo sem correspondência na antiga redação.
§ 5º Ainda que ausente o reclamado, presente o advogado na audiência, serão aceitos a contestação e os documentos eventualmente apresentados.	⊗ Dispositivo sem correspondência na antiga redação.

Art. 845. O reclamante e o reclamado comparecerão à audiência acompanhados das suas testemunhas, apresentando, nessa ocasião, as demais provas.

Art. 846. Aberta a audiência, o juiz ou presidente proporá a conciliação. (Redação dada pela Lei nº 9.022, de 5.4.1995)

§ 1º Se houver acordo lavrar-se-á termo, assinado pelo presidente e pelos litigantes, consignando-se o prazo e demais condições para seu cumprimento. (Incluído pela Lei nº 9.022, de 5.4.1995)

§ 2º Entre as condições a que se refere o parágrafo anterior, poderá ser estabelecida a de ficar a parte que não cumprir o acordo obrigada a satisfazer integralmente o pedido ou pagar uma indenização convencionada, sem prejuízo do cumprimento do acordo. (Incluído pela Lei nº 9.022, de 5.4.1995)

Art. 847. Não havendo acordo, o reclamado terá vinte minutos para aduzir sua defesa, após a leitura da reclamação, quando esta não for dispensada por ambas as partes. (Redação dada pela Lei nº 9.022, de 5.4.1995)

Nova Redação	Antiga Redação
Parágrafo único. A parte poderá apresentar defesa escrita pelo sistema de processo judicial eletrônico até a audiência.	⊗ Dispositivo sem correspondência na antiga redação.

Art. 848. Terminada a defesa, seguir-se-á a instrução do processo, podendo o presidente, *ex officio* ou a requerimento de qualquer juiz temporário, interrogar os litigantes. (Redação dada pela Lei nº 9.022, de 5.4.1995)

§ 1º Findo o interrogatório, poderá qualquer dos litigantes retirar-se, prosseguindo a instrução com o seu representante.

§ 2º Serão, a seguir, ouvidas as testemunhas, os peritos e os técnicos, se houver.

Art. 849. A audiência de julgamento será contínua; mas, se não for possível, por motivo de força maior, concluí-la no mesmo dia, o juiz ou presidente marcará a sua continuação para a primeira desimpedida, independentemente de nova notificação.

Art. 850. Terminada a instrução, poderão as partes aduzir razões finais, em prazo não excedente de 10 (dez) minutos para cada uma. Em seguida, o juiz ou presidente renovará a proposta de conciliação, e não se realizando esta, será proferida a decisão.

Parágrafo único. O Presidente da Junta, após propor a solução do dissídio, tomará os votos dos vogais e, havendo divergência entre estes, poderá desempatar ou proferir decisão que melhor atenda ao cumprimento da lei e ao justo equilíbrio entre os votos divergentes e ao interesse social.

Art. 851. Os tramites de instrução e julgamento da reclamação serão resumidos em ata, de que constará, na íntegra, a decisão. (Redação dada pelo Decreto-lei nº 8.737, de 19.1.1946)

§ 1º Nos processos de exclusiva alçada das Juntas, será dispensável, a juízo do presidente, o resumo dos depoimentos, devendo constar da ata a conclusão do Tribunal quanto à matéria de fato. (Incluído pelo Decreto-lei nº 8.737, de 19.1.1946)

§ 2º A ata será, pelo presidente ou juiz, junta ao processo, devidamente assinada, no prazo improrrogável de 48 (quarenta e oito) horas, contado da audiência de julgamento, e assinada pelos juízes classistas presentes à mesma audiência. (Parágrafo único renumerado e alterado pelo Decreto-lei nº 8.737, de 19.1.1946)

Art. 852. Da decisão serão os litigantes notificados, pessoalmente, ou por seu representante, na própria audiência. No caso de revelia, a notificação far-se-á pela forma estabelecida no § 1º do art. 841.

Seção II-A
Do Procedimento Sumaríssimo
(Incluído pela Lei nº 9.957, de 2000)

Art. 852-A. Os dissídios individuais cujo valor não exceda a quarenta vezes o salário mínimo vigente na data do ajuizamento da reclamação ficam submetidos ao procedimento sumaríssimo. (Incluído pela Lei nº 9.957, de 2000)

Parágrafo único. Estão excluídas do procedimento sumaríssimo as demandas em que é parte a Administração Pública direta, autárquica e fundacional. (Incluído pela Lei nº 9.957, de 2000)

Art. 852-B. Nas reclamações enquadradas no procedimento sumaríssimo: (Incluído pela Lei nº 9.957, de 2000)

I – o pedido deverá ser certo ou determinado e indicará o valor correspondente; (Incluído pela Lei nº 9.957, de 2000)

II – não se fará citação por edital, incumbindo ao autor a correta indicação do nome e endereço do reclamado; (Incluído pela Lei nº 9.957, de 2000)

III – a apreciação da reclamação deverá ocorrer no prazo máximo de quinze dias do seu ajuizamento, podendo constar de pauta especial, se necessário, de acordo com o movimento judiciário da Junta de Conciliação e Julgamento. (Incluído pela Lei nº 9.957, de 2000)

§ 1º O não atendimento, pelo reclamante, do disposto nos incisos I e II deste artigo importará no arquivamento da reclamação e condenação ao pagamento de custas sobre o valor da causa. (Incluído pela Lei nº 9.957, de 2000)

§ 2º As partes e advogados comunicarão ao juízo as mudanças de endereço ocorridas no curso do processo, reputando-se eficazes as intimações enviadas ao local anteriormente indicado, na ausência de comunicação. (Incluído pela Lei nº 9.957, de 2000)

Art. 852-C. As demandas sujeitas a rito sumaríssimo serão instruídas e julgadas em audiência única, sob a direção de juiz presidente ou substituto, que poderá ser convocado para atuar simultaneamente com o titular. (Incluído pela Lei nº 9.957, de 2000)

Art. 852-D. O juiz dirigirá o processo com liberdade para determinar as provas a serem produzidas, considerado o ônus probatório de cada litigante, podendo limitar ou excluir as que considerar excessivas, impertinentes ou protelatórias, bem como para apreciá-las e dar especial valor às regras de experiência comum ou técnica. (Incluído pela Lei nº 9.957, de 2000)

Art. 852-E. Aberta a sessão, o juiz esclarecerá as partes presentes sobre as vantagens da conciliação e usará os meios adequados de persuasão para a solução conciliatória do litígio, em qualquer fase da audiência. (Incluído pela Lei nº 9.957, de 2000)

Art. 852-F. Na ata de audiência serão registrados resumidamente os atos essenciais, as afirmações fundamentais das partes e as informações úteis à solução da causa trazidas pela prova testemunhal. (Incluído pela Lei nº 9.957, de 2000)

Art. 852-G. Serão decididos, de plano, todos os incidentes e exceções que possam interferir no prosseguimento da audiência e do processo. As demais questões serão decididas na sentença. (Incluído pela Lei nº 9.957, de 2000)

Art. 852-H. Todas as provas serão produzidas na audiência de instrução e julgamento, ainda que não requeridas previamente. (Incluído pela Lei nº 9.957, de 2000)

§ 1º Sobre os documentos apresentados por uma das partes manifestar-se-á imediatamente a parte contrária, sem interrupção da audiência, salvo absoluta impossibilidade, a critério do juiz. (Incluído pela Lei nº 9.957, de 2000)

§ 2º As testemunhas, até o máximo de duas para cada parte, comparecerão à audiência de instrução e julgamento independentemente de intimação. (Incluído pela Lei nº 9.957, de 2000)

§ 3º Só será deferida intimação de testemunha que, comprovadamente convidada, deixar de comparecer. Não comparecendo a testemunha intimada, o juiz poderá determinar sua imediata condução coercitiva. (Incluído pela Lei nº 9.957, de 2000)

§ 4º Somente quando a prova do fato o exigir, ou for legalmente imposta, será deferida prova técnica, incumbindo ao juiz, desde logo, fixar o prazo, o objeto da perícia e nomear perito. (Incluído pela Lei nº 9.957, de 2000)

§ 5º (VETADO) (Incluído pela Lei nº 9.957, de 2000)

§ 6º As partes serão intimadas a manifestar-se sobre o laudo, no prazo comum de cinco dias. (Incluído pela Lei nº 9.957, de 2000)

§ 7º Interrompida a audiência, o seu prosseguimento e a solução do processo dar-se-ão no prazo máximo de trinta dias, salvo motivo relevante justificado nos autos pelo juiz da causa. (Incluído pela Lei nº 9.957, de 2000)

Art. 852-I. A sentença mencionará os elementos de convicção do juízo, com resumo dos fatos relevantes ocorridos em audiência, dispensado o relatório. (Incluído pela Lei nº 9.957, de 2000)

§ 1º O juízo adotará em cada caso a decisão que reputar mais justa e equânime, atendendo aos fins sociais da lei e as exigências do bem comum. (Incluído pela Lei nº 9.957, de 2000)

§ 2º (VETADO) (Incluído pela Lei nº 9.957, de 2000)

§ 3º As partes serão intimadas da sentença na própria audiência em que prolatada. (Incluído pela Lei nº 9.957, de 2000)

Seção III
Do Inquérito para Apuração de Falta Grave

Art. 853. Para a instauração do inquérito para apuração de falta grave contra empregado garantido com estabilidade, o empregador apresentará reclamação por escrito à Junta ou Juízo de Direito, dentro de 30 (trinta) dias, contados da data da suspensão do empregado.

Art. 854. O processo do inquérito perante a Junta ou Juízo obedecerá às normas estabelecidas no presente Capítulo, observadas as disposições desta Seção.

Art. 855. Se tiver havido prévio reconhecimento da estabilidade do empregado, o julgamento do inquérito pela Junta ou Juízo não prejudicará a execução para pagamento dos salários devidos ao empregado, até a data da instauração do mesmo inquérito.

Seção IV
Do Incidente de Desconsideração da Personalidade Jurídica

Nova Redação	Antiga Redação
Art. 855-A. Aplica-se ao processo do trabalho o incidente de desconsideração da personalidade jurídica previsto nos arts. 133 a 137 da Lei nº 13.105, de 16 de março de 2015 – Código de Processo Civil.	⊗ Dispositivo sem correspondência na antiga redação.

Nova Redação com a Reforma Trabalhista	Antiga Redação
§ 1º Da decisão interlocutória que acolher ou rejeitar o incidente:	⊗ Dispositivo sem correspondência na antiga redação.
I – na fase de cognição, não cabe recurso de imediato, na forma do § 1º do art. 893 desta Consolidação;	⊗ Dispositivo sem correspondência na antiga redação.
II – na fase de execução, cabe agravo de petição, independentemente de garantia do juízo;	⊗ Dispositivo sem correspondência na antiga redação.
III – cabe agravo interno se proferida pelo relator em incidente instaurado originariamente no tribunal.	⊗ Dispositivo sem correspondência na antiga redação.
§ 2º A instauração do incidente suspenderá o processo, sem prejuízo de concessão da tutela de urgência de natureza cautelar de que trata o art. 301 da Lei nº 13.105, de 16 de março de 2015 (Código de Processo Civil).	⊗ Dispositivo sem correspondência na antiga redação.

CAPÍTULO III-A
DO PROCESSO DE JURISDIÇÃO VOLUNTÁRIA PARA HOMOLOGAÇÃO DE ACORDO EXTRAJUDICIAL

Nova Redação com a Reforma Trabalhista	Antiga Redação
Art. 855-B. O processo de homologação de acordo extrajudicial terá início por petição conjunta, sendo obrigatória a representação das partes por advogado.	⊗ Dispositivo sem correspondência na antiga redação.
§ 1º As partes não poderão ser representadas por advogado comum.	⊗ Dispositivo sem correspondência na antiga redação.
§ 2º Faculta-se ao trabalhador ser assistido pelo advogado do sindicato de sua categoria.	⊗ Dispositivo sem correspondência na antiga redação.
Art. 855-C. O disposto neste Capítulo não prejudica o prazo estabelecido no § 6º do art. 477 desta Consolidação e não afasta a aplicação da multa prevista no § 8º art. 477 desta Consolidação.	⊗ Dispositivo sem correspondência na antiga redação.

Nova Redação com a Reforma Trabalhista	Antiga Redação
Art. 855-D. No prazo de quinze dias a contar da distribuição da petição, o juiz analisará o acordo, designará audiência se entender necessário e proferirá sentença.	⊗ Dispositivo sem correspondência na antiga redação.
Art. 855-E. A petição de homologação de acordo extrajudicial suspende o prazo prescricional da ação quanto aos direitos nela especificados.	⊗ Dispositivo sem correspondência na antiga redação.
Parágrafo único. O prazo prescricional voltará a fluir no dia útil seguinte ao do trânsito em julgado da decisão que negar a homologação do acordo.	⊗ Dispositivo sem correspondência na antiga redação.

CAPÍTULO IV
DOS DISSÍDIOS COLETIVOS

Seção I
Da Instauração da Instância

Art. 856. A instância será instaurada mediante representação escrita ao Presidente do Tribunal. Poderá ser também instaurada por iniciativa do presidente, ou, ainda, a requerimento da Procuradoria da Justiça do Trabalho, sempre que ocorrer suspensão do trabalho.

Art. 857. A representação para instaurar a instância em dissídio coletivo constitui prerrogativa das associações sindicais, excluídas as hipóteses aludidas no art. 856, quando ocorrer suspensão do trabalho. (Redação dada pelo Decreto-lei nº 7.321, de 14.2.1945)

Parágrafo único. Quando não houver sindicato representativo da categoria econômica ou profissional, poderá a representação ser instaurada pelas federações correspondentes e, na falta destas, pelas confederações respectivas, no âmbito de sua representação. (Redação dada pela Lei nº 2.693, de 23.12.1955)

Art. 858. A representação será apresentada em tantas vias quantos forem os reclamados e deverá conter:

a) designação e qualificação dos reclamantes e dos reclamados e a natureza do estabelecimento ou do serviço;

b) os motivos do dissídio e as bases da conciliação.

Art. 859. A representação dos sindicatos para instauração da instância fica subordinada à aprovação de assembleia, da qual participem os associados interessados na solução do dissídio coletivo, em primeira convocação, por maioria de 2/3 (dois terços) dos mesmos, ou, em segunda convocação, por 2/3 (dois terços) dos presentes. (Redação dada pelo Decreto-lei nº 7.321, de 14.2.1945)

Parágrafo único – (Revogado pelo Decreto-Lei nº 7.321 de 14.2.1945)

Seção II
Da Conciliação e do Julgamento

Art. 860. Recebida e protocolada a representação, e estando na devida forma, o Presidente do Tribunal designará a audiência de conciliação, dentro do prazo de 10 (dez) dias, determinando a notificação dos dissidentes, com observância do disposto no art. 841.

Parágrafo único. Quando a instância for instaurada *ex officio*, a audiência deverá ser realizada dentro do prazo mais breve possível, após o reconhecimento do dissídio.

Art. 861. É facultado ao empregador fazer-se representar na audiência pelo gerente, ou por qualquer outro preposto que tenha conhecimento do dissídio, e por cujas declarações será sempre responsável.

Art. 862. Na audiência designada, comparecendo ambas as partes ou seus representantes, o Presidente do Tribunal as convidará para se pronunciarem sobre as bases da conciliação. Caso não sejam aceitas as bases propostas, o Presidente submeterá aos interessados a solução que lhe pareça capaz de resolver o dissídio.

Art. 863. Havendo acordo, o Presidente o submeterá à homologação do Tribunal na primeira sessão.

Art. 864. Não havendo acordo, ou não comparecendo ambas as partes ou uma delas, o presidente submeterá o processo a julgamento, depois de realizadas as diligências que entender necessárias e ouvida a Procuradoria. (Redação dada pelo Decreto-lei nº 8.737, de 19.1.1946)

Art. 865. Sempre que, no decorrer do dissídio, houver ameaça de perturbação da ordem, o presidente requisitará à autoridade competente as providências que se tornarem necessárias.

Art. 866. Quando o dissídio ocorrer fora da sede do Tribunal, poderá o presidente, se julgar conveniente, delegar à autoridade local as atribuições de que tratam os arts. 860 e 862. Nesse caso, não havendo conciliação, a autoridade delegada encaminhará o processo ao Tribunal, fazendo exposição circunstanciada dos fatos e indicando a solução que lhe parecer conveniente.

Art. 867. Da decisão do Tribunal serão notificadas as partes, ou seus representantes, em registrado postal, com franquia, fazendo-se, outrossim, a sua publicação no jornal oficial, para ciência dos demais interessados.

Parágrafo único. A sentença normativa vigorará: (Incluído pelo Decreto-lei nº 424, de 21.1.1969)

a) a partir da data de sua publicação, quando ajuizado o dissídio após o prazo do art. 616, § 3º, ou, quando não existir acordo, convenção ou sentença normativa em vigor, da data do ajuizamento; (Incluída pelo Decreto-lei nº 424, de 21.1.1969)

b) a partir do dia imediato ao termo final de vigência do acordo, convenção ou sentença normativa, quando ajuizado o dissídio no prazo do art. 616, § 3º. (Incluída pelo Decreto-lei nº 424, de 21.1.1969)

Seção III
Da Extensão das Decisões

Art. 868. Em caso de dissídio coletivo que tenha por motivo novas condições de trabalho e no qual figure como parte apenas uma fração de empregados de uma empresa, poderá o Tribunal competente, na própria decisão, estender tais condições de trabalho, se julgar justo e conveniente, aos demais empregados da empresa que forem da mesma profissão dos dissidentes.

Parágrafo único. O Tribunal fixará a data em que a decisão deve entrar em execução, bem como o prazo de sua vigência, o qual não poderá ser superior a 4 (quatro) anos.

Art. 869. A decisão sobre novas condições de trabalho poderá também ser estendida a todos os empregados da mesma categoria profissional compreendida na jurisdição do Tribunal:

a) por solicitação de 1 (um) ou mais empregadores, ou de qualquer sindicato destes;

b) por solicitação de 1 (um) ou mais sindicatos de empregados;

c) ex officio, pelo Tribunal que houver proferido a decisão;

d) por solicitação da Procuradoria da Justiça do Trabalho.

Art. 870. Para que a decisão possa ser estendida, na forma do artigo anterior, torna-se preciso que 3/4 (três quartos) dos empregadores e 3/4 (três quartos) dos empregados, ou os respectivos sindicatos, concordem com a extensão da decisão.

§ 1º O Tribunal competente marcará prazo, não inferior a 30 (trinta) nem superior a 60 (sessenta) dias, a fim de que se manifestem os interessados.

§ 2º Ouvidos os interessados e a Procuradoria da Justiça do Trabalho, será o processo submetido ao julgamento do Tribunal.

Art. 871. Sempre que o Tribunal estender a decisão, marcará a data em que a extensão deva entrar em vigor.

Seção IV
Do Cumprimento das Decisões

Art. 872. Celebrado o acordo, ou transitada em julgado a decisão, seguir-se-á o seu cumprimento, sob as penas estabelecidas neste Título.

Parágrafo único. Quando os empregadores deixarem de satisfazer o pagamento de salários, na conformidade da decisão proferida, poderão os empregados ou seus sindicatos, independentes de outorga de poderes de seus associados, juntando certidão de tal decisão, apresentar reclamação à Junta ou Juízo competente, observado o processo previsto no Capítulo II deste Título, sendo vedado, porém, questionar sobre a matéria de fato e de direito já apreciada na decisão. (Redação dada pela Lei nº 2.275, de 30.7.1954)

Seção V
Da Revisão

Art. 873. Decorrido mais de 1 (um) ano de sua vigência, caberá revisão das decisões que fixarem condições de trabalho, quando se tiverem modificado as circunstâncias que as ditaram, de modo que tais condições se hajam tornado injustas ou inaplicáveis.

Art. 874. A revisão poderá ser promovida por iniciativa do Tribunal prolator, da Procuradoria da Justiça do Trabalho, das associações sindicais ou de empregador ou empregadores interessados no cumprimento da decisão.

Parágrafo único. Quando a revisão for promovida por iniciativa do Tribunal prolator ou da Procuradoria, as associações sindicais e o empregador ou empregadores interessados serão ouvidos no prazo de 30 (trinta) dias. Quando promovida por uma das partes interessadas, serão as outras ouvidas também por igual prazo.

Art. 875. A revisão será julgada pelo Tribunal que tiver proferido a decisão, depois de ouvida a Procuradoria da Justiça do Trabalho.

CAPÍTULO V
DA EXECUÇÃO

Seção I
Das Disposições Preliminares

Art. 876. As decisões passadas em julgado ou das quais não tenha havido recurso com efeito suspensivo; os acordos, quando não cumpridos; os termos de ajuste de conduta firmados perante o Ministério Público do Trabalho e os termos de conciliação firmados perante as Comissões de Conciliação Prévia serão executada pela forma estabelecida neste Capítulo. (Redação dada pela Lei nº 9.958, de 12.1.2000)

Nova Redação	Antiga Redação
Parágrafo único. A Justiça do Trabalho executará, de ofício, as contribuições sociais previstas na alínea *a* do inciso I e no inciso II do *caput* do art. 195 da Constituição Federal, e seus acréscimos legais, relativas ao objeto da condenação constante das sentenças que proferir e dos acordos que homologar.	Parágrafo único. Serão executadas ex-officio as contribuições sociais devidas em decorrência de decisão proferida pelos Juízes e Tribunais do Trabalho, resultantes de condenação ou homologação de acordo, inclusive sobre os salários pagos durante o período contratual reconhecido. (Redação dada pela Lei nº 11.457, de 2007)

Art. 877. É competente para a execução das decisões o Juiz ou Presidente do Tribunal que tiver conciliado ou julgado originariamente o dissídio.

Art. 877-A. É competente para a execução de título executivo extrajudicial o juiz que teria competência para o processo de conhecimento relativo à matéria. (Incluído pela Lei nº 9.958, de 25.10.2000)

Nova Redação	Antiga Redação
Art. 878. A execução será promovida pelas partes, permitida a execução de ofício pelo juiz ou pelo Presidente do Tribunal apenas nos casos em que as partes não estiverem representadas por advogado.	**Art. 878.** A execução poderá ser promovida por qualquer interessado, ou ex officio pelo próprio Juiz ou Presidente ou Tribunal competente, nos termos do artigo anterior.
Parágrafo único. (Revogado)	Parágrafo único. Quando se tratar de decisão dos Tribunais Regionais, a execução poderá ser promovida pela Procuradoria da Justiça do Trabalho.

Art. 878-A. Faculta-se ao devedor o pagamento imediato da parte que entender devida à Previdência Social, sem prejuízo da cobrança de eventuais diferenças encontradas na execução *ex officio*. (Incluído pela Lei nº 10.035, de 2000)

Art. 879. Sendo ilíquida a sentença exequenda, ordenar-se-á, previamente, a sua liquidação, que poderá ser feita por cálculo, por arbitramento ou por artigos. (Redação dada pela Lei nº 2.244, de 23.6.1954)

§ 1º Na liquidação, não se poderá modificar, ou inovar, a sentença liquidanda nem discutir matéria pertinente à causa principal. (Incluído pela Lei nº 8.432, 11.6.1992)

§ 1º-A. A liquidação abrangerá, também, o cálculo das contribuições previdenciárias devidas. (Incluído pela Lei nº 10.035, de 2000)

§ 1º-B. As partes deverão ser previamente intimadas para a apresentação do cálculo de liquidação, inclusive da contribuição previdenciária incidente. (Incluído pela Lei nº 10.035, de 2000)

Nova Redação com a Reforma Trabalhista	Antiga Redação
§ 2º Elaborada a conta e tornada líquida, o juízo deverá abrir às partes prazo comum de oito dias para impugnação fundamentada com a indicação dos itens e valores objeto da discordância, sob pena de preclusão.	§ 2º Elaborada a conta e tornada líquida, o Juiz poderá abrir às partes prazo sucessivo de 10 (dez) dias para impugnação fundamentada com a indicação dos itens e valores objeto da discordância, sob pena de preclusão. (Incluído pela Lei nº 8.432, 11.6.1992)

§ 3º Elaborada a conta pela parte ou pelos órgãos auxiliares da Justiça do Trabalho, o juiz procederá à intimação da União para manifestação, no prazo de 10 (dez) dias, sob pena de preclusão. (Redação dada pela Lei nº 11.457, de 2007)

§ 4º A atualização do crédito devido à Previdência Social observará os critérios estabelecidos na legislação previdenciária. (Parágrafo incluído pela Lei nº 10.035, de 2000)

§ 5º O Ministro de Estado da Fazenda poderá, mediante ato fundamentado, dispensar a manifestação da União quando o valor total das verbas que integram o salário-de-contribuição, na forma do art. 28 da Lei no 8.212, de 24 de julho de 1991, ocasionar perda de escala decorrente da atuação do órgão jurídico. (Incluído pela Lei nº 11.457, de 2007)

§ 6º Tratando-se de cálculos de liquidação complexos, o juiz poderá nomear perito para a elaboração e fixará, depois da conclusão do trabalho, o valor dos respectivos honorários com observância, entre outros, dos critérios de razoabilidade e proporcionalidade. (Incluído pela Lei nº 12.405, de 2011)

Nova Redação com a Reforma Trabalhista	Antiga Redação
§ 7º A atualização dos créditos decorrentes de condenação judicial será feita pela Taxa Referencial (TR), divulgada pelo Banco Central do Brasil, conforme a Lei nº 8.177, de 1º de março de 1991.	⊗ Dispositivo sem correspondência na antiga redação.

Seção II
Do Mandado e da Penhora

Art. 880. Requerida a execução, o juiz ou presidente do tribunal mandará expedir mandado de citação do executado, a fim de que cumpra a decisão ou o acordo no prazo, pelo modo e sob as cominações estabelecidas ou, quando se tratar de pagamento em dinheiro, inclusive de contribuições sociais devidas à União, para que o faça em 48 (quarenta e oito) horas ou garanta a execução, sob pena de penhora. (Redação dada pela Lei nº 11.457, de 2007)

§ 1º O mandado de citação deverá conter a decisão exequenda ou o termo de acordo não cumprido.

§ 2º A citação será feita pelos oficiais de diligência.

§ 3º Se o executado, procurado por 2 (duas) vezes no espaço de 48 (quarenta e oito) horas, não for encontrado, far-se-á citação por edital, publicado no jornal oficial ou, na falta deste, afixado na sede da Junta ou Juízo, durante 5 (cinco) dias.

Art. 881. No caso de pagamento da importância reclamada, será este feito perante o escrivão ou secretário, lavrando-se termo de quitação, em 2 (duas) vias, assinadas pelo exequente, pelo executado e pelo mesmo escrivão ou secretário, entregando-se a segunda via ao executado e juntando-se a outra ao processo.

Parágrafo único. Não estando presente o exequente, será depositada a importância, mediante guia, em estabelecimento oficial de crédito ou, em falta deste, em estabelecimento bancário idôneo. (Redação dada pela Lei nº 7.305, 2.4.1985)

Nova Redação com a Reforma Trabalhista	Antiga Redação
Art. 882. O executado que não pagar a importância reclamada poderá garantir a execução mediante depósito da quantia correspondente, atualizada e acrescida das despesas processuais, apresentação de seguro-garantia judicial ou nomeação de bens à penhora, observada a ordem preferencial estabelecida no art. 835 da Lei nº 13.105, de 16 de março de 2015 – Código de Processo Civil.	**Art. 882.** O executado que não pagar a importância reclamada poderá garantir a execução mediante depósito da mesma, atualizada e acrescida das despesas processuais, ou nomeando bens à penhora, observada a ordem preferencial estabelecida no art. 655 do Código Processual Civil. (Redação dada pela Lei nº 8.432, de 1992)

Art. 883. Não pagando o executado, nem garantindo a execução, seguir-se-á penhora dos bens, tantos quantos bastem ao pagamento da importância da condenação, acrescida de custas e juros de mora, sendo estes, em qualquer caso, devidos a partir da data em que for ajuizada a reclamação inicial. (Redação dada pela Lei nº 2.244, de 23.6.1954)

Nova Redação com a Reforma Trabalhista	Antiga Redação
Art. 883-A. A decisão judicial transitada em julgado somente poderá ser levada a protesto, gerar inscrição do nome do executado em órgãos de proteção ao crédito ou no Banco Nacional de Devedores Trabalhistas (BNDT), nos termos da lei, depois de transcorrido o prazo de quarenta e cinco dias a contar da citação do executado, se não houver garantia do juízo.	⊗ Dispositivo sem correspondência na antiga redação.

Seção III
Dos Embargos à Execução e da sua Impugnação

Art. 884. Garantida a execução ou penhorados os bens, terá o executado 5 (cinco) dias para apresentar embargos, cabendo igual prazo ao exequente para impugnação. (Vide Medida Provisória nº 2.180-35, de 2001)

§ 1º A matéria de defesa será restrita às alegações de cumprimento da decisão ou do acordo, quitação ou prescrição da divida.

§ 2º Se na defesa tiverem sido arroladas testemunhas, poderá o Juiz ou o Presidente do Tribunal, caso julgue necessários seus depoimentos, marcar audiência para a produção das provas, a qual deverá realizar-se dentro de 5 (cinco) dias.

§ 3º Somente nos embargos à penhora poderá o executado impugnar a sentença de liquidação, cabendo ao exequente igual direito e no mesmo prazo. (Incluído pela Lei nº 2.244, de 23.6.1954)

§ 4º Julgar-se-ão na mesma sentença os embargos e as impugnações à liquidação apresentadas pelos credores trabalhista e previdenciário. (Redação dada pela Lei nº 10.035, de 25.10.2000)

§ 5º Considera-se inexigível o título judicial fundado em lei ou ato normativo declarados inconstitucionais pelo Supremo Tribunal Federal ou em aplicação ou interpretação tidas por incompatíveis com a Constituição Federal. (Incluído pela Medida provisória nº 2.180-35, de 2001)

§ 6º A exigência da garantia ou penhora não se aplica às entidades filantrópicas e/ou àqueles que compõem ou compuseram a diretoria dessas instituições.	⊗ Dispositivo sem correspondência na antiga redação.

Seção IV
Do Julgamento e dos Trâmites Finais da Execução

Art. 885. Não tendo sido arroladas testemunhas na defesa, o juiz ou presidente, conclusos os autos, proferirá sua decisão, dentro de 5 (cinco) dias, julgando subsistente ou insubsistente a penhora.

Art. 886. Se tiverem sido arroladas testemunhas, finda a sua inquirição em audiência, o escrivão ou secretário fará, dentro de 48 (quarenta e oito) horas, conclusos os autos ao juiz ou presidente, que proferirá sua decisão, na forma prevista no artigo anterior. (Vide Leis nºs 409, de 1943 e 6.563, de 1978)

§ 1º Proferida a decisão, serão da mesma notificadas as partes interessadas, em registrado postal, com franquia.

§ 2º Julgada subsistente a penhora, o juiz, ou presidente, mandará proceder logo à avaliação dos bens penhorados.

Art. 887. A avaliação dos bens penhorados em virtude da execução de decisão condenatória, será feita por avaliador escolhido de comum acordo pelas partes, que perceberá as custas arbitradas pelo juiz, ou presidente do tribunal trabalhista, de conformidade com a tabela a ser expedida pelo Tribunal Superior do Trabalho.

§ 1º Não acordando as partes quanto à designação de avaliador, dentro de cinco dias após o despacho que o determinou a avaliação, será o avaliador designado livremente pelo juiz ou presidente do tribunal.

§ 2º Os servidores da Justiça do Trabalho não poderão ser escolhidos ou designados para servir de avaliador.

Art. 888. Concluída a avaliação, dentro de dez dias, contados da data da nomeação do avaliador, seguir-se-á a arrematação, que será anunciada por edital afixado na sede do juízo ou tribunal e publicado no jornal local, se houver, com a antecedência de vinte (20) dias. (Redação dada pela Lei nº 5.584, de 26.6.1970)

§ 1º A arrematação far-se-á em dia, hora e lugar anunciados e os bens serão vendidos pelo maior lance, tendo o exequente preferência para a adjudicação. (Redação dada pela Lei nº 5.584, de 26.6.1970)

§ 2º O arrematante deverá garantir o lance com o sinal correspondente a 20% (vinte por cento) do seu valor. (Redação dada pela Lei nº 5.584, de 26.6.1970)

§ 3º Não havendo licitante, e não requerendo o exequente a adjudicação dos bens penhorados, poderão os mesmos ser vendidos por leiloeiro nomeado pelo Juiz ou Presidente. (Redação dada pela Lei nº 5.584, de 26.6.1970)

§ 4º Se o arrematante, ou seu fiador, não pagar dentro de 24 (vinte e quatro) horas o preço da arrematação, perderá, em benefício da execução, o sinal de que trata o § 2º deste artigo, voltando à praça os bens executados. (Redação dada pela Lei nº 5.584, de 26.6.1970)

Art. 889. Aos trâmites e incidentes do processo da execução são aplicáveis, naquilo em que não contravierem ao presente Título, os preceitos que regem o processo dos executivos fiscais para a cobrança judicial da dívida ativa da Fazenda Pública Federal.

Art. 889-A. Os recolhimentos das importâncias devidas, referentes às contribuições sociais, serão efetuados nas agências locais da Caixa Econômica Federal ou do Banco do Brasil S.A., por intermédio de documento de arrecadação da Previdência Social, dele se fazendo constar o número do processo. (Incluído pela Lei nº 10.035, de 25.10.2000)

§ 1º Concedido parcelamento pela Secretaria da Receita Federal do Brasil, o devedor juntará aos autos a comprovação do ajuste, ficando a execução da contribuição social correspondente suspensa até a quitação de todas as parcelas. (Redação dada pela Lei nº 11.457, de 2007)

§ 2º As Varas do Trabalho encaminharão mensalmente à Secretaria da Receita Federal do Brasil informações sobre os recolhimentos efetivados nos autos, salvo se outro prazo for estabelecido em regulamento. (Redação dada pela Lei nº 11.457, de 2007)

Seção V
Da Execução por Prestações Sucessivas

Art. 890. A execução para pagamento de prestações sucessivas far-se-á com observância das normas constantes desta Seção, sem prejuízo das demais estabelecidas neste Capítulo.

Art. 891. Nas prestações sucessivas por tempo determinado, a execução pelo não-pagamento de uma prestação compreenderá as que lhe sucederem.

Art. 892. Tratando-se de prestações sucessivas por tempo indeterminado, a execução compreenderá inicialmente as prestações devidas até a data do ingresso na execução.

CAPÍTULO VI
DOS RECURSOS

Art. 893. Das decisões são admissíveis os seguintes recursos: (Redação dada pela Lei nº 861, de 13.10.1949)

Nova Redação com a Reforma Trabalhista	Antiga Redação

I – embargos; (Redação dada pela Lei nº 861, de 13.10.1949)

II – recurso ordinário; (Redação dada pela Lei nº 861, de 13.10.1949)

III – recurso de revista; (Redação dada pela Lei nº 861, de 13.10.1949)

IV – agravo. (Redação dada pela Lei nº 861, de 13.10.1949)

§ 1º Os incidentes do processo são resolvidos pelo próprio Juízo ou Tribunal, admitindo-se a apreciação do merecimento das decisões interlocutórias somente em recursos da decisão definitiva. (Parágrafo único renumerado pelo Decreto-lei nº 8.737, de 19.1.1946)

§ 2º A interposição de recurso para o Supremo Tribunal Federal não prejudicará a execução do julgado. (Incluído pelo Decreto-lei nº 8.737, de 19.1.1946)

Art. 894. No Tribunal Superior do Trabalho cabem embargos, no prazo de 8 (oito) dias: (Redação dada pela Lei nº 11.496, de 2007)

I – de decisão não unânime de julgamento que: (Incluído pela Lei nº 11.496, de 2007)

a) conciliar, julgar ou homologar conciliação em dissídios coletivos que excedam a competência territorial dos Tribunais Regionais do Trabalho e estender ou rever as sentenças normativas do Tribunal Superior do Trabalho, nos casos previstos em lei; e (Incluído pela Lei nº 11.496, de 2007)

b) (VETADO)

II – das decisões das Turmas que divergirem entre si ou das decisões proferidas pela Seção de Dissídios Individuais, ou contrárias a súmula ou orientação jurisprudencial do Tribunal Superior do Trabalho ou súmula vinculante do Supremo Tribunal Federal. (Redação dada pela Lei nº 13.015, de 2014)

Parágrafo único. (Revogado). (Incluído pela Lei nº 13.015, de 2014)

§ 2º A divergência apta a ensejar os embargos deve ser atual, não se considerando tal a ultrapassada por súmula do Tribunal Superior do Trabalho ou do Supremo Tribunal Federal, ou superada por iterativa e notória jurisprudência do Tribunal Superior do Trabalho. (Incluído pela Lei nº 13.015, de 2014)

§ 3º O Ministro Relator denegará seguimento aos embargos: (Incluído pela Lei nº 13.015, de 2014)

I – se a decisão recorrida estiver em consonância com súmula da jurisprudência do Tribunal Superior do Trabalho ou do Supremo Tribunal Federal, ou com iterativa, notória e atual jurisprudência do Tribunal Superior do Trabalho, cumprindo-lhe indicá-la; (Incluído pela Lei nº 13.015, de 2014)

II – nas hipóteses de intempestividade, deserção, irregularidade de representação ou de ausência de qualquer outro pressuposto extrínseco de admissibilidade. (Incluído pela Lei nº 13.015, de 2014)

§ 4º Da decisão denegatória dos embargos caberá agravo, no prazo de 8 (oito) dias. (Incluído pela Lei nº 13.015, de 2014)

Art. 895. Cabe recurso ordinário para a instância superior: (Vide Lei 5.584, de 1970)

I – das decisões definitivas ou terminativas das Varas e Juízos, no prazo de 8 (oito) dias; e (Incluído pela Lei nº 11.925, de 2009)

II – das decisões definitivas ou terminativas dos Tribunais Regionais, em processos de sua competência originária, no prazo de 8 (oito) dias, quer nos dissídios individuais, quer nos dissídios coletivos. (Incluído pela Lei nº 11.925, de 2009).

§ 1º Nas reclamações sujeitas ao procedimento sumaríssimo, o recurso ordinário: (Incluído pela Lei nº 9.957, de 2000)

I – (VETADO) (Incluído pela Lei nº 9.957, de 2000)

II – será imediatamente distribuído, uma vez recebido no Tribunal, devendo o relator liberá-lo no prazo máximo de dez dias, e a Secretaria do Tribunal ou Turma colocá-lo imediatamente em pauta para julgamento, sem revisor; (Incluído pela Lei nº 9.957, de 2000)

III – terá parecer oral do representante do Ministério Público presente à sessão de julgamento, se este entender necessário o parecer, com registro na certidão; (Incluído pela Lei nº 9.957, de 2000)

IV – terá acórdão consistente unicamente na certidão de julgamento, com a indicação suficiente do processo e parte dispositiva, e das razões de decidir do voto prevalente. Se a sentença for confirmada pelos próprios fundamentos, a certidão de julgamento, registrando tal circunstância, servirá de acórdão. (Incluído pela Lei nº 9.957, de 2000)

§ 2º Os Tribunais Regionais, divididos em Turmas, poderão designar Turma para o julgamento dos recursos ordinários interpostos das sentenças prolatadas nas demandas sujeitas ao procedimento sumaríssimo. (Incluído pela Lei nº 9.957, de 2000)

Art. 896. Cabe Recurso de Revista para Turma do Tribunal Superior do Trabalho das decisões proferidas em grau de recurso ordinário, em dissídio individual, pelos Tribunais Regionais do Trabalho, quando: (Redação dada pela Lei nº 9.756, de 17.12.1998)

Nova Redação com a Reforma Trabalhista	Antiga Redação
a) derem ao mesmo dispositivo de lei federal interpretação diversa da que lhe houver dado outro Tribunal Regional do Trabalho, no seu Pleno ou Turma, ou a Seção de Dissídios Individuais do Tribunal Superior do Trabalho, ou contrariarem súmula de jurisprudência uniforme dessa Corte ou súmula vinculante do Supremo Tribunal Federal; (Redação dada pela Lei nº 13.015, de 2014)	
b) derem ao mesmo dispositivo de lei estadual, Convenção Coletiva de Trabalho, Acordo Coletivo, sentença normativa ou regulamento empresarial de observância obrigatória em área territorial que exceda a jurisdição do Tribunal Regional prolator da decisão recorrida, interpretação divergente, na forma da alínea a; (Redação dada pela Lei nº 9.756, de 17.12.1998)	
c) proferidas com violação literal de disposição de lei federal ou afronta direta e literal à Constituição Federal. (Redação dada pela Lei nº 9.756, de 17.12.1998)	
§ 1º O recurso de revista, dotado de efeito apenas devolutivo, será interposto perante o Presidente do Tribunal Regional do Trabalho, que, por decisão fundamentada, poderá recebê-lo ou denegá-lo. (Redação dada pela Lei nº 13.015, de 2014)	
§ 1º-A. Sob pena de não conhecimento, é ônus da parte: (Incluído pela Lei nº 13.015, de 2014)	
I – indicar o trecho da decisão recorrida que consubstancia o prequestionamento da controvérsia objeto do recurso de revista; (Incluído pela Lei nº 13.015, de 2014)	
II – indicar, de forma explícita e fundamentada, contrariedade a dispositivo de lei, súmula ou orientação jurisprudencial do Tribunal Superior do Trabalho que conflite com a decisão regional; (Incluído pela Lei nº 13.015, de 2014)	
III – expor as razões do pedido de reforma, impugnando todos os fundamentos jurídicos da decisão recorrida, inclusive mediante demonstração analítica de cada dispositivo de lei, da Constituição Federal, de súmula ou orientação jurisprudencial cuja contrariedade aponte. (Incluído pela Lei nº 13.015, de 2014)	
IV – transcrever na peça recursal, no caso de suscitar preliminar de nulidade de julgado por negativa de prestação jurisdicional, o trecho dos embargos declaratórios em que foi pedido o pronunciamento do tribunal sobre questão veiculada no recurso ordinário e o trecho da decisão regional que rejeitou os embargos quanto ao pedido, para cotejo e verificação, de plano, da ocorrência da omissão.	⊗ Dispositivo sem correspondência na antiga redação.

§ 2º Das decisões proferidas pelos Tribunais Regionais do Trabalho ou por suas Turmas, em execução de sentença, inclusive em processo incidente de embargos de terceiro, não caberá Recurso de Revista, salvo na hipótese de ofensa direta e literal de norma da Constituição Federal. (Redação dada pela Lei nº 9.756, de 17.12.1998)

Nova Redação com a Reforma Trabalhista	Antiga Redação
§ 3º (Revogado)	§ 3º Os Tribunais Regionais do Trabalho procederão, obrigatoriamente, à uniformização de sua jurisprudência e aplicarão, nas causas da competência da Justiça do Trabalho, no que couber, o incidente de uniformização de jurisprudência previsto nos termos do Capítulo I do Título IX do Livro I da Lei nº 5.869, de 11 de janeiro de 1973 (Código de Processo Civil). (Redação dada pela Lei nº 13.015, de 2014)
§ 4º (Revogado)	§ 4º Ao constatar, de ofício ou mediante provocação de qualquer das partes ou do Ministério Público do Trabalho, a existência de decisões atuais e conflitantes no âmbito do mesmo Tribunal Regional do Trabalho sobre o tema objeto de recurso de revista, o Tribunal Superior do Trabalho determinará o retorno dos autos à Corte de origem, a fim de que proceda à uniformização da jurisprudência. (Redação dada pela Lei nº 13.015, de 2014)
§ 5º (Revogado)	§ 5º A providência a que se refere o § 4º deverá ser determinada pelo Presidente do Tribunal Regional do Trabalho, ao emitir juízo de admissibilidade sobre o recurso de revista, ou pelo Ministro Relator, mediante decisões irrecorríveis. (Redação dada pela Lei nº 13.015, de 2014)

Nova Redação com a Reforma Trabalhista	Antiga Redação
§ 6º (Revogado)	§ 6º Após o julgamento do incidente a que se refere o § 3º, unicamente a súmula regional ou a tese jurídica prevalecente no Tribunal Regional do Trabalho e não conflitante com súmula ou orientação jurisprudencial do Tribunal Superior do Trabalho servirá como paradigma para viabilizar o conhecimento do recurso de revista, por divergência. (Redação dada pela Lei nº 13.015, de 2014)

§ 7º A divergência apta a ensejar o recurso de revista deve ser atual, não se considerando como tal a ultrapassada por súmula do Tribunal Superior do Trabalho ou do Supremo Tribunal Federal, ou superada por iterativa e notória jurisprudência do Tribunal Superior do Trabalho. (Incluído pela Lei nº 13.015, de 2014)

§ 8º Quando o recurso fundar-se em dissenso de julgados, incumbe ao recorrente o ônus de produzir prova da divergência jurisprudencial, mediante certidão, cópia ou citação do repositório de jurisprudência, oficial ou credenciado, inclusive em mídia eletrônica, em que houver sido publicada a decisão divergente, ou ainda pela reprodução de julgado disponível na internet, com indicação da respectiva fonte, mencionando, em qualquer caso, as circunstâncias que identifiquem ou assemelhem os casos confrontados. (Incluído pela Lei nº 13.015, de 2014)

§ 9º Nas causas sujeitas ao procedimento sumaríssimo, somente será admitido recurso de revista por contrariedade a súmula de jurisprudência uniforme do Tribunal Superior do Trabalho ou a súmula vinculante do Supremo Tribunal Federal e por violação direta da Constituição Federal. (Incluído pela Lei nº 13.015, de 2014)

§ 10º Cabe recurso de revista por violação a lei federal, por divergência jurisprudencial e por ofensa à Constituição Federal nas execuções fiscais e nas controvérsias da fase de execução que envolvam a Certidão Negativa de Débitos Trabalhistas (CNDT), criada pela Lei nº 12.440, de 7 de julho de 2011. (Incluído pela Lei nº 13.015, de 2014)

§ 11º Quando o recurso tempestivo contiver defeito formal que não se repute grave, o Tribunal Superior do Trabalho poderá desconsiderar o vício ou mandar saná-lo, julgando o mérito.

§ 12º Da decisão denegatória caberá agravo, no prazo de 8 (oito) dias. (Incluído pela Lei nº 13.015, de 2014)

§ 13º Dada a relevância da matéria, por iniciativa de um dos membros da Seção Especializada em Dissídios Individuais do Tribunal Superior do Trabalho, aprovada pela maioria dos integrantes da Seção, o julgamento a que se refere o § 3º poderá ser afeto ao Tribunal Pleno. (Incluído pela Lei nº 13.015, de 2014)

Nova Redação com a Reforma Trabalhista	Antiga Redação
§ 14. O relator do recurso de revista poderá denegar- lhe seguimento, em decisão monocrática, nas hipóteses de intempestividade, deserção, irregularidade de representação ou de ausência de qualquer outro pressuposto extrínseco ou intrínseco de admissibilidade.	⊗ Dispositivo sem correspondência na antiga redação.

Art. 896-A. O Tribunal Superior do Trabalho, no recurso de revista, examinará previamente se a causa oferece transcendência com relação aos reflexos gerais de natureza econômica, política, social ou jurídica. (Incluído pela Medida Provisória nº 2.226, de 4.9.2001)

Nova Redação com a Reforma Trabalhista	Antiga Redação
§ 1º São indicadores de transcendência, entre outros:	⊗ Dispositivo sem correspondência na antiga redação.
I - econômica, o elevado valor da causa;	⊗ Dispositivo sem correspondência na antiga redação.
II – política, o desrespeito da instância recorrida à jurisprudência sumulada do Tribunal Superior do Trabalho ou do Supremo Tribunal Federal;	⊗ Dispositivo sem correspondência na antiga redação.
III– social, a postulação, por reclamante recorrente, de direito social constitucionalmente assegurado;	⊗ Dispositivo sem correspondência na antiga redação.
IV– jurídica, a existência de questão nova em torno da interpretação da legislação trabalhista.	⊗ Dispositivo sem correspondência na antiga redação.
§ 2º Poderá o relator, monocraticamente, denegar seguimento ao recurso de revista que não demonstrar transcendência, cabendo agravo desta decisão para o colegiado.	⊗ Dispositivo sem correspondência na antiga redação.
§ 3º Em relação ao recurso que o relator considerou não ter transcendência, o recorrente poderá realizar sustentação oral sobre a questão da transcendência, durante cinco minutos em sessão.	⊗ Dispositivo sem correspondência na antiga redação.
§ 4º Mantido o voto do relator quanto à não transcendência do recurso, será lavrado acórdão com fundamentação sucinta, que constituirá decisão irrecorrível no âmbito do tribunal.	⊗ Dispositivo sem correspondência na antiga redação.

Nova Redação com a Reforma Trabalhista	Antiga Redação
§ 5º É irrecorrível a decisão monocrática do relator que, em agravo de instrumento em recurso de revista, considerar ausente a transcendência da matéria.	⊗ Dispositivo sem correspondência na antiga redação.
§ 6º O juízo de admissibilidade do recurso de revista exercido pela Presidência dos Tribunais Regionais do Trabalho limita-se à análise dos pressupostos intrínsecos e extrínsecos do apelo, não abrangendo o critério da transcendência das questões nele veiculadas.	⊗ Dispositivo sem correspondência na antiga redação.

Art. 896-B. Aplicam-se ao recurso de revista, no que couber, as normas da Lei nº 5.869, de 11 de janeiro de 1973 (Código de Processo Civil), relativas ao julgamento dos recursos extraordinário e especial repetitivos. (Incluído pela Lei nº 13.015, de 2014)

Art. 896-C. Quando houver multiplicidade de recursos de revista fundados em idêntica questão de direito, a questão poderá ser afetada à Seção Especializada em Dissídios Individuais ou ao Tribunal Pleno, por decisão da maioria simples de seus membros, mediante requerimento de um dos Ministros que compõem a Seção Especializada, considerando a relevância da matéria ou a existência de entendimentos divergentes entre os Ministros dessa Seção ou das Turmas do Tribunal. (Incluído pela Lei nº 13.015, de 2014)

§ 1º O Presidente da Turma ou da Seção Especializada, por indicação dos relatores, afetará um ou mais recursos representativos da controvérsia para julgamento pela Seção Especializada em Dissídios Individuais ou pelo Tribunal Pleno, sob o rito dos recursos repetitivos. (Incluído pela Lei nº 13.015, de 2014)

§ 2º O Presidente da Turma ou da Seção Especializada que afetar processo para julgamento sob o rito dos recursos repetitivos deverá expedir comunicação aos demais Presidentes de Turma ou de Seção Especializada, que poderão afetar outros processos sobre a questão para julgamento conjunto, a fim de conferir ao órgão julgador visão global da questão. (Incluído pela Lei nº 13.015, de 2014)

§ 3º O Presidente do Tribunal Superior do Trabalho oficiará os Presidentes dos Tribunais Regionais do Trabalho para que suspendam os recursos interpostos em casos idênticos aos afetados como recursos repetitivos, até o pronunciamento definitivo do Tribunal Superior do Trabalho. (Incluído pela Lei nº 13.015, de 2014)

§ 4º Caberá ao Presidente do Tribunal de origem admitir um ou mais recursos representativos da controvérsia, os quais serão encaminhados ao Tribunal Superior do Trabalho, ficando suspensos os demais recursos de revista até o pronunciamento definitivo do Tribunal Superior do Trabalho. (Incluído pela Lei nº 13.015, de 2014)

§ 5º O relator no Tribunal Superior do Trabalho poderá determinar a suspensão dos recursos de revista ou de embargos que tenham como objeto controvérsia idêntica à do recurso afetado como repetitivo. (Incluído pela Lei nº 13.015, de 2014)

§ 6º O recurso repetitivo será distribuído a um dos Ministros membros da Seção Especializada ou do Tribunal Pleno e a um Ministro revisor. (Incluído pela Lei nº 13.015, de 2014)

§ 7º O relator poderá solicitar, aos Tribunais Regionais do Trabalho, informações a respeito da controvérsia, a serem prestadas no prazo de 15 (quinze) dias. (Incluído pela Lei nº 13.015, de 2014)

§ 8º O relator poderá admitir manifestação de pessoa, órgão ou entidade com interesse na controvérsia, inclusive como assistente simples, na forma da Lei nº 5.869, de 11 de janeiro de 1973 (Código de Processo Civil). (Incluído pela Lei nº 13.015, de 2014)

§ 9º Recebidas as informações e, se for o caso, após cumprido o disposto no § 7º deste artigo, terá vista o Ministério Público pelo prazo de 15 (quinze) dias. (Incluído pela Lei nº 13.015, de 2014)

§ 10º Transcorrido o prazo para o Ministério Público e remetida cópia do relatório aos demais Ministros, o processo será incluído em pauta na Seção Especializada ou no Tribunal Pleno, devendo ser julgado com preferência sobre os demais feitos. (Incluído pela Lei nº 13.015, de 2014)

§ 11º Publicado o acórdão do Tribunal Superior do Trabalho, os recursos de revista sobrestados na origem: (Incluído pela Lei nº 13.015, de 2014)

I – terão seguimento denegado na hipótese de o acórdão recorrido coincidir com a orientação a respeito da matéria no Tribunal Superior do Trabalho; ou (Incluído pela Lei nº 13.015, de 2014)

II – serão novamente examinados pelo Tribunal de origem na hipótese de o acórdão recorrido divergir da orientação do Tribunal Superior do Trabalho a respeito da matéria. (Incluído pela Lei nº 13.015, de 2014)

§ 12º Na hipótese prevista no inciso II do § 11 deste artigo, mantida a decisão divergente pelo Tribunal de origem, far-se-á o exame de admissibilidade do recurso de revista. (Incluído pela Lei nº 13.015, de 2014)

§ 13º Caso a questão afetada e julgada sob o rito dos recursos repetitivos também contenha questão constitucional, a decisão proferida pelo Tribunal Pleno não obstará o conhecimento de eventuais recursos extraordinários sobre a questão constitucional. (Incluído pela Lei nº 13.015, de 2014)

§ 14º Aos recursos extraordinários interpostos perante o Tribunal Superior do Trabalho será aplicado o procedimento previsto no art. 543-B da Lei nº 5.869, de 11 de janeiro de 1973 (Código de Processo Civil), cabendo ao Presidente do Tribunal Superior do Trabalho selecionar um ou mais recursos representativos da controvérsia e encaminhá-los ao Supremo Tribunal Federal, sobrestando os demais até o pronunciamento definitivo da Corte, na forma do § 1º do art. 543-B da Lei nº 5.869, de 11 de janeiro de 1973 (Código de Processo Civil). (Incluído pela Lei nº 13.015, de 2014)

§ 15º O Presidente do Tribunal Superior do Trabalho poderá oficiar os Tribunais Regionais do Trabalho e os Presidentes das Turmas e da Seção Especializada do Tribunal para que suspendam os processos idênticos aos selecionados como recursos representativos da controvérsia e encaminhados ao Supremo Tribunal Federal, até o seu pronunciamento definitivo. (Incluído pela Lei nº 13.015, de 2014)

§ 16º A decisão firmada em recurso repetitivo não será aplicada aos casos em que se demonstrar que a situação de fato ou de direito é distinta das presentes no processo julgado sob o rito dos recursos repetitivos. (Incluído pela Lei nº 13.015, de 2014)

§ 17º Caberá revisão da decisão firmada em julgamento de recursos repetitivos quando se alterar a situação econômica, social ou jurídica, caso em que será respeitada a segurança jurídica das relações firmadas sob a égide da decisão anterior, podendo o Tribunal Superior do Trabalho modular os efeitos da decisão que a tenha alterado. (Incluído pela Lei nº 13.015, de 2014)

Art. 897. Cabe agravo, no prazo de 8 (oito) dias: (Redação dada pela Lei nº 8.432, de 1992)

a) de petição, das decisões do Juiz ou Presidente, nas execuções; (Redação dada pela Lei nº 8.432, de 1992)

b) de instrumento, dos despachos que denegarem a interposição de recursos. (Redação dada pela Lei nº 8.432, de 1992)

§ 1º O agravo de petição só será recebido quando o agravante delimitar, justificadamente, as matérias e os valores impugnados, permitida a execução imediata da parte remanescente até o final, nos próprios autos ou por carta de sentença. (Redação dada pela Lei nº 8.432, de 1992)

§ 2º O agravo de instrumento interposto contra o despacho que não receber agravo de petição não suspende a execução da sentença. (Redação dada pela Lei nº 8.432, de 1992)

§ 3º Na hipótese da alínea *a* deste artigo, o agravo será julgado pelo próprio tribunal, presidido pela autoridade recorrida, salvo se se tratar de decisão de Juiz do Trabalho de 1ª Instância ou de Juiz de Direito, quando o julgamento competirá a uma das Turmas do Tribunal Regional a que estiver subordinado o prolator da sentença, observado o disposto no art. 679, a quem este remeterá as peças necessárias para o exame da matéria controvertida, em autos apartados, ou nos próprios autos, se tiver sido determinada a extração de carta de sentença. (Redação dada pela Lei nº 10.035, de 2000)

§ 4º Na hipótese da alínea b deste artigo, o agravo será julgado pelo Tribunal que seria competente para conhecer o recurso cuja interposição foi denegada. (Incluído pela Lei nº 8.432, 11.6.1992)

§ 5º Sob pena de não conhecimento, as partes promoverão a formação do instrumento do agravo de modo a possibilitar, caso provido, o imediato julgamento do recurso denegado, instruindo a petição de interposição: (Incluído pela Lei nº 9.756, de 17.12.1998)

I – obrigatoriamente, com cópias da decisão agravada, da certidão da respectiva intimação, das procurações outorgadas aos advogados do agravante e do agravado, da petição inicial, da contestação, da decisão originária, do depósito recursal referente ao recurso que se pretende destrancar, da comprovação do recolhimento das custas e do depósito recursal a que se refere o § 7º do art. 899 desta Consolidação; (Redação dada pela Lei nº 12.275, de 2010)

II – facultativamente, com outras peças que o agravante reputar úteis ao deslinde da matéria de mérito controvertida. (Incluído pela Lei nº 9.756, de 17.12.1998)

§ 6º O agravado será intimado para oferecer resposta ao agravo e ao recurso principal, instruindo-a com as peças que considerar necessárias ao julgamento de ambos os recursos. (Incluído pela Lei nº 9.756, de 17.12.1998)

§ 7º Provido o agravo, a Turma deliberará sobre o julgamento do recurso principal, observando-se, se for o caso, daí em diante, o procedimento relativo a esse recurso. (Incluído pela Lei nº 9.756, de 17.12.1998)

§ 8º Quando o agravo de petição versar apenas sobre as contribuições sociais, o juiz da execução determinará a extração de cópias das peças necessárias, que serão autuadas em apartado, conforme dispõe o § 3º, parte final, e remetidas à instância superior para apreciação, após contraminuta. (Incluído pela Lei nº 10.035, de 2000)

Art. 897-A. Caberão embargos de declaração da sentença ou acórdão, no prazo de cinco dias, devendo seu julgamento ocorrer na primeira audiência ou sessão subsequente a sua apresentação, registrado na certidão, admitido efeito modificativo da decisão nos casos de omissão e contradição no julgado e manifesto equívoco no exame dos pressupostos extrínsecos do recurso. (Incluído pela Lei nº 9.957, de 2000)

§ 1º Os erros materiais poderão ser corrigidos de ofício ou a requerimento de qualquer das partes. (Redação dada pela Lei nº 13.015, de 2014)

§ 2º Eventual efeito modificativo dos embargos de declaração somente poderá ocorrer em virtude da correção de vício na decisão embargada e desde que ouvida a parte contrária, no prazo de 5 (cinco) dias. (Incluído pela Lei nº 13.015, de 2014)

§ 3º Os embargos de declaração interrompem o prazo para interposição de outros recursos, por qualquer das partes, salvo quando intempestivos, irregular a representação da parte ou ausente a sua assinatura.

Art. 898. Das decisões proferidas em dissídio coletivo que afete empresa de serviço público, ou, em qualquer caso, das proferidas em revisão, poderão recorrer, além dos interessados, o Presidente do Tribunal e a Procuradoria da Justiça do Trabalho.

Art. 899. Os recursos serão interpostos por simples petição e terão efeito meramente devolutivo, salvo as exceções previstas neste Título, permitida a execução provisória até a penhora. (Redação dada pela Lei nº 5.442, de 24.5.1968) (Vide Lei nº 7.701, de 1988)

§ 1º Sendo a condenação de valor até 10 (dez) vezes o salário-mínimo regional, nos dissídios individuais, só será admitido o recurso inclusive o extraordinário, mediante prévio depósito da respectiva importância. Transitada em julgado a decisão recorrida, ordenar-se-á o levantamento imediato da importância de depósito, em favor da parte vencedora, por simples despacho do juiz. (Redação dada pela Lei nº 5.442, 24.5.1968)

§ 2º Tratando-se de condenação de valor indeterminado, o depósito corresponderá ao que for arbitrado, para efeito de custas, pela Junta ou Juízo de Direito, até o limite de 10 (dez) vezes o salário-mínimo da região. (Redação dada pela Lei nº 5.442, 24.5.1968)

§ 3º (Revogado pela Lei nº 7.033, de 5.10.1982)

Nova Redação com a Reforma Trabalhista	Antiga Redação
§ 4º O depósito **recursal será feito em** conta vinculada **ao juízo e corrigido com os mesmos índices da poupança.**	§ 4º O depósito de que trata o § 1º far-se-á na conta vinculada do empregado a que se refere o art. 2º da Lei nº 5.107, de 13 de setembro de 1966, aplicando-se-lhe os preceitos dessa lei observado, quanto ao respectivo levantamento, o disposto no § 1º. (Redação dada pela Lei nº 5.442, 24.5.1968)

Nova Redação com a Reforma Trabalhista	Antiga Redação
§ 5º (Revogado)	§ 5º Se o empregado ainda não tiver conta vinculada aberta em seu nome, nos termos do art. 2º da Lei nº 5.107, de 13 de setembro de 1966, a empresa procederá à respectiva abertura, para efeito do disposto no § 2º. (Redação dada pela Lei nº 5.442, 24.5.1968)
§ 6º Quando o valor da condenação, ou o arbitrado para fins de custas, exceder o limite de 10 (dez) vezes o salário-mínimo da região, o depósito para fins de recursos será limitado a este valor. (Incluído pela Lei nº 5.442, 24.5.1968)	
§ 7º No ato de interposição do agravo de instrumento, o depósito recursal corresponderá a 50% (cinquenta por cento) do valor do depósito do recurso ao qual se pretende destrancar. (Incluído pela Lei nº 12.275, de 2010)	
§ 8º Quando o agravo de instrumento tem a finalidade de destrancar recurso de revista que se insurge contra decisão que contraria a jurisprudência uniforme do Tribunal Superior do Trabalho, consubstanciada nas suas súmulas ou em orientação jurisprudencial, não haverá obrigatoriedade de se efetuar o depósito referido no § 7º deste artigo. (Incluído pela Lei nº 13.015, de 2014)	
§ 9º O valor do depósito recursal será reduzido pela metade para entidades sem fins lucrativos, empregadores domésticos, microempreendedores individuais, microempresas e empresas de pequeno porte.	⊗ Dispositivo sem correspondência na antiga redação.
§ 10º São isentos do depósito recursal os beneficiários da justiça gratuita, as entidades filantrópicas e as empresas em recuperação judicial.	⊗ Dispositivo sem correspondência na antiga redação.
§ 11. O depósito recursal poderá ser substituído por fiança bancária ou seguro garantia judicial.	⊗ Dispositivo sem correspondência na antiga redação.

Art. 900. Interposto o recurso, será notificado o recorrido para oferecer as suas razões, em prazo igual ao que tiver tido o recorrente.

Art. 901. Sem prejuízo dos prazos previstos neste Capítulo, terão as partes vistas dos autos em cartório ou na secretaria.

Parágrafo único. Salvo quando estiver correndo prazo comum, aos procuradores das partes será permitido ter vista dos autos fora do cartório ou secretaria. (Incluído pela Lei nº 8.638, de 31.3.1993)

Art. 902. (Revogado pela Lei nº 7.033, de 5.10.1982)

CAPÍTULO VII
DA APLICAÇÃO DAS PENALIDADES

Art. 903. As penalidades estabelecidas no título anterior serão aplicadas pelo juiz, ou tribunal que tiver de conhecer da desobediência, violação recusa, falta, ou coação, *ex officio*, ou mediante, representação de qualquer interessado ou da Procuradoria da Justiça do Trabalho. (Redação dada pela Decreto Lei nº 8.737, de 1946)

Art. 904. As sanções em que incorrerem as autoridades da Justiça do Trabalho serão aplicadas pela autoridade ou Tribunal imediatamente superior, conforme o caso, *ex officio*, ou mediante representação de qualquer interessado ou da Procuradoria. (Redação dada pelo Decreto-lei nº 8.737, de 19.1.1946)

Parágrafo único. Tratando de membro do Tribunal Superior do Trabalho será competente para a imposição de execuções o Conselho Federal. (Parágrafo 1º renumerado pelo Decreto-lei nº 229, de 28.2.1967)

§ 2º (Revogado pelo Decreto-Lei nº 229, de 28.2.1967)

Art. 905. Tomando conhecimento do fato imputado, o Juiz, ou Tribunal competente, mandará notificar o acusado, para apresentar, no prazo de 15 (quinze) dias, defesa por escrito.

§ 1º É facultado ao acusado, dentro do prazo estabelecido neste artigo, requerer a produção de testemunhas, até ao máximo de 5 (cinco). Nesse caso, será marcada audiência para a inquirição.

§ 2º Findo o prazo de defesa, o processo será imediatamente concluso para julgamento, que deverá ser proferido no prazo de 10 (dez) dias.

Art. 906. Da imposição das penalidades a que se refere este Capítulo, caberá recurso ordinário para o Tribunal Superior, no prazo de 10 (dez) dias, salvo se a imposição resultar de dissídio coletivo, caso em que o prazo será de 20 (vinte) dias.

Art. 907. Sempre que o infrator incorrer em pena criminal far-se-á remessa das peças necessárias à autoridade competente.

Art. 908. A cobrança das multas estabelecidas neste Título será feita mediante executivo fiscal, perante o Juiz competente para a cobrança de dívida ativa da Fazenda Pública Federal.

Parágrafo único. A cobrança das multas será promovida, no Distrito Federal e nos Estados em que funcionarem os Tribunais Regionais pela Procuradoria da Justiça do Trabalho, e, nos demais Estados, de acordo com o disposto no Decreto-Lei nº 960, de 17 de dezembro de 1938.

CAPÍTULO VIII
DISPOSIÇÕES FINAIS

Art. 909. A ordem dos processos no Tribunal Superior do Trabalho será regulada em seu regimento interno.

Art. 910. Para os efeitos deste Título, equiparam-se aos serviços públicos os de utilidade pública, bem como os que forem prestados em armazéns de gêneros alimentícios, açougues, padarias, leiterias, farmácias, hospitais, minas, empresas de transportes e comunicações, bancos e estabelecimentos que interessem à segurança nacional.

TÍTULO XI
DISPOSIÇÕES FINAIS E TRANSITÓRIAS

Art. 911. Esta Consolidação entrará em vigor em 10 de novembro de 1943.

Art. 912. Os dispositivos de caráter imperativo terão aplicação imediata às relações iniciadas, mas não consumadas, antes da vigência desta Consolidação.

Art. 913. O Ministro do Trabalho, Industria e Comercio expedirá instruções, quadros, tabelas e modelos que se tornarem necessários à execução desta Consolidação.

Parágrafo único. O Tribunal Superior do Trabalho adaptará o seu regimento interno e o dos Tribunais Regionais do Trabalho às normas contidas nesta Consolidação.

Art. 914. Continuarão em vigor os quadros, tabelas e modelos, aprovados em virtude de dispositivos não alterados pela presente Consolidação.

Art. 915. Não serão prejudicados os recursos interpostos com apoio em dispositivos alterados ou cujo prazo para interposição esteja em curso à data da vigência desta Consolidação.

Art. 916. Os prazos de prescrição fixados pela presente Consolidação começarão a correr da data da vigência desta, quando menores do que os previstos pela legislação anterior.

Art. 917. O Ministro do Trabalho, Indústria e Comércio marcará prazo para adaptação dos atuais estabelecimentos às exigências contidas no capítulo "De Higiene e Segurança do Trabalho". Compete ainda àquela autoridade fixar os prazos dentro dos quais, em cada Estado, entrará em vigor a obrigatoriedade do uso da Carteira Profissional, para os atuais empregados. (Vide Decreto-Lei nº 229, de 1967)

Parágrafo único. O Ministro do Trabalho, Industria e Comercio fixará, para cada Estado e quando julgar conveniente, o início da vigência de parte ou de todos os dispositivos contidos no Capítulo "Da Segurança e da Medicina do Trabalho". (Redação dada pela Lei nº 6.514, de 22.12.1977) (Vide Decreto-Lei nº 229, de 1967)

Art. 918. Enquanto não for expedida a Lei Orgânica da Previdência Social, competirá ao presidente do Tribunal Superior do Trabalho julgar os recursos interpostos com apoio no art. 1º, alínea "c", do Decreto-lei nº 3.710, de 14 de outubro de 1941, cabendo recurso de suas decisões nos termos do disposto no art. 734, alínea "b", desta Consolidação. (Vide Lei nº 3.807, de 1960)

Parágrafo único. Ao diretor do Departamento de Previdência Social incumbirá presidir as eleições para a constituição dos Conselhos Fiscais dos Institutos e Caixas de Aposentadoria e Pensões e julgar, com recurso para a instância superior, os recursos sobre matéria técnico-administrativa dessas instituições. (Vide Lei nº 3.807, de 1960)

Art. 919. Ao empregado bancário, admitido até a data da vigência da presente Lei, fica assegurado o direito à aquisição da estabilidade nos termos do art. 15 do Decreto nº 24.615, de 9 de julho de 1934.

Art. 920. Enquanto não forem constituídas as confederações, ou, na falta destas, a representação de classes, econômicas ou profissionais, que derivar da indicação desses órgãos ou dos respectivos presidentes, será suprida por equivalente designação ou eleição realizada pelas correspondentes federações.

Art. 921. As empresas que não estiverem incluídas no enquadramento sindical em que trata o art. 577 poderão firmar contratos coletivos de trabalho com os sindicatos representativos da respectiva categoria profissional.

Art. 922. O disposto no art. 301 regerá somente as relações de empregos iniciadas depois da vigência desta Consolidação. (Incluído pelo Decreto-lei nº 6.353, de 20.3.1944)

MEDIDA PROVISÓRIA Nº 808, DE 14 DE NOVEMBRO DE 2017[1]

Altera a Consolidação das Leis do Trabalho – CLT, aprovada pelo Decreto-Lei nº 5.452, de 1º de maio de 1943.

O PRESIDENTE DA REPÚBLICA, no uso da atribuição que lhe confere o art. 62 da Constituição, adota a seguinte Medida Provisória, com força de lei:

Art. 1º A Consolidação das Leis do Trabalho – CLT, aprovada pelo Decreto-Lei nº 5.452, de 1º de maio de 1943, passa a vigorar com as seguintes alterações:

"Art. 59-A. Em exceção ao disposto no art. 59 e em leis específicas, é facultado às partes, por meio de convenção coletiva ou acordo coletivo de trabalho, estabelecer horário de trabalho de doze horas seguidas por trinta e seis horas ininterruptas de descanso, observados ou indenizados os intervalos para repouso e alimentação.

§ 1º A remuneração mensal pactuada pelo horário previsto no *caput* abrange os pagamentos devidos pelo descanso semanal remunerado e pelo descanso em feriados e serão considerados compensados os feriados e as prorrogações de trabalho noturno, quando houver, de que tratam o art. 70 e o § 5º do art. 73.

§ 2º É facultado às entidades atuantes no setor de saúde estabelecer, por meio de acordo individual escrito, convenção coletiva ou acordo coletivo de trabalho, horário de trabalho de doze horas seguidas por trinta e seis horas ininterruptas de descanso, observados ou indenizados os intervalos para repouso e alimentação." (NR)

"Art. 223-C. A etnia, a idade, a nacionalidade, a honra, a imagem, a intimidade, a liberdade de ação, a autoestima, o gênero, a orientação sexual, a saúde, o lazer e a integridade física são os bens juridicamente tutelados inerentes à pessoa natural." (NR)

"Art. 223-G. [...]

[...]

1. A Medida Provisória 808/2017 teve sua vigência de 14.11.2017 à 23.04.2018, não tendo sido convertida em lei.

§ 1º Ao julgar procedente o pedido, o juízo fixará a reparação a ser paga, a cada um dos ofendidos, em um dos seguintes parâmetros, vedada a acumulação:

I – para ofensa de natureza leve – até três vezes o valor do limite máximo dos benefícios do Regime Geral de Previdência Social;

II – para ofensa de natureza média – até cinco vezes o valor do limite máximo dos benefícios do Regime Geral de Previdência Social;

III – para ofensa de natureza grave – até vinte vezes o valor do limite máximo dos benefícios do Regime Geral de Previdência Social; ou

IV – para ofensa de natureza gravíssima – até cinquenta vezes o valor do limite máximo dos benefícios do Regime Geral de Previdência Social.

[...]

§ 3º Na reincidência de quaisquer das partes, o juízo poderá elevar ao dobro o valor da indenização.

§ 4º Para fins do disposto no § 3º, a reincidência ocorrerá se ofensa idêntica ocorrer no prazo de até dois anos, contado do trânsito em julgado da decisão condenatória.

§ 5º Os parâmetros estabelecidos no § 1º não se aplicam aos danos extrapatrimoniais decorrentes de morte." (NR)

"Art. 394-A. A empregada gestante será afastada, enquanto durar a gestação, de quaisquer atividades, operações ou locais insalubres e exercerá suas atividades em local salubre, excluído, nesse caso, o pagamento de adicional de insalubridade.

[...]

§ 2º O exercício de atividades e operações insalubres em grau médio ou mínimo, pela gestante, somente será permitido quando ela, voluntariamente, apresentar atestado de saúde, emitido por médico de sua confiança, do sistema privado ou público de saúde, que autorize a sua permanência no exercício de suas atividades.

§ 3º A empregada lactante será afastada de atividades e operações consideradas insalubres em qualquer grau quando apresentar atestado de saúde emitido por médico de sua confiança, do sistema privado ou público de saúde, que recomende o afastamento durante a lactação." (NR)

"Art. 442-B. A contratação do autônomo, cumpridas por este todas as formalidades legais, de forma contínua ou não, afasta a qualidade de empregado prevista no art. 3º desta Consolidação.

§ 1º É vedada a celebração de cláusula de exclusividade no contrato previsto no *caput*.

§ 2º Não caracteriza a qualidade de empregado prevista no art. 3º o fato de o autônomo prestar serviços a apenas um tomador de serviços.

§ 3º O autônomo poderá prestar serviços de qualquer natureza a outros tomadores de serviços que exerçam ou não a mesma atividade econômica, sob qualquer modalidade de contrato de trabalho, inclusive como autônomo.

§ 4º Fica garantida ao autônomo a possibilidade de recusa de realizar atividade demandada pelo contratante, garantida a aplicação de cláusula de penalidade prevista em contrato.

§ 5º Motoristas, representantes comerciais, corretores de imóveis, parceiros, e trabalhadores de outras categorias profissionais reguladas por leis específicas relacionadas a atividades compatíveis com o contrato autônomo, desde que cumpridos os requisitos do *caput*, não possuirão a qualidade de empregado prevista o art. 3º.

§ 6º Presente a subordinação jurídica, será reconhecido o vínculo empregatício.

§ 7º O disposto no *caput* se aplica ao autônomo, ainda que exerça atividade relacionada ao negócio da empresa contratante." (NR)

"Art. 452-A. O contrato de trabalho intermitente será celebrado por escrito e registrado na CTPS, ainda que previsto acordo coletivo de trabalho ou convenção coletiva, e conterá:

I – identificação, assinatura e domicílio ou sede das partes;

II – valor da hora ou do dia de trabalho, que não poderá ser inferior ao valor horário ou diário do salário mínimo, assegurada a remuneração do trabalho noturno superior à do diurno e observado o disposto no § 12; e

III – o local e o prazo para o pagamento da remuneração.

[...]

§ 2º Recebida a convocação, o empregado terá o prazo de vinte e quatro horas para responder ao chamado, presumida, no silêncio, a recusa.

[...]

§ 6º Na data acordada para o pagamento, observado o disposto no § 11, o empregado receberá, de imediato, as seguintes parcelas:

[...]

§ 10. O empregado, mediante prévio acordo com o empregador, poderá usufruir suas férias em até três períodos, nos termos dos § 1º e § 2º do art. 134.

§ 11. Na hipótese de o período de convocação exceder um mês, o pagamento das parcelas a que se referem o § 6º não poderá ser estipulado por período superior a um mês, contado a partir do primeiro dia do período de prestação de serviço.

§ 12. O valor previsto no inciso II do *caput* não será inferior àquele devido aos demais empregados do estabelecimento que exerçam a mesma função.

§ 13. Para os fins do disposto neste artigo, o auxílio-doença será devido ao segurado da Previdência Social a partir da data do início da incapacidade, vedada a aplicação do disposto § 3º do art. 60 da Lei nº 8.213, de 1991.

§ 14. O salário maternidade será pago diretamente pela Previdência Social, nos termos do disposto no § 3º do art. 72 da Lei nº 8.213, de 1991.

§ 15. Constatada a prestação dos serviços pelo empregado, estarão satisfeitos os prazos previstos nos § 1º e § 2º." (NR)

"Art. 452-B. É facultado às partes convencionar por meio do contrato de trabalho intermitente:

I – locais de prestação de serviços;

II – turnos para os quais o empregado será convocado para prestar serviços;

III – formas e instrumentos de convocação e de resposta para a prestação de serviços;

IV – formato de reparação recíproca na hipótese de cancelamento de serviços previamente agendados nos termos dos § 1º e § 2º do art. 452-A." (NR)

"Art. 452-C. Para fins do disposto no § 3º do art. 443, considera-se período de inatividade o intervalo temporal distinto daquele para o qual o empregado intermitente haja sido convocado e tenha prestado serviços nos termos do § 1º do art. 452-A.

§ 1º Durante o período de inatividade, o empregado poderá prestar serviços de qualquer natureza a outros tomadores de serviço, que exerçam ou não a mesma atividade econômica, utilizando contrato de trabalho intermitente ou outra modalidade de contrato de trabalho.

§ 2º No contrato de trabalho intermitente, o período de inatividade não será considerado tempo à disposição do empregador e não será remunerado, hipótese em que restará descaracterizado o contrato de trabalho intermitente caso haja remuneração por tempo à disposição no período de inatividade." (NR)

"Art. 452-D. Decorrido o prazo de um ano sem qualquer convocação do empregado pelo empregador, contado a partir da data da celebração do contrato, da última convocação ou do último dia de prestação de serviços, o que for mais recente, será considerado rescindido de pleno direito o contrato de trabalho intermitente." (NR)

"Art. 452-E. Ressalvadas as hipóteses a que se referem os art. 482 e art. 483, na hipótese de extinção do contrato de trabalho intermitente serão devidas as seguintes verbas rescisórias:

I – pela metade:

a) o aviso prévio indenizado, calculado conforme o art. 452-F; e

b) a indenização sobre o saldo do Fundo de Garantia do Tempo de Serviço – FGTS, prevista no § 1º do art. 18 da Lei nº 8.036, de 11 de maio de 1990; e

II – na integralidade, as demais verbas trabalhistas.

§ 1º A extinção de contrato de trabalho intermitente permite a movimentação da conta vinculada do trabalhador no FGTS na forma do inciso I-A do art. 20 da Lei nº 8.036, de 1990, limitada a até oitenta por cento do valor dos depósitos.

§ 2º A extinção do contrato de trabalho intermitente a que se refere este artigo não autoriza o ingresso no Programa de Seguro-Desemprego." (NR)

"Art. 452-F. As verbas rescisórias e o aviso prévio serão calculados com base na média dos valores recebidos pelo empregado no curso do contrato de trabalho intermitente.

§ 1º No cálculo da média a que se refere o *caput*, serão considerados apenas os meses durante os quais o empregado tenha recebido parcelas remuneratórias no intervalo dos últimos doze meses ou o período de vigência do contrato de trabalho intermitente, se este for inferior.

§ 2º O aviso prévio será necessariamente indenizado, nos termos dos § 1º e § 2º do art. 487." (NR)

"Art. 452-G. Até 31 de dezembro de 2020, o empregado registrado por meio de contrato de trabalho por prazo indeterminado demitido não poderá prestar serviços para o mesmo empregador por meio de contrato de trabalho intermitente pelo prazo de dezoito meses, contado da data da demissão do empregado." (NR)

"Art. 452-H. No contrato de trabalho intermitente, o empregador efetuará o recolhimento das contribuições previdenciárias próprias e do empregado e o depósito do FGTS com base nos valores pagos no período mensal e fornecerá ao empregado comprovante do cumprimento dessas obrigações, observado o disposto no art. 911-A." (NR)

"Art. 457. [...]

§ 1º Integram o salário a importância fixa estipulada, as gratificações legais e de função e as comissões pagas pelo empregador.

§ 2º As importâncias, ainda que habituais, pagas a título de ajuda de custo, limitadas a cinquenta por cento da remuneração mensal, o auxílio-alimentação, vedado o seu pagamento em dinheiro, as diárias para viagem e os prêmios não integram a remuneração do empregado, não se incorporam ao contrato de trabalho e não constituem base de incidência de encargo trabalhista e previdenciário.

[...]

§ 12. A gorjeta a que se refere o § 3º não constitui receita própria dos empregadores, destina-se aos trabalhadores e será distribuída segundo os critérios de custeio e de rateio definidos em convenção coletiva ou acordo coletivo de trabalho.

§ 13. Se inexistir previsão em convenção coletiva ou acordo coletivo de trabalho, os critérios de rateio e distribuição da gorjeta e os percentuais de retenção previstos nos § 14 e

§ 15 serão definidos em assembleia geral dos trabalhadores, na forma estabelecida no art. 612.

§ 14. As empresas que cobrarem a gorjeta de que trata o § 3º deverão:

I – quando inscritas em regime de tributação federal diferenciado, lançá-la na respectiva nota de consumo, facultada a retenção de até vinte por cento da arrecadação correspondente, mediante previsão em convenção coletiva ou acordo coletivo de trabalho, para custear os encargos sociais, previdenciários e trabalhistas derivados da sua integração à remuneração dos empregados, hipótese em que o valor remanescente deverá ser revertido integralmente em favor do trabalhador;

II – quando não inscritas em regime de tributação federal diferenciado, lançá-la na respectiva nota de consumo, facultada a retenção de até trinta e três por cento da arrecadação correspondente, mediante previsão em convenção coletiva ou acordo coletivo de trabalho, para custear os encargos sociais, previdenciários e trabalhistas derivados da sua integração à remuneração dos empregados, hipótese em que o valor remanescente deverá ser revertido integralmente em favor do trabalhador; e

III – anotar na CTPS e no contracheque de seus empregados o salário contratual fixo e o percentual percebido a título de gorjeta.

§ 15. A gorjeta, quando entregue pelo consumidor diretamente ao empregado, terá seus critérios definidos em convenção coletiva ou acordo coletivo de trabalho, facultada a retenção nos parâmetros estabelecidos no § 14.

§ 16. As empresas anotarão na CTPS de seus empregados o salário fixo e a média dos valores das gorjetas referente aos últimos doze meses.

§ 17. Cessada pela empresa a cobrança da gorjeta de que trata o § 3º, desde que cobrada por mais de doze meses, essa se incorporará ao salário do empregado, a qual terá como base a média dos últimos doze meses, sem prejuízo do estabelecido em convenção coletiva ou acordo coletivo de trabalho.

§ 18. Para empresas com mais de sessenta empregados, será constituída comissão de empregados, mediante previsão em convenção coletiva ou acordo coletivo de trabalho, para acompanhamento e fiscalização da regularidade da cobrança e distribuição da gorjeta de que trata o § 3º, cujos representantes serão eleitos em assembleia geral convocada para esse fim pelo sindicato laboral e gozarão de garantia de emprego vinculada ao desempenho das funções para que foram eleitos, e, para as demais empresas, será constituída comissão intersindical para o referido fim.

§ 19. Comprovado o descumprimento ao disposto nos § 12, § 14, § 15 e § 17, o empregador pagará ao trabalhador prejudicado, a título de multa, o valor correspondente a um trinta avos da média da gorjeta por dia de atraso, limitada ao piso da categoria, assegurados, em qualquer hipótese, o princípio do contraditório e da ampla defesa.

§ 20. A limitação prevista no § 19 será triplicada na hipótese de reincidência do empregador.

§ 21. Considera-se reincidente o empregador que, durante o período de doze meses, descumprir o disposto nos § 12, § 14, § 15 e § 17 por período superior a sessenta dias.

§ 22. Consideram-se prêmios as liberalidades concedidas pelo empregador, até duas vezes ao ano, em forma de bens, serviços ou valor em dinheiro, a empregado, grupo de empregados ou terceiros vinculados à sua atividade econômica em razão de desempenho superior ao ordinariamente esperado no exercício de suas atividades.

§ 23. Incidem o imposto sobre a renda e quaisquer outros encargos tributários sobre as parcelas referidas neste artigo, exceto aquelas expressamente isentas em lei específica." (NR)

"Art. 510-E. A comissão de representantes dos empregados não substituirá a função do sindicato de defender os direitos e os interesses coletivos ou individuais da categoria, inclusive em questões judiciais ou administrativas, hipótese em que será obrigatória a participação dos sindicatos em negociações coletivas de trabalho, nos termos do incisos III e VI do *caput* do art. 8º da Constituição." (NR)

"Art. 611-A. A convenção coletiva e o acordo coletivo de trabalho, observados os incisos III e VI do *caput* do art. 8º da Constituição, têm prevalência sobre a lei quando, entre outros, dispuserem sobre:

[...]

XII – enquadramento do grau de insalubridade e prorrogação de jornada em locais insalubres, incluída a possibilidade de contratação de perícia, afastada a licença prévia das autoridades competentes do Ministério do Trabalho, desde que respeitadas, na integralidade, as normas de saúde, higiene e segurança do trabalho previstas em lei ou em normas regulamentadoras do Ministério do Trabalho;

[...]

§ 5º Os sindicatos subscritores de convenção coletiva ou de acordo coletivo de trabalho participarão, como litisconsortes necessários, em ação coletiva que tenha como objeto a anulação de cláusulas desses instrumentos, vedada a apreciação por ação individual." (NR)

"Art. 911-A. O empregador efetuará o recolhimento das contribuições previdenciárias próprias e do trabalhador e o depósito do FGTS com base nos valores pagos no período mensal e fornecerá ao empregado comprovante do cumprimento dessas obrigações.

§ 1º Os segurados enquadrados como empregados que, no somatório de remunerações auferidas de um ou mais empregadores no período de um mês, independentemente do tipo de contrato de trabalho, receberem remuneração inferior ao salário mínimo mensal, poderão recolher ao Regime Geral de Previdência Social a diferença entre a remuneração recebida e o valor do salário mínimo mensal, em que incidirá a mesma alíquota aplicada à contribuição do trabalhador retida pelo empregador.

§ 2º Na hipótese de não ser feito o recolhimento complementar previsto no § 1º, o mês em que a remuneração total recebida pelo segurado de um ou mais empregadores for menor que o salário mínimo mensal não será considerado para fins de aquisição e manutenção de qualidade de segurado do Regime Geral de Previdência Social nem para cumprimento dos períodos de carência para concessão dos benefícios previdenciários." (NR)

Art. 2º O disposto na Lei nº 13.467, de 13 de julho de 2017, se aplica, na integralidade, aos contratos de trabalho vigentes.

Art. 3º Ficam revogados os seguintes dispositivos da Consolidação das Leis do Trabalho – CLT, aprovada pelo Decreto-Lei nº 5.452, de 1º de maio de 1943:

I – os incisos I, II e III do *caput* do art. 394-A; II – os § 4º, § 5º e § 8º do art. 452-A; e

III – o inciso XIII do *caput* do art. 611-A.

Art. 4º Esta Medida Provisória entra em vigor na data de sua publicação.

Brasília, 14 de novembro de 2017;
196º da Independência e 129º da República.

PORTARIA Nº 349, DE 23 DE MAIO DE 2018

Estabelece regras voltadas à execução da Lei nº 13.467, de 13 de julho de 2017, no âmbito das competências normativas do Ministério do Trabalho.

O Ministro de Estado do Trabalho, no uso das suas atribuições legais e tendo em vista o disposto no art. 87, parágrafo único, inciso II, da Constituição Federal,

Resolve:

Art. 1º A contratação do autônomo, cumpridas por este todas as formalidades legais, com ou sem exclusividade, de forma contínua ou não, afasta a qualidade de empregado prevista no art. 3º do Decreto-Lei nº 5.452, de 1º de maio de 1943, que aprova a Consolidação das Leis do Trabalho.

§ 1º Não caracteriza a qualidade de empregado prevista no art. 3º da Consolidação das Leis do Trabalho o fato de o autônomo prestar serviços a apenas um tomador de serviços.

§ 2º O autônomo poderá prestar serviços de qualquer natureza a outros tomadores de serviços que exerçam ou não a mesma atividade econômica, sob qualquer modalidade de contrato de trabalho, inclusive como autônomo.

§ 3º Fica garantida ao autônomo a possibilidade de recusa de realizar atividade demandada pelo contratante, garantida a aplicação de cláusula de penalidade, caso prevista em contrato.

§ 4º Motoristas, representantes comerciais, corretores de imóveis, parceiros, e trabalhadores de outras categorias profissionais reguladas por leis específicas relacionadas a atividades compatíveis com o contrato autônomo, desde que cumpridos os requisitos do caput, não possuirão a qualidade de empregado prevista o art. 3º da Consolidação das Leis do Trabalho.

§ 5º Presente a subordinação jurídica, será reconhecido o vínculo empregatício.

Art. 2º O contrato de trabalho intermitente será celebrado por escrito e registrado na Carteira de Trabalho e Previdência Social, ainda que previsto em acordo coletivo de trabalho ou convenção coletiva, e conterá:

I - identificação, assinatura e domicílio ou sede das partes;

II - valor da hora ou do dia de trabalho, que não poderá ser inferior ao valor horário ou diário do salário mínimo, nem inferior àquele devido aos demais empregados do estabelecimento que exerçam a mesma função, assegurada a remuneração do trabalho noturno superior à do diurno;

III - o local e o prazo para o pagamento da remuneração.

§ 1º O empregado, mediante prévio acordo com o empregador, poderá usufruir suas férias em até três períodos, nos termos dos §§ 1º e 3º do art. 134 da Consolidação das Leis do Trabalho.

§ 2º Na hipótese de o período de convocação exceder um mês, o pagamento das parcelas a que se referem o § 6º do Art. 452-A da Consolidação das Leis do Trabalho não poderá ser estipulado por período superior a um mês, devendo ser pagas até o quinto dia útil do mês seguinte ao trabalhado, de acordo com o previsto no § 1º do art. 459 da CLT.

§ 3º Dadas as características especiais do contrato de trabalho intermitente, não constitui descumprimento do inciso II do caput ou discriminação salarial pagar ao trabalhador intermitente remuneração horária ou diária superior à paga aos demais trabalhadores da empresa contratados a prazo indeterminado.

§ 4º Constatada a prestação dos serviços pelo empregado, estarão satisfeitos os prazos previstos nos §§ 1º e 2º do art. 452-A da Consolidação das Leis do Trabalho.

Art. 3º É facultado às partes convencionar por meio do contrato de trabalho intermitente:

I - locais de prestação de serviços;

II - turnos para os quais o empregado será convocado para prestar serviços; e

III - formas e instrumentos de convocação e de resposta para a prestação de serviços.

Art. 4º Para fins do disposto no § 3º do art. 443 da Consolidação das Leis do Trabalho, considera-se período de inatividade o intervalo temporal distinto daquele para o qual o empregado intermitente haja sido convocado e tenha prestado serviços nos termos do § 1º do art. 452-A da referida lei.

§ 1º Durante o período de inatividade, o empregado poderá prestar serviços de qualquer natureza a outros tomadores de serviço, que exerçam ou não a mesma atividade econômica, utilizando contrato de trabalho intermitente ou outra modalidade de contrato de trabalho.

§ 2º No contrato de trabalho intermitente, o período de inatividade não será considerado tempo à disposição do empregador e não será remunerado, hipótese em que restará descaracterizado o contrato de trabalho intermitente caso haja remuneração por tempo à disposição no período de inatividade.

Art. 5º As verbas rescisórias e o aviso prévio serão calculados com base na média dos valores recebidos pelo empregado no curso do contrato de trabalho intermitente.

Parágrafo único. No cálculo da média a que se refere o caput, serão considerados apenas os meses durante os quais o empregado tenha recebido parcelas remuneratórias no intervalo dos últimos doze meses ou o período de vigência do contrato de trabalho intermitente, se este for inferior.

Art. 6º No contrato de trabalho intermitente, o empregador efetuará o recolhimento das contribuições previdenciárias próprias e do empregado e o depósito do Fundo de Garantia do Tempo de Serviço com base nos valores pagos no período mensal e fornecerá ao empregado comprovante do cumprimento dessas obrigações.

Art. 7º As empresas anotarão na Carteira de Trabalho e Previdência Social de seus empregados o salário fixo e a média dos valores das gorjetas referente aos últimos doze meses.

Art. 8º A comissão de representantes dos empregados a que se refere o Título IV -A da Consolidação das Leis do Trabalho não substituirá a função do sindicato de defender os direitos e os interesses coletivos ou individuais da categoria, inclusive em questões judiciais ou administrativas, hipótese em que será obrigatória a participação dos sindicatos em negociações coletivas de trabalho, nos termos dos incisos III e VI do caput do art. 8º da Constituição Federal.

Art. 9º Esta portaria entra em vigor na data da sua publicação.

RESOLUÇÃO Nº 221, DE 21 DE JUNHO DE 2018

Edita a Instrução Normativa nº 41, que dispõe sobre as normas da CLT, com as alterações da Lei nº 13.467/2017 e sua aplicação ao processo do trabalho.

O EGRÉGIO PLENO DO TRIBUNAL SUPERIOR DO TRABALHO, em Sessão Extraordinária hoje realizada, sob a Presidência do Excelentíssimo Senhor Ministro João Batista Brito Pereira, Presidente do Tribunal, presentes os Excelentíssimos Senhores Ministros Renato de Lacerda Paiva, Vice-Presidente do Tribunal, Lelio Bentes Corrêa, Corregedor-Geral da Justiça do Trabalho, Ives Gandra da Veiga, Luiz Philippe Vieira de Mello Filho, Alberto Luiz Bresciani de Fontan Pereira, Maria de Assis Calsing, Dora Maria da Costa, Guilherme Augusto Caputo Bastos, Walmir de Oliveira da Costa, Maurício Godinho Delgado, Augusto César Leite de Carvalho, José Roberto Freire Pimenta, Delaíde Alves Mirante Arantes, Hugo Carlos Scheuermann, Alexandre de Souza Agra Belmonte, Cláudio Mascarenhas Brandão, Douglas Alencar Rodrigues, Maria Helena Mallmann, Breno Medeiros e Alexandre Luiz Ramos e o Excelentíssimo Ronaldo Curado Fleury, Procurador-Geral do Trabalho,

CONSIDERANDO a vigência da Lei nº 13.467/17, de 13 de julho de 2017, a partir de 11 de novembro de 2017,

CONSIDERANDO a imperativa necessidade de o Tribunal Superior do Trabalho posicionar-se, ainda que de forma não exaustiva, sobre a aplicação das normas processuais contidas na Consolidação das Leis Trabalhistas alteradas ou acrescentadas pela Lei nº 13.467/2017,

CONSIDERANDO a necessidade de dar ao jurisdicionado a segurança jurídica indispensável a possibilitar estabilidade das relações processuais,

CONSIDERANDO que pende de apreciação pelo Tribunal Pleno do TST a arguição de inconstitucionalidade do art. 702, I, "f", da CLT,

CONSIDERANDO que a arguição de inconstitucionalidade dos arts. 790-B e 791-A da CLT pende de apreciação pelo Supremo Tribunal Federal na ADI nº 5766,

CONSIDERANDO que foram revogados pela Lei nº 13.467/2017 os §§ 3º e 5º do art. 899 da CLT,

CONSIDERANDO que se trata de Instrução Normativa no sentido de aplicação de normas processuais da CLT, tem pertinência a decisão contida no Processo TST Cons – 17652-49.2016.5.00.0000, publicado no DEJT em 01/09/2016,

RESOLVE

Aprovar a Instrução Normativa nº 41, nos seguintes termos:

INSTRUÇÃO NORMATIVA Nº 41/2018

Dispõe sobre a aplicação das normas processuais da Consolidação das Leis do Trabalho alteradas pela Lei nº 13.467, de 13 de julho de 2017.

Art. 1º A aplicação das normas processuais previstas na Consolidação das Leis do Trabalho, alteradas pela Lei nº 13.467, de 13 de julho de 2017, com eficácia a partir de 11 de novembro de 2017, é imediata, sem atingir, no entanto, situações pretéritas iniciadas ou consolidadas sob a égide da lei revogada.

Art. 2º O fluxo da prescrição intercorrente conta-se a partir do descumprimento da determinação judicial que alude o §1º do art. 11-A da CLT, desde que feita após 11 de novembro de 2017 (Lei nº 13.467/2017).

Art. 3º A obrigação de formar o litisconsórcio necessário a que se refere o art. 611-A, §5º, da CLT dar-se-á nos processos iniciados a partir de 11 de novembro de 2017 (Lei nº 13.467/2017).

Art. 4º O art. 789, *caput*, da CLT aplica-se nas decisões que fixem custas, proferidas a partir da entrada em vigor da Lei nº 13.467/2017.

Art. 5º O art. 790-B, *caput* e §§1º a 4º, da CLT, não se aplica aos processos iniciados antes de 11 de novembro de 2017 (Lei nº 13.467/2017).

Art. 6º Na Justiça do Trabalho, a condenação em honorários advocatícios sucumbenciais, prevista no art. 791-A, e parágrafos, da CLT, será aplicável apenas às ações propostas após 11 de novembro de 2017 (Lei nº 13.467/2017). Nas ações propostas anteriormente, subsistem as diretrizes do art. 14 da Lei nº 5.584/1970 e das Súmulas nos 219 e 329 do TST.

Art. 7º Os arts. 793-A, 793-B e 793-C, § 1º, da CLT têm aplicação autônoma e imediata.

Art. 8º A condenação de que trata o art. 793-C, *caput*, da CLT, aplica-se apenas às ações ajuizadas a partir de 11 de novembro de 2017 (Lei nº 13.467/2017).

Art. 9º O art. 793-C, §§ 2º e 3º, da CLT, tem aplicação apenas nas ações ajuizadas a partir de 11 de novembro de 2017 (Lei nº 13.467/2017).

Art. 10. O disposto no *caput* do art. 793-D será aplicável às ações ajuizadas a partir de 11 de novembro de 2017 (Lei nº 13.467/2017).

Parágrafo único. Após a colheita da prova oral, a aplicação de multa à testemunha dar-se-á na sentença e será precedida de instauração de incidente mediante o qual o juiz indicará o ponto ou os pontos controvertidos no depoimento, assegurados o contraditório, a defesa, com os meios a ela inerentes, além de possibilitar a retratação.

Art. 11. A exceção de incompetência territorial, disciplinada no art. 800 da CLT, é imediatamente aplicável aos processos trabalhistas em curso, desde que o recebimento da notificação seja posterior a 11 de novembro de 2017.

Art. 12. Os arts. 840 e 844, §§ 2º, 3º e 5º, da CLT, com as redações dadas pela Lei nº 13.467, de 13 de julho de 2017, não retroagirão, aplicando-se, exclusivamente, às ações ajuizadas a partir de 11 de novembro de 2017.

§ 1º Aplica-se o disposto no art. 843, §3º, da CLT somente às audiências trabalhistas realizadas após 11 de novembro de 2017.

§ 2º Para fim do que dispõe o art. 840, §§ 1º e 2º, da CLT, o valor da causa será estimado, observando-se, no que couber, o disposto nos arts. 291 a 293 do Código de Processo Civil.

§ 3º Nos termos do art. 843, § 3º, e do art. 844, § 5º, da CLT, não se admite a cumulação das condições de advogado e preposto.

Art. 13. A partir da vigência da Lei nº 13.467/2017, a iniciativa do juiz na execução de que trata o art. 878 da CLT e no incidente de desconsideração da personalidade jurídica a que alude o art. 855-A da CLT ficará limitada aos casos em que as partes não estiverem representadas por advogado.

Art. 14. A regra inscrita no art. 879, § 2º, da CLT, quanto ao dever de o juiz conceder prazo comum de oito dias para impugnação fundamentada da conta de liquidação, não se aplica à liquidação de julgado iniciada antes de 11 de novembro de 2017.

Art. 15. O prazo previsto no art. 883-A da CLT, para as medidas de execução indireta nele especificadas, aplica-se somente às execuções iniciadas a partir de 11 de novembro de 2017.

Art. 16. O art. 884, § 6º, a CLT aplica-se às entidades filantrópicas e seus diretores, em processos com execuções iniciadas após 11 de novembro de 2017.

Art. 17. O incidente de desconsideração da personalidade jurídica, regulado pelo CPC (artigos 133 a 137), aplica-se ao processo do trabalho, com as inovações trazidas pela Lei nº 13.467/2017.

Art. 18. O dever de os Tribunais Regionais do Trabalho uniformizarem a sua jurisprudência faz incidir, subsidiariamente ao processo do trabalho, o art. 926 do CPC, por meio do qual os Tribunais deverão manter sua jurisprudência íntegra, estável e coerente.

§ 1º Os incidentes de uniformização de jurisprudência suscitados ou iniciados antes da vigência da Lei nº 13.467/2017, no âmbito dos Tribunais Regionais do Trabalho ou por iniciativa de decisão do Tribunal Superior do Trabalho, deverão observar e serão concluídos sob a égide da legislação vigente ao tempo da interposição do recurso, segundo o disposto nos respectivos Regimentos Internos.

§ 2º Aos recursos de revista e de agravo de instrumento no âmbito do Tribunal Superior do Trabalho, conclusos aos relatores e ainda não julgados até a edição da Lei nº 13.467/17, não se aplicam as disposições contidas nos §§ 3º a 6º do artigo 896 da Consolidação das Leis do Trabalho.

§ 3º As teses jurídicas prevalecentes e os enunciados de Súmulas decorrentes do julgamento dos incidentes de uniformização de jurisprudência suscitados ou iniciados anteriormente à edição da Lei nº 13.467/2017, no âmbito dos Tribunais Regionais do Trabalho, conservam sua natureza vinculante à luz dos arts. 926, §§ 1º e 2º, e 927, III e V, do CPC.

Art. 19. O exame de transcendência seguirá a regra estabelecida no art. 246 do Regimento Interno do Tribunal Superior do Trabalho, incidindo apenas os acórdãos proferidos pelos Tribunais Regionais do Trabalho publicados a partir de 11 de novembro de 2017, excluídas as decisões proferidas em embargos de declaração.

Art. 20. As disposições contidas nos §§ 4º, 9º, 10 e 11 do artigo 899 da CLT, com a redação dada pela lei nº 13.467/2017, serão observadas para os recursos interpostos contra as decisões proferidas a partir de 11 de novembro de 2017.

Art. 21. Esta Instrução Normativa entrará em vigor na data da sua publicação. Ficam revogados os art. 2º, VIII, e 6º da Instrução Normativa nº 39/2016 do TST.

JOÃO BATISTA BRITO PEREIRA
Ministro Presidente do Tribunal Superior do Trabalho

REDAÇÃO ATUAL Quando houver texto em destaque nesta coluna significa que redação foi dada pela Reforma Trabalhista – **Lei 13.467/2017**	**REDAÇÃO DADA PELA LEI 13.429/2017** Alterações destacadas	**REDAÇÃO ANTIGA**

LEI Nº 6.019, DE 3 DE JANEIRO DE 1974

Altera dispositivos da Lei nº 6.019, de 3 de janeiro de 1974, que dispõe sobre o trabalho temporário nas empresas urbanas e dá outras providências; e dispõe sobre as relações de trabalho na empresa de prestação de serviços a terceiros.	Altera dispositivos da Lei nº 6.019, de 3 de janeiro de 1974, que dispõe sobre o trabalho temporário nas empresas urbanas e dá outras providências; e dispõe sobre as relações de trabalho na empresa de prestação de serviços a terceiros.	Altera dispositivos da Lei nº 6.019, de 3 de janeiro de 1974, que dispõe sobre o trabalho temporário nas empresas urbanas e dá outras providências;
Art. 1º As relações de trabalho na empresa de trabalho temporário, na empresa de prestação de serviços e nas respectivas tomadoras de serviço e contratante regem-se por esta Lei.	**Art. 1º** As relações de trabalho na empresa de trabalho temporário, na empresa de prestação de serviços e nas respectivas tomadoras de serviço e contratante regem-se por esta Lei.	**Art. 1º** É instituído o regime de trabalho temporário, nas condições estabelecidas na presente Lei.
Art. 2º Trabalho temporário é aquele prestado por pessoa física contratada por uma empresa de trabalho temporário que a coloca à disposição de uma empresa tomadora de serviços, para atender à necessidade de substituição transitória de pessoal permanente ou à demanda complementar de serviços.	**Art. 2º** Trabalho temporário é aquele prestado por pessoa física contratada por uma empresa de trabalho temporário que a coloca à disposição de uma empresa tomadora de serviços, para atender à necessidade de substituição transitória de pessoal permanente ou à demanda complementar de serviços.	**Art. 2º** Trabalho temporário é aquele prestado por pessoa física a uma empresa, para atender à necessidade transitória de substituição de seu pessoal regular e permanente ou à acréscimo extraordinário de serviços.

Redação Atual	Redação dada pela Lei 13.429/17	Redação Antiga
§ 1º É proibida a contratação de trabalho temporário para a substituição de trabalhadores em greve, salvo nos casos previstos em lei.	§ 1º É proibida a contratação de trabalho temporário para a substituição de trabalhadores em greve, salvo nos casos previstos em lei.	⊗ Dispositivo sem correspondência na antiga redação
§ 2º Considera-se complementar a demanda de serviços que seja oriunda de fatores imprevisíveis ou, quando decorrente de fatores previsíveis, tenha natureza intermitente, periódica ou sazonal.	§ 2º Considera-se complementar a demanda de serviços que seja oriunda de fatores imprevisíveis ou, quando decorrente de fatores previsíveis, tenha natureza intermitente, periódica ou sazonal.	⊗ Dispositivo sem correspondência na antiga redação
Art. 3º É reconhecida a atividade da empresa de trabalho temporário que passa a integrar o plano básico do enquadramento sindical a que se refere o art. 577, da Consolidação das Leis do Trabalho.		
Art. 4º Empresa de trabalho temporário é a pessoa jurídica, devidamente registrada no Ministério do Trabalho, responsável pela colocação de trabalhadores à disposição de outras empresas temporariamente.	**Art. 4º** Empresa de trabalho temporário é a pessoa jurídica, devidamente registrada no Ministério do Trabalho, responsável pela colocação de trabalhadores à disposição de outras empresas temporariamente.	**Art. 4º** Compreende-se como empresa de trabalho temporário a pessoa física ou jurídica urbana, cuja atividade consiste em colocar à disposição de outras empresas, temporariamente, trabalhadores, devidamente qualificados, por elas remunerados e assistidos.
Art. 4º-A. Considera-se prestação de serviços a terceiros a transferência feita pela contratante da execução de quaisquer de suas atividades, inclusive sua atividade principal, à pessoa jurídica de direito privado prestadora de serviços que possua capacidade econômica compatível com a sua execução.	**Art. 4º-A** Empresa prestadora de serviços a terceiros é a pessoa jurídica de direito privado destinada a prestar à contratante serviços determinados e específicos.	⊗ Dispositivo sem correspondência na antiga redação.

Redação Atual	Redação dada pela Lei 13.429/17	Redação Antiga
§ 1º A empresa prestadora de serviços contrata, remunera e dirige o trabalho realizado por seus trabalhadores, ou subcontrata outras empresas para realização desses serviços.	§ 1º A empresa prestadora de serviços contrata, remunera e dirige o trabalho realizado por seus trabalhadores, ou subcontrata outras empresas para realização desses serviços.	⊗ Dispositivo sem correspondência na antiga redação
§ 2º Não se configura vínculo empregatício entre os trabalhadores, ou sócios das empresas prestadoras de serviços, qualquer que seja o seu ramo, e a empresa contratante.	§ 2º Não se configura vínculo empregatício entre os trabalhadores, ou sócios das empresas prestadoras de serviços, qualquer que seja o seu ramo, e a empresa contratante.	⊗ Dispositivo sem correspondência na antiga redação
Art. 4º-B. São requisitos para o funcionamento da empresa de prestação de serviços a terceiros:	**Art. 4º-B.** São requisitos para o funcionamento da empresa de prestação de serviços a terceiros:	⊗ Dispositivo sem correspondência na antiga redação
I – prova de inscrição no Cadastro Nacional da Pessoa Jurídica (CNPJ);	I – prova de inscrição no Cadastro Nacional da Pessoa Jurídica (CNPJ);	⊗ Dispositivo sem correspondência na antiga redação
II – registro na Junta Comercial;	II – registro na Junta Comercial;	⊗ Dispositivo sem correspondência na antiga redação
III – capital social compatível com o número de empregados, observando-se os seguintes parâmetros:	III – capital social compatível com o número de empregados, observando-se os seguintes parâmetros:	⊗ Dispositivo sem correspondência na antiga redação
a) empresas com até dez empregados – capital mínimo de R$ 10.000,00 (dez mil reais);	a) empresas com até dez empregados – capital mínimo de R$ 10.000,00 (dez mil reais);	⊗ Dispositivo sem correspondência na antiga redação

Redação Atual	Redação dada pela Lei 13.429/17	Redação Antiga
b) empresas com mais de dez e até vinte empregados – capital mínimo de R$ 25.000,00 (vinte e cinco mil reais);	b) empresas com mais de dez e até vinte empregados – capital mínimo de R$ 25.000,00 (vinte e cinco mil reais);	⊗ Dispositivo sem correspondência na antiga redação
c) empresas com mais de vinte e até cinquenta empregados – capital mínimo de R$ 45.000,00 (quarenta e cinco mil reais);	c) empresas com mais de vinte e até cinquenta empregados – capital mínimo de R$ 45.000,00 (quarenta e cinco mil reais);	⊗ Dispositivo sem correspondência na antiga redação
d) empresas com mais de cinquenta e até cem empregados – capital mínimo de R$ 100.000,00 (cem mil reais); e	d) empresas com mais de cinquenta e até cem empregados – capital mínimo de R$ 100.000,00 (cem mil reais); e	⊗ Dispositivo sem correspondência na antiga redação
e) empresas com mais de cem empregados – capital mínimo de R$ 250.000,00 (duzentos e cinquenta mil reais).	e) empresas com mais de cem empregados – capital mínimo de R$ 250.000,00 (duzentos e cinquenta mil reais).	⊗ Dispositivo sem correspondência na antiga redação
Art. 4º-C. São asseguradas aos empregados da empresa prestadora de serviços a que se refere o art. 4º-A desta Lei, quando e enquanto os serviços, que podem ser de qualquer uma das atividades da contratante, forem executados nas dependências da tomadora, as mesmas condições:	⊗ Dispositivo sem correspondência na antiga redação	⊗ Dispositivo sem correspondência na antiga redação
I – relativas a:	⊗ Dispositivo sem correspondência na antiga redação	⊗ Dispositivo sem correspondência na antiga redação
a) alimentação garantida aos empregados da contratante, quando oferecida em refeitórios;	⊗ Dispositivo sem correspondência na antiga redação	⊗ Dispositivo sem correspondência na antiga redação
b) direito de utilizar os serviços de transporte;	⊗ Dispositivo sem correspondência na antiga redação	⊗ Dispositivo sem correspondência na antiga redação

Redação Atual	Redação dada pela Lei 13.429/17	Redação Antiga
c) atendimento médico ou ambulatorial existente nas dependências da contratante ou local por ela designado;	⊗ Dispositivo sem correspondência na antiga redação	⊗ Dispositivo sem correspondência na antiga redação
d) treinamento adequado, fornecido pela contratada, quando a atividade o exigir.	⊗ Dispositivo sem correspondência na antiga redação	⊗ Dispositivo sem correspondência na antiga redação
II – sanitárias, de medidas de proteção à saúde e de segurança no trabalho e de instalações adequadas à prestação do serviço.	⊗ Dispositivo sem correspondência na antiga redação	⊗ Dispositivo sem correspondência na antiga redação
§ 1º Contratante e contratada poderão estabelecer, se assim entenderem, que os empregados da contratada farão jus a salário equivalente ao pago aos empregados da contratante, além de outros direitos não previstos neste artigo.	⊗ Dispositivo sem correspondência na antiga redação	⊗ Dispositivo sem correspondência na antiga redação
§ 2º Nos contratos que impliquem mobilização de empregados da contratada em número igual ou superior a 20% (vinte por cento) dos empregados da contratante, esta poderá disponibilizar aos empregados da contratada os serviços de alimentação e atendimento ambulatorial em outros locais apropriados e com igual padrão de atendimento, com vistas a manter o pleno funcionamento dos serviços existentes.	⊗ Dispositivo sem correspondência na antiga redação	⊗ Dispositivo sem correspondência na antiga redação

Redação Atual	Redação dada pela Lei 13.429/17	Redação Antiga
Art. 5º Empresa tomadora de serviços é a pessoa jurídica ou entidade a ela equiparada que celebra contrato de prestação de trabalho temporário com a empresa definida no art. 4º desta Lei.	**Art. 5º** Empresa tomadora de serviços é a pessoa jurídica ou entidade a ela equiparada que celebra contrato de prestação de trabalho temporário com a empresa definida no art. 4º desta Lei.	⊗ Dispositivo sem correspondência na antiga redação
Art. 5º-A Contratante é a pessoa física ou jurídica que celebra contrato com empresa de prestação de serviços relacionados a quaisquer de suas atividades, inclusive sua atividade principal.	**Art. 5º-A.** Contratante é a pessoa física ou jurídica que celebra contrato com empresa de prestação de serviços determinados e específicos.	⊗ Dispositivo sem correspondência na antiga redação
§ 1º É vedada à contratante a utilização dos trabalhadores em atividades distintas daquelas que foram objeto do contrato com a empresa prestadora de serviços	§ 1º É vedada à contratante a utilização dos trabalhadores em atividades distintas daquelas que foram objeto do contrato com a empresa prestadora de serviços	⊗ Dispositivo sem correspondência na antiga redação
§ 2º Os serviços contratados poderão ser executados nas instalações físicas da empresa contratante ou em outro local, de comum acordo entre as partes.	§ 2º Os serviços contratados poderão ser executados nas instalações físicas da empresa contratante ou em outro local, de comum acordo entre as partes.	⊗ Dispositivo sem correspondência na antiga redação
§ 3º É responsabilidade da contratante garantir as condições de segurança, higiene e salubridade dos trabalhadores, quando o trabalho for realizado em suas dependências ou local previamente convencionado em contrato.	§ 3º É responsabilidade da contratante garantir as condições de segurança, higiene e salubridade dos trabalhadores, quando o trabalho for realizado em suas dependências ou local previamente convencionado em contrato.	⊗ Dispositivo sem correspondência na antiga redação

Redação Atual	Redação dada pela Lei 13.429/17	Redação Antiga
§ 4º A contratante poderá estender ao trabalhador da empresa de prestação de serviços o mesmo atendimento médico, ambulatorial e de refeição destinado aos seus empregados, existente nas dependências da contratante, ou local por ela designado.	§ 4º A contratante poderá estender ao trabalhador da empresa de prestação de serviços o mesmo atendimento médico, ambulatorial e de refeição destinado aos seus empregados, existente nas dependências da contratante, ou local por ela designado.	⊗ Dispositivo sem correspondência na antiga redação
§ 5º A empresa contratante é subsidiariamente responsável pelas obrigações trabalhistas referentes ao período em que ocorrer a prestação de serviços, e o recolhimento das contribuições previdenciárias observará o disposto no art. 31 da Lei nº 8.212, de 24 de julho de 1991.	§ 5º A empresa contratante é subsidiariamente responsável pelas obrigações trabalhistas referentes ao período em que ocorrer a prestação de serviços, e o recolhimento das contribuições previdenciárias observará o disposto no art. 31 da Lei nº 8.212, de 24 de julho de 1991.	⊗ Dispositivo sem correspondência na antiga redação
Art. 5º-B. O contrato de prestação de serviços conterá:	**Art. 5º-B.** O contrato de prestação de serviços conterá:	⊗ Dispositivo sem correspondência na antiga redação
I – qualificação das partes;	I – qualificação das partes;	⊗ Dispositivo sem correspondência na antiga redação
II – especificação do serviço a ser prestado;	II – especificação do serviço a ser prestado	⊗ Dispositivo sem correspondência na antiga redação
III – prazo para realização do serviço, quando for o caso;	III – prazo para realização do serviço, quando for o caso;	⊗ Dispositivo sem correspondência na antiga redação
IV – valor.	IV – valor.	⊗ Dispositivo sem correspondência na antiga redação

Redação Atual	Redação dada pela Lei 13.429/17	Redação Antiga
Art. 5º-C. Não pode figurar como contratada, nos termos do art. 4º-A desta Lei, a pessoa jurídica cujos titulares ou sócios tenham, nos últimos dezoito meses, prestado serviços à contratante na qualidade de empregado ou trabalhador sem vínculo empregatício, exceto se os referidos titulares ou sócios forem aposentados.	⊗ Dispositivo sem correspondência na antiga redação	⊗ Dispositivo sem correspondência na antiga redação
Art. 5º-D. O empregado que for demitido não poderá prestar serviços para esta mesma empresa na qualidade de empregado de empresa prestadora de serviços antes do decurso de prazo de dezoito meses, contados a partir da demissão do empregado	⊗ Dispositivo sem correspondência na antiga redação	⊗ Dispositivo sem correspondência na antiga redação
Art. 6º São requisitos para funcionamento e registro da empresa de trabalho temporário no Ministério do Trabalho:	**Art. 6º** São requisitos para funcionamento e registro da empresa de trabalho temporário no Ministério do Trabalho:	**Art. 6º** O pedido de registro para funcionar deverá ser instruído com os seguintes documentos:
I – prova de inscrição no Cadastro Nacional da Pessoa Jurídica (CNPJ), do Ministério da Fazenda;	I – prova de inscrição no Cadastro Nacional da Pessoa Jurídica (CNPJ), do Ministério da Fazenda;	f) prova de inscrição no Cadastro Geral de Contribuintes do Ministério da Fazenda.
II – prova do competente registro na Junta Comercial da localidade em que tenha sede;	II – prova do competente registro na Junta Comercial da localidade em que tenha sede;	a) prova de constituição da firma e de nacionalidade brasileira de seus sócios, com o competente registro na Junta Comercial da localidade em que tenha sede;

Redação Atual	Redação dada pela Lei 13.429/17	Redação Antiga
III – prova de possuir capital social de, no mínimo, R$ 100.000,00 (cem mil reais).	III – prova de possuir capital social de, no mínimo, R$ 100.000,00 (cem mil reais).	b) prova de possuir capital social de no mínimo quinhentas vezes o valor do maior salário mínimo vigente no País;
Revogado	Revogado	c) prova de entrega da relação de trabalhadores a que se refere o art. 360, da Consolidação as Leis do Trabalho, bem como apresentação do Certificado de Regularidade de Situação, fornecido pelo Instituto Nacional de Previdência Social;
Revogado	Revogado	d) prova de recolhimento da Contribuição Sindical;
Revogado	Revogado	e) prova da propriedade do imóvel-sede ou recibo referente ao último mês, relativo ao contrato de locação;
Revogado	Revogado	*Parágrafo único.* No caso de mudança de sede ou de abertura de filiais, agências ou escritórios é dispensada a apresentação dos documentos de que trata este artigo, exigindo-se, no entanto, o encaminhamento prévio ao Departamento Nacional de Mão-de-Obra de comunicação por escrito, com justificativa e endereço da nova sede ou das unidades operacionais da empresa.

Redação Atual	Redação dada pela Lei 13.429/17	Redação Antiga
Art. 7º A empresa de trabalho temporário que estiver funcionando na data da vigência desta Lei terá o prazo de noventa dias para o atendimento das exigências contidas no artigo anterior. Parágrafo único. A empresa infratora do presente artigo poderá ter o seu funcionamento suspenso, por ato do Diretor Geral do Departamento Nacional de Mão-de-Obra, cabendo recurso ao Ministro de Estado, no prazo de dez dias, a contar da publicação do ato no Diário Oficial da União.		
Art. 8º A empresa de trabalho temporário é obrigada a fornecer ao Departamento Nacional de Mão-de-Obra, quando solicitada, os elementos de informação julgados necessários ao estudo do mercado de trabalho.		
Art. 9º O contrato celebrado pela empresa de trabalho temporário e a tomadora de serviços será por escrito, ficará à disposição da autoridade fiscalizadora no estabelecimento da tomadora de serviços e conterá:	**Art. 9.** O contrato celebrado pela empresa de trabalho temporário e a tomadora de serviços será por escrito, ficará à disposição da autoridade fiscalizadora no estabelecimento da tomadora de serviços e conterá:	**Art. 9º** O contrato entre a empresa de trabalho temporário e a <u>empresa</u> tomadora de serviço <u>ou cliente</u> deverá ser obrigatoriamente escrito e dele deverá constar expressamente o motivo justificador da demanda de trabalho temporário, <u>assim como as modalidades de remuneração da prestação de serviço</u>.
I – qualificação das partes;	I – qualificação das partes;	⊗ Dispositivo sem correspondência na antiga redação
II – motivo justificador da demanda de trabalho temporário;	II – motivo justificador da demanda de trabalho temporário;	⊗ Dispositivo sem correspondência na antiga redação
III – prazo da prestação de serviços;	III – prazo da prestação de serviços;	⊗ Dispositivo sem correspondência na antiga redação
IV – valor da prestação de serviços;	IV – valor da prestação de serviços;	⊗ Dispositivo sem correspondência na antiga redação
V – disposições sobre a segurança e a saúde do trabalhador, independentemente do local de realização do trabalho.	V – disposições sobre a segurança e a saúde do trabalhador, independentemente do local de realização do trabalho.	⊗ Dispositivo sem correspondência na antiga redação

Redação Atual	Redação dada pela Lei 13.429/17	Redação Antiga
§ 1º É responsabilidade da empresa contratante garantir as condições de segurança, higiene e salubridade dos trabalhadores, quando o trabalho for realizado em suas dependências ou em local por ela designado.	§ 1º É responsabilidade da empresa contratante garantir as condições de segurança, higiene e salubridade dos trabalhadores, quando o trabalho for realizado em suas dependências ou em local por ela designado.	⊗ Dispositivo sem correspondência na antiga redação
§ 2º A contratante estenderá ao trabalhador da empresa de trabalho temporário o mesmo atendimento médico, ambulatorial e de refeição destinado aos seus empregados, existente nas dependências da contratante, ou local por ela designado	§ 2º A contratante estenderá ao trabalhador da empresa de trabalho temporário o mesmo atendimento médico, ambulatorial e de refeição destinado aos seus empregados, existente nas dependências da contratante, ou local por ela designado	⊗ Dispositivo sem correspondência na antiga redação
§ 3º O contrato de trabalho temporário pode versar sobre o desenvolvimento de atividades-meio e atividades-fim a serem executadas na empresa tomadora de serviços.	§ 3º O contrato de trabalho temporário pode versar sobre o desenvolvimento de atividades-meio e atividades-fim a serem executadas na empresa tomadora de serviços.	⊗ Dispositivo sem correspondência na antiga redação
Art. 10. Qualquer que seja o ramo da empresa tomadora de serviços, não existe vínculo de emprego entre ela e os trabalhadores contratados pelas empresas de trabalho temporário.	**Art. 10.** Qualquer que seja o ramo da empresa tomadora de serviços, não existe vínculo de emprego entre ela e os trabalhadores contratados pelas empresas de trabalho temporário.	**Art. 10.** O contrato entre a empresa de trabalho temporário e a empresa tomadora ou cliente, com relação a um mesmo empregado, não poderá exceder de três meses, salvo autorização conferida pelo órgão local do Ministério do Trabalho e Previdência Social, segundo instruções a serem baixadas pelo Departamento Nacional de Mão-de-Obra.

Redação Atual	Redação dada pela Lei 13.429/17	Redação Antiga
§ 1º O contrato de trabalho temporário, com relação ao mesmo empregador, não poderá exceder ao prazo de cento e oitenta dias, consecutivos ou não.	§ 1º O contrato de trabalho temporário, com relação ao mesmo empregador, não poderá exceder ao prazo de cento e oitenta dias, consecutivos ou não.	⊗ Dispositivo sem correspondência na antiga redação
§ 2º O contrato poderá ser prorrogado por até noventa dias, consecutivos ou não, além do prazo estabelecido no § 1º deste artigo, quando comprovada a manutenção das condições que o ensejaram.	§ 2º O contrato poderá ser prorrogado por até noventa dias, consecutivos ou não, além do prazo estabelecido no § 1º deste artigo, quando comprovada a manutenção das condições que o ensejaram.	⊗ Dispositivo sem correspondência na antiga redação
§ 3º (VETADO)	§ 3º (VETADO)	⊗ Dispositivo sem correspondência na antiga redação
§ 4º Não se aplica ao trabalhador temporário, contratado pela tomadora de serviços, o contrato de experiência previsto no parágrafo único do art. 445 da Consolidação das Leis do Trabalho (CLT), aprovada pelo Decreto-Lei nº 5.452, de 1º de maio de 1943.	§ 4º Não se aplica ao trabalhador temporário, contratado pela tomadora de serviços, o contrato de experiência previsto no parágrafo único do art. 445 da Consolidação das Leis do Trabalho (CLT), aprovada pelo Decreto-Lei nº 5.452, de 1º de maio de 1943.	⊗ Dispositivo sem correspondência na antiga redação
§ 5º O trabalhador temporário que cumprir o período estipulado nos §§ 1º e 2º deste artigo somente poderá ser colocado à disposição da mesma tomadora de serviços em novo contrato temporário, após noventa dias do término do contrato anterior.	§ 5º O trabalhador temporário que cumprir o período estipulado nos §§ 1º e 2º deste artigo somente poderá ser colocado à disposição da mesma tomadora de serviços em novo contrato temporário, após noventa dias do término do contrato anterior.	⊗ Dispositivo sem correspondência na antiga redação

Redação Atual	Redação dada pela Lei 13.429/17	Redação Antiga
§ 6º A contratação anterior ao prazo previsto no § 5º deste artigo caracteriza vínculo empregatício com a tomadora.	§ 6º A contratação anterior ao prazo previsto no § 5º deste artigo caracteriza vínculo empregatício com a tomadora.	⊗ Dispositivo sem correspondência na antiga redação
§ 7º A contratante é subsidiariamente responsável pelas obrigações trabalhistas referentes ao período em que ocorrer o trabalho temporário, e o recolhimento das contribuições previdenciárias observará o disposto no art. 31 da Lei nº 8.212, de 24 de julho de 1991.	§ 7º A contratante é subsidiariamente responsável pelas obrigações trabalhistas referentes ao período em que ocorrer o trabalho temporário, e o recolhimento das contribuições previdenciárias observará o disposto no art. 31 da Lei nº 8.212, de 24 de julho de 1991.	⊗ Dispositivo sem correspondência na antiga redação

Art. 11. O contrato de trabalho celebrado entre empresa de trabalho temporário e cada um dos assalariados colocados à disposição de uma empresa tomadora ou cliente será, obrigatoriamente, escrito e dele deverão constar, expressamente, os direitos conferidos aos trabalhadores por esta Lei.

Parágrafo único. Será nula de pleno direito qualquer cláusula de reserva, proibindo a contratação do trabalhador pela empresa tomadora ou cliente ao fim do prazo em que tenha sido colocado à sua disposição pela empresa de trabalho temporário.

Art. 12. Ficam assegurados ao trabalhador temporário os seguintes direitos:

a) remuneração equivalente à percebida pelos empregados de mesma categoria da empresa tomadora ou cliente calculados à base horária, garantida, em qualquer hipótese, a percepção do salário mínimo regional;

b) jornada de oito horas, remuneradas as horas extraordinárias não excedentes de duas, com acréscimo de 20% (vinte por cento);

c) férias proporcionais, nos termos do artigo 25 da Lei nº 5107, de 13 de setembro de 1966;

d) repouso semanal remunerado;

e) adicional por trabalho noturno;

f) indenização por dispensa sem justa causa ou término normal do contrato, correspondente a 1/12 (um doze avos) do pagamento recebido;

g) seguro contra acidente do trabalho;

h) proteção previdenciária nos termos do disposto na Lei Orgânica da Previdência Social, com as alterações introduzidas pela Lei nº 5.890, de 8 de junho de 1973 (art. 5º, item III, letra "c" do Decreto nº 72.771, de 6 de setembro de 1973).

§ 1º Registrar-se-á na Carteira de Trabalho e Previdência Social do trabalhador sua condição de temporário.

§ 2º A empresa tomadora ou cliente é obrigada a comunicar à empresa de trabalho temporário a ocorrência de todo acidente cuja vítima seja um assalariado posto à sua disposição, considerando-se local de trabalho, para efeito da legislação específica, tanto aquele onde se efetua a prestação do trabalho, quanto a sede da empresa de trabalho temporário.

Art. 13. Constituem justa causa para rescisão do contrato do trabalhador temporário os atos e circunstâncias mencionados nos artigos 482 e 483, da Consolidação das Leis do Trabalho, ocorrentes entre o trabalhador e a empresa de trabalho temporário ou entre aquele e a empresa cliente onde estiver prestando serviço.

Art. 14. As empresas de trabalho temporário são obrigadas a fornecer às empresas tomadoras ou clientes, a seu pedido, comprovante da regularidade de sua situação com o Instituto Nacional de Previdência Social.

Art. 15. A Fiscalização do Trabalho poderá exigir da empresa tomadora ou cliente a apresentação do contrato firmado com a empresa de trabalho temporário, e, desta última o contrato firmado com o trabalhador, bem como a comprovação do respectivo recolhimento das contribuições previdenciárias.

Art. 16. No caso de falência da empresa de trabalho temporário, a empresa tomadora ou cliente é solidariamente responsável pelo recolhimento das contribuições previdenciárias, no tocante ao tempo em que o trabalhador esteve sob suas ordens, assim como em referência ao mesmo período, pela remuneração e indenização previstas nesta Lei.

Art. 17. É defeso às empresas de prestação de serviço temporário a contratação de estrangeiros com visto provisório de permanência no País.

Art. 18. É vedado à empresa do trabalho temporário cobrar do trabalhador qualquer importância, mesmo a título de mediação, podendo apenas efetuar os descontos previstos em Lei.

Parágrafo único. A infração deste artigo importa no cancelamento do registro para funcionamento da empresa de trabalho temporário, sem prejuízo das sanções administrativas e penais cabíveis.

Art. 19. Competirá à Justiça do Trabalho dirimir os litígios entre as empresas de serviço temporário e seus trabalhadores.

Redação Atual	Redação dada pela Lei 13.429/17	Redação Antiga
Art. 19-A. O descumprimento do disposto nesta Lei sujeita a empresa infratora ao pagamento de multa.	**Art. 19-A.** O descumprimento do disposto nesta Lei sujeita a empresa infratora ao pagamento de multa.	⊗ Dispositivo sem correspondência na antiga redação
Parágrafo único. A fiscalização, a autuação e o processo de imposição das multas reger-se-ão pelo Título VII da Consolidação das Leis do Trabalho (CLT), aprovada pelo Decreto-Lei nº 5.452, de 1º de maio de 1943.	Parágrafo único. A fiscalização, a autuação e o processo de imposição das multas reger-se-ão pelo Título VII da Consolidação das Leis do Trabalho (CLT), aprovada pelo Decreto-Lei nº 5.452, de 1º de maio de 1943.	⊗ Dispositivo sem correspondência na antiga redação
Art. 19-B. O disposto nesta Lei não se aplica às empresas de vigilância e transporte de valores, permanecendo as respectivas relações de trabalho reguladas por legislação especial, e subsidiariamente pela Consolidação das Leis do Trabalho (CLT), aprovada pelo Decreto-Lei nº 5.452, de 1º de maio de 1943.	**Art. 19-B.** O disposto nesta Lei não se aplica às empresas de vigilância e transporte de valores, permanecendo as respectivas relações de trabalho reguladas por legislação especial, e subsidiariamente pela Consolidação das Leis do Trabalho (CLT), aprovada pelo Decreto-Lei nº 5.452, de 1º de maio de 1943.	⊗ Dispositivo sem correspondência na antiga redação
Art. 19-C. Os contratos em vigência, se as partes assim acordarem, poderão ser adequados aos termos desta Lei.	**Art. 19-C.** Os contratos em vigência, se as partes assim acordarem, poderão ser adequados aos termos desta Lei.	⊗ Dispositivo sem correspondência na antiga redação

Art. 20. Esta Lei entrará em vigor sessenta dias após sua publicação, revogadas as disposições em contrário.

Enunciados Aprovados na 2ª Jornada da ANAMATRA de Direito Material e Processual do Trabalho

APLICAÇÃO SUBSIDIÁRIA DO DIREITO COMUM E DO DIREITO PROCESSUAL COMUM. PRINCÍPIO DA INTERVENÇÃO MÍNIMA. PRESCRIÇÃO TRABALHISTA E PRESCRIÇÃO INTERCORRENTE. GRUPO ECONÔMICO E SUCESSÃO DE EMPRESAS.

1. CONTROLE DE CONVENCIONALIDADE DA REFORMA TRABALHISTA, AUSÊNCIA DE CONSULTA TRIPARTITE E DE CONSULTA PRÉVIA ÀS ORGANIZAÇÕES SINDICAIS

I. Reforma trabalhista. Lei 13.467/2017. Incompatibilidade vertical com as convenções da OIT. Ausência de consulta tripartite. Ofensa à convenção 144 da OIT.

II. Ausência de consulta prévia às organizações de trabalhadores. Ofensa à convenção 154 da OIT, bem como aos verbetes 1075, 1081 e 1082 do comitê de liberdade sindical do conselho de administração da OIT.

2. INTERPRETAÇÃO E APLICAÇÃO DA LEI 13.467/2017

Os juízes do trabalho, à maneira de todos os demais magistrados, em todos os ramos do judiciário, devem cumprir e fazer cumprir a constituição e as leis, o que importa no exercício do controle difuso de constitucionalidade e no controle de convencionalidade das leis, bem como no uso de todos os métodos de interpretação/aplicação disponíveis. Nessa medida:

I. Reputa-se autoritária e antirrepublicana toda ação política, midiática, administrativa ou correicional que pretender imputar ao juiz do trabalho o "dever" de interpretar a lei 13.467/2017 de modo exclusivamente literal/gramatical;

II. A interpretação judicial é atividade que tem por escopo o desvelamento do sentido e do alcance da lei trabalhista. É função primordial do poder judiciário trabalhista julgar as relações de trabalho e dizer o direito no caso concreto, observando o objetivo da república federativa do Brasil de construir uma sociedade mais justa e igualitária. Exegese dos artigos 1º, 2º, 3º, 5º, inciso XXXV, 60 e 93, IX e 114 da CRFB; III. Inconstitucionalidade do § 2º e do § 3º do artigo 8º da CLT e do artigo 611-A, §1º, da CLT. Será inconstitucional qualquer norma que colime restringir a função judicial de interpretação da lei ou imunizar o conteúdo dos acordos e convenções coletivas de trabalho da apreciação da justiça do trabalho, inclusive quanto à sua constitucionalidade, convencionalidade, legalidade e conformidade com a ordem pública social. Não se admite qualquer interpretação que possa elidir a garantia da inafastabilidade da jurisdição, ademais, por ofensa ao disposto no art. 114, I, da CF/88 e por incompatibilidade com os princípios da separação dos poderes, do acesso a justiça e da independência funcional.

3. FONTES DO DIREITO MATERIAL E PROCESSUAL DO TRABALHO NA LEI 13.467/2017

Teoria do diálogo das fontes. A teoria do diálogo das fontes é aplicável à interpretação da nova legislação trabalhista.

4. FUNDAMENTOS, PRINCÍPIOS E HERMENÊUTICA DO DIREITO DO TRABALHO. LEI 13.467/2017

A Lei 13.467/2017, da reforma trabalhista, não afetou os fundamentos do direito do trabalho positivados na CLT (art. 8º), bem como os princípios da proteção (títulos II a IV), da primazia da realidade (arts. 3º e 442), da irrenunciabilidade (arts. 9º e 468), da norma mais favorável, da imodificabilidade contratual em prejuízo do trabalhador (art. 468), da supremacia do crédito trabalhista (arts. 100 da CF e 186 do CTN) e dos poderes inquisitórios do juiz do trabalho (art. 765), dentre outros, cuja observância é requisito para a validade da norma jurídica trabalhista.

5. GRUPO ECONÔMICO TRABALHISTA. DISTRIBUIÇÃO RACIONAL DO ÔNUS DA PROVA

I. A lei 13.467/2017 reconheceu expressamente a figura do grupo econômico trabalhista por coordenação (art. 2º, §2º) e estabeleceu requisitos subjetivos (interesse integrado e comum) e objetivos (atuação conjunta) para a caracterização do grupo, a serem verificados no caso concreto pelo juízo (art. 2º, §3º);

II- nas hipóteses restritas de aplicação do parágrafo 3º do artigo 2º da clt, a mera identidade de sócios entre as empresas integrantes, embora não baste à caracterização do grupo econômico, constitui indício que autoriza a inversão ou redistribuição do ônus da prova, nos termos do art. 818 § 1º da CLT, com redação dada pela Lei 13.467/2017. Incumbe então ao empregador o ônus de comprovar a ausência de interesses integrados, da comunhão de interesses e/ou da atuação conjunta das empresas. Aplicação dos princípios da aptidão para a prova e da paridade de armas em concreto (isonomia processual).

6. ILEGITIMIDADE DA LEI 13.467/2017

A Lei 13.467/2017 é ilegítima, nos sentidos formal e material.

7. PRINCÍPIO DA INTERVENÇÃO MÍNIMA

A autonomia da vontade coletiva impede interferência judicial ou administrativa na eclosão de greve em outros mecanismos de pressão de que dispõem os trabalhadores.

8. CADEIA DE FORNECIMENTO E RESPONSABILIDADE CIVIL OBJETIVA DO PODER ECONOMICAMENTE RELEVANTE

Cadeia de fornecimento. Responsabilidade civil objetiva do poder economicamente relevante por violações aos direitos fundamentais da pessoa do trabalhador. Devida diligência para a promoção de trabalho decente. Obrigação de reparar os danos experimentados pelo trabalhador, independentemente de culpa.

9. RESPONSABILIDADE SOLIDÁRIA DAS EMPRESAS QUE ATUAM EM CADEIA PRODUTIVA GLOBAL OU NACIONAL

Subordinação estrutural. Grupo econômico. Responsabilidade solidária das empresas que atuam em cadeia produtiva nacional ou global, por interpretação dos parágrafos 2º e 3º do artigo 2º da CLT, acrescentados pela Lei 13.467/2017.

10. GRUPO ECONÔMICO. INTEGRAÇÃO. CONCEITO DO DIREITO EMPRESARIAL. BASE SOCIETÁRIA, OBRIGACIONAL E PESSOAL

Não configurado o grupo econômico na forma do novo art. 2º, § 2º, da CLT, com a redação dada pela Lei 13.467/2017, é possível a integração do direito, na forma do art. 8º da CLT (especialmente considerando sua nova redação), para abarcar situações não disciplinadas pela nova legislação trabalhista. O grupo econômico pode ter natureza societária, obrigacional ou pessoal, bastando apenas a atuação coordenada, conjunta ou coligada das sociedades empresárias. Assim, como tal concepção destina-se à defesa da ordem econômica e da livre concorrência, com mais razão ainda deve ser aplicada à defesa das verbas trabalhistas.

11. INTERRUPÇÃO DA PRESCRIÇÃO

Interrupção da prescrição. Integração. Sendo a prescrição regulada pelo Código Civil, aplicam-se ao direito do trabalho as hipóteses de interrupção da prescrição previstas no art. 202 do Código Civil, nos termos do art. 8º da CLT. Assim, é possível a interrupção da prescrição fora da hipótese prevista no § 3º do art. 11 da CLT.

12. PRESCRIÇÃO TOTAL. INCOMPATIBILIDADE COM O ARTIGO 7º, XXIX, DA CONSTITUIÇÃO FEDERAL

A prescrição total, consubstanciada no artigo 11, § 2º, da CLT, é incompatível com o artigo 7º, XXIX, da Constituição Federal.

13. SUCESSÃO TRABALHISTA

Sucessão trabalhista. A teor do art. 1.146 do Código Civil, aplicável ao direito do trabalho (CLT, art. 8º), é cabível a responsabilidade solidária do sucedido e do sucessor pelos créditos trabalhistas constituídos antes do trespasse do estabelecimento, independentemente da caracterização de fraude.

JORNADA DE TRABALHO. BANCO DE HORAS. REMUNERAÇÃO E PARCELAS INDENIZATÓRIAS. DANOS EXTRAPATRIMONIAIS: TARIFAÇÃO E OUTROS ASPECTOS.

14. BANCO DE HORAS

Banco de horas por acordo individual. A compensação de horários requer intervenção sindical obrigatória, independentemente do seu prazo de duração, conforme artigo 7º, XIII, CF, que autoriza a compensação apenas mediante acordo ou convenção coletiva de trabalho.

15. JORNADA 12X36

Jornada 12x36. 1. Tratando-se de regime de compensação de jornada, é essencial para a sua validade a previsão em acordo coletivo ou convenção coletiva de trabalho, nos termos do artigo 7º, XIII, da Constituição federal, inclusive em relação ao comerciário, em razão de lei especial (Lei 12.790/2013).

2. Artigo 60, parágrafo único da CLT. Dispensa de licença prévia para a realização de jornada 12x36. Matéria de saúde e segurança do trabalho. Inconstitucionalidade por infração ao artigo 7º, XXII, da Constituição Federal.

3. Impossibilidade de regime "complessivo" quanto ao pagamento de feriados e prorrogação da jornada noturna, por infração ao artigo 7º, IX, da Constituição Federal.

4. A prestação de horas extras, inclusive pela supressão do intervalo intrajornada (ainda que parcial), descaracteriza o regime de compensação de jornada 12x36, implicando o pagamento como hora extraordinária daquelas laboradas além da 8ª diária, por infração ao artigo 7º, XIII e XXVI, da constituição federal.

16. HORAS DE TRAJETO: HIPÓTESES DE CÔMPUTO NA JORNADA APÓS A LEI 13.467/2017

1. A estrutura normativa matriz do art. 4º da CLT contempla a lógica do tempo à disposição, não eliminada a condição de cômputo quando se verificar concretamente que o transporte era condição e/ou necessidade irrefutável, e não de escolha própria do empregado, para possibilitar o trabalho no horário e local designados pelo empregador, mantendo-se o parâmetro desenvolvido pela súmula 90 do TST, caso em que fará jus o trabalhador à contagem, como tempo de trabalho, do tempo de deslocamento gasto em trecho de difícil acesso ou sem transporte público por meio fornecido pelo empregador, na ida ou retorno para o trabalho. Inteligência do artigo 3º, c, da convenção 155 da OIT.

2. Inaplicabilidade do §2º do art. 58 da Lei 13.467/2017 ao trabalho executado na atividade rural.

17. PARCELAS REMUNERATÓRIAS SOB A LEI 13.467/2017

1. Expressão "ainda que habituais" constante do § 2º do art. 457, da CLT, com a redação dada pela Lei 13.467/17. A interpretação sistemática dos artigos 195, I e 201, caput e § 11, da Constituição Federal revela que a contribuição social incide sobre os ganhos habituais, a qualquer título, para se preservar o equilíbrio financeiro e atuarial do RGPS – regime geral da previdência social com igual razão, a interpretação do art. 457, § 2º, da CLT, em conformidade com a constituição, denota que não importa o título atribuído pelo empregador à parcela, porquanto, para ter natureza jurídica salarial, basta que ela seja habitual e decorrente do trabalho prestado por conta alheia, sendo meramente exemplificativo o rol do § 1º e admitindo-se outras parcelas salariais, tais como adicionais, importâncias variáveis e gratificações legais e convencionais. A não integração na remuneração das parcelas relacionadas no art. 457, §§ 2º e 4º, da CLT depende de que efetivamente sirvam a propiciar condições para realização do trabalho ou se retiram a situações excepcionais ao cotidiano da relação de emprego.

2. Prêmios. Necessária vinculação a desempenho profissional diferenciado. a concessão habitual de prêmios, desvinculada do requisito de desempenho profissional superior ao ordinariamente esperado (art. 457, §4º, da CLT), constitui fraude (art. 9º, CLT), integrando a remuneração do empregado a parcela paga fora dos preceitos legais.

18. DANO EXTRAPATRIMONIAL: EXCLUSIVIDADE DE CRITÉRIOS

Aplicação exclusiva dos novos dispositivos do título II-A da CLT à reparação de danos extrapatrimoniais decorrentes das relações de trabalho: inconstitucionalidade. A esfera moral das pessoas humanas é conteúdo do valor dignidade humana (art. 1º, III, da CF) e, como tal, não pode sofrer restrição à reparação ampla e integral quando violada, sendo dever do estado a respectiva tutela na ocorrência de ilicitudes causadoras de danos extrapatrimoniais nas relações laborais. Devem ser aplicadas todas as normas existentes no ordenamento jurídico que possam imprimir, no caso concreto, a máxima efetividade constitucional ao princípio da dignidade da pessoa humana (art. 5º, V e X, da CF). A interpretação literal do art. 223-A da CLT resultaria em tratamento discriminatório injusto às pessoas inseridas na relação laboral, com inconstitucionalidade por ofensa aos arts. 1º, III; 3º, IV; 5º, caput e incisos V e X e 7º, caput, todas da Constituição Federal.

19. DANOS EXTRAPATRIMONIAIS: LIMITES

É de natureza exemplificativa a enumeração dos direitos personalíssimos dos trabalhadores constante do novo artigo 223-C da CLT, considerando a plenitude da tutela jurídica à dignidade da pessoa humana, como assegurada pela Constituição Federal (artigos 1º, III; 3º, IV, 5º, caput, e §2º).

20. DANO EXTRAPATRIMONIAL: LIMITES E OUTROS ASPECTOS

Danos extrapatrimoniais. O artigo 223-B da CLT, inserido pela Lei 13.467, não exclui a reparação de danos sofridos por terceiros (danos em ricochete), bem como a de danos extrapatrimoniais ou morais coletivos, aplicando-se, quanto a estes, as disposições previstas na Lei 7.437/1985 e no título III do código de defesa do consumidor.

21. PADRÕES DE VESTIMENTA E DE LOGOMARCAS IMPOSTAS PELO EMPREGADOR: LIMITE

Art. 456-A da CLT. Padrões impositivos de vestimentas e logomarcas. Limites a direitos fundamentais. A prerrogativa do empregador de definir padrão de vestimenta, bem como outras formas de identificação e propaganda, encontra limites nos direitos fundamentais dos trabalhadores. Assim, a definição de uniformes, logomarcas e outros itens de identificação deve preservar direitos individuais, tais como os relacionados a privacidade, honra e pudor pessoal, e não se exclui a aplicação do artigo 20 do Código Civil.

22. PRESTAÇÃO DE HORAS EXTRAS: DESCARACTERIZAÇÃO DO ACORDO DE COMPENSAÇÃO E BANCO DE HORAS

Horas extras. Descaracterização do acordo de compensação e banco de horas. A prestação de horas extras habituais ou, ainda que eventuais, em número superior a duas horas diárias, implica descaracterização do acordo de compensação e do acordo de banco de horas, conforme artigos 7º, XIII e XVI, da Constituição Federal, e 59 da CLT.

23. BANCO DE HORAS: BASE DE CÁLCULO DAS HORAS SOBEJANTES

Banco de horas. Compensação. Pagamento. Artigo 59 da CLT. O pagamento das horas extras acumuladas em banco de horas e não compensadas será feito com base no valor do salário-hora mais vantajoso ao trabalhador.

24. TEMPO DE SERVIÇO: EXCEÇÕES À APLICAÇÃO DO ARTIGO 4º, §2º, DA CLT

Tempo de serviço. Permanência no estabelecimento.

I – Para fins de aplicação da regra constante no artigo 4º, § 2º, da CLT, não se considera de escolha própria e/ou exercício de atividades particulares aquelas permanências que decorrerem de riscos inerentes à natureza da atividade do empregador, conforme artigo 2º, caput, da CLT;

II – Se, em função da natureza da atividade, for necessária a realização de higiene pessoal ou a troca da vestimenta no local de trabalho, o período correspondente será computado como tempo de serviço.

25. EQUIPARAÇÃO SALARIAL. RESTRIÇÕES RELACIONADAS AO TEMPO DE SERVIÇO NA FUNÇÃO E AO LOCAL DA PRESTAÇÃO DO TRABALHO: VIOLAÇÃO AO PRINCÍPIO DA ISONOMIA

1. Equiparação salarial. Restrições relacionadas ao tempo de serviço na empresa. Violação ao princípio da isonomia. O artigo 461 da CLT, ao vedar a equiparação salarial para empregados com diferença de mais de quatro anos de tempo de serviço na empresa, é contrário ao princípio da isonomia constante do artigo 5º, caput e 7º, XXX, da constituição federal.

2. Entende-se por estabelecimento, para fins do artigo 461 da CLT, o "complexo de bens organizado para exercício da empresa, por empresário ou

por sociedade empresária", nos termos do artigo 1.142 do Código Civil.

26. REMUNERAÇÃO E PARCELAS INDENIZATÓRIAS: GRATIFICAÇÃO DE FUNÇÃO

Gratificação de função. Supressão ou redução. Limites. Lei 13.467/2017.

I - uma vez percebida a gratificação de função por dez ou mais anos pelo empregado, se o empregador, sem justo motivo, revertê-lo a seu cargo efetivo, não poderá retirar-lhe a gratificação, tendo em vista os princípios da razoabilidade, proporcionalidade e segurança jurídica, garantidores da estabilidade financeira.

II - mantido o empregado no exercício da função comissionada, não pode o empregador reduzir o valor da gratificação.

PREVALÊNCIA DO NEGOCIADO SOBRE O LEGISLADO. NEGOCIAÇÃO COLETIVA (ASPECTOS FORMAIS). SAÚDE E DURAÇÃO DO TRABALHO. ULTRATIVIDADE DAS NORMAS COLETIVAS.

27. ADEQUAÇÃO SETORIAL NEGOCIADA

I - negociação coletiva. Limites. Adequação setorial negociada. As regras autônomas coletivas podem prevalecer sobre o padrão geral heterônomo trabalhista, desde que implementem padrão setorial de direitos superior ao padrão geral heterônomo, ou quando transacionam setorialmente parcelas e direitos trabalhistas de indisponibilidade apenas relativa, respeitadas as normas de indisponibilidade absoluta.

II - a "adequação setorial negociada" não autoriza a supressão ou redução de direitos "tout court", cabendo às partes, nos termos do artigo 611-A da CLT, com a redação dada pela lei 13.467/2017, justificar a excepcionalidade da adequação e sua transitoriedade, bem como definir as contrapartidas, com razoabilidade e de boa-fé, sendo inconstitucional o disposto no parágrafo 2º do art. 611-A da CLT.

28. NEGOCIADO SOBRE LEGISLADO: LIMITES

Nos termos do art. 5º, § 2º, da Constituição Federal, as convenções e acordos coletivos de trabalho não podem suprimir ou reduzir direitos, quando se sobrepuserem ou conflitarem com as convenções internacionais do trabalho e outras normas de hierarquia constitucional ou supralegal relativas à proteção da dignidade humana e dos valores sociais do trabalho e da livre iniciativa.

29. NORMAS COLETIVAS: PRINCÍPIO DA NORMA MAIS BENÉFICA

I - normas coletivas. Princípio da norma mais benéfica. Os acordos coletivos firmados não prejudicarão direitos garantidos pelas convenções coletivas de trabalho, em respeito à aplicação do princípio da norma mais favorável (art. 7º, caput, CF). Com efeito, a nova redação do artigo 620 da CLT, dada pela Lei 13.467/2017, não exclui a aplicação do princípio da norma mais favorável, de orientação e aplicação no direito do trabalho.

II - ademais, prevalece em todo caso, em relação à matéria negociada, os princípios da proteção, e da inafastabilidade da tutela jurisdicional.

III - a auditoria fiscal do trabalho possui o dever de exigir o cumprimento das normas laborais mais favoráveis ao trabalhador, o que inclui a possibilidade de verificação da aplicabilidade ou não de convenções e acordos coletivos de trabalho sob aquela sistemática.

30. NEGOCIAÇÃO COLETIVA: LICITUDE E ASPECTOS FORMAIS

Direitos trabalhistas garantidos por normas de ordem pública, relativos a medidas de higiene, saúde e segurança do trabalho, são infensos à redução ou supressão mediante negociação coletiva, consoante a interpretação conjunta dos incisos XXII e XXVI do art. 7º da Constituição. É, portanto, inconstitucional a previsão do art. 611-A, III e XII, da CLT (com a redação dada pela Lei nº 13.467/2017).

31. INSTRUMENTO COLETIVO E ANULAÇÃO DE CLÁUSULA COMPENSATÓRIA

I - contrapartidas em sede de negociação coletiva. Exigência inerente à boa-fé objetiva. Impossibilidade de supressão por lei. Inconstitucionalidade. A disposição constante do artigo 611-A, § 2º, da CLT, não é compatível com os artigos 7º, XXVI e 8º, VI, da Constituição Federal, e tampouco com o artigo 5º da Convenção 154 da OIT.

II – negociação coletiva. Convenção coletiva de trabalho ou acordo coletivo de trabalho. Anulação de cláusula compensatória. Art. 611-A, § 4º da CLT. Havendo dúvida acerca da existência de cláusula compensatória em benefício de outra cláusula principal, aquela deverá permanecer no instrumento coletivo, mesmo na hipótese do art. 611-A, § 4º (1ª parte), em observância ao princípio da proteção ao trabalhador (in dubio pro operario).

32. NEGOCIADO SOBRE LEGISLADO: GRAUS DE INSALUBRIDADE. INSTITUCIONALIDADES, INCONVENCIONALIDADES, RETROCESSO SOCIAL

As disposições dos incisos XII e XIII do art. 611-A da CLT (possibilidade de enquadramento de trabalhadores em graus de insalubridade e de prorrogação de jornada em ambientes insalubres por meio de acordo ou convenção coletiva de trabalho) perfazem retrocesso social, com prejuízos à vida digna e à saúde do trabalhador, sendo incompatíveis com os artigos 3º, I e IV, 5º, XXIII, 6º, 7º, XXII, 170, III, 196 e 225 da Constituição Federal, com o art. 11, a, da Convenção 155 da OIT, com o art. 611-B, XVII, da CLT, e, no campo processual/decisório, com os artigos 1º, 8º e 489, § 2º, do CPC.

33. ENQUADRAMENTO DO GRAU DE INSALUBRIDADE: IMPOSSIBILIDADE DE REDUÇÃO

Considerando o princípio da primazia da realidade, e sendo a saúde um direito de todos e dever do estado, e considerando ainda a ilicitude da supressão ou redução dos direitos provenientes de normas de saúde, higiene e segurança no trabalho, prevalecerá o acordado sobre o legislado sempre que se tratar de pagamento de percentual superior àquele determinado na NR-15, não sendo possível a redução do referido adicional.

34. INTERVALO INTRAJORNADA COMO NORMA DE SEGURANÇA E SAÚDE PÚBLICA

I – regras sobre o intervalo intrajornada são consideradas como normas de saúde, higiene e segurança do trabalho e, por consequência, de ordem pública, apesar do que dispõe o art. 611-B, parágrafo único da CLT (na redação da Lei 13.467/2017).

II – o estabelecimento de intervalos intrajornadas em patamares inferiores a uma hora para jornadas de trabalho superiores a seis horas diárias é incompatível com os artigos 6º, 7º, inciso XXII, e 196 da Constituição.

35. PREVALÊNCIA DO NEGOCIADO SOBRE O LEGISLADO E CONTROLE DE JORNADA DE TRABALHO

I – o registro de jornada de trabalho permanece obrigatório, nos termos do art. 74 da Consolidação das Leis do Trabalho.

II – a mera previsão em acordo ou convenção coletiva de trabalho não basta para a validade do sistema de registro eletrônico de jornada de trabalho. Necessidade de prova da inviolabilidade e veracidade dos registros e possibilidade de extração de dados pela fiscalização do trabalho.

36. NEGOCIADO SOBRE LEGISLADO E REDUÇÃO SALARIAL

Negociação coletiva. Contrato individual de trabalho. Objeto ilícito. Salário mínimo normativo. Art. 611-B, IV, da CLT. As convenções coletivas, os acordos coletivos de trabalho e os acordos individuais de trabalho devem respeitar o salário mínimo normativo em qualquer modalidade de contratação, nos termos do art. 7º, inciso IV, da Constituição Federal.

37. SAÚDE E DURAÇÃO DO TRABALHO

É inconstitucional o parágrafo único do art. 611-B da CLT, pois as normas e institutos que regulam a duração do trabalho, bem como seus intervalos, são diretamente ligados às tutelas da saúde, higiene e segurança do trabalho como estabelecidas pelos arts. 7º, XIII, XIV e XXII, 196 e 225 da Constituição Federal, pelos arts. 3º, b e e, e 5º da Convenção 155 da OIT, pelo art. 7º, II, b e d, do PIDESC (ONU), pelo art. 7º, e, g e h, do Protocolo de San Salvador (OEA), e pelo próprio art. 58 da CLT, que limita a jornada a oito horas diárias, sendo, assim, insuscetíveis de flexibilização por convenção ou acordo coletivos.

38. CONTRIBUIÇÃO SINDICAL

I – é lícita a autorização coletiva prévia e expressa para o desconto das contribuições sindical e assistencial, mediante assembleia geral, nos termos do estatuto, se obtida mediante convocação de toda a categoria representada especificamente para esse fim, independentemente de associação e sindicalização.

II – a decisão da assembleia geral será obrigatória para toda a categoria, no caso das convenções coletivas, ou para todos os empregados das empresas signatárias do acordo coletivo de trabalho.

III – o poder de controle do empregador sobre o desconto da contribuição sindical é incompatível com o caput do art. 8º da Constituição Federal e com o art. 1º da Convenção 98 da OIT, por violar os princípios da liberdade e da autonomia sindical e da coibição aos atos antissindicais.

39. ULTRATIVIDADE DAS NORMAS COLETIVAS

I – a vedação à ultratividade, constante do artigo 614, § 3º, da CLT, não é compatível com os artigos 7º, XXVI, 8º, VI, 114, § 2º da Constituição Federal, com as Convenções 98 e 154 da OIT, com o artigo 2°, § 1º do PIDESC (ONU) e com o princípio da boa-fé.

II – se admitida a constitucionalidade e a convencionalidade do art. 614, § 3º da CLT, a ultratividade das normas coletivas, enquanto matéria de conteúdo a prever em instrumento coletivo de trabalho, é objeto lícito, tendo em vista as disposições do art. 7º, XXVI, 8º, VI, da Constituição Federal, bem como do princípio da não-regressividade, insculpido no caput do art. 7º da Constituição Federal.

40. PREVALÊNCIA DO NEGOCIADO SOBRE O LEGISLADO E CLÁUSULA RESTRITIVA DE MODALIDADES DE CONTRATAÇÃO EM INSTRUMENTO COLETIVO (TERCEIRIZAÇÃO, TELETRABALHO E TRABALHO INTERMITENTE)

É válida cláusula de instrumento coletivo que restringe terceirização, teletrabalho ou trabalho intermitente.

41. PREVALÊNCIA DO NEGOCIADO SOBRE O LEGISLADO E REGIME DE SOBREAVISO

Negociação coletiva. Regime de sobreaviso. Escala de plantão. Art. 611-A, V, da CLT. A convenção coletiva ou o acordo coletivo de trabalho que dispuser sobre o regime de sobreaviso, nos termos do art. 611-A da CLT, deverá conter cláusula com escala de plantão.

42. PREVALÊNCIA DO NEGOCIADO SOBRE O LEGISLADO E 13º SALÁRIO

Negociação coletiva. Objeto ilícito. Décimo terceiro salário. Art. 611-B da CLt. A vedação de suprimir ou reduzir o décimo terceiro salário por meio de instrumento coletivo, conforme dispõe o art. 611-B da CLT, estende-se aos reflexos e às integrações na referida verba remuneratória.

43. PREVALÊNCIA DO NEGOCIADO SOBRE O LEGISLADO E DEFINIÇÃO DE CARGOS DE CONFIANÇA

Negociação coletiva. Definição dos cargos de confiança. Presunção relativa. Art. 611-A, V, da CLT. A cláusula de instrumento coletivo que define os cargos que se enquadram como de confiança possui presunção relativa de veracidade, sendo necessária a análise da real função exercida e não meramente a função prescrita no contrato de trabalho, em razão do princípio da primazia da realidade.

44. NEGOCIADO SOBRE O LEGISLADO E PATAMAR CIVILIZATÓRIO MÍNIMO

É nula cláusula normativa, por quebra das características fundantes do direito do trabalho como ramo jurídico especializado, quando importar violação ao patamar civilizatório mínimo (artigos 9º, 444, 468 e 611-a da CLT).

45. INCONSTITUCIONALIDADE NA FIXAÇÃO DE JORNADA SUPERIOR A OITO HORAS EM ATIVIDADES INSALUBRES

A fixação de jornada de trabalho superior a oito horas em atividades insalubres, sem prévia autorização das entidades responsáveis pela higiene e segurança no trabalho, viola os termos do inciso XXII do artigo 7 da Constituição Federal de 1988. Assim, são inconstitucionais o parágrafo único do artigo 60 e o inciso XIII, do artigo 611-A, introduzidos pela Lei 13.467/2017.

46. NEGOCIADO SOBRE LEGISLADO E REMUNERAÇÃO POR PRODUTIVIDADE. IMPLANTAÇÃO DE MÉTODOS DE GESTÃO LESIVOS AO MEIO AMBIENTE LABORAL: IMPOSSIBILIDADE

Negociado sobre legislado. Remuneração por produtividade. Implantação de métodos de gestão lesivos ao meio ambiente laboral. Impossibilidade. A inserção da "remuneração por produtividade" no artigo 611-A, IX, da CLT, não pode ser compreendida de modo a permitir a implementação de métodos de gestão, de formas de organização do trabalho e de estruturas remuneratórias baseadas em metas e em resultados reconhecidamente relacionados ao aparecimento de doenças.

47. CONTRIBUIÇÃO SINDICAL: NATUREZA JURÍDICA TRIBUTÁRIA. NECESSIDADE DE LEI COMPLEMENTAR PARA SUA ALTERAÇÃO

A contribuição sindical legal (art. 579 da CLT) possui natureza jurídica tributária, conforme consignado no art. 8º c/c art. 149 do CTN, tratando-se de contribuição parafiscal. Padece de vício de origem a alteração do art. 579 da CLT por lei ordinária (reforma trabalhista), uma vez que somente lei complementar poderá ensejar sua alteração.

48. NEGOCIAÇÃO "IN PEJUS" E INCONVENCIONALIDADE DO ART. 611-A DA CLT

Negociação "in pejus". Inconvencionalidade. Efeitos paralisantes. A comissão de expertos em aplicação de convênios e recomendações da OIT (CEACR), no contexto de sua observação de 2017 sobre a aplicação, pelo Brasil, da convenção 98 da OIT, reiterou que o objetivo geral das convenções 98, 151 e 154 é a promoção da negociação coletiva para encontrar acordo sobre termos e condições de trabalho que sejam mais favoráveis que os previstos na legislação. Segundo a CEACR, um dispositivo legal que institui a derrogabilidade geral da legislação laboral por meio da negociação coletiva é contrário ao objetivo da promoção da negociação coletiva livre e voluntária prevista em tais convenções. O artigo 611-A da CLT "reformada" não é verticalmente compatível com a convenção 98 da OIT e remanesce formalmente inconvencional, circunstância que impede a sua aplicação, em virtude da eficácia paralisante irradiada pelas convenções.

TRABALHADORA GESTANTE E TRABALHADORA LACTANTE. TRABALHADOR AUTÔNOMO EXCLUSIVO. HIPERSSUFICIENTE ECONÔMICO. ARBITRAGEM E CLÁUSULA COMPROMISSÓRIA.

49. TRABALHADOR HIPERSUFICIENTE. ART. 444, PARÁGRAFO ÚNICO DA CLT

I – o parágrafo único do art. 444 da CLT, acrescido pela Lei 13.467/2017, contraria os princípios do direito do trabalho, afronta a constituição federal (arts. 5º, caput, e 7º, XXXII, além de outros) e o sistema internacional de proteção ao trabalho, especialmente a convenção 111 da OIT.

II – a negociação individual somente pode prevalecer sobre o instrumento coletivo se mais favorável ao trabalhador e desde que não contravenha as disposições fundamentais de proteção ao trabalho, sob pena de nulidade e de afronta ao princípio da proteção (artigo 9º da CLT c/c o artigo 166, VI, do Código Civil).

50. TRABALHADORA GESTANTE E LACTANTE. ART. 394-A DA CLT

A autorização legal permitindo o trabalho da gestante e lactante em ambiente insalubre é inconstitucional e inconvencional porque violadora da dignidade humana, do direito à redução dos riscos inerentes ao trabalho, da proteção integral ao nascituro e à criança e do direito social à saúde. Ademais, o meio ambiente do trabalho saudável é direito fundamental garantido pela Constituição da República, revestido de indisponibilidade absoluta. Incidência dos arts. 1º, III; 6º; 7º, XXII; 196; 200; 201, II; 203, I; 225; 226 e 227 da Constituição Federal; Convenção 103 e 183 da OIT; arts. 25, I e II da DUDH.

51. TRABALHADOR AUTÔNOMO EXCLUSIVO E ART. 9º DA CLT

Trabalhador autônomo exclusivo. Reconhecimento da relação de emprego. A norma do artigo 442-B da CLT não impede o reconhecimento da relação de emprego, quando presentes os pressupostos dos artigos 2º e 3º da CLT e configurado o desvirtuamento do trabalho autônomo, com fraude à relação de emprego, à luz do art. 9º da CLT.

52. TRABALHADOR AUTÔNOMO EXCLUSIVO E PRIMAZIA DA REALIDADE

Primazia da realidade sobre a forma. É a primazia da realidade, e não a formalidade exteriorizada de atos e negócios jurídicos, que deve ser considerada para o reconhecimento do vínculo de emprego (arts. 2º e 3º da CLT) ou de trabalho autônomo (art. 442-B da CLT).

53. TRABALHO AUTÔNOMO CONTÍNUO E EXCLUSIVO. LIMITES E INTERPRETAÇÃO CONFORME: INTELIGÊNCIA DO ART. 442-B DA CLT À LUZ DA CONSTITUIÇÃO FEDERAL.

Presume-se o vínculo empregatício diante da prestação de serviços contínua e exclusiva, uma vez que a relação de emprego é direito fundamental (arts. 1º, III e IV, 5º, caput e 7º da CF/1988), devendo o art. 442-B da CLT ser interpretado conforme a Constituição Federal para afastar a caracterização do trabalho autônomo sempre que o trabalhador, não organizando a própria atividade, tenha seu labor utilizado na estrutura do empreendimento e integrado à sua dinâmica.

54. TRABALHADOR AUTÔNOMO EXCLUSIVO E FORMAS JURÍDICAS IRREAIS

O artigo 442-B da CLT não permite a contratação de trabalhador constituído sob a forma de pessoa jurídica, de microempreendedor individual (MEI) e de empresa individual de responsabilidade limitada (EIRELI), entre outras, quando presentes os pressupostos para o reconhecimento da relação de emprego (arts. 2º e 3º da CLT).

55. TRABALHADORA GESTANTE E IRRENUNCIABILIDADE DE DIREITOS DO NASCITURO. IMPOSSIBILIDADE DE NEGOCIAÇÃO DO ENQUADRAMENTO DA INSALUBRIDADE E PRORROGAÇÃO DE JORNADA EM CONDIÇÕES INSALUBRES. INTERPRETAÇÃO RESTRITIVA DO ARTIGO 444, PARÁGRAFO ÚNICO, DA CLT.

Com o intuito de proteger a vida do nascituro, não poderão ser objeto de livre estipulação, no contrato de trabalho, direitos estabelecidos na constituição federal que afetem sua integridade, sendo proibida a negociação pela trabalhadora gestante, ainda que "hipersuficiente", do enquadramento da insalubridade em grau inferior ou da prorrogação de jornada sob condições insalubres.

56. CLÁUSULA COMPROMISSÓRIA DE ARBITRAGEM NAS RELAÇÕES DE TRABALHO

Cláusula compromissória de arbitragem. Art. 507-a da CLT. Impossibilidade de ser instituída em se tratando de créditos decorrentes da relação de trabalho, à luz do artigo 1º da Lei 9.307/96, art. 100 da CF/88, art. 1707 do CC e art. 844, § 4º, II da CLT. Caráter alimentar do crédito trabalhista. Indisponibilidade e inderrogabilidade dos direitos trabalhistas.

COMISSÕES DE REPRESENTAÇÃO DE EMPREGADOS. DISPENSAS INDIVIDUAIS E COLETIVAS. PROCEDIMENTO DE QUITAÇÃO ANUAL. PROGRAMAS DE DEMISSÃO VOLUNTÁRIA.

57. DISPENSA COLETIVA: INCONSTITUCIONALIDADE

O art. 477-A da CLT padece de inconstitucionalidade, além de inconvencionalidade, pois viola os artigos 1º, iii, IV, 6º, 7º, I, XXVI, 8º, III, VI, 170, caput, III e VIII, 193, da Constituição Federal, como também o artigo 4º da Convenção nº 98, o artigo 5º da Convenção nº 154 e o art. 13 da Convenção nº 158, todas da OIT. Viola, ainda, a vedação de proteção insuficiente e de retrocesso social. As questões relativas à dispensa coletiva deverão observar: a) o direito de informação, transparência e participação da entidade sindical; b) o dever geral de boa fé objetiva; e c) o dever de busca de meios alternativos às demissões em massa.

58. TERMO DE QUITAÇÃO ANUAL

I – os pagamentos efetuados por conta de termo de compromisso arbitral, "quitação anual" de obrigações trabalhistas, extinção do contrato por «mútuo acordo» e plano de demissão voluntária ou incentivada só podem produzir eficácia liberatória limitada aos valores efetivamente adimplidos das parcelas discriminadas. Em respeito à garantia constitucional de acesso à jurisdição (art. 5º, XXXV) e ao artigo 25 da convenção americana de direitos humanos, mantém-se o pleno direito de acesso ao judiciário para solucionar situações conflituosas, inclusive para satisfação de diferenças sobre rubricas parcialmente pagas.

II – o termo de quitação deverá estar necessariamente acompanhado de documentos comprobatórios, sob assistência efetiva do sindicato.

III – o termo de quitação deve, pois, ser interpretado restritivamente, com eficácia liberatória de alcance limitado aos valores das parcelas expressamente especificadas no documento, sem implicar renúncia ou extinção da obrigação e nem impedir o exercício do direito fundamental de ação.

IV – o referido termo será nulo de pleno direito se desvirtuar, impedir ou fraudar as disposições de proteção ao trabalho, os contratos coletivos e as decisões das autoridades trabalhistas competentes.

59. RESCISÃO CONTRATUAL POR MÚTUO CONSENTIMENTO

Extinção do contrato de trabalho por mútuo consentimento. Observância dos requisitos formais e substanciais de validade. A extinção do contrato de trabalho por mútuo consentimento prevista no artigo 484-A da CLT se encontra submetida ao escrutínio quanto à validade formal e substancial do termo de rescisão, à luz dos artigos 138 a 188 do Código Civil c/c o artigo 8º, § 1º, da CLT e do artigo 9º da CLT.

60. COMISSÕES DE REPRESENTAÇÃO DE EMPRESAS

I – representação dos trabalhadores no local de trabalho. Cabe às entidades sindicais a defesa dos interesses individuais e coletivos da categoria representada. Decorre dessa prerrogativa constitucional o livre exercício da negociação coletiva. É possível a previsão de participação sindical na representação dos trabalhadores, independentemente da nomenclatura e condições estabelecidas em lei ordinária.

II – a representação dos trabalhadores de uma categoria profissional e a negociação coletiva são prerrogativas constitucionais dos sindicatos (artigo 8º, incisos III e VI), sendo que as Convenções 135 e 154 da OIT, ratificadas pelo Brasil, são expressas ao impedir que a presença de representantes eleitos venha a ser utilizada para o enfraquecimento da situação dos sindicatos interessados ou de seus representantes (Convenção 135) e, ainda, que a existência destes representantes não seja utilizada em detrimento da posição das organizações de trabalhadores interessadas (Convenção 154). Nesse sentido deve ser interpretado e aplicado o disposto nos artigos 510-A a 510-D da CLT, com a redação dada pela Lei 13.467/2017.

61. MEMBROS DAS COMISSÕES DE REPRESENTAÇÃO

Membros da comissão de representação.

I – garantias.

1 – ao lado da garantia constante do artigo 510-D, § 3º, da CLT, os membros da comissão de representação são protegidos contra (a) despedida sem justa causa; (b) transferência para outro estabelecimento; (c) remoção para setor da empresa onde o contato com os demais empregados reste inviabilizado; (d) afastamento por razões pretensamente disciplinares; e (e) constante requisição para a realização de trabalhos externos, dentre outros expedientes francamente atentatórios à literalidade do art. 1º da Convenção 135 da OIT.

II – prerrogativas.

Para o exercício adequado de suas atribuições, os membros da comissão de representação possuem, com arrimo no artigo 2º da Convenção 135 da OIT, os direitos

(a) ao tempo livre para o exercício das atividades representativas;

(b) ao ingresso em todas as dependências dos locais de trabalho;

(c) ao acesso direto aos dirigentes empresariais;

(d) à disponibilização de quadro de avisos com fácil acesso para os trabalhadores;

(e) à livre distribuição de publicações junto aos trabalhadores; e

(f) à livre distribuição de mensagens por via eletrônica, por intermédio dos canais institucionais da empresa.

62. CLÁUSULA GERAL DA GARANTIA DE EMPREGO COMO EFEITO DA APROVAÇÃO DA LEI 13.367/17.

Diante dos fundamentos apresentados para a aprovação da Lei 13.467/17, inclusive na exposição de motivos, no sentido de que a lei ampliaria a proteção jurídica dos trabalhadores, conferindo efetividade aos direitos dos trabalhadores constitucionalmente assegurados, e também em razão do disposto no §3º do artigo 510-D e do §3º do artigo 611-A da cLT, decorre uma cláusula geral de garantia de emprego, pela qual resta reforçada a proteção contra a dispensa arbitrária, fixada no inciso I do art. 7º da CF, e se torna impossibilitada, sobretudo, a substituição de postos de emprego com vínculos efetivos, diretos e com plenos direitos por empregados vinculados a contratos precários criados ou reafirmados pela lei em questão.

63. COMISSÃO DE REPRESENTAÇÃO: RECONDUÇÃO

O §1º do artigo 510-D, que dispõe que o membro que houver exercido a função de representante na comissão não poderá ser candidato nos dois períodos subsequentes, viola o artigo 8º, I, da Constituição Federal e as convenções 98 e 135 da OIT.

64. RESCISÃO CONTRATUAL POR MÚTUO CONSENTIMENTO E SEM ASSISTÊNCIA SINDICAL:ÔNUS DA PROVA

Negando o trabalhador que a ruptura contratual ocorreu por mútuo consentimento (art.484-A), é do empregador o ônus da prova, tendo em vista a revogação do § 1º do 477 da Consolidação das Leis do Trabalho (assistência/fiscalização sindical obrigatória) e em face dos princípios da continuidade da relação de emprego e da primazia da realidade, assumindo maior relevância a orientação da Súmula 212 do Tribunal Superior do Trabalho.

65. INVALIDADE DE NEGÓCIO JURÍDICO QUE ANIQUILA DIREITOS PELA FORMA

O desrespeito aos direitos trabalhistas constitui um ato ilícito, que deve ser punido para a devida preservação da autoridade da ordem jurídica, não se podendo compreender como válidos negócios jurídicos que simplesmente tentam, pela forma, aniquilar direitos.

66. COMISSÃO DE REPRESENTAÇÃO E COEXISTÊNCIA COM AS REPRESENTAÇÕES SINDICAIS NA EMPRESA

Comissão de representação dos empregados. Coexistência com as representações sindicais na empresa.

I - a instituição de comissão de representantes nas empresas, nos termos do artigo 510-A da CLT, não obsta a instalação e a manutenção das representações sindicais organizadas por local de trabalho;

II - nos termos do artigo 3º da Convenção 135 da OIT, as mesmas garantias estabelecidas para os membros das comissões de representação mencionadas no título IV-A da CLT são asseguradas aos integrantes das representações sindicais nos locais de trabalho.

67. COMISSÕES DE REPRESENTAÇÃO E PARTICIPAÇÃO DE SINDICATOS PROFISSIONAIS

A vedação de interferência do sindicato da categoria na eleição de representante dos empregados, de que trata o § 1º do artigo 510-C da CLT, com a redação dada pela Lei 13.467/2017, somente pode estar dirigida ao sindicato da categoria econômica, uma vez que ao sindicato da categoria profissional cabe participar do processo no sentido de "incentivar a cooperação, relativa a todas as questões pertinentes, entre os representantes eleitos, por uma parte, e os sindicatos interessados e seus representantes, por outra parte" (artigos 3º-B e 5º da Convenção 135/OIT).

68. COMISSÃO DE REPRESENTAÇÃO E PREVISÃO EM ACORDO OU CONVENÇÃO COLETIVA

Comissão de representação dos empregados. Previsão em acordo ou convenção coletiva. A instituição de comissão de representação nas empresas ou de representação sindical no local de trabalho é condicionada à prévia negociação coletiva com a participação do sindicato representativo da categoria profissional.

69. COMISSÕES DE REPRESENTAÇÃO: COMBATE A PRÁTICAS DISCRIMINATÓRIAS. ROL EXEMPLIFICATIVO

Comissões de representação de empregados. Combate a práticas discriminatórias. Rol exemplificativo. As comissões de representação de empregados são destinadas, entre outras atribuições igualmente relevantes, a assegurar tratamento justo e imparcial aos empregados, impedindo qualquer forma de discriminação por motivo de sexo, idade, religião, opinião política ou atuação sindical (CLT, art. 510-B, V), sendo esse um rol meramente exemplificativo de motivações, haja vista o vetor constitucional de combate a qualquer forma de discriminação (arts. 3º, IV e 5º, XLI da CF).

TELETRABALHO. CONTRATO DE TRABALHO INTERMITENTE. CONTRATO DE TRABALHO A TEMPO PARCIAL. TERCEIRIZAÇÃO.

70. TELETRABALHO: CUSTEIO DE EQUIPAMENTOS

O contrato de trabalho deve dispor sobre a estrutura e sobre a forma de reembolso de despesas do teletrabalho, mas não pode transferir para o empregado seus custos, que devem ser suportados exclusivamente pelo empregador. Interpretação sistemática dos artigos 75-D e 2º da CLT à luz dos artigos 1º, IV, 5º, XIII e 170 da Constituição da República e do artigo 21 da Convenção 155 da OIT.

71. TELETRABALHO: HORAS EXTRAS

São devidas horas extras em regime de teletrabalho, assegurado em qualquer caso o direito ao repouso semanal remunerado. Interpretação do art. 62, III e do parágrafo único do art. 6º da CLt conforme o art. 7º, XIII e XV, da Constituição da República, o artigo 7º, "e", "g" e "h" protocolo adicional à convenção americana sobre direitos humanos em matéria de direitos econômicos, sociais e culturais ("Protocolo de San Salvador"), promulgado pelo decreto 3.321, de 30 de dezembro de 1999, e a Recomendação 116 da OIT.

72. TELETRABALHO: RESPONSABILIDADE CIVIL DO EMPREGADOR POR DANOS

A mera subscrição, pelo trabalhador, de termo de responsabilidade em que se compromete a seguir as instruções fornecidas pelo empregador, previsto no art. 75-E, parágrafo único, da CLT, não exime o empregador de eventual responsabilidade por danos decorrentes dos riscos ambientais do teletrabalho. Aplicação do art. 7º, XXII da Constituição c/c art. 927, parágrafo único, do Código Civil.

73. CONTRATO DE TRABALHO INTERMITENTE: INCONSTITUCIONALIDADE

É inconstitucional o regime de trabalho intermitente previsto no art. 443, § 3º, e art. 452-A da CLT, por violação do art. 7º, I e VII da Constituição da República e por afrontar o direito fundamental do trabalhador aos limites de duração do trabalho, ao décimo terceiro salário e às férias remuneradas.

74. CONTRATO DE TRABALHO INTERMITENTE: SALÁRIO MÍNIMO

A proteção jurídica do salário mínimo, consagrada no art. 7º, VII, da Constituição da República, alcança os trabalhadores em regime de trabalho intermitente, previsto nos arts. 443, § 3º, e 452-A da CLT, aos quais é também assegurado o direito à retribuição mínima mensal, independentemente da quantidade de dias em que for convocado para trabalhar, respeitado o salário mínimo profissional, o salário normativo, o salário convencional ou o piso regional.

75. TERCEIRIZAÇÃO: ABRANGÊNCIA

A Lei 13.467/2017, ao alterar a Lei 6.019/74, tanto no tema da contratação temporária quanto da terceirização de serviços, não serve como marco regulatório para a administração pública direta ou indireta, em razão do disposto no art. 37, caput, e incs. II e IX, da Constituição Federal.

76. TERCEIRIZAÇÃO: ISONOMIA SALARIAL

Os empregados das empresas terceirizadas têm direito de receber o mesmo salário dos empregados das tomadoras de serviços em mesmas atividades, bem como usufruir de iguais serviços de alimentação e atendimento ambulatorial. Viola os princípios da igualdade e da dignidade da pessoa humana (artigos 1º, III e 5º, caput, da Constituição da República) o disposto nos §§ 1° e 2° do artigo 4°-C da Lei 6.019/74, ao indicarem como mera faculdade o cumprimento, pelo empregador, desses deveres constitucionais. Aplicação dos artigos 1°, III, 3°, I, 5°, "caput" e 7°, XXXII da Constituição da República.

77. TERCEIRIZAÇÃO: LIMITES DE LEGALIDADE

A validade do contrato de prestação de serviços previsto no artigo 4º-A da Lei 6.019/1974 sujeita-se ao cumprimento dos seguintes requisitos:

I – efetiva transferência da execução de atividades a uma empresa prestadora de serviços, como objeto contratual;

II – execução autônoma da atividade pela empresa prestadora, nos limites do contrato de prestação de serviço;

III – capacidade econômica da empresa prestadora, compatível com a execução do contrato. A ausência de qualquer desses requisitos configura intermediação ilícita de mão de obra (art. 9º da CLT) e acarreta o reconhecimento de vínculo de emprego entre os trabalhadores intermediados e a empresa tomadora do serviço.

78. TERCEIRIZAÇÃO: CAPACIDADE ECONÔMICA

A capacidade econômica da empresa prestadora de serviços, compatível com a execução do contrato, nos termos do art. 4º-A da Lei 6.019/1974, deve ser aferida pela contratante no ato da contratação e no curso do contrato, e não se restringe à observância do capital social mínimo exigido pelo art. 4º-B, inciso III, que é requisito de funcionamento e que deve estar integralizado. Consiste, mais, na situação econômica positiva para cumprir todos os compromissos decorrentes da atividade contratada, pressupondo: (a) pactuação de preço do serviço compatível com os custos operacionais (comerciais, trabalhistas, previdenciários, tributários etc.); e (b) inexistência de passivo comercial, trabalhista, previdenciário e/ou fiscal, decorrente de outro(s) contrato(s), que constitua risco ao adimplemento contratual.

79. TERCEIRIZAÇÃO: PERDA DA CAPACIDADE ECONÔMICA SUPERVENIENTE

A perda da capacidade econômica da empresa prestadora invalida o contrato de prestação de serviços e caracteriza vínculo de emprego entre os trabalhadores intermediados e a empresa contratante, caso a contratante não adote posturas para preservar o adimplemento contratual.

80. TERCEIRIZAÇÃO: ATIVIDADE-FIM

O caput e parágrafo 1º do artigo 4º-A da Lei 6.019/1974 (que autorizam a transferência de quaisquer atividades empresariais, inclusive a atividade principal da tomadora, para empresa de prestação de serviços), são incompatíveis com o ordenamento jurídico brasileiro (art. 7º, I, CR e arts. 3º e 9º, CLT), pois implicam violação do princípio da dignidade da pessoa humana e do valor social do trabalho (arts. 1º, IV; 5º, § 2º; 6º; 170 e 193, todos da CR e constituição da OIT). Presentes os requisitos do art. 3º da CLT, forma-se vínculo de emprego direto com a empresa tomadora de serviços.

81. TERCEIRIZAÇÃO: REPRESENTAÇÃO SINDICAL DOS TERCEIRIZADOS

Presume-se como sendo da mesma categoria, e representados pelo mesmo sindicato profissional, todos os trabalhadores terceirizados e aqueles diretamente contratados pela tomadora que realizem serviços relacionados à sua atividade principal. Inteligência que se extrai do interesse integrado e da atuação conjunta da empresa contratada e contratante, previstos no § 3º do artigo 2º da CLT, combinado com o conceito de categoria profissional decorrente do trabalho em comum em atividades econômicas similares ou conexas do artigo 511, § 2º, da CLT, e com a atividade preponderante conceituada no § 2º do artigo 581 da CLT.

82. TERCEIRIZAÇÃO: MEIO AMBIENTE DO TRABALHO

A responsabilidade solidária do contratante quanto à elaboração e implementação do programa de prevenção de riscos ambientais, de acordo com o disposto na norma regulamentadora 9 (NR-9), independe da qualidade do vínculo de trabalho dos obreiros, decorrendo da simples presença de trabalhadores no local, visto que o meio ambiente e as questões de saúde e segurança no trabalho englobam todos os trabalhadores cujas atividades laborais sejam prestadas em favor do mesmo tomador, de forma isonômica, sem qualquer distinção, independentemente do vínculo laboral.

83. TELETRABALHO: CONTROLE DOS RISCOS LABOR-AMBIENTAIS

O regime de teletrabalho não exime o empregador de adequar o ambiente de trabalho às regras da NR-7 (PCMSO), da NR-9 (PPRA) e do artigo 58, § 1º, da Lei 8.213/91 (LTCAT), nem de fiscalizar o ambiente de trabalho, inclusive com a realização de treinamentos. Exigência dos artigos 16 a 19 da Convenção 155 da OIT.

84. CONTRATO DE TRABALHO INTERMITENTE: CARGA HORÁRIA

Como o contrato de trabalho intermitente deve ser celebrado por escrito, do instrumento contratual deverão constar os períodos de prestação de serviços ou a estimativa de serviços a executar, a respeito dos quais se obriga o empregador.

85. O CONTRATO DE TRABALHO INTERMITENTE NO BRASIL NÃO CORRESPONDE AO ZERO-HOURS CONTRACT BRITÂNICO

Nos contratos de trabalho intermitente, é obrigatório indicar a quantidade mínima de horas de efetiva prestação de serviços, pois não se admite contrato de trabalho com objeto indeterminado ou sujeito a condição puramente potestativa, consoante artigos 104, II, 166 II e 122 do Código Civil, aplicáveis subsidiariamente à matéria, nos termos do art. 8º, parágrafo único, da CLT.

86. FÉRIAS E TRABALHO INTERMITENTE

Férias. Trabalho intermitente. Diante da existência de antinomia jurídica entre o disposto no § 6º do art. 452-A da CLT e o disposto no § 9º do mesmo art. 452-A da CLT, deve-se interpretar o ordenamento jurídico de forma sistemática e utilizar o critério hierárquico para solução do conflito de normas. Assim, tendo em vista o art. 7º, XVII, da CF/88, que dispõe sobre o direito às férias anuais remuneradas, ou seja, pagas no momento do gozo do período de descanso (conforme também disposto no art. 452-A, §9º, CLT), o pagamento de férias proporcionais após a prestação de serviços (art. 452-A, §6º, II, CLT) não encontra aplicabilidade. Assim, no trabalho intermitente, as férias devem ser remuneradas quando da sua fruição.

87. CONTRATO DE TRABALHO INTERMITENTE. SALÁRIO MÍNIMO E PISO PROFISSIONAL. MULTA. INCONSTITUCIONALIDADE

A multa prevista no art. 452-A, § 4º, da CLT, imposta ao trabalhador que descumprir convocação anteriormente atendida, não é compatível com os princípios constitucionais da dignidade humana, do valor social do trabalho, da isonomia, da proteção do trabalhador e da função social da empresa.

88. TRABALHO INTERMITENTE E RISCO PARA TERCEIROS

O trabalho intermitente não poderá ser exercido em atividades que possam colocar em risco a vida, a saúde e a segurança dos próprios trabalhadores e/ou de terceiros.

89. CONTRATO DE TRABALHO INTERMITENTE. PERMANÊNCIA DO TRABALHADOR DENTRO OU FORA DO ESTABELECIMENTO DO EMPREGADOR POR CONVENIÊNCIA DESTE ÚLTIMO. CÔMPUTO COMO TEMPO DE SERVIÇO

Contrato de trabalho intermitente. Permanência do trabalhador dentro ou fora do estabelecimento do empregador por conveniência deste último. Cômputo como tempo de serviço. No contrato de trabalho intermitente, a teor do artigo 452-A, § 5º, da CLT, os períodos em que o trabalhador permanecer dentro ou fora do estabelecimento do empregador para atender a interesses, conveniências ou no aguardo de instruções deste último serão computados como horas ou frações efetivamente trabalhadas.

90. CONTRATO DE TRABALHO INTERMITENTE E DEMANDAS PERMANENTES

1. É ilícita a contratação sob a forma de trabalho intermitente para o atendimento de demanda permanente, contínua ou regular de trabalho, dentro do volume normal de atividade da empresa.

2. É ilegal a substituição de posto de trabalho regular ou permanente pela contratação sob a forma de trabalho intermitente.

3. O empregador não pode optar pelo contrato de trabalho intermitente para, sob esse regime jurídico, adotar a escala móvel e variável da jornada.

4. Presente a necessidade de trabalho intermitente, o empregado contratado na forma do art. 443, § 3º, da CLT tem direito subjetivo à convocação, sendo ilícita sua preterição ou a omissão do empregador.

91. DIA E HORA INCERTOS PARA LABOR E RISCO EXCLUSIVO DO EMPREGADOR. TEMPO À DISPOSIÇÃO É DE EFETIVO SERVIÇO

No contrato de trabalho intermitente, o período sem convocação pelo empregador é de tempo à sua disposição e deve ser remunerado como de efetivo serviço. Ônus das variações de demanda do empreendimento são exclusivos do empregador.

92. CONTRATAÇÃO POR TEMPO PARCIAL DE TRABALHADORES NO COMÉRCIO

O art. 58-A e seus parágrafos, da CLT, alterados por força da Lei 13.467/2017, não são aplicáveis aos comerciários, em virtude da aplicação obrigatória do art. 3º, § 1º da Lei 12.790/2013, em decorrência da especificidade e da prevalência da norma mais favorável ao trabalhador.

93. CONTRATO DE PRESTAÇÃO DE SERVIÇOS. REQUISITOS DE VALIDADE. EFETIVA TRANSFERÊNCIA DA EXECUÇÃO DA ATIVIDADE

Contrato de prestação de serviço. Requisito de validade: efetiva transferência da execução da atividade. A transferência da execução da atividade por meio de contrato de prestação de serviço, na forma do art. 4º-A da Lei 6.019/1974, com redação conferida pela Lei 13.467/2017, pressupõe autonomia formal, administrativa, organizacional, finalística e operacional da empresa contratada, à qual cabe exercer com exclusividade o controle do processo de produção da atividade, sem interferência da contratante, mera credora do serviço como resultado útil, pronto e acabado. Configura fraude ao regime de emprego o uso de contrato de prestação de serviço para transferência de vínculos formais de emprego à empresa contratada, sem efetiva transferência da execução da atividade.

94. CONTRATO DE PRESTAÇÃO DE SERVIÇO. REQUISITO DE VALIDADE: AUTONOMIA NA EXECUÇÃO DA ATIVIDADE

Contrato de prestação de serviço. Requisito de validade: autonomia na execução da atividade. No contrato de prestação de serviço, de que trata o art. 4º-A, caput, da Lei 6.019/1974, com redação dada pela Lei 13.467/2017, a execução autônoma da atividade por empresa prestadora de serviço pressupõe:

(a) que a empresa prestadora contrate e remunere os empregados necessários à execução da atividade, exercendo com exclusividade a direção de seu trabalho (art. 4º-A, § 1º); e

(b) que a empresa contratante se abstenha de utilizar a mão de obra contratada pela prestadora de serviço para finalidade distinta da prevista no contrato (art. 5º-A, § 1º).

a presença de subordinação pessoal ou estrutural de trabalhador intermediado em relação à empresa contratante descaracteriza a prestação de serviço, ensejando reconhecimento de vínculo de emprego com o tomador dos serviços (art. 9º da CLT).

95. EMPRESA INDIVIDUAL. PRESTAÇÃO DE SERVIÇOS À TOMADORA PELO TITULAR. VÍNCULO EMPREGATÍCIO

A prestação de serviços de empresa individual contratada deve ser realizada por seus empregados. Quando seu titular realiza pessoalmente as atividades para a empresa tomadora, forma-se o vínculo empregatício entre titular e tomadora.

96. TERCEIRIZAÇÃO. INADIMPLEMENTO DE VERBAS TRABALHISTAS. RECONHECIMENTO DIRETO DO VÍNCULO COM A CONTRATANTE

O inadimplemento das verbas trabalhistas por parte da empresa prestadora de serviços revela sua incapacidade econômica para a execução dos serviços (art. 4º-A da Lei 6.019/74) e autoriza o consequente reconhecimento do vínculo diretamente com a contratante.

97. TERCEIRIZAÇÃO. CAPACIDADE ECONÔMICA DA PRESTADORA DE SERVIÇOS. REQUISITO DE VALIDADE DO NEGÓCIO JURÍDICO

O inadimplemento das obrigações trabalhistas pela empresa prestadora de serviços atrai para a empresa tomadora de serviços o ônus da prova da capacidade econômica da primeira. Inteligência do artigo 818, § 1º, da CLT.

ACESSO À JUSTIÇA E JUSTIÇA GRATUITA. HONORÁRIOS ADVOCATÍCIOS. HONORÁRIOS PERICIAIS. LITIGÂNCIA DE MÁ-FÉ E DANO PROCESSUAL.

98. HONORÁRIOS DE SUCUMBÊNCIA. INAPLICABILIDADE AOS PROCESSOS EM CURSO

Em razão da natureza híbrida das normas que regem honorários advocatícios (material e processual), a condenação à verba sucumbencial só poderá ser imposta nos processos iniciados após a entrada em vigor da Lei 13.467/2017, haja vista a garantia de não surpresa, bem como em razão do princípio da causalidade, uma vez que a expectativa de custos e riscos é aferida no momento da propositura da ação.

99. SUCUMBÊNCIA RECÍPROCA

O juízo arbitrará honorários de sucumbência recíproca (art. 791-A, par.3º, da CLT) apenas em caso de indeferimento total do pedido específico. O acolhimento do pedido, com quantificação inferior ao postulado, não caracteriza sucumbência parcial, pois a verba postulada restou acolhida. Quando o legislador mencionou "sucumbência parcial", referiu-se ao acolhimento de parte dos pedidos formulados na petição inicial.

100. HONORÁRIOS E ASSISTÊNCIA JUDICIÁRIA

É inconstitucional a previsão de utilização dos créditos trabalhistas reconhecidos em juízo para o pagamento de despesas do beneficiário da justiça gratuita com honorários advocatícios ou periciais (artigos 791-A, § 4º, e 790-B, § 4º, da CLT, com a redação dada pela Lei nº 13.467/2017), por ferir os direitos fundamentais à assistência judiciária gratuita e integral, prestada pelo estado, e à proteção do salário (artigos 5º, LXXIV, e 7º, X, da Constituição Federal).

101. HONORÁRIOS PERICIAIS

I – honorários periciais. Antecipação. Possibilidade. Aplicação da resolução 66/2010 – CSJT. É compatível com a nova sistemática da CLT a antecipação de honorários periciais, nos termos do art. 2º, §2º, da resolução CSJT 66/2010 ou de norma superveniente, permitindo que o perito seja remunerado com recursos próprios da união, ainda na fase instrutória do processo. Após o trânsito em julgado da decisão, sendo o autor beneficiário da justiça gratuita, a união pagará o valor remanescente ao perito, devidamente atualizado, nos termos do art. 5º, parágrafo único, da resolução 66/2010, sendo aplicáveis apenas as normas dos tribunais regionais que apresentem condição mais favorável à efetividade do processo.

II – honorários periciais. Antecipação convencional das partes. Sub-rogação. O pagamento feito pela empresa de honorários periciais, de forma antecipada e convencional, é compatível com o disposto no art. 790-B, § 3º da CLT, permitindo que o perito seja remunerado com recursos próprios da empresa ainda na fase instrutória do processo. Após o trânsito em julgado da decisão, sendo o autor beneficiário da justiça gratuita, a união fará a restituição integral dos valores antecipados pela empresa, no limite do previsto na Resolução 66/2010 ou em norma superveniente, subrogando-a nos créditos do perito em face da união, sendo aplicáveis apenas as normas dos tribunais regionais que apresentem condição mais favorável à efetividade do processo.

102. SUCUMBÊNCIA EM AÇÃO CIVIL PÚBLICA E AÇÃO CIVIL COLETIVA: NÃO APLICAÇÃO

Honorários advocatícios sucumbenciais, honorários periciais e custas processuais, como previstos na lei 13.467/2017, não são aplicáveis às ações regidas por leis especiais, a saber, Lei da Ação Civil Pública (art. 17 e 18 da Lei 7.347/1985) e Código de Defesa do Consumidor (art. 87 da Lei 8.078/1990).

103. ACESSO À JUSTIÇA

Acesso à justiça. Art, 844, § 2º e § 3º, da CLT. Inconstitucionalidade. Viola o princípio de acesso à justiça a exigência de cobrança de custas de processo arquivado como pressuposto de novo ajuizamento. O princípio do acesso à justiça é uma das razões da própria existência da justiça do trabalho, o que impede a aplicação dessas regras, inclusive sob pena de esvaziar o conceito de gratuidade da justiça.

104. O § 5º DO ART. 844 DA CLT NÃO AFASTA A REVELIA E A CONFISSÃO

O §5º do art. 844 da CLT não afasta a revelia e seus efeitos de confissão, apenas permitindo que o juiz possa conhecer das questões de ordem pública e da matéria não alcançada pela confissão do fato constitutivo alegado pelo autor.

105. SENTENÇA SEM EXAME DE MÉRITO. DIREITO AUTORAL À EMENDA

CLT, art. 840, § 3º. Sentença sem exame do mérito. Necessidade de oportunizar a emenda. A exordial que não atende integralmente os requisitos legais deve ensejar oportunidade para emenda e não imediata sentença sem exame do mérito, sob pena de obstar o direito do autor à integral análise do mérito (CPC, arts. 4º, 6º, 317, 319 e 321; TST, Súmula 263).

106. LIMITE TEMPORAL PARA O AUTOR DESISTIR DA AÇÃO SEM O CONSENTIMENTO DO RÉU

CLT, art. 841, § 3º. Desistência da ação. Necessidade de consentimento do réu. Limite temporal. A CLT estabelece que o momento processual próprio para o demandando "oferecer a contestação" é na audiência, depois de proposta a conciliação. Por isso, ainda que a parte demandada envie/protocole a contestação antes da fase processual prevista em lei, não há razão para a anuência pelo réu de desistência da ação enquanto não atingido tal momento processual.

107. ACESSO À JUSTIÇA. ISONOMIA. "JUS POSTULANDI"

1. Não sendo representante legal da pessoa jurídica ou empregado do réu, o preposto poderá apenas prestar depoimento pessoal na audiência, sendo-lhe vedada a prática de atos processuais privativos do advogado

2. Não sendo empregado do réu, é vedado ao advogado funcionar como seu preposto.

3. É defeso ao advogado funcionar no mesmo processo, simultaneamente, como patrono e preposto do empregador (Código de Ética e Disciplina da OAB, art. 23).

108. LITISCONSORTE NECESSÁRIO DE ENTIDADES SINDICAIS

Ação de anulação de cláusula de instrumento coletivo. Entidades sindicais subscritoras. Litisconsórcio necessário. Ônus processual da lide. Artigo 611-A, §5º da CLT. A exigência legal da participação da entidade sindical como litisconsorte necessário nas ações que tenham como objeto a anulação de cláusulas de instrumento coletivo não obriga as entidades sindicais subscritoras desses instrumentos ao pagamento das custas processuais e honorários advocatícios, quando não derem causa ao processo.

SISTEMA RECURSAL E LIMITAÇÕES À EDIÇÃO DE SÚMULAS. INCIDENTE DE DESCONSIDERAÇÃO DA PERSONALIDADE JURÍDICA. AÇÃO DE HOMOLOGAÇÃO DE ACORDO. ASPECTOS GERAIS DA EXECUÇÃO TRABALHISTA.

109. PROCESSO DO TRABALHO. INCIDENTE DE DESCONSIDERAÇÃO DA PERSONALIDADE JURÍDICA: APLICAÇÃO LIMITADA

I – no processo do trabalho, o redirecionamento da execução para o sócio não exige o incidente de desconsideração da personalidade jurídica (arts.133 a 137 do CPC).

II – a dissolução irregular da pessoa jurídica inclui as hipóteses de impossibilidade de satisfação da dívida pelo devedor, o que autoriza o redirecionamento da execução para os sócios, independentemente de instauração do incidente de desconsideração da personalidade jurídica (art. 135 do CTN).

III – admite-se o incidente de desconsideração da personalidade nas hipóteses de sócio oculto, sócio interposto (de fachada ou "laranja"), associação ilícita de pessoas jurídicas ou físicas ou injuridicidades semelhantes, como constituição de sociedade empresária por fraude, abuso de direito ou seu exercício irregular, com o fim de afastar o direito de credores.

IV – adotado o incidente de desconsideração da personalidade jurídica, o juiz, no exercício do poder geral de cautela, determinará às instituições bancárias a indisponibilidade de ativos financeiros e decretará a indisponibilidade de outros bens pertencentes aos sócios, pessoas jurídicas ou terceiros responsáveis, sendo desnecessária a ciência prévia do ato.

110. JURISDIÇÃO VOLUNTÁRIA. ACORDO EXTRAJUDICIAL. RECUSA À HOMOLOGAÇÃO

O juiz pode recusar a homologação do acordo, nos termos propostos, em decisão fundamentada.

111. SÚMULAS E ENUNCIADOS DE JURISPRUDÊNCIA. EDIÇÃO E ALTERAÇÃO. REQUISITOS. INCONSTITUCIONALIDADE

São inconstitucionais os requisitos do art. 702, i, "f", e § 4º, da CLT, introduzidos pela Lei 13.467/2017, para a edição ou alteração de súmulas e outros enunciados de jurisprudência, por violação aos arts. 2º, 5º, LIV, 93, 96, I, a, e 113 da CF.

112. EXECUÇÃO PROVISÓRIA. LIBERAÇÃO DE DEPÓSITO EM DINHEIRO: APLICAÇÃO DOS ARTIGOS 520 E 521 DO CPC

Os artigos 520 e 521 do CPC são aplicáveis ao processo do trabalho, sendo admitida a liberação de depósito em dinheiro, independentemente de caução (CPC, art. 521, II).

113. EXECUÇÃO DE OFÍCIO E ART. 878 DA CLT

Em razão das garantias constitucionais da efetividade (CF, art. 5º, XXXV), da razoável duração do processo (CF, art. 5º, LXXVIII) e em face da determinação constitucional da execução de ofício das contribuições previdenciárias, parcelas estas acessórias das obrigações trabalhistas (CF, art. 114, VIII), o art. 878 da CLT deve ser interpretado conforme a constituição, de modo a permitir a execução de ofício dos créditos trabalhistas, ainda que a parte esteja assistida por advogado.

114. EXECUÇÃO. IMPULSO OFICIAL. PESQUISA E CONSTRIÇÃO DE BENS. POSSIBILIDADE

O impulso oficial da execução está autorizado pelo art. 765 da CLT e permite ao juiz a utilização dos mecanismos de pesquisa e de constrição de bens, inclusive por meio do sistema Bacenjud, sendo esse mero procedimento para formalização da penhora em dinheiro.

115. EXECUÇÃO DE OFÍCIO. INEXISTÊNCIA DE NULIDADE

A teor do art. 794 da CLT, não há nulidade processual quando o juízo realiza a execução de ofício, porque inexistente manifesto prejuízo processual.

116. TUTELAS DE URGÊNCIA DE NATUREZA CAUTELAR NO INCIDENTE DE DESCONSIDERAÇÃO DA PERSONALIDADE JURÍDICA

A adoção do incidente de desconsideração da personalidade jurídica no processo do trabalho não exclui a possibilidade de deferimento de tutelas de urgência de natureza cautelar antes da citação do novo executado, inclusive de ofício, dentro do poder geral de cautela do magistrado.

117. RESPONSABILIZAÇÃO DOS SÓCIOS. REDIRECIONAMENTO DA EXECUÇÃO. RECUPERAÇÃO JUDICIAL. APLICAÇÃO ANALÓGICA DO ART. 28, § 5º, DO CDC

Por aplicação analógica do art. 28, § 5º, do CDC (Lei 8.078/1990), o juiz poderá redirecionar a execução para a responsabilização dos sócios quando decretada a recuperação judicial da empresa.

118. DEPOSITO RECURSAL. REDUÇÃO, PELA METADE, EM FAVOR DAS ENTIDADES SEM FINS LUCRATIVOS. APLICAÇÃO ÀS ENTIDADES SINDICAIS

O artigo 899, § 9º, da CLT, introduzido pela Lei 13.467/2017, que reduz pela metade o valor do depósito recursal para as entidades sem fins lucrativos, aplica-se às entidades sindicais.

119. EXECUÇÃO. SEGURO-GARANTIA JUDICIAL. ACRÉSCIMO DE 30%

A aceitação do seguro-garantia judicial previsto no art. 882 da CLT pressupõe o acréscimo de 30% do débito, por aplicação supletiva do art. 835, § 2º, do CPC.

120. EXECUÇÃO. MEDIDAS EXECUTIVAS INDIRETAS. PRAZO PARA IMPLEMENTAÇÃO E CANCELAMENTO DO PROTESTO. INCONSTITUCIONALIDADE

A exigência do dilatado prazo de 45 (quarenta e cinco) dias para protesto da sentença, inscrição do executado em órgãos de proteção ao crédito e/ou no banco nacional de devedores trabalhistas e o cancelamento do registro pela simples garantia da execução ferem os princípios constitucionais da razoabilidade, efetividade, razoável duração do processo e da isonomia (CF, art. 5º, caput, XXXV e LXXVIII), por promover distinção injustificada entre o credor trabalhista e o credor comum.

121. TRANSCENDÊNCIA: INDICADORES

I – a transcendência econômica, nos termos do artigo 896-a, § 1º, I, da CLT deverá considerar a repercussão da pretensão no patrimônio das partes.

II – o exercício da técnica do "distinguishing", por parte dos tribunais regionais, a respeito da aplicabilidade da jurisprudência sumulada do STF e do TST aos casos concretos, não configura desrespeito para fins de enquadramento no artigo 896-a, § 1º, II, da CLT.

III – a relevância social e jurídica envolve também as questões atinentes à interpretação e à aplicação dos tratados de direitos humanos ratificados pelo Brasil.

122. TRANSCENDÊNCIA. RECURSO DE REVISTA. SUSTENTAÇÃO ORAL

A fixação de prazo exíguo (cinco minutos) para a sustentação oral do advogado, por ocasião do julgamento do agravo interno perante a turma do tribunal superior do trabalho (artigo 896-a, §§ 2º e 3º, da CLT), não se compatibiliza com o princípio do devido processo legal, plasmado no artigo 5º, LIV, da Constituição Federal.

123. HOMOLOGAÇÃO DE ACORDO EXTRAJUDICIAL

I – a faculdade prevista no capítulo III-A do título X da CLT não alcança as matérias de ordem pública.

II – o acordo extrajudicial só será homologado em juízo se estiverem presentes, em concreto, os requisitos previstos nos artigos 840 a 850 do código civil para a transação;

III – não será homologado em juízo o acordo extrajudicial que imponha ao trabalhador condições meramente potestativas, ou que contrarie o dever geral de boa-fé objetiva (artigos 122 e 422 do Código Civil).

124. HOMOLOGAÇÃO DE ACORDO EXTRAJUDICIAL. RECURSO. ANÁLISE PELO TRIBUNAL

No caso de recurso da decisão que não homologar de forma fundamentada o acordo extrajudicial, o tribunal não poderá retornar o processo para que o juiz de primeiro grau o homologue.

125. PROCESSO DE JURISDIÇÃO VOLUNTÁRIA. HOMOLOGAÇÃO DE ACORDO EXTRAJUDICIAL. COMPETÊNCIA TERRITORIAL

I – a competência territorial do processo de jurisdição voluntária para homologação de acordo extrajudicial segue a sistemática do art. 651 da CLT.

II – aplica-se analogicamente o art. 63, § 3º, do CPC, permitindo que o juiz repute ineficaz de ofício a eleição de foro diferente do estabelecido no art. 651 da CLT, remetendo os autos para o juízo natural e territorialmente competente.

Propostas Aprovadas pelos Magistrados do TRT da 4ª Região – I Jornada sobre a Reforma Trabalhista

Comissão nº 01

Temática: Direito intertemporal. Repercussões no Direito Material e no Direito Processual do Trabalho. Prescrição Trabalhista e Intercorrente.

PROPOSTA 1:
Direito Material do Trabalho. Lei Nova. Teoria do Efeito Imediato.

Dada a qualidade de ordem pública em que se fundam as disposições trabalhistas e a natureza de trato sucessivo do contrato de trabalho, a Lei 13.467/17 é aplicável de imediato aos contratos de trabalho em curso à data de sua vigência, de forma não retroativa, respeitados o direito adquirido, o ato jurídico perfeito e a coisa julgada, nos termos do artigo 6º da Lei de Introdução às normas do Direito Brasileiro, e observado o artigo 468 da CLT.

PROPOSTA 2:
Atualização pela TR. Lei nova. Controle difuso. Inconstitucionalidade. Modulação de efeitos.

I – O §7º do art. 879 deve ser declarado inconstitucional, em controle difuso, já que a atualização dos créditos trabalhistas pela TR impõe *"restrição desproporcional ao direito de propriedade (CRFB, art. 5º, XXII), uma vez que não se qualifica como medida adequada a capturar a variação de preços da economia, sendo inidônea a promover os fins a que se destina"* (Tese fixada pelo STF em 20/9/2017 quanto ao tema 810 de Repercussão Geral).

II – A inclusão da TR em nova norma infraconstitucional não afasta sua inconstitucionalidade já reconhecida em controle difuso pelo plenário do TST e do TRT4 quando do exame do art. 39 da lei 8.177/91.

III – Por uniformidade e segurança jurídica, deve-se adotar a mesma modulação de efeitos estipulada pelo STF em caso análogo (ADI 4357), com o uso da TR até 25/3/15, e o IPCA-E após tal data.

PROPOSTA 3:
Prescrição intercorrente. Art. 11-A da CLT (Lei n. 13.467/2017). Aplicação à execução trabalhista.

I – A prescrição intercorrente prevista no art. 11-A da CLT (Lei n. 13.467/2017) é aplicável à execução trabalhista.

II – Aplicáveis ao processo trabalhista as demais causas de interrupção da prescrição previstas na legislação.

III – A prescrição intercorrente é instituto jurídico que restringe direitos, razão por que deve ser interpretada de forma estrita.

IV – A fluência do prazo prescricional intercorrente na execução trabalhista somente pode ter início a partir da vigência da Lei n. 13.467/2017, sendo impossível sua aplicação retroativa.

(...)

PROPOSTA 5:
Execução de ofício. Limites.

I – A limitação para execução de ofício inserida no artigo 878 da CLT (Lei 13.467/17) refere-se exclusivamente ao ato inicial que a instaura e, uma vez requerida e deferida, a decisão compreende todos os demais atos necessários para satisfação da dívida, independentemente de novos requerimentos pelo credor nos termos dos artigos 765 e 889 da CLT, artigo 7º da Lei 6.830/80, artigos 2º e 15 do CPC.

II – Ausência de prejuízo processual manifesto quando assegurado o contraditório. Inexistência de nulidade. Aplicação do art. 794 da CLT. A teor do art. 794 da CLT, a execução de ofício não caracteriza nulidade processual, desde que assegurado o contraditório, porque nessa situação não há prejuízo processual manifesto.

PROPOSTA 6:

Petição inicial. Valor do pedido. A similitude da redação dos artigos 852-B e a nova redação do artigo 840 § 1º da CLT dada pela Lei 13.467/17, frente a jurisprudência consolidada nos processos submetidos ao rito sumaríssimo, impõe que eventual condenação esteja limitada ao valor atribuído ao pedido nos termos do artigo 492 do CPC.

PROPOSTA 7:

Petição inicial. Emenda. São compatíveis os artigos 321, parágrafo único do CPC e o artigo 840, § 3º da CLT (artigos 769 da CLT e 15 do CPC), sendo inviável a extinção do processo sem apreciação do mérito antes de oportunizada a emenda da petição inicial.

Comissão nº: 02

Temática: Duração do Trabalho. Banco de horas. Horas *in itinere*. Intervalos.

PROPOSTA 1:

Banco de horas por acordo individual. Invalidade. A compensação de horários mediante banco de horas exige intervenção sindical, independentemente do seu prazo de duração, conforme artigo 7º, XIII, da Constituição da República.

PROPOSTA 2:

Regime compensatório 12x36 por acordo individual. Invalidade. A compensação de horários 12x36 exige intervenção sindical. artigo 7º, XIII, da Constituição da República.

PROPOSTA 3:

Jornada 12x36. Feriados. Impossibilidade de Regime complessivo quanto ao pagamento de feriados.

PROPOSTA 4:

O trabalhador submetido ao regime 12x36 faz jus à remuneração da hora noturna pelo trabalho noturno prorrogado. Princípio da isonomia e artigo 7º, IX, da Constituição Federal.

Comissão nº: 03

Temática: Remuneração e parcelas indenizatórias.

PROPOSTA 1:

I – A verba paga a título de prêmios, assim entendida a paga de forma dependente do modo de realização e mérito do trabalho, que deriva de desempenho do empregado ou grupo de empregados, não se enquadra nos §§ 2º e 4º do art. 457 da CLT, razão pela qual, se paga com habitualidade, integra a remuneração do empregado, incorpora-se ao contrato de trabalho e constitui base de incidência de encargos trabalhistas e previdenciários.

II – Liberalidade pressupõe desvinculação da medição da quantidade de trabalho.

PROPOSTA 2:

I – O rol de verbas que integram o salário previsto no §1º do art. 457 da CLT é meramente exemplificativo.

II – Artigo 457, §2º, da CLT – Atribuição *a priori* de natureza não salarial a verbas quitadas a título de ajuda de custo, auxílio-alimentação, diárias para viagem, prêmios e abonos – Princípio da primazia da realidade e presunção relativa – aferição, na prática, quanto ao caráter retributivo do trabalho (sentido impróprio) ou indenizatório (sentido próprio) – artigo 9º da CLT.

PROPOSTA 3:

I – É inconstitucional a expressão *"ainda que habituais"*, contida no §2º do art. 457 da CLT, por ferir o art. 195, I, e o art. 201, caput e §11, da Constituição da República, interpretados conjuntamente.

II – Artigo 457, §2º, da CLT – Afastamento de verbas da base de cálculo da contribuição previdenciária. Antinomia de segundo grau. Pelo critério da especialidade, o art. 28 Lei 8.212/91 prevalece quanto à definição da composição do salário-de-contribuição.

PROPOSTA 4:

I – A partir da interpretação histórica do ordenamento jurídico, o abono mencionado no §2º do art. 457 da CLT é somente o abono decorrente de lei de política salarial.

II – A verba denominada abono em contrato de trabalho ou em regulamento de empresa tem natureza jurídica salarial.

III – A verba denominada abono nas normas coletivas tem sua natureza jurídica definida na própria norma coletiva e, no silêncio desta, tem natureza jurídica salarial.

IV – Sempre que se destinar a mascarar salário em sentido restrito, a verba denominada abono, seja pelo contrato de trabalho ou pela norma coletiva, tem natureza jurídica salarial.

Comissão nº: 04

Temática: Negociado sobre o legislado

PROPOSTA 1:
Lei 13.467/17. Supremacia de normas constitucionais.

I – A supremacia da Constituição Federal de 1988 faz com que o rol de direitos elencados no artigo 611B da CLT não seja exaustivo, sendo indisponíveis os direitos fundamentais protegidos constitucionalmente, que não podem ser reduzidos ou suprimidos pela autonomia coletiva privada, razão pela qual fica afastada qualquer outra interpretação dada à expressão "exclusivamente".

II – Cláusulas com efeitos retroativos, exceto se mais benéficas ao trabalhador, são infensas à negociação coletiva mesmo não constando expressamente no rol do artigo 611-B da CLT.

PROPOSTA 2:
Lei 13.467/17. Princípios do direito do trabalho.

O "princípio da intervenção mínima da vontade coletiva" previsto no artigo 8º, § 3º, da CLT, deve ser interpretado no contexto de seu caput, observando-se, portanto, outros princípios e normas gerais do Direito, principalmente do Direito do Trabalho, cuja autonomia é reconhecida na Constituição Federal de 1988 (artigo 22, inciso I), o que induz à conclusão de que o Direito Comum só poderá ser aplicado subsidiariamente se for compatível com os princípios laborais.

PROPOSTA 3:
Lei 13.467/17. Garantia de emprego.

I – A proteção constitucional da estabilidade da gestante limita a autonomia coletiva privada, que não pode condicioná-la ao exercício de ação no período de estabilidade ou prever prazo para comprovação da gravidez sob pena de renúncia tácita à garantia de emprego, pois referida estabilidade está inserida na proteção ao mercado de trabalho da mulher, à maternidade e ao nascituro, previstas nos incisos XIII e XV do artigo 611B da CLT.

II – A liberdade sindical preconizada no inciso XXVI do artigo 611-B da CLT inclui a ilicitude de cláusula de negociação coletiva que relativize a vedação de dispensa de empregado sindicalizado com cargo de direção ou representação sindical, por ser matéria de patamar constitucional (artigo 8º, VIII, da CF).

PROPOSTA 4:
Lei 13.467/17. Poder normativo da justiça do trabalho.

A prevalência do negociado sobre o legislado autorizada no artigo 611-A da CLT, está alicerçada no exercício da autonomia privada coletiva, o que não implica perda do poder normativo da Justiça do Trabalho na solução de conflitos coletivos, na forma do artigo 114, § 2º, da Constituição Federal.

PROPOSTA 5:
Lei 13.467/17. Registro de jornada.

A previsão do artigo 611-A, inciso X, da CLT, refere-se exclusivamente ao modo manual, mecânico ou eletrônico, não afastando a necessidade de registro para verificação da assiduidade e pontualidade do trabalhador e tampouco alterando o ônus da prova, que é do empregador que tenha dez ou mais empregados, sendo inválido o "registro de ponto por exceção".

Comissão nº: 05

Temática: Acesso à Justiça e justiça gratuita. Honorários advocatícios e periciais. Litigância de má fé e dano processual.

PROPOSTA 1:
Honorários de sucumbência. Inaplicabilidade aos processos em curso.

Em razão da natureza híbrida das normas que regem honorários advocatícios (material e processual), a condenação à verba sucumbencial só poderá ser imposta nos processos iniciados após a entrada em vigor da lei 13.467/2017, tendo em vista a garantia de não surpresa, bem como em razão do princípio da causalidade, uma vez que a expectativa de custos e riscos é aferida no momento da propositura da ação.

PROPOSTA 2:
Sucumbência recíproca.

O juízo arbitrará honorários de sucumbência recíproca (art. 791-A, § 3º, da CLT) apenas em caso de indeferimento total do pedido específico. O acolhimento do pedido, com quantificação inferior ao postulado, não caracteriza sucumbência parcial, pois a verba postulada restou acolhida. Quando o legislador mencionou "sucumbência parcial", referiu-se ao acolhimento de parte dos pedidos formulados na petição inicial.

PROPOSTA 3:
Honorários assistenciais. Revogação.

A Lei nº 13.467/17 revogou tacitamente os honorários assistenciais da Lei nº 5.584/70.

PROPOSTA 4:
Honorários advocatícios de sucumbência. Art. 85, §1º, do CPC. Inaplicável.

é incompatível com o processo do trabalho o arbitramento de honorários autônomos ou cumulativos nas fases recursal e de execução, salvo, quanto a esta, se a execução for de título extrajudicial.

PROPOSTA 5:
Honorários periciais. Antecipação convencional das partes.

O pagamento feito pela empresa de honorários periciais, de forma antecipada e convencional, é compatível com o disposto no art. 790-B, § 3º, da CLT, permitindo que o perito seja remunerado com recursos próprios da empresa, ainda na fase instrutória do processo.

Comissão nº: 06

Temática: Extinção do Contrato e Quitação de Parcelas. Dispensas individuais e coletivas. Procedimento de quitação individual e procedimento de quitação voluntária. Arbitragem e cláusula compromissória

PROPOSTA 1:
Art. 477 da CLT

A supressão da expressão 'maior remuneração' do *caput* do art. 477 da CLT não modifica a forma de cálculo das parcelas rescisórias, pois cada uma delas já possui os seus critérios de apuração previstos nas leis que as instituem. O prazo de dez dias para pagamento das parcelas rescisórias, independentemente da forma de extinção do contrato de trabalho, conta-se a partir da data da cessação da prestação de serviços, desconsiderando-se, no caso de aviso-prévio indenizado, a projeção ficta do término do contrato. Na hipótese de aviso-prévio trabalhado, com opção do empregado por faltas ao serviço durante seus 07 últimos dias, o prazo inicia-se apenas após o término deste período. Aplica-se o disposto no artigo 477 da CLT para todos os contratos encerrados a partir de 11-11-2017.

PROPOSTA 2:
Art. 477-A da CLT

Embora o art. 477-A da CLT dispense a autorização prévia de entidade sindical ou de celebração de convenção ou acordo coletivos para a validade de dispensas plúrimas ou coletivas, ele não exclui a necessidade de negociação coletiva prévia, que continua sendo requisito de validade para essas modalidades de extinção contratual.

PROPOSTA 3:
Art. 484-A da CLT

É ônus processual do empregador trazer a documentação relativa ao distrato por mútuo consentimento previsto no art. 484-A da CLT. Alegado o vício de consentimento, incumbe à parte requerente comprová-lo. O cálculo da metade do aviso prévio deve considerar a proporcionalidade prevista na Lei nº 12.506/11.

PROPOSTA 4:
Art. 507-A da CLT

Cláusula compromissória de arbitragem para os altos empregados. Impossibilidade de ser instituída em se tratando de créditos decorrentes da relação de trabalho. Caráter alimentar do crédito trabalhista. Não possibilidade de tarifação para o acesso à Justiça. Irrenunciabilidade dos direitos trabalhistas.

PROPOSTA 5:
Art. 507-B da CLT

O sindicato profissional pode fazer ressalvas ou mesmo se recusar a homologar o termo de quitação anual de obrigações trabalhistas. A eficácia liberatória da quitação passada pelo empregado limita-se aos valores de cada uma das parcelas nele especificadas.

Comissão nº: 07

Temática: Danos Extrapatrimoniais: Tarifação e outros aspectos.

PROPOSTA 1:
Dano extrapatrimonial. Reparação. Art. 223-A da CLT.

I – A expressão "apenas" contida no artigo 223-A restringe-se à quantificação da reparação em sentido estrito e não ao instituto da responsabilidade civil e aos conceitos que o permeiam.

II – A legislação comum tem aplicação subsidiária ou supletiva ao Direito do Trabalho, na forma do § 1º do art. 8º da própria CLT e do art. 4º da LINDB, atendendo ao princípio do diálogo das fontes.

PROPOSTA 2:
Titularidade da reparação do dano extrapatrimonial. Art. 223-B da CLT.

I – O art. 223-B não afasta a possibilidade de reparação de danos sofridos por terceiros à relação de trabalho quando estiverem na condição de titulares diretos da pretensão decorrente do dano (dano em ricochete), inclusive na esteira da redação do § 1º do art. 223-G da CLT.

II – O direito à reparação se transmite com a herança, imediatamente com a morte, pelo princípio da *saisine* (art. 1.784, CC). O art. 223-B não limita a possibilidade de a sucessão pleitear reparação do dano extrapatrimonial sofrido pelo trabalhador falecido em razão do contrato de trabalho. O titular do direito é a sucessão do trabalhador, e não os herdeiros em nome próprio.

III – O art. 223-B não trata de legitimidade *ad causam*, permanecendo a possibilidade de substituição processual por entes coletivos para defender direitos individuais homogêneos.

IV – O art. 223-B não restringe a reparação do dano extrapatrimonial coletivo, que possui regulamentação própria (Lei nº 7.437/1985 e CDC, por exemplo) e se refere a bens jurídicos distintos dos mencionados no art. 223-C da CLT.

PROPOSTA 3:
Dano extrapatrimonial. Bens jurídicos tutelados.

O rol dos arts. 223-C e 223-D não é taxativo, na medida em que a Constituição da República, nos arts. 1º e 5º, tutela outros bens jurídicos de forma expressa, incidindo o princípio da hierarquia das normas.

PROPOSTA 4:
Legitimidade passiva.

O art. 223-E da CLT positiva a possibilidade de direcionamento da ação de reparação contra o empregador e/ou contra o causador do dano (litisconsórcio passivo facultativo).

Comissão nº: 08

Temática: Tipologias Contratuais: Contrato de trabalho intermitente. Contrato de trabalho a tempo parcial. Terceirização. Trabalhador autônomo exclusivo. Hipersuficiente econômico.

PROPOSTA 1:
Trabalho Intermitente.

I – Quando a atividade econômica for contínua ou o trabalho já estiver regulado em legislação própria, é vedada a utilização do contrato de trabalho intermitente.

II – Quando a prestação de serviços é contínua, sem alternância de períodos de prestação de serviços e de Inatividade, fica descaracterizado o contrato intermitente.

III – O art. 122 do Código Civil Brasileiro reputa ilícita condição contratual que prive o contrato de todo e qualquer efeito e que o sujeite ao arbítrio de apenas uma das partes.

IV – O contrato intermitente garante todos os direitos previstos no art. 7º da CRFB. Os direitos contidos no art. 452-A, §6, da CLT são meramente exemplificativos.

V – O pagamento de férias e décimo-terceiro salário no trabalho intermitente será proporcional aos dias da prestação do serviço, independentemente do número de dias trabalhados.

PROPOSTA 2:
Terceirização. Formação do vínculo de emprego com o tomador.

O art. 4-A da Lei 6019/74 não impede o reconhecimento do vínculo de emprego quando presentes os requisitos dos arts. 2º e 3º da CLT.

PROPOSTA 3:
Trabalhador autônomo exclusivo. Arts 2º e 3º da CLT.

O art. 442-B da CLT não impede o reconhecimento do vínculo de emprego quando presentes os requisitos dos arts. 2º e 3º da CLT.

PROPOSTA 4:
Trabalhador hipersuficiente. Parágrafo único do art. 444 da CLT. Impossibilidade de renúncia às normas imperativas por meio de ajuste individual. Discriminação. Princípio do livre acesso ao judiciário. Afronta ao artigo 5º, *caput* e incisos I e XXXV, da Constituição Federal.

I – O empregado que recebe salário superior a duas vezes o limite máximo dos benefícios do Regime Geral de Previdência continua subordinado e, por isso, não pode renunciar à proteção constitucional e normativa estabelecidas. O disposto no parágrafo único do art. 444 da CLT afronta o artigo 5º, *caput* e inciso I, da Constituição Federal.

II – A interpretação do parágrafo único do art. 444 CLT é constitucional quando serve de norte hermenêutico ao intérprete do contrato e não como renúncia do direito de livre acesso ao Judiciário.

TST

Súmulas e OJs do TST

Parte 1
DIREITO DO TRABALHO

Capítulo I

REGULAMENTO DE EMPRESA, PRINCÍPIOS E PROGRAMA DE INCENTIVO À DEMISSÃO VOLUNTÁRIA

1. REGULAMENTO DE EMPRESA (NORMA REGULAMENTAR)

Súmula nº 51 do TST

Norma regulamentar. Vantagens e opção pelo novo regulamento. Art. 468 da CLT.

I – As cláusulas regulamentares, que revoguem ou alterem vantagens deferidas anteriormente, só atingirão os trabalhadores admitidos após a revogação ou alteração do regulamento.

II – Havendo a coexistência de dois regulamentos da empresa, a opção do empregado por um deles tem efeito jurídico de renúncia às regras do sistema do outro.

Súmula nº 202 do TST

Gratificação por tempo de serviço. Compensação.

Existindo, ao mesmo tempo, gratificação por tempo de serviço outorgada pelo empregador e outra da mesma natureza prevista em acordo coletivo, convenção coletiva ou sentença normativa, o empregado tem direito a receber, exclusivamente, a que lhe seja mais benéfica.

Súmula nº 77 do TST

Punição. Nula é a punição de empregado se não precedida de inquérito ou sindicância internos a que se obrigou a empresa por norma regulamentar.

Súmula nº 186 do TST

Licença- prêmio. Conversão em pecúnia. Regulamento da empresa.

A licença- prêmio, na vigência do contrato de trabalho, não pode ser convertida em pecúnia, salvo se expressamente admitida a conversão no regulamento da empresa.

OJ nº 56 da SDI - I do TST

Nossa Caixa-Nosso Banco (Caixa Econômica do Estado de São Paulo). Regulamento. Gratificação especial e/ou anuênios

Direito reconhecido apenas àqueles empregados que tinham 25 anos de efetivo exercício prestados exclusivamente à Caixa.

1.1. Complementação de aposentadoria

Súmula nº 288 do TST

Complementação dos proventos da aposentadoria

I - A complementação dos proventos de aposentadoria, instituída, regulamentada e paga diretamente pelo empregador, sem vínculo com as entidades de previdência privada fechada, é regida pelas normas em vigor na data de admissão do empregado, ressalvadas as alterações que forem mais benéficas (art. 468 da CLT);

II - Na hipótese de coexistência de dois regulamentos de planos de previdência complementar, instituídos pelo empregador ou por entidade de previdência privada, a opção do beneficiário por um deles tem efeito jurídico de renúncia às regras do outro;

III - Após a entrada em vigor das Leis Complementares n.ºs 108 e 109 de 29/5/2001, reger-se-á a complementação dos proventos de aposentadoria pelas normas vigentes na data da implementação dos requisitos para obtenção do benefício, ressalvados o direito adquirido do participante que anteriormente implementara os requisitos para o benefício e o direito acumulado do empregado que até então não preenchera tais requisitos.

IV - O entendimento da primeira parte do item III aplica-se aos processos em curso no Tribunal Superior do Trabalho em que, em 12/4/2016, ainda não haja sido proferida decisão de mérito por suas Turmas e Seções.

Súmula nº 87 do TST

Previdência privada

Se o empregado, ou seu beneficiário, já recebeu da instituição previdenciária privada, criada pela empresa, vantagem equivalente, é cabível a dedução de seu valor do benefício a que faz jus por norma regulamentar anterior.

Súmula nº 92 do TST

Aposentadoria

O direito à complementação de aposentadoria, criado pela empresa, com requisitos próprios, não se altera pela instituição de benefício previdenciário por órgão oficial.

Súmula nº 97 do TST

Aposentadoria. Complementação. Instituída complementação de aposentadoria por ato da empresa, expressamente dependente de regulamentação, as condições desta devem ser observadas como parte integrante da norma.

OJ nº 276 da SDI - I do TST

Ação declaratória. Complementação de aposentadoria

É incabível ação declaratória visando a declarar direito à complementação de aposentadoria, se ainda não atendidos os requisitos necessários à aquisição do direito, seja por via regulamentar, ou por acordo coletivo.

Súmula nº 72 do TST

Aposentadoria. O prêmio-aposentadoria instituído por norma regulamentar da empresa não está condicionado ao disposto no § 2º do art. 14 da Lei nº 8.036, de 11.05.1990.

OJ nº 224 da SDI - I do TST

Complementação de aposentadoria. Reajuste. Lei nº 9.069, de 29.06.1995.

I – A partir da vigência da Medida Provisória nº 542, de 30.06.1994, convalidada pela Lei nº 9.069, de 29.06.1995, o critério de reajuste da complementação de aposentadoria passou a ser anual e não semestral, aplicando-se o princípio rebus sic stantibus diante da nova ordem econômica.

II – A alteração da periodicidade do reajuste da complementação de aposentadoria – de semestral para anual –, não afeta o direito ao resíduo inflacionário apurado nos meses de abril, maio e junho de 1994, que deverá incidir sobre a correção realizada no mês de julho de 1995.

Súmula nº 313 do TST

Complementação de aposentadoria. Proporcionalidade. Banespa

A complementação de aposentadoria, prevista no art. 106, e seus parágrafos, do regulamento de pessoal editado em 1965, só é integral para os empregados que tenham 30 (trinta) ou mais anos de serviços prestados exclusivamente ao banco.

Súmula nº 332 do TST

Complementação de aposentadoria. Petrobras. Manual de pessoal. Norma programática

As normas relativas à complementação de aposentadoria, inseridas no Manual de Pessoal da Petrobras, têm caráter meramente programático, delas não resultando direito à referida complementação.

OJ nº 18 da SDI - I do TST

Complementação de aposentadoria. Banco do Brasil

I – O valor das horas extras integra a remuneração do empregado para o cálculo da complementação de aposentadoria, desde que sobre ele incida a contribuição à Caixa de Previdência dos Funcionários do Banco do Brasil – PREVI, observado o respectivo regulamento no tocante à integração;

II – Os adicionais AP e ADI não integram o cálculo para a apuração do teto da complementação de aposentadoria;

III – No cálculo da complementação de aposentadoria deve-se observar a média trienal;

IV – A complementação de aposentadoria proporcional aos anos de serviço prestados exclusivamente ao Banco do Brasil somente se verifica a partir da Circular Funci nº 436/1963;

V – O telex DIREC do Banco do Brasil nº 5003/1987 não assegura a complementação de aposentadoria integral, porque não aprovado pelo órgão competente ao qual a instituição se subordina.

2. PRINCÍPIO DA IRRETROATIVIDADE DA LEI

OJ Nº 362 DA SDI – I DO TST

Contrato nulo. Efeitos. FGTS. Medida provisória 2.164-41, de 24.08.2001, e art. 19-A da Lei nº 8.036, de 11.05.1990. Irretroatividade

Não afronta o princípio da irretroatividade da lei a aplicação do art. 19-A da Lei nº 8.036, de 11.05.1990, aos contratos declarados nulos celebrados antes da vigência da Medida Provisória nº 2.164-41, de 24.08.2001.

SÚMULA Nº 307 DO TST

Juros. Irretroatividade do Decreto-lei nº 2.322, de 26.02.1987

A fórmula de cálculo de juros prevista no Decreto-Lei nº 2.322, de 26.02.1987 somente é aplicável a partir de 27.02.1987. Quanto ao período anterior, deve-se observar a legislação então vigente.

3. PROGRAMA DE INCENTIVO À DEMISSÃO VOLUNTÁRIA

OJ Nº 270 DA SDI – I DO TST

Programa de incentivo à demissão voluntária. Transação extrajudicial. Parcelas oriundas do extinto contrato de trabalho. Efeitos

A transação extrajudicial que importa rescisão do contrato de trabalho ante a adesão do empregado a plano de demissão voluntária implica quitação exclusivamente das parcelas e valores constantes do recibo.

OJ Nº 356 DA SDI – I DO TST

Programa de incentivo à demissão voluntária (PDV). Créditos trabalhistas reconhecidos em juízo. Compensação. Impossibilidade

Os créditos tipicamente trabalhistas reconhecidos em juízo não são suscetíveis de compensação com a indenização paga em decorrência de adesão do trabalhador a Programa de Incentivo à Demissão Voluntária (PDV).

OJ Nº 207 DA SDI – I DO TST

Programa de incentivo à demissão voluntária. Indenização. Imposto de renda. Não-incidência

A indenização paga em virtude de adesão a programa de incentivo à demissão voluntária não está sujeita à incidência do imposto de renda.

Capítulo II

EMPREGADO E EMPREGADOR

1. EMPREGADO

1.1. Diretor eleito

Súmula nº 269 do TST

Diretor eleito. Cômputo do período como tempo de serviço

O empregado eleito para ocupar cargo de diretor tem o respectivo contrato de trabalho suspenso, não se computando o tempo de serviço desse período, salvo se permanecer a subordinação jurídica inerente à relação de emprego.

1.2. Bancário

Súmula nº 287 do TST

Jornada de trabalho. Gerente bancário

A jornada de trabalho do empregado de banco gerente de agência é regida pelo art. 224, § 2º, da CLT. Quanto ao gerente-geral de agência bancária, presume-se o exercício de encargo de gestão, aplicando-se-lhe o art. 62 da CLT.

Súmula nº 102 do TST

Bancário. Cargo de confiança

I – A configuração, ou não, do exercício da função de confiança a que se refere o art. 224, § 2º, da CLT, dependente da prova das reais atribuições do empregado, é insuscetível de exame mediante recurso de revista ou de embargos.

II – O bancário que exerce a função a que se refere o § 2º do art. 224 da CLT e recebe gratificação não inferior a um terço de seu salário já tem remuneradas as duas horas extraordinárias excedentes de seis.

III – Ao bancário exercente de cargo de confiança previsto no artigo 224, § 2º, da CLT são devidas as 7ª e 8ª horas, como extras, no período em que se verificar o pagamento a menor da gratificação de 1/3.

IV – O bancário sujeito à regra do art. 224, § 2º, da CLT cumpre jornada de trabalho de 8 (oito) horas, sendo extraordinárias as trabalhadas além da oitava.

V – O advogado empregado de banco, pelo simples exercício da advocacia, não exerce cargo de confiança, não se enquadrando, portanto, na hipótese do § 2º do art. 224 da CLT.

VI – O caixa bancário, ainda que caixa executivo, não exerce cargo de confiança. Se perceber gratificação igual ou superior a um terço do salário do posto efetivo, essa remunera apenas a maior responsabilidade do cargo e não as duas horas extraordinárias além da sexta.

VII – O bancário exercente de função de confiança, que percebe a gratificação não inferior ao terço legal, ainda que norma coletiva contemple percentual superior, não tem direito às sétima e oitava horas como extras, mas tão somente às diferenças de gratificação de função, se postuladas.

Súmula nº 109 do TST

Gratificação de função

O bancário não enquadrado no § 2º do art. 224 da CLT, que receba gratificação de função, não pode ter o salário relativo a horas extraordinárias compensado com o valor daquela vantagem.

Súmula nº 199 do TST

Bancário. Pré-contratação de horas extras

I – A contratação do serviço suplementar, quando da admissão do trabalhador bancário, é nula. Os valores assim ajustados apenas remuneram a jornada normal, sendo devidas as horas extras com o adicional de, no mínimo, 50% (cinqüenta por cento), as quais não configuram pré-contratação, se pactuadas após a admissão do bancário.

II – Em se tratando de horas extras pré-contratadas, opera-se a prescrição total se a ação não for ajuizada no prazo de cinco anos, a partir da data em que foram suprimidas.

SÚMULA Nº 124 DO TST

Bancário. Salário-hora. Divisor.

I – o divisor aplicável para o cálculo das horas extras do bancário será:

a)180, para os empregados submetidos à jornada de seis horas prevista no caput do art. 224 da CLT;

b) 220, para os empregados submetidos à jornada de oito horas, nos termos do § 2º do art. 224 da CLT.

II – Ressalvam-se da aplicação do item anterior as decisões de mérito sobre o tema, qualquer que seja o seu teor, emanadas de Turma do TST ou da SBDI-I, no período de 27/09/2012 até 21/11/2016, conforme a modulação aprovada no precedente obrigatório firmado no Incidente de Recursos de Revista Repetitivos nº TST-IRR-849-83.2013.5.03.0138, DEJT 19.12.2016.

SÚMULA Nº 113 DO TST

Bancário. Sábado. Dia útil.

O sábado do bancário é dia útil não trabalhado, não dia de repouso remunerado. Não cabe a repercussão do pagamento de horas extras habituais em sua remuneração.

OJ Nº 178 DA SDI – I DO TST

Bancário. Intervalo de 15 minutos. Não computável na jornada de trabalho.

Não se computa, na jornada do bancário sujeito a seis horas diárias de trabalho, o intervalo de quinze minutos para lanche ou descanso.

SÚMULA Nº 226 DO TST

Bancário. Gratificação por tempo de serviço. Integração no cálculo das horas extras.

A gratificação por tempo de serviço integra o cálculo das horas extras.

SÚMULA Nº 240 DO TST

Bancário. Gratificação de função e adicional por tempo de serviço.

O adicional por tempo de serviço integra o cálculo da gratificação prevista no art. 224, § 2º, da CLT.

SÚMULA Nº 247 DO TST

Quebra de caixa. Natureza jurídica

A parcela paga aos bancários sob a denominação "quebra de caixa" possui natureza salarial, integrando o salário do prestador de serviços, para todos os efeitos legais.

SÚMULA Nº 93 DO TST

Bancário

Integra a remuneração do bancário a vantagem pecuniária por ele auferida na colocação ou na venda de papéis ou valores mobiliários de empresas pertencentes ao mesmo grupo econômico, se exercida essa atividade no horário e no local de trabalho e com o consentimento, tácito ou expresso, do banco empregador.

SÚMULA Nº 239 DO TST

Bancário. Empregado de empresa de processamento de dados

É bancário o empregado de empresa de processamento de dados que presta serviço a banco integrante do mesmo grupo econômico, exceto quando a empresa de processamento de dados presta serviços a banco e a empresas não bancárias do mesmo grupo econômico ou a terceiros.

OJ Nº 123 DA SDI – I DO TST

Bancários. Ajuda alimentação. A ajuda alimentação prevista em norma coletiva em decorrência de prestação de horas extras tem natureza indenizatória e, por isso, não integra o salário do empregado bancário.

SÚMULA Nº 55 DO TST

Financeiras. As empresas de crédito, financiamento ou investimento, também denominadas financeiras, equiparam-se aos estabelecimentos bancários para os efeitos do art. 224 da CLT.

SÚMULA Nº 119 DO TST

Jornada de trabalho

Os empregados de empresas distribuidoras e corretoras de títulos e valores mobiliários não têm direito à jornada especial dos bancários.

OJ Nº 379 DA SDI - I DO TST

Empregado de cooperativa de crédito. Bancário. Equiparação. Impossibilidade

Os empregados de cooperativas de crédito não se equiparam a bancário, para efeito de aplicação do art. 224 da CLT, em razão da inexistência de expressa previsão legal, considerando, ainda, as diferenças estruturais e operacionais entre as instituições financeiras e as cooperativas de crédito. Inteligência das Leis nºs 4.594, de 29.12.1964, e 5.764, de 16.12.1971.

SÚMULA Nº 257 DO TST

Vigilante

O vigilante, contratado diretamente por banco ou por intermédio de empresas especializadas, não é bancário.

SÚMULA Nº 117 DO TST

Bancário. Categoria diferenciada

Não se beneficiam do regime legal relativo aos bancários os empregados de estabelecimento de crédito pertencentes a categorias profissionais diferenciadas.

OJ Nº 16 DA SDI - I DO TST

Banco do brasil. ACP. Adicional de caráter pessoal. Indevido

A isonomia de vencimentos entre servidores do Banco Central do Brasil e do Banco do Brasil, decorrente de sentença normativa, alcançou apenas os vencimentos e vantagens de caráter permanente. Dado o caráter personalíssimo do Adicional de Caráter Pessoal - ACP e não integrando a remuneração dos funcionários do Banco do Brasil, não foi ele contemplado na decisão normativa para efeitos de equiparação à tabela de vencimentos do Banco Central do Brasil.

OJ Nº 17 DA SDI - I DO TST

Banco do Brasil. AP e ADI

Os adicionais AP, ADI ou AFR, somados ou considerados isoladamente, sendo equivalentes a 1/3 do salário do cargo efetivo (art. 224, § 2º, da CLT), excluem o empregado ocupante de cargo de confiança do Banco do Brasil da jornada de 6 horas.

1.3. Empregado Rural

1.3.1. Enquadramento como trabalhador rural

OJ Nº 38 DA SDI - I DO TST

Empregado que exerce atividade rural. Empresa de reflorestamento. Prescrição própria do rurícola. (Lei nº 5.889/73, art. 10 e decreto nº 73.626/74, art. 2º, § 4º)

O empregado que trabalha em empresa de reflorestamento, cuja atividade está diretamente ligada ao manuseio da terra e de matéria-prima, é rurícola e não industriário, nos termos do Decreto nº 73.626, de 12.02.1974, art. 2º, § 4º, pouco importando que o fruto de seu trabalho seja destinado à indústria. Assim, aplica-se a prescrição própria dos rurícolas aos direitos desses empregados.

1.3.2. Prescrição do trabalhador rural

OJ Nº 271 DA SDI - I DO TST

Rurícola. Prescrição. Contrato de emprego extinto. Emenda constitucional nº 28/2000. Inaplicabilidade

O prazo prescricional da pretensão do rurícola, cujo contrato de emprego já se extinguira ao sobrevir a Emenda Constitucional nº 28, de 26/05/2000, tenha sido ou não ajuizada a ação trabalhista, prossegue regido pela lei vigente ao tempo da extinção do contrato de emprego.

OJ Nº 417 DA SDI - I DO TST

Prescrição. Trabalhador rural. Rurícola. Contrato de trabalho em curso. Emenda const. 28/2000. CF/88, art. 7º, XXIX. CLT, art. 11.

Não há prescrição total ou parcial da pretensão do trabalhador rural que reclama direitos relativos a contrato de trabalho que se encontrava em curso à época da promulgação da Emenda Constitucional 28, de 26/05/2000, desde que ajuizada a demanda no prazo de cinco anos de sua publicação, observada a prescrição bienal.

1.3.3. Salário-família rurícola

SÚMULA Nº 344 DO TST

Salário-família. Trabalhador rural

O salário-família é devido aos trabalhadores rurais somente após a vigência da Lei nº 8.213, de 24.07.1991.

1.4. Empregado Doméstico

SÚMULA Nº 377 DO TST

Preposto. Exigência da condição de empregado

Exceto quanto à reclamação de empregado doméstico, ou contra micro ou pequeno empresário, o preposto deve ser necessariamente empregado do reclamado. Inteligência do art. 843, § 1º, da CLT e do art. 54 da Lei Complementar nº 123, de 14 de dezembro de 2006.

2. EMPREGADOR

SÚMULA Nº 129 DO TST

Contrato de trabalho. Grupo econômico

A prestação de serviços a mais de uma empresa do mesmo grupo econômico, durante a mesma jornada de trabalho, não caracteriza a coexistência de mais de um contrato de trabalho, salvo ajuste em contrário.

OJ Nº 261 DA SDI – I DO TST

Bancos. Sucessão trabalhista

As obrigações trabalhistas, inclusive as contraídas à época em que os empregados trabalhavam para o banco sucedido, são de responsabilidade do sucessor, uma vez que a este foram transferidos os ativos, as agências, os direitos e deveres contratuais, caracterizando típica sucessão trabalhista.

OJ Nº 225 DA SDI – I DO TST

Contrato de concessão de serviço público. Responsabilidade trabalhista

Celebrado contrato de concessão de serviço público em que uma empresa (primeira concessionária) outorga a outra (segunda concessionária), o todo ou em parte, mediante arrendamento, ou qualquer outra forma contratual, a título transitório, bens de sua propriedade:

I – em caso de rescisão do contrato de trabalho após a entrada em vigor da concessão, a segunda concessionária, na condição de sucessora, responde pelos direitos decorrentes do contrato de trabalho, sem prejuízo da responsabilidade subsidiária da primeira concessionária pelos débitos trabalhistas contraídos até a concessão;

II – no tocante ao contrato de trabalho extinto antes da vigência da concessão, a responsabilidade pelos direitos dos trabalhadores será exclusivamente da antecessora.

OJ Nº 411 DA SDI – I DO TST

Sucessão trabalhista. Aquisição de empresa pertencente a grupo econômico. Responsabilidade solidária do sucessor por débitos trabalhistas de empresa não adquirida. Inexistência.

O sucessor não responde solidariamente por débitos trabalhistas de empresa não adquirida, integrante do mesmo grupo econômico da empresa sucedida, quando, à época, a empresa devedora direta era solvente ou idônea economicamente, ressalvada a hipótese de má-fé ou fraude na sucessão.

OJ Nº 92 DA SDI – I DO TST

Desmembramento de municípios. Responsabilidade trabalhista

Em caso de criação de novo município, por desmembramento, cada uma das novas entidades responsabiliza-se pelos direitos trabalhistas do empregado no período em que figurarem como real empregador.

SÚMULA Nº 430 DO TST

Administração pública indireta. Contratação. Ausência de concurso público. Nulidade. Ulterior privatização. Convalidação. Insubsistência do vício.

Convalidam-se os efeitos do contrato de trabalho que, considerado nulo por ausência de concurso público, quando celebrado originalmente com ente da Administração Pública Indireta, continua a existir após a sua privatização.

OJ Nº 343 DA SDI – I DO TST

Penhora. Sucessão. Art. 100 da CF/1988. Execução

É válida a penhora em bens de pessoa jurídica de direito privado, realizada anteriormente à sucessão pela União ou por Estado-membro, não podendo a execução prosseguir mediante precatório. A decisão que a mantém não viola o art. 100 da CF/1988.

SÚMULA Nº 51 DO TST

Norma regulamentar. Vantagens e opção pelo novo regulamento. Art. 468 da CLT

I - As cláusulas regulamentares, que revoguem ou alterem vantagens deferidas anteriormente, só atingirão os trabalhadores admitidos após a revogação ou alteração do regulamento.

II - Havendo a coexistência de dois regulamentos da empresa, a opção do empregado por um deles tem efeito jurídico de renúncia às regras do sistema do outro.

Súmula nº 77 do TST

Punição

Nula é a punição de empregado se não precedida de inquérito ou sindicância internos a que se obrigou a empresa por norma regulamentar.

Capítulo III
TERCEIRIZAÇÃO

Súmula nº 331 do TST

Contrato de prestação de serviços. Legalidade

I - A contratação de trabalhadores por empresa interposta é ilegal, formando-se o vínculo diretamente com o tomador dos serviços, salvo no caso de trabalho temporário (Lei nº 6.019, de 03.01.1974).

II - A contratação irregular de trabalhador, mediante empresa interposta, não gera vínculo de emprego com os órgãos da administração pública direta, indireta ou fundacional (art. 37, II, da CF/1988).

III - Não forma vínculo de emprego com o tomador a contratação de serviços de vigilância (Lei nº 7.102, de 20.06.1983) e de conservação e limpeza, bem como a de serviços especializados ligados à atividade-meio do tomador, desde que inexistente a pessoalidade e a subordinação direta.

IV - O inadimplemento das obrigações trabalhistas, por parte do empregador, implica a responsabilidade subsidiária do tomador dos serviços, quanto àquelas obrigações, desde que hajam participado da relação processual e constem também do título executivo judicial (art. 71 da Lei nº 8.666, de 21.06.1993).

V - Os entes integrantes da administração pública direta e indireta respondem subsidiariamente, nas mesmas condições do item IV, caso evidenciada a sua conduta culposa no cumprimento das obrigações da Lei nº 8.666/93, especialmente na fiscalização do cumprimento das obrigações contratuais e legais da prestadora de serviço como empregadora. A aludida responsabilidade não decorre de mero inadimplemento das obrigações trabalhistas assumidas pela empresa regularmente contratada.

VI - A responsabilidade subsidiária do tomador de serviços abrange todas as verbas decorrentes da condenação referentes ao período da prestação laboral.

OJ nº 321 da SDI - I do TST

Vinculo empregatício com a administração pública. Período anterior à CF/88

Salvo os casos de trabalho temporário e de serviço de vigilância, previstos nas Leis nºs 6.019, de 03.01.74, e 7.102, de 20.06.83, é ilegal a contratação de trabalhadores por empresa interposta, formando-se o vínculo empregatício diretamente com o tomador dos serviços, inclusive ente público, em relação ao período anterior à vigência da CF/88.

OJ nº 185 da SDI - I do TST

Contrato de trabalho com a associação de pais e mestres - APM. Inexistência de responsabilidade solidária ou subsidiária do estado

O Estado-Membro não é responsável subsidiária ou solidariamente com a Associação de Pais e Mestres pelos encargos trabalhistas dos empregados contratados por esta última, que deverão ser suportados integral e exclusivamente pelo real empregador.

OJ nº 383 da SDI - I do TST

Terceirização. Empregados da empresa prestadora de serviços e da tomadora. Isonomia. Art. 12, "a", da Lei nº 6.019, de 03.01.1974

A contratação irregular de trabalhador, mediante empresa interposta, não gera vínculo de emprego com ente da Administração Pública, não afastando, contudo, pelo princípio da isonomia, o direito dos empregados terceirizados às mesmas verbas trabalhistas legais e normativas asseguradas àqueles contratados pelo tomador dos serviços, desde que presente a igualdade de funções. Aplicação analógica do art. 12, "a", da Lei nº 6.019, de 03.01.1974.

OJ Nº 191 DA SDI – I DO TST

Contrato de empreitada. Dono da obra de construção civil. Responsabilidade

Diante da inexistência de previsão legal específica, o contrato de empreitada de construção civil entre o dono da obra e o empreiteiro não enseja responsabilidade solidária ou subsidiária nas obrigações trabalhistas contraídas pelo empreiteiro, salvo sendo o dono da obra uma empresa construtora ou incorporadora.

Capítulo IV

CONTRATO DE TRABALHO

SUMÁRIO • 1. Identificação profissional de empregado. Carteira de trabalho e previdência social – CTPS – 2. Contrato de experiência e contrato por prazo determinado – 3. Da nulidade do contrato de trabalho – 4. Alteração do contrato de trabalho – 5. Suspensão e interrupção do contrato de trabalho

1. IDENTIFICAÇÃO PROFISSIONAL DE EMPREGADO. CARTEIRA DE TRABALHO E PREVIDÊNCIA SOCIAL – CTPS

Súmula nº 12 do TST

Carteira profissional

As anotações apostas pelo empregador na carteira profissional do empregado não geram presunção juris et de jure, mas apenas juris tantum.

OJ nº 82 da SDI – I do TST

Aviso-prévio. Baixa na CTPS

A data de saída a ser anotada na CTPS deve corresponder à do término do prazo do aviso-prévio, ainda que indenizado.

2. CONTRATO DE EXPERIÊNCIA E CONTRATO POR PRAZO DETERMINADO

Súmula nº 188 do TST

Contrato de trabalho. Experiência. Prorrogação

O contrato de experiência pode ser prorrogado, respeitado o limite máximo de 90 dias.

Súmula nº 163 do TST

Aviso-prévio. Contrato de experiência

Cabe aviso prévio nas rescisões antecipadas dos contratos de experiência, na forma do art. 481 da CLT (ex-Prejulgado nº 42).

Súmula nº 125 do TST

Contrato de trabalho. Art. 479 da CLT

O art. 479 da CLT aplica-se ao trabalhador optante pelo FGTS admitido mediante contrato por prazo determinado, nos termos do art. 30, § 3º, do Decreto nº 59.820, de 20.12.1966.

3. DA NULIDADE DO CONTRATO DE TRABALHO

Súmula nº 363 do TST

Contrato nulo. Efeitos

A contratação de servidor público, após a CF/1988, sem prévia aprovação em concurso público, encontra óbice no respectivo art. 37, II e § 2º, somente lhe conferindo direito ao pagamento da contraprestação pactuada, em relação ao número de horas trabalhadas, respeitado o valor da hora do salário mínimo, e dos valores referentes aos depósitos do FGTS.

OJ nº 335 da SDI – I do TST

Contrato nulo. Administração pública. Efeitos. Conhecimento do recurso por violação do art. 37, II e § 2º, da CF/88 A nulidade da contratação sem concurso público, após a CF/88, bem como a limitação de seus efeitos, somente poderá ser declarada por ofensa ao art. 37, II, se invocado concomitantemente o seu § 2º, todos da CF/88.

OJ nº 65 da SDI – I do TST

Professor adjunto. Ingresso no cargo de professor titular. Exigência de concurso público não afastada pela constituição federal de 1988 (CF/1988, arts. 37, II e 206, V)

O acesso de professor adjunto ao cargo de professor titular só pode ser efetivado por meio de concurso público, conforme dispõem os arts. 37, inciso II, e 206, inciso V, da CF/88.

OJ nº 366 da SDI – I do TST

Estagiário. Desvirtuamento do contrato de estágio. Reconhecimento do vínculo empregatício com a administração pública direta ou indireta. Período posterior à constituição federal de 1988. Impossibilidade

Ainda que desvirtuada a finalidade do contrato de estágio celebrado na vigência da Constituição Federal de 1988, é inviável o reconhecimento do vínculo empregatício com ente da Administração Pública direta ou indireta, por força do art. 37, II, da CF/1988, bem como o deferimento de indenização pecuniária, exceto em relação às parcelas previstas na Súmula nº 363 do TST, se requeridas.

OJ nº 164 da SDI – I do TST

Oficial de justiça ad hoc. Inexistência de vínculo empregatício

Não se caracteriza o vínculo empregatício na nomeação para o exercício das funções de oficial de justiça ad hoc, ainda que feita de forma reiterada, pois exaure-se a cada cumprimento de mandado.

OJ nº 199 da SDI – I do TST

Jogo do bicho. Contrato de trabalho. Nulidade. Objeto ilícito. Arts. 82 e 145 do código civil

É nulo o contrato de trabalho celebrado para o desempenho de atividade inerente à prática do jogo do bicho, ante a ilicitude de seu objeto, o que subtrai o requisito de validade para a formação do ato jurídico.

Súmula nº 386 do TST

Policial militar. Reconhecimento de vínculo empregatício com empresa privada

Preenchidos os requisitos do art. 3º da CLT, é legítimo o reconhecimento de relação de emprego entre policial militar e empresa privada, independentemente do eventual cabimento de penalidade disciplinar prevista no Estatuto do Policial Militar.

Súmula nº 430 do TST

Administração pública indireta. Contratação. Ausência de concurso público. Nulidade. Ulterior privatização. Convalidação. Insubsistência do vício

Convalidam-se os efeitos do contrato de trabalho que, considerado nulo por ausência de concurso público, quando celebrado originalmente com ente da Administração Pública Indireta, continua a existir após a sua privatização.

4. ALTERAÇÃO DO CONTRATO DE TRABALHO

Súmula nº 372 do TST

Gratificação de função. Supressão ou redução. Limites

I – Percebida a gratificação de função por dez ou mais anos pelo empregado, se o empregador, sem justo motivo, revertê-lo a seu cargo efetivo, não poderá retirar-lhe a gratificação tendo em vista o princípio da estabilidade financeira.

II – Mantido o empregado no exercício da função comissionada, não pode o empregador reduzir o valor da gratificação.

OJ nº 208 da SDI – I do TST

Radiologista. Gratificação de raios X. Redução. Lei nº 7.923/89.

A alteração da gratificação por trabalho com raios X, de quarenta para dez por cento, na forma da Lei nº 7.923/89, não causou prejuízo ao trabalhador porque passou a incidir sobre o salário incorporado com todas as demais vantagens.

Súmula nº 265 do TST

Adicional noturno. Alteração de turno de trabalho. Possibilidade de supressão

A transferência para o período diurno de trabalho implica a perda do direito ao adicional noturno.

OJ nº 308 da SDI – I do TST

Jornada de trabalho. Alteração. Retorno à jornada inicialmente contratada. Servidor público

O retorno do servidor público (administração direta, autárquica e fundacional) à jornada inicialmente contratada não se insere nas vedações do art. 468 da CLT, sendo a sua jornada definida em lei e no contrato de trabalho firmado entre as partes.

OJ nº 244 da SDI – I do TST

Professor. Redução da carga horária. Possibilidade

A redução da carga horária do professor, em virtude da diminuição do número de alunos, não constitui alteração contratual, uma vez que não implica redução do valor da hora-aula.

OJ Nº 159 DA SDI - I DO TST

Data de pagamento. Salários. Alteração

Diante da inexistência de previsão expressa em contrato ou em instrumento normativo, a alteração da data de pagamento pelo empregador não viola o art. 468, desde que observado o parágrafo único do art. 459, ambos da CLT.

SÚMULA Nº 381 DO TST

Correção monetária. Salário. Art. 459 da CLT

O pagamento dos salários até o 5º dia útil do mês subsequente ao vencido não está sujeito à correção monetária. Se essa data limite for ultrapassada, incidirá o índice da correção monetária do mês subsequente ao da prestação dos serviços, a partir do dia 1º.

OJ Nº 28 DA SDI - I DO TST

Correção monetária sobre as diferenças salariais. Universidades federais. Devida. Lei nº 7.596/1987

Incide correção monetária sobre as diferenças salariais dos servidores das universidades federais, decorrentes da aplicação retroativa dos efeitos financeiros assegurados pela Lei nº 7.596/87, pois a correção monetária tem como escopo único minimizar a desvalorização da moeda em decorrência da corrosão inflacionária.

SÚMULA Nº 43 DO TST

Transferência

Presume-se abusiva a transferência de que trata o § 1º do art. 469 da CLT, sem comprovação da necessidade do serviço.

OJ Nº 113 DA SDI - I DO TST

Adicional de transferência. Cargo de confiança ou previsão contratual de transferência. Devido. Desde que a transferência seja provisória

O fato de o empregado exercer cargo de confiança ou a existência de previsão de transferência no contrato de trabalho não exclui o direito ao adicional. O pressuposto legal apto a legitimar a percepção do mencionado adicional é a transferência provisória.

SÚMULA Nº 29 DO TST

Transferência

Empregado transferido, por ato unilateral do empregador, para local mais distante de sua residência, tem direito a suplemento salarial correspondente ao acréscimo da despesa de transporte.

5. SUSPENSÃO E INTERRUPÇÃO DO CONTRATO DE TRABALHO

SÚMULA Nº 155 DO TST

Ausência ao serviço

As horas em que o empregado falta ao serviço para comparecimento necessário, como parte, à Justiça do Trabalho não serão descontadas de seus salários.

SÚMULA Nº 160 DO TST

Aposentadoria por invalidez

Cancelada a aposentadoria por invalidez, mesmo após cinco anos, o trabalhador terá direito de retornar ao emprego, facultado, porém, ao empregador, indenizá-lo na forma da lei.

OJ Nº 375 DA SDI - I DO TST

Auxílio-doença. Aposentadoria por invalidez. Suspensão do contrato de trabalho. Prescrição. Contagem

A suspensão do contrato de trabalho, em virtude da percepção do auxílio-doença ou da aposentadoria por invalidez, não impede a fluência da prescrição quinquenal, ressalvada a hipótese de absoluta impossibilidade de acesso ao Judiciário.

SÚMULA Nº 440 DO TST

Auxílio-doença acidentário. Aposentadoria por invalidez. Suspensão do contrato de trabalho. Reconhecimento do direito à manutenção de plano de saúde ou de assistência médica

Assegura-se o direito à manutenção de plano de saúde, ou de assistência médica, oferecido pela empresa ao empregado, não obstante suspenso o contrato de trabalho em virtude de auxílio-doença acidentário ou de aposentadoria por invalidez.

Capítulo V

DURAÇÃO DO TRABALHO

SUMÁRIO • 1. Duração do trabalho: 1.1. Sobreaviso – 2. Fiscalização da jornada – 3. Horas *in itinere* – 4. Motorista, gerente e ferroviário submetidos ao art. 62 da CLT – 5. Turnos ininterruptos de revezamento – 6. Trabalho noturno – 7. Compensação de jornada – 8. Jornada do telefonista, jornalista e advogado: 8.1. Intervalos; 8.2. Descanso semanal remunerado e feriados (Lei nº 605/1949); 8.3. Férias

1. DURAÇÃO DO TRABALHO

Súmula nº 429 do TST

Tempo à disposição do empregador. Art. 4º da CLT. Período de deslocamento entre a portaria e o local de trabalho.

Considera-se à disposição do empregador, na forma do art. 4º da CLT, o tempo necessário ao deslocamento do trabalhador entre a portaria da empresa e o local de trabalho, desde que supere o limite de 10 minutos diários.

1.1. Sobreaviso

Súmula nº 229 do TST

Sobreaviso. Eletricitários

Por aplicação analógica do art. 244, § 2º, da CLT, as horas de sobreaviso dos eletricitários são remuneradas à base de 1/3 sobre a totalidade das parcelas de natureza salarial.

Súmula nº 428 do TST

SOBREAVISO. APLICAÇÃO ANALÓGICA DO ART. 244, § 2º, DA CLT

I - O uso de instrumentos telemáticos ou informatizados fornecidos pela empresa ao empregado, por si só, não caracteriza regime de sobreaviso.

II – Considera-se em sobreaviso o empregado que, à distancia e submetido a controle patronal por instrumentos telemáticos ou informatizados, permanecer em regime de plantão ou equivalente, aguardando a qualquer momento o chamado para o serviço durante o período de descanso.

2. FISCALIZAÇÃO DA JORNADA

Súmula nº 338 do TST

Fiscalização da jornada. Registro. Ônus da prova.

I – É ônus do empregador que conta com mais de 10 (dez) empregados o registro da jornada de trabalho na forma do art. 74, § 2º, da CLT. A não apresentação injustificada dos controles de frequência gera presunção relativa de veracidade da jornada de trabalho, a qual pode ser elidida por prova em contrário.

II – A presunção de veracidade da jornada de trabalho, ainda que prevista em instrumento normativo, pode ser elidida por prova em contrário.

III – Os cartões de ponto que demonstram horários de entrada e saída uniformes são inválidos como meio de prova, invertendo-se o ônus da prova, relativo às horas extras, que passa a ser do empregador, prevalecendo a jornada da inicial se dele não se desincumbir.

Súmula nº 366 do TST

Não serão descontadas nem computadas como jornada extraordinária as variações de horário do registro de ponto não excedentes de cinco minutos, observado o limite máximo de dez minutos diários. Se ultrapassado esse limite, será considerada como extra a totalidade do tempo que exceder a jornada normal, pois configurado tempo à disposição do empregador, não importando as atividades desenvolvidas pelo empregado ao longo do tempo residual (troca de uniforme, lanche, higiene pessoal, etc).

SÚMULA Nº 449 DO TST

Minutos que antecedem e sucedem a jornada de trabalho. Lei nº 10.243, de 19.06.2001. Norma coletiva. Flexibilização. Impossibilidade

A partir da vigência da Lei nº 10.243, de 27.06.2001, que acrescentou o § 1º ao art. 58 da CLT, não mais prevalece cláusula prevista em convenção ou acordo coletivo que elastece o limite de 5 minutos que antecedem e sucedem a jornada de trabalho para fins de apuração das horas extras.

3. HORAS IN ITINERE

SÚMULA Nº 90 DO TST

Horas in itinere. Tempo de serviço

I – O tempo despendido pelo empregado, em condução fornecida pelo empregador, até o local de trabalho de difícil acesso, ou não servido por transporte público regular, e para o seu retorno é computável na jornada de trabalho.

II – A incompatibilidade entre os horários de início e término da jornada do empregado e os do transporte público regular é circunstância que também gera o direito às horas "in itinere".

III – A mera insuficiência de transporte público não enseja o pagamento de horas "in itinere".

IV – Se houver transporte público regular em parte do trajeto percorrido em condução da empresa, as horas "in itinere" remuneradas limitam-se ao trecho não alcançado pelo transporte público.

V – Considerando que as horas "in itinere" são computáveis na jornada de trabalho, o tempo que extrapola a jornada legal é considerado como extraordinário e sobre ele deve incidir o adicional respectivo.

SÚMULA Nº 320 DO TST

Horas *in itinere*. Obrigatoriedade de cômputo na jornada de trabalho

O fato de o empregador cobrar, parcialmente ou não, importância pelo transporte fornecido, para local de difícil acesso ou não servido de transporte regular, não afasta o direito à percepção das horas *in itinere*.

4. MOTORISTA, GERENTE E FERROVIÁRIO SUBMETIDOS AO ART. 62 DA CLT

OJ Nº 332 DA SDI – I DO TST

Motorista. Horas extras. Atividade externa. Controle de jornada por tacógrafo. Resolução nº 816/1986 do Contran

O tacógrafo, por si só, sem a existência de outros elementos, não serve para controlar a jornada de trabalho de empregado que exerce atividade externa.

SÚMULA Nº 287 DO TST

Jornada de trabalho. Gerente bancário

A jornada de trabalho do empregado de banco gerente de agência é regida pelo art. 224, § 2º, da CLT. Quanto ao gerente-geral de agência bancária, presume-se o exercício de encargo de gestão, aplicando-se-lhe o art. 62 da CLT.

SÚMULA Nº 61 DO TST

Ferroviário

Aos ferroviários que trabalham em estação do interior, assim classificada por autoridade competente, não são devidas horas extras (art. 243 da CLT).

5. TURNOS ININTERRUPTOS DE REVEZAMENTO

SÚMULA Nº 423 DO TST

Turno ininterrupto de revezamento. Fixação de jornada de trabalho mediante negociação coletiva. Validade.

Estabelecida jornada superior a seis horas e limitada a oito horas por meio de regular negociação coletiva, os empregados submetidos a turnos ininterruptos de revezamento não têm direito ao pagamento da 7ª e 8ª horas como extras.

OJ Nº 420 DA SDI – I DO TST

Turnos ininterruptos de revezamento. Elastecimento da jornada de trabalho. Norma coletiva com eficácia retroativa. Invalidade.

É inválido o instrumento normativo que, regularizando situações pretéritas, estabelece jornada de oito horas para o trabalho em turnos ininterruptos de revezamento

OJ Nº 360 DA SDI – I DO TST

Turno ininterrupto de revezamento. Dois turnos. Horário diurno e noturno. Caracterização

Faz jus à jornada especial prevista no art. 7º, XIV, da CF/1988 o trabalhador que exerce suas atividades em sistema de alternância de turnos, ainda que em dois turnos de trabalho, que compreendam, no todo ou em parte, o horário diurno e o noturno, pois submetido à alternância de horário prejudicial à saúde, sendo irrelevante que a atividade da empresa se desenvolva de forma ininterrupta.

SÚMULA Nº 360 DO TST

Turnos ininterruptos de revezamento. Intervalos intrajornada e semanal

A interrupção do trabalho destinada a repouso e alimentação, dentro de cada turno, ou o intervalo para repouso semanal, não descaracteriza o turno de revezamento com jornada de 6 (seis) horas previsto no art. 7º, XIV, da CF/1988.

OJ Nº 395 DA SDI – I DO TST

Turno ininterrupto de revezamento. Hora noturna reduzida. Incidência.

O trabalho em regime de turnos ininterruptos de revezamento não retira o direito à hora noturna reduzida, não havendo incompatibilidade entre as disposições contidas nos arts. 73, § 1º, da CLT e 7º, XIV, da Constituição Federal.

OJ Nº 275 DA SDI – I DO TST

Turno ininterrupto de revezamento. Horista. Horas extras e adicional. Devidos

Inexistindo instrumento coletivo fixando jornada diversa, o empregado horista submetido a turno ininterrupto de revezamento faz jus ao pagamento das horas extraordinárias laboradas além da 6ª, bem como ao respectivo adicional.

OJ Nº 396 DA SDI – I DO TST

Turnos ininterruptos de revezamento. Alteração da jornada de 8 para 6 horas diárias. Empregado horista. Aplicação do divisor 180.

Para o cálculo do salário hora do empregado horista, submetido a turnos ininterruptos de revezamento, considerando a alteração da jornada de 8 para 6 horas diárias, aplica-se o divisor 180, em observância ao disposto no art. 7º, VI, da Constituição Federal, que assegura a irredutibilidade salarial.

OJ Nº 274 DA SDI – I DO TST

Turno ininterrupto de revezamento. Ferroviário. Horas extras. Devidas

O ferroviário submetido a escalas variadas, com alternância de turnos, faz jus à jornada especial prevista no art. 7º, XIV, da CF/1988.

SÚMULA Nº 391 DO TST

Petroleiros. Lei nº 5.811/1972. Turno ininterrupto de revezamento. Horas extras e alteração da jornada para horário fixo

I – A Lei nº 5.811/1972 foi recepcionada pela CF/88 no que se refere à duração da jornada de trabalho em regime de revezamento dos petroleiros.

II – A previsão contida no art. 10 da Lei nº 5.811/1972, possibilitando a mudança do regime de revezamento para horário fixo, constitui alteração lícita, não violando os arts. 468 da CLT e 7º, VI, da CF/1988.

6. TRABALHO NOTURNO

OJ Nº 127 DA SDI – I DO TST

Hora noturna reduzida. Subsistência após a CF/1988

O art. 73, § 1º da CLT, que prevê a redução da hora noturna, não foi revogado pelo inciso IX do art. 7º da CF/1988

SÚMULA Nº 265 DO TST

Adicional noturno. Alteração de turno de trabalho. Possibilidade de supressão

A transferência para o período diurno de trabalho implica a perda do direito ao adicional noturno.

OJ Nº 388 DA SDI – I DO TST

Jornada 12x36. Jornada mista que compreenda a totalidade do período noturno. Adicional noturno. Devido.

O empregado submetido à jornada de 12 horas de trabalho por 36 de descanso, que compreenda a totalidade do período noturno, tem direito ao adicional noturno, relativo às horas trabalhadas após as 5 horas da manhã.

SÚMULA Nº 112 DO TST

Trabalho noturno. Petróleo

O trabalho noturno dos empregados nas atividades de exploração, perfuração, produção e refinação do petróleo, industrialização do xisto, indústria petroquímica e transporte de petróleo e seus derivados, por meio de dutos, é regulado pela Lei 5.811/72, não se lhe aplicando a hora reduzida de 52 (cinquenta e dois) minutos e 30 (trinta) segundos do art. 73, § 2º, da CLT.

OJ Nº 60 DA SDI – I DO TST

Portuários. Hora noturna. Horas extras. (Lei nº 4.860/65, arts. 4º e 7º, § 5º)

I – A hora noturna no regime de trabalho no porto, compreendida entre dezenove horas e sete horas do dia seguinte, é de sessenta minutos.

II – Para o cálculo das horas extras prestadas pelos trabalhadores portuários, observar-se-á somente o salário básico percebido, excluídos os adicionais de risco e produtividade.

7. COMPENSAÇÃO DE JORNADA

SÚMULA Nº 85 DO TST

Compensação de jornada

I – A compensação de jornada de trabalho deve ser ajustada por acordo individual escrito, acordo coletivo ou convenção coletiva.

II – O acordo individual para compensação de horas é válido, salvo se houver norma coletiva em sentido contrário.

III – O mero não-atendimento das exigências legais para a compensação de jornada, inclusive quando encetada mediante acordo tácito, não implica a repetição do pagamento das horas excedentes à jornada normal diária, se não dilatada a jornada máxima semanal, sendo devido apenas o respectivo adicional.

IV – A prestação de horas extras habituais descaracteriza o acordo de compensação de jornada. Nesta hipótese, as horas que ultrapassarem a jornada semanal normal deverão ser pagas como horas extraordinárias e, quanto àquelas destinadas à compensação, deverá ser pago a mais apenas o adicional por trabalho extraordinário.

V – As disposições contidas nesta súmula não se aplicam ao regime compensatório na modalidade " banco de horas", que somente pode ser instituído por negociação coletiva.

VI - Não é válido acordo de compensação de jornada em atividade insalubre, ainda que estipulado em norma coletiva, sem a necessária inspeção prévia e permissão da autoridade competente, na forma do art. 60 da CLT.

SÚMULA Nº 444 DO TST

Jornada de trabalho. Escala 12 por 36. Validade

É valida, em caráter excepcional, a jornada de 12 horas de trabalho por trinta e seis de descanso, prevista em lei ou ajustada exclusivamente mediante acordo coletivo de trabalho ou convenção coletiva de trabalho, assegurada a remuneração em dobro dos feriados trabalhados. O empregado não tem direito ao pagamento de adicional referente ao labor prestado na décima primeira e décima segunda horas.

OJ Nº 323 DA SDI – I DO TST

Acordo de compensação de jornada. "Semana espanhola". Validade

É válido o sistema de compensação de horário quando a jornada adotada é a denominada "semana espanhola", que alterna a prestação de 48 horas em uma semana e 40 horas em outra, não violando os arts. 59, § 2º, da CLT e 7º, XIII, da CF/1988 o seu ajuste mediante acordo ou convenção coletiva de trabalho.

8. JORNADA DO TELEFONISTA, JORNALISTA E ADVOGADO

SÚMULA Nº 178 DO TST

Telefonista. Art. 227, e parágrafos, da CLT. Aplicabilidade

É aplicável à telefonista de mesa de empresa que não explora o serviço de telefonia o disposto no art. 227, e seus parágrafos, da CLT.

OJ Nº 213 DA SDI – I DO TST

Telex. Operadores. Art. 227 da CLT. Inaplicável

O operador de telex de empresa, cuja atividade econômica não se identifica com qualquer uma das previstas no art. 227 da CLT, não se beneficia de jornada reduzida.

OJ Nº 407 DA SDI – I DO TST

Jornalista. Empresa não jornalística. Jornada de trabalho reduzida. Arts. 302 e 303 da CLT

O jornalista que exerce funções típicas de sua profissão, independentemente do ramo de atividade do empregador, tem direito à jornada reduzida prevista no artigo 303 da CLT.

OJ Nº 403 DA SDI - I DO TST

Advogado empregado. Contratação anterior a Lei nº 8.906, de 04.07.1994. Jornada de trabalho mantida com o advento da lei. Dedicação exclusiva. Caracterização

O advogado empregado contratado para jornada de 40 horas semanais, antes da edição da Lei nº 8.906, de 04.07.1994, está sujeito ao regime de dedicação exclusiva disposto no art. 20 da referida lei, pelo que não tem direito à jornada de 20 horas semanais ou 4 diárias.

8.1. Intervalos

SÚMULA Nº 118 DO TST

Jornada de trabalho. Horas extras

Os intervalos concedidos pelo empregador na jornada de trabalho, não previstos em lei, representam tempo à disposição da empresa, remunerados como serviço extraordinário, se acrescidos ao final da jornada.

SÚMULA Nº 437 DO TST

Intervalo intrajornada para repouso e alimentação. Aplicação do art. 71 da CLT. (conversão das Orientações Jurisprudenciais nºs 307, 342, 354, 380 e 381 da SBDI-1)

I – Após a edição da Lei no 8.923/94, a não concessão total ou a concessão parcial do intervalo intrajornada mínimo, para repouso e alimentação a empregados urbanos e rurais, implica o pagamento total do período correspondente, e não apenas daquele suprimido, com acréscimo de, no mínimo, 50% sobre o valor da remuneração da hora normal de trabalho (art. 71 da CLT), sem prejuízo do cômputo da efetiva jornada de labor para efeito de remuneração.

II - É inválida cláusula de acordo ou convenção coletiva de trabalho contemplando a supressão ou redução do intervalo intrajornada porque este constitui medida de higiene, saúde e segurança do trabalho, garantida por norma de ordem pública (art. 71 da CLT e art. 7º, XXII, da CF/1988), infenso à negociação coletiva.

III – Possui natureza salarial a parcela prevista no art. 71, § 4º, da CLT, com redação introduzida pela Lei no 8.923, de 27 de julho de 1994, quando não concedido ou reduzido pelo empregador o intervalo mínimo intrajornada para repouso e alimentação, repercutindo, assim, no cálculo de outras parcelas salariais.

IV – Ultrapassada habitualmente a jornada de seis horas de trabalho, é devido o gozo do intervalo intrajornada mínimo de uma hora, obrigando o empregador a remunerar o período para descanso e alimentação não usufruído como extra, acrescido do respectivo adicional, na forma prevista no art. 71, *caput* e § 4º, da CLT."

SÚMULA Nº 446 DO TST

Maquinista ferroviário. Intervalo intrajornada. Supressão parcial ou total. Horas extras devidas. Compatibilidade entre os arts 71, § 4º, e 238, § 5º, da CLT.

A garantia ao intervalo intrajornada, prevista no art. 71 da CLT, por constituir-se em medida de higiene, saúde e segurança do empregado, é aplicável também ao ferroviário maquinista integrante da categoria "c" (equipagem de trem em geral), não havendo incompatibilidade entre as regras inscritas nos arts. 71, § 4º, e 238, § 5º, da CLT.

SÚMULA Nº 346 DO TST

Digitador. Intervalos intrajornada. Aplicação analógica do art. 72 da CLT

Os digitadores, por aplicação analógica do art. 72 da CLT, equiparam-se aos trabalhadores nos serviços de mecanografia (datilografia, escrituração e cálculo), razão pela qual têm direito a intervalos de descanso de 10 (dez) minutos a cada 90 (noventa) de trabalho consecutivo.

OJ Nº 355 DA SDI - I DO TST

Intervalo interjornadas. Inobservância. Horas extras. Período pago como sobrejornada. Art. 66 da CLT. Aplicação analógica do § 4º do art. 71 da CLT.

O desrespeito ao intervalo mínimo interjornadas previsto no art. 66 da CLT acarreta, por analogia, os mesmos efeitos previstos no § 4º do art. 71 da CLT e na Súmula nº 110 do TST, devendo-se pagar a integralidade das horas que foram subtraídas do intervalo, acrescidas do respectivo adicional.

SÚMULA Nº 438 DO TST

Intervalo para recuperação térmica do empregado. Ambiente artificialmente frio. Horas extras. Art. 253 da CLT. Aplicação analogical

O empregado submetido a trabalho contínuo em ambiente artificialmente frio, nos termos do parágrafo único do art. 253 da CLT, ainda que não labore em câmara frigorífica, tem direito ao intervalo intrajornada previsto no *caput* do art. 253 da CLT.

SÚMULA Nº 110 DO TST

Jornada de trabalho. Intervalo.

No regime de revezamento, as horas trabalhadas em seguida ao repouso semanal de 24 horas, com prejuízo do intervalo mínimo de 11 horas consecutivas para descanso entre jornadas, devem ser remuneradas como extraordinárias, inclusive com o respectivo adicional.

8.2. Descanso semanal remunerado e feriados (Lei nº 605/1949)

SÚMULA Nº 15 DO TST

Atestado médico

A justificação da ausência do empregado motivada por doença, para a percepção do salário-enfermidade e da remuneração do repouso semanal, deve observar a ordem preferencial dos atestados médicos estabelecida em lei.

SÚMULA Nº 282 DO TST

Abono de faltas. Serviço médico da empresa

Ao serviço médico da empresa ou ao mantido por esta última mediante convênio compete abonar os primeiros 15 (quinze) dias de ausência ao trabalho.

SÚMULA Nº 146 DO TST

Trabalho em domingos e feriados, não compensado

O trabalho prestado em domingos e feriados, não compensado, deve ser pago em dobro, sem prejuízo da remuneração relativa ao repouso semanal.

OJ Nº 410 DA SDI – I DO TST

Repouso semanal remunerado. Concessão após o sétimo dia consecutivo de trabalho. Art. 7º, XV, da CF. Violação

Viola o art. 7º, XV, da CF a concessão de repouso semanal remunerado após o sétimo dia consecutivo de trabalho, importando no seu pagamento em dobro.

SÚMULA Nº 225 DO TST

Repouso semanal. Cálculo. Gratificações por tempo de serviço e produtividade

As gratificações por tempo de serviço e produtividade, pagas mensalmente, não repercutem no cálculo do repouso semanal remunerado.

OJ Nº 103 DA SDI – I DO TST

Adicional de insalubridade. Repouso semanal e feriados

O adicional de insalubridade já remunera os dias de repouso semanal e feriados.

SÚMULA Nº 172 DO TST

Repouso remunerado. Horas extras. Cálculo

Computam-se no cálculo do repouso semanal remunerado as horas extras habitualmente prestadas.

OJ Nº 394 DA SDI – I DO TST

Repouso semanal remunerado – RSR. Integração das horas extras.

Não repercussão no cálculo das férias, do décimo terceiro salário, do aviso-prévio e dos depósitos do FGTS

A majoração do valor do repouso semanal remunerado, em razão da integração das horas extras habitualmente prestadas, não repercute no cálculo das férias, da gratificação natalina, do aviso prévio e do FGTS, sob pena de caracterização de bis in idem.

SÚMULA Nº 27 DO TST

Comissionista

É devida a remuneração do repouso semanal remunerado e dos dias feriados ao empregado comissionista, ainda que pracista.

SÚMULA Nº 354 DO TST

Gorjetas. Natureza jurídica. Repercussões

As gorjetas, cobradas pelo empregador na nota de serviço ou oferecidas espontaneamente pelos clientes, integram a remuneração do empregado, não servindo de base de cálculo para as parcelas de aviso-prévio, adicional noturno, horas extras e repouso semanal remunerado.

Súmula nº 351 do TST

Professor. Repouso semanal remunerado. Art. 7º, § 2º, da Lei nº 605, de 05.01.1949 e art. 320 da CLT

O professor que recebe salário mensal à base de hora-aula tem direito ao acréscimo de 1/6 a título de repouso semanal remunerado, considerando-se para esse fim o mês de quatro semanas e meia.

Súmula nº 113 do TST

Bancário. Sábado. Dia útil

O sábado do bancário é dia útil não trabalhado, não dia de repouso remunerado. Não cabe a repercussão do pagamento de horas extras habituais em sua remuneração.

8.3. Férias

Súmula nº 89 do TST

Falta ao serviço

Se as faltas já são justificadas pela lei, consideram-se como ausências legais e não serão descontadas para o cálculo do período de férias.

Súmula nº 46 do TST

Acidente de trabalho

As faltas ou ausências decorrentes de acidente do trabalho não são consideradas para os efeitos de duração de férias e cálculo da gratificação natalina.

Súmula nº 328 do TST

Férias. Terço constitucional

O pagamento das férias, integrais ou proporcionais, gozadas ou não, na vigência da CF/88, sujeita-se ao acréscimo do terço previsto no respectivo art. 7º, XVII.

Súmula nº 149 do TST

Tarefeiro. Férias

A remuneração das férias do tarefeiro deve ser calculada com base na média da produção do período aquisitivo, aplicando-se-lhe a tarifa da data da concessão.

Súmula nº 81 do TST

Férias

Os dias de férias gozados após o período legal de concessão deverão ser remunerados em dobro.

Súmula nº 450 do TST

Férias. Gozo na época própria. Pagamento fora do prazo. Dobra devida. Arts. 137 e 145 da CLT.

É devido o pagamento em dobro da remuneração de férias, incluído o terço constitucional, com base no art. 137 da CLT, quando, ainda que gozadas na época própria, o empregador tenha descumprido o prazo previsto no art. 145 do mesmo diploma legal.

Súmula nº 7 do TST

Férias

A indenização pelo não-deferimento das férias no tempo oportuno será calculada com base na remuneração devida ao empregado na época da reclamação ou, se for o caso, na da extinção do contrato.

Súmula nº 171 do TST

Férias proporcionais. Contrato de trabalho. Extinção

Salvo na hipótese de dispensa do empregado por justa causa, a extinção do contrato de trabalho sujeita o empregador ao pagamento da remuneração das férias proporcionais, ainda que incompleto o período aquisitivo de 12 (doze) meses.

Súmula nº 261 do TST

Férias proporcionais. Pedido de demissão. Contrato vigente há menos de um ano

O empregado que se demite antes de completar 12 (doze) meses de serviço tem direito a férias proporcionais.

Súmula nº 10 do TST

Professor. Dispensa sem justa causa. Término do ano letivo ou no curso de férias escolares. Aviso-prévio

O direito aos salários assegurados (artigo 322, *caput* e parágrafo 3º da CLT) não exclui o direito também ao aviso-prévio, na hipótese de dispensa sem justa causa ao término do ano letivo ou no curso das férias escolares.

OJ nº 195 da SDI - I do TST

Férias indenizadas. FGTS. Não-incidência

Não incide a contribuição para o FGTS sobre as férias indenizadas.

Capítulo VI

REMUNERAÇÃO

SUMÁRIO • 1. Salário e remuneração – 2. Aumento salarial concedido pela empresa e salário utilidade – 3. Comissões – 4. Gratificações – 5. Adicional de risco do portuário – 6. Adicional por tempo de serviço e adicional regional – 7. Abono previsto em norma coletiva – 8. Gratificação natalina ou décimo terceiro salário – 9. Adicionais: 9.1. Adicional de horas extraordinárias; 9.2. Adicional noturno; 9.3. Adicional de transferência – 10. Adicional de periculosidade: 10.1. Integração do adicional de periculosidade; 10.2. Classificação de atividades perigosas: 10.2.1. Eletricitários; 10.2.2. Portuários; 10.2.3. Bomba de gasolina; 10.2.4. Sistema elétrico de potência; 10.2.5. Radiação ionizante ou substância radioativa; 10.2.6. Armazenamento de líquido inflamável no prédio. Construção vertical; 10.3. Perícia – 11. Adicional de insalubridade: 11.1. Integração; 11.2. Base de cálculo; 11.3. Perícia; 11.4. Classificação da atividade insalubre. Relação oficial elaborada pelo MTE: 11.4.1. Lixo urbano; 11.4.2. Raios solares; 11.4.3. Óleos minerais; 11.4.4. Direito adquirido; 11.5. Fornecimento de aparelho de proteção; 11.6. Substituição processual; 11.7. Causa de pedir – 12. Parcelas indenizatórias: 12.1. Participação nos lucros e resultados; 12.2. Diárias; 12.3. Vale-transporte; 12.4. Salário-família; 12.5. Seguro-desemprego; 12.6. Auxílio-alimentação – 13. Equiparação salarial – 14. Descontos salariais: 14.1 Multa prevista nos artigos 467 e 477; 14.2 Rescisão do contrato. Pagamento das verbas rescisórias; 14.3. Inadimplemento de verbas trabalhistas. Frutos. Posse de má-fé – 15. Reajustes salariais e planos econômicos – 16. Efeitos financeiros da anistia. Emenda constitucional nº 26/1985

1. SALÁRIO E REMUNERAÇÃO

Súmula nº 354 do TST

Gorjetas. Natureza jurídica. Repercussões

As gorjetas, cobradas pelo empregador na nota de serviço ou oferecidas espontaneamente pelos clientes, integram a remuneração do empregado, não servindo de base de cálculo para as parcelas de aviso-prévio, adicional noturno, horas extras e repouso semanal remunerado.

OJ nº 358 da SDI - I do TST

Salário mínimo e piso salarial proporcional à jornada reduzida. Empregado. Servidor público.

I – Havendo contratação para cumprimento de jornada reduzida, inferior à previsão constitucional de oito horas diárias ou quarenta e quatro semanais, é lícito o pagamento do piso salarial ou do salário mínimo proporcional ao tem-po trabalhado.

II – Na Administração Pública direta, autárquica e fundacional não é válida remuneração de empregado público inferior ao salário mínimo, ainda que cumpra jornada de trabalho reduzida. Precedentes do Supremo Tribunal Federal.

OJ nº 393 da SDI - I do TST

Professor. Jornada de trabalho especial. Art. 318 da CLT. Salário mínimo. Proporcionalidade

A contraprestação mensal devida ao professor, que trabalha no limite máximo da jornada prevista no art. 318 da CLT, é de um salário mínimo integral, não se cogitando do pagamento proporcional em relação a jornada prevista no art. 7º, XIII, da Constituição Federal.

OJ nº 244 da SDI - I do TST

Professor. Redução da carga horária. Possibilidade

A redução da carga horária do professor, em virtude da diminuição do número de alunos, não constitui alteração contratual, uma vez que não implica redução do valor da hora-aula.

Súmula nº 370 do TST

Médico e engenheiro. Jornada de trabalho. Leis nºs 3.999/1961 e 4.950-A/1966

Tendo em vista que as Leis nº 3.999/1961 e 4.950-A/1966 não estipulam a jornada reduzida, mas apenas estabelecem o salário mínimo da categoria para uma jornada de 4 horas para os médicos e de 6 horas para os engenheiros, não há que se falar em horas extras, salvo as excedentes à oitava, desde que seja respeitado o salário mínimo/horário das categorias.

Súmula nº 143 do TST

Salário profissional

O salário profissional dos médicos e dentistas guarda proporcionalidade com as horas efetivamente trabalhadas, respeitado o mínimo de 50 (cinqüenta) horas.

Súmula nº 358 do TST

Radiologista. Salário profissional. Lei nº 7.394, de 29.10.1985

O salário profissional dos técnicos em radiologia é igual a 2 (dois) salários mínimos e não a 4 (quatro).

Súmula nº 91 do TST

Salário complessivo

Nula é a cláusula que fixa determinada importância ou percentagem para atender englobadamente vários direitos legais ou contratuais do trabalhador.

2. AUMENTO SALARIAL CONCEDIDO PELA EMPRESA E SALÁRIO UTILIDADE

OJ nº 325 da SDI – I do TST

Aumento salarial concedido pela empresa. Compensação no ano seguinte em antecipação sem a participação do sindicato profissional. Impossibilidade

O aumento real, concedido pela empresa a todos os seus empregados, somente pode ser reduzido mediante a participação efetiva do sindicato profissional no ajuste, nos termos do art. 7º, VI, da CF/1988.

Súmula nº 258 do TST

Salário-utilidade. Percentuais

Os percentuais fixados em lei relativos ao salário in natura apenas se referem às hipóteses em que o empregado percebe salário-mínimo, apurando-se, nas demais, o real valor da utilidade.

Súmula nº 367 do TST

Utilidades "in natura". Habitação. Energia elétrica. Veículo. Cigarro. Não integração ao salário

I – A habitação, a energia elétrica e veículo fornecidos pelo empregador ao empregado, quando indispensáveis para a realização do trabalho, não têm natureza salarial, ainda que, no caso de veículo, seja ele utilizado pelo empregado também em atividades particulares.

II – O cigarro não se considera salário-utilidade em face de sua nocividade à saúde.

Súmula nº 241 do TST

Salário-utilidade. Alimentação

O vale refeição, fornecido por força do contrato de trabalho, tem caráter salarial, integrando a remuneração do empregado para todos os efeitos legais.

OJ nº 123 da SDI – I do TST

Bancários. Ajuda alimentação

A ajuda-alimentação prevista em norma coletiva em decorrência de prestação de horas extras tem natureza indenizatória e, por isso, não integra o salário do empregado bancário.

OJ nº 133 da SDI – I do TST

Ajuda alimentação. PAT. Lei nº 6.321/76. Não integração ao salário

A ajuda-alimentação fornecida por empresa participante do programa de alimentação ao trabalhador, instituído pela Lei nº 6.321/76, não tem caráter salarial. Portanto, não integra o salário para nenhum efeito legal.

OJ nº 413 da SDI – I do TST

Auxílio-alimentação. Alteração da natureza jurídica. Norma coletiva ou adesão ao PAT. (DEJT divulgado em 14, 15 e 16.02.2012)

A pactuação em norma coletiva conferindo caráter indenizatório à verba "auxílio-alimentação" ou a adesão posterior do empregador ao Programa de Alimentação do Trabalhador – PAT – não altera a natureza salarial da parcela, instituída anteriormente, para aqueles empregados que, habitualmente, já percebiam o benefício, a teor das Súmulas nos 51, I, e 241 do TST.

3. COMISSÕES

OJ nº 181 da SDI – I do TST

Comissões. Correção monetária. Cálculo

O valor das comissões deve ser corrigido monetariamente para em seguida obter-se a média para efeito de cálculo de férias, 13º salário e verbas rescisórias.

Súmula nº 27 do TST

Comissionista

É devida a remuneração do repouso semanal remunerado e dos dias feriados ao empregado comissionista, ainda que pracista.

Súmula nº 340 do TST

Comissionista. Horas extras

O empregado, sujeito a controle de horário, remunerado à base de comissões, tem direito ao adicional de, no mínimo, 50% (cinquenta por cento) pelo trabalho em horas extras, calculado sobre o valor-hora das comissões recebidas no mês, considerando-se como divisor o número de horas efetivamente trabalhadas.

OJ nº 235 da SDI – I do TST

Horas extras. Salário por produção

O empregado que recebe salário por produção e trabalha em sobrejornada tem direito à percepção apenas do adicional de horas extras, exceto no caso do empregado cortador de cana, a quem é devido o pagamento das horas extras e do adicional respectivo.

OJ nº 397 da SDI – I do TST

Comissionista misto. Horas extras. Base de cálculo. Aplicação da Súmula nº 340 do TST.

O empregado que recebe remuneração mista, ou seja, uma parte fixa e outra variável, tem direito a horas extras pelo trabalho em sobrejornada. Em relação à parte fixa, são devidas as horas simples acrescidas do adicional de horas extras. Em relação à parte variável, é devido somente o adicional de horas extras, aplicando-se à hipótese o disposto na Súmula nº 340 do TST.

4. GRATIFICAÇÕES

Súmula nº 152 do TST

Gratificação. Ajuste tácito

O fato de constar do recibo de pagamento de gratificação, o caráter de liberalidade não basta, por si só, para excluir a existência de um ajuste tácito.

Súmula nº 225 do TST

Repouso semanal. Cálculo. Gratificações por tempo de serviço e produtividade

As gratificações por tempo de serviço e produtividade, pagas mensalmente, não repercutem no cálculo do repouso semanal remunerado.

Súmula nº 203 do TST

Gratificação por tempo de serviço. Natureza salarial

A gratificação por tempo de serviço integra o salário para todos os efeitos legais.

Súmula nº 226 do TST

Bancário. Gratificação por tempo de serviço. Integração no cálculo das horas extras

A gratificação por tempo de serviço integra o cálculo das horas extras.

Súmula nº 202 do TST

Gratificação por tempo de serviço. Compensação

Existindo, ao mesmo tempo, gratificação por tempo de serviço outorgada pelo empregador e outra da mesma natureza prevista em acordo coletivo, convenção coletiva ou sentença normativa, o empregado tem direito a receber, exclusivamente, a que lhe seja mais benéfica.

Súmula nº 372 do TST

Gratificação de função. Supressão ou redução. Limites

I – Percebida a gratificação de função por dez ou mais anos pelo empregado, se o empregador, sem justo motivo, revertê-lo a seu cargo efetivo, não poderá retirar-lhe a gratificação tendo em vista o princípio da estabilidade financeira.

II – Mantido o empregado no exercício da função comissionada, não pode o empregador reduzir o valor da gratificação.

Súmula nº 67 do TST

Gratificação. Ferroviário

Chefe de trem, regido pelo estatuto dos ferroviários (Decreto nº 35.530, de 19.09.1959), não tem direito à gratificação prevista no respectivo art. 110.

5. ADICIONAL DE RISCO DO PORTUÁRIO

OJ Nº 316 DA SDI - I DO TST

Portuários. Adicional de risco. Lei nº 4.860/65

O adicional de risco dos portuários, previsto no art. 14 da Lei nº 4.860/65, deve ser proporcional ao tempo efetivo no serviço considerado sob risco e apenas concedido àqueles que prestam serviços na área portuária.

6. ADICIONAL POR TEMPO DE SERVIÇO E ADICIONAL REGIONAL

SÚMULA Nº 52 DO TST

Tempo de serviço

O adicional de tempo de serviço (quinquênio) é devido, nas condições estabelecidas no art. 19 da Lei nº 4.345, de 26.06.1964, aos contratados sob o regime da CLT, pela empresa a que se refere a mencionada lei, inclusive para o fim de complementação de aposentadoria.

SÚMULA Nº 84 DO TST

Adicional regional

O adicional regional, instituído pela Petrobras, não contraria o art. 7º, XXXII, da CF/1988.

7. ABONO PREVISTO EM NORMA COLETIVA

OJ Nº 346 DA SDI - I DO TST

Abono previsto em norma coletiva. Natureza indenizatória. Concessão apenas aos empregados em atividade. Extensão aos inativos. Impossibilidade

A decisão que estende aos inativos a concessão de abono de natureza jurídica indenizatória, previsto em norma coletiva apenas para os empregados em atividade, a ser pago de uma única vez, e confere natureza salarial à parcela, afronta o art. 7º, XXVI, da CF/88.

8. GRATIFICAÇÃO NATALINA OU DÉCIMO TERCEIRO SALÁRIO

SÚMULA Nº 45 DO TST

Serviço suplementar

A remuneração do serviço suplementar, habitualmente prestado, integra o cálculo da gratificação natalina prevista na Lei nº 4.090/62.

SÚMULA Nº 253 DO TST

Gratificação semestral. Repercussões

A gratificação semestral não repercute no cálculo das horas extras, das férias e do aviso-prévio, ainda que indenizados. Repercute, contudo, pelo seu duodécimo na indenização por antiguidade e na gratificação natalina.

SÚMULA Nº 46 DO TST

Acidente de trabalho

As faltas ou ausências decorrentes de acidente do trabalho não são consideradas para os efeitos de duração de férias e cálculo da gratificação natalina.

SÚMULA Nº 157 DO TST

Gratificação

A gratificação instituída pela Lei nº 4.090, de 13.7.62, é devida na resilição contratual de iniciativa do empregado.

SÚMULA Nº 14 DO TST

Culpa recíproca

Reconhecida a culpa recíproca na rescisão do contrato de trabalho (art. 484 da CLT), o empregado tem direito a 50% (cinquenta por cento) do valor do aviso prévio, do décimo terceiro salário e das férias proporcionais.

SÚMULA Nº 148 DO TST

Gratificação natalina

É computável a gratificação de Natal para efeito de cálculo de indenização.

SÚMULA Nº 242 DO TST

Indenização adicional. Valor

A indenização adicional, prevista no art. 9º da Lei nº 6.708, de 30.10.1979 e no art. 9º da Lei nº 7.238 de 28.10.1984, corresponde ao salário mensal, no valor devido na data da comunicação do despedimento, integrado pelos adicionais legais ou convencionados, ligados à unidade de tempo mês, não sendo computável a gratificação natalina.

Súmula nº 50 do TST

Gratificação natalina

A gratificação natalina, instituída pela Lei nº 4.090, de 13.07.1962, é devida pela empresa cessionária ao servidor público cedido enquanto durar a cessão.

9. ADICIONAIS

9.1. Adicional de horas extraordinárias

Súmula nº 347 do TST

Horas extras habituais. Apuração. Média física

O cálculo do valor das horas extras habituais, para efeito de reflexos em verbas trabalhistas, observará o número de horas efetivamente prestadas e a ele aplica-se o valor do salário-hora da época do pagamento daquelas.

Súmula nº 264 do TST

Hora suplementar. Cálculo

A remuneração do serviço suplementar é composta do valor da hora normal, integrado por parcelas de natureza salarial e acrescido do adicional previsto em lei, contrato, acordo, convenção coletiva ou sentença normativa.

OJ nº 97 da SDI - I do TST

Horas extras. Adicional noturno. Base de cálculo

O adicional noturno integra a base de cálculo das horas extras prestadas no período noturno.

OJ nº 47 da SDI - I do TST

Hora extra. Adicional de insalubridade. Base de cálculo

A base de cálculo da hora extra é o resultado da soma do salário contratual mais o adicional de insalubridade.

Súmula nº 132 do TST

Adicional de periculosidade. Integração

I – O adicional de periculosidade, pago em caráter permanente, integra o cálculo de indenização e de horas extras.

II – Durante as horas de sobreaviso, o empregado não se encontra em condições de risco, razão pela qual é incabível a integração do adicional de periculosidade sobre as mencionadas horas.

Súmula nº 376 do TST

Horas extras. Limitação. Art. 59 da CLT. Reflexos

I – A limitação legal da jornada suplementar a duas horas diárias não exime o empregador de pagar todas as horas trabalhadas.

II – O valor das horas extras habitualmente prestadas integra o cálculo dos haveres trabalhistas, independentemente da limitação prevista no "*caput*" do art. 59 da CLT.

Súmula nº 172 do TST

Repouso remunerado. Horas extras. Cálculo

Computam-se no cálculo do repouso semanal remunerado as horas extras habitualmente prestadas.

OJ nº 394 da SDI - I do TST

Repouso semanal remunerado – RSR. Integração das horas extras. Não repercussão no cálculo das férias, do décimo terceiro salário, do aviso-prévio e dos depósitos do FGTS

A majoração do valor do repouso semanal remunerado, em razão da integração das horas extras habitualmente prestadas, não repercute no cálculo das férias, da gratificação natalina, do aviso prévio e do FGTS, sob pena de caracterização de bis in idem.

Súmula nº 45 do TST

Serviço suplementar

A remuneração do serviço suplementar, habitualmente prestado, integra o cálculo da gratificação natalina prevista na Lei nº 4.090/62.

Súmula nº 63 do TST

Fundo de Garantia

A contribuição para o Fundo de Garantia do Tempo de Serviço incide sobre a remuneração mensal devida ao empregado, inclusive horas extras e adicionais eventuais.

Súmula nº 115 do TST

Horas extras. Gratificações semestrais

O valor das horas extras habituais integra a remuneração do trabalhador para cálculo das gratificações semestrais.

Súmula nº 253 do TST

Gratificação semestral. Repercussões

A gratificação semestral não repercute no cálculo das horas extras, das férias e do aviso-prévio, ainda que indenizados. Repercute, contudo, pelo seu duodécimo na indenização por antiguidade e na gratificação natalina.

Súmula nº 24 do TST

Serviço extraordinário

Insere-se no cálculo da indenização por antiguidade o salário relativo a serviço extraordinário, desde que habitualmente prestado.

Súmula nº 291 do TST

Horas extras. Habitualidade. Supressão. Indenização

A supressão total ou parcial, pelo empregador, do serviço suplementar prestado com habitualidade, durante pelo menos 1 (um) ano, assegura ao empregado o direito à indenização correspondente ao valor de 1 (um) mês das horas suprimidas, total ou parcialmente, para cada ano ou fração igual ou superior a seis meses de prestação de serviço acima da jornada normal. O cálculo observará a média das horas suplementares efetivamente trabalhadas nos últimos 12 (doze) meses, anteriores à mudança, multiplicada pelo valor da hora extra do dia da supressão.

OJ nº 206 da SDI – I do TST

Professor. Horas extras. Adicional de 50%

Excedida a jornada máxima (art. 318 da CLT), as horas excedentes devem ser remuneradas com o adicional de, no mínimo, 50% (art. 7º, XVI, CF/1988).

Súmula nº 96 do TST

Marítimo

A permanência do tripulante a bordo do navio, no período de repouso, além da jornada, não importa presunção de que esteja à disposição do empregador ou em regime de prorrogação de horário, circunstâncias que devem resultar provadas, dada a natureza do serviço.

OJ nº 233 da SDI – I do TST

Horas extras. Comprovação de parte do período alegado

A decisão que defere horas extras com base em prova oral ou documental não ficará limitada ao tempo por ela abrangido, desde que o julgador fique convencido de que o procedimento questionado superou aquele período.

Súmula nº 431 do TST

Salário hora. Empregado sujeito ao regime geral de trabalho. (art. 58, *caput*, da CLT). 40 horas semanais. Cálculo. Aplicação do divisor 200.

Para os empregados a que alude o art. 58, *caput*, da CLT, quando sujeitos a 40 horas semanais de trabalho, aplica-se o divisor 200 para o cálculo do valor do salário hora.

OJ nº 415 da SDI – I do TST

Horas extras. Reconhecimento em juízo. Critério de dedução/abatimento dos valores comprovadamente pagos no curso do contrato de trabalho.

A dedução das horas extras comprovadamente pagas daquelas reconhecidas em juízo não pode ser limitada ao mês de apuração, devendo ser integral e aferida pelo total das horas extraordinárias quitadas durante o período imprescrito do contrato de trabalho.

9.2. Adicional noturno

Súmula nº 60 do TST

Adicional noturno. Integração no salário e prorrogação em horário diurno

I – O adicional noturno pago com habitualidade integra o salário do empregado para todos os efeitos.

II – Cumprida integralmente a jornada no período noturno e prorrogada esta, devido é também o adicional quanto às horas prorrogadas. Exegese do art. 73, § 5º, da CLT.

OJ nº 259 da SDI – I do TST

Adicional noturno. Base de cálculo. Adicional de periculosidade. Integração

O adicional de periculosidade deve compor a base de cálculo do adicional noturno, já que também neste horário o trabalhador permanece sob as condições de risco.

OJ nº 395 da SDI – I do TST

Turno ininterrupto de revezamento. Hora noturna reduzida. Incidência.

O trabalho em regime de turnos ininterruptos de revezamento não retira o direito à hora noturna reduzida, não havendo incompatibilidade entre as disposições contidas nos arts. 73, § 1º, da CLT e 7º, XIV, da Constituição Federal.

SÚMULA Nº 140 DO TST

Vigia

É assegurado ao vigia, sujeito ao trabalho noturno, o direito ao respetivo adicional.

SÚMULA Nº 65 DO TST

Vigia

O direito à hora reduzida de 52 minutos e 30 segundos aplica-se ao vigia noturno.

9.3. Adicional de transferência

OJ Nº 113 DA SDI – I DO TST

Adicional de transferência. Cargo de confiança ou previsão contratual de transferência. Devido. Desde que a transferência seja provisória

O fato de o empregado exercer cargo de confiança ou a existência de previsão de transferência no contrato de trabalho não exclui o direito ao adicional. O pressuposto legal apto a legitimar a percepção do mencionado adicional é a transferência provisória.

SÚMULA Nº 29 DO TST

Transferência

Empregado transferido, por ato unilateral do empregador, para local mais distante de sua residência, tem direito a suplemento salarial correspondente ao acréscimo da despesa de transporte.

10. ADICIONAL DE PERICULOSIDADE

SÚMULA Nº 364 DO TST

Adicional de periculosidade. Exposição eventual, permanente e intermitente

I – Tem direito ao adicional de periculosidade o empregado exposto permanentemente ou que, de forma intermitente, sujeita-se a condições de risco. Indevido, apenas, quando o contato dá-se de forma eventual, assim considerado o fortuito, ou o que, sendo habitual, dá-se por tempo extremamente reduzido.

II – Não é válida a cláusula de acordo ou convenção coletiva de trabalho fixando o adicional de periculosidade em percentual inferior ao estabelecido em lei e proporcional ao tempo de exposição ao risco, pois tal parcela constitui medida de higiene, saúde e segurança do trabalho, garantida por norma de ordem pública (arts. 7º, XXII e XXIII, da CF e 193, § 1º, da CLT).

SÚMULA Nº 447 DO TST

Adicional de periculosidade. Permanência a bordo durante o abastecimento da aeronave. Indevido.

Os tripulantes e demais empregados em serviços auxiliares de transporte aéreo que, no momento do abastecimento da aeronave, permanecem a bordo não têm direito ao adicional de periculosidade a que aludem o art. 193 da CLT e o Anexo 2, item 1, "c", da NR 16 do MTE.

10.1. Integração do Adicional de Periculosidade

SÚMULA Nº 132 DO TST

Adicional de periculosidade. Integração

I – O adicional de periculosidade, pago em caráter permanente, integra o cálculo de indenização e de horas extras.

II – Durante as horas de sobreaviso, o empregado não se encontra em condições de risco, razão pela qual é incabível a integração do adicional de periculosidade sobre as mencionadas horas.

OJ Nº 259 DA SDI – I DO TST

Adicional noturno. Base de cálculo. Adicional de periculosidade. Integração

O adicional de periculosidade deve compor a base de cálculo do adicional noturno, já que também nesse horário o trabalhador permanece sob as condições de risco.

OJ Nº 172 DA SDI – I DO TST

Adicional de insalubridade ou periculosidade. Condenação. Inserção em folha de pagamento

Condenada ao pagamento do adicional de insalubridade ou periculosidade, a empresa deverá inserir, mês a mês e enquanto o trabalho for executado sob essas condições, o valor correspondente em folha de pagamento.

SÚMULA Nº 70 DO TST

Adicional de periculosidade

O adicional de periculosidade não incide sobre os triênios pagos pela Petrobras.

10.2. Classificação de atividades perigosas

10.2.1. Eletricitários

Súmula nº 191 do TST

Adicional de periculosidade. Incidência. Base de cálculo.

I – O adicional de periculosidade incide apenas sobre o salário básico e não sobre este acrescido de outros adicionais.

II – O adicional de periculosidade do empregado eletricitário, contratado sob a égide da Lei nº 7.369/1985, deve ser calculado sobre a totalidade das parcelas de natureza salarial. Não é válida norma coletiva mediante a qual se determina a incidência do referido adicional sobre o salário básico.

III - A alteração da base de cálculo do adicional de periculosidade do eletricitário promovida pela Lei nº 12.740/2012 atinge somente contrato de trabalho firmado a partir de sua vigência, de modo que, nesse caso, o cálculo será realizado exclusivamente sobre o salário básico, conforme determina o § 1º do art. 193 da CLT.

Súmula nº 361 do TST

Adicional de periculosidade. Eletricitários. Exposição intermitente

O trabalho exercido em condições perigosas, embora de forma intermitente, dá direito ao empregado a receber o adicional de periculosidade de forma integral, porque a Lei n. 7.369/85 não estabeleceu nenhuma proporcionalidade em relação ao seu pagamento.

10.2.2. Portuários

OJ nº 402 da SDI - I do TST

Adicional de risco. Portuário. Terminal privativo. Arts. 14 e 19 da Lei nº 4.860, de 26.11.1965. Indevido

O adicional de risco previsto no artigo 14 da Lei nº 4.860, de 26.11.1965, aplica-se somente aos portuários que trabalham em portos organizados, não podendo ser conferido aos que operam terminal privativo.

10.2.3. Bomba de gasolina

Súmula nº 39 do TST

Periculosidade

Os empregados que operam em bomba de gasolina têm direito ao adicional de periculosidade (Lei nº 2.573, de 15.8.55).

10.2.4. Sistema elétrico de potência

OJ nº 347 da SDI - I do TST

Adicional de periculosidade. Sistema elétrico de potência. Lei nº 7.369, de 20.09.1985, regulamentada pelo Decreto nº 93.412, de 14.10.1986. Extensão do direito aos cabistas, instaladores e reparadores de linhas e aparelhos em empresa de telefonia

É devido o adicional de periculosidade aos empregados cabistas, instaladores e reparadores de linhas e aparelhos de empresas de telefonia, desde que, no exercício de suas funções, fiquem expostos a condições de risco equivalente ao do trabalho exercido em contato com sistema elétrico de potência.

OJ nº 324 da SDI - I do TST

Adicional de periculosidade. Sistema elétrico de potência. Decreto nº 93.412/86, art. 2º, § 1º

É assegurado o adicional de periculosidade apenas aos empregados que trabalham em sistema elétrico de potência em condições de risco, ou que o façam com equipamentos e instalações elétricas similares, que ofereçam risco equivalente, ainda que em unidade consumidora de energia elétrica.

10.2.5. Radiação ionizante ou substância radioativa

OJ nº 345 da SDI - I do TST

Adicional de periculosidade. Radiação ionizante ou substância radioativa. Devido

A exposição do empregado à radiação ionizante ou à substância radioativa enseja a percepção do adicional de periculosidade, pois a regulamentação ministerial (Portarias do Ministério do Trabalho nºs 3.393, de 17.12.1987, e 518, de 07.04.2003), ao reputar perigosa a atividade, reveste-se de plena eficácia, porquanto expedida por força de delegação legislativa contida no art. 200, "*caput*", e inciso VI, da CLT. No período de 12.12.2002 a 06.04.2003, enquanto vigeu a Portaria nº 496 do Ministério do Trabalho, o empregado faz jus ao adicional de insalubridade.

10.2.6. Armazenamento de líquido inflamável no prédio. Construção Vertical

OJ Nº 385 DA SDI – I DO TST

Adicional de periculosidade. Devido. Armazenamento de líquido inflamável no prédio. Construção vertical.

É devido o pagamento do adicional de periculosidade ao empregado que desenvolve suas atividades em edifício (construção vertical), seja em pavimento igual ou distinto daquele onde estão instalados tanques para armazenamento de líquido inflamável, em quantidade acima do limite legal, considerando-se como área de risco toda a área interna da construção vertical.

10.3. Perícia

OJ Nº 165 DA SDI – I DO TST

Perícia. Engenheiro ou médico. Adicional de insalubridade e periculosidade. Válido. Art. 195 da CLT

O art. 195 da CLT não faz qualquer distinção entre o médico e o engenheiro para efeito de caracterização e classificação da insalubridade e periculosidade, bastando para a elaboração do laudo seja o profissional devidamente qualificado.

SÚMULA Nº 453 DO TST

Adicional de periculosidade. Pagamento espontâneo. Caracterização de fato incontroverso. Desnecessária a perícia de que trata o art. 195 da CLT

O pagamento de adicional de periculosidade efetuado por mera liberalidade da empresa, ainda que de forma proporcional ao tempo de exposição ao risco ou em percentual inferior ao máximo legalmente previsto, dispensa a realização da prova técnica exigida pelo art. 195 da CLT, pois torna incontroversa a existência do trabalho em condições perigosas.

OJ Nº 278 DA SDI – I DO TST

Adicional de insalubridade. Perícia. Local de trabalho desativado

A realização da perícia é obrigatória para verificação de insalubridade. Quando não for possível sua realização como em caso de fechamento da empresa, poderá o julgador utilizar-se de outros meios de prova.

11. ADICIONAL DE INSALUBRIDADE

11.1. Integração

SÚMULA Nº 139 DO TST

Adicional de insalubridade

Enquanto percebido, o adicional de insalubridade integra a remuneração para todos os efeitos legais.

SÚMULA Nº 47 DO TST

Hora extra. Adicional de insalubridade. Base de cálculo

O trabalho executado em condições insalubres, em caráter intermitente, não afasta, só por essa circunstância, o direito à percepção do respectivo adicional. » 102

OJ Nº 47 DA SDI – I DO TST

Hora extra. Adicional de insalubridade. Base de cálculo

A base de cálculo da hora extra é o resultado da soma do salário contratual mais o adicional de insalubridade.

OJ Nº 103 DA SDI – I DO TST

Adicional de insalubridade. Repouso semanal e feriados

O adicional de insalubridade já remunera os dias de repouso semanal e feriados.

11.2. Base de cálculo

SÚMULA VINCULANTE Nº 4 DO STF

Salvo nos casos previstos na Constituição, o salário-mínimo não pode ser usado como indexador de base de cálculo de vantagem de servidor público ou de empregado, nem ser substituído por decisão judicial.

SÚMULA Nº 228 DO TST

Adicional de insalubridade. Base de cálculo. Súmula cuja eficácia está suspensa por decisão liminar do Supremo Tribunal Federal

A partir de 9 de maio de 2008, data da publicação da Súmula Vinculante no 4 do Supremo Tribunal Federal, o adicional de insalubridade será calculado sobre o salário básico, salvo critério mais vantajoso fixado em instrumento coletivo.

11.3. Perícia

OJ Nº 278 DA SDI – I DO TST

Adicional de insalubridade. Perícia. Local de trabalho desativado

A realização da perícia é obrigatória para verificação de insalubridade. Quando não for possível sua realização como em caso de fechamento da empresa, poderá o julgador utilizar-se de outros meios de prova.

OJ Nº 165 DA SDI – I DO TST

Perícia. Engenheiro ou médico. Adicional de insalubridade e periculosidade. Válido. Art. 195 da CLT

O art. 195 da CLT não faz qualquer distinção entre o médico e o engenheiro para efeito de caracterização e classificação da insalubridade e periculosidade, bastando para a elaboração do laudo seja o profissional devidamente qualificado.

SÚMULA Nº 453 DO TST

Adicional de periculosidade. Pagamento espontâneo. Caracterização de fato incontroverso. Desnecessária a perícia de que trata o art. 195 da CLT

O pagamento de adicional de periculosidade efetuado por mera liberalidade da empresa, ainda que de forma proporcional ao tempo de exposição ao risco ou em percentual inferior ao máximo legalmente previsto, dispensa a realização da prova técnica exigida pelo art. 195 da CLT, pois torna incontroversa a existência do trabalho em condições perigosas.

11.4. Classificação da atividade insalubre. Relação oficial elaborada pelo MTE

11.4.1. Lixo urbano

SÚMULA Nº 448 DO TST

Atividade insalubre. Caracterização. Previsão na norma regulamentadora n. 15 da Portaria do Ministério do Trabalho e Emprego n. 3.214/78. Instalações sanitárias.

I – Não basta a constatação da insalubridade por meio de laudo pericial para que o empregado tenha direito ao respectivo adicional, sendo necessária a classificação da atividade insalubre na relação oficial elaborada pelo Ministério do Trabalho.

II – A higienização de instalações sanitárias de uso público ou coletivo de grande circulação, e a respectiva coleta de lixo, por não se equiparar à limpeza em residências e escritórios, enseja o pagamento de adicional de insalubridade em grau máximo, incidindo o disposto no Anexo 14 da NR-15 da Portaria do MTE nº 3.214/78 quanto à coleta e industrialização de lixo urbano.

11.4.2. Raios solares

OJ Nº 173 DA SDI – I DO TST

Adicional de insalubridade. Atividade a céu aberto. Exposição ao sol e ao calor.

I – Ausente previsão legal, indevido o adicional de insalubridade ao trabalhador em atividade a céu aberto por sujeição à radiação solar (art. 195 da CLT e Anexo 7 da NR 15 da Portaria No 3.214/78 do MTE).

II – Tem direito à percepção ao adicional de insalubridade o empregado que exerce atividade exposto ao calor acima dos limites de tolerância, inclusive em ambiente externo com carga solar, nas condições previstas no Anexo 3 da NR 15 da Portaria No 3.214/78 do MTE.

11.4.3. Óleos minerais

OJ Nº 171 DA SDI – I DO TST

Adicional de insalubridade. Óleos minerais. Sentido do termo "manipulação"

Para efeito de concessão de adicional de insalubridade não há distinção entre fabricação e manuseio de óleos minerais – Portaria nº 3214 do Ministério do Trabalho, NR 15, Anexo XIII.

11.4.4. Direito adquirido

SÚMULA Nº 248 DO TST

Adicional de insalubridade. Direito adquirido

A reclassificação ou a descaracterização da insalubridade, por ato da autoridade competente, repercute na satisfação do respectivo adicional, sem ofensa a direito adquirido ou ao princípio da irredutibilidade salarial.

11.5. Fornecimento de aparelho de proteção

SÚMULA Nº 289 DO TST

Insalubridade. Adicional. Fornecimento do aparelho de proteção. Efeito

O simples fornecimento do aparelho de proteção pelo empregador não o exime do pagamento do adicional de insalubridade. Cabe-lhe tomar as medidas que conduzam à diminuição ou eliminação da nocividade, entre as quais as relativas ao uso efetivo do equipamento pelo empregado.

Súmula nº 80 do TST

Insalubridade

A eliminação da insalubridade mediante fornecimento de aparelhos protetores aprovados pelo órgão competente do Poder Executivo exclui a percepção do respectivo adicional.

11.6. Substituição processual

OJ nº 121 da SDI – I do TST

Substituição processual. Diferença do adicional de insalubridade. Legitimidade

O sindicato tem legitimidade para atuar na qualidade de substituto processual para pleitear diferença de adicional de insalubridade.

11.7. Causa de pedir

Súmula nº 293 do TST

Adicional de insalubridade. Causa de pedir. Agente nocivo diverso do apontado na inicial

A verificação mediante perícia de prestação de serviços em condições nocivas, considerado agente insalubre diverso do apontado na inicial, não prejudica o pedido de adicional de insalubridade.

12. PARCELAS INDENIZATÓRIAS

12.1. Participação nos lucros e resultados

Súmula nº 451 do TST

Participação nos lucros e resultados. Rescisão contratual anterior à data da distribuição dos lucros. Pagamento proporcional aos meses trabalhados. Princípio da isonomia

Fere o princípio da isonomia instituir vantagem mediante acordo coletivo ou norma regulamentar que condiciona a percepção da parcela participação nos lucros e resultados ao fato de estar o contrato de trabalho em vigor na data prevista para a distribuição dos lucros. Assim, inclusive na rescisão contratual antecipada, é devido o pagamento da parcela de forma proporcional aos meses trabalhados, pois o ex-empregado concorreu para os resultados positivos da empresa.

12.2. Diárias

Súmula nº 101 do TST

Diárias de viagem. Salário

Integram o salário, pelo seu valor total e para efeitos indenizatórios, as diárias de viagem que excedam a 50% (cinquenta por cento) do salário do empregado, enquanto perdurarem as viagens.

Súmula nº 318 do TST

Diárias. Base de cálculo para sua Integração no salário

Tratando-se de empregado mensalista, a integração das diárias no salário deve ser feita tomando-se por base o salário mensal por ele percebido e não o valor do dia de salário, somente sendo devida a referida integração quando o valor das diárias, no mês, for superior à metade do salário mensal.

12.3. Vale-transporte

OJ nº 216 da SDI – I do TST

Vale-transporte. Servidor público celetista. Lei nº 7.418/85. Devido

Aos servidores públicos celetistas é devido o vale-transporte, instituído pela Lei nº 7.418/85, de 16 de dezembro de 1985.

12.4. Salário-família

Súmula nº 344 do TST

Salário-família. Trabalhador rural

O salário-família é devido aos trabalhadores rurais somente após a vigência da Lei nº 8.213/91.

Súmula nº 254 do TST

Salário-família. Termo inicial da obrigação

O termo inicial do direito ao salário-família coincide com a prova da filiação. Se feita em juízo, corresponde à data de ajuizamento do pedido, salvo se comprovado que anteriormente o empregador se recusara a receber a respectiva certidão.

12.5. Seguro-desemprego

Súmula nº 389 do TST

Seguro-desemprego. Competência da justiça do trabalho. Direito à indenização por não liberação de guias

I – Inscreve-se na competência material da Justiça do Trabalho a lide entre empregado e empregador tendo por objeto indenização pelo não-fornecimento das guias do seguro-desemprego.

II – O não-fornecimento pelo empregador da guia necessária para o recebimento do seguro-desemprego dá origem ao direito à indenização.

12.6. Auxílio-alimentação

OJ nº 413 da SDI – I do TST

Auxílio-alimentação. Alteração da natureza jurídica. Norma coletiva ou adesão ao PAT. (DEJT divulgado em 14, 15 e 16.02.2012)

A pactuação em norma coletiva conferindo caráter indenizatório à verba "auxílio-alimentação" ou a adesão posterior do empregador ao Programa de Alimentação do Trabalhador – PAT – não altera a natureza salarial da parcela, instituída anteriormente, para aqueles empregados que, habitualmente, já percebiam o benefício, a teor das Súmulas nos 51, I, e 241 do TST.

OJ nº 123 da SDI – I do TST

Bancários. Ajuda alimentação

A ajuda alimentação prevista em norma coletiva em decorrência de prestação de horas extras tem natureza indenizatória e, por isso, não integra o salário do empregado bancário.

13. EQUIPARAÇÃO SALARIAL

Súmula nº 6 do TST

Equiparação salarial. Art. 461 da CLT

I – Para os fins previstos no § 2º do art. 461 da CLT, só é válido o quadro de pessoal organizado em carreira quando homologado pelo Ministério do Trabalho, excluindo-se, apenas, dessa exigência o quadro de carreira das entidades de direito público da administração direta, autárquica e fundacional aprovado por ato administrativo da autoridade competente.

II – Para efeito de equiparação de salários em caso de trabalho igual, conta-se o tempo de serviço na função e não no emprego.

III – A equiparação salarial só é possível se o empregado e o paradigma exercerem a mesma função, desempenhando as mesmas tarefas, não importando se os cargos têm, ou não, a mesma denominação.

IV – É desnecessário que, ao tempo da reclamação sobre equiparação salarial, reclamante e paradigma estejam a serviço do estabelecimento, desde que o pedido se relacione com situação pretérita.

V – A cessão de empregados não exclui a equiparação salarial, embora exercida a função em órgão governamental estranho à cedente, se esta responde pelos salários do paradigma e do reclamante.

VI – Presentes os pressupostos do art. 461 da CLT, é irrelevante a circunstância de que o desnível salarial tenha origem em decisão judicial que beneficiou o paradigma, exceto: a) se decorrente de vantagem pessoal ou de tese jurídica superada pela jurisprudência de Corte Superior; b) na hipótese de equiparação salarial em cadeia, suscitada em defesa, se o empregador produzir prova do alegado fato modificativo, impeditivo ou extintivo do direito à equiparação salarial em relação ao paradigma remoto, considerada irrelevante, para esse efeito, a existência de diferença de tempo de serviço na função superior a dois anos entre o reclamante e os empregados paradigmas componentes da cadeia equiparatória, à exceção do paradigma imediato.

VII – Desde que atendidos os requisitos do art. 461 da CLT, é possível a equiparação salarial de trabalho intelectual, que pode ser avaliado por sua perfeição técnica, cuja aferição terá critérios objetivos.

VIII – É do empregador o ônus da prova do fato impeditivo, modificativo ou extintivo da equiparação salarial.

IX – Na ação de equiparação salarial, a prescrição é parcial e só alcança as diferenças salariais vencidas no período de 5 (cinco) anos que precedeu o ajuizamento.

X – O conceito de "mesma localidade" de que trata o art. 461 da CLT refere-se, em princípio, ao mesmo município, ou a municípios distintos que, comprovadamente, pertençam à mesma região metropolitana.

OJ Nº 418 DA SDI – I DO TST

Equiparação salarial. Plano de cargos e salários. Aprovação por instrumento coletivo. Ausência de alternância de critérios de promoção por antiguidade e merecimento.

Não constitui óbice à equiparação salarial a existência de plano de cargos e salários que, referendado por norma coletiva, prevê critério de promoção apenas por merecimento ou antiguidade, não atendendo, portanto, o requisito de alternância dos critérios, previsto no art. 461, § 2º, da CLT.

OJ Nº 297 DA SDI – I DO TST

Equiparação salarial. Servidor público da administração direta, autárquica e fundacional. Art. 37, XIII, da CF/1988

O art. 37, inciso XIII, da CF/1988, veda a equiparação de qualquer natureza para o efeito de remuneração do pessoal do serviço público, sendo juridicamente impossível a aplicação da norma infraconstitucional prevista no art. 461 da CLT quando se pleiteia equiparação salarial entre servidores públicos, independentemente de terem sido contratados pela CLT.

SÚMULA Nº 455 DO TST

Equiparação salarial. Sociedade de economia mista. Art. 37, XIII, da CF/1988. Possibilidade

À sociedade de economia mista não se aplica a vedação à equiparação prevista no art. 37, XIII, da CF/1988, pois, ao admitir empregados sob o regime da CLT, equipara-se a empregador privado, conforme disposto no art. 173, § 1º, II, da CF/1988.

SÚMULA Nº 159 DO TST

Substituição de caráter não eventual e vacância do cargo. I – Enquanto perdurar a substituição que não tenha caráter meramente eventual, inclusive nas férias, o empregado substituto fará jus ao salário contratual do substituído. II – Vago o cargo em definitivo, o empregado que passa a ocupá-lo não tem direito a salário igual ao do antecessor.

OJ Nº 296 DA SDI – I DO TST

Equiparação salarial. Atendente e auxiliar de enfermagem. Impossibilidade

Sendo regulamentada a profissão de auxiliar de enfermagem, cujo exercício pressupõe habilitação técnica, realizada pelo Conselho Regional de Enfermagem, impossível a equiparação salarial do simples atendente com o auxiliar de enfermagem.

SÚMULA Nº 301 DO TST

Auxiliar de laboratório. Ausência de diploma. Efeitos. O fato de o empregado não possuir diploma de profissionalização de auxiliar de laboratório não afasta a observância das normas da Lei nº 3.999, de 15.12.1961, uma vez comprovada a prestação de serviços na atividade.

SÚMULA Nº 19 DO TST

Quadro de carreira. A Justiça do Trabalho é competente para apreciar reclamação de empregado que tenha por objeto direito fundado em quadro de carreira

SÚMULA Nº 127 DO TST

Quadro de carreira. Quadro de pessoal organizado em carreira, aprovado pelo órgão competente, excluída a hipótese de equiparação salarial, não obsta reclamação fundada em preterição, enquadramento ou reclassificação.

OJ Nº 125 DA SDI – I DO TST

Contrato de trabalho. Art. 479 da CLT

O simples desvio funcional do empregado não gera direito a novo enquadramento, mas apenas às diferenças salariais respectivas, mesmo que o desvio de função haja iniciado antes da vigência da CF/1988.

OJ Nº 383 DA SDI – I DO TST

Terceirização. Empregados da empresa prestadora de serviços e da tomadora. Isonomia. Art. 12, "a", da lei nº 6.019, de 03.01.1974

A contratação irregular de trabalhador, mediante empresa interposta, não gera vínculo de emprego com ente da Administração Pública, não afastando, contudo, pelo princípio da isonomia, o direito dos empregados terceirizados às mesmas verbas trabalhistas legais e normativas asseguradas àqueles contratados pelo tomador dos serviços, desde que presente a igualdade de funções. Aplicação analógica do art. 12, "a", da Lei nº 6.019, de 03.01.1974.

14. DESCONTOS SALARIAIS

SÚMULA Nº 342 DO TST

Descontos salariais. Art. 462 da CLT

Descontos salariais efetuados pelo empregador, com a autorização prévia e por escrito do empregado, para serem integrados em planos de assistência odontológica, médico-hospitalar, de seguro, de previdência privada, ou de entidade cooperativa, cultural ou recreativo-associativa de seus trabalhadores, em seu benefício e de seus dependentes, não afrontam o disposto no art. 462 da CLT, salvo se ficar demonstrada a existência de coação ou de outro defeito que vicie o ato jurídico.

OJ Nº 160 DA SDI – I DO TST

Descontos salariais. Autorização no ato da admissão. Validade

É inválida a presunção de vício de consentimento resultante do fato de ter o empregado anuído expressamente com descontos salariais na oportunidade da admissão. É de se exigir demonstração concreta do vício de vontade.

OJ Nº 251 DA SDI – I DO TST

Descontos. frentista. Cheques sem fundos

É lícito o desconto salarial referente à devolução de cheques sem fundos, quando o frentista não observar as recomendações previstas em instrumento coletivo.

14.1 Multa prevista nos artigos 467 e 477

SÚMULA Nº 388 DO TST

Massa falida. Arts. 467 e 477 da CLT. Inaplicabilidade

A Massa Falida não se sujeita à penalidade do art. 467 e nem à multa do § 8º do art. 477, ambos da CLT.

14.2 Rescisão do contrato. Pagamento das verbas rescisórias

SÚMULA Nº 69 DO TST

Rescisão do contrato

A partir da Lei nº 10.272, de 05.09.2001, havendo rescisão do contrato de trabalho e sendo revel e confesso quanto à matéria de fato, deve ser o empregador condenado ao pagamento das verbas rescisórias, não quitadas na primeira audiência, com acréscimo de 50% (cinquenta por cento).

14.3. Inadimplemento de verbas trabalhistas. Frutos. Posse de má-fé

SÚMULA Nº 445 DO TST

Inadimplemento de verbas trabalhistas. Frutos. Posse de má-fé. Art. 1.216 do Código Civil. Inaplicabilidade ao Direito do Trabalho.

A indenização por frutos percebidos pela posse de má-fé, prevista no art. 1.216 do Código Civil, por tratar-se de regra afeta a direitos reais, mostra-se incompatível com o Direito do Trabalho, não sendo devida no caso de inadimplemento de verbas trabalhistas.

15. REAJUSTES SALARIAIS E PLANOS ECONÔMICOS

SÚMULA Nº 375 DO TST

Reajustes salariais previstos em norma coletiva. Prevalência da legislação de política salarial

Os reajustes salariais previstos em norma coletiva de trabalho não prevalecem frente à legislação superveniente de política salarial.

SÚMULA Nº 322 DO TST

Diferenças salariais. Planos econômicos. Limite

Os reajustes salariais decorrentes dos chamados "gatilhos" e URPs, previstos legalmente como antecipação, são devidos tão-somente até a data-base de cada categoria.

OJ Nº 58 DA SDI – I DO TST

Plano Bresser. IPC Jun/1987. Inexistência de direito adquirido

Inexiste direito adquirido ao IPC de junho de 1987 (Plano Bresser), em face da edição do Decreto-Lei nº 2.335/87.

OJ Nº 59 DA SDI – I DO TST

Plano verão. URP de fevereiro de 1989. Inexistência de direito adquirido

Inexiste direito adquirido à URP de fevereiro de 1989 (Plano Verão), em face da edição da Lei nº 7.730/89.

SÚMULA Nº 315 DO TST

IPC de março/1990. Lei nº 8.030, de 12.04.1990 (Plano Collor). Inexistência de direito adquirido

A partir da vigência da Medida Provisória nº 154, de 15.03.1990, convertida na Lei nº 8.030, de 12.04.1990, não se aplica o IPC de março de 1990, de 84,32% (oitenta e quatro vírgula trinta e dois por cento), para a correção dos salários, porque o direito ainda não se havia incorporado ao patrimônio jurídico dos trabalhadores, inexistindo ofensa ao inciso XXXVI do art. 5º da CF/1988.

OJ Nº 43 DA SDI - I DO TST

Conversão de salários de cruzeiros para cruzados. Decreto-lei nº 2.284/86

A conversão de salários de cruzeiros para cruzados, nos termos do Decreto-Lei nº 2.284/86, não afronta direito adquirido dos empregados.

OJ Nº 57 DA SDI - I DO TST

PCCS. Devido o reajuste do adiantamento. Lei nº 7.686/88, Art. 1º

É devido o reajuste da parcela denominada "adiantamento do PCCS", conforme a redação do art. 1º da Lei nº 7.686/88.

OJ Nº 79 DA SDI - I DO TST

URP de abril e maio de 1988. Decreto-lei nº 2.425/1988

Existência de direito apenas ao reajuste de 7/30 de 16,19% a ser calculado sobre o salário de março e incidente sobre o salário dos meses de abril e maio, não cumulativamente e corrigidos desde a época própria até a data do efetivo pagamento.

SÚMULA Nº 319 DO TST

Reajustes salariais (" gatilhos"). Aplicação aos servidores públicos contratados sob a égide da legislação trabalhista

Aplicam-se aos servidores públicos, contratados sob o regime da CLT, os reajustes decorrentes da correção automática dos salários pelo mecanismo denominado "gatilho", de que tratam os Decretos-Leis nºs 2.284, de 10.03.1986 e 2.302, de 21.11.1986.

OJ Nº 339 DA SDI - I DO TST

Teto remuneratório. Empresa pública e sociedade de economia mista. Art. 37, XI, da CF/1988

As empresas públicas e as sociedades de economia mista estão submetidas à observância do teto remuneratório previsto no inciso XI do art. 37 da CF/1988, sendo aplicável, inclusive, ao período anterior à alteração introduzida pela Emenda Constitucional nº 19/1998.

SÚMULA Nº 336 DO TST

Constitucionalidade. § 2º do art. 9º do Decreto-lei nº 1.971, de 30.11.1982

É constitucional o § 2º do art. 9º do Decreto-Lei nº 1.971, de 30.11.1982, com a redação dada pelo Decreto-Lei nº 2.100, de 28.12.1983.

OJ Nº 272 DA SDI - I DO TST

Salário-mínimo. Servidor. Salário-base inferior. Diferenças. Indevidas

A verificação do respeito ao direito ao salário-mínimo não se apura pelo confronto isolado do salário-base com o mínimo legal, mas deste com a soma de todas as parcelas de natureza salarial recebidas pelo empregado diretamente do empregador.

OJ Nº 100 DA SDI - I DO TST

Salário. Reajuste. Entes Públicos

Os reajustes salariais previstos em legislação federal devem ser observados pelos Estados-membros, suas Autarquias e Fundações Públicas nas relações contratuais trabalhistas que mantiverem com seus empregados.

OJ Nº 51 DA SDI - I DO TST

Legislação eleitoral. Empresas públicas e sociedades de economia mista.

Aos empregados das empresas públicas e das sociedades de economia mista regidos pela CLT aplicam-se as vedações dispostas no art. 15 da Lei nº 7.773, de 08.06.1989.

16. EFEITOS FINANCEIROS DA ANISTIA. EMENDA CONSTITUCIONAL Nº 26/1985

OJ Nº 12 DA SDI - I DO TST

Anistia. Emenda constitucional nº 26/1985. Efeitos financeiros da promulgação

Os efeitos financeiros decorrentes da anistia concedida pela Emenda Constitucional nº 26/1985 contam-se desde a data da sua promulgação.

OJ Nº 91 DA SDI - I DO TST

Anistia. Art. 8º, § 1º, ADCT. Efeitos financeiros. ECT

Em 19.05.1997, a SDI – Plena decidiu, pelo voto prevalente do Exmo. Sr. Presidente, que os efeitos financeiros da readmissão do empregado anistiado serão contados a partir do momento em que este manifestou o desejo de retornar ao trabalho e, na ausência de prova, da data do ajuizamento da ação.

CAPÍTULO VII
ESTABILIDADE E GARANTIAS PROVISÓRIAS DE EMPREGO

SUMÁRIO • 1. Estabilidade provisória – 2. Estabilidade prevista na CLT (decenal) – 3. Dirigente sindical: 3.1. Estabilidade provisória do conselheiro fiscal; 3.2. Estabilidade provisória do delegado sindical – 4. Gestante – 5. Empregado representante da cipa – 6. Estabilidade decorrente de acidente do trabalho – 6. CIPA – 7. Diretores de cooperativas – 8. Servidor público celetista. Empregado de empresa pública e sociedade de economia mista: 8.1. Servidor público de fundação regido pela CLT – 9. Estabilidade prevista em regulamento interno

1. ESTABILIDADE PROVISÓRIA

SÚMULA Nº 396 DO TST

Estabilidade provisória. Pedido de reintegração. Concessão do salário relativo ao período de estabilidade já exaurido. Inexistência de julgamento extra petita

I – Exaurido o período de estabilidade, são devidos ao empregado apenas os salários do período compreendido entre a data da despedida e o final do período de estabilidade, não lhe sendo assegurada a reintegração no emprego.

II – Não há nulidade por julgamento extra petita da decisão que deferir salário quando o pedido for de reintegração, dados os termos do art. 496 da CLT.

SÚMULA Nº 28 DO TST

Indenização
No caso de converter a reintegração em indenização dobrada, o direito aos salários é assegurado até a data da primeira decisão que determinou essa conversão.

2. ESTABILIDADE PREVISTA NA CLT (DECENAL)

SÚMULA Nº 54 DO TST

Optante

Rescindindo por acordo seu contrato de trabalho, o empregado estável optante tem direito ao mínimo de 60% (sessenta por cento) do total da indenização em dobro, calculada sobre o maior salário percebido no emprego. Se houver recebido menos do que esse total, qualquer que tenha sido a forma de transação, assegura-se-lhe a complementação até aquele limite.

SÚMULA Nº 98 DO TST

FGTS. Indenização. Equivalência. Compatibilidade

I – A equivalência entre os regimes do Fundo de Garantia do Tempo de Serviço e da estabilidade prevista na CLT é meramente jurídica e não econômica, sendo indevidos valores a título de reposição de diferenças.

II – A estabilidade contratual ou a derivada de regulamento de empresa são compatíveis com o regime do FGTS. Diversamente ocorre com a estabilidade legal (decenal, art. 492 da CLT), que é renunciada com a opção pelo FGTS.

3. DIRIGENTE SINDICAL

SÚMULA Nº 379 DO TST

Dirigente sindical. Despedida. Falta grave. Inquérito judicial. Necessidade
O dirigente sindical somente poderá ser dispensado por falta grave mediante a apuração em inquérito judicial, inteligência dos arts. 494 e 543, § 3º, da CLT.

OJ Nº 369 DA SDI – I DO TST

Estabilidade provisória. Delegado sindical. Inaplicável

O delegado sindical não é beneficiário da estabilidade provisória prevista no art. 8º, VIII, da CF/88, a qual é dirigida, exclusivamente, àqueles que exerçam ou ocupem cargos de direção nos sindicatos, submetidos a processo eletivo.

3.1. Estabilidade provisória do Conselheiro Fiscal

OJ Nº 365 DA SDI - I DO TST

Estabilidade provisória. Membro de conselho fiscal de sindicato. Inexistência

Membro do conselho fiscal de sindicato não tem direito a estabilidade prevista nos arts. 543, § 3º, da CLT e art. 8º, VIII, da CF/88, porquanto não representa ou atua na defesa de direitos da categoria respectiva, tendo sua competência limitada à fiscalização da gestão financeira do sindicato.

3.2. Estabilidade provisória do Delegado Sindical

SÚMULA Nº 369 DO TST

Dirigente sindical. Estabilidade provisória

I – É assegurada a estabilidade provisória ao empregado dirigente sindical, ainda que a comunicação do registro da candidatura ou da eleição e da posse seja realizada fora do prazo previsto no art. 543, § 5º, da CLT, desde que a ciência ao empregador, por qualquer meio, ocorra na vigência do contrato de trabalho.

II – O art. 522 da CLT foi recepcionado pela Constituição Federal de 1988. Fica limitada, assim, a estabilidade a que alude o art. 543, § 3º, da CLT a sete dirigentes sindicais e igual número de suplentes.

III – O empregado de categoria diferenciada eleito dirigente sindical só goza de estabilidade se exercer na empresa atividade pertinente à categoria profissional do sindicato para o qual foi eleito dirigente.

IV – Havendo extinção da atividade empresarial no âmbito da base territorial do sindicato, não há razão para subsistir a estabilidade.

V – O registro da candidatura do empregado a cargo de dirigente sindical durante o período de aviso prévio, ainda que indenizado, não lhe assegura a estabilidade, visto que inaplicável a regra do § 3º do art. 543 da Consolidação das Leis do Trabalho.

4. GESTANTE

SÚMULA Nº 244 DO TST

Gestante. Estabilidade provisória

I – O desconhecimento do estado gravídico pelo empregador não afasta o direito ao pagamento da indenização decorrente da estabilidade (art. 10, II, "b" do ADCT).

II – A garantia de emprego à gestante só autoriza a reintegração se esta se der durante o período de estabilidade. Do contrário, a garantia restringe-se aos salários e demais direitos correspondentes ao período de estabilidade.

III – A empregada gestante tem direito à estabilidade provisória prevista no art.10, inciso II, alínea b, do ADCT, mesmo na hipótese de admissão mediante contrato por tempo determinado.

OJ Nº 399 DA SDI - I DO TST

Estabilidade provisória. Ação trabalhista ajuizada após o término do período de garantia no emprego. Abuso do exercício do direito de ação. Não configuração. Indenização devida.

O ajuizamento de ação trabalhista após decorrido o período de garantia de emprego não configura abuso do exercício do direito de ação, pois este está submetido apenas ao prazo prescricional inscrito no art. 7º, XXIX, da CF/1988, sendo devida a indenização desde a dispensa até a data do término do período estabilitário.

OJ Nº 30 DA SDC DO TST

Estabilidade da gestante. Renúncia ou transação de direitos constitucionais. Impossibilidade.

Nos termos do art. 10, II, "b", do ADCT, a proteção à maternidade foi erigida à hierarquia constitucional, pois retirou do âmbito do direito potestativo do empregador a possibilidade de despedir arbitrariamente a empregada em estado gravídico. Portanto, a teor do artigo 9º, da CLT, torna-se nula de pleno direito a cláusula que estabelece a possibilidade de renúncia ou transação, pela gestante, das garantias referentes à manutenção do emprego e salário.

OJ Nº 44 DA SDI - I DO TST

Gestante. Salário maternidade

É devido o salário maternidade, de 120 dias, desde a promulgação da CF/1988, ficando a cargo do empregador o pagamento do período acrescido pela Carta.

5. EMPREGADO REPRESENTANTE DA CIPA

SÚMULA Nº 339 DO TST

CIPA. Suplente. Garantia de emprego. CF/1988

I – O suplente da CIPA goza da garantia de emprego prevista no art. 10, II, "a", do ADCT a partir da promulgação da Constituição Federal de 1988.

II – A estabilidade provisória do cipeiro não constitui vantagem pessoal, mas garantia para as atividades dos membros da CIPA, que somente tem razão de ser quando em atividade a empresa. Extinto o estabelecimento, não se verifica a despedida arbitrária, sendo impossível a reintegração e indevida a indenização do período estabilitário.

6. ESTABILIDADE DECORRENTE DE ACIDENTE DO TRABALHO

SÚMULA Nº 378 DO TST

Estabilidade provisória. Acidente do trabalho. Art. 118 da Lei nº 8.213/1991. Constitucionalidade. Pressupostos

I – É constitucional o artigo 118 da Lei n. 8.213/91 que assegura o direito à estabilidade provisória por período de 12 meses após a cessação do auxílio-doença ao empregado acidentado.

II – São pressupostos para a concessão da estabilidade o afastamento superior a 15 dias e a consequente percepção do auxílio-doença acidentário, salvo se constatada, após a dispensa, doença profissional que guarde relação de causalidade com a execução do contrato de emprego.

III - O empregado submetido a contrato de trabalho por tempo determinado goza da garantia provisória de emprego, decorrente de acidente de trabalho, prevista no art. 118 da Lei no 8.213/1991.

OJ Nº 41 DA SDI – I DO TST

Estabilidade. Instrumento normativo. Vigência. Eficácia

Preenchidos todos os pressupostos para a aquisição de estabilidade decorrente de acidente ou doença profissional, ainda durante a vigência do instrumento normativo, goza o empregado de estabilidade mesmo após o término da vigência deste.

OJ Nº 31 DA SDC DO TST

Estabilidade do acidentado. Acordo homologado. Prevalência. Impossibilidade. Violação do art. 118 da lei nº 8.213/91.

Não é possível a prevalência de acordo sobre legislação vigente, quando ele é menos benéfico do que a própria lei, porquanto o caráter imperativo dessa última restringe o campo de atuação da vontade das partes.

7. CIPA

SÚMULA Nº 339 DO TST

CIPA. Suplente. Garantia de emprego. CF/1988.

I – O suplente da CIPA goza da garantia de emprego prevista no art. 10, II, "a", do ADCT a partir da promulgação da Constituição Federal de 1988.

II – A estabilidade provisória do cipeiro não constitui vantagem pessoal, mas garantia para as atividades dos membros da CIPA, que somente tem razão de ser quando em atividade a empresa. Extinto o estabelecimento, não se verifica a despedida arbitrária, sendo impossível a reintegração e indevida a indenização do período estabilitário.

8. DIRETORES DE COOPERATIVAS

OJ Nº 253 DA SDI – I DO TST

Estabilidade provisória. Cooperativa. Lei nº 5.764/71. Conselho fiscal. Suplente. Não assegurada

O art. 55 da Lei n. 5.764/71 assegura a garantia de emprego apenas aos empregados eleitos diretores de Cooperativas, não abrangendo os membros suplentes.

9. SERVIDOR PÚBLICO CELETISTA. EMPREGADO DE EMPRESA PÚBLICA E SOCIEDADE DE ECONOMIA MISTA

SÚMULA Nº 390 DO TST

Estabilidade. Art. 41 da CF/1988. Celetista. Administração direta, autárquica ou fundacional. Aplicabilidade. Empregado de empresa pública e sociedade de economia mista. Inaplicável

I – O servidor público celetista da administração direta, autárquica ou fundacional é beneficiário da estabilidade prevista no art. 41 da CF/88.

II – Ao empregado de empresa pública ou de sociedade de economia mista, ainda que admitido mediante aprovação em concurso público, não é garantida a estabilidade prevista no art. 41 da CF/88.

OJ Nº 247 DA SDI – I DO TST

Servidor público. Celetista concursado. Despedida imotivada. Empresa pública ou sociedade de economia mista. Possibilidade

I – A despedida de empregados de empresa pública e de sociedade de economia mista, mesmo admitidos por concurso público, independe de ato motivado para sua validade;
II – A validade do ato de despedida do empregado da Empresa Brasileira de Correios e Telégrafos (ECT) está condicionada à motivação, por gozar a empresa do mesmo tratamento destinado à Fazenda Pública em relação à imunidade tributária e à execução por precatório, além das prerrogativas de foro, prazos e custas processuais.

9.1. Servidor público de fundação regido pela CLT

OJ Nº 364 DA SDI – I DO TST

Estabilidade. Art. 19 do ADCT. Servidor público de fundação regido pela CLT.

Fundação instituída por lei e que recebe dotação ou subvenção do Poder Público para realizar atividades de interesse do Estado, ainda que tenha personalidade jurídica de direito privado, ostenta natureza de fundação pública. Assim, seus servidores regidos pela CLT são beneficiários da estabilidade excepcional prevista no art. 19 do ADCT.

10. ESTABILIDADE PREVISTA EM REGULAMENTO INTERNO

SÚMULA Nº 345 DO TST

BANDEPE. Regulamento interno de pessoal não confere estabilidade aos empregados.

O Regulamento Interno de Pessoal (RIP) do Banco do Estado de Pernambuco – BANDEPE, na parte que trata de seu regime disciplinar, não confere estabilidade aos seus empregados.

SÚMULA Nº 355 DO TST

CONAB. Estabilidade. Aviso DIREH nº 2 de 12.12.1984

O aviso DIREH nº 2, de 12.12.1984, que concedia estabilidade aos empregados da CONAB, não tem eficácia, porque não aprovado pelo Ministério ao qual a empresa se subordina.

Capítulo VIII

FUNDO DE GARANTIA POR TEMPO DE SERVIÇO – FGTS

SUMÁRIO • 1. Indicência do FGTS: 1.1. Não incidência do FGTS; 1.2. Índice de correção – 2. Multa de 40% do FGTS – 3. Contrato nulo – 4. Prescrição – 5. Expurgos inflacionários

1. INDICÊNCIA DO FGTS

Súmula nº 63 do TST

Fundo de Garantia

A contribuição para o Fundo de Garantia do Tempo de Serviço incide sobre a remuneração mensal devida ao empregado, inclusive horas extras e adicionais eventuais.

OJ nº 232 da SDI - I do TST

FGTS. Incidência. Empregado transferido para o exterior. Remuneração

O FGTS incide sobre todas as parcelas de natureza salarial pagas ao empregado em virtude de prestação de serviços no exterior.

Súmula nº 305 do TST

Fundo de garantia do tempo de serviço. Incidência sobre o aviso – prévio

O pagamento relativo ao período de aviso-prévio, trabalhado ou não, está sujeito à contribuição para o FGTS.

1.1. Não incidência do FGTS

OJ nº 195 da SDI - I do TST

Férias indenizadas. FGTS. Não-incidência

Não incide a contribuição para o FGTS sobre as férias indenizadas.

1.2. Índice de correção

OJ nº 302 da SDI - I do TST

FGTS. Índice de correção. Débitos trabalhistas

Os créditos referentes ao FGTS, decorrentes de condenação judicial, serão corrigidos pelos mesmos índices aplicáveis aos débitos trabalhistas.

2. MULTA DE 40% DO FGTS

OJ nº 42 da SDI - I do TST

FGTS. Multa de 40%

I – É devida a multa do FGTS sobre os saques corrigidos monetariamente ocorridos na vigência do contrato de trabalho.

II – O cálculo da multa de 40% do FGTS deverá ser feito com base no saldo da conta vinculada na data do efetivo pagamento das verbas rescisórias, desconsiderada a projeção do aviso prévio indenizado, por ausência de previsão legal.

Súmula nº 125 do TST

Contrato de trabalho. Art. 479 da CLT

O art. 479 da CLT aplica-se ao trabalhador optante pelo FGTS admitido mediante contrato por prazo determinado, nos termos do art. 30, § 3º, do Decreto nº 59.820, de 20.12.1966.

3. CONTRATO NULO

Súmula nº 363 do TST

Contrato nulo. Efeitos

A contratação de servidor público, após a CF/1988, sem prévia aprovação em concurso público, encontra óbice no respectivo art. 37, II e § 2º, somente lhe conferindo direito ao pagamento da contraprestação pactuada, em relação ao número de horas trabalhadas, respeitado o valor da hora do salário mínimo, e dos valores referentes aos depósitos do FGTS.

OJ nº 362 da SDI – I do TST

Contrato nulo. Efeitos. FGTS. Medida provisória 2.164-41, de 24.08.2001, e art. 19-A da Lei nº 8.036, de 11.05.1990. Irretroatividade

Não afronta o princípio da irretroatividade da lei a aplicação do art. 19-A da Lei nº 8.036, de 11.05.1990, aos contratos declarados nulos celebrados antes da vigência da Medida Provisória nº 2.164-41, de 24.08.2001.

4. PRESCRIÇÃO

Súmula nº 362 do TST

FGTS – Prescrição

I – Para os casos em que a ciência da lesão ocorreu a partir da 13.11.2014, é quinquenal a prescrição do direito de reclamar contra o não-recolhimento de contribuição para o FGTS, observado o prazo de dois anos após o término do contrato;

II – Para os casos em que o prazo prescricional já estava em curso em 13.11.2014, aplica-se o prazo prescricional que se consumar primeiro: trinta anos, contados do termo inicial, ou cinco anos, a partir de 13.11.2014 (STF-ARE-709212/DF).

Súmula nº 206 do TST

Incidência sobre parcelas prescritas

A prescrição da pretensão relativa às parcelas remuneratórias alcança o respectivo recolhimento da contribuição para o FGTS.

5. EXPURGOS INFLACIONÁRIOS

OJ nº 341 da SDI – I do TST

FGTS. Multa de 40%. Diferenças decorrentes dos expurgos inflacionários. Responsabilidade pelo pagamento

É de responsabilidade do empregador o pagamento da diferença da multa de 40% sobre os depósitos do FGTS, decorrente da atualização monetária em face dos expurgos inflacionários.

OJ nº 344 da SDI – I do TST

FGTS. Multa de 40%. diferenças decorrentes dos expurgos inflacionários. Prescrição. Termo inicial

O termo inicial do prazo prescricional para o empregado pleitear em juízo diferenças da multa do FGTS, decorrentes dos expurgos inflacionários, deu-se com a vigência da Lei Complementar nº 110, em 30.06.01, salvo comprovado trânsito em julgado de decisão proferida em ação proposta anteriormente na Justiça Federal, que reconheça o direito à atualização do saldo da conta vinculada.

OJ nº 370 da SDI – I do TST

FGTS. Multa de 40%. Diferenças dos expurgos inflacionários. Prescrição. Interrupção decorrente de protestos judiciais

O ajuizamento de protesto judicial dentro do biênio posterior à Lei Complementar nº 110, de 29.06.2001, interrompe a prescrição, sendo irrelevante o transcurso de mais de dois anos da propositura de outra medida acautelatória, com o mesmo objetivo, ocorrida antes da vigência da referida lei, pois ainda não iniciado o prazo prescricional, conforme disposto na Orientação Jurisprudencial nº 344 da SBDI-1.

CAPÍTULO IX

AVISO-PRÉVIO E TÉRMINO DO CONTRATO DE TRABALHO

SUMÁRIO • 1. Aviso-prévio – 2. Término do contrato de trabalho

1. AVISO-PRÉVIO

SÚMULA Nº 441 DO TST

Aviso-prévio. Proporcionalidade

O direito ao aviso-prévio proporcional ao tempo de serviço somente é assegurado nas rescisões de contrato de trabalho ocorridas a partir da publicação da Lei no 12.506, em 13 de outubro de 2011.

SÚMULA Nº 380 DO TST

Aviso prévio. Início da contagem. Art. 132 do código civil de 2002

Aplica-se a regra prevista no *caput* do art. 132 do Código Civil de 2002 à contagem do prazo do aviso-prévio, excluindo-se o dia do começo e incluindo o do seu vencimento.

SÚMULA Nº 276 DO TST

Aviso prévio. Renúncia pelo empregado

O direito ao aviso-prévio é irrenunciável pelo empregado. O pedido de dispensa de cumprimento não exime o empregador de pagar o respectivo valor, salvo comprovação de haver o prestador dos serviços obtido novo emprego.

SÚMULA Nº 348 DO TST

Aviso prévio. Concessão na fluência da garantia de emprego. Invalidade

É inválida a concessão do aviso prévio na fluência da garantia provisória de emprego, ante a incompatibilidade dos dois institutos.

OJ Nº 268 DA SDI – I DO TST

Indenização adicional. Leis nºs 6.708/79 e 7.238/84. Aviso-prévio. Projeção. Estabilidade provisória

Somente após o término do período estabilitário é que se inicia a contagem do prazo do aviso prévio para efeito das indenizações previstas nos artigos 9º da Lei nº 6.708/79 e 9º da Lei nº 7.238/84.

SÚMULA Nº 230 DO TST

Aviso prévio. Substituição pelo pagamento das horas reduzidas da jornada de trabalho

É ilegal substituir o período que se reduz da jornada de trabalho, no aviso-prévio, pelo pagamento das horas correspondentes.

SÚMULA Nº 163 DO TST

Aviso prévio. Contrato de experiência

Cabe aviso prévio nas rescisões antecipadas dos contratos de experiência, na forma do art. 481 da CLT (ex-Prejulgado nº 42).

SÚMULA Nº 44 DO TST

Aviso-prévio

A cessação da atividade da empresa, com o pagamento da indenização, simples ou em dobro, não exclui, por si só, o direito do empregado ao aviso-prévio.

OJ Nº 82 DA SDI – I DO TST

Aviso-prévio. Baixa na CTPS

A data de saída a ser anotada na CTPS deve corresponder à do término do prazo do aviso-prévio, ainda que indenizado.

OJ Nº 367 DA SDI – I DO TST

Aviso-prévio de 60 dias. Elastecimento por norma coletiva. Projeção. Reflexos nas parcelas trabalhistas

O prazo de aviso-prévio de 60 dias, concedido por meio de norma coletiva que silencia sobre alcance de seus efeitos jurídicos, computa-se integralmente como tempo de serviço, nos termos do § 1º do art. 487 da CLT, repercutindo nas verbas rescisórias.

SÚMULA Nº 305 DO TST

Fundo de Garantia do Tempo de Serviço. Incidência sobre o aviso prévio.

O pagamento relativo ao período de aviso-prévio, trabalhado ou não, está sujeito a contribuição para o FGTS.

OJ Nº 83 DA SDI – I DO TST

Aviso prévio. Indenizado. Prescrição

A prescrição começa a fluir no final da data do término do aviso prévio. Art. 487, § 1º, CLT.

SÚMULA Nº 371 DO TST

Aviso-prévio indenizado. Efeitos. Superveniência de auxílio-doença no curso deste

A projeção do contrato de trabalho para o futuro, pela concessão do aviso-prévio indenizado, tem efeitos limitados às vantagens econômicas obtidas no período de pré-aviso, ou seja, salários, reflexos e verbas rescisórias. No caso de concessão de auxílio-doença no curso do aviso-prévio, todavia, só se concretizam os efeitos da dispensa depois de expirado o benefício previdenciário.

SÚMULA Nº 14 DO TST

Culpa recíproca

Reconhecida a culpa recíproca na rescisão do contrato de trabalho (art. 484 da CLT), o empregado tem direito a 50% (cinquenta por cento) do valor do aviso-prévio, do décimo terceiro salário e das férias proporcionais.

OJ Nº 14 DA SDI – I DO TST

Aviso-prévio cumprido em casa. Verbas rescisórias. Prazo para pagamento

Em caso de aviso-prévio cumprido em casa, o prazo para o pagamento das verbas rescisórias é até o décimo dia da notificação da despedida.

SÚMULA Nº 73 DO TST

Despedida. Justa causa

A ocorrência de justa causa, salvo a de abandono de emprego, no decurso do prazo de aviso-prévio dado pelo empregador, retira do empregado qualquer direito às verbas rescisórias de natureza indenizatória.

SÚMULA Nº 182 DO TST

Aviso-prévio. Indenização compensatória. Lei nº 6.708, de 30.10.1979

O tempo do aviso prévio, mesmo indenizado, conta-se para efeito da indenização adicional prevista no art. 9º da Lei nº 6.708/1979.

SUMULA Nº 242 DO TST

Indenização adicional. Valor

A indenização adicional, prevista no art. 9º da Lei nº 6.708, de 30.10.1979 e no art. 9º da Lei nº 7.238 de 28.10.1984, corresponde ao salário mensal, no valor devido na data da comunicação do despedimento, integrado pelos adicionais legais ou convencionados, ligados à unidade de tempo mês, não sendo computável a gratificação natalina.

SÚMULA Nº 314 DO TST

Indenização adicional. Verbas rescisórias. Salário corrigido

Se ocorrer a rescisão contratual no período de 30 dias que antecede à data-base, o pagamento das verbas rescisórias com o salário já corrigido não afasta o direito à indenização adicional.

2. TÉRMINO DO CONTRATO DE TRABALHO

SÚMULA Nº 171 DO TST

Férias proporcionais. Contrato de trabalho. Extinção

Salvo na hipótese de dispensa do empregado por justa causa, a extinção do contrato de trabalho sujeita o empregador ao pagamento da remuneração das férias proporcionais, ainda que incompleto o período aquisitivo de 12 (doze) meses.

SÚMULA Nº 261 DO TST

Férias proporcionais. Pedido de demissão. Contrato vigente há menos de um ano

O empregado que se demite antes de completar 12 (doze) meses de serviço tem direito a férias proporcionais.

Súmula nº 443 do TST

Dispensa discriminatória. Presunção. Empregado portador de doença grave. Estigma ou preconceito. Direito à reintegração.

Presume-se discriminatória a despedida de empregado portador do vírus HIV ou de outra doença grave que suscite estigma ou preconceito. Inválido o ato o empregado tem direito à reintegração no emprego.

Súmula nº 32 do TST

Abandono de emprego

Presume-se o abandono de emprego se o trabalhador não retornar ao serviço no prazo de 30 dias após a cessação do benefício previdenciário nem justificar o motivo de não o fazer.

OJ nº 361 da SDI – I do TST

Aposentadoria espontânea. Unicidade do contrato de trabalho. Multa de 40% do FGTS sobre todo o período

A aposentadoria espontânea não é causa de extinção do contrato de trabalho se o empregado permanece prestando serviços ao empregador após a jubilação. Assim, por ocasião da sua dispensa imotivada, o empregado tem direito à multa de 40% do FGTS sobre a totalidade dos depósitos efetuados no curso do pacto laboral.

OJ nº 247 da SDI – I do TST

Servidor público. Celetista concursado. Despedida imotivada. Empresa pública ou sociedade de economia mista. Possibilidade

I – A despedida de empregados de empresa pública e de sociedade de economia mista, mesmo admitidos por concurso público, independe de ato motivado para sua validade;

II – A validade do ato de despedida do empregado da Empresa Brasileira de Correios e Telégrafos (ECT) está condicionada à motivação, por gozar a empresa do mesmo tratamento destinado à Fazenda Pública em relação à imunidade tributária e à execução por precatório, além das prerrogativas de foro, prazos e custas processuais.

Súmula nº 138 do TST

Readmissão

Em caso de readmissão, conta-se a favor do empregado o período de serviço anterior, encerrado com a saída espontânea.

Súmula nº 13 do TST

Mora

O só pagamento dos salários atrasados em audiência não elide a mora capaz de determinar a rescisão do contrato de trabalho.

OJ nº 162 da SDI – I do TST

Multa. Art. 477 da CLT. Contagem do prazo. Aplicável o art. 132 do Código Civil de 2002

A contagem do prazo para quitação das verbas decorrentes da rescisão contratual prevista no artigo 477 da CLT exclui necessariamente o dia da notificação da demissão e inclui o dia do vencimento, em obediência ao disposto no artigo 132 do Código Civil de 2002 (artigo 125 do Código Civil de 1916).

OJ nº 238 da SDI – I do TST

Multa. Art. 477 da CLT. Pessoa jurídica de direito público. Aplicável

Submete-se à multa do artigo 477 da CLT a pessoa jurídica de direito público que não observa o prazo para pagamento das verbas rescisórias, pois nivela-se a qualquer particular, em direitos e obrigações, despojando-se do jus imperii ao celebrar um contrato de emprego.

Súmula nº 173 do TST

Salário. Empresa. Cessação das atividades

Extinto, automaticamente, o vínculo empregatício com a cessação das atividades da empresa, os salários só são devidos até a data da extinção.

Súmula nº 14 do TST

Culpa recíproca

Reconhecida a culpa recíproca na rescisão do contrato de trabalho (art. 484 da CLT), o empregado tem direito a 50% (cinquenta por cento) do valor do aviso prévio, do décimo terceiro salário e das férias proporcionais.

Súmula nº 363 do TST

Contrato nulo. Efeitos

A contratação de servidor público, após a CF/1988, sem prévia aprovação em concurso público, encontra óbice no respectivo art. 37, II e § 2º, somente lhe conferindo direito ao pagamento da contraprestação pactuada, em relação ao número de horas trabalhadas, respeitado o valor da hora do salário mínimo, e dos valores referentes aos depósitos do FGTS.

SÚMULA Nº 330 DO TST

Quitação. Validade

A quitação passada pelo empregado, com assistência da entidade sindical de sua categoria, ao empregador, com observância dos requisitos exigidos nos parágrafos do art. 477, da CLT, tem eficácia liberatória em relação às parcelas expressamente consignadas no recibo, salvo se oposta ressalva expressamente e especificada ao valor dado à parcela ou parcelas impugnadas.

I – A quitação não abrange parcelas não consignadas no recibo de quitação e, consequentemente, seus reflexos em outras parcelas, ainda que essas constem desse recibo.

II – Quanto a direitos que deveriam ter sido satisfeitos durante a vigência do contrato de trabalho, a quitação é válida em relação ao período expressamente consignado no recibo de quitação.

SÚMULA Nº 462 DO TST

Multa do art. 477, § 8º, da CLT. Incidência. Reconhecimento judicial da relação de emprego.

A circunstância de a relação de emprego ter sido reconhecida apenas em juízo não tem o condão de afastar a incidência da multa prevista no art. 477, §8º, da CLT. A referida multa não será devida apenas quando, comprovadamente, o empregado der causa à mora no pagamento das verbas rescisórias.

SÚMULA Nº 18 DO TST

Compensação

A compensação, na Justiça do Trabalho, está restrita a dívidas de natureza trabalhista.

OJ Nº 148 DA SDI – I DO TST

Lei nº 8.880/94, Art. 31. Constitucionalidade

É constitucional o art. 31 da Lei nº 8.880/94, que prevê a indenização por demissão sem justa causa.

Capítulo X

PRESCRIÇÃO E DECADÊNCIA

1. PRESCRIÇÃO

Súmula nº 153 do TST

Prescrição

Não se conhece de prescrição não arguida na instância ordinária

Súmula nº 156 do TST

Prescrição. Prazo

Da extinção do último contrato começa a fluir o prazo prescricional do direito de ação em que se objetiva a soma de períodos descontínuos de trabalho.

OJ nº 83 da SDI - I do TST

Aviso-prévio. Indenizado. Prescrição

A prescrição começa a fluir no final da data do término do aviso prévio. Art. 487, § 1º, CLT.

Súmula nº 308 do TST

Prescrição quinquenal

I – Respeitado o biênio subsequente à cessação contratual, a prescrição da ação trabalhista concerne às pretensões imediatamente anteriores a cinco anos, contados da data do ajuizamento da reclamação e, não, às anteriores ao quinquênio da data da extinção do contrato.

II – A norma constitucional que ampliou o prazo de prescrição da ação trabalhista para 5 (cinco) anos é de aplicação imediata e não atinge pretensões já alcançadas pela prescrição bienal quando da promulgação da CF/1988.

OJ nº 401 da SDI - I do TST

Prescrição. Marco inicial. Ação condenatória. Trânsito em julgado da ação declaratória com mesma causa de pedir remota ajuizada antes da extinção do contrato de trabalho.

O marco inicial da contagem do prazo prescricional para o ajuizamento de ação condenatória, quando advém a dispensa do empregado no curso de ação declaratória que possua a mesma causa de pedir remota, é o trânsito em julgado da decisão proferida na ação declaratória e não a data da extinção do contrato de trabalho.

1.1. Prescrição total

Súmula nº 294 do TST

Prescrição. Alteração contratual. Trabalhador urbano

Tratando-se de ação que envolva pedido de prestações sucessivas decorrente de alteração do pactuado, a prescrição é total, exceto quando o direito à parcela esteja também assegurado por preceito de lei.

OJ nº 175 da SDI - I do TST

Comissões. Alteração ou Supressão. Prescrição total

A supressão das comissões, ou a alteração quanto à forma ou ao percentual, em prejuízo do empregado, é suscetível de operar a prescrição total da ação, nos termos da Súmula nº 294 do TST, em virtude de cuidar-se de parcela não assegurada por preceito de lei.

OJ Nº 242 DA SDI – I DO TST

Prescrição total. Horas extras. Adicional. Incorporação

Embora haja previsão legal para o direito à hora extra, inexiste previsão para a incorporação ao salário do respectivo adicional, razão pela qual deve incidir a prescrição total.

SÚMULA Nº 199 DO TST

Bancário. Pré-contratação de horas extras

I – A contratação do serviço suplementar, quando da admissão do trabalhador bancário, é nula. Os valores assim ajustados apenas remuneram a jornada normal, sendo devidas as horas extras com o adicional de, no mínimo, 50% (cinquenta por cento), as quais não configuram pré-contratação, se pactuadas após a admissão do bancário.

II – Em se tratando de horas extras pré-contratadas, opera-se a prescrição total se a ação não for ajuizada no prazo de cinco anos, a partir da data em que foram suprimidas.

SÚMULA Nº 275 DO TST

Prescrição. Desvio de função e reenquadramento

I – Na ação que objetive corrigir desvio funcional, a prescrição só alcança as diferenças salariais vencidas no período de 5 (cinco) anos que precedeu o ajuizamento.

II – Em se tratando de pedido de reenquadramento, a prescrição é total, contada da data do enquadramento do empregado.

SÚMULA Nº 326 DO TST

Complementação de aposentadoria. Prescrição total

A pretensão à complementação de aposentadoria jamais recebida prescreve em 2 (dois) anos contados da cessação do contrato de trabalho.

OJ Nº 243 DA SDI – I DO TST

Prescrição total. Planos econômicos

Aplicável a prescrição total sobre o direito de reclamar diferenças salariais resultantes de planos econômicos.

OJ Nº 76 DA SDI – I DO TST

Substituição dos avanços trienais por quinquênios. Alteração do contrato de trabalho. Prescrição total. CEEE

A alteração contratual consubstanciada na substituição dos avanços trienais por quinquênios decorre de ato único do empregador, momento em que começa a fluir o prazo fatal de prescrição.

1.2. Prescrição parcial

SÚMULA Nº 294 DO TST

Prescrição. Alteração contratual. Trabalhador urbano

Tratando-se de ação que envolva pedido de prestações sucessivas decorrente de alteração do pactuado, a prescrição é total, exceto quando o direito à parcela esteja também assegurado por preceito de lei.

SÚMULA Nº 6, IX, DO TST

Na ação de equiparação salarial, a prescrição é parcial e só alcança as diferenças salariais vencidas no período de 5 (cinco) anos que precedeu o ajuizamento.

SÚMULA Nº 452 DO TST

Diferenças salariais. Plano de cargos e salários. Descumprimento. Critérios de promoção não observados. Prescrição parcial.

Tratando-se de pedido de pagamento de diferenças salariais decorrentes da inobservância dos critérios de promoção estabelecidos em Plano de Cargos e Salários criado pela empresa, a prescrição aplicável é a parcial, pois a lesão é sucessiva e se renova mês a mês.

SÚMULA Nº 327 DO TST

Complementação de aposentadoria. Diferenças. Prescrição parcial

A pretensão a diferenças de complementação de aposentadoria sujeita-se à prescrição parcial e quinquenal, salvo se o pretenso direito decorrer de verbas não recebidas no curso da relação de emprego e já alcançadas pela prescrição, à época da propositura da ação.

Súmula nº 373 do TST

Gratificação semestral. Congelamento. Prescrição parcial

Tratando-se de pedido de diferença de gratificação semestral que teve seu valor congelado, a prescrição aplicável é a parcial.

1.3. Ação Rescisória. Prescrição total e parcial

Súmula nº 409 do TST

Ação rescisória. Prazo prescricional. Total ou parcial. Violação do art. 7º, XXIX, da CF/1988. Matéria infraconstitucional

Não procede ação rescisória calcada em violação do art. 7º, XXIX, da CF/1988 quando a questão envolve discussão sobre a espécie de prazo prescricional aplicável aos créditos trabalhistas, se total ou parcial, porque a matéria tem índole infraconstitucional, construída, na Justiça do Trabalho, no plano jurisprudencial.

1.4. Suspensão do contrato de trabalho

OJ nº 375 da SDI - I do TST

Auxílio-doença. Aposentadoria por invalidez. Suspensão do contrato de trabalho. Prescrição. Contagem

A suspensão do contrato de trabalho, em virtude da percepção do auxílio-doença ou da aposentadoria por invalidez, não impede a fluência da prescrição quinquenal, ressalvada a hipótese de absoluta impossibilidade de acesso ao Judiciário.

1.5. Interrupção da prescrição

Súmula nº 268 do TST

Prescrição. Interrupção. Ação trabalhista Arquivada

A ação trabalhista, ainda que arquivada, interrompe a prescrição somente em relação aos pedidos idênticos.

OJ nº 392 da SDI - I do TST

Prescrição. Interrupção. Ajuizamento de protesto judicial. Marco inicial

O protesto judicial é medida aplicável no processo do trabalho, por força do art. 769 da CLT e do art. 15 do CPC de 2015. O ajuizamento da ação, por si só, interrompe o prazo prescricional, em razão da inaplicabilidade do § 2º do art. 240 do CPC de 2015 (§ 2º do art. 219 do CPC de 1973), incompatível com o disposto no art. 841 da CLT.

1.6. Rurícola

OJ nº 271 da SDI - I do TST

Rurícola. Prescrição. Contrato de emprego extinto. Emenda constitucional nº 28/2000. Inaplicabilidade

O prazo prescricional da pretensão do rurícola, cujo contrato de emprego já se extinguira ao sobrevir a Emenda Constitucional nº 28, de 26/05/2000, tenha sido ou não ajuizada a ação trabalhista, prossegue regido pela lei vigente ao tempo da extinção do contrato de emprego.

1.7. Prescrição intercorrente

Súmula nº 114 do TST

Prescrição intercorrente

É inaplicável na Justiça do Trabalho a prescrição intercorrente.

1.8. FGTS

Súmula nº 362 do TST

FGTS – Prescrição

I – Para os casos em que a ciência da lesão ocorreu a partir da 13.11.2014, é quinquenal a prescrição do direito de reclamar contra o não-recolhimento de contribuição para o FGTS, observado o prazo de dois anos após o término do contrato;

II – Para os casos em que o prazo prescricional já estava em curso em 13.11.2014, aplica-se o prazo prescricional que se consumar primeiro: trinta anos, contados do termo inicial, ou cinco anos, a partir de 13.11.2014 (STF-ARE-709212/DF).

Súmula nº 206 do TST

Incidência sobre parcelas prescritas

A prescrição da pretensão relativa às parcelas remuneratórias alcança o respectivo recolhimento da contribuição para o FGTS.

1.9. Expurgos inflacionários

OJ Nº 344 DA SDI – I DO TST

FGTS. Multa de 40%. diferenças decorrentes dos expurgos inflacionários. Prescrição. Termo inicial

O termo inicial do prazo prescricional para o empregado pleitear em juízo diferenças da multa do FGTS, decorrentes dos expurgos inflacionários, deu-se com a vigência da Lei Complementar nº 110, em 30.06.01, salvo comprovado trânsito em julgado de decisão proferida em ação proposta anteriormente na Justiça Federal, que reconheça o direito à atualização do saldo da conta vinculada.

OJ Nº 341 DA SDI – I DO TST

FGTS. Multa de 40%. Diferenças decorrentes dos expurgos inflacionários. Responsabilidade pelo pagamento

É de responsabilidade do empregador o pagamento da diferença da multa de 40% sobre os depósitos do FGTS, decorrente da atualização monetária em face dos expurgos inflacionários.

1.10. Ação de cumprimento

SÚMULA Nº 350 DO TST

Prescrição. Termo inicial. Ação de cumprimento. Sentença normativa

O prazo de prescrição com relação à ação de cumprimento de decisão normativa flui apenas da data de seu trânsito em julgado.

1.11. Mudança do regime celetista para estatutário

SÚMULA Nº 382 DO TST

Mudança de regime celetista para estatutário. Extinção do contrato. Prescrição bienal

A transferência do regime jurídico de celetista para estatutário implica extinção do contrato de trabalho, fluindo o prazo da prescrição bienal a partir da mudança de regime.

SÚMULA Nº 243 DO TST

Opção pelo regime trabalhista. Supressão das vantagens estatutárias

Exceto na hipótese de previsão contratual ou legal expressa, a opção do funcionário público pelo regime trabalhista implica a renúncia dos direitos inerentes ao regime estatutário.

1.12. Complementação de pensão e auxílio funeral

OJ Nº 129 DA SDI – I DO TST

Prescrição. Complementação da pensão e auxílio funeral

A prescrição extintiva para pleitear judicialmente o pagamento da complementação de pensão e do auxílio-funeral é de 2 anos, contados a partir do óbito do empregado.

1.13. Ministério Público

OJ Nº 130 DA SDI – I DO TST

Prescrição. Ministério Público. Arguição. "Custos legis". Ilegitimidade.

Ao exarar o parecer na remessa de ofício, na qualidade "custos legis", o Ministério Público não tem legitimidade para arguir a prescrição em favor de entidade de direito público, em matéria de direito patrimonial.

2. DECADÊNCIA

SÚMULA Nº 62 DO TST

Abandono de emprego

O prazo de decadência do direito do empregador de ajuizar inquérito em face do empregado que incorre em abandono de emprego é contado a partir do momento em que o empregado pretendeu seu retorno ao serviço.

CAPÍTULO XI

DIREITO COLETIVO DO TRABALHO

Sumário • Introdução; 1. Organização sindical – 2. Negociação coletiva – 3. Greve.

INTRODUÇÃO

SÚMULA Nº 190 DO TST

Poder normativo do TST. Condições de trabalho. Inconstitucionalidade. Decisões contrárias ao STF

Ao julgar ou homologar ação coletiva ou acordo nela havido, o Tribunal Superior do Trabalho exerce o poder normativo constitucional, não podendo criar ou homologar condições de trabalho que o Supremo Tribunal Federal julgue iterativamente inconstitucionais.

SÚMULA Nº 277 DO TST

Convenção coletiva de trabalho ou acordo coletivo de trabalho. Eficácia. Ultratividade

As cláusulas normativas dos acordos coletivos ou convenções coletivas integram os contratos individuais de trabalho e somente poderão ser modificadas ou suprimidas mediante negociação coletiva de trabalho.

OJ Nº 322 DA SDI – I DO TST

Acordo coletivo de trabalho. Cláusula de termo aditivo prorrogando o acordo para prazo indeterminado. Inválida

Nos termos do art. 614, § 3º, da CLT, é de 2 anos o prazo máximo de vigência dos acordos e das convenções coletivas. Assim sendo, é inválida, naquilo que ultrapassa o prazo total de 2 anos, a cláusula de termo aditivo que prorroga a vigência do instrumento coletivo originário por prazo indeterminado.

SÚMULA Nº 374 DO TST

Norma coletiva. Categoria diferenciada. Abrangência

Empregado integrante de categoria profissional diferenciada não tem o direito de haver de seu empregador vantagens previstas em instrumento coletivo no qual a empresa não foi representada por órgão de classe de sua categoria.

SÚMULA Nº 384 DO TST

Multa convencional. Cobrança

I – O descumprimento de qualquer cláusula constante de instrumentos normativos diversos não submete o empregado a ajuizar várias ações, pleiteando em cada uma o pagamento da multa referente ao descumprimento de obrigações previstas nas cláusulas respectivas.

II – É aplicável multa prevista em instrumento normativo (sentença normativa, convenção ou acordo coletivo) em caso de descumprimento de obrigação prevista em lei, mesmo que a norma coletiva seja mera repetição de texto legal.

OJ Nº 54 DA SDI – I DO TST

Multa. Cláusula penal. Valor superior ao principal

O valor da multa estipulada em cláusula penal, ainda que diária, não poderá ser superior à obrigação principal corrigida, em virtude da aplicação do artigo 412 do Código Civil de 2002 (art. 920 do Código Civil de 1916).

SÚMULA Nº 432 DO TST

Contribuição sindical rural. Ação de cobrança. Penalidade por atraso no recolhimento. Inaplicabilidade do art. 600 da CLT. Incidência do art. 2º da Lei nº 8.022/1990.

O recolhimento a destempo da contribuição sindical rural não acarreta a aplicação da multa progressiva prevista no art. 600 da CLT, em decorrência da sua revogação tácita pela Lei nº 8.022, de 12 de abril de 1990.

ORIENTAÇÕES JURISPRUDENCIAIS DA SDC DO TST

1. ORGANIZAÇÃO SINDICAL

OJ Nº 8 DA SDC DO TST

Dissídio coletivo. Pauta reivindicatória não registrada em ata. Causa de extinção.

A ata da assembleia de trabalhadores que legitima a atuação da entidade sindical respectiva em favor de seus interesses deve registrar, obrigatoriamente, a pauta reivindicatória, produto da vontade expressa da categoria.

OJ Nº 9 DA SDC DO TST

Enquadramento sindical. Incompetência material da justiça do trabalho.

O dissídio coletivo não é meio próprio para o sindicato vir a obter o reconhecimento de que a categoria que representa é diferenciada, pois esta matéria – enquadramento sindical – envolve a interpretação de norma genérica, notadamente do art. 577 da CLT.

OJ Nº 16 DA SDC DO TST

Taxa de homologação de rescisão contratual. Ilegalidade.

É contrária ao espírito da lei (art. 477, § 7º, da CLT) e da função precípua do sindicato a cláusula coletiva que estabelece taxa para homologação de rescisão contratual, a ser paga pela empresa a favor do sindicato profissional.

OJ Nº 17 DA SDC DO TST

Contribuições para entidades sindicais. Inconstitucionalidade de sua extensão a não associados.

As cláusulas coletivas que estabeleçam contribuição em favor de entidade sindical, a qualquer título, obrigando trabalhadores não sindicalizados, são ofensivas ao direito de livre associação e sindicalização, constitucionalmente assegurado, e, portanto, nulas, sendo passíveis de devolução, por via própria, os respectivos valores eventualmente descontados.

OJ Nº 28 DA SDC DO TST

Edital de convocação da AGT. Publicação. Base territorial. Validade.

O edital de convocação para a AGT deve ser publicado em jornal que circule em cada um dos municípios componentes da base territorial.

OJ Nº 35 DA SDC DO TST

Edital de convocação da agt. Disposição estatutária específica. Prazo mínimo entre a publicação e a realização da assembleia. Observância obrigatória.

Se os estatutos da entidade sindical contam com norma específica que estabeleça prazo mínimo entre a data de publicação do edital convocatório e a realização da assembleia correspondente, então a validade desta última depende da observância desse interregno.

OJ Nº 36 DA SDC DO TST

Empregados de empresa de processamento de dados. Reconhecimento como categoria diferenciada. Impossibilidade.

É por lei e não por decisão judicial, que as categorias diferenciadas são reconhecidas como tais. De outra parte, no que tange aos profissionais da informática, o trabalho que desempenham sofre alterações, de acordo com a atividade econômica exercida pelo empregador.

2. NEGOCIAÇÃO COLETIVA

OJ Nº 2 DA SDC DO TST

Acordo homologado. Extensão a partes não subscreventes. Inviabilidade.

É inviável aplicar condições constantes de acordo homologado nos autos de dissídio coletivo, extensivamente, às partes que não o subscreveram, exceto se observado o procedimento previsto no art. 868 e seguintes, da CLT.

OJ Nº 5 DA SDC DO TST

Dissídio coletivo. Pessoa jurídica de direito público. Possibilidade jurídica. Cláusula de natureza social.

Em face de pessoa jurídica de direito público que mantenha empregados, cabe dissídio coletivo exclusivamente para apreciação de cláusulas de natureza social. Inteligência da Convenção nº 151 da Organização Internacional do Trabalho, ratificada pelo Decreto Legislativo no 206/2010.

OJ Nº 18 DA SDC DO TST

Descontos autorizados no salário pelo trabalhador. Limitação máxima de 70% do salário base.

Os descontos efetuados com base em cláusula de acordo firmado entre as partes não podem ser superiores a 70% do salário base percebido pelo empregado, pois deve-se assegurar um mínimo de salário em espécie ao trabalhador.

OJ Nº 20 DA SDC DO TST

Empregados sindicalizados. Admissão preferencial. Condição violadora do art. 8º, V, da CF88.

Viola o art. 8º, V, da CF/1988 cláusula de instrumento normativo que estabelece a preferência, na contratação de mão de obra, do trabalhador sindicalizado sobre os demais.

OJ Nº 23 DA SDC DO TST

Legitimidade "ad causam". Sindicato representativo de segmento profissional ou patronal. Impossibilidade.

A representação sindical abrange toda a categoria, não comportando separação fundada na maior ou menor dimensão de cada ramo ou empresa.

OJ Nº 25 DA SDC DO TST

Salário normativo. Contrato de experiência. Limitação. Tempo de serviço. Possibilidade.

Não fere o princípio da isonomia salarial (art. 7º, XXX, da CF/88) a previsão de salário normativo tendo em vista o fator tempo de serviço.

OJ Nº 26 DA SDC DO TST

Salário normativo. Menor empregado. Art. 7º, XXX, da CF/88. Violação.

Os empregados menores não podem ser discriminados em cláusula que fixa salário mínimo profissional para a categoria.

OJ Nº 30 DA SDC DO TST

Estabilidade da gestante. Renúncia ou transação de direitos constitucionais. Impossibilidade.

Nos termos do art. 10, II, "b", do ADCT, a proteção à maternidade foi erigida à hierarquia constitucional, pois retirou do âmbito do direito potestativo do empregador a possibilidade de despedir arbitrariamente a empregada em estado gravídico. Portanto, a teor do artigo 9º, da CLT, torna-se nula de pleno direito a cláusula que estabelece a possibilidade de renúncia ou transação, pela gestante, das garantias referentes à manutenção do emprego e salário.

OJ Nº 31 DA SDC DO TST

Estabilidade do acidentado. Acordo homologado. Prevalência. Impossibilidade. Violação do art. 118 da lei nº 8.213/91.

Não é possível a prevalência de acordo sobre legislação vigente, quando ele é menos benéfico do que a própria lei, porquanto o caráter imperativo dessa última restringe o campo de atuação da vontade das partes.

3. GREVE

OJ Nº 10 DA SDC DO TST

Greve abusiva não gera efeitos.

É incompatível com a declaração de abusividade de movimento grevista o estabelecimento de quaisquer vantagens ou garantias a seus partícipes, que assumiram os riscos inerentes à utilização do instrumento de pressão máximo.

OJ Nº 11 DA SDC DO TST

Greve. Imprescindibilidade de tentativa direta e pacífica da solução do conflito. Etapa negocial prévia.

É abusiva a greve levada a efeito sem que as partes hajam tentado, direta e pacificamente, solucionar o conflito que lhe constitui o objeto.

OJ Nº 38 DA SDC DO TST

Greve. Serviços essenciais. Garantia das necessidades inadiáveis da população usuária. Fator determinante da qualificação jurídica do movimento.

É abusiva a greve que se realiza em setores que a lei define como sendo essenciais à comunidade, se não é assegurado o atendimento básico das necessidades inadiáveis dos usuários do serviço, na forma prevista na Lei nº 7.783/89.

SUMULA VINCULANTE Nº 23 DO STF

A Justiça do Trabalho é competente para processar e julgar as ações possessórias ajuizadas em decorrência do exercício do direito de greve pelos trabalhadores da iniciativa privada.

TST

Súmulas e OJs do TST

Parte 2

DIREITO PROCESSUAL DO TRABALHO

Capítulo I
PRINCÍPIOS

Súmula nº 214 do TST

Decisão interlocutória. Irrecorribilidade

Na Justiça do Trabalho, nos termos do art. 893, § 1º, da CLT, as decisões interlocutórias não ensejam recurso imediato, salvo nas hipóteses de decisão:

a) de Tribunal Regional do Trabalho contrária à Súmula ou Orientação Jurisprudencial do Tribunal Superior do Trabalho;

b) suscetível de impugnação mediante recurso para o mesmo Tribunal;

c) que acolhe exceção de incompetência territorial, com a remessa dos autos para Tribunal Regional distinto daquele a que se vincula o juízo excepcionado, consoante o disposto no art. 799, § 2º, da CLT.

Súmula nº 211 do TST

Juros de mora e correção monetária. Independência do pedido inicial e do título executivo judicial

Os juros de mora e a correção monetária incluem-se na liquidação, ainda que omisso o pedido inicial ou a condenação.

Súmula nº 424 do TST

Recurso administrativo. Pressuposto de admissibilidade. Depósito prévio da multa administrativa. Não recepção pela Constituição Federal do § 1º do art. 636 da CLT

O § 1º do art. 636 da CLT, que estabelece a exigência de prova do depósito prévio do valor da multa cominada em razão de autuação administrativa como pressuposto de admissibilidade de recurso administrativo, não foi recepcionado pela Constituição Federal de 1988, ante a sua incompatibilidade com o inciso LV do art. 5º.

CAPÍTULO II
COMPETÊNCIA

SUMÁRIO • 1. Imunidade de jurisdição. Organização ou organismo internacional – 2. Competência em razão da matéria – 3. Competência funcional – 4. Competência territorial-funcional (ACP) – 5. Conflito de competência

1. IMUNIDADE DE JURISDIÇÃO. ORGANIZAÇÃO OU ORGANISMO INTERNACIONAL

OJ Nº 416 DA SDI - I DO TST

Imunidade de jurisdição. Organização ou organismo internacional

As organizações ou organismos internacionais gozam de imunidade absoluta de jurisdição quando amparados por norma internacional incorporada ao ordenamento jurídico brasileiro, não se lhes aplicando a regra do Direito Consuetudinário relativa à natureza dos atos praticados. Excepcionalmente, prevalecerá a jurisdição brasileira na hipótese de renúncia expressa à cláusula de imunidade jurisdicional.

2. COMPETÊNCIA EM RAZÃO DA MATÉRIA

SÚMULA Nº 392 DO TST

Dano moral e material. Relação de trabalho. Competência da Justiça do Trabalho

Nos termos do art. 114, inc. VI, da Constituição da República, a Justiça do Trabalho é competente para processar e julgar ações de indenização por dano moral e material, decorrentes da relação de trabalho, inclusive as oriundas de acidente de trabalho e doenças a ele equiparadas, ainda que propostas pelos dependentes ou sucessores do trabalhador falecido.

SÚMULA Nº 189 DO TST

Greve. Competência da Justiça do Trabalho. Abusividade

A Justiça do Trabalho é competente para declarar a abusividade, ou não, da greve.

SÚMULA Nº 300 DO TST

Competência da Justiça do Trabalho. Cadastramento no PIS

Compete à Justiça do Trabalho processar e julgar ações ajuizadas por empregados em face de empregadores relativas ao cadastramento no Programa de Integração Social (PIS).

SÚMULA Nº 389 DO TST

Seguro-desemprego. Competência da Justiça do Trabalho. Direito à indenização por não liberação de guias

I – Inscreve-se na competência material da Justiça do Trabalho a lide entre empregado e empregador tendo por objeto indenização pelo não-fornecimento das guias do seguro-desemprego.

II – O não-fornecimento pelo empregador da guia necessária para o recebimento do seguro-desemprego dá origem ao direito à indenização.

SÚMULA Nº 368 DO TST

Descontos previdenciários. Imposto de renda. Competência. Responsabilidade pelo recolhimento. Forma de cálculo. Fato gerador.

I - A Justiça do Trabalho é competente para determinar o recolhimento das contribuições fiscais. A competência da Justiça do Trabalho, quanto à execução das contribuições previdenciárias, limita-se às sentenças condenatórias em pecúnia que proferir e aos valores, objeto de acordo homologado, que integrem o salário de contribuição.

II - É do empregador a responsabilidade pelo recolhimento das contribuições previdenciárias e fiscais, resultantes de crédito do empregado oriundo de condenação judicial. A culpa do empregador pelo inadimplemento das verbas remuneratórias, contudo, não exime a responsabilidade do empregado pelos pagamentos do imposto de renda devido e da contribuição previdenciária que recaia sobre sua quota-parte.

III – Os descontos previdenciários relativos à contribuição do empregado, no caso de ações trabalhistas, devem ser calculados mês a mês, de conformidade com o art. 276, § 4º, do Decreto n º 3.048/1999 que regulamentou a Lei nº 8.212/1991, aplicando-se as alíquotas previstas no art. 198, observado o limite máximo do salário de contribuição.

IV - Considera-se fato gerador das contribuições previdenciárias decorrentes de créditos trabalhistas reconhecidos ou homologados em juízo, para os serviços prestados até 4.3.2009, inclusive, o efetivo pagamento das verbas, configurando-se a mora a partir do dia dois do mês seguinte ao da liquidação (art. 276, "caput", do Decreto nº 3.048/1999). Eficácia não retroativa da alteração legislativa promovida pela Medida Provisória nº 449/2008, posteriormente convertida na Lei nº 11.941/2009, que deu nova redação ao art. 43 da Lei nº 8.212/91.

V - Para o labor realizado a partir de 5.3.2009, considera-se fato gerador das contribuições previdenciárias decorrentes de créditos trabalhistas reconhecidos ou homologados em juízo a data da efetiva prestação dos serviços. Sobre as contribuições previdenciárias não recolhidas a partir da prestação dos serviços incidem juros de mora e, uma vez apurados os créditos previdenciários, aplica-se multa a partir do exaurimento do prazo de citação para pagamento, se descumprida a obrigação, observado o limite legal de 20% (art. 61, § 2º, da Lei nº 9.460/96).

VI – O imposto de renda decorrente de crédito do empregado recebido acumuladamente deve ser calculado sobre o montante dos rendimentos pagos, mediante a utilização de tabela progressiva resultante da multiplicação da quantidade de meses a que se refiram os rendimentos pelos valores constantes da tabela progressiva mensal correspondente ao mês do recebimento ou crédito, nos termos do art. 12-A da Lei nº 7.713, de 22/12/1988, com a redação conferida pela Lei nº 13.149/2015, observado o procedimento previsto nas Instruções Normativas da Receita Federal do Brasil.

Súmula nº 454 do TST

Competência da Justiça do Trabalho. Execução de ofício. Contribuição social referente ao seguro de acidente de trabalho (SAT). Arts. 114, VIII, e 195, I, "a", da Constituição da República.

Compete à Justiça do Trabalho a execução, de ofício, da contribuição referente ao Seguro de Acidente de Trabalho (SAT), que tem natureza de contribuição para a seguridade social (arts. 114, VIII, e 195, I, "a", da CF), pois se destina ao financiamento de benefícios relativos à incapacidade do empregado decorrente de infortúnio no trabalho (arts. 11 e 22 da Lei n. 8.212/1991).

OJ nº 26 da SDI – I do TST

Competência da Justiça do Trabalho. Complementação de pensão requerida por viúva de ex-empregado

A Justiça do Trabalho é competente para apreciar pedido de complementação de pensão postulada por viúva de ex-empregado, por se tratar de pedido que deriva do contrato de trabalho.

Súmula nº 19 do TST

Quadro de carreira

A Justiça do Trabalho é competente para apreciar reclamação de empregado que tenha por objeto direito fundado em quadro de carreira.

OJ nº 138 da SDI – I do TST

Competência residual. Regime jurídico único. Limitação da execução

Compete à Justiça do Trabalho julgar pedidos de direitos e vantagens previstos na legislação trabalhista referente a período anterior à Lei nº 8.112/90, mesmo que a ação tenha sido ajuizada após a edição da referida lei. A superveniência de regime estatutário em substituição ao celetista, mesmo após a sentença, limita a execução ao período celetista.

Súmula Vinculante nº 22 do STF

A Justiça do Trabalho é competente para processar e julgar as ações de indenização por danos morais e patrimoniais decorrentes de acidente de trabalho propostas por empregado contra empregador, inclusive aquelas que ainda não possuíam sentença de mérito em primeiro grau quando da promulgação da Emenda Constitucional nº 45/04.

Súmula Vinculante nº 23 do STF

A Justiça do Trabalho é competente para processar e julgar as ações possessórias ajuizadas em decorrência do exercício do direito de greve pelos trabalhadores da iniciativa privada

Súmula Vinculante nº 53 do STF

A competência da Justiça do Trabalho prevista no artigo 114, inciso VIII, da Constituição Federal alcança a execução de ofício das contribuições previdenciárias relativas ao objeto da condenação constante das sentenças que proferir e acordos por ela homologados.

3. COMPETÊNCIA FUNCIONAL

OJ nº 129 da SDI – II do TST

Ação anulatória. Competência originária

Em se tratando de ação anulatória, a competência originária se dá no mesmo juízo em que praticado o ato supostamente eivado de vício.

OJ nº 68 da SDI – II do TST

Antecipação de tutela. Competência

Nos Tribunais, compete ao relator decidir sobre o pedido de antecipação de tutela, submetendo sua decisão ao Colegiado respectivo, independentemente de pauta, na sessão imediatamente subsequente.

4. COMPETÊNCIA TERRITORIAL-FUNCIONAL (ACP)

OJ nº 130 da SDI – II do TST

Ação civil pública. Competência. Local do dano. Lei 7.347/1985, art. 2º. Código de Defesa do Consumidor, artigo 93.

I – A competência para a Ação Civil Pública fixa-se pela extensão do dano.

II – Em caso de dano de abrangência regional, que atinge cidades sujeitas à jurisdição de mais de uma Vara do Trabalho, a competência será de qualquer das varas das localidades atingidas, ainda que vinculadas a Tribunais Regionais do Trabalho distintos.

III – Em caso de dano de abrangência suprarregional ou nacional, há competência concorrente para a ação civil pública das varas do trabalho das sedes dos Tribunais Regionais do Trabalho.

IV – Estará prevento o juízo a que a primeira ação houver sido distribuída.

5. CONFLITO DE COMPETÊNCIA

Súmula nº 420 do TST

Competência funcional. Conflito negativo. TRT e Vara do Trabalho de idêntica região. Não configuração

Não se configura conflito de competência entre Tribunal Regional do Trabalho e Vara do Trabalho a ele vinculada.

OJ nº 149 da SDI – II do TST

Conflito de competência. Incompetência territorial. Hipótese do art. 651, § 3º, da CLT. Impossibilidade de declaração de ofício de incompetência relativa

Não cabe declaração de ofício de incompetência territorial no caso do uso, pelo trabalhador, da faculdade prevista no art. 651, § 3º, da CLT. Nessa hipótese, resolve-se o conflito pelo reconhecimento da competência do juízo do local onde a ação foi proposta.

Capítulo III
MINISTÉRIO PÚBLICO DO TRABALHO

Súmula nº 407 do TST

Ação rescisória. Ministério Público. Legitimidade "ad causam" prevista no art. 967, III, "a", "b" e "c" do CPC de 2015. Art. 487, III, "a" e "b", do CPC de 1973. Hipóteses meramente exemplificativas.

A legitimidade "ad causam" do Ministério Público para propor ação rescisória, ainda que não tenha sido parte no processo que deu origem à decisão rescindenda, não está limitada às alíneas "a", "b" e "c" do inciso III do art. 967 do CPC de 2015 (art. 487, III, "a" e "b", do CPC de 1973), uma vez que traduzem hipóteses meramente exemplificativas.

OJ nº 130 da SDI - I do TST

Prescrição. Ministério Público. Arguição. "Custos legis". Ilegitimidade.

Ao exarar o parecer na remessa de ofício, na qualidade de "custos legis", o Ministério Público não tem legitimidade para arguir a prescrição em favor de entidade de direito público, em matéria de direito patrimonial.

OJ nº 237 da SDI - I do TST

Ministério Público do Trabalho. Legitimidade para recorrer. Sociedade de economia mista. Empresa pública

I - O Ministério Público do Trabalho não tem legitimidade para recorrer na defesa de interesse patrimonial privado, ainda que de empresas públicas e sociedades de economia mista.

II – Há legitimidade do Ministério Público do Trabalho para recorrer de decisão que declara a existência de vínculo empregatício com sociedade de economia mista ou empresa pública, após a Constituição Federal de 1988, sem a prévia aprovação em concurso público, pois é matéria de ordem pública.

OJ nº 350 da SDI - I do TST

Ministério Público do Trabalho. Nulidade do contrato de trabalho não suscitada pelo ente público no momento da defesa. Arguição em parecer. Possibilidade

O Ministério Público do Trabalho pode arguir, em parecer, na primeira vez que tenha de se manifestar no processo, a nulidade do contrato de trabalho em favor de ente público, ainda que a parte não a tenha suscitado, a qual será apreciada, sendo vedada, no entanto, qualquer dilação probatória.

OJ nº 130 da SDI - II do TST

Ação civil pública. Competência. Local do dano. Lei 7.347/1985, art. 2º. Código de Defesa do Consumidor, artigo 93.

I – A competência para a Ação Civil Pública fixa-se pela extensão do dano.

II – Em caso de dano de abrangência regional, que atinge cidades sujeitas à jurisdição de mais de uma Vara do Trabalho, a competência será de qualquer das varas das localidades atingidas, ainda que vinculadas a Tribunais Regionais do Trabalho distintos.

III – Em caso de dano de abrangência suprarregional ou nacional, há competência concorrente para a ação civil pública das varas do trabalho das sedes dos Tribunais Regionais do Trabalho.

IV – Estará prevento o juízo a que a primeira ação houver sido distribuída.

Capítulo IV

AÇÃO. CONDIÇÕES DA AÇÃO

1. LEGITIMIDADE

Súmula nº 286 do TST

Sindicato. Substituição processual. Convenção e acordo coletivos

A legitimidade do sindicato para propor ação de cumprimento estende-se também à observância de acordo ou de convenção coletivos.

OJ nº 121 da SDI - I do TST

Substituição processual. Diferença do adicional de insalubridade. Legitimidade

O sindicato tem legitimidade para atuar na qualidade de substituto processual para pleitear diferença de adicional de insalubridade.

OJ nº 359 da SDI - I do TST

Substituição processual. Sindicato. Legitimidade. Prescrição. Interrupção

A ação movida por sindicato, na qualidade de substituto processual, interrompe a prescrição, ainda que tenha sido considerado parte ilegítima "ad causam".

2. IMPOSSIBILIDADE JURÍDICA DO PEDIDO

OJ nº 150 da SDI - II do TST

Ação Rescisória. Regência pelo CPC de 1973. Decisão rescindenda que extingue o processo sem resolução de mérito por acolhimento de coisa julgada. Conteúdo meramente processual. Impossibilidade jurídica do pedido.

Reputa-se juridicamente impossível o pedido de corte rescisório de decisão que, reconhecendo a existência de coisa julgada, nos termos do art. 267, V, do CPC de 1973, extingue o processo sem resolução de mérito, o que, ante o seu conteúdo meramente processual, a torna insuscetível de produzir a coisa julgada material.

OJ nº 134 da SDI - II do TST

Ação rescisória. Decisão que declara preclusa a oportunidade de impugnação da sentença de liquidação. Produção de coisa julgada formal. Irrescindibilidade

A decisão proferida em embargos à execução ou em agravo de petição que apenas declara preclusa a oportunidade de impugnação da sentença de liquidação não é rescindível, em virtude de produzir tão-somente coisa julgada formal.

3. INTERESSE DE AGIR

OJ nº 188 da SDI - I do TST

Decisão normativa que defere direitos. Falta de interesse de agir para ação individual

Falta interesse de agir para a ação individual, singular ou plúrima, quando o direito já foi reconhecido através de decisão normativa, cabendo, no caso, ação de cumprimento.

CAPÍTULO V

PARTES E PROCURADORES NO PROCESSO DO TRABALHO

SUMÁRIO • 1. *Jus postulandi* – 2. Representação – 3. Advogado e honorários advocatícios – 4. Honorários periciais – 5. Justiça Gratuita – 6. Litisconsórcio – 7. Intervenção de terceiros

1. JUS POSTULANDI

SÚMULA Nº 425 DO TST

Jus postulandi na Justiça do Trabalho. Alcance

O *jus postulandi* das partes, estabelecido no art. 791 da CLT, limita-se às Varas do Trabalho e aos Tribunais Regionais do Trabalho, não alcançando a ação rescisória, a ação cautelar, o mandado de segurança e os recursos de competência do Tribunal Superior do Trabalho.

2. REPRESENTAÇÃO

OJ Nº 318 DA SDI – I DO TST

Autarquia. Fundação pública. Legitimidade para recorrer.

I – Os Estados e os Municípios não têm legitimidade para recorrer em nome das autarquias e das fundações públicas.

II – Os procuradores estaduais e municipais podem representar as respectivas autarquias e fundações públicas em juízo somente se designados pela lei da respectiva unidade da federação (art. 75, IV, do CPC de 2015) ou se investidos de instrumento de mandato válido.

OJ Nº 200 DA SDI – I DO TST

Mandato tácito. Substabelecimento inválido

É inválido o substabelecimento de advogado investido de mandato tácito.

OJ Nº 286 DA SDI – I DO TST

Agravo de instrumento. Traslado. Mandato tácito. Ata de audiência. Configuração

I – A juntada da ata de audiência, em que consignada a presença do advogado, desde que não estivesse atuando com mandato expresso, torna dispensável a procuração deste, porque demonstrada a existência de mandato tácito.

II – Configurada a existência de mandato tácito fica suprida a irregularidade detectada no mandato expresso.

OJ Nº 151 DA SDI – II DO TST

Ação Rescisória e Mandado de Segurança. Procuração. Poderes específicos para ajuizamento de reclamação trabalhista. Irregularidade de representação processual. Fase recursal. Vício processual sanável.

A procuração outorgada com poderes específicos para ajuizamento de reclamação trabalhista não autoriza a propositura de ação rescisória e mandado de segurança. Constatado, todavia, o defeito de representação processual na fase recursal, cumpre ao relator ou ao tribunal conceder prazo de 5 (cinco) dias para a regularização, nos termos da Súmula nº 383, item II, do TST.

OJ Nº 374 DA SDI – I DO TST

Agravo de instrumento. Representação processual. Regularidade. Procuração ou substabelecimento com cláusula limitativa de poderes ao âmbito do tribunal regional do trabalho

É regular a representação processual do subscritor do agravo de instrumento ou do recurso de revista que detém mandato com poderes de representação limitados ao âmbito do Tribunal Regional do Trabalho, pois, embora a apreciação desse recurso seja realizada pelo Tribunal Superior do Trabalho, a sua interposição é ato praticado perante o Tribunal Regional do Trabalho, circunstância que legitima a atuação do advogado no feito.

SÚMULA Nº 395 DO TST

Mandato e substabelecimento. Condições de validade

I - Válido é o instrumento de mandato com prazo determinado que contém cláusula estabelecendo a prevalência dos poderes para atuar até o final da demanda (§ 4º do art. 105 do CPC de 2015).

II – Se há previsão, no instrumento de mandato, de prazo para sua juntada, o mandato só tem validade se anexado ao processo o respectivo instrumento no aludido prazo.

III - São válidos os atos praticados pelo substabelecido, ainda que não haja, no mandato, poderes expressos para substabelecer (art. 667, e parágrafos, do Código Civil de 2002).

IV - Configura-se a irregularidade de representação se o substabelecimento é anterior à outorga passada ao substabelecente.

V – Verificada a irregularidade de representação nas hipóteses dos itens II e IV, deve o juiz suspender o processo e designar prazo razoável para que seja sanado o vício, ainda que em instância recursal (art. 76 do CPC de 2015).

OJ Nº 371 DA SDI – I DO TST

Irregularidade de representação. Substabelecimento não datado. Inaplicabilidade do art. 654, § 1º, do Código Civil.

Não caracteriza a irregularidade de representação a ausência da data da outorga de poderes, pois, no mandato judicial, ao contrário do mandato civil, não é condição de validade do negócio jurídico. Assim, a data a ser considerada é aquela em que o instrumento for juntado aos autos, conforme preceitua o art. 409, IV, do CPC de 2015 (art. 370, IV, do CPC de 1973). Inaplicável o art. 654, § 1º, do Código Civil.

OJ Nº 75 DA SDI – I DO TST

Substabelecimento sem o reconhecimento de firma do substabelecente. Inválido (anterior à Lei nº 8.952/1994)

Não produz efeitos jurídicos recurso subscrito por advogado com poderes conferidos em substabelecimento em que não consta o reconhecimento de firma do outorgante. Entendimento aplicável antes do advento da Lei nº 8.952/1994.

SÚMULA Nº 383 DO TST

Recurso. Mandato. Irregularidade de representação. CPC de 2015, arts. 104 e 76, § 2º

I – É inadmissível recurso firmado por advogado sem procuração juntada aos autos até o momento da sua interposição, salvo mandato tácito. Em caráter excepcional (art. 104 do CPC de 2015), admite-se que o advogado, independentemente de intimação, exiba a procuração no prazo de 5 (cinco) dias após a interposição do recurso, prorrogável por igual período mediante despacho do juiz. Caso não a exiba, considera-se ineficaz o ato praticado e não se conhece do recurso.

II – Verificada a irregularidade de representação da parte em fase recursal, em procuração ou substabelecimento já constante dos autos, o relator ou o órgão competente para julgamento do recurso designará prazo de 5 (cinco) dias para que seja sanado o vício. Descumprida a determinação, o relator não conhecerá do recurso, se a providência couber ao recorrente, ou determinará o desentranhamento das contrarrazões, se a providência couber ao recorrido (art. 76, § 2º, do CPC de 2015).

SÚMULA Nº 436 DO TST

Representação processual. Procurador da União, Estados, Municípios e Distrito Federal, suas autarquias e fundações públicas. Juntada de instrumento de mandato

I – A União, Estados, Municípios e Distrito Federal, suas autarquias e fundações públicas, quando representadas em juízo, ativa e passivamente, por seus procuradores, estão dispensadas da juntada de instrumento de mandato e de comprovação do ato de nomeação.

II – Para os efeitos do item anterior, é essencial que o signatário ao menos declare-se exercente do cargo de procurador, não bastando a indicação do número de inscrição na Ordem dos Advogados do Brasil.

OJ Nº 255 DA SDI – I DO TST

Mandato. Contrato social. Desnecessária a juntada

O art. 75, inciso VIII, do CPC de 2015 (art. 12, VI, do CPC de 1973) não determina a exibição dos estatutos da empresa em juízo como condição de validade do instrumento de mandato outorgado ao seu procurador, salvo se houver impugnação da parte contrária.

SÚMULA Nº 456 DO TST

Representação. Pessoa jurídica. Procuração. Invalidade. Identificação do outorgante e de seu representante.

I – É inválido o instrumento de mandato firmado em nome de pessoa jurídica que não contenha, pelo menos, o nome do outorgante e do signatário da procuração, pois estes dados constituem elementos que os individualizam.

II – Verificada a irregularidade de representação da parte na instância originária, o juiz designará prazo de 5 (cinco) dias para que seja sanado o vício. Descumprida a determinação, extinguirá o processo, sem resolução de mérito, se a providência couber ao reclamante, ou considerará revel o reclamado, se a providência lhe couber (art. 76, § 1º, do CPC de 2015).

III – Caso a irregularidade de representação da parte seja constatada em fase recursal, o relator designará prazo de 5 (cinco) dias para que seja sanado o vício. Descumprida a determinação, o relator não conhecerá do recurso, se a providência couber ao recorrente, ou determinará o desentranhamento das contrarrazões, se a providência couber ao recorrido (art. 76, § 2º, do CPC de 2015).

OJ Nº 319 DA SDI – I DO TST

Representação regular. Estagiário. Habilitação posterior

Válidos são os atos praticados por estagiário se, entre o substabelecimento e a interposição do recurso, sobreveio a habilitação, do então estagiário, para atuar como advogado.

OJ Nº 349 DA SDI – I DO TST

Mandato. Juntada de nova procuração. Ausência de ressalva. Efeitos

A juntada de nova procuração aos autos, sem ressalva de poderes conferidos ao antigo patrono, implica revogação tácita do mandato anterior.

3. ADVOGADO E HONORÁRIOS ADVOCATÍCIOS

OJ Nº 7 DA SDI – I DO TST

Advogado. Atuação fora da seção da OAB onde o advogado está inscrito. Ausência de comunicação. (Lei nº 4.215/1963, § 2º, art. 56). Infração disciplinar. Não importa nulidade

A despeito da norma então prevista no artigo 56, § 2º, da Lei nº 4.215/63, a falta de comunicação do advogado à OAB para o exercício profissional em seção diversa daquela na qual tem inscrição não importa nulidade dos atos praticados, constituindo apenas infração disciplinar, que cabe àquela instituição analisar.

SÚMULA Nº 329 DO TST

Honorários advocatícios. Art. 133 da CF/1988.

Mesmo após a promulgação da CF/1988, permanece válido o entendimento consubstanciado na Súmula nº 219 do Tribunal Superior do Trabalho.

SÚMULA Nº 219 DO TST

Honorários Advocatícios. Cabimento

I - Na Justiça do Trabalho, a condenação ao pagamento de honorários advocatícios não decorre pura e simplesmente da sucumbência, devendo a parte, concomitantemente: a) estar assistida por sindicato da categoria profissional; b) comprovar a percepção de salário inferior ao dobro do salário mínimo ou encontrar-se em situação econômica que não lhe permita demandar sem prejuízo do próprio sustento ou da respectiva família (art.14, § 1º, da Lei nº 5.584/1970).

II – É cabível a condenação ao pagamento de honorários advocatícios em ação rescisória no processo trabalhista.

III – São devidos os honorários advocatícios nas causas em que o ente sindical figure como substituto processual e nas lides que não derivem da relação de emprego.

IV – Na ação rescisória e nas lides que não derivem de relação de emprego, a responsabilidade pelo pagamento dos honorários advocatícios da sucumbência submete-se à disciplina do Código de Processo Civil (arts. 85, 86, 87 e 90).

V – Em caso de assistência judiciária sindical ou de substituição processual sindical, excetuados os processos em que a Fazenda Pública for parte, os honorários advocatícios são devidos entre o mínimo de dez e o máximo de vinte por cento sobre o valor da condenação, do proveito econômico obtido ou, não sendo possível mensurá-lo, sobre o valor atualizado da causa (CPC de 2015, art. 85, § 2º).

VI - Nas causas em que a Fazenda Pública for parte, aplicar-se-ão os percentuais específicos de honorários advocatícios contemplados no Código de Processo Civil.

OJ Nº 348 DA SDI – I DO TST

Honorários advocatícios. Base de cálculo. Valor líquido. Lei nº 1.060, de 05.02.1950

Os honorários advocatícios, arbitrados nos termos do art. 11, § 1º, da Lei nº 1.060, de 05.02.1950, devem incidir sobre o valor líquido da condenação, apurado na fase de liquidação de sentença, sem a dedução dos descontos fiscais e previdenciários.

OJ Nº 421 DA SDI – I DO TST

Honorários advocatícios. Ação de indenização por danos morais e materiais decorrentes de acidente de trabalho ou de doença profissional. Ajuizamento perante a justiça comum antes da promulgação da emenda constitucional nº 45/2004. Posterior remessa dos autos à justiça do trabalho. Art. 85 do CPC de 2015. Art. 20 do CPC de 1973. Incidência.

A condenação em honorários advocatícios nos autos de ação de indenização por danos morais e materiais decorrentes de acidente de trabalho ou de doença profissional, remetida à Justiça do Trabalho após ajuizamento na Justiça comum, antes da vigência da Emenda Constitucional nº 45/2004, decorre da mera sucumbência, nos termos do art. 85 do CPC de 2015 (art. 20 do CPC de 1973), não se sujeitando aos requisitos da Lei nº 5.584/1970.

4. HONORÁRIOS PERICIAIS

SÚMULA Nº 341 DO TST

Honorários do Assistente Técnico

A indicação do perito assistente é faculdade da parte, a qual deve responder pelos respectivos honorários, ainda que vencedora no objeto da perícia.

OJ Nº 198 DA SDI – I DO TST

Honorários periciais. Atualização monetária

Diferentemente da correção aplicada aos débitos trabalhistas, que têm caráter alimentar, a atualização monetária dos honorários periciais é fixada pelo art. 1º da Lei nº 6.899/81, aplicável a débitos resultantes de decisões judiciais.

OJ Nº 98 DA SDI – II DO TST

Mandado de segurança. Cabível para atacar exigência de depósito prévio de honorários periciais

É ilegal a exigência de depósito prévio para custeio dos honorários periciais, dada a incompatibilidade com o processo do trabalho, sendo cabível o mandado de segurança visando à realização da perícia, independentemente do depósito.

SÚMULA Nº 457 DO TST

Honorários periciais. Beneficiário da justiça gratuita. Responsabilidade da União pelo pagamento. Resolução nº 66/2010 do CSJT. Observância.

A União é responsável pelo pagamento dos honorários de perito quando a parte sucumbente no objeto da perícia for beneficiária da assistência judiciária gratuita, observado o procedimento disposto nos arts. 1º, 2º e 5º da Resolução n.º 66/2010 do Conselho Superior da Justiça do Trabalho – CSJT.

5. JUSTIÇA GRATUITA

OJ Nº 269 DA SDI – I DO TST

Justiça gratuita. Requerimento de isenção de despesas processuais. Momento oportuno.

I – O benefício da justiça gratuita pode ser requerido em qualquer tempo ou grau de jurisdição, desde que, na fase recursal, seja o requerimento formulado no prazo alusivo ao recurso;

II – Indeferido o requerimento de justiça gratuita formulado na fase recursal, cumpre ao relator fixar prazo para que o recorrente efetue o preparo (art. 99, § 7º, do CPC de 2015).

SÚMULA 463 DO TST

Assistência judiciária gratuita. Comprovação.

I – A partir de 26.06.2017, para a concessão da assistência judiciária gratuita à pessoa natural, basta a declaração de hipossuficiência econômica firmada pela parte ou por seu advogado, desde que munido de procuração com poderes específicos para esse fim (art. 105 do CPC de 2015);

II – No caso de pessoa jurídica, não basta a mera declaração: é necessária a demonstração cabal de impossibilidade de a parte arcar com as despesas do processo

6. LITISCONSÓRCIO

OJ Nº 310 DA SDI - I DO TST

Litisconsortes. Procuradores distintos. Prazo em dobro. Art. 229, caput e §§ 1º e 2º, do CPC de 2015. Art. 191 do CPC de 1973. Inaplicável ao processo do trabalho.

Inaplicável ao processo do trabalho a norma contida no art. 229, caput e §§ 1º e 2º, do CPC de 2015 (art. 191 do CPC de 1973), em razão de incompatibilidade com a celeridade que lhe é inerente.

SÚMULA Nº 406 DO TST

Ação rescisória. Litisconsórcio. Necessário no pólo passivo e facultativo no ativo. Inexistente quanto aos substituídos pelo sindicato.

I - O litisconsórcio, na ação rescisória, é necessário em relação ao pólo passivo da demanda, porque supõe uma comunidade de direitos ou de obrigações que não admite solução díspar para os litisconsortes, em face da indivisibilidade do objeto. Já em relação ao pólo ativo, o litisconsórcio é facultativo, uma vez que a aglutinação de autores se faz por conveniência e não pela necessidade decorrente da natureza do litígio, pois não se pode condicionar o exercício do direito individual de um dos litigantes no processo originário à anuência dos demais para retomar a lide.

II - O Sindicato, substituto processual e autor da reclamação trabalhista, em cujos autos fora proferida a decisão rescindenda, possui legitimidade para figurar como réu na ação rescisória, sendo descabida a exigência de citação de todos os empregados substituídos, porquanto inexistente litisconsórcio passivo necessário.

SÚMULA Nº 36 DO TST

Custas

Nas ações plúrimas, as custas incidem sobre o respectivo valor global.

7. INTERVENÇÃO DE TERCEIROS

SÚMULA Nº 82 DO TST

Assistência. A intervenção assistencial, simples ou adesiva, só é admissível se demonstrado o interesse jurídico e não o meramente econômico.

CAPÍTULO VI
ATOS PROCESSUAIS

SUMÁRIO • 1. Notificação – 2. Prazos processuais – 3. Custas processuais

1. NOTIFICAÇÃO

SÚMULA Nº 16 DO TST

Notificação

Presume-se recebida a notificação 48 (quarenta e oito) horas depois de sua postagem. O seu não-recebimento ou a entrega após o decurso desse prazo constitui ônus de prova do destinatário.

SÚMULA Nº 427 DO TST

Intimação. Pluralidade de advogados. Publicação em nome de advogado diverso daquele expressamente indicado. Nulidade

Havendo pedido expresso de que as intimações e publicações sejam realizadas exclusivamente em nome de determinado advogado, a comunicação em nome de outro profissional constituído nos autos é nula, salvo se constatada a inexistência de prejuízo.

2. PRAZOS PROCESSUAIS

SÚMULA Nº 1 DO TST

Prazo Judicial

Quando a intimação tiver lugar na sexta-feira, ou a publicação com efeito de intimação for feita nesse dia, o prazo judicial será contado da segunda-feira imediata, inclusive, salvo se não houver expediente, caso em que fluirá no dia útil que se seguir.

SÚMULA Nº 262 DO TST

Prazo judicial. Notificação ou intimação em sábado. Recesso forense

I – Intimada ou notificada a parte no sábado, o início do prazo se dará no primeiro dia útil imediato e a contagem, no subsequente.

II – O recesso forense e as férias coletivas dos Ministros do Tribunal Superior do Trabalho suspendem os prazos recursais.

OJ Nº 310 DA SDI – I DO TST

Litisconsortes. Procuradores distintos. Prazo em dobro. Art. 229, caput e §§ 1º e 2º, do CPC de 2015. Art. 191 do CPC de 1973. Inaplicável ao processo do trabalho.

Inaplicável ao processo do trabalho a norma contida no art. 229, caput e §§ 1º e 2º, do CPC de 2015 (art. 191 do CPC de 1973), em razão de incompatibilidade com a celeridade que lhe é inerente.

SÚMULA Nº 385 DO TST

Feriado local ou forense. Ausência de expediente. Prazo recursal. Prorrogação. Comprovação. Necessidade.

I – Incumbe à parte o ônus de provar, quando da interposição do recurso, a existência de feriado local que autorize a prorrogação do prazo recursal (art. 1.003, § 6º, do CPC de 2015). No caso de o recorrente alegar a existência de feriado local e não o comprovar no momento da interposição do recurso, cumpre ao relator conceder o prazo de 5 (cinco) dias para que seja sanado o vício (art. 932, parágrafo único, do CPC de 2015), sob pena de não conhecimento se da comprovação depender a tempestividade recursal;

II – Na hipótese de feriado forense, incumbirá à autoridade que proferir a decisão de admissibilidade certificar o expediente nos autos;

III – Admite-se a reconsideração da análise da tempestividade do recurso, mediante prova documental superveniente, em agravo de instrumento, agravo interno, agravo regimental, ou embargos de declaração, desde que, em momento anterior, não tenha havido a concessão de prazo para a comprovação da ausência de expediente forense.

Súmula nº 197 do TST

Prazo. O prazo para recurso da parte que, intimada, não comparecer à audiência em prosseguimento para a prolação da sentença conta-se de sua publicação.

Súmula nº 30 do TST

Intimação da sentença. Quando não juntada a ata ao processo em 48 horas, contadas da audiência de julgamento (art. 851, § 2º, da CLT), o prazo para recurso será contado da data em que a parte receber a intimação da sentença.

Súmula nº 53 do TST

Custas. O prazo para pagamento das custas, no caso de recurso, é contado da intimação do cálculo.

Súmula nº 245 do TST

Depósito recursal. Prazo. O depósito recursal deve ser feito e comprovado no prazo alusivo ao recurso. A interposição antecipada deste não prejudica a dilação legal.

OJ nº 192 da SDI – I do TST

Embargos declaratórios. Prazo em dobro. Pessoa jurídica de direito público. Decreto-lei nº 779/69.

É em dobro o prazo para a interposição de embargos declaratórios por pessoa jurídica de direito público.

Súmula nº 387 do TST

Recurso. Fac-símile. Lei nº 9.800/1999

I – A Lei nº 9.800, de 26.05.1999, é aplicável somente a recursos interpostos após o início de sua vigência.

II – A contagem do quinquídio para apresentação dos originais de recurso interposto por intermédio de fac-símile começa a fluir do dia subsequente ao término do prazo recursal, nos termos do art. 2º da Lei nº 9.800, de 26.05.1999, e não do dia seguinte à interposição do recurso, se esta se deu antes do termo final do prazo.

III – Não se tratando a juntada dos originais de ato que dependa de notificação, pois a parte, ao interpor o recurso, já tem ciência de seu ônus processual, não se aplica a regra do art. 224 do CPC de 2015 (art. 184 do CPC de 1973) quanto ao "dies a quo", podendo coincidir com sábado, domingo ou feriado.

IV – A autorização para utilização do fac-símile, constante do art. 1º da Lei n.º 9.800, de 26.05.1999, somente alcança as hipóteses em que o documento é dirigido diretamente ao órgão jurisdicional, não se aplicando à transmissão ocorrida entre particulares.

OJ nº 146 da SDI – II do TST

Ação rescisória. Início do prazo para apresentação da contestação. Art. 774 da CLT

A contestação apresentada em ação rescisória obedece à regra relativa à contagem de prazo constante do art. 774 da CLT, sendo inaplicável o art. 231 do CPC de 2015 (art. 241 do CPC de 1973).

3. CUSTAS PROCESSUAIS

Súmula nº 53 do TST

Custas

O prazo para pagamento das custas, no caso de recurso, é contado da intimação do cálculo.

Súmula nº 36 do TST

Custas

Nas ações plúrimas, as custas incidem sobre o respectivo valor global.

Súmula nº 170 do TST

Sociedade de economia mista. Custas

Os privilégios e isenções no foro da Justiça do Trabalho não abrangem as sociedades de economia mista, ainda que gozassem desses benefícios anteriormente ao Decreto-Lei nº 779, de 21.08.1969.

Súmula nº 86 do TST

Deserção. Massa falida. Empresa em liquidação extrajudicial

Não ocorre deserção de recurso da massa falida por falta de pagamento de custas ou de depósito do valor da condenação. Esse privilégio, todavia, não se aplica à empresa em liquidação extrajudicial.

OJ nº 158 da SDI - I do TST

Custas. Comprovação de recolhimento. Darf eletrônico. Validade

O denominado "DARF ELETRÔNICO" é válido para comprovar o recolhimento de custas por entidades da administração pública federal, emitido conforme a IN-SRF 162, de 04.11.88.

Capítulo VII

PETIÇÃO INICIAL

SUMÁRIO • 1. Indeferimento liminar – 2. Novo valor da causa e mandado de segurança – 3. Alçada – 4. Comissão paritária – portuários

1. INDEFERIMENTO LIMINAR

Súmula nº 263 do TST

Petição Inicial. Indeferimento. Instrução obrigatória deficiente.

Salvo nas hipóteses do art. 330 do CPC de 2015 (art. 295 do CPC de 1973), o indeferimento da petição inicial, por encontrar-se desacompanhada de documento indispensável à propositura da ação ou não preencher outro requisito legal, somente é cabível se, após intimada para suprir a irregularidade em 15 (quinze dias), mediante indicação precisa do que deve ser corrigido ou completado, a parte não o fizer (art. 321 do CPC de 2015).

2. NOVO VALOR DA CAUSA E MANDADO DE SEGURANÇA

OJ nº 88 da SDI – II do TST

Mandado de segurança. Valor da causa. Custas processuais. Cabimento

Incabível a impetração de mandado de segurança contra ato judicial que, de ofício, arbitrou novo valor à causa, acarretando a majoração das custas processuais, uma vez que cabia à parte, após recolher as custas, calculadas com base no valor dado à causa na inicial, interpor recurso ordinário e, posteriormente, agravo de instrumento no caso de o recurso ser considerado deserto.

3. ALÇADA

Súmula nº 71 do TST

Alçada

A alçada é fixada pelo valor dado à causa na data de seu ajuizamento, desde que não impugnado, sendo inalterável no curso do processo.

Súmula nº 356 do TST

Alçada recursal. Vinculação ao salário mínimo

O art. 2º, § 4º, da Lei nº 5.584, de 26.06.1970, foi recepcionado pela CF/1988, sendo lícita a fixação do valor da alçada com base no salário mínimo.

Súmula nº 365 do TST

Alçada. Ação rescisória e mandado de segurança

Não se aplica a alçada em ação rescisória e em mandado de segurança.

4. COMISSÃO PARITÁRIA - PORTUÁRIOS

OJ nº 391 da SDI – I do TST

Portuários. Submissão prévia de demanda a comissão paritária. Lei nº 8.630, de 25.02.1993. Inexigibilidade

A submissão prévia de demanda a comissão paritária, constituída nos termos do art. 23 da Lei nº 8.630, de 25.02.1993 (Lei dos Portos), não é pressuposto de constituição e desenvolvimento válido e regular do processo, ante a ausência de previsão em lei.

CAPÍTULO VIII

TUTELA ANTECIPADA

OJ Nº 68 DA SDI - II DO TST

Antecipação de tutela. Competência

Nos Tribunais, compete ao relator decidir sobre o pedido de antecipação de tutela, submetendo sua decisão ao Colegiado respectivo, independentemente de pauta, na sessão imediatamente subsequente.

SÚMULA Nº 414 DO TST

Mandado de Segurança. Tutela Provisória concedida antes ou na sentença.

I - A tutela provisória concedida na sentença não comporta impugnação pela via do mandado de segurança, por ser impugnável mediante recurso ordinário. É admissível a obtenção de efeito suspensivo ao recurso ordinário mediante requerimento dirigido ao tribunal, ao relator ou ao presidente ou ao vice-presidente do tribunal recorrido, por aplicação subsidiária ao processo do trabalho do artigo 1.029, § 5º, do CPC de 2015.

II - No caso de a tutela provisória haver sido concedida ou indeferida antes da sentença, cabe mandado de segurança, em face da inexistência de recurso próprio.

III - A superveniência da sentença, nos autos originários, faz perder o objeto do mandado de segurança que impugnava a concessão ou o indeferimento da tutela provisória.

SÚMULA Nº 418 DO TST

Mandado de Segurança visando à homologação de acordo.

A homologação de acordo constitui faculdade do juiz, inexistindo direito líquido e certo tutelável pela via do mandado de segurança.

OJ Nº 64 DA SDI - II DO TST

Mandado de segurança. Reintegração liminarmente concedida

Não fere direito líquido e certo a concessão de tutela antecipada para reintegração de empregado protegido por estabilidade provisória decorrente de lei ou norma coletiva.

OJ Nº 65 DA SDI - II DO TST

Mandado de segurança. Reintegração liminarmente concedida. Dirigente sindical

Ressalvada a hipótese do art. 494 da CLT, não fere direito líquido e certo a determinação liminar de reintegração no emprego de dirigente sindical, em face da previsão do inciso X do art. 659 da CLT.

OJ Nº 67 DA SDI - II DO TST

Mandado de segurança. Transferência. Art. 659, IX, da CLT

Não fere direito líquido e certo a concessão de liminar obstativa de transferência de empregado, em face da previsão do inciso IX do art. 659 da CLT.

OJ Nº 142 DA SDI - II DO TST

Mandado de segurança. Reintegração liminarmente concedida

Inexiste direito líquido e certo a ser oposto contra ato de Juiz que, antecipando a tutela jurisdicional, determina a reintegração do empregado até a decisão final do processo, quando demonstrada a razoabilidade do direito subjetivo material, como nos casos de anistiado pela Lei nº 8.878/1994, aposentado, integrante de comissão de fábrica, dirigente sindical, portador de doença profissional, portador de vírus HIV ou detentor de estabilidade provisória prevista em norma coletiva.

SÚMULA Nº 405 DO TST

Ação Rescisória. Tutela Provisória.

Em face do que dispõem a MP 1.984-22/2000 e o art. 969 do CPC de 2015, é cabível o pedido de tutela provisória formulado na petição inicial de ação rescisória ou na fase recursal, visando a suspender a execução da decisão rescindenda.

Capítulo IX
AUDIÊNCIA

SUMÁRIO • 1. Ausência do reclamante – 2. Revelia – 3. Preposto – 4. Conciliação

1. AUSÊNCIA DO RECLAMANTE

Súmula nº 9 do TST

Ausência do reclamante

A ausência do reclamante, quando adiada a instrução após contestada a ação em audiência, não importa arquivamento do processo.

2. REVELIA

Súmula nº 122 do TST

Revelia. Atestado médico

A reclamada, ausente à audiência em que deveria apresentar defesa, é revel, ainda que presente seu advogado munido de procuração, podendo ser ilidida a revelia mediante a apresentação de atestado médico, que deverá declarar, expressamente, a impossibilidade de locomoção do empregador ou do seu preposto no dia da audiência.

OJ nº 245 da SDI - I do TST

Revelia. Atraso. Audiência

Inexiste previsão legal tolerando atraso no horário de comparecimento da parte na audiência.

3. PREPOSTO

Súmula nº 377 do TST

Preposto. Exigência da condição de empregado

Exceto quanto à reclamação de empregado doméstico, ou contra micro ou pequeno empresário, o preposto deve ser necessariamente empregado do reclamado. Inteligência do art. 843, § 1º, da CLT e do art. 54 da Lei Complementar nº 123, de 14 de dezembro de 2006.

4. CONCILIAÇÃO

Súmula nº 259 do TST

Termo de conciliação. Ação rescisória

Só por ação rescisória é impugnável o termo de conciliação previsto no parágrafo único do art. 831 da CLT.

OJ nº 132 da SDI - II do TST

Ação rescisória. Acordo homologado. Alcance. Ofensa à coisa julgada

Acordo celebrado – homologado judicialmente – em que o empregado dá plena e ampla quitação, sem qualquer ressalva, alcança não só o objeto da inicial, como também todas as demais parcelas referentes ao extinto contrato de trabalho, violando a coisa julgada, a propositura de nova reclamação trabalhista.

Súmula nº 418 do TST

Mandado de Segurança visando à homologação de acordo.

A homologação de acordo constitui faculdade do juiz, inexistindo direito líquido e certo tutelável pela via do mandado de segurança.

Capítulo X

RESPOSTA DO RÉU

SUMÁRIO • 1. Compensação – 2. Revelia

1. COMPENSAÇÃO

Súmula nº 48 do TST

Compensação

A compensação só poderá ser argüida com a contestação.

Súmula nº 18 do TST

Compensação

A compensação, na Justiça do Trabalho, está restrita a dívidas de natureza trabalhista.

2. REVELIA

Súmula nº 69 do TST

Rescisão do contrato

A partir da Lei nº 10.272, de 05.09.2001, havendo rescisão do contrato de trabalho e sendo revel e confesso quanto à matéria de fato, deve ser o empregador condenado ao pagamento das verbas rescisórias, não quitadas na primeira audiência, com acréscimo de 50% (cinquenta por cento).

Súmula nº 122 do TST

Revelia. Atestado médico

A reclamada, ausente à audiência em que deveria apresentar defesa, é revel, ainda que presente seu advogado munido de procuração, podendo ser ilidida a revelia mediante a apresentação de atestado médico, que deverá declarar, expressamente, a impossibilidade de locomoção do empregador ou do seu preposto no dia da audiência.

OJ nº 245 da SDI - I do TST

Revelia. Atraso. Audiência

Inexiste previsão legal tolerando atraso no horário de comparecimento da parte na audiência.

OJ nº 152 da SDI - I do TST

Revelia. Pessoa jurídica de direito público. Aplicável. (art. 844 da CLT)

Pessoa jurídica de direito público sujeita-se à revelia prevista no artigo 844 da CLT.

Súmula nº 398 do TST

Ação rescisória. Ausência de defesa. Inaplicáveis os efeitos da revelia.

Na ação rescisória, o que se ataca é a decisão, ato oficial do Estado, acobertado pelo manto da coisa julgada. Assim, e considerando que a coisa julgada envolve questão de ordem pública, a revelia não produz confissão na ação rescisória.

CAPÍTULO XI
PROVAS

SUMÁRIO • 1. Ônus da Prova – 2. Prova documental – 3. Prova Testemunhal – 4. Confissão – 5. Prova Pericial

1. ÔNUS DA PROVA

SÚMULA Nº 212 DO TST

Despedimento. Ônus da prova

O ônus de provar o término do contrato de trabalho, quando negados a prestação de serviço e o despedimento, é do empregador, pois o princípio da continuidade da relação de emprego constitui presunção favorável ao empregado.

SÚMULA Nº 338 DO TST

Jornada de trabalho. Registro. Ônus da prova

I – É ônus do empregador que conta com mais de 10 (dez) empregados o registro da jornada de trabalho na forma do art. 74, § 2º, da CLT. A não-apresentação injustificada dos controles de frequência gera presunção relativa de veracidade da jornada de trabalho, a qual pode ser elidida por prova em contrário.

II – A presunção de veracidade da jornada de trabalho, ainda que prevista em instrumento normativo, pode ser elidida por prova em contrário.

III – Os cartões de ponto que demonstram horários de entrada e saída uniformes são inválidos como meio de prova, invertendo-se o ônus da prova, relativo às horas extras, que passa a ser do empregador, prevalecendo a jornada da inicial se dele não se desincumbir.

SÚMULA Nº 6 DO TST

Equiparação salarial. Art. 461 da CLT

VIII – É do empregador o ônus da prova do fato impeditivo, modificativo ou extintivo da equiparação salarial.

SÚMULA Nº 460 DO TST.

Vale-transporte. Ônus da prova.

É do empregador o ônus de comprovar que o empregado não satisfaz os requisitos indispensáveis para a concessão do vale-transporte ou não pretenda fazer uso do benefício.

SÚMULA Nº 461 DO TST.

FGTS. Diferenças. Recolhimento. Ônus da prova.

É do empregador o ônus da prova em relação à regularidade dos depósitos do FGTS, pois o pagamento é fato extintivo do direito do autor (art. 373, II, do CPC de 2015).

2. PROVA DOCUMENTAL

OJ Nº 36 DA SDI – I DO TST

Instrumento normativo. Cópia não autenticada. Documento comum às partes. Validade

O instrumento normativo em cópia não autenticada possui valor probante, desde que não haja impugnação ao seu conteúdo, eis que se trata de documento comum às partes.

OJ Nº 134 DA SDI – I DO TST

Autenticação. Pessoa jurídica de direito público. Dispensada. Medida provisória nº 1.360, de 12.03.96

São válidos os documentos apresentados, por pessoa jurídica de direito público, em fotocópia não autenticada, posteriormente à edição da Medida Provisória nº 1.360/96 e suas reedições.

SÚMULA Nº 12 DO TST

Carteira Profissional

As anotações apostas pelo empregador na carteira profissional do empregado não geram presunção "juris et de jure", mas apenas "juris tantum".

SÚMULA Nº 8 DO TST

Juntada de documento

A juntada de documentos na fase recursal só se justifica quando provado o justo impedimento para sua oportuna apresentação ou se referir a fato posterior à sentença.

OJ Nº 233 DA SDI – I DO TST

Horas extras. Comprovação de parte do período alegado

A decisão que defere horas extras com base em prova oral ou documental não ficará limitada ao tempo por ela abrangido, desde que o julgador fique convencido de que o procedimento questionado superou aquele período.

3. PROVA TESTEMUNHAL

SÚMULA Nº 357 DO TST

Testemunha. Ação contra a mesma reclamada. Suspeição

Não torna suspeita a testemunha o simples fato de estar litigando ou de ter litigado contra o mesmo empregador.

4. CONFISSÃO

SÚMULA Nº 74 DO TST

Confissão

I - Aplica-se a confissão à parte que, expressamente intimada com aquela cominação, não comparecer à audiência em prosseguimento, na qual deveria depor.

II - A prova pré-constituída nos autos pode ser levada em conta para confronto com a confissão ficta (arts. 442 e 443, do CPC de 2015 - art. 400, I, do CPC de 1973), não implicando cerceamento de defesa o indeferimento de provas posteriores.

III- A vedação à produção de prova posterior pela parte confessa somente a ela se aplica, não afetando o exercício, pelo magistrado, do poder/dever de conduzir o processo.

5. PROVA PERICIAL

OJ Nº 165 DA SDI – I DO TST

Perícia. Engenheiro ou médico. Adicional de insalubridade e periculosidade. Válido. Art. 195 da CLT

O art. 195 da CLT não faz qualquer distinção entre o médico e o engenheiro para efeito de caracterização e classificação da insalubridade e periculosidade, bastando para a elaboração do laudo seja o profissional devidamente qualificado.

OJ Nº 278 DA SDI – I DO TST

Adicional de insalubridade. Perícia. Local de trabalho desativado

A realização da perícia é obrigatória para verificação de insalubridade. Quando não for possível sua realização como em caso de fechamento da empresa, poderá o julgador utilizar-se de outros meios de prova.

SÚMULA Nº 453 DO TST

Adicional de periculosidade. Pagamento espontâneo. Caracterização de fato incontroverso. Desnecessária a perícia de que trata o art. 195 da CLT

O pagamento de adicional de periculosidade efetuado por mera liberalidade da empresa, ainda que de forma proporcional ao tempo de exposição ao risco ou em percentual inferior ao máximo legalmente previsto, dispensa a realização da prova técnica exigida pelo art. 195 da CLT, pois torna incontroversa a existência do trabalho em condições perigosas.

SÚMULA Nº 341 DO TST

Honorários do Assistente Técnico

A indicação do perito assistente é faculdade da parte, a qual deve responder pelos respectivos honorários, ainda que vencedora no objeto da perícia.

OJ Nº 98 DA SDI – II DO TST

Mandado de segurança. Cabível para atacar exigência de depósito prévio de honorários periciais

É ilegal a exigência de depósito prévio para custeio dos honorários periciais, dada a incompatibilidade com o processo do trabalho, sendo cabível o mandado de segurança visando à realização da perícia, independentemente do depósito.

Capítulo XII
SENTENÇA

Súmula nº 394 do TST

Fato superveniente. Art. 493 do CPC de 2015. Art. 462 do CPC de 1973.

O art. 493 do CPC de 2015 (art. 462 do CPC de 1973), que admite a invocação de fato constitutivo, modificativo ou extintivo do direito, superveniente à propositura da ação, é aplicável de ofício aos processos em curso em qualquer instância trabalhista. Cumpre ao juiz ou tribunal ouvir as partes sobre o fato novo antes de decidir.

OJ nº 41 da SDI - II do TST

Ação rescisória. Sentença "citra petita". Cabimento

Revelando-se a sentença "citra petita", o vício processual vulnera os arts. 141 e 492 do CPC de 2015 (arts. 128 e 460 do CPC de 1973), tornando-a passível de desconstituição, ainda que não interpostos embargos de declaração.

Súmula nº 396 do TST

Estabilidade provisória. Pedido de reintegração. Concessão do salário relativo ao período de estabilidade já exaurido. Inexistência de julgamento "extra petita"

I – Exaurido o período de estabilidade, são devidos ao empregado apenas os salários do período compreendido entre a data da despedida e o final do período de estabilidade, não lhe sendo assegurada a reintegração no emprego.

II – Não há nulidade por julgamento "extra petita" da decisão que deferir salário quando o pedido for de reintegração, dados os termos do art. 496 da CLT.

Capítulo XIII

COISA JULGADA

OJ Nº 262 DA SDI - I DO TST

Coisa julgada. Planos econômicos. Limitação à data-base na fase de execução

Não ofende a coisa julgada a limitação à data-base da categoria, na fase executória, da condenação ao pagamento de diferenças salariais decorrentes de planos econômicos, quando a decisão exequenda silenciar sobre a limitação, uma vez que a limitação decorre de norma cogente. Apenas quando a sentença exequenda houver expressamente afastado a limitação à data-base é que poderá ocorrer ofensa à coisa julgada.

Capítulo XIV

RECURSO

SUMÁRIO • 1. Teoria Geral dos Recursos: 1.1. Princípios recursais; 1.2. Juízo de admissibilidade; 1.3. Pressupostos recursais: 1.3.1. Legitimidade e interesse para recorrer; 1.3.2. Tempestividade; 1.3.3. Representação; 1.3.4. Custas processuais; 1.3.5 Depósito recursal; 1.3.6. Depósito de multas impostas pelo juízo; 1.4. Documentos; 1.5. Efeitos dos recursos; 1.6. Reexame necessário – 2. Recursos em espécie: 2.1. Embargos de declaração; 2.2. Recurso ordinário; 2.3. Recurso de revista: 2.3.1. Prequestionamento; 2.3.2. Recurso de revista de acórdão regional que julga ação rescisória ou mandado de segurança; 2.3.3. Cabimento; 2.3.4. Divergência Jurisprudencial; 2.3.5. Violação literal de disposição de lei federal ou afronta direta e literal à Constituição Federal; 2.3.6. Recurso de revista no rito sumaríssimo; 2.4. Recurso de embargos à Seção de Dissídios Individuais do TST: 2.4.1. Cabimento; 2.4.2 Divergência Jurisprudencial; 2.4.3. Embargos para a SDI no rito sumaríssimo; 2.4.4. Embargos para a SDI na fase executiva; 2.5. Agravo de instrumento; 2.6. Agravo de petição; 2.7. Agravo interno e regimental; 2.8. Recurso adesivo.

1. TEORIA GERAL DOS RECURSOS

1.1. Princípios recursais

Súmula nº 214 do TST

Decisão interlocutória. Irrecorribilidade

Na Justiça do Trabalho, nos termos do art. 893, § 1º, da CLT, as decisões interlocutórias não ensejam recurso imediato, salvo nas hipóteses de decisão:

a) de Tribunal Regional do Trabalho contrária à Súmula ou Orientação Jurisprudencial do Tribunal Superior do Trabalho;

b) suscetível de impugnação mediante recurso para o mesmo Tribunal;

c) que acolhe exceção de incompetência territorial, com a remessa dos autos para Tribunal Regional distinto daquele a que se vincula o juízo excepcionado, consoante o disposto no art. 799, § 2º, da CLT.

Súmula nº 421 do TST

Embargos de declaração. Cabimento. Decisão monocrática do relator calcada no art. 932 do CPC de 2015. Art. 557 do CPC de 1973.

I – Cabem embargos da declaração de decisão monocrática do relator prevista no art. 932 do CPC de 2015 (art. 557 do CPC de 1973), se a parte pretende tão somente juízo integrativo retificador da decisão e, não, modificação do julgado.

II – Se a parte postular a revisão no mérito da decisão monocrática, cumpre ao relator converter os embargos de declaração em agravo, em face dos princípios da fungibilidade e celeridade processual, submetendo-o ao pronunciamento do Colegiado, após a intimação do recorrente para, no prazo de 5 (cinco) dias, complementar as razões recursais, de modo a ajustá-la às exigências do art. 1.021, § 1º, do CPC de 2015.

OJ nº 69 da SDI – II do TST

Fungibilidade recursal. Indeferimento liminar de ação rescisória ou mandado de segurança. Recurso para o TST. Recebimento como agravo regimental e devolução dos autos ao TRT

Recurso ordinário interposto contra despacho monocrático indeferitório da petição inicial de ação rescisória ou de mandado de segurança pode, pelo princípio de fungibilidade recursal, ser recebido como agravo regimental. Hipótese de não conhecimento do recurso pelo TST e devolução dos autos ao TRT, para que aprecie o apelo como agravo regimental.

OJ Nº 412 DA SDI – I DO TST

Agravo interno ou agravo regimental. Interposição em face de decisão colegiada. Não cabimento. Erro grosseiro. Inaplicabilidade do princípio da fungibilidade recursal

É incabível agravo interno (art. 1.021 do CPC de 2015, art. 557, §1º, do CPC de 1973) ou agravo regimental (art. 235 do RITST) contra decisão proferida por Órgão colegiado. Tais recursos destinam-se, exclusivamente, a impugnar decisão monocrática nas hipóteses expressamente previstas. Inaplicável, no caso, o princípio da fungibilidade ante a configuração de erro grosseiro.

OJ Nº 152 DA SDI – II DO TST

Ação rescisória e mandado de segurança. Recurso de revista de acórdão regional que julga ação rescisória ou mandado de segurança. Princípio da fungibilidade. Inaplicabilidade. Erro grosseiro na interposição do recurso.

A interposição de recurso de revista de decisão definitiva de Tribunal Regional do Trabalho em ação rescisória ou em mandado de segurança, com fundamento em violação legal e divergência jurisprudencial e remissão expressa ao art. 896 da CLT, configura erro grosseiro, insuscetível de autorizar o seu recebimento como recurso ordinário, em face do disposto no art. 895, "b", da CLT.

1.2. Juízo de admissibilidade

OJ Nº 282 DA SDI – I DO TST

Agravo de instrumento. Juízo de admissibilidade "ad quem"

No julgamento de Agravo de Instrumento, ao afastar o óbice apontado pelo TRT para o processamento do recurso de revista, pode o juízo "ad quem" prosseguir no exame dos demais pressupostos extrínsecos e intrínsecos do recurso de revista, mesmo que não apreciados pelo TRT.

SÚMULA Nº 422 DO TST

Recurso. Fundamento ausente ou deficiente. Não conhecimento.

I – Não se conhece de recurso para o TST se as razões do recorrente não impugnam os fundamentos da decisão recorrida, nos termos em que proferida.

II – O entendimento referido no item anterior não se aplica em relação à motivação secundária e impertinente, consubstanciada em despacho de admissibilidade de recurso ou em decisão monocrática.

III – Inaplicável a exigência do item I relativamente ao recurso ordinário da competência de Tribunal Regional do Trabalho, exceto em caso de recurso cuja motivação é inteiramente dissociada dos fundamentos da sentença.

1.3. Pressupostos recursais

1.3.1. Legitimidade e interesse para recorrer

OJ Nº 237 DA SDI – I DO TST

Ministério Público do Trabalho. Legitimidade para recorrer. Sociedade de economia mista. Empresa pública

I – O Ministério Público do Trabalho não tem legitimidade para recorrer na defesa de interesse patrimonial privado, ainda que de empresas públicas e sociedades de economia mista.

II – Há legitimidade do Ministério Público do Trabalho para recorrer de decisão que declara a existência de vínculo empregatício com sociedade de economia mista ou empresa pública, após a Constituição Federal de 1988, sem a prévia aprovação em concurso público, pois é matéria de ordem pública.

OJ Nº 318 DA SDI – I DO TST

Autarquia. Fundação pública. Legitimidade para recorrer. Representação processual.

I – Os Estados e os Municípios não têm legitimidade para recorrer em nome das autarquias e das fundações públicas.

II – Os procuradores estaduais e municipais podem representar as respectivas autarquias e fundações públicas em juízo somente se designados pela lei da respectiva unidade da federação (art. 75, IV, do CPC de 2015) ou se investidos de instrumento de mandato válido.

1.3.2. Tempestividade

Súmula nº 385 do TST

Feriado local ou forense. Ausência de expediente. Prazo recursal. Prorrogação. Comprovação. Necessidade.

I – Incumbe à parte o ônus de provar, quando da interposição do recurso, a existência de feriado local que autorize a prorrogação do prazo recursal (art. 1.003, § 6º, do CPC de 2015). No caso de o recorrente alegar a existência de feriado local e não o comprovar no momento da interposição do recurso, cumpre ao relator conceder o prazo de 5 (cinco) dias para que seja sanado o vício (art. 932, parágrafo único, do CPC de 2015), sob pena de não conhecimento se da comprovação depender a tempestividade recursal;

II – Na hipótese de feriado forense, incumbirá à autoridade que proferir a decisão de admissibilidade certificar o expediente nos autos;

III – Admite-se a reconsideração da análise da tempestividade do recurso, mediante prova documental superveniente, em agravo de instrumento, agravo interno, agravo regimental, ou embargos de declaração, desde que, em momento anterior, não tenha havido a concessão de prazo para a comprovação da ausência de expediente forense.

Súmula nº 197 do TST

Prazo

O prazo para recurso da parte que, intimada, não comparecer à audiência em prosseguimento para a prolação da sentença conta-se de sua publicação.

Súmula nº 30 do TST

Intimação da sentença

Quando não juntada a ata ao processo em 48 horas, contadas da audiência de julgamento (art. 851, § 2º, da CLT), o prazo para recurso será contado da data em que a parte receber a intimação da sentença.

Súmula nº 387 do TST

Recurso. Fac-símile. Lei nº 9.800/1999

I – A Lei nº 9.800, de 26.05.1999, é aplicável somente a recursos interpostos após o início de sua vigência.

II – A contagem do quinquídio para apresentação dos originais de recurso interposto por intermédio de fac-símile começa a fluir do dia subsequente ao término do prazo recursal, nos termos do art. 2º da Lei nº 9.800, de 26.05.1999, e não do dia seguinte à interposição do recurso, se esta se deu antes do termo final do prazo.

III – Não se tratando a juntada dos originais de ato que dependa de notificação, pois a parte, ao interpor o recurso, já tem ciência de seu ônus processual, não se aplica a regra do art. 224 do CPC de 2015 (art. 184 do CPC de 1973) quanto ao "dies a quo", podendo coincidir com sábado, domingo ou feriado.

IV – A autorização para utilização do fac-símile, constante do art. 1º da Lei nº 9.800, de 26.05.1999, somente alcança as hipóteses em que o documento é dirigido diretamente ao órgão jurisdicional, não se aplicando à transmissão ocorrida entre particulares.

OJ nº 192 da SDI – I do TST

Embargos declaratórios. Prazo em dobro. Pessoa jurídica de direito público. Decreto-lei nº 779/69.

É em dobro o prazo para a interposição de embargos declaratórios por pessoa jurídica de direito público.

Súmula nº 201 do TST

Recurso ordinário em mandado de segurança

Da decisão de Tribunal Regional do Trabalho em mandado de segurança cabe recurso ordinário, no prazo de 8 (oito) dias, para o Tribunal Superior do Trabalho, e igual dilação para o recorrido e interessados apresentarem razões de contrariedade.

1.3.3. Representação

OJ nº 286 da SDI – I do TST

Agravo de instrumento. Traslado. Mandato tácito. Ata de audiência. Configuração

I – A juntada da ata de audiência, em que consignada a presença do advogado, desde que não estivesse atuando com mandato expresso, torna dispensável a procuração deste, porque demonstrada a existência de mandato tácito.

II – Configurada a existência de mandato tácito fica suprida a irregularidade detectada no mandato expresso.

OJ Nº 374 DA SDI – I DO TST

Agravo de instrumento. Representação processual. Regularidade. Procuração ou substabelecimento com cláusula limitativa de poderes ao âmbito do tribunal regional do trabalho

É regular a representação processual do subscritor do agravo de instrumento ou do recurso de revista que detém mandato com poderes de representação limitados ao âmbito do Tribunal Regional do Trabalho, pois, embora a apreciação desse recurso seja realizada pelo Tribunal Superior do Trabalho, a sua interposição é ato praticado perante o Tribunal Regional do Trabalho, circunstância que legitima a atuação do advogado no feito.

OJ Nº 75 DA SDI – I DO TST

Substabelecimento sem o reconhecimento de firma do substabelecente. Inválido (anterior à Lei nº 8.952/1994)

Não produz efeitos jurídicos recurso subscrito por advogado com poderes conferidos em substabelecimento em que não consta o reconhecimento de firma do outorgante. Entendimento aplicável antes do advento da Lei nº 8.952/1994.

SÚMULA Nº 383 DO TST

Recurso. Mandato. Irregularidade de representação. CPC de 2015, arts. 104 e 76, § 2º

I – É inadmissível recurso firmado por advogado sem procuração juntada aos autos até o momento da sua interposição, salvo mandato tácito. Em caráter excepcional (art. 104 do CPC de 2015), admite-se que o advogado, independentemente de intimação, exiba a procuração no prazo de 5 (cinco) dias após a interposição do recurso, prorrogável por igual período mediante despacho do juiz. Caso não a exiba, considera-se ineficaz o ato praticado e não se conhece do recurso.

II – Verificada a irregularidade de representação da parte em fase recursal, em procuração ou substabelecimento já constante dos autos, o relator ou o órgão competente para julgamento do recurso designará prazo de 5 (cinco) dias para que seja sanado o vício. Descumprida a determinação, o relator não conhecerá do recurso, se a providência couber ao recorrente, ou determinará o desentranhamento das contrarrazões, se a providência couber ao recorrido (art. 76, § 2º, do CPC de 2015).

OJ Nº 120 DA SDI – I DO TST

Recurso. Assinatura da petição ou das razões recursais. Art. 932, parágrafo único, do CPC de 2015.

I - Verificada a total ausência de assinatura no recurso, o juiz ou o relator concederá prazo de 5 (cinco) dias para que seja sanado o vício. Descumprida a determinação, o recurso será reputado inadmissível (art. 932, parágrafo único, do CPC de 2015).

II - É válido o recurso assinado, ao menos, na petição de apresentação ou nas razões recursais.

1.3.4. Custas processuais

SÚMULA Nº 25 DO TST

Custas Processuais. Inversão do ônus da sucumbência.

I – A parte vencedora na primeira instância, se vencida na segunda, está obrigada, independentemente de intimação, a pagar as custas fixadas na sentença originária, das quais ficara isenta a parte então vencida;

II – No caso de inversão do ônus da sucumbência em segundo grau, sem acréscimo ou atualização do valor das custas e se estas já foram devidamente recolhidas, descabe um novo pagamento pela parte vencida, ao recorrer. Deverá ao final se sucumbente, reembolsar a quantia;

III – Não caracteriza deserção a hipótese em que, acrescido o valor da condenação, não houve fixação ou cálculo do valor devido a título de custas e tampouco intimação da parte para o preparo do recurso, devendo ser as custas pagas ao final;

IV – O reembolso das custas à parte vencedora faz-se necessário mesmo na hipótese em que a parte vencida for pessoa isenta do seu pagamento, nos termos do artigo 790-A, parágrafo único, da CLT

Súmula nº 53 do TST

Custas

O prazo para pagamento das custas, no caso de recurso, é contado da intimação do cálculo.

OJ nº 140 da SDI – I do TST

Depósito recursal e custas Processuais. Recolhimento insuficiente. Deserção.

Em caso de recolhimento insuficiente das custas processuais ou do depósito recursal, somente haverá deserção do recurso se, concedido o prazo de 5 (cinco) dias previsto no § 2º do art. 1.007 do CPC de 2015, o recorrente não complementar e comprovar o valor devido.

Súmula nº 36 do TST

Custas

Nas ações plúrimas, as custas incidem sobre o respectivo valor global.

Súmula nº 170 do TST

Sociedade de economia mista. Custas

Os privilégios e isenções no foro da Justiça do Trabalho não abrangem as sociedades de economia mista, ainda que gozassem desses benefícios anteriormente ao Decreto-Lei nº 779, de 21.08.1969.

OJ nº 13 da SDI – I do TST

APPA. Decreto-lei nº 779/69. Depósito recursal e custas. Não isenção

A Administração dos Portos de Paranaguá e Antonina – APPA, vinculada à Administração Pública indireta, não é isenta do recolhimento do depósito recursal e do pagamento das custas processuais por não ser beneficiária dos privilégios previstos no Decreto-Lei nº 779, de 21.08.1969, ante o fato de explorar atividade econômica com fins lucrativos, o que descaracteriza sua natureza jurídica, igualando-a às empresas privadas.

Súmula nº 86 do TST

Deserção. Massa falida. Empresa em liquidação extrajudicial

Não ocorre deserção de recurso da massa falida por falta de pagamento de custas ou de depósito do valor da condenação. Esse privilégio, todavia, não se aplica à empresa em liquidação extrajudicial.

OJ nº 158 da SDI – I do TST

Custas. Comprovação de recolhimento. Darf eletrônico. Validade

O denominado "DARF ELETRÔNICO" é válido para comprovar o recolhimento de custas por entidades da administração pública federal, emitido conforme a IN-SRF 162, de 04.11.88.

OJ nº 33 da SDI – I do TST

Deserção. Custas. Carimbo do banco. Validade

O carimbo do banco recebedor na guia de comprovação do recolhimento das custas supre a ausência de autenticação mecânica.

OJ nº 217 da SDI – I do TST

Agravo de instrumento. Traslado. Lei nº 9.756/1998. Guias de custas e de depósito recursal

Para a formação do agravo de instrumento, não é necessária a juntada de comprovantes de recolhimento de custas e de depósito recursal relativamente ao recurso ordinário, desde que não seja objeto de controvérsia no recurso de revista a validade daqueles recolhimentos.

OJ nº 88 da SDI – II do TST

Mandado de segurança. Valor da causa. Custas processuais. Cabimento

Incabível a impetração de mandado de segurança contra ato judicial que, de ofício, arbitrou novo valor à causa, acarretando a majoração das custas processuais, uma vez que cabia à parte, após recolher as custas, calculadas com base no valor dado à causa na inicial, interpor recurso ordinário e, posteriormente, agravo de instrumento no caso de o recurso ser considerado deserto.

OJ nº 148 da SDI – II do TST

Custas. Mandado de segurança. Recurso ordinário. Exigência do pagamento

É responsabilidade da parte, para interpor recurso ordinário em mandado de segurança, a comprovação do recolhimento das custas processuais no prazo recursal, sob pena de deserção.

1.3.5. Depósito Recursal

Súmula nº 128 do TST

Depósito Recursal

I – É ônus da parte recorrente efetuar o depósito legal, integralmente, em relação a cada novo recurso interposto, sob pena de deserção. Atingido o valor da condenação, nenhum depósito mais é exigido para qualquer recurso.

II – Garantido o juízo, na fase executória, a exigência de depósito para recorrer de qualquer decisão viola os incisos II e LV do art. 5º da CF/1988. Havendo, porém, elevação do valor do débito, exige-se a complementação da garantia do juízo.

III – Havendo condenação solidária de duas ou mais empresas, o depósito recursal efetuado por uma delas aproveita as demais, quando a empresa que efetuou o depósito não pleiteia sua exclusão da lide.

Súmula nº 161 do TST

Depósito. Condenação a pagamento em pecúnia

Se não há condenação a pagamento em pecúnia, descabe o depósito de que tratam os §§ 1º e 2º do art. 899 da CLT.

Súmula nº 245 do TST

Depósito recursal. Prazo

O depósito recursal deve ser feito e comprovado no prazo alusivo ao recurso. A interposição antecipada deste não prejudica a dilação legal.

Súmula nº 99 do TST

Ação rescisória. Deserção. Prazo

Havendo recurso ordinário em sede de rescisória, o depósito recursal só é exigível quando for julgado procedente o pedido e imposta condenação em pecúnia, devendo este ser efetuado no prazo recursal, no limite e nos termos da legislação vigente, sob pena de deserção.

Súmula nº 217 do TST

Depósito recursal. Credenciamento bancário. Prova dispensável

O credenciamento dos bancos para o fim de recebimento do depósito recursal é fato notório, independendo da prova.

Súmula nº 426 do TST

Depósito recursal. Utilização da guia GFIP. Obrigatoriedade

Nos dissídios individuais o depósito recursal será efetivado mediante a utilização da Guia de Recolhimento do FGTS e Informações à Previdência Social – GFIP, nos termos dos §§ 4º e 5º do art. 899 da CLT, admitido o depósito judicial, realizado na sede do juízo e à disposição deste, na hipótese de relação de trabalho não submetida ao regime do FGTS.

OJ nº 264 da SDI – I do TST

Depósito recursal. PIS/PASEP. Ausência de indicação na guia de depósito recursal. Validade

Não é essencial para a validade da comprovação do depósito recursal a indicação do número do PIS/PASEP na guia respectiva.

1.3.6. Depósito de multas impostas pelo juízo

OJ nº 409 da SDI – I do TST

Multa por litigância de má-fé. Recolhimento. Pressuposto recursal. Inexigibilidade

O recolhimento do valor da multa imposta como sanção por litigância de má-fé (art. 81 do CPC de 2015 – art. 18 do CPC de 1973) não é pressuposto objetivo para interposição dos recursos de natureza trabalhista.

OJ nº 389 da SDI – I do TST

Multa prevista no art. 1.021, §§ 4º e 5º, do CPC de 2015. Art. 557, § 2º, do CPC de 1973. Recolhimento. Pressuposto Recursal. Beneficiário da justiça gratuita e Fazenda Pública. Pagamento ao final.

Constitui ônus da parte recorrente, sob pena de deserção, depositar previamente a multa aplicada com fundamentos nos §§ 4º e 5º, do art. 1.021, do CPC de 2015 (§2º do art. 557 do CPC de 1973), à exceção da Fazenda Pública e do beneficiário de justiça gratuita, que farão o pagamento ao final.

1.4. Documentos

Súmula nº 8 do TST

Juntada de documento

A juntada de documentos na fase recursal só se justifica quando provado o justo impedimento para sua oportuna apresentação ou se referir a fato posterior à sentença.

1.5. Efeitos dos recursos

Súmula nº 393 do TST

Recurso Ordinário. Efeito devolutivo em profundidade: Art. 1.013, § 1º, do CPC de 2015. Art. 515, § 1º, do CPC de 1973.

I – O efeito devolutivo em profundidade do recurso ordinário, que se extrai do § 1º do art. 1.013 do CPC de 2015 (art. 515, § 1º, do CPC de 1973), transfere ao Tribunal a apreciação dos fundamentos da inicial ou da defesa, não examinados pela sentença, ainda que não renovados em contrarrazões, desde que relativos ao capítulo impugnado.

II – Se o processo estiver em condições, o tribunal, ao julgar o recurso ordinário, deverá decidir desde logo o mérito da causa, nos termos do § 3º do art. 1.013 do CPC de 2015, inclusive quando constatar a omissão da sentença no exame de um dos pedidos.

Súmula nº 279 do TST

Recurso contra sentença normativa. Efeito suspensivo. Cassação

A cassação de efeito suspensivo concedido a recurso interposto de sentença normativa retroage à data do despacho que o deferiu.

1.6. Reexame necessário

Súmula nº 303 do TST

Fazenda pública. Reexame Necessário

I – Em dissídio individual, está sujeita ao reexame necessário, mesmo na vigência da Constituição Federal de 1988, decisão contrária à Fazenda Pública, salvo quando a condenação não ultrapassar o valor correspondente a: a) 1.000 (mil) salários mínimos para a União e as respectivas autarquias e fundações de direito público; b) 500 (quinhentos) salários mínimos para os Estados, o Distrito Federal, as respectivas autarquias e fundações de direito público e os Municípios que constituam capitais dos Estados; c) 100 (cem) salários mínimos para todos os demais Municípios e respectivas autarquias e fundações de direito público.

II – Também não se sujeita ao duplo grau de jurisdição a decisão fundada em:

a) súmula ou orientação jurisprudencial do Tribunal Superior do Trabalho;

b) acórdão proferido pelo Supremo Tribunal Federal ou pelo Tribunal Superior do Trabalho em julgamento de recursos repetitivos;

c) entendimento firmado em incidente de resolução de demandas repetitivas ou de assunção de competência;

d) entendimento coincidente com orientação vinculante firmada no âmbito administrativo do próprio ente público, consolidada em manifestação, parecer ou súmula administrativa.

III – Em ação rescisória, a decisão proferida pelo Tribunal Regional do Trabalho está sujeita ao duplo grau de jurisdição obrigatório quando desfavorável ao ente público, exceto nas hipóteses dos incisos anteriores.

IV – Em mandado de segurança, somente cabe reexame necessário se, na relação processual, figurar pessoa jurídica de direito público como parte prejudicada pela concessão da ordem. Tal situação não ocorre na hipótese de figurar no feito como impetrante e terceiro interessado pessoa de direito privado, ressalvada a hipótese de matéria administrativa.

OJ nº 334 da SDI – I do TST

Remessa "ex officio". Recurso de revista. Inexistência de recurso ordinário voluntário de ente público. Incabível

Incabível recurso de revista de ente público que não interpôs recurso ordinário voluntário da decisão de primeira instância, ressalvada a hipótese de ter sido agravada, na segunda instância, a condenação imposta.

OJ nº 21 da SDI – II do TST

Ação rescisória. Duplo grau de jurisdição. Trânsito em julgado. Inobservância. Decreto-lei nº 779/69, art. 1º, V. Incabível

É incabível ação rescisória para a desconstituição de sentença não transitada em julgado porque ainda não submetida ao necessário duplo grau de jurisdição, na forma do Decreto-Lei nº 779/69. Determina-se que se oficie ao Presidente do TRT para que proceda à avocatória do processo principal para o reexame da sentença rescindenda.

2. RECURSOS EM ESPÉCIE

2.1. Embargos de declaração

SÚMULA Nº 278 DO TST

Embargos de declaração. Omissão no julgado

A natureza da omissão suprida pelo julgamento de embargos declaratórios pode ocasionar efeito modificativo no julgado.

OJ Nº 142 DA SDI – I DO TST

Embargos de declaração. Efeito modificativo. Vista prévia à parte contrária.

É passível de nulidade decisão que acolhe embargos de declaração com efeito modificativo sem que seja concedida oportunidade de manifestação prévia à parte contrária.

SÚMULA Nº 184 DO TST

Embargos declaratórios. Omissão em recurso de revista. Preclusão

Ocorre preclusão se não forem opostos embargos declaratórios para suprir omissão apontada em recurso de revista ou de embargos.

SÚMULA Nº 421 DO TST

Embargos de declaração. Cabimento. Decisão monocrática do relator calcada no art. 932 do CPC de 2015. Art. 557 do CPC de 1973.

I – Cabem embargos da declaração de decisão monocrática do relator prevista no art. 932 do CPC de 2015 (art. 557 do CPC de 1973), se a parte pretende tão somente juízo integrativo retificador da decisão e, não, modificação do julgado.

II – Se a parte postular a revisão no mérito da decisão monocrática, cumpre ao relator converter os embargos de declaração em agravo, em face dos princípios da fungibilidade e celeridade processual, submetendo-o ao pronunciamento do Colegiado, após a intimação do recorrente para, no prazo de 5 (cinco) dias, complementar as razões recursais, de modo a ajustá-la às exigências do art. 1.021, § 1º, do CPC de 2015.

OJ Nº 192 DA SDI – I DO TST

Embargos declaratórios. Prazo em dobro. Pessoa jurídica de direito público. Decreto-lei nº 779/69.

É em dobro o prazo para a interposição de embargos declaratórios por pessoa jurídica de direito público.

2.2. Recurso ordinário

SÚMULA Nº 201 DO TST

Recurso ordinário em mandado de segurança

Da decisão de Tribunal Regional do Trabalho em mandado de segurança cabe recurso ordinário, no prazo de 8 (oito) dias, para o Tribunal Superior do Trabalho, e igual dilação para o recorrido e interessados apresentarem razões de contrariedade.

SÚMULA Nº 158 DO TST

Ação rescisória

Da decisão de Tribunal Regional do Trabalho, em ação rescisória, é cabível recurso ordinário para o Tribunal Superior do Trabalho, em face da organização judiciária trabalhista.

OJ Nº 100 DA SDI – II DO TST

Recurso ordinário para o TST. Decisão de TRT proferida em agravo regimental contra liminar em ação cautelar ou em mandado de segurança. Incabível

Não cabe recurso ordinário para o TST de decisão proferida pelo Tribunal Regional do Trabalho em agravo regimental interposto contra despacho que concede ou não liminar em ação cautelar ou em mandado de segurança, uma vez que o processo ainda pende de decisão definitiva do Tribunal "a quo".

2.3. Recurso de revista

2.3.1. Prequestionamento

SÚMULA Nº 297 DO TST

Prequestionamento. Oportunidade. Configuração

I – Diz-se prequestionada a matéria ou questão quando na decisão impugnada haja sido adotada, explicitamente, tese a respeito.

II – Incumbe à parte interessada, desde que a matéria haja sido invocada no recurso principal, opor embargos declaratórios objetivando o pronunciamento sobre o tema, sob pena de preclusão.

III – Considera-se prequestionada a questão jurídica invocada no recurso principal sobre a qual se omite o Tribunal de pronunciar tese, não obstante opostos embargos de declaração.

SÚMULA Nº 184 DO TST

Embargos declaratórios. Omissão em recurso de revista. Preclusão

Ocorre preclusão se não forem opostos embargos declaratórios para suprir omissão apontada em recurso de revista ou de embargos.

OJ Nº 118 DA SDI – I DO TST

Prequestionamento. Tese explícita. Inteligência da Súmula nº 297

Havendo tese explícita sobre a matéria, na decisão recorrida, desnecessário contenha nela referência expressa do dispositivo legal para ter-se como prequestionado este.

OJ Nº 256 DA SDI – I DO TST

Prequestionamento. Configuração. Tese explícita. Súmula nº 297

Para fins do requisito do prequestionamento de que trata a Súmula nº 297, há necessidade de que haja, no acórdão, de maneira clara, elementos que levem à conclusão de que o Regional adotou uma tese contrária à lei ou à súmula.

OJ Nº 62 DA SDI – I DO TST

Prequestionamento. Pressuposto de admissibilidade em apelo de natureza extraordinária. Necessidade, ainda que se trate de incompetência absoluta

É necessário o prequestionamento como pressuposto de admissibilidade em recurso de natureza extraordinária, ainda que se trate de incompetência absoluta.

OJ Nº 119 DA SDI – I DO TST

Prequestionamento inexigível. Violação nascida na própria decisão recorrida. Súmula nº 297. Inaplicável

É inexigível o prequestionamento quando a violação indicada houver nascido na própria decisão recorrida. Inaplicável a Súmula nº 297 do TST.

OJ Nº 151 DA SDI – I DO TST

Prequestionamento. Decisão regional que adota a sentença. Ausência de prequestionamento

Decisão regional que simplesmente adota os fundamentos da decisão de primeiro grau não preenche a exigência do prequestionamento, tal como previsto na Súmula nº 297.

2.3.2. Recurso de revista de acórdão regional que julga ação rescisória ou mandado de segurança.

OJ Nº 152 DA SDI – II DO TST

Ação rescisória e mandado de segurança. Recurso de revista de acórdão regional que julga ação rescisória ou mandado de segurança. Princípio da fungibilidade. Inaplicabilidade. Erro grosseiro na interposição do recurso

A interposição de recurso de revista de decisão definitiva de Tribunal Regional do Trabalho em ação rescisória ou em mandado de segurança, com fundamento em violação legal e divergência jurisprudencial e remissão expressa ao art. 896 da CLT, configura erro grosseiro, insuscetível de autorizar o seu recebimento como recurso ordinário, em face do disposto no art. 895, "b", da CLT.

2.3.3. Cabimento

SÚMULA Nº 126 DO TST

Recurso. Cabimento

Incabível o recurso de revista ou de embargos (arts. 896 e 894, "b", da CLT) para reexame de fatos e provas.

OJ Nº 334 DA SDI – I DO TST

Remessa "ex officio". Recurso de revista. Inexistência de recurso ordinário voluntário de ente público. Incabível

Incabível recurso de revista de ente público que não interpôs recurso ordinário voluntário da decisão de primeira instância, ressalvada a hipótese de ter sido agravada, na segunda instância, a condenação imposta.

SÚMULA Nº 218 DO TST

Recurso de revista. Acórdão proferido em agravo de instrumento

É incabível recurso de revista interposto de acórdão regional prolatado em agravo de instrumento.

SÚMULA Nº 266 DO TST

Recurso de revista. Admissibilidade. Execução de sentença

A admissibilidade do recurso de revista interposto de acórdão proferido em agravo de petição, na liquidação de sentença ou em processo incidente na execução, inclusive os embargos de terceiro, depende de demonstração inequívoca de violência direta à Constituição Federal.

2.3.4. Divergência Jurisprudencial

SÚMULA Nº 296 DO TST

Recurso. Divergência jurisprudencial. Especificidade

I – A divergência jurisprudencial ensejadora da admissibilidade, do prosseguimento e do conhecimento do recurso há de ser específica, revelando a existência de teses diversas na interpretação de um mesmo dispositivo legal, embora idênticos os fatos que as ensejaram.

II – Não ofende o art. 896 da CLT decisão de Turma que, examinando premissas concretas de especificidade da divergência colacionada no apelo revisional, conclui pelo conhecimento ou desconhecimento do recurso.

SÚMULA Nº 23 DO TST

Recurso

Não se conhece de recurso de revista ou de embargos, se a decisão recorrida resolver determinado item do pedido por diversos fundamentos e a jurisprudência transcrita não abranger a todos.

SÚMULA Nº 337 DO TST

Comprovação de divergência jurisprudencial. Recursos de revista e de embargos

I – Para comprovação da divergência justificadora do recurso, é necessário que o recorrente:

a) Junte certidão ou cópia autenticada do acórdão paradigma ou cite a fonte oficial ou o repositório autorizado em que foi publicado; e

b) Transcreva, nas razões recursais, as ementas e/ou trechos dos acórdãos trazidos à configuração do dissídio, demonstrando o conflito de teses que justifique o conhecimento do recurso, ainda que os acórdãos já se encontrem nos autos ou venham a ser juntados com o recurso.

II – A concessão de registro de publicação como repositório autorizado de jurisprudência do TST torna válidas todas as suas edições anteriores.

III – A mera indicação da data de publicação, em fonte oficial, de aresto paradigma é inválida para comprovação de divergência jurisprudencial, nos termos do item I, “a”, desta súmula, quando a parte pretende demonstrar o conflito de teses mediante a transcrição de trechos que integram a fundamentação do acórdão divergente, uma vez que só se publicam o dispositivo e a ementa dos acórdãos;

IV – É válida para a comprovação da divergência jurisprudencial justificadora do recurso a indicação de aresto extraído de repositório oficial na internet, desde que o recorrente:

a) transcreva o trecho divergente;

b) aponte o sítio de onde foi extraído; e

c) decline o número do processo, o órgão prolator do acórdão e a data da respectiva publicação no Diário Eletrônico da Justiça do Trabalho.

V – A existência do código de autenticidade na cópia, em formato pdf, do inteiro teor do aresto paradigma, juntada aos autos, torna-a equivalente ao documento original e também supre a ausência de indicação da fonte oficial de publicação.

SÚMULA Nº 333 DO TST

Recursos de revista. Conhecimento

Não ensejam recurso de revista decisões superadas por iterativa, notória e atual jurisprudência do Tribunal Superior do Trabalho.

OJ Nº 219 DA SDI – I DO TST

Recurso de Revista ou de Embargos fundamentado em Orientação Jurisprudencial do TST

É válida, para efeito de conhecimento do recurso de revista ou de embargos, a invocação de

Orientação Jurisprudencial do Tribunal Superior do Trabalho, desde que, das razões recursais, conste o seu número ou conteúdo.

SÚMULA Nº 312 DO TST

Constitucionalidade. Alínea "b" do art. 896 da CLT

É constitucional a alínea "b" do art. 896 da CLT, com a redação dada pela Lei nº 7.701, de 21.12.1988.

OJ Nº 147 DA SDI - I DO TST

Lei estadual, norma coletiva ou norma regulamentar. Conhecimento indevido do recurso de revista por divergência jurisprudencial

I – É inadmissível o recurso de revista fundado tão-somente em divergência jurisprudencial, se a parte não comprovar que a lei estadual, a norma coletiva ou o regulamento da empresa extrapolam o âmbito do TRT prolator da decisão recorrida.

II – É imprescindível a argüição de afronta ao art. 896 da CLT para o conhecimento de embargos interpostos em face de acórdão de Turma que conhece indevidamente de recurso de revista, por divergência jurisprudencial, quanto a tema regulado por lei estadual, norma coletiva ou norma regulamentar de âmbito restrito ao Regional prolator da decisão.

OJ Nº 111 DA SDI - I DO TST

Recurso de revista. Divergência jurisprudencial. Aresto oriundo do mesmo tribunal regional. Lei nº 9.756/1998. Inservível ao conhecimento

Não é servível ao conhecimento de recurso de revista aresto oriundo de mesmo Tribunal Regional do Trabalho, salvo se o recurso houver sido interposto anteriormente à vigência da Lei nº 9.756/1998.

SÚMULA Nº 459 DO TST

Recurso de revista. Nulidade por negativa de prestação jurisdicional.

O conhecimento do recurso de revista, quanto à preliminar de nulidade, por negativa de prestação jurisdicional, supõe indicação de violação do art. 832 da CLT, do art. 489 do CPC de 2015 (art. 458 do CPC de 1973) ou do art. 93, IX, da CF/1988.

2.3.5. Violação literal de disposição de lei federal ou afronta direta e literal à Constituição Federal

SÚMULA Nº 221 DO TST

Recurso de revista. Violação de lei. Indicação de preceito.

A admissibilidade do recurso de revista por violação tem como pressuposto a indicação expressa do dispositivo de lei ou da Constituição tido como violado.

OJ Nº 257 DA SDI - I DO TST

Recurso de revista. Fundamentação. Violação legal. Vocábulo violação. Desnecessidade

A invocação expressa no recurso de revista dos preceitos legais ou constitucionais tidos como violados não significa exigir da parte a utilização das expressões "contrariar", "ferir", "violar", etc.

SÚMULA Nº 459 DO TST

Recurso de revista. Nulidade por negativa de prestação jurisdicional.

O conhecimento do recurso de revista, quanto à preliminar de nulidade, por negativa de prestação jurisdicional, supõe indicação de violação do art. 832 da CLT, do art. 489 do CPC de 2015 (art. 458 do CPC de 1973) ou do art. 93, IX, da CF/1988.

OJ Nº 335 DA SDI - I DO TST

Contrato nulo. Administração Pública. Efeitos. Conhecimento do recurso por violação do art. 37, II E § 2º, da CF/88

A nulidade da contratação sem concurso público, após a CF/88, bem como a limitação de seus efeitos, somente poderá ser declarada por ofensa ao art. 37, II, se invocado concomitantemente o seu § 2º, todos da CF/88.

2.3.6. Recurso de revista no rito sumaríssimo

OJ Nº 260 DA SDI - I DO TST

Agravo de instrumento. Recurso de revista. Procedimento sumaríssimo. Lei nº 9.957/00. Processos em curso

I – É inaplicável o rito sumaríssimo aos processos iniciados antes da vigência da Lei nº 9.957/00.

II – No caso de o despacho denegatório de recurso de revista invocar, em processo iniciado antes da Lei nº 9.957/00, o § 6º do art. 896 da CLT (rito sumaríssimo), como óbice ao trânsito do apelo calcado em divergência jurisprudencial ou violação de dispositivo infraconstitucional, o Tribunal superará o obstáculo, apreciando o recurso sob esses fundamentos.

SÚMULA Nº 442 DO TST

Procedimento sumaríssimo. Recurso de revista fundamentado em contrariedade a orientação jurisprudencial. Inadmissibilidade. Art. 896, § 6º, da CLT, acrescentado pela lei nº 9.957, de 12.01.2000

Nas causas sujeitas ao procedimento sumaríssimo, a admissibilidade de recurso de revista está limitada à demonstração de violação direta a dispositivo da Constituição Federal ou contrariedade a Súmula do Tribunal Superior do Trabalho, não se admitindo o recurso por contrariedade a Orientação Jurisprudencial deste Tribunal (Livro II, Título II, Capítulo III, do RITST), ante a ausência de previsão no art. 896, § 6º, da CLT.

2.4. Recurso de embargos à Seção de Dissídios Individuais do TST

2.4.1. Cabimento

SÚMULA Nº 353 DO TST

Embargos. Agravo. Cabimento

Não cabem embargos para a Seção de Dissídios Individuais de decisão de Turma proferida em agravo, salvo:

a) da decisão que não conhece de agravo de instrumento ou de agravo pela ausência de pressupostos extrínsecos;

b) da decisão que nega provimento a agravo contra decisão monocrática do Relator, em que se proclamou a ausência de pressupostos extrínsecos de agravo de instrumento;

c) para revisão dos pressupostos extrínsecos de admissibilidade do recurso de revista, cuja ausência haja sido declarada originariamente pela Turma no julgamento do agravo;

d) para impugnar o conhecimento de agravo de instrumento;

e) para impugnar a imposição de multas previstas nos arts. 1.021, § 4º, do CPC de 2015 ou 1.026, § 2º, do CPC de 2015 (art. 538, parágrafo único, do CPC de 1973, ou art. 557, § 2º, do CPC de 1973).

f) contra decisão de Turma proferida em agravo em recurso de revista, nos termos do art. 894, II, da CLT.

OJ Nº 378 DA SDI - I DO TST

Embargos. Interposição contra decisão monocrática. Não cabimento

Não encontra amparo no art. 894 da CLT, quer na redação anterior quer na redação posterior à Lei n.º 11.496, de 22.06.2007, recurso de embargos interposto à decisão monocrática exarada nos moldes do art. 932 do CPC de 2015 (art. 557 do CPC de 1973), pois o comando legal restringe seu cabimento à pretensão de reforma de decisão colegiada proferida por Turma do Tribunal Superior do Trabalho.

SÚMULA Nº 126 DO TST

Recurso. Cabimento

Incabível o recurso de revista ou de embargos (arts. 896 e 894, "b", da CLT) para reexame de fatos e provas.

2.4.2 Divergência Jurisprudencial

SÚMULA Nº 296 DO TST

Recurso. Divergência jurisprudencial. Especificidade

I – A divergência jurisprudencial ensejadora da admissibilidade, do prosseguimento e do conhecimento do recurso há de ser específica, revelando a existência de teses diversas na interpretação de um mesmo dispositivo legal, embora idênticos os fatos que as ensejaram.

II – Não ofende o art. 896 da CLT decisão de Turma que, examinando premissas concretas de especificidade da divergência colacionada no apelo revisional, conclui pelo conhecimento ou desconhecimento do recurso.

SÚMULA Nº 23 DO TST

Recurso

Não se conhece de recurso de revista ou de embargos, se a decisão recorrida resolver determinado item do pedido por diversos fundamentos e a jurisprudência transcrita não abranger a todos.

SÚMULA Nº 337 DO TST

Comprovação de divergência jurisprudencial. Recursos de revista e de embargos

I – Para comprovação da divergência justificadora do recurso, é necessário que o recorrente:

a) Junte certidão ou cópia autenticada do acórdão paradigma ou cite a fonte oficial ou o repositório autorizado em que foi publicado; e

b) Transcreva, nas razões recursais, as ementas e/ou trechos dos acórdãos trazidos à configuração do dissídio, demonstrando o conflito de teses que justifique o conhecimento do recurso, ainda que os acórdãos já se encontrem nos autos ou venham a ser juntados com o recurso.

II – A concessão de registro de publicação como repositório autorizado de jurisprudência do TST torna válidas todas as suas edições anteriores.

III – A mera indicação da data de publicação, em fonte oficial, de aresto paradigma é inválida para comprovação de divergência jurisprudencial, nos termos do item I, "a", desta súmula, quando a parte pretende demonstrar o conflito de teses mediante a transcrição de trechos que integram a fundamentação do acórdão divergente, uma vez que só se publicam o dispositivo e a ementa dos acórdãos;

IV – É válida para a comprovação da divergência jurisprudencial justificadora do recurso a indicação de aresto extraído de repositório oficial na internet, desde que o recorrente:

a) transcreva o trecho divergente;

b) aponte o sítio de onde foi extraído; e

c) decline o número do processo, o órgão prolator do acórdão e a data da respectiva publicação no Diário Eletrônico da Justiça do Trabalho.

V – A existência do código de autenticidade na cópia, em formato pdf, do inteiro teor do aresto paradigma, juntada aos autos, torna-a equivalente ao documento original e também supre a ausência de indicação da fonte oficial de publicação.

OJ Nº 219 DA SDI – I DO TST

Recurso de Revista ou de Embargos fundamentado em Orientação Jurisprudencial do TST

É válida, para efeito de conhecimento do recurso de revista ou de embargos, a invocação de Orientação Jurisprudencial do Tribunal Superior do Trabalho, desde que, das razões recursais, conste o seu número ou conteúdo.

OJ Nº 336 DA SDI – I DO TST

Embargos interpostos anteriormente à vigência da Lei nº 11.496/2007. Recurso não conhecido com base em orientação jurisprudencial. Desnecessário o exame das violações de lei e da constituição federal alegadas no recurso de revista

Estando a decisão recorrida em conformidade com orientação jurisprudencial, desnecessário o exame das divergências e das violações de lei e da Constituição alegadas em embargos interpostos antes da vigência da Lei nº 11.496/2007, salvo nas hipóteses em que a orientação jurisprudencial não fizer qualquer citação do dispositivo constitucional.

OJ Nº 147 DA SDI – I DO TST

Lei estadual, norma coletiva ou norma regulamentar. Conhecimento indevido do recurso de revista por divergência jurisprudencial

I – É inadmissível o recurso de revista fundado tão-somente em divergência jurisprudencial, se a parte não comprovar que a lei estadual, a norma coletiva ou o regulamento da empresa extrapolam o âmbito do TRT prolator da decisão recorrida.

II – É imprescindível a arguição de afronta ao art. 896 da CLT para o conhecimento de embargos interpostos em face de acórdão de Turma que conhece indevidamente de recurso de revista, por divergência jurisprudencial, quanto a tema regulado por lei estadual, norma coletiva ou norma regulamentar de âmbito restrito ao Regional prolator da decisão.

OJ Nº 95 DA SDI – I DO TST

Embargos para SDI. Divergência oriunda da mesma Turma do TST. Inservível

Em 19.05.1997, a SDI – Plena, por maioria, decidiu que acórdãos oriundos da mesma Turma, embora divergentes, não fundamentam divergência jurisprudencial de que trata a alínea "b", do artigo 894 da Consolidação das Leis do Trabalho para embargos à Seção Especializada em Dissídios Individuais, Subseção I.

2.4.3. Embargos para a SDI no rito sumaríssimo

Súmula nº 458 do TST

Embargos. Procedimento sumaríssimo. Conhecimento. Recurso interposto após vigência da Lei nº 11.496, de 22.06.2007, que conferiu nova redação ao art.894, da CLT.

Em causas sujeitas ao procedimento sumaríssimo, em que pese a limitação imposta no art. 896, § 6º, da CLT à interposição de recurso de revista, admitem - se os embargos interpostos na vigência da Lei nº 11.496, de 22.06.2007, que conferiu nova redação ao art. 894 da CLT, quando demonstrada a divergência jurisprudencial entre Turmas do TST, fundada em interpretações diversas acerca da aplicação de mesmo dispositivo constitucional ou de matéria sumulada.

2.4.4. Embargos para a SDI na fase executiva

Súmula nº 433 do TST

Embargos. Admissibilidade. Processo em fase de execução. Acórdão de Turma publicado na vigência da Lei nº 11.496, de 26.06.2007. Divergência de interpretação de dispositivo constitucional

A admissibilidade do recurso de embargos contra acórdão de Turma em recurso de revista em fase de execução, publicado na vigência da Lei nº 11.496, de 26.06.2007, condiciona-se à demonstração de divergência jurisprudencial entre Turmas ou destas e a Seção Especializada em Dissídios Individuais do Tribunal Superior do Trabalho em relação à interpretação de dispositivo constitucional.

2.5. Agravo de instrumento

OJ nº 374 da SDI – I do TST

Agravo de instrumento. Representação processual. Regularidade. Procuração ou substabelecimento com cláusula limitativa de poderes ao âmbito do tribunal regional do trabalho

É regular a representação processual do subscritor do agravo de instrumento ou do recurso de revista que detém mandato com poderes de representação limitados ao âmbito do Tribunal Regional do Trabalho, pois, embora a apreciação desse recurso seja realizada pelo Tribunal Superior do Trabalho, a sua interposição é ato praticado perante o Tribunal Regional do Trabalho, circunstância que legitima a atuação do advogado no feito.

OJ nº 283 da SDI – I do TST

Agravo de instrumento. Peças essenciais. Traslado realizado pelo agravado. Validade

É válido o traslado de peças essenciais efetuado pelo agravado, pois a regular formação do agravo incumbe às partes e não somente ao agravante.

OJ nº 286 da SDI – I do TST

Agravo de instrumento. Traslado. Mandato tácito. Ata de audiência. Configuração

I – A juntada da ata de audiência, em que consignada a presença do advogado, desde que não estivesse atuando com mandato expresso, torna dispensável a procuração deste, porque demonstrada a existência de mandato tácito.

II – Configurada a existência de mandato tácito fica suprida a irregularidade detectada no mandato expresso.

OJ nº 91 da SDI – II do TST

Mandado de segurança. Autenticação de cópias pelas secretarias dos tribunais regionais do trabalho. Requerimento indeferido. Art. 789, § 9º, da CLT

Não sendo a parte beneficiária da assistência judiciária gratuita, inexiste direito líquido e certo à autenticação, pelas Secretarias dos Tribunais, de peças extraídas do processo principal, para formação do agravo de instrumento.

OJ nº 217 da SDI – I do TST

Agravo de instrumento. Traslado. Lei nº 9.756/ 1998. Guias de custas e de depósito recursal

Para a formação do agravo de instrumento, não é necessária a juntada de comprovantes de recolhimento de custas e de depósito recursal relativamente ao recurso ordinário, desde que não seja objeto de controvérsia no recurso de revista a validade daqueles recolhimentos.

OJ Nº 282 DA SDI - I DO TST

Agravo de instrumento. Juízo de admissibilidade "ad quem"

No julgamento de Agravo de Instrumento, ao afastar o óbice apontado pelo TRT para o processamento do recurso de revista, pode o juízo "ad quem" prosseguir no exame dos demais pressupostos extrínsecos e intrínsecos do recurso de revista, mesmo que não apreciados pelo TRT.

2.6. Agravo de petição

Súmula Nº 416 DO TST

Mandado de segurança. Execução. Lei nº 8.432/1992. Art. 897, § 1º, da CLT. Cabimento

Devendo o agravo de petição delimitar justificadamente a matéria e os valores objeto de discordância, não fere direito líquido e certo o prosseguimento da execução quanto aos tópicos e valores não especificados no agravo.

Súmula Nº 266 DO TST

Recurso de revista. Admissibilidade. Execução de sentença

A admissibilidade do recurso de revista interposto de acórdão proferido em agravo de petição, na liquidação de sentença ou em processo incidente na execução, inclusive os embargos de terceiro, depende de demonstração inequívoca de violência direta à Constituição Federal.

2.7. Agravo interno e regimental

Súmula Nº 435 DO TST

Decisão monocrática. Relator. Art. 932 do CPC de 2015. Art. 557 do CPC de 1973. Aplicação subsidiária ao processo do trabalho

Aplica-se subsidiariamente ao processo do trabalho o art. 932 do CPC de 2015 (art. 557 do CPC de 1973).

Súmula Nº 421 DO TST

Embargos de declaração. Cabimento. Decisão monocrática do relator calcada no art. 932 do CPC de 2015. Art. 557 do CPC de 1973.

I - Cabem embargos da declaração de decisão monocrática do relator prevista no art. 932 do CPC de 2015 (art. 557 do CPC de 1973), se a parte pretende tão somente juízo integrativo retificador da decisão e, não, modificação do julga-do.

II - Se a parte postular a revisão no mérito da decisão monocrática, cumpre ao relator converter os embargos de declaração em agravo, em face dos princípios da fungibilidade e celeridade processual, submetendo-o ao pronunciamento do Colegiado, após a intimação do recorrente para, no prazo de 5 (cinco) dias, complementar as razões recursais, de modo a ajustá-la às exigências do art. 1.021, § 1º, do CPC de 2015.

OJ Nº 69 DA SDI - II DO TST

Fungibilidade recursal. Indeferimento liminar de ação rescisória ou mandado de segurança. Recurso para o TST. Recebimento como agravo regimental e devolução dos autos ao TRT

Recurso ordinário interposto contra despacho monocrático indeferitório da petição inicial de ação rescisória ou de mandado de segurança pode, pelo princípio de fungibilidade recursal, ser recebido como agravo regimental. Hipótese de não conhecimento do recurso pelo TST e devolução dos autos ao TRT, para que aprecie o apelo como agravo regimental.

OJ Nº 412 DA SDI - I DO TST

Agravo interno ou agravo regimental. Interposição em face de decisão colegiada. Não cabimento. Erro grosseiro. Inaplicabilidade do princípio da fungibilidade recursal

É incabível agravo interno (art. 1.021 do CPC de 2015, art. 557, § 1º, do CPC de 1973) ou agravo regimental (art. 235 do RITST) contra decisão proferida por Órgão colegiado. Tais recursos destinam-se, exclusivamente, a impugnar decisão monocrática nas hipóteses expressamente previstas. Inaplicável, no caso, o princípio da fungibilidade ante a configuração de erro grosseiro.

OJ Nº 132 DA SDI - I DO TST

Agravo regimental. Peças essenciais nos autos principais

Inexistindo lei que exija a tramitação do agravo regimental em autos apartados, tampouco previsão no Regimento Interno do Regional, não pode o agravante ver-se apenado por não haver colacionado cópia de peças dos autos principais, quando o agravo regimental deveria fazer parte dele.

2.8. Recurso adesivo

Súmula nº 283 do TST

Recurso adesivo. Pertinência no processo do trabalho. Correlação de matérias

O recurso adesivo é compatível com o processo do trabalho e cabe, no prazo de 8 (oito) dias, nas hipóteses de interposição de recurso ordinário, de agravo de petição, de revista e de embargos, sendo desnecessário que a matéria nele veiculada esteja relacionada com a do recurso interposto pela parte contrária.

CAPÍTULO XV

EXECUÇÃO TRABALHISTA

SUMÁRIO • 1. Juros – 2. Correção monetária – 3. Contribuições previdenciárias e imposto de renda – 4. Penhora – 5. Depositário – 6. Embargos de terceiros – 7. Empresas em liquidação extrajudicial – 8. Entidade pública

1. JUROS

SÚMULA Nº 200 DO TST

Juros de mora. Incidência

Os juros de mora incidem sobre a importância da condenação já corrigida monetariamente.

SÚMULA Nº 211 DO TST

Juros de mora e correção monetária. Independência do pedido inicial e do título executivo judicial

Os juros de mora e a correção monetária incluem-se na liquidação, ainda que omisso o pedido inicial ou a condenação.

SÚMULA Nº 439 DO TST

Danos morais. Juros de mora e atualização monetária. Termo inicial.

Nas condenações por dano moral, a atualização monetária é devida a partir da data da decisão de arbitramento ou de alteração do valor. Os juros incidem desde o ajuizamento da ação, nos termos do art. 883 da CLT.

SÚMULA Nº 307 DO TST

Juros. Irretroatividade do Decreto-lei nº 2.322, de 26.02.1987.

A fórmula de cálculo de juros prevista no Decreto-Lei nº 2.322, de 26.02.1987 somente é aplicável a partir de 27.02.1987. Quanto ao período anterior, deve-se observar a legislação então vigente.

OJ Nº 382 DA SDI - I DO TST

Juros de mora. Art. 1º-F da Lei nº 9.494, de 10.09.1997. Inaplicabilidade à Fazenda Pública quando condenada subsidiariamente

A Fazenda Pública, quando condenada subsidiariamente pelas obrigações trabalhistas devidas pela empregadora principal, não se beneficia da limitação dos juros, prevista no art. 1º-F da Lei nº 9.494, de 10.09.1997.

SÚMULA Nº 304 DO TST

Correção monetária. Empresas em liquidação. Art. 46 do ADCT/CF

Os débitos trabalhistas das entidades submetidas aos regimes de intervenção ou liquidação extrajudicial estão sujeitos a correção monetária desde o respectivo vencimento até seu efetivo pagamento, sem interrupção ou suspensão, não incidindo, entretanto, sobre tais débitos, juros de mora.

OJ Nº 408 DA SDI - I DO TST

Juros de mora. Empresa em liquidação extrajudicial. Sucessão trabalhista

É devida a incidência de juros de mora em relação aos débitos trabalhistas de empresa em liquidação extrajudicial sucedida nos moldes dos arts. 10 e 448 da CLT. O sucessor responde pela obrigação do sucedido, não se beneficiando de qualquer privilégio a este destinado.

OJ Nº 400 DA SDI - I DO TST

Imposto de renda. Base de cálculo. Juros de mora. Não integração. Art. 404 do Código Civil Brasileiro

Os juros de mora decorrentes do inadimplemento de obrigação de pagamento em dinheiro não integram a base de cálculo do imposto de renda, independentemente da natureza jurídica da obrigação inadimplida, ante o cunho indenizatório conferido pelo art. 404 do Código Civil de 2002 aos juros de mora.

2. CORREÇÃO MONETÁRIA

Súmula nº 187 do TST

Correção monetária. Incidência

A correção monetária não incide sobre o débito do trabalhador reclamante.

Súmula nº 211 do TST

Juros de mora e correção monetária. Independência do pedido inicial e do título executivo judicial

Os juros de mora e a correção monetária incluem-se na liquidação, ainda que omisso o pedido inicial ou a condenação.

OJ nº 300 da SDI – I do TST

Execução trabalhista. Correção monetária. Juros. Lei nº 8.177/91, art. 39, e Lei nº 10.192/01, art. 15

Não viola norma constitucional (art. 5º, II e XXXVI) a determinação de aplicação da TRD, como fator de correção monetária dos débitos trabalhistas, cumulada com juros de mora, previstos no artigo 39 da Lei nº 8.177/91 e convalidado pelo artigo 15 da Lei nº 10.192/01.

Súmula nº 381 do TST

Correção monetária. Salário. Art. 459 da CLT

O pagamento dos salários até o 5º dia útil do mês subsequente ao vencido não está sujeito à correção monetária. Se essa data limite for ultrapassada, incidirá o índice da correção monetária do mês subsequente ao da prestação dos serviços, a partir do dia 1º.

OJ nº 302 da SDI – I do TST

FGTS. Índice de correção. Débitos trabalhistas

Os créditos referentes ao FGTS, decorrentes de condenação judicial, serão corrigidos pelos mesmos índices aplicáveis aos débitos trabalhistas.

Súmula nº 311 do TST

Benefício previdenciário a dependente de ex-empregado. Correção monetária. Legislação aplicável

O cálculo da correção monetária incidente sobre débitos relativos a benefícios previdenciários devidos a dependentes de ex-empregado pelo empregador, ou por entidade de previdência privada a ele vinculada, será o previsto na Lei nº 6.899, de 08.04.1981.

OJ nº 28 da SDI – I do TST

Correção monetária sobre as diferenças salariais. Universidades federais. Devida. Lei nº 7.596/1987

Incide correção monetária sobre as diferenças salariais dos servidores das universidades federais, decorrentes da aplicação retroativa dos efeitos financeiros assegurados pela Lei nº 7.596/1987, pois a correção monetária tem como escopo único minimizar a desvalorização da moeda em decorrência da corrosão inflacionária.

Súmula nº 304 do TST

Correção monetária. Empresas em liquidação. Art. 46 do ADCT/CF

Os débitos trabalhistas das entidades submetidas aos regimes de intervenção ou liquidação extrajudicial estão sujeitos a correção monetária desde o respectivo vencimento até seu efetivo pagamento, sem interrupção ou suspensão, não incidindo, entretanto, sobre tais débitos, juros de mora.

OJ nº 198 da SDI – I do TST

Honorários periciais. Atualização monetária

Diferentemente da correção aplicada aos débitos trabalhistas, que têm caráter alimentar, a atualização monetária dos honorários periciais é fixada pelo art. 1º da Lei nº 6.899/81, aplicável a débitos resultantes de decisões judiciais.

3. CONTRIBUIÇÕES PREVIDENCIÁRIAS E IMPOSTO DE RENDA

Súmula nº 368 do TST

Descontos previdenciários. Imposto de renda. Competência. Responsabilidade pelo recolhimento. Forma de cálculo. Fato gerador.

I – A Justiça do Trabalho é competente para determinar o recolhimento das contribuições fiscais. A competência da Justiça do Trabalho, quanto à execução das contribuições previdenciárias, limita-se às sentenças condenatórias em pecúnia que proferir e aos valores, objeto de acordo homologado, que integrem o salário de contribuição.

II – É do empregador a responsabilidade pelo recolhimento das contribuições previdenciárias e fiscais, resultantes de crédito do empregado oriundo de condenação judicial. A culpa do empregador pelo inadimplemento das verbas remuneratórias, contudo, não exime a responsabilidade do empregado pelos pagamentos do imposto de renda devido e da contribuição previdenciária que recaia sobre sua quota-parte.

III – Os descontos previdenciários relativos à contribuição do empregado, no caso de ações trabalhistas, devem ser calculados mês a mês, de conformidade com o art. 276, § 4º, do Decreto n º 3.048/1999 que regulamentou a Lei nº 8.212/1991, aplicando-se as alíquotas previstas no art. 198, observado o limite máximo do salário de contribuição.

IV – Considera-se fato gerador das contribuições previdenciárias decorrentes de créditos trabalhistas reconhecidos ou homologados em juízo, para os serviços prestados até 4.3.2009, inclusive, o efetivo pagamento das verbas, configurando-se a mora a partir do dia dois do mês seguinte ao da liquidação (art. 276, "caput", do Decreto nº 3.048/1999). Eficácia não retroativa da alteração legislativa promovida pela Medida Provisória nº 449/2008, posteriormente convertida na Lei nº 11.941/2009, que deu nova redação ao art. 43 da Lei nº 8.212/91.

V – Para o labor realizado a partir de 5.3.2009, considera-se fato gerador das contribuições previdenciárias decorrentes de créditos trabalhistas reconhecidos ou homologados em juízo a data da efetiva prestação dos serviços. Sobre as contribuições previdenciárias não recolhidas a partir da prestação dos serviços incidem juros de mora e, uma vez apurados os créditos previdenciários, aplica-se multa a partir do exaurimento do prazo de citação para pagamento, se descumprida a obrigação, observado o limite legal de 20% (art. 61, § 2º, da Lei nº 9.460/96).

VI – O imposto de renda decorrente de crédito do empregado recebido acumuladamente deve ser calculado sobre o montante dos rendimentos pagos, mediante a utilização de tabela progressiva resultante da multiplicação da quantidade de meses a que se refiram os rendimentos pelos valores constantes da tabela progressiva mensal correspondente ao mês do recebimento ou crédito, nos termos do art. 12-A da Lei nº 7.713, de 22/12/1988, com a redação conferida pela Lei nº 13.149/2015, observado o procedimento previsto nas Instruções Normativas da Receita Federal do Brasil.

Súmula nº 454 do TST

Competência da Justiça do Trabalho. Execução de ofício. Contribuição social referente ao seguro de acidente de trabalho (SAT). Arts. 114, VIII, e 195, I, "a", da Constituição da República.

Compete à Justiça do Trabalho a execução, de ofício, da contribuição referente ao Seguro de Acidente de Trabalho (SAT), que tem natureza de contribuição para a seguridade social (arts. 114, VIII, e 195, I, "a", da CF), pois se destina ao financiamento de benefícios relativos à incapacidade do empregado decorrente de infortúnio no trabalho (arts. 11 e 22 da Lei n. 8.212/1991).

OJ nº 368 da SDI – I do TST

Descontos previdenciários. Acordo homologado em juízo. Inexistência de vínculo empregatício. Parcelas indenizatórias. Ausência de discriminação. Incidência sobre o valor total

É devida a incidência das contribuições para a Previdência Social sobre o valor total do acordo homologado em juízo, independentemente do reconhecimento de vínculo de emprego, desde que não haja discriminação das parcelas sujeitas à incidência da contribuição previdenciária, conforme parágrafo único do art. 43 da Lei nº 8.212, de 24.07.1991, e do art. 195, I, "a", da CF/1988.

OJ nº 398 da SDI – I do TST

Contribuição previdenciária. Acordo homologado em juízo sem reconhecimento de vínculo de emprego. Contribuinte individual. Recolhimento da alíquota de 20% a cargo do tomador e 11% a cargo do prestador de serviços

Nos acordos homologados em juízo em que não haja o reconhecimento de vínculo empregatício, é devido o recolhimento da contribuição previdenciária, mediante a alíquota de 20% a cargo do tomador de serviços e de 11% por parte do prestador de serviços, na qualidade de contribuinte individual, sobre o valor total do acordo, respeitado o teto de contribuição. Inteligência do § 4º do art. 30 e do inciso III do art. 22, todos da Lei nº 8.212, de 24.07.1991.

OJ Nº 376 DA SDI – I DO TST

Contribuição previdenciária. Acordo homologado em juízo após o trânsito em julgado da sentença condenatória. Incidência sobre o valor homologado

É devida a contribuição previdenciária sobre o valor do acordo celebrado e homologado após o trânsito em julgado de decisão judicial, respeitada a proporcionalidade de valores entre as parcelas de natureza salarial e indenizatória deferidas na decisão condenatória e as parcelas objeto do acordo.

SÚMULA Nº 401 DO TST

Ação rescisória. Descontos legais. Fase de execução. Sentença exequenda omissa. Inexistência de ofensa à coisa julgada

Os descontos previdenciários e fiscais devem ser efetuados pelo juízo executório, ainda que a sentença exequenda tenha sido omissa sobre a questão, dado o caráter de ordem pública ostentado pela norma que os disciplina. A ofensa à coisa julgada somente poderá ser caracterizada na hipótese de o título exequendo, expressamente, afastar a dedução dos valores a título de imposto de renda e de contribuição previdenciária.

OJ Nº 400 DA SDI – I DO TST

Imposto de renda. Base de cálculo. Juros de mora. Não integração. Art. 404 do Código Civil Brasileiro

Os juros de mora decorrentes do inadimplemento de obrigação de pagamento em dinheiro não integram a base de cálculo do imposto de renda, independentemente da natureza jurídica da obrigação inadimplida, ante o cunho indenizatório conferido pelo art. 404 do Código Civil de 2002 aos juros de mora.

4. PENHORA

OJ Nº 343 DA SDI – I DO TST

Penhora. Sucessão. art. 100 da CF/1988. Execução

É válida a penhora em bens de pessoa jurídica de direito privado, realizada anteriormente à sucessão pela União ou por Estado-membro, não podendo a execução prosseguir mediante precatório. A decisão que a mantém não viola o art. 100 da CF/1988.

SÚMULA Nº 417 DO TST

Mandado de Segurança. Penhora em dinheiro.

I - Não fere direito líquido e certo do impetrante o ato judicial que determina penhora em dinheiro do executado para garantir crédito exequendo, pois é prioritária e obedece à gradação prevista no art. 835 do CPC de 2015 (art. 655 do CPC de 1973).

II - Havendo discordância do credor, em execução definitiva, não tem o executado direito líquido e certo a que os valores penhorados em dinheiro fiquem depositados no próprio banco, ainda que atenda aos requisitos do art. 840, I, do CPC de 2015 (art. 666, I, do CPC de 1973).

OJ Nº 59 DA SDI – II DO TST

Mandado de segurança. Penhora. Carta de fiança bancária. Seguro garantia judicial.

A carta de fiança bancária e o seguro garantia judicial, desde que em valor não inferior ao do débito em execução, acrescido de trinta por cento, equivalem a dinheiro para efeito da gradação dos bens penhoráveis, estabelecida no art. 835 do CPC de 2015 (art. 655 do CPC de 1973).

OJ Nº 153 DA SDI – II DO TST

Mandado de segurança. Execução. Ordem de penhora sobre valores existentes em conta salário. Art. 649, IV, do CPC de 1973. Ilegalidade.

Ofende direito líquido e certo decisão que determina o bloqueio de numerário existente em conta salário, para satisfação de crédito trabalhista, ainda que seja limitado a determinado percentual dos valores recebidos ou a valor revertido para fundo de aplicação ou poupança, visto que o art. 649, IV, do CPC de 1973 contém norma imperativa que não admite interpretação ampliativa, sendo a exceção prevista no art. 649, § 2º, do CPC de 1973 espécie e não gênero de crédito de natureza alimentícia, não englobando o crédito trabalhista.

OJ Nº 93 DA SDI – II DO TST

Penhora sobre parte da renda de estabelecimento comercial. Possibilidade.

Nos termos do art. 866 do CPC de 2015, é admissível a penhora sobre a renda mensal ou faturamento de empresa, limitada a percentual, que não comprometa o desenvolvimento regular de suas atividades, desde que não haja outros bens penhoráveis ou, havendo outros bens, eles sejam de difícil alienação ou insuficientes para satisfazer o crédito executado.

OJ Nº 226 DA SDI - I DO TST

Crédito trabalhista. Cédula de crédito rural. Cédula de crédito industrial. Penhorabilidade

Diferentemente da cédula de crédito industrial garantida por alienação fiduciária, na cédula rural pignoratícia ou hipotecária o bem permanece sob o domínio do devedor (executado), não constituindo óbice à penhora na esfera trabalhista. (Decreto-Lei nº 167/67, art. 69; CLT, arts. 10 e 30 e Lei nº 6.830/80).

5. DEPOSITÁRIO

OJ Nº 143 DA SDI - II DO TST

"*Habeas corpus*". Penhora sobre coisa futura e incerta. Prisão. Depositário infiel

Não se caracteriza a condição de depositário infiel quando a penhora recair sobre coisa futura e incerta, circunstância que, por si só, inviabiliza a materialização do depósito no momento da constituição do paciente em depositário, autorizando-se a concessão de "*habeas corpus*" diante da prisão ou ameaça de prisão que sofra.

OJ Nº 89 DA SDI - II DO TST

"*Habeas corpus*". Depositário. Termo de depósito não assinado pelo paciente. Necessidade de aceitação do encargo. Impossibilidade de prisão civil

A investidura no encargo de depositário depende da aceitação do nomeado que deve assinar termo de compromisso no auto de penhora, sem o que, é inadmissível a restrição de seu direito de liberdade.

SÚMULA VINCULANTE Nº 25 DO STF

É ilícita a prisão civil de depositário infiel, qualquer que seja a modalidade do depósito.

6. EMBARGOS DE TERCEIROS

SÚMULA Nº 419 DO TST

Competência. Embargos de Terceiro. Execução por carta precatória. Juízo deprecado.

Na execução por carta precatória, os embargos de terceiro serão oferecidos no juízo deprecado, salvo se indicado pelo juízo deprecante o bem constrito ou se já devolvida a carta (art. 676, parágrafo único, do CPC de 2015).

OJ Nº 54 DA SDI - II DO TST

Mandado de segurança. Embargos de terceiro. Cumulação. Penhora. Incabível

Ajuizados embargos de terceiro (art. 674 do CPC de 2015 - art. 1.046 do CPC de 1973) para pleitear a desconstituição da penhora, é incabível mandado de segurança com a mesma finalidade.

7. EMPRESAS EM LIQUIDAÇÃO EXTRAJUDICIAL

OJ Nº 143 DA SDI - I DO TST

Empresa em liquidação extrajudicial. Execução. Créditos trabalhistas. Lei nº 6.024/74

A execução trabalhista deve prosseguir diretamente na Justiça do Trabalho mesmo após a decretação da liquidação extrajudicial. Lei nº 6.830/80, arts. 5º e 29, aplicados supletivamente (CLT, art. 889 e CF/1988, art. 114).

SÚMULA Nº 304 DO TST

Correção monetária. Empresas em liquidação. Art. 46 do ADCT/CF

Os débitos trabalhistas das entidades submetidas aos regimes de intervenção ou liquidação extrajudicial estão sujeitos a correção monetária desde o respectivo vencimento até seu efetivo pagamento, sem interrupção ou suspensão, não incidindo, entretanto, sobre tais débitos, juros de mora.

OJ Nº 408 DA SDI - I DO TST

Juros de mora. Empresa em liquidação extrajudicial. Sucessão trabalhista

É devida a incidência de juros de mora em relação aos débitos trabalhistas de empresa em liquidação extrajudicial sucedida nos moldes dos arts. 10 e 448 da CLT. O sucessor responde pela obrigação do sucedido, não se beneficiando de qualquer privilégio a este destinado.

8. ENTIDADE PÚBLICA

OJ Nº 87 DA SDI – I DO TST

Entidade pública. Exploração de atividade eminentemente econômica. Execução. Art. 883 da CLT

É direta a execução contra a APPA e MINASCAIXA (§ 1º do art. 173, da CF/1988).

Capítulo XVI

AÇÃO CAUTELAR

OJ Nº 63 DA SDI - II DO TST

Mandado de segurança. Reintegração. Ação cautelar

Comporta a impetração de mandado de segurança o deferimento de reintegração no emprego em ação cautelar.

OJ Nº 76 DA SDI - II DO TST

Ação rescisória. Ação cautelar proposta sob a vigência do CPC de 1973. Suspensão da execução. Juntada de documento indispensável. Possibilidade de êxito na rescisão do julgado

É indispensável a instrução da ação cautelar proposta sob a vigência do CPC de 1973 com as provas documentais necessárias à aferição da plausibilidade de êxito na rescisão do julgado. Assim sendo, devem vir junto com a inicial da cautelar as cópias da petição inicial da ação rescisória principal, da decisão rescindenda, da certidão do trânsito em julgado da decisão rescindenda e informação do andamento atualizado da execução.

OJ Nº 131 DA SDI - II DO TST

Ação rescisória. Ação cautelar para suspender execução da decisão rescindenda. Pendência de trânsito em julgado da ação rescisória principal. Efeitos

A ação cautelar não perde o objeto enquanto ainda estiver pendente o trânsito em julgado da ação rescisória principal, devendo o pedido cautelar ser julgado procedente, mantendo-se os efeitos da liminar eventualmente deferida, no caso de procedência do pedido rescisório ou, por outro lado, improcedente, se o pedido da ação rescisória principal tiver sido julgado improcedente.

Capítulo XVII
Ação Rescisória

Sumário • 1. Competência – 2. Legitimidade do Ministério Público do Trabalho e litisconsórcio – 3. Decadência – 4. Pressupostos da ação rescisória: 4.1. Trânsito em julgado; 4.2. Decisão de mérito – 5. Representação processual. Procuração com poderes específicos para o ajuizamento de reclamação trabalhista. Irregularidade verificada na fase recursal – 6. Petição inicial – 7. Hipóteses de cabimento: 7.1. Incompetência absoluta; 7.2. Dolo ou colusão; 7.3. Coisa Julgada; 7.4. Violação literal de disposição de lei: 7.4.1. Alcance da regra; 7.4.2. Decisão de mérito alicerçada em duplo fundamento; 7.4.3. Reexame de fatos e prova; 7.4.4. Pronunciamento explícito; 7.4.5. Matéria controvertida nos Tribunais; 7.4.6. Casos específicos de violação literal de disposição de lei; 7.5. Documento novo; 7.6. Ação rescisória para invalidar transação; 7.7. Ação rescisória para invalidar confissão; 7.8. Ação rescisória fundada em erro de fato – 8. Respostas do réu – 9. Recursos – 10. Ação cautelar para suspender execução da decisão rescindenda

1. COMPETÊNCIA

Súmula nº 192 do TST

Ação Rescisória. Competência.

I – Se não houver o conhecimento de recurso de revista ou de embargos, a competência para julgar ação que vise a rescindir a decisão de mérito é do Tribunal Regional do Trabalho, ressalvado o disposto no item II.

II – Acórdão rescindendo do Tribunal Superior do Trabalho que não conhece de recurso de embargos ou de revista, analisando arguição de violação de dispositivo de lei material ou decidindo em consonância com súmula de direito material ou com iterativa, notória e atual jurisprudência de direito material da Seção de Dissídios Individuais (Súmula nº 333), examina o mérito da causa, cabendo ação rescisória da competência do Tribunal Superior do Trabalho.

III – Sob a égide do art. 512 do CPC de 1973, é juridicamente impossível o pedido explícito de desconstituição de sentença quando substituída por acórdão do Tribunal Regional ou superveniente sentença homologatória de acordo que puser fim ao litígio.

IV – Na vigência do CPC de 1973, é manifesta a impossibilidade jurídica do pedido de rescisão de julgado proferido em agravo de instrumento que, limitando-se a aferir o eventual desacerto do juízo negativo de admissibilidade do recurso de revista, não substitui o acórdão regional, na forma do art. 512 do CPC.

V – A decisão proferida pela SBDI, em agravo regimental, calcada na Súmula nº 333, substitui acórdão de Turma do TST, porque emite juízo de mérito, comportando, em tese, o corte rescisório.

OJ nº 70 da SDI - II do TST

Ação rescisória. Regência pelo CPC de 1973. Manifesto e inescusável equívoco no direcionamento. Inépcia da inicial. Extinção do processo

Sob a égide do CPC de 1973, o manifesto equívoco da parte em ajuizar ação rescisória no TST para desconstituir julgado proferido pelo TRT, ou vice-versa, implica a extinção do processo sem julgamento do mérito por inépcia da inicial.

OJ nº 7 da SDI - II do TST

Ação rescisória. Competência. Criação de tribunal regional do trabalho. Na omissão da lei, é fixada pelo art. 678, inc. I, "c", item 2, da CLT

A Lei nº 7.872/89 que criou o Tribunal Regional do Trabalho da 17ª Região não fixou a sua competência para apreciar as ações rescisórias de decisões oriundas da 1ª Região, o que decorreu do art. 678, I, "c", item 2, da CLT.

2. LEGITIMIDADE DO MINISTÉRIO PÚBLICO DO TRABALHO E LITISCONSÓRCIO

Súmula nº 407 do TST

Ação rescisória. Ministério Público. Legitimidade "ad causam" prevista no art. 967, III, "a", "b" e "c" do CPC de 2015. Art. 487, III, "a" e "b", do CPC de 1973. Hipóteses meramente exemplificativas

A legitimidade "ad causam" do Ministério Público para propor ação rescisória, ainda que não tenha sido parte no processo que deu origem à decisão rescindenda, não está limitada às alíneas "a", "b" e "c" do inciso III do art. 967 do CPC de 2015 (art. 487, III, "a" e "b", do CPC de 1973), uma vez que traduzem hipóteses meramente exemplificativas.

Súmula nº 406 do TST

Ação rescisória. Litisconsórcio. Necessário no pólo passivo e facultativo no ativo. Inexistente quanto aos substituídos pelo sindicato

I – O litisconsórcio, na ação rescisória, é necessário em relação ao pólo passivo da demanda, porque supõe uma comunidade de direitos ou de obrigações que não admite solução díspar para os litisconsortes, em face da indivisibilidade do objeto. Já em relação ao pólo ativo, o litisconsórcio é facultativo, uma vez que a aglutinação de autores se faz por conveniência e não pela necessidade decorrente da natureza do litígio, pois não se pode condicionar o exercício do direito individual de um dos litigantes no processo originário à anuência dos demais para retomar a lide.

II – O Sindicato, substituto processual e autor da reclamação trabalhista, em cujos autos fora proferida a decisão rescindenda, possui legitimidade para figurar como réu na ação rescisória, sendo descabida a exigência de citação de todos os empregados substituídos, porquanto inexistente litisconsórcio passivo necessário.

3. DECADÊNCIA

Súmula nº 100 do TST

Ação rescisória. Decadência

I – O prazo de decadência, na ação rescisória, conta-se do dia imediatamente subsequente ao trânsito em julgado da última decisão proferida na causa, seja de mérito ou não.

II – Havendo recurso parcial no processo principal, o trânsito em julgado dá-se em momentos e em tribunais diferentes, contando-se o prazo decadencial para a ação rescisória do trânsito em julgado de cada decisão, salvo se o recurso tratar de preliminar ou prejudicial que possa tornar insubsistente a decisão recorrida, hipótese em que flui a decadência a partir do trânsito em julgado da decisão que julgar o recurso parcial.

III – Salvo se houver dúvida razoável, a interposição de recurso intempestivo ou a interposição de recurso incabível não protrai o termo inicial do prazo decadencial.

IV – O juízo rescindente não está adstrito à certidão de trânsito em julgado juntada com a ação rescisória, podendo formar sua convicção através de outros elementos dos autos quanto à antecipação ou postergação do "dies a quo" do prazo decadencial.

V – O acordo homologado judicialmente tem força de decisão irrecorrível, na forma do art. 831 da CLT. Assim sendo, o termo conciliatório transita em julgado na data da sua homologação judicial.

VI – Na hipótese de colusão das partes, o prazo decadencial da ação rescisória somente começa a fluir para o Ministério Público, que não interveio no processo principal, a partir do momento em que tem ciência da fraude.

VII – Não ofende o princípio do duplo grau de jurisdição a decisão do TST que, após afastar a decadência em sede de recurso ordinário, aprecia desde logo a lide, se a causa versar questão exclusivamente de direito e estiver em condições de imediato julgamento.

VIII – A exceção de incompetência, ainda que oposta no prazo recursal, sem ter sido aviado o recurso próprio, não tem o condão de afastar a consumação da coisa julgada e, assim, postergar o termo inicial do prazo decadencial para a ação rescisória.

IX – Prorroga-se até o primeiro dia útil, imediatamente subsequente, o prazo decadencial para ajuizamento de ação rescisória quando expira em férias forenses, feriados, finais de semana ou em dia em que não houver expediente forense. Aplicação do art. 775 da CLT.

X – Conta-se o prazo decadencial da ação rescisória, após o decurso do prazo legal previsto para a interposição do recurso extraordinário, apenas quando esgotadas todas as vias recursais ordinárias.

OJ Nº 80 DA SDI – II DO TST.

Ação rescisória

Decadência. "dies a quo". Recurso deserto. Súmula nº 100 do TST

O não-conhecimento do recurso por deserção não antecipa o "dies a quo" do prazo decadencial para o ajuizamento da ação rescisória, atraindo, na contagem do prazo, a aplicação da Súmula nº 100 do TST.

OJ Nº 12 DA SDI – II DO TST

Ação rescisória. Decadência. Consumação antes ou depois da edição da medida provisória nº 1.577/97. Ampliação do prazo

I - A vigência da Medida Provisória nº 1.577/97 e de suas reedições implicou o elastecimento do prazo decadencial para o ajuizamento da ação rescisória a favor dos entes de direito público, autarquias e fundações públicas. Se o biênio decadencial do art. 495 do CPC de 1973 findou após a entrada em vigor da referida medida provisória e até sua suspensão pelo STF em sede liminar de ação direta de inconstitucionalidade (ADIn 1753-2), tem-se como aplicável o prazo decadencial elastecido à rescisória.

II - A regra ampliativa do prazo decadencial para a propositura de ação rescisória em favor de pessoa jurídica de direito público não se aplica se, ao tempo em que sobreveio a Medida Provisória nº 1.577/97, já se exaurira o biênio do art. 495 do CPC. Preservação do direito adquirido da parte à decadência já consumada sob a égide da lei velha.

OJ Nº 18 DA SDI – II DO TST

Ação rescisória. Decadência. União. Lei Complementar nº 73/93, art. 67. Lei nº 8.682/93, art. 6º

O art. 67 da Lei Complementar nº 73/93 interrompeu todos os prazos, inclusive o de decadência, em favor da União no período compreendido entre 14.02.93 e 14.08.93.

4. PRESSUPOSTOS DA AÇÃO RESCISÓRIA

4.1. Trânsito em julgado

SÚMULA Nº 299 DO TST

Ação rescisória. Decisão rescindenda. Trânsito em julgado. Comprovação. Efeitos

I – É indispensável ao processamento da ação rescisória a prova do trânsito em julgado da decisão rescindenda.

II – Verificando o relator que a parte interessada não juntou à inicial o documento comprobatório, abrirá prazo de 15 (quinze) dias para que o faça (art. 321 do CPC de 2015), sob pena de indeferimento.

III – A comprovação do trânsito em julgado da decisão rescindenda é pressuposto processual indispensável ao tempo do ajuizamento da ação rescisória. Eventual trânsito em julgado posterior ao ajuizamento da ação rescisória não reabilita a ação proposta, na medida em que o ordenamento jurídico não contempla a ação rescisória preventiva.

IV – O pretenso vício de intimação, posterior à decisão que se pretende rescindir, se efetivamente ocorrido, não permite a formação da coisa julgada material. Assim, a ação rescisória deve ser julgada extinta, sem julgamento do mérito, por carência de ação, por inexistir decisão transitada em julgado a ser rescindida.

OJ Nº 84 DA SDI – II DO TST

Ação rescisória. Ausência da decisão rescindenda e/ou da certidão de seu trânsito em julgado devidamente autenticadas. Concessão de prazo para complementação da documentação.

São peças essenciais para o julgamento da ação rescisória a decisão rescindenda e/ou a certidão do seu trânsito em julgado, devidamente autenticadas, à exceção de cópias reprográficas apresentadas por pessoa jurídica de direito público, a teor do art. 24 da Lei nº 10.522/2002, ou declaradas autênticas pelo advogado na forma do artigo 830 da CLT com a redação dada pela Lei nº 11.925/2009. Em fase recursal, verificada a ausência de qualquer delas, cumpre ao Relator do recurso ordinário conceder o prazo de 5 (cinco) dias ao recorrente para que seja complementada a documentação exigível, nos termos do art. 932, parágrafo único, do CPC de 2015.

OJ Nº 21 DA SDI – II DO TST

Ação rescisória. Duplo grau de jurisdição. Trânsito em julgado. Inobservância. Decreto-lei nº 779/69, art. 1º, V. Incabível

É incabível ação rescisória para a desconstituição de sentença não transitada em julgado porque ainda não submetida ao necessário duplo grau de jurisdição, na forma do Decreto-Lei nº 779/69. Determina-se que se oficie ao Presidente do TRT para que proceda à avocatória do processo principal para o reexame da sentença rescindenda.

4.2. Decisão de mérito

OJ Nº 150 DA SDI – II DO TST

Ação Rescisória. Regência pelo CPC de 1973. Decisão rescindenda que extingue o processo sem resolução de mérito por acolhimento de coisa julgada. Conteúdo meramente processual. Impossibilidade jurídica do pedido.

Reputa-se juridicamente impossível o pedido de corte rescisório de decisão que, reconhecendo a existência de coisa julgada, nos termos do art. 267, V, do CPC de 1973, extingue o processo sem resolução de mérito, o que, ante o seu conteúdo meramente processual, a torna insuscetível de produzir a coisa julgada material

SÚMULA Nº 412 DO TST

Ação Rescisória. Regência pelo CPC de 1973. Sentença de mérito. Questão processual.

Sob a égide do CPC de 1973, pode uma questão processual ser objeto de rescisão desde que consista em pressuposto de validade de uma sentença de mérito.

SÚMULA Nº 413 DO TST

Ação rescisória. Sentença de mérito. Violação do art. 896, "a", da CLT

É incabível ação rescisória, por violação do art. 896, "a", da CLT, contra decisão transitada em julgado soba égide do CPC de 1973 que não conhece de recurso de revista, com base em divergência jurisprudencial, pois não se cuidava de sentença de mérito (art. 485 do CPC de 1973).

OJ Nº 134 DA SDI – II DO TST

Ação rescisória. Decisão que declara preclusa a oportunidade de impugnação da sentença de liquidação. Produção de coisa julgada formal. Irrescindibilidade

A decisão proferida em embargos à execução ou em agravo de petição que apenas declara preclusa a oportunidade de impugnação da sentença de liquidação não é rescindível, em virtude de produzir tão-somente coisa julgada formal.

SÚMULA Nº 399 DO TST

Ação rescisória. Cabimento. Sentença de mérito. Decisão homologatória de adjudicação, de arrematação e de cálculos

I – É incabível ação rescisória para impugnar decisão homologatória de adjudicação ou arrematação.

II – A decisão homologatória de cálculos apenas comporta rescisão quando enfrentar as questões envolvidas na elaboração da conta de liquidação, quer solvendo a controvérsia das partes quer explicitando, de ofício, os motivos pelos quais acolheu os cálculos oferecidos por uma das partes ou pelo setor de cálculos, e não contestados pela outra.

OJ Nº 107 DA SDI – II DO TST

Ação rescisória. Decisão rescindenda de mérito. Sentença declaratória de extinção de execução. Satisfação da obrigação

Embora não haja atividade cognitiva, a decisão que declara extinta a execução, nos termos do art. 924, incisos I a IV c/c art. 925 do CPC de 2015 (art. 794 c/c 795 do CPC de 1973), extingue a relação processual e a obrigacional, sendo passível de corte rescisório.

5. REPRESENTAÇÃO PROCESSUAL. PROCURAÇÃO COM PODERES ESPECÍFICOS PARA O AJUIZAMENTO DE RECLAMAÇÃO TRABALHISTA. IRREGULARIDADE VERIFICADA NA FASE RECURSAL

OJ Nº 151 DA SDI – II DO TST

Ação Rescisória e Mandado de Segurança. Procuração. Poderes específicos para ajuizamento de reclamação trabalhista. Irregularidade de representação processual. Fase recursal. Vício processual sanável

A procuração outorgada com poderes específicos para ajuizamento de reclamação trabalhista não autoriza a propositura de ação rescisória e mandado de segurança. Constatado, todavia, o defeito de representação processual na fase recursal, cumpre ao relator ou ao tribunal conceder prazo de 5 (cinco) dias para a regularização, nos termos da Súmula nº 383, item II, do TST.

6. PETIÇÃO INICIAL

SÚMULA Nº 408 DO TST

Ação rescisória. Petição inicial. Causa de pedir. Ausência de capitulação ou capitulação errônea no art. 966 do CPC de 2015. Art. 485 do CPC de 1973. Princípio "iura novit curia"

Não padece de inépcia a petição inicial de ação rescisória apenas porque omite a subsunção do fundamento de rescindibilidade no art. 966 do CPC de 2015 (art. 485 do CPC de 1973) ou o capitula erroneamente em um de seus incisos. Contanto que não se afaste dos fatos e fundamentos invocados como causa de pedir, ao Tribunal é lícito emprestar-lhes a adequada qualificação jurídica ("iura novit curia"). No entanto, fundando-se a ação rescisória no art. 966, inciso V, do CPC de 2015 (art. 485, inciso V, do CPC de 1973), é indispensável expressa indicação, na petição inicial da ação rescisória, da norma jurídica manifestamente violada (dispositivo legal violado sob o CPC de 1973), por se tratar de causa de pedir da rescisória, não se aplicando, no caso, o princípio "iura novit curia".

OJ Nº 78 DA SDI – II DO TST

Ação rescisória. Cumulação sucessiva de pedidos. Rescisão da sentença e do acórdão. Ação única. Art. 326 do CPC de 2015. Art. 289 do CPC de 1973

É admissível o ajuizamento de uma única ação rescisória contendo mais de um pedido, em ordem sucessiva, de rescisão da sentença e do acórdão. Sendo inviável a tutela jurisdicional de um deles, o julgador está obrigado a apreciar os demais, sob pena de negativa de prestação jurisdicional.

SÚMULA Nº 405 DO TST

Ação Rescisória. Tutela Provisória

Em face do que dispõem a MP 1.984-22/2000 e o art. 969 do CPC de 2015, é cabível o pedido de tutela provisória formulado na petição inicial de ação rescisória ou na fase recursal, visando a suspender a execução da decisão rescindenda.

7. HIPÓTESES DE CABIMENTO

7.1. Incompetência absoluta

OJ Nº 124 DA SDI – II DO TST

Ação rescisória. Art. 966, inciso II, do CPC de 2015. Art. 485, II, do CPC de 1973. Arguição de incompetência absoluta. Prequestionamento inexigível

Na hipótese em que a ação rescisória tem como causa de rescindibilidade o inciso II do art. 966 do CPC de 2015 (inciso II do art. 485 do CPC de 1973), a arguição de incompetência absoluta prescinde de prequestionamento.

7.2. Dolo ou colusão

SÚMULA Nº 403 DO TST

Ação rescisória. Dolo da parte vencedora em detrimento da vencida. Art. 485, III, do CPC

I – Não caracteriza dolo processual, previsto no art. 485, III, do CPC, o simples fato de a parte vencedora haver silenciado a respeito de fatos contrários a ela, porque o procedimento, por si só, não constitui ardil do qual resulte cerceamento de defesa e, em consequência, desvie o juiz de uma sentença não-condizente com a verdade.

II – Se a decisão rescindenda é homologatória de acordo, não há parte vencedora ou vencida, razão pela qual não é possível a sua desconstituição calcada no inciso III do art. 485 do CPC (dolo da parte vencedora em detrimento da vencida), pois constitui fundamento de rescindibilidade que supõe solução jurisdicional para a lide.

OJ Nº 94 DA SDI – II DO TST

Ação rescisória. Colusão. Fraude à lei. Reclamatória simulada extinta

A decisão ou acordo judicial subjacente à reclamação trabalhista, cuja tramitação deixa nítida a simulação do litígio para fraudar a lei e prejudicar terceiros, enseja ação rescisória, com lastro em colusão. No juízo rescisório, o processo simulado deve ser extinto.

OJ Nº 158 DA SDI – II DO TST

Ação rescisória. Declaração de nulidade de decisão homologatória de acordo em razão de colusão (art. 485, III, do CPC). Multa por litigância de má-fé. Impossibilidade

A declaração de nulidade de decisão homologatória de acordo, em razão da colusão entre as partes (art. 485, III, do CPC), é sanção suficiente em relação ao procedimento adotado, não havendo que ser aplicada a multa por litigância de má-fé.

7.3. Coisa Julgada

OJ Nº 101 DA SDI – II DO TST

Ação rescisória. Inciso IV do art. 966 do CPC de 2015. Art. 485, IV, do CPC de 1973. Ofensa a coisa julgada. Necessidade de fixação de tese na decisão rescindenda

Para viabilizar a desconstituição do julgado pela causa de rescindibilidade do inciso IV, do art. 966 do CPC de 2015 (inciso IV do art. 485 do CPC de 1973), é necessário que a decisão rescindenda tenha enfrentado as questões ventiladas na ação rescisória, sob pena de inviabilizar o cotejo com o título executivo judicial tido por desrespeitado, de modo a se poder concluir pela ofensa à coisa julgada.

OJ Nº 132 DA SDI – II DO TST

Ação rescisória. Acordo homologado. Alcance. Ofensa à coisa julgada

Acordo celebrado – homologado judicialmente – em que o empregado dá plena e ampla quitação, sem qualquer ressalva, alcança não só o objeto da inicial, como também todas as demais parcelas referentes ao extinto contrato de trabalho, violando a coisa julgada, a propositura de nova reclamação trabalhista.

SÚMULA Nº 397 DO TST

Ação rescisória. Art. 966, IV, do CPC de 2015. Art. 485, IV, do CPC de 1973. Ação de cumprimento. Ofensa à coisa julgada emanada de sentença normativa modificada em grau de recurso. Inviabilidade. Cabimento de mandado de segurança

Não procede ação rescisória calcada em ofensa à coisa julgada perpetrada por decisão proferida em ação de cumprimento, em face de a sentença normativa, na qual se louvava, ter sido modificada em grau de recurso, porque em dissídio coletivo somente se consubstancia coisa julgada formal. Assim, os meios processuais aptos a atacarem a execução da cláusula reformada são a exceção de pré-executividade e o mandado de segurança, no caso de descumprimento do art. 514 do CPC de 2015 (art. 572 do CPC de 1973).

OJ Nº 123 DA SDI – II DO TST

Ação rescisória. Interpretação do sentido e alcance do título executivo. Inexistência de ofensa à coisa julgada

O acolhimento da ação rescisória calcada em ofensa à coisa julgada supõe dissonância patente entre as decisões exequenda e rescindenda, o que não se verifica quando se faz necessária a interpretação do título executivo judicial para se concluir pela lesão à coisa julgada.

OJ Nº 157 DA SDI – II DO TST

Ação rescisória. Decisões proferidas em fases distintas de uma mesma ação. Coisa julgada. Não configuração

A ofensa à coisa julgada de que trata o inciso IV do art. 966 do CPC de 2015 (inciso IV do art. 485 do CPC de 1973) refere-se apenas a relações processuais distintas. A invocação de desrespeito à coisa julgada formada no processo de conhecimento, na correspondente fase de execução, somente é possível com base na violação do art. 5º, XXXVI, da Constituição da República.

SÚMULA Nº 401 DO TST

Ação rescisória. Descontos legais. Fase de execução. Sentença exequenda omissa. Inexistência de ofensa à coisa julgada

Os descontos previdenciários e fiscais devem ser efetuados pelo juízo executório, ainda que a sentença exequenda tenha sido omissa sobre a questão, dado o caráter de ordem pública ostentado pela norma que os disciplina. A ofensa à coisa julgada somente poderá ser caracterizada na hipótese de o título exequendo, expressamente, afastar a dedução dos valores a título de imposto de renda e de contribuição previdenciária.

OJ Nº 35 DA SDI – II DO TST

Ação rescisória. Planos econômicos. Coisa julgada. Limitação à data-base na fase de execução

Não ofende a coisa julgada a limitação à data-base da categoria, na fase executória, da condenação ao pagamento de diferenças salariais decorrentes de planos econômicos, quando a decisão exequenda silenciar sobre a limitação, uma vez que a limitação decorre de norma cogente. Apenas quando a sentença exequenda houver expressamente afastado a limitação à data-base é que poderá ocorrer ofensa à coisa julgada.

7.4. Violação literal de disposição de lei

7.4.1. Alcance da regra

OJ Nº 25 DA SDI – II DO TST

Ação Rescisória. Regência pelo CPC de 1973. Expressão "Lei" do art. 485, V, do CPC de 1973. Não Inclusão do ACT, CCT, Portaria, Regulamento, Súmula e Orientação Jurisprudencial de Tribunal.

Não procede pedido de rescisão fundado no art. 485, V, do CPC de 1973 quando se aponta contrariedade à norma de convenção coletiva de trabalho, acordo coletivo de trabalho, portaria do Poder Executivo, regulamento de empresa e súmula ou orientação jurisprudencial de tribunal.

SÚMULA Nº 409 DO TST

Ação rescisória. Prazo prescricional. Total ou parcial. Violação do art. 7º, XXIX, da CF/1988. Matéria infraconstitucional

Não procede ação rescisória calcada em violação do art. 7º, XXIX, da CF/1988 quando a questão envolve discussão sobre a espécie de prazo prescricional aplicável aos créditos trabalhistas, se total ou parcial, porque a matéria tem índole infraconstitucional, construída, na Justiça do Trabalho, no plano jurisprudencial.

OJ Nº 97 DA SDI – II DO TST

Ação rescisória. Violação do art. 5º, II, LIV e LV, da Constituição Federal. Princípios da legalidade, do devido processo legal, do contraditório e da ampla defesa

Os princípios da legalidade, do devido processo legal, do contraditório e da ampla defesa não servem de fundamento para a desconstituição de decisão judicial transitada em julgado, quando se apresentam sob a forma de pedido genérico e desfundamentado, acompanhando dispositivos legais que tratam especificamente da matéria debatida, estes sim, passíveis de fundamentarem a análise do pleito rescisório.

7.4.2. Decisão de mérito alicerçada em duplo fundamento

OJ Nº 112 DA SDI – II DO TST

Ação rescisória. Violação de lei. Decisão rescindenda por duplo fundamento. Impugnação parcial

Para que a violação da lei dê causa à rescisão de decisão de mérito alicerçada em duplo fundamento, é necessário que o Autor da ação rescisória invoque causas de rescindibilidade que, em tese, possam infirmar a motivação dúplice da decisão rescindenda.

7.4.3. Reexame de fatos e prova

SÚMULA Nº 410 DO TST

Ação rescisória. Reexame de fatos e provas. Inviabilidade

A ação rescisória calcada em violação de lei não admite reexame de fatos e provas do processo que originou a decisão rescindenda.

7.4.4. Pronunciamento explícito

SÚMULA Nº 298 DO TST

Ação rescisória. Violação a disposição de lei. Pronunciamento explícito

I – A conclusão acerca da ocorrência de violação literal a disposição de lei pressupõe pronunciamento explícito, na sentença rescindenda, sobre a matéria veiculada.

II – O pronunciamento explícito exigido em ação rescisória diz respeito à matéria e ao enfoque específico da tese debatida na ação, e não, necessariamente, ao dispositivo legal tido por violado. Basta que o conteúdo da norma reputada violada haja sido abordado na decisão rescindenda para que se considere preenchido o pressuposto.

III – Para efeito de ação rescisória, considera-se pronunciada explicitamente a matéria tratada na sentença quando, examinando remessa de ofício, o Tribunal simplesmente a confirma.

IV – A sentença meramente homologatória, que silencia sobre os motivos de convencimento do juiz, não se mostra rescindível, por ausência de pronunciamento explícito.

V – Não é absoluta a exigência de pronunciamento explícito na ação rescisória, ainda que esta tenha por fundamento violação de dispositivo de lei. Assim, prescindível o pronunciamento explícito quando o vício nasce no próprio julgamento, como se dá com a sentença "extra, citra e ultra petita".

SÚMULA Nº 400 DO TST

Ação rescisória de ação rescisória. Violação manifesta de norma jurídica. Indicação da mesma norma jurídica apontada na rescisória primitiva (mesmo dispositivo de lei sob o CPC de 1973)

Em se tratando de rescisória de rescisória, o vício apontado deve nascer na decisão rescindenda, não se admitindo a rediscussão do acerto do julgamento da rescisória anterior. Assim, não procede rescisória calcada no inciso V do art. 966 do CPC de 2015 (art. 485, V, do CPC de 1973) para discussão, por má aplicação da mesma norma jurídica, tida por violada na rescisória anterior, bem como para arguição de questões inerentes à ação rescisória primitiva.

OJ Nº 135 DA SDI – II DO TST

Ação rescisória. Violação do art. 37, "*caput*", da CF/1988. Necessidade de prequestionamento

A ação rescisória calcada em violação do artigo 37, "*caput*", da Constituição Federal, por desrespeito ao princípio da legalidade administrativa exige que ao menos o princípio constitucional tenha sido prequestionado na decisão.

7.4.5. Matéria controvertida nos Tribunais

SÚMULA Nº 83 DO TST

Ação rescisória. Matéria controvertida

I – Não procede pedido formulado na ação rescisória por violação literal de lei se a decisão rescindenda estiver baseada em texto legal infraconstitucional de interpretação controvertida nos Tribunais.

II – O marco divisor quanto a ser, ou não, controvertida, nos Tribunais, a interpretação dos dispositivos legais citados na ação rescisória é a data da inclusão, na Orientação Jurisprudencial do TST, da matéria discutida.

OJ Nº 6 DA SDI – II DO TST

Ação rescisória. Cipeiro suplente. Estabilidade. ADCT da CF/88, art. 10, II, "a". Súmula nº 83 do TST

Rescinde-se o julgado que nega estabilidade a membro suplente de CIPA, representante de empregado, por ofensa ao art. 10, II, "a", do ADCT da CF/88, ainda que se cuide de decisão anterior à Súmula nº 339 do TST. Incidência da Súmula nº 83 do TST.

OJ Nº 8 DA SDI – II DO TST

Ação rescisória. Complementação de aposentadoria. Banespa. Súmula nº 83 do TST

Não se rescinde julgado que acolheu pedido de complementação de aposentadoria integral em favor de empregado do BANESPA, antes da Súmula nº 313 do TST, em virtude da notória controvérsia jurisprudencial então reinante. Incidência da Súmula nº 83 do TST.

OJ Nº 9 DA SDI – II DO TST

Ação Rescisória. CONAB. Aviso DIREH 2/84. Súmula nº 83 do TST. Aplicável

Não se rescinde julgado que reconheceu garantia de emprego com base no Aviso DIREH 02/84 da CONAB, antes da Súmula nº 355 do TST, em virtude da notória controvérsia jurisprudencial então reinante. Incidência da Súmula nº 83 do TST.

OJ Nº 34 DA SDI – II DO TST

Ação rescisória. Planos econômicos

I – O acolhimento de pedido em ação rescisória de plano econômico, fundada no art. 485, inciso V, do CPC de 1973, pressupõe, necessariamente, expressa invocação na petição inicial de afronta ao art. 5º, inciso XXXVI, da Constituição Federal de 1988. A indicação de ofensa literal a preceito de lei ordinária atrai a incidência da Súmula nº 83 do TST e Súmula nº 343 do STF.

II – Se a decisão rescindenda é posterior à Súmula nº 315 do TST (Res. 07, DJ 22.09.93), inaplicável a Súmula nº 83 do TST.

OJ Nº 11 DA SDI – II DO TST

Ação rescisória. Correção monetária. Lei nº 7.596/87. Universidades federais. Implantação tardia do plano de classificação de cargos. Violação de lei. Súmula nº 83 do TST. Aplicável

Não se rescinde julgado que acolhe pedido de correção monetária decorrente da implantação tardia do Plano de Classificação de Cargos de Universidade Federal previsto na Lei nº 7.596/87, à época em que era controvertida tal matéria na jurisprudência. Incidência da Súmula nº 83 do TST.

OJ Nº 19 DA SDI – II DO TST

Ação rescisória. Desligamento incentivado. Imposto de renda. Abono pecuniário. Violação de lei. Súmula nº 83 do TST. Aplicável

Havendo notória controvérsia jurisprudencial acerca da incidência de imposto de renda sobre parcela paga pelo empregador ("abono pecuniário") a título de "desligamento incentivado", improcede pedido de rescisão do julgado. Incidência da Súmula nº 83 do TST.

OJ Nº 39 DA SDI – II DO TST

Ação rescisória. Reajustes bimestrais e quadrimestrais. Lei nº 8.222/91. Súmula nº 83 do TST. Aplicável

Havendo controvérsia jurisprudencial à época, não se rescinde decisão que aprecia a possibilidade de cumulação das antecipações bimestrais e reajustes quadrimestrais de salário previstos na Lei nº 8.222/91. Incidência da Súmula nº 83 do TST.

OJ Nº 30 DA SDI – II DO TST

Ação rescisória. Multa. Art. 920 do Código Civil de 1916 (art. 412 do código civil de 2002)

Não se acolhe, por violação do art. 920 do Código Civil de 1916 (art. 412 do Código Civil de 2002), pedido de rescisão de julgado que:

a) em processo de conhecimento, impôs condenação ao pagamento de multa, quando a decisão rescindenda for anterior à Orientação Jurisprudencial nº 54 da Subseção I Especializada em Dissídios Individuais do TST (30.05.94), incidindo o óbice da Súmula nº 83 do TST;

b) em execução, rejeita-se limitação da condenação ao pagamento de multa, por inexistência de violação literal.

OJ Nº 23 DA SDI – II DO TST

Ação rescisória. Estabilidade. Período pré-eleitoral. Violação de lei. Súmula nº 83 do TST. Aplicável

Não procede pedido de rescisão de sentença de mérito que assegura ou nega estabilidade pré-eleitoral, quando a decisão rescindenda for anterior à Orientação Jurisprudencial nº 51, da Seção de Dissídios Individuais do TST (25.11.96). Incidência da Súmula nº 83 do TST.

OJ Nº 5 DA SDI – II DO TST

Ação rescisória. Banco do brasil. AP e ADI. Horas extras. Súmula nº 83 do TST. Aplicável

Não se acolhe pedido de rescisão de julgado que deferiu a empregado do Banco do Brasil S.A. horas extras após a sexta, não obstante o pagamento dos adicionais AP e ADI, ou AFR quando a decisão rescindenda for anterior à Orientação Jurisprudencial nº 17, da Seção de Dissídios Individuais do TST (07.11.94). Incidência das Súmulas nºs 83 do TST e 343 do STF.

7.4.6. Casos específicos de violação literal de disposição de lei

OJ Nº 2 DA SDI – II DO TST

Ação rescisória. Adicional de insalubridade. Base de cálculo. Salário mínimo. Cabível

Viola o art. 192 da CLT decisão que acolhe pedido de adicional de insalubridade com base na remuneração do empregado.

OJ Nº 4 DA SDI – II DO TST

Ação rescisória. Banco do Brasil. Adicional de Caráter Pessoal. ACP

Procede, por ofensa ao art. 5º, inciso XXXVI, da CF/1988, o pedido de rescisão de julgado que acolheu Adicional de Caráter Pessoal em favor de empregado do Banco do Brasil S.A.

OJ Nº 10 DA SDI - II DO TST

Ação rescisória. Contrato nulo. Administração pública. Efeitos. Art. 37, II E § 2º, da CF/1988

Somente por ofensa ao art. 37, II e § 2º, da CF/1988, procede o pedido de rescisão de julgado para considerar nula a contratação, sem concurso público, de servidor, após a CF/1988.

OJ Nº 128 DA SDI - II DO TST

Ação rescisória.

Concurso público anulado posteriormente. Aplicação da Súmula nº 363 do TST

O certame público posteriormente anulado equivale à contratação realizada sem a observância da exigência contida no art. 37, II, da Constituição Federal de 1988. Assim sendo, aplicam-se à hipótese os efeitos previstos na Súmula nº 363 do TST.

OJ Nº 38 DA SDI - II DO TST

Ação rescisória. Professor-adjunto. Ingresso no cargo de professor-titular. Exigência de concurso público (Lei nº 7.596/87, Decreto Nº 94.664/87 e art. 206, V, CF/1988)

A assunção do professor-adjunto ao cargo de professor titular de universidade pública, sem prévia aprovação em concurso público, viola o art. 206, inciso V, da Constituição Federal. Procedência do pedido de rescisão do julgado.

OJ Nº 26 DA SDI - II DO TST

Ação rescisória. Gratificação de nível superior. Suframa

A extensão da gratificação instituída pela SUFRAMA aos servidores celetistas exercentes de atividade de nível superior não ofende as disposições contidas nos arts. 37, XIII e 39, § 1º, da CF/1988.

OJ Nº 24 DA SDI - II DO TST

Ação rescisória. Estabilidade provisória. Reintegração em período posterior. Direito limitado aos salários e consectários do período da estabilidade

Rescinde-se o julgado que reconhece estabilidade provisória e determina a reintegração de empregado, quando já exaurido o respectivo período de estabilidade. Em juízo rescisório, restringe-se a condenação quanto aos salários e consectários até o termo final da estabilidade.

OJ Nº 71 DA SDI - II DO TST

Ação rescisória. Salário profissional. Fixação. Múltiplo de salário mínimo. Art. 7º, IV, da CF/88

A estipulação do salário profissional em múltiplos do salário mínimo não afronta o art. 7º, inciso IV, da Constituição Federal de 1988, só incorrendo em vulneração do referido preceito constitucional a fixação de correção automática do salário pelo reajuste do salário mínimo.

OJ Nº 41 DA SDI - II DO TST

Ação rescisória. Sentença "citra petita". Cabimento

Revelando-se a sentença "citra petita", o vício processual vulnera os arts. 141 e 492 do CPC de 2015 (arts. 128 e 460 do CPC de 1973), tornando-a passível de desconstituição, ainda que não interpostos embargos de declaração.

7.5. Documento novo

SÚMULA Nº 402 DO TST

Ação Rescisória. Prova nova. Dissídio Coletivo. Sentença Normativa.

I - Sob a vigência do CPC de 2015 (art. 966, inciso VII), para efeito de ação rescisória, considera-se prova nova a cronologicamente velha, já existente ao tempo do trânsito em julgado da decisão rescindenda, mas ignorada pelo interessado ou de impossível utilização, à época, no processo.

II - Não é prova nova apta a viabilizar a desconstituição de julgado: a) sentença normativa proferida ou transitada em julgado posteriormente à sentença rescindenda; b) sentença normativa preexistente à sentença rescindenda, mas não exibida no processo principal, em virtude de negligência da parte, quando podia e deveria louvar-se de documento já existente e não ignorado quando emitida a decisão rescindenda

7.6. Ação rescisória para invalidar transação

SÚMULA Nº 259 DO TST

Termo de conciliação. Ação rescisória

Só por ação rescisória é impugnável o termo de conciliação previsto no parágrafo único do art. 831 da CLT.

OJ Nº 154 DA SDI - II DO TST

Ação rescisória. Acordo prévio ao ajuizamento da reclamação. Quitação geral. Lide simulada. Possibilidade de rescisão da sentença homologatória de acordo apenas se verificada a existência de vício de consentimento

A sentença homologatória de acordo prévio ao ajuizamento de reclamação trabalhista, no qual foi conferida quitação geral do extinto contrato, sujeita-se ao corte rescisório tão somente se verificada a existência de fraude ou vício de consentimento.

7.7. Ação rescisória para invalidar confissão

SÚMULA Nº 404 DO TST

Ação rescisória. Fundamento para invalidar confissão. Confissão ficta. Inadequação do enquadramento no art. 485, VIII, do CPC de 1973.

O art. 485, do CPC de 1973, ao tratar do fundamento para invalidar a confissão como hipótese de rescindibilidade da decisão judicial, referia-se à confissão real, fruto de erro, dolo ou coação, e não a confissão ficta resultante de revelia.

7.8. Ação rescisória fundada em erro de fato

OJ Nº 136 DA SDI - II DO TST

Ação Rescisória. Erro de fato. Caracterização

A caracterização do erro de fato como causa de rescindibilidade de decisão judicial transitada em julgado supõe a afirmação categórica e indiscutida de um fato, na decisão rescindenda, que não corresponde à realidade dos autos. O fato afirmado pelo julgador, que pode ensejar ação rescisória calcada no inciso VIII do art. 966 do CPC de 2015 (inciso IX do art. 485 do CPC de 1973), é apenas aquele que se coloca como premissa fática indiscutida de um silogismo argumentativo, não aquele que se apresenta ao final desse mesmo silogismo, como conclusão decorrente das premissas que especificaram as provas oferecidas, para se concluir pela existência do fato. Esta última hipótese é afastada pelo § 1º do art. 966 do CPC de 2015 (§ 2º do art. 485 do CPC de 1973), ao exigir que não tenha havido controvérsia sobre o fato e pronunciamento judicial esmiuçando as provas.

OJ Nº 103 DA SDI - II DO TST

Ação rescisória. Contradição entre fundamentação e parte dispositiva do julgado. Cabimento. Erro de fato

É cabível a rescisória para corrigir contradição entre a parte dispositiva do acórdão rescindendo e a sua fundamentação, por erro de fato na retratação do que foi decidido.

8. RESPOSTAS DO RÉU

SÚMULA Nº 398 DO TST

Ação rescisória. Ausência de defesa. Inaplicáveis os efeitos da revelia.

Na ação rescisória, o que se ataca é a decisão, ato oficial do Estado, acobertado pelo manto da coisa julgada. Assim, e considerando que a coisa julgada envolve questão de ordem pública, a revelia não produz confissão na ação rescisória.

OJ Nº 146 DA SDI - II DO TST

Ação rescisória. Início do prazo para apresentação da contestação. Art. 774 da CLT

A contestação apresentada em ação rescisória obedece à regra relativa à contagem de prazo constante do art. 774 da CLT, sendo inaplicável o art. 231 do CPC de 2015 (art. 241 do CPC de 1973).

9. RECURSOS

OJ Nº 69 DA SDI - II DO TST

Fungibilidade recursal. Indeferimento liminar de ação rescisória ou mandado de segurança. Recurso para o TST. Recebimento como agravo regimental e devolução dos autos ao TRT

Recurso ordinário interposto contra despacho monocrático indeferitório da petição inicial de ação rescisória ou de mandado de segurança pode, pelo princípio de fungibilidade recursal, ser recebido como agravo regimental. Hipótese de não conhecimento do recurso pelo TST e devolução dos autos ao TRT, para que aprecie o apelo como agravo regimental.

OJ Nº 152 DA SDI – II DO TST

Ação rescisória e mandado de segurança. Recurso de revista de acórdão regional que julga ação rescisória ou mandado de segurança. Princípio da fungibilidade. Inaplicabilidade. Erro grosseiro na interposição do recurso

A interposição de recurso de revista de decisão definitiva de Tribunal Regional do Trabalho em ação rescisória ou em mandado de segurança, com fundamento em violação legal e divergência jurisprudencial e remissão expressa ao art. 896 da CLT, configura erro grosseiro, insuscetível de autorizar o seu recebimento como recurso ordinário, em face do disposto no art. 895, "b", da CLT.

SÚMULA Nº 158 DO TST

Ação rescisória

Da decisão de Tribunal Regional do Trabalho, em ação rescisória, é cabível recurso ordinário para o Tribunal Superior do Trabalho, em face da organização judiciária trabalhista.

SÚMULA Nº 99 DO TST

Ação rescisória. Deserção. Prazo

Havendo recurso ordinário em sede de rescisória, o depósito recursal só é exigível quando for julgado procedente o pedido e imposta condenação em pecúnia, devendo este ser efetuado no prazo recursal, no limite e nos termos da legislação vigente, sob pena de deserção.

SÚMULA Nº 411 DO TST

Ação rescisória. Sentença de mérito. Decisão de Tribunal Regional do Trabalho em agravo regimental confirmando decisão monocrática do relator que, aplicando a Súmula nº 83 do TST, indeferiu a petição inicial da ação rescisória. Cabimento

Se a decisão recorrida, em agravo regimental, aprecia a matéria na fundamentação, sob o enfoque das Súmulas nºs 83 do TST e 343 do STF, constitui sentença de mérito, ainda que haja resultado no indeferimento da petição inicial e na extinção do processo sem julgamento do mérito. Sujeita-se, assim, à reforma pelo TST, a decisão do Tribunal que, invocando controvérsia na interpretação da lei, indefere a petição inicial de ação rescisória.

10. AÇÃO CAUTELAR PARA SUSPENDER EXECUÇÃO DA DECISÃO RESCINDENDA

OJ Nº 131 DA SDI – II DO TST

Ação rescisória. Ação cautelar para suspender execução da decisão rescindenda. Pendência de trânsito em julgado da ação rescisória principal. Efeitos

A ação cautelar não perde o objeto enquanto ainda estiver pendente o trânsito em julgado da ação rescisória principal, devendo o pedido cautelar ser julgado procedente, mantendo-se os efeitos da liminar eventualmente deferida, no caso de procedência do pedido rescisório ou, por outro lado, improcedente, se o pedido da ação rescisória principal tiver sido julgado improcedente.

CAPÍTULO XVIII
MANDADO DE SEGURANÇA

SUMÁRIO • 1. Valor da causa e prova pré-constituída – 2. Cabimento – 3. Contagem do prazo para impetração do mandado de segurança

1. VALOR DA CAUSA E PROVA PRÉ-CONSTITUÍDA

SÚMULA Nº 415 DO TST

Mandado de Segurança. Petição inicial. Art. 321 do CPC de 2015. Art. 284 do CPC de 1973. Inaplicabilidade.

Exigindo o mandado de segurança prova documental pré-constituída, inaplicável o art. 321 do CPC de 2015 (art. 284 do CPC de 1973) quando verificada, na petição inicial do "mandamus", a ausência de documento indispensável ou de sua autenticação.

SÚMULA Nº 365 DO TST

Alçada. Ação rescisória e mandado de segurança

Não se aplica a alçada em ação rescisória e em mandado de segurança.

2. CABIMENTO

SÚMULA Nº 33 DO TST

Mandado de segurança. Decisão judicial transitada em julgado

Não cabe mandado de segurança de decisão judicial transitada em julgado.

OJ Nº 99 DA SDI – II DO TST

Mandado de segurança. Esgotamento de todas as vias processuais disponíveis. Trânsito em julgado formal. Descabimento

Esgotadas as vias recursais existentes, não cabe mandado de segurança.

OJ Nº 92 DA SDI – II DO TST

Mandado de segurança. Existência de recurso próprio

Não cabe mandado de segurança contra decisão judicial passível de reforma mediante recurso próprio, ainda que com efeito diferido.

OJ Nº 88 DA SDI – II DO TST

Mandado de segurança. Valor da causa. Custas processuais. Cabimento

Incabível a impetração de mandado de segurança contra ato judicial que, de ofício, arbitrou novo valor à causa, acarretando a majoração das custas processuais, uma vez que cabia à parte, após recolher as custas, calculadas com base no valor dado à causa na inicial, interpor recurso ordinário e, posteriormente, agravo de instrumento no caso de o recurso ser considerado deserto.

SÚMULA Nº 414 DO TST

Mandado de Segurança. Tutela Provisória concedida antes ou na sentença.

I – A tutela provisória concedida na sentença não comporta impugnação pela via do mandado de segurança, por ser impugnável mediante recurso ordinário. É admissível a obtenção de efeito suspensivo ao recurso ordinário mediante requerimento dirigido ao tribunal, ao relator ou ao presidente ou ao vice-presidente do tribunal recorrido, por aplicação subsidiária ao processo do trabalho do artigo 1.029, § 5º, do CPC de 2015.

II – No caso de a tutela provisória haver sido concedida ou indeferida antes da sentença, cabe mandado de segurança, em face da inexistência de recurso próprio.

III – A superveniência da sentença, nos autos originários, faz perder o objeto do mandado de segurança que impugnava a concessão ou o indeferimento da tutela provisória.

SÚMULA Nº 418 DO TST

Mandado de Segurança visando à homologação de acordo.

A homologação de acordo constitui faculdade do juiz, inexistindo direito líquido e certo tutelável pela via do mandado de segurança.

OJ Nº 63 DA SDI – II DO TST

Mandado de segurança. Reintegração. Ação cautelar

Comporta a impetração de mandado de segurança o deferimento de reintegração no emprego em ação cautelar.

OJ Nº 64 DA SDI – II DO TST

Mandado de segurança. Reintegração liminarmente concedida

Não fere direito líquido e certo a concessão de tutela antecipada para reintegração de empregado protegido por estabilidade provisória decorrente de lei ou norma coletiva.

OJ Nº 65 DA SDI – II DO TST

Mandado de segurança. Reintegração liminarmente concedida. Dirigente sindical

Ressalvada a hipótese do art. 494 da CLT, não fere direito líquido e certo a determinação liminar de reintegração no emprego de dirigente sindical, em face da previsão do inciso X do art. 659 da CLT.

OJ Nº 137 DA SDI – II DO TST

Mandado de segurança. Dirigente sindical. Art. 494 da CLT. Aplicável

Constitui direito líquido e certo do empregador a suspensão do empregado, ainda que detentor de estabilidade sindical, até a decisão final do inquérito em que se apure a falta grave a ele imputada, na forma do art. 494, "*caput*" e parágrafo único, da CLT.

OJ Nº 142 DA SDI – II DO TST

Mandado de segurança. Reintegração liminarmente concedida

Inexiste direito líquido e certo a ser oposto contra ato de Juiz que, antecipando a tutela jurisdicional, determina a reintegração do empregado até a decisão final do processo, quando demonstrada a razoabilidade do direito subjetivo material, como nos casos de anistiado pela Lei nº 8.878/1994, aposentado, integrante de comissão de fábrica, dirigente sindical, portador de doença profissional, portador de vírus HIV ou detentor de estabilidade provisória prevista em norma coletiva.

OJ Nº 67 DA SDI – II DO TST

Mandado de segurança. Transferência. Art. 659, IX, da CLT

Não fere direito líquido e certo a concessão de liminar obstativa de transferência de empregado, em face da previsão do inciso IX do art. 659 da CLT.

OJ Nº 140 DA SDI – II DO TST

Mandado de segurança contra liminar, concedida ou denegada em outra segurança. Incabível. (art. 8º da Lei nº 1.533/51)

Não cabe mandado de segurança para impugnar despacho que acolheu ou indeferiu liminar em outro mandado de segurança.

OJ Nº 53 DA SDI – II DO TST

Mandado de segurança. Cooperativa em liquidação extrajudicial. Lei nº 5.764/71, art. 76. Inaplicável. Não suspende a execução

A liquidação extrajudicial de sociedade cooperativa não suspende a execução dos créditos trabalhistas existentes contra ela.

SÚMULA Nº 417 DO TST

Mandado de Segurança. Penhora em dinheiro.

I – Não fere direito líquido e certo do impetrante o ato judicial que determina penhora em dinheiro do executado para garantir crédito exequendo, pois é prioritária e obedece à gradação prevista no art. 835 do CPC de 2015 (art. 655 do CPC de 1973).

II – Havendo discordância do credor, em execução definitiva, não tem o executado direito líquido e certo a que os valores penhorados em dinheiro fiquem depositados no próprio banco, ainda que atenda aos requisitos do art. 840, I, do CPC de 2015 (art. 666, I, do CPC de 1973).

OJ Nº 153 DA SDI – II DO TST

Mandado de segurança. Execução. Ordem de penhora sobre valores existentes em conta salário. Art. 649, IV, do CPC de 1973. Ilegalidade.

Ofende direito líquido e certo decisão que determina o bloqueio de numerário existente em conta salário, para satisfação de crédito trabalhista, ainda que seja limitado a determinado percentual dos valores recebidos ou a valor revertido para fundo de aplicação ou poupança, visto que o art. 649, IV, do CPC de 1973 contém norma imperativa que não admite interpretação ampliativa, sendo a exceção prevista no art. 649, § 2º, do CPC de 1973 espécie e não gênero de crédito de natureza alimentícia, não englobando o crédito trabalhista.

OJ Nº 59 DA SDI – II DO TST

Mandado de segurança. Penhora. Carta de fiança bancária. Seguro garantia judicial.

A carta de fiança bancária e o seguro garantia judicial, desde que em valor não inferior ao do débito em execução, acrescido de trinta por cento, equivalem a dinheiro para efeito da gradação dos bens penhoráveis, estabelecida no art. 835 do CPC de 2015 (art. 655 do CPC de 1973).

OJ Nº 93 DA SDI – II DO TST

Penhora sobre parte da renda de estabelecimento comercial. Possibilidade.

Nos termos do art. 866 do CPC de 2015, é admissível a penhora sobre a renda mensal ou faturamento de empresa, limitada a percentual, que não comprometa o desenvolvimento regular de suas atividades, desde que não haja outros bens penhoráveis ou, havendo outros bens, eles sejam de difícil alienação ou insuficientes para satisfazer o crédito executado.

OJ Nº 54 DA SDI – II DO TST

Mandado de segurança. Embargos de terceiro. Cumulação. Penhora. Incabível

Ajuizados embargos de terceiro (art. 674 do CPC de 2015 - art. 1.046 do CPC de 1973) para pleitear a desconstituição da penhora, é incabível mandado de segurança com a mesma finalidade.

OJ Nº 66 DA SDI – II DO TST

Mandado de Segurança. Sentença homologatória de adjudicação. Incabível.

I – Sob a égide do CPC de 1973 é incabível o mandado de segurança contra sentença homologatória de adjudicação, uma vez que existe meio próprio para impugnar o ato judicial, consistente nos embargos à adjudicação (CPC de 1973, art. 746).

II – Na vigência do CPC de 2015 também não cabe mandado de segurança, pois o ato judicial pode ser impugnado por simples petição, na forma do artigo 877, caput, do CPC de 2015.

SÚMULA Nº 416 DO TST

Mandado de segurança. Execução. Lei nº 8.432/1992. Art. 897, § 1º, da CLT. Cabimento

Devendo o agravo de petição delimitar justificadamente a matéria e os valores objeto de discordância, não fere direito líquido e certo o prosseguimento da execução quanto aos tópicos e valores não especificados no agravo.

OJ Nº 56 DA SDI – II DO TST

Mandado de segurança. Execução. Pendência de recurso extraordinário

Não há direito líquido e certo à execução definitiva na pendência de recurso extraordinário, ou de agravo de instrumento visando a destrancá-lo.

OJ Nº 57 DA SDI – II DO TST

Mandado de segurança. INSS. Tempo de serviço. Averbação e/ou reconhecimento

Conceder-se-á mandado de segurança para impugnar ato que determina ao INSS o reconhecimento e/ou averbação de tempo de serviço.

OJ Nº 91 DA SDI – II DO TST

Mandado de segurança. Autenticação de cópias pelas secretarias dos tribunais regionais do trabalho. Requerimento indeferido. Art. 789, § 9º, da CLT

Não sendo a parte beneficiária da assistência judiciária gratuita, inexiste direito líquido e certo à autenticação, pelas Secretarias dos Tribunais, de peças extraídas do processo principal, para formação do agravo de instrumento.

OJ Nº 98 DA SDI – II DO TST

Mandado de segurança. Cabível para atacar exigência de depósito prévio de honorários periciais

É ilegal a exigência de depósito prévio para custeio dos honorários periciais, dada a incompatibilidade com o processo do trabalho, sendo cabível o mandado de segurança visando à realização da perícia, independentemente do depósito.

OJ Nº 144 DA SDI – II DO TST

Mandado de segurança. Proibição de prática de atos futuros. Sentença genérica. Evento futuro. Incabível

O mandado de segurança não se presta à obtenção de uma sentença genérica, aplicável a eventos futuros, cuja ocorrência é incerta.

3. CONTAGEM DO PRAZO PARA IMPETRAÇÃO DO MANDADO DE SEGURANÇA

OJ Nº 127 DA SDI – II DO TST

Mandado de segurança. Decadência. Contagem. Efetivo ato coator

Na contagem do prazo decadencial para ajuizamento de mandado de segurança, o efetivo ato coator é o primeiro em que se firmou a tese hostilizada e não aquele que a ratificou.

4. RECURSOS

OJ Nº 69 DA SDI – II DO TST

Fungibilidade recursal. Indeferimento liminar de ação rescisória ou mandado de segurança. Recurso para o TST. Recebimento como agravo regimental e devolução dos autos ao TRT

Recurso ordinário interposto contra despacho monocrático indeferitório da petição inicial de ação rescisória ou de mandado de segurança pode, pelo princípio de fungibilidade recursal, ser recebido como agravo regimental. Hipótese de não conhecimento do recurso pelo TST e devolução dos autos ao TRT, para que aprecie o apelo como agravo regimental.

OJ Nº 152 DA SDI – II DO TST

Ação rescisória e mandado de segurança. Recurso de revista de acórdão regional que julga ação rescisória ou mandado de segurança. Princípio da fungibilidade. Inaplicabilidade. Erro grosseiro na interposição do recurso

A interposição de recurso de revista de decisão definitiva de Tribunal Regional do Trabalho em ação rescisória ou em mandado de segurança, com fundamento em violação legal e divergência jurisprudencial e remissão expressa ao art. 896 da CLT, configura erro grosseiro, insuscetível de autorizar o seu recebimento como recurso ordinário, em face do disposto no art. 895, "b", da CLT.

SÚMULA Nº 201 DO TST

Recurso ordinário em mandado de segurança

Da decisão de Tribunal Regional do Trabalho em mandado de segurança cabe recurso ordinário, no prazo de 8 (oito) dias, para o Tribunal Superior do Trabalho, e igual dilação para o recorrido e interessados apresentarem razões de contrariedade.

OJ Nº 100 DA SDI – II DO TST

Recurso ordinário para o TST. Decisão de TRT proferida em agravo regimental contra liminar em ação cautelar ou em mandado de segurança. Incabível

Não cabe recurso ordinário para o TST de decisão proferida pelo Tribunal Regional do Trabalho em agravo regimental interposto contra despacho que concede ou não liminar em ação cautelar ou em mandado de segurança, uma vez que o processo ainda pende de decisão definitiva do Tribunal "a quo".

OJ Nº 148 DA SDI – II DO TST

Custas. Mandado de segurança. Recurso ordinário. Exigência do pagamento

É responsabilidade da parte, para interpor recurso ordinário em mandado de segurança, a comprovação do recolhimento das custas processuais no prazo recursal, sob pena de deserção.

OJ Nº 151 DA SDI – II DO TST

Ação Rescisória e Mandado de Segurança. Procuração. Poderes específicos para ajuizamento de reclamação trabalhista. Irregularidade de representação processual. Fase recursal. Vício processual sanável.

A procuração outorgada com poderes específicos para ajuizamento de reclamação trabalhista não autoriza a propositura de ação rescisória e mandado de segurança. Constatado, todavia, o defeito de representação processual na fase recursal, cumpre ao relator ou ao tribunal conceder prazo de 5 (cinco) dias para a regularização, nos termos da Súmula nº 383, item II, do TST.

CAPÍTULO XIX
DISSÍDIO COLETIVO E AÇÃO DE CUMPRIMENTO

SUMÁRIO • 1. Dissídio coletivo – 2. Ação de cumprimento.

1. DISSÍDIO COLETIVO

SÚMULA Nº 190 DO TST

Poder normativo do TST. Condições de trabalho. Inconstitucionalidade. Decisões contrárias ao STF

Ao julgar ou homologar ação coletiva ou acordo nela havido, o Tribunal Superior do Trabalho exerce o poder normativo constitucional, não podendo criar ou homologar condições de trabalho que o Supremo Tribunal Federal julgue iterativamente inconstitucionais.

SÚMULA Nº 279 DO TST

Recurso contra sentença normativa. Efeito suspensivo. Cassação

A cassação de efeito suspensivo concedido a recurso interposto de sentença normativa retroage à data do despacho que o deferiu.

OJ Nº 2 DA SDC DO TST

Acordo homologado. Extensão a partes não subscreventes. Inviabilidade

É inviável aplicar condições constantes de acordo homologado nos autos de dissídio coletivo, extensivamente, às partes que não o subscreveram, exceto se observado o procedimento previsto no art. 868 e seguintes, da CLT.

OJ Nº 3 DA SDC DO TST

Arresto. Apreensão. Depósito. Pretensões insuscetíveis de dedução em sede coletiva

São incompatíveis com a natureza e finalidade do dissídio coletivo as pretensões de provimento judicial de arresto, apreensão ou depósito.

OJ Nº 5 DA SDC DO TST

Dissídio coletivo. Pessoa jurídica de direito público. Possibilidade jurídica. Cláusula de natureza social.

Em face de pessoa jurídica de direito público que mantenha empregados, cabe dissídio coletivo exclusivamente para apreciação de cláusulas de natureza social. Inteligência da Convenção nº 151 da Organização Internacional do Trabalho, ratificada pelo Decreto Legislativo nº 206/2010.

OJ Nº 7 DA SDC DO TST

Dissídio coletivo. Natureza jurídica. Interpretação de norma de caráter genérico. Inviabilidade

Não se presta o dissídio coletivo de natureza jurídica à interpretação de normas de caráter genérico, a teor do disposto no art. 313, II, do RITST.

OJ Nº 9 DA SDC DO TST

Enquadramento sindical. Incompetência material da justiça do trabalho

O dissídio coletivo não é meio próprio para o Sindicato vir a obter o reconhecimento de que a categoria que representa é diferenciada, pois esta matéria – enquadramento sindical – envolve a interpretação de norma genérica, notadamente do art. 577 da CLT.

OJ Nº 15 DA SDC DO TST

Sindicato. Legitimidade "ad processum". Imprescindibilidade do registro no ministério do trabalho

A comprovação da legitimidade "ad processum" da entidade sindical se faz por seu registro no órgão competente do Ministério do Trabalho, mesmo após a promulgação da Constituição Federal de 1988.

OJ Nº 19 DA SDC DO TST

Dissídio coletivo contra empresa. Legitimação da entidade sindical. Autorização dos trabalhadores diretamente envolvidos no conflito

A legitimidade da entidade sindical para a instauração da instância contra determinada empresa está condicionada à prévia autorização dos trabalhadores da suscitada diretamente envolvidos no conflito.

OJ Nº 22 DA SDC DO TST

Legitimidade "ad causam" do sindicato. Correspondência entre as atividades exercidas pelos setores profissional e econômico envolvidos no conflito. Necessidade

É necessária a correspondência entre as atividades exercidas pelos setores profissional e econômico, a fim de legitimar os envolvidos no conflito a ser solucionado pela via do dissídio coletivo.

OJ Nº 23 DA SDC DO TST

Legitimidade "ad causam". Sindicato representativo de segmento profissional ou patronal. Impossibilidade

A representação sindical abrange toda a categoria, não comportando separação fundada na maior ou menor dimensão de cada ramo ou empresa.

OJ Nº 27 DA SDC DO TST

Custas. Ausência de intimação. Deserção. Caracterização

A deserção se impõe mesmo não tendo havido intimação, pois incumbe à parte, na defesa do próprio interesse, obter os cálculos necessários para efetivar o preparo.

OJ Nº 29 DA SDC DO TST

Edital de convocação e ata da assembleia geral. Requisitos essenciais para instauração de dissídio coletivo

O edital de convocação da categoria e a respectiva ata da AGT constituem peças essenciais à instauração do processo de dissídio coletivo.

OJ Nº 32 DA SDC DO TST

Reivindicações da categoria. Fundamentação das cláusulas. Necessidade. Aplicação do precedente normativo nº 37 do TST

É pressuposto indispensável à constituição válida e regular da ação coletiva a apresentação em forma clausulada e fundamentada das reivindicações da categoria, conforme orientação do item VI, letra "e", da Instrução Normativa nº 4/93.

OJ Nº 34 DA SDC DO TST

Acordo extrajudicial. Homologação. Justiça do trabalho. Prescindibilidade

É desnecessária a homologação, por Tribunal Trabalhista, do acordo extrajudicialmente celebrado, sendo suficiente, para que surta efeitos, sua formalização perante o Ministério do Trabalho (art. 614 da CLT e art. 7º, inciso XXVI, da Constituição Federal).

2. AÇÃO DE CUMPRIMENTO

SÚMULA Nº 286 DO TST

Sindicato. Substituição processual. Convenção e acordo coletivos

A legitimidade do sindicato para propor ação de cumprimento estende-se também à observância de acordo ou de convenção coletivos.

OJ Nº 188 DA SDI – I DO TST

Decisão normativa que defere direitos. Falta de interesse de agir para ação individual

Falta interesse de agir para a ação individual, singular ou plúrima, quando o direito já foi reconhecido através de decisão normativa, cabendo, no caso, ação de cumprimento.

SÚMULA Nº 246 DO TST

Ação de cumprimento. Trânsito em julgado da sentença normativa

É dispensável o trânsito em julgado da sentença normativa para a propositura da ação de cumprimento.

Súmula nº 350 do TST

Prescrição. Termo inicial. Ação de cumprimento. Sentença normativa

O prazo de prescrição com relação à ação de cumprimento de decisão normativa flui apenas da data de seu trânsito em julgado.

OJ nº 277 da SDI - I do TST

Ação de cumprimento fundada em decisão normativa que sofreu posterior reforma, quando já transitada em julgado a sentença condenatória. Coisa julgada. Não-configuração

A coisa julgada produzida na ação de cumprimento é atípica, pois dependente de condição resolutiva, ou seja, da não-modificação da decisão normativa por eventual recurso. Assim, modificada a sentença normativa pelo TST, com a consequente extinção do processo, sem julgamento do mérito, deve-se extinguir a execução em andamento, uma vez que a norma sobre a qual se apoiava o título exequendo deixou de existir no mundo jurídico.

Capítulo XX

HABEAS CORPUS

OJ Nº 143 da SDI - II do TST

"*Habeas corpus*". Penhora sobre coisa futura e incerta. Prisão. Depositário infiel

Não se caracteriza a condição de depositário infiel quando a penhora recair sobre coisa futura e incerta, circunstância que, por si só, inviabiliza a materialização do depósito no momento da constituição do paciente em depositário, autorizando-se a concessão de "*habeas corpus*" diante da prisão ou ameaça de prisão que sofra.

OJ Nº 89 da SDI - II do TST

"*Habeas corpus*". Depositário. Termo de depósito não assinado pelo paciente. Necessidade de aceitação do encargo. Impossibilidade de prisão civil

A investidura no encargo de depositário depende da aceitação do nomeado que deve assinar termo de compromisso no auto de penhora, sem o que, é inadmissível a restrição de seu direito de liberdade.

OJ Nº 156 da SDI - II do TST

"*Habeas corpus*" originário no TST. Substitutivo de recurso ordinário em "*habeas corpus*". Cabimento contra decisão definitiva proferida por Tribunal Regional do Trabalho

É cabível ajuizamento de "*habeas corpus*" originário no Tribunal Superior do Trabalho, em substituição de recurso ordinário em "*habeas corpus*", de decisão definitiva proferida por Tribunal Regional do Trabalho, uma vez que o órgão colegiado passa a ser a autoridade coatora no momento em que examina o mérito do "*habeas corpus*" impetrado no âmbito da Corte local.

Súmula vinculante Nº 25 do STF

É ilícita a prisão civil de depositário infiel, qualquer que seja a modalidade do depósito.

Índice remissivo da Consolidação das Leis do Trabalho

A

Anotações

EDITORA JusPODIVM
www.editorajuspodivm.com.br